KB138194

이기동 교수의

유학
오천 년

이기동 교수의

유학
오천 년

제3권

한국의 유학(상)

이기동 지음

성균관대학교
출판부

서언

유학 오천 년

나는 『유학 오천 년』(전5권)을 집필하면서 유학의 거대한 사상체계를 포괄적으로 이해함이 얼마나 중요한지 더욱 절감하게 되었다.

『유학 오천 년』 집필을 통해 많은 것을 알게 되었다. 높은 산에서 출발하여 여러 갈래로 뻗어 있는 길고 긴 산맥에는 수많은 산이 있고, 그 산들에는 온갖 종류의 나무들이 있다. 각각의 산에 있는 나무들을 단편적으로 조사하기만 하면, 무한히 복잡하여 가닥을 잡을 수 없다. 같은 나무라 하더라도 산맥에 따라 다르고 산에 따라 다르므로, 산맥 전체에 흐르는 산의 윤곽을 모르면 각각의 산에 있는 나무들을 체계적으로 이해한다는 것은 불가능하다.

동아시아 대륙에서 출발한 유학은 중국·한국·일본·베트남이라는 산맥으로 뻗으면서 오천 년을 이어왔다. 유학자의 유학사상은 수많은 산에 서식하고 있는 나무들과 같아서, 단편적인 연구를 통해서는 제 모습을 알기 어렵다. 먼저 각각의 유학사상이 소속되어 있는 유학의 산맥을 조망한 뒤에라야 유학의 산이 보이고, 그 산에 들어 있는 유학의 나무들이 제대로 보인다.

『유학 오천 년』이란 제목에서 알 수 있듯이, 유학은 공자에서 비롯된 것이 아니다. 먼 옛날 오천 년 전, 동아시아 대륙에서 시작

4

된 사상이 이천오백 년 후 공자에게서 정리된 뒤에 중국·한국·일본·베트남으로 퍼져나갔다. 그러니 유학의 거대한 사상체계를 이해하기 위해서는 발원했을 당시의 원형을 이해하는 것이 중요하다. 놀랍게도 유학의 발원지는 중국이 아니라 고대 동이족이 살던 지역이었다. 따라서 발원지의 사상적 특징을 이해하고, 공자에 의해 정리된 유학의 체계를 이해하면, 그 뒤에 여러 갈래로 뻗어나간 유학의 흐름을 일목요연하게 간파할 수 있다.

그러나 지금까지의 유학 연구에서는 유학의 발원지를 찾아내지 못했고, 발원지에서부터 이어지는 흐름을 제대로 정리하지 못했다. 그러다 보니 후대로 이어지는 유학사상들이 뒤엉켜 난해하게 되었다. 유학사상의 원형에서 강조하는 것은 하나인 본질과 그 본질이 내포하고 있는 세 요소인, 마음과 기운과 몸이다. 유학사상의 원형은 공자와 맹자에게는 이어졌지만, 후대의 중국에서는 세 요소가 리(理)와 기(氣)의 두 요소로 정리됨으로써 많은 혼선이 생겼고, 태극(太極)과 음양(陰陽)을 둘러싼 이기논쟁은 아직도 논란거리가 되고 있다.

한국의 유학은 한국 고유의 사상과 중국에서 수입된 유학이 절묘하게 융합하여 하나의 체계로 흐름을 형성하여 흘러왔는데도, 후대의 학자들이 중국 유학을 기준으로 하여 무리하게 정리함으로써 많은 혼란이 일어났다. 화담 서경덕의 철학이 기(氣) 철학으로 호도되었고, 퇴계와 율곡의 이기설이 평면적인 분석을 통해 곡해되었다. 뿐만 아니라 오늘날의 학자들 다수가 조선 후기의 성리학을 주리(主理)·주기(主氣)로 나누어 정리함으로써 한국 유학을 난해하게 만들어버렸다. 일본 유학의 연구도 많이 왜곡되었다. 일본 유학의 흐름이 주자학, 양명학, 고학으로 이어지는 것은 요지부동의 정설이 되어 있지만, 이 또한 잘못된 학설이다. 베트남의 유학 역시 베트남에 흐르는 유학의 산맥을 바탕으로 살펴보지 않으면 제대로 이해할 수 없다. 오직 '유학 오천 년'의 흐름 속에서 유학의 산맥과 산을 통해 조망해야 비로소 이러한 난관을 해소할 수 있다.

'유학 오천 년'은 한 편의 거대한 대하드라마라고 생각한다. 그것은 사상가들이 뿜어내는 개개의 사상들을 소재로 엮어낸 하나의 길고 긴 이야기로 구성되어 있다. 사상가들의 사상 하나하나는 결코 개별적으로 존재하지 않는다. 사상가들의 사상 하나하나는 유학이라는 산맥과 산을 이어가는 요소들이므로, 유학의 흐름 속에서 바라볼 때 드디어 그 역동적인 모습을 드러낸다.

이 드라마는 오늘에 이르러 끝나는 것이 아니다. 미래의 역사는 과거의 역사를 이어 흐른다. 역사라는 드라마는 그 역사 속에 살아가는 사람들이 엮어낸다. 미래의 역사 흐름은 과거의 흐름을 이어서 흐르는 것이지만, 흐름의 방향이 결정되어 있지는 않다. 미래의 역사 흐름은 오늘날을 사는 사람들의 노력에 따라 결정된다. 역사의 흐름을 제대로 이해하기 위해서는 역사 흐름의 밑바닥에 흐르는 철학사를 이해해야 한다. 철학의 흐름이 역사의 흐름을 견인하기 때문이다. 이것이 『유학 오천 년』이 철학의 흐름을 이해하는 데 주력한 이유다.

지금의 역사 흐름은 서구 중심으로 바뀌었다. 작은 시냇물의 흐름이 합류를 거듭하면서 거대한 강물의 흐름을 이루듯이, 과거 지구상의 작은 지역들에 흐르던 흐름이 합류를 거듭하다가 서구의 흐름에 합류하여 하나의 거대한 흐름이 되었다.

철학의 흐름에 문제가 생기면 역사의 흐름이 정체되고, 역사의 흐름이 정체되면, 사람들의 마음이 피폐해지고 세상은 혼란해진다. 세상의 혼란함은 새로운 철학이 합류하여 정체된 역사에 새로운 길을 열 때 해결된다. 로마 초기의 혼란이 기독교의 유입으로 해결되었고, 중국 위진남북조의 혼란이 불교의 유입으로 해결된 것이 그 예이다. 지금 한 줄기가 되어 흐르는 세계의 역사는 침체하기 시작했고, 사람들은 방향을 잃고 우왕좌왕하고 있다. 사람들의 마음이 계속 피폐해지고, 지구가 몸살을 앓고 있다. 이제 새로운 철학이 합류하지 않으면 정체된 세계의 역사가 돌파구를 찾을 수 없을 것이다. 이제 오천 년 전에 발원했던 유학이 원형을 회복하여 서구문화에 유입된다면, 지금 침체의 늪에 빠져들고 있는 서구 중심의 역사에 새로운 전기가 마련될 수 있을 것이다. 이를 위해서는 유학이 원형을 회복하여 오늘날의 실정에 맞는 새로운 철학으로 거듭나야 할 것이다. 이것이 유학이 짊어진 선결과제이다. 유학이 맞이한 선결과제를 해결하기 위해서 이 책이 조그만 역할이라도 할 수 있기를 기대한다.

『유학 오천 년』 집필에 도움을 주신 분들이 많다. 학생 시절부터 많이 이끌어주신 은사 성락훈 선생님, 류승국 선생님과 안병주 선생님, 일본의 타카하시 스스무 선생님께 감사드리고, 오랜

8

기간 아낌없이 뒷바라지해주신 재일교포 형님, 이완기·모문자 내외분께도 고마움을 표한다. 자료를 보내주신 조남욱 선배님, 친구 천인석 님, 허광호 님, 후배 최영성 님, 이상익 님, 정혜선 님, 호밀밭출판과 류영진 님, 소명출판과 김성범 님, 제자 엄석인 박사, 이은영 박사, 유현주 박사, 심순옥 박사, 이공찬 박사에게도 고마움을 표한다. 결혼한 뒤 대학의 교수직을 그만두고 오직 남편 뒷바라지에만 전념해온 아내 이정숙 님에게는 늘 미안한 마음이 앞선다. 이 지면을 통해 다시 한 번 감사드린다.

　이 저술은 하서학술재단과 동아꿈나무재단의 지원으로 이뤄졌으며, 특히 하서학술재단의 김재억 감사님은 기획 단계부터 탈고에 이르기까지 세심하게 협의해주셨다. 재단의 여러분과 김 감사님께 감사드린다.

2022년 여름, 오륜동 우거에서
이기동 씀

목차

1. 이 책은 다섯 권으로 구성된 『유학 오천 년』 가운데 제3권으로 제4권과 함께 '한
   국의 유학'을 다룬다. '유학의 발원과 완성'은 제1권에서, '중국 유학의 전개'는
   제2권에서, '일본과 베트남의 유학'은 제5권에서 각각 다룬다.
2. 인용문 가운데 중략한 사항은 (…)로 표기했다.

제 1 부

단군조선시대의
한마음사상과 유학의 원형

◎

옛 동북아 지역에 단군왕검이 기원전 2333년에 개국한 조선이라는 나라가 있었다. 『환단고기』에 실려 있는 『삼성기전(三聖紀全)』에 따르면, 조선은 환웅이 통치하고 있었던 신시(神市)에서 이주해서 성립한 나라이다. 환웅의 건국연대는 대략 기원전 3897년쯤 된다. 신시 이전에는 환인이 통치했던 환국이 있었다고 하지만, 건국연대를 비롯한 자세한 내용은 알려지지 않았다. 한국 고대의 철학사상은 환국시대부터 전해오는 경전으로 알려진 『천부경』과 『삼일신고』의 두 경전에 압축되어 있다. 두 경전은 신시시대 이전부터 하늘의 계시로 만들어졌다고 전해진다. 환웅의 신시시대 이래, 사람들이 모임이 있을 때마다 두 경전을 강론하고 암송했다고 전한다. 이 외에도 주목할 만한 철학사상은 초대 단군의 훈시와 삼대 가륵단군에게 올린 을보록의 보고문 등에 압축되어 있다.

이미 언급한 바 있지만, 한국 고대의 사상은 유학의 원천의 역할을 했기 때문에 자세히 이해할 필요가 있다.

제1장

■

『천부경』의 철학사상

『천부경』은 81자로 이루어진 경전이다. 『천부경』의 내용은 다음과 같다.

하나는 시작하지만 시작함이 없다. 하나가 갈라져 삼극이 되니, 무진장 생겨나는 뿌리이다. 하늘 하나가 처음 생기고 땅 하나가 두 번째 생기며 사람 하나가 세 번째로 생겼다. 하나에서 시작하여 쌓고 열에서 시작하여 덜어, 끝이 없이 진행하며 세 번째 요소를 만든다. 하늘 둘로 세 번째 요소를 만들고, 땅 둘로 세 번째 요소를 만들며, 사람 둘로 세 번째 요소를 만든다. 큰 셋이 합해 여섯이 되어 일곱, 여덟, 아홉을 만든다. 3개씩 묶어 4배수로 운행하면서, 다섯 요소의 일곱 수로 고리를 이룬다. 하나가 묘하게 퍼져나가 만물이 되어 끝없이 왕래하며, 무한히 작용하고 무한히 바뀌면서도 움직이지 않는다. 본래 본마음은 본 태양이다. 우뚝하도다. 환하도다. 사람이 천지 가운데 있지만, 여전히 하나이다. 그 하나는 마치지만, 마침이 없다. 우주 만물의 본질 바로 그 하나이다.[1]

『천부경』이 내포하고 있는 철학사상은 다음과 같이 정리할 수 있다.

제1절
존재의 본질

제1항 본질의 불변성

모든 것의 외형은 변하지만, 본질에서는 변함이 없다. 본질은 하나이고, 하나는 변함이 없다. 변함이 있다면 하나일 수 없다. 하나는 하나, 둘, 셋으로 나누어지는 하나가 아니라 전체를 포함하고 있는 하나다. 마치 나무의 잎과 줄기와 가지를 다 포함하는 하나의 뿌리와 같다.

한국인들은 지금까지도 본질을 놓치지 않으려는 습성이 있다. 본질은 변함이 없으므로 변하는 것을 싫어한다. 집터를 구할 때도 변화가 잦은 물가를 두고, 변화가 적은 산을 선호한다. 사람을 사귈 때도 이해타산에 따라 재빠르게 변신하는 사람보다 변덕스럽지 않은 우직한 사람을 선호한다. 본질의 불변성이 예로부터 한국인의 심성 깊은 곳에 자리하고 있는 것으로 보인다.

---

1. 一始無始 一析三極無盡本 天一一 地一二 人一三 一積十鉅 無匱化三 天二三 地二三 人二三 大三合六生七八九 運三四成環五七 一妙衍 萬往萬來 用變不動 本本心本太陽 昂明人中天地一 一終無終 一.

제2항 본질의 유일성

『천부경』의 내용 중에 가장 큰 특징은 형체를 가진 모든 것이 본질에서 모두 하나라는 것을 강조하는 것이다. 『천부경』은 하나[一]에서 시작하고 하나에서 끝난다. 81자 가운데 하나를 표현하는 일(一)이 열한 번 들어 있다. 한 그루의 나무에서 보면 줄기와 가지와 잎들이 다양하게 존재하지만, 본질은 모두 지하에 있는 하나의 뿌리인 것과도 같다.

하나인 본질에서 만물이 분리될 때, 하늘과 땅과 사람의 순으로 분리되지만, 아무리 분리되어도 하나인 본질에서 이탈하지 않으므로, 여전히 하나이다. 따라서 『천부경』에서는 하늘 하나가 처음 생기고, 땅 하나가 두 번째 생기고, 사람 하나가 세 번째 생긴다고 표현한다. 사람 이외의 만물은 모두 사람에 포함했기 때문에 천·지·인의 세 요소로만 설명했다.

하나라는 말을 쓰지 않고, 하늘, 땅, 사람으로 표현하면, 하늘과 땅과 사람이 다른 것으로 오해되기 쉽기 때문이다. 지금도 한국인들은 하나인 본질에서 이탈하는 것을 싫어한다. 사람의 이름에도 '하나'가 있고, 은행의 이름에도 '하나'가 있다. 남과 하나 되어 함께 있는 것을 좋아하고, 분리되어 따로 있는 것을 싫어한다. 한국인은 하나가 될 대 기적을 만들어낸다. 한국인은 지금도 족보를 만든다. 하나인 뿌리에서 이탈하기 싫은 정서가 작용하기 때문일 것이다.

제2절
본질의 작용과 유지

제1항 본질의 작용방식

하나인 본질은 쉬지 않고 작용한다. 본질의 작용을 후대 학자들은 기(氣)의 작용으로 표현하기도 한다. 기는 올라가기도 하고, 내려가기도 한다. 밝아지기도 하고 어두워지기도 한다. 맑아지기도 하고 탁해지기도 한다. 엷어지기도 하고 촘촘해지기도 한다. 이런 작용을 통틀어 음양으로 표현하기도 한다. 음양의 작용을 『천부경』에서는 커졌다 작아졌다 하는 것으로 표현한다.

> 하나에서 시작하여 쌓고 열에서 시작하여 덜어, 끝이 없이 진행하며 세 번째 요소를 만든다.[2]

본질의 음양 작용을 『천부경』에서는 '하나에서 시작하여 쌓아서 열에 도착하고, 열에 도착한 뒤에는 다시 덜어내어 하나에까지 이른다'라고 표현했다. 하나에서 열까지의 숫자 중에서 하나는 가장 작은 단위이고 열은 가장 큰 단위이다. 본질의 움직임은 가장 작은 데서 출발하여 가장 큰 데로 확장되고, 가장 큰 데 이르면 다시 가장 작은 데로 축소한다. 우주의 움직임도 아주 작은 데서 시작하여 거대하게 확장되다가 확장을 마치면 다시 아주 작은

---

2. 一積十鉅.

출발점을 향해 축소하는 움직임을 계속한다. 코로 숨 쉬는 모습도 그렇고 심장이 박동하는 모습도 그렇다. 형체 있는 모든 것은, 본질의 드러난 모습이므로, 본질의 움직임처럼 음양의 움직임을 한다. 하늘도 음양의 움직임을 하고, 땅도 음양의 움직임을 하며, 사람도 음양의 움직임을 한다. 『천부경』에서는 음양의 작용을 두 작용이라는 의미에서 이(二)로 표현한다.

하늘도 두 작용을 하므로 천이(天二)로 표현하고, 땅도 두 작용을 하므로 지이(地二)로 표현하며, 사람도 두 작용을 하므로 인이(人二)로 표현한다.

제2항 본질의 현상과 유지

본질은 음양의 작용을 하면서 세 번째 요소를 끝없이 만들어낸다. 본질의 작용으로 만들어내는 대표적인 것이 하늘·땅·사람이다. 사람 이외의 만물은 모두 사람에 포함되므로 따로 말하지 않았다. 무수한 하늘을 만들고, 무수한 땅을 만들며, 무수한 사람을 만든다. 본질에서 만들어지는 하늘은 하나가 아니다. 이를 불교에서는 삼천대천세계(三千大千世界)로 표현하기도 한다. 땅 또한 무수히 만들어진다. 우주에는 지구와 같은 별이 무수히 많은 것으로 생각된다. 지구와 같은 별들에는 무수히 많은 물체와 생명체가 존재한다.

본질에서 만들어진 하늘과 땅과 사람도 본질에서 벗어나 있지 않으므로, 본질과 똑같이 음양의 작용을 하여 제3의 요소를 만들어간다. 하늘이 음양의 작용을 하여 밝은 곳과 어두운 곳을 만들고, 수많은 별을 만든다. 하늘도 수명을 다하면 또 다른 하늘을 만든다. 땅도 음양의 작용을 하여 육지를 만들고 바다를 만든다. 산을 만들고 골짜기도 만든다. 땅은 음양의 작용을 통해 계속 새로운 모습으로 변신한다. 그러다가 땅이 수명을 다하여 흩어지면 흩어진 재료들이 다시 모여 새로운 땅을 만들어낸다. 사람도 음양의 작용을 하면서 살아간다. 밤에는 잠을 자고 낮에는 활동한다. 활동하는 방식도 움직였다가 멈추었다가 하면서 진행한다. 사람은 또 남녀로 나뉘어서 산다. 남자가 여자를 좋아하고, 여자가 남자를 좋아하여, 제3의 요소인 2세를 만들어 생명을 계속 이어간다.

제3절
생명의 영속성

개체와 개체는 분리되어 독립적으로 존재하는 것이고, 생명 역시 개체에 들어 있으므로 독립적으로 존재하는 것으로 판단하면 안 된다. 개체와 개체는 별개의 존재로 보이지만, 사실은 하나로 연결되어 있고, 생명도 개별적인 것이 아니라 하나로 이어져 있다. 『천부경』에는 다음과 같이 설명되어 있다.

> 3개씩 묶은 것이 4배수로 운행하면서, 다섯 요소의 일곱 수로 고리를 이룬다.[3]

모든 시간은 흘러간다. 그 흐름은 3개씩 한 묶음으로 하여 4배수로 진행한다. 하루는 세 시간씩 묶어서 4배수로 진행한다. 예전의 한 시간은 오늘날의 두 시간이다. 자시(子時)는 밤 열한 시부터 다음날 새벽 한 시까지의 두 시간을 말한다. 자시·축시·인시가 새벽이고, 묘시·진시·사시가 오전이며, 오시·미시·신시가 오후이며, 유시·술시·해시가 저녁이다. 일 년은 석 달씩 묶은 계절이 봄·여름·가을·겨울의 4배수로 진행한다. 사람의 운세도 3년의 4배수인 12년 단위로 진행한다고 한다. 봄에 해당하는 3년은 시작하는 운세이고, 여름에 해당하는 3년은 확장하는 운세이고, 가을에 해당하는 3년은 수확하고 정리하는 운세이고, 겨울에 해당하는 3년은 마무리하면서 조용히 대기하는 운세이다. 3개씩 묶어 4배수로 진행하는 과정에서 해야 할 중요한 일은 생명을 이어가는 것이다.

닭과 달걀은 별개의 것으로 보이지만, 사실은 그렇지 않다. 달걀 안에 닭이 들어 있었을 때가 있다. 달걀 안에 닭이 들어 있을 때는 닭이면서 달걀이고, 달걀이면서 닭이다. 그 기간이 닭과 달걀을 이어주는 연결고리이다. 달걀 안에 닭이 들어 있는 기간은 5행이 모여 닭의 몸이 완성되는 기간이고, 그 기간은 7일의 배수이다. 몸의 재료는 금·목·수·화·토의 5행이다. 5행이 모이는 것은 몸의 재료인 5행이 모여 몸으로 완성되는 것을 의미한다. 달걀 안에서 닭의 몸이 완성되는 기간은 7일×3, 즉 21일이다. 오리는 7일×4인 28일이고, 사람은 7일×40인 280일이다. 달걀 안에 있었던 21일간이 닭과 달걀을 하나로 이어주는 연결고리인 셈이다. 사람

---

3. 運三四成環五七.

도 어머니 뱃속에 들어 있는 280일을 연결고리로 해서 부모와 자녀가 하나로 연결된다. 부모와 자녀가 하나이면, 형과 동생도 하나이고, 삼촌과 조카가 하나이고, 사촌이 하나이다. 이렇게 확산하면 모두가 하나임을 확인할 수 있다. 연결고리를 통해 모두가 하나이므로, 모두의 몸과 마음이 하나이면서 동시에 영원히 이어지는 것이 확인된다.

제4절
인간의 본래 마음

『천부경』에서 중시하는 것은 사람의 마음이다. 사람은 본질을 온전히 가지고 있다. 하늘과 땅의 모습을 완전히 드러낸다. 하늘의 태양이 빛과 열을 발산하여 만물을 살려가듯이, 사람의 마음은 스스로 사랑을 발산하여 만물의 삶을 돕는다. 『천부경』에서는 사람의 마음을 하늘의 태양에 비유했다.

> 본래 본마음은 본래의 태양이다.[4]

『중용』에는 '천명을 성이라 한다'라는 말이 들어 있다. 사람이 하늘의 명을 받아서 본성으로 삼는다는 뜻이다. 주는 자는 하늘이고 받는 자는 사람이다. 사람의 마음은 하늘의 명을 받아서 작

---

4. 本本心本太陽.

용한다. 이는 마치 태양의 빛을 받아서 반사하는 행성과도 같다. 그러나 『천부경』의 설명은 이와 다르다. 사람의 마음은 하늘의 명을 받아서 작용하는 것이 아니라 스스로 작용한다. 마치 스스로 발광하는 별과 같다고 설명한 것이다. 하늘의 마음이 사람에게 흘러들어와 사람의 마음이 되면 하늘마음과 사람의 마음에는 시차가 있게 마련이지만, 하늘마음과 사람의 마음은 원래 하나이므로 시차가 없다.

사람의 마음이 스스로 사랑을 발산하는 것이므로, 사람의 삶은 수동적이 아니라 능동적이다.

태양이 뿜어내는 빛과 열은 차별함이 없이 모두에게 일정하고 공평하다. 멀리 있는 행성에 전달되는 열이 적은 까닭은 열을 덜 발산해서가 아니라, 밀도가 적어지기 때문에 그렇다. 사람의 사랑도 그렇다. 마음에서 뿜어 나오는 사랑에는 차별이 없다. 누구에게나 일정하고 공평하게 뿜어내지만, 멀리 있는 사람이나 보이지 않는 곳에 있는 사람에게는 사랑의 밀도가 적어지기 때문에, 사랑이 덜한 것처럼 느끼는 것일 뿐이다.

사람의 사랑이 부모·형제·사촌·오촌·육촌 등으로 확산할수록 엷어지고, 사람·동물·식물·무생물 등으로 확산할수록 엷어지는 것처럼 보이는 것은 밀도의 차이 때문이다.

제2장

■

『삼일신고』의 철학사상

『삼일신고(三一神誥)』는 366자로 되어 있다. 『삼일신고』에 내포된 철학의 핵심은 다음과 같다.

제1절
천인일체사상

『삼일신고』에서는 천신에 대해서 다음과 같이 설명한다.

> 천신은 위 없는 첫 자리에 계시어 큰 덕과 큰 지혜와 큰 힘으로 하늘을 내시고, 무수한 세계를 주재하시며, 많고 많은 물상을 만드시되 작은 티끌 하나도 빠트리지 않는다. 밝고 밝으며 영험하고 영험하여 감히 이름 붙이거나 헤아릴 수 없다. 큰 소리로 원하고 빌어도 결코 직접 볼 수가 없다. 본성으로 들어가 그 아들을 찾아보면 너희의 뇌에 내려와 계신다.[5]

천신은 영험하여 모든 것을 만들고 주재하지만, 형체를 가지고 있지 않기 때문에 직접 눈으로 볼 수는 없지만, 모든 물체에서 빠짐없이 작용한다. 사람에게는 사람의 뇌 속에 들어와 사람의 삶을 주도한다. 『삼일신고』에서는 모든 물체에 들어와 직접 각각의 물체를 존재하도록 주도하는 천신의 요소를 아들로 표현했다. 아버지와 아들은 하나이다. 아들은 아버지의 일을 한다. 아버지와 아들이 하나이므로 천신과 사람도 본질에서 하나이다. 천신과 하나인 것은 사람뿐만이 아니다. 모든 것이 다 천신과 하나로 이어져 있다. 천신이 하느님이고 하늘이다. 한국의 애국가에 '하느님이 보우하사 우리나라 만세'라는 가사가 들어 있는데, 하느님이 바로 천신이다.

제2절
하늘과 사람의 세 요소

『삼일신고』에서는 하늘의 세 요소인 성(性)·명(命)·정(精)과 사람의 세 요소인 심(心)·기(氣)·신(身)을 하나로 연결한다. 『삼일신고』에서 설명한 천인 관계의 원형이 후대에 왜곡됨으로써 많은 혼선이 생겼다. 적어도 공자와 맹자에게는 『삼일신고』의 천인 관계가 전해져 논리체계가 완결성을 가지지만, 주자학에 이르러 천인 관계가 왜곡됨으로써 많은 혼란이 일어났다. 이는 매우 아쉬운 점이

---

5. 神在无上一位 有大德大慧大力生天 主無數無世界 造兟兟物 纖塵无漏 昭昭靈靈 不敢名量 聲氣願禱 絶親見 自性求子 降在爾腦.

다. 『삼일신고』의 삼위일체사상을 제대로 이해하고 있으면 후대에 일어난 많은 의문점이 풀린다. 주자학에서는 사람의 요소를 몸과 마음의 두 요소로 보고, 이(理)와 기(氣)로 설명함으로써 논의가 복잡해졌다. 천명과 기를 연결했으면 모든 것이 너무나 쉽게 이해될 수 있었지만, 후대에 천명과 성을 연결하여, 모든 논리 전개의 바탕으로 삼았기 때문에, 엄청난 무리가 생겼다. 요한복음의 난해한 설명도 『삼일신고』의 삼위일체사상을 알면 쉽게 이해할 수 있다.

> 태초에 말씀이 계셨다. 그 말씀은 하나님과 함께 계셨다. 그 말씀은 하나님이셨다. 그는 태초에 하나님과 함께 계셨다.[6]

하늘의 세 요소가 마음과 명령과 몸이므로, 태초에 마음과 명령과 몸이 함께 있었지만, 만물과의 관계에서 만물은 하늘의 말씀을 접한다. 밥 먹어야 할 때 배고픔을 느끼는 것은 하늘의 말씀을 접하는 것이다. 마음과 몸은 알 수 없지만, 말씀은 늘 접한다. 그래서 말씀이 계셨다고 했다. 하늘의 마음과 말씀과 몸은 하나이다. 그리고 그 마음과 말씀과 몸은 사람의 마음과 기운과 몸이다. 하늘의 마음과 말씀과 몸이 하늘이고, 동시에 사람이다. 『삼일신고』의 삼위일체를 알면 기독교의 설명도 쉽게 이해할 수 있다. 『천부경』과 『삼일신고』의 철학은 훗날 최치원 선생이 말한, 유학·불교·노장철학을 포함하는 신묘한 도이다. 최치원 선생이

---

6. 『요한복음』 1장 1절~2절.

살던 시대에는 유학·불교·노장철학이 전부였으므로, 당시에 있던 가르침 전부를 포함한다는 뜻이다. 한국 고대의 신묘한 도는 오늘날의 모든 가르침을 다 포함한다고 할 수 있겠다.

『천부경』에서는 하늘과 사람이 하나인 점을 강조했지만, 『삼일신고』에서는 사람이 하늘과 달라지는 면을 설명했다. 사람의 모든 고통은 하늘의 요소를 잃었기 때문에 생겨나므로, 이를 극복하기 위해 사람은 하늘과 하나인 본래의 모습을 회복해야 한다.

『천부경』이 없었더라면 『삼일신고』의 설명이 본질을 잃기 쉽고, 『삼일신고』가 없었더라면 『천부경』만으로는 사람 사는 현상을 설명하기 어렵다. 따라서 『천부경』과 『삼일신고』는 늘 상호보완적인 역할을 한다. 『천부경』과 『삼일신고』의 철학을 융합하면 세상의 모든 진리관을 포함할 수 있다. 한국의 고대인들은 행사 때마다 『천부경』과 『삼일신고』를 함께 암송했다.

제3장

■

초대 단군의 정치철학

단군왕검에 대해 당시의 사람들은 단군왕검으로 부르지 않았을 것이다. 단재 신채호 선생은 왕검을 님검으로 읽어야 한다고 했고, 윤내현 교수는 임금으로 읽어야 한다고 논증했는데, 사실은 왕검(王儉)이 아니라 임검(壬儉)으로 표기된 것을 후대에 임을 왕으로 착각한 것으로 보아야 할 것이다. 임금의 원 글자는 임검이었을 것이고, 임의 뜻은 이고 다니고 싶은 사람이란 뜻이므로 오늘날 애인이란 뜻으로 볼 수 있다. 검은 거룩하다는 뜻이므로 임검은 거룩한 애인이라 말이다. 단군(檀君)의 독음은 밝달임금이었을 것이다. 임검(壬儉)은 군(君)의 발음기호로 볼 수 있다. 박혁거세(朴赫居世)라는 이름에서 혁(赫)은 박(朴)의 발음기호였기 때문에 박혁거세는 밝은 거서간 즉 밝은 임금이란 뜻인 것과 같다. 밝달은 밝고 곱다는 뜻이다. 밝달 임금은 아사달에 도읍을 정하고 나라 이름을 조선(朝鮮)으로 정했다. 아사달의 뜻은 아침에 곱다는 뜻이다. 아사는 지금 일본에 남아 있는 아침이란 말이다. 아마도 아사는 아침을 뜻하는 한국의 옛말이었을 것이다. 달은 곱다는 뜻이므로, 조선(朝鮮) 역시 아사달로 읽어야 할 것이다. 조(朝)는 아사이고 선(鮮)은 곱다는 뜻으로 발음이 달이었을 것으로 추측할 수 있다. 옛날에는 수도의 이름과 나라의 이름이 일치하는 경우가 많았다. 밝고 고운 임금님은 덕으로 세상을 다스린 뛰어난 지도자였다.

제1절
순천사상

단군왕검은 다음과 같이 말씀하셨다.

> 하늘의 법은 오직 하나일 뿐이다. 하늘 법을 따르는 문은 둘이 아니다. 너희들은 오직 순수하고 성실하여 너희들의 마음을 한결같이 해야 천국의 조정에 들어갈 수 있다. 하늘의 법은 언제나 하나이고 사람의 마음은 오직 같을 뿐이니, 자기 속에 있는 마음을 잘 붙잡아서 다른 사람의 마음을 헤아리도록 하라. 다른 사람의 마음이 하늘마음으로 바뀌면 또한 하늘의 법에 합치되리니, 그렇게 되면 만방을 다스릴 수 있을 것이다.[7]

하늘의 법은 생명으로 가는 길 하나밖에 없다. 그 하나가 구체적으로는 수많은 갈래로 퍼져 나온다. 사람은 하늘의 법을 바탕으로 해서 산다. 하늘의 법을 어기면 삶에 문제가 생긴다. 사람이

---

7. 天範惟一 弗二厥門 爾惟純誠 一爾心 乃朝天 天範恒一 人心惟同 推己秉心 以及人心 人心惟化 亦合天範 乃用御于萬邦(『환단고기』에 수록된 『단군세기』).

가장 먼저 해야 할 것은 하늘을 따르는 것이다. 여섯 살쯤 된 아이가 엄마의 손을 잡고 시장에 가면 좋은 일만 있다. 그 까닭은 엄마가 모든 것을 해결해주기 때문이다. 엄마의 손을 놓지만 않으면 아이의 삶은 행복하기만 할 뿐 아무 문제가 없다. 사람이 하늘의 뜻을 따르는 것은 여섯 살쯤 되는 아이가 엄마의 뜻을 따르는 것과 같다. 사람의 삶에서 가장 중요한 것은 하늘의 뜻으로 사는 것이다.

하늘의 뜻을 계속 따르기 위한 조건은 성실과 순수와 한결같음이다. 여섯 살쯤 되는 아이가 엄마를 잊어버리는 원인은 욕심에 끌려 엄마의 말을 어기기 때문이다. 하늘의 뜻을 따르기 위해서는 욕심에 끌려가지 않아야 한다. 욕심에 끌려가지 않기 위해서는 순수한 마음을 가져야 한다. 약간이라도 욕심이 생기면 욕심을 끌어내기 위한 유혹이 파고든다. 욕심은 시도 때도 없이 생겨나므로, 조그만 틈을 보여도 안 된다. 틈을 보여주지 않기 위해서 한결같아야 하고 성실해야 한다.

제2절
효도사상

단군왕검은 다음과 같이 말씀하셨다.

너희는 부모로 말미암아 태어났고 부모는 하늘에서 내려왔으므로, 오직 너희 부모를 잘 공경해야 하늘을 잘 공경할 수 있고

온 나라를 잘 다스릴 수 있으리니, 그 요체는 오직 충성과 효도이다.[8]

하늘의 뜻을 따르는 것은 하늘과 하나가 되는 것이다. 하늘과 하나 된 상태의 마음이 하늘마음이다. 하늘을 따르기 위해서는 하늘마음이 되어야 하고 하늘마음이 되기 위해서는 순수한 마음을 성실하게 한결같이 유지해야 한다. 하늘마음의 회복은 인간관계를 통해서도 가능하다. 부모의 마음은 하늘마음이다. 부모의 몸도 하늘의 몸이다. 부모의 몸이 생긴 유래를 할아버지·증조할아버지 등으로 계속 거슬러 올라가면 결국 원초적으로 하늘의 몸에 닿는다.

부모에게 효도하는 것은 부모와 하나가 되는 것이다. 부모와 하나가 되면 형제와 하나가 되고, 형제와 하나가 되면, 하나 되는 관계가 삼촌·사촌·오촌 등으로 확산하여 결국 모두와 하나가 된다. 모두를 하나로 여기는 마음이 한마음이고 하늘마음이므로, 효도가 하늘마음을 회복하는 출발점이 된다.

제3절
남녀의 화합

단군왕검은 다음과 같이 말씀하셨다.

---

8. 爾生惟親 親降自天 惟敬爾親 乃克敬天 以及于邦國 是乃忠孝(위와 같은 곳).

짐승들도 짝이 있고, 헌 신도 짝이 있는 법이니, 너희들은 남녀가 잘 화합하여 원망함이 없어야 하고, 질투함이 없어야 하며, 음란함이 없어야 할 것이다.[9]

인간관계 중에서 부모와 자녀의 관계에 못지않게 중요한 관계가 남녀관계이다. 자연계의 많은 생명체에는 암수가 있고 남녀가 있다. 생명을 유지하는 기본은 암수가 화합하는 것이고, 남녀가 화합하는 것이다. 남녀의 화합 없이 사람이 태어나지 못한다. 하늘마음은 생명을 이어가게 하는 것이므로, 하늘의 뜻을 따르는 것 중의 중요한 것은 남녀가 화합하여 새로운 생명을 이어가는 것이다.

남녀의 관계를 이상적으로 유지하는 것 또한 행복으로 가는 지름길이다. 부모와 자녀가 하나 되는 것이 하늘마음을 회복하는 출발점이 되는 것처럼, 남자와 여자가 사랑을 통해 하나가 되는 것 또한 하늘마음을 회복하는 출발점이 된다. 남자와 여자가 하나 되는 사랑을 지속하기 어려운 요인은 원망·질투·음란이다. 남자와 여자는 서로 원망할 일이 많아진다. 남녀는 음양의 관계이므로 성격이 정반대이다. 남자와 여자가 지향하는 것은 한 그루의 나무에서 뻗는 나뭇가지의 방향과 같다. 한 가지가 동쪽으로 뻗으면 다른 가지는 서쪽으로 뻗는다. 대체로 남자는 무모하고 성급하지만, 여자는 깐깐하고 차분하다. 남자는 분별을 잘하지 못하지만, 여자는 분별을 잘한다. 성격이 서로 반대이기 때문에 원망하

---

9. 禽獸有雙 弊履有對 爾男女 以和無怨無妬無淫(위와 같은 책).

는 일이 많다. 남자가 추진하는 일이 여자에게는 못마땅하게 느껴지고, 여자가 추진하는 일이 남자에게는 못마땅하게 느껴지기 때문에, 다투는 일이 많고 갈등이 많이 생기기도 한다. 한 그루의 나무에서 가지들이 서로 반대 방향으로 뻗는 것이 나무가 제대로 자라는 방식인 것처럼, 남자와 여자의 성격이 서로 반대가 되는 것이 집안을 조화롭게 유지하기 위한 것임을 알게 되면, 서로 다른 점을 반갑게 받아들일 수 있다. 한국인들에게는 유난히 공주병이 많고 왕자병이 많다. 한국인의 공주병 왕자병은 부부 사이에 불만이 많게 되는 원인이 되기도 한다. 부인이 남편에게 공주 대접을 받지 못하기 때문에 남편에 대한 불만이 많고, 남편이 부인에게 왕자 대접을 받지 못하기 때문에 부인에 대한 남편의 불만이 많다. 이를 안다면 상대에게 원망하는 마음을 가지기보다는 먼저 대접하게 될 것이다.

남녀의 관계에서는 다른 사람과의 관계에서보다 질투하는 일이 많다. 남자는 여자를 사랑하고 여자는 남자를 사랑한다. 그 사랑이 하늘마음에 의한 것이면 담담하지만, 욕심에 의한 것이면 상대를 소유하기 위해서 뜨거워진다. 상대를 소유하려는 사랑은 사랑하는 사람이 다른 사람과 어울리는 것조차도 용납하기 어렵다. 그것이 질투다. 질투가 심하면 남녀의 관계를 유지하기 어렵다. 남녀 간의 사랑을 소유하는 사랑에서 하늘마음의 사랑으로 승화시키는 것이 중요하다.

마지막으로 남녀관계에서 주의할 것이 음란함이다. 동물들은 가임기 때만 결합을 하지만, 사람은 쾌락을 추구하느라 남녀의 결합을 지나치게 추구하는 경향이 있다. 약을 먹지 않는 어린아이에

게 약을 먹게 하려면 사탕을 준다. 하늘이 남녀의 화합에 쾌락을
준 까닭도 그와 같다. 남녀가 결합하게끔 하늘이 쾌락이라는 사
탕을 주었다. 그 쾌락은 가임기 때만 주어지는 것인데, 사람이 결
합이 쾌락이라는 착각을 일으키게 되어 가임기가 아닐 때도 무리
하게 추구하곤 한다. 이를 음란함이라 한다. 결합의 의미를 잘 이
해한다면 음란하지 않을 수 있을 것이다. 주자의 십회훈(十悔訓) 중
에도 '색을 근신하지 않으면 병든 뒤에 후회하게 된다[色不謹愼 病
後悔]'라는 구절이 들어 있다. 잘 새겨들어야 할 내용이다.

　남녀 문제는 사람의 삶에서 큰 비중을 차지한다. 사람을 분노
하게도 만들고 쉽게 타락하게도 만든다. 남녀관계를 잘 유지하는
것만으로도 진리를 얻을 수 있다. 남녀관계에서 질투하지 않는 사
람은 다른 것에도 질투하지 않을 수 있고, 남녀관계에서 욕심에
빠지지 않는 사람은 다른 욕심에도 빠지지 않을 수 있다. 남녀관
계를 원만하게 유지하는 것으로 도를 얻을 수 있다. 가정이 도를
닦는 수도장이 될 때 최고의 가정이 될 수 있다.

제4절
포용정신

단군왕검은 가정과 나라를 일으키는 비결로, 사랑의 마음으로 포용
하는 포용정신을 들었다. 단군왕검은 다음과 같이 말씀하셨다.

　　너희들은 열 손가락을 깨물어보라. 큰 손가락이나 작은 손가락

할 것 없이 모두 아플 것이다. 너희들은 서로 사랑하여 서로 헐뜯지 말 것이며, 서로 도와서 해치는 일이 없어야 집안과 나라가 일어날 것이다. (…) 항상 하늘의 법을 따라 만물을 두루 사랑하라. 너희들은 넘어지는 자를 붙잡아 주고 약한 자를 능멸하지 말 것이며, 불쌍한 사람을 도와주고 비천한 사람을 무시하지 말라. 너희들이 하늘의 법칙을 어기면 영원히 신의 도움을 얻지 못하고, 그로 인해 너희 몸과 너희 집이 망할 것이다. (…) 하늘을 잘 공경하여 백성들과 하나가 되어야 너희들의 복록이 무궁할 것이다.[10]

단군왕검의 정치철학은 여기에서 절정에 달한다. 사람들 모두는 본래 하나이므로 여전히 하나임을 유지해야 한다. 손가락 하나하나가 서로 다른 것 같지만 모두 하나의 손이므로 깨물어보면 똑같이 다 아프다. 나무의 잎들이 뿌리로 연결된 것을 모르면 모두 남남으로 보이지만, 뿌리를 알고 보면 모두 하나다. 뿌리의 마음이 되면 모든 잎 중에 어느 하나라도 상처가 나면 마음이 아플 것이다. 뿌리의 마음은 모든 잎이 모두 하나가 되는 마음이다. 그런 마음이 하늘마음이고 한마음이다. 한마음을 회복하여 서로 사랑하고 도우면, 집안과 나라가 일어난다. 이보다 더 뛰어난 정치철학이 없다. 한마음을 가진 사람은 하늘의 법을 따른다. 한마음

---

10. 爾嚼十指 痛無大小 爾相愛 無胥讒 互佑無相殘 家國以興(…)恒遵天範 克愛物 爾扶傾 無陵弱 濟恤 無侮卑 爾有越厥則 永不得神佑 身家以殞(…)克敬于天 親于民 爾乃福祿無窮(위와 같은 책).

을 가진 사람은 불쌍하고 약하고 천한 자부터 도와준다. 한마음을 가진 사람은 그런 사람들을 무시하지 않는다. 한국인의 왕자병과 공주병은 자기가 최고가 되고 싶어 하는 정서로 나타난다. 자기가 최고가 되지 못할 때 한이 맺힌다. 한을 푸는 근본 방법은 한마음을 회복하는 것이지만, 한마음을 회복하지 않은 채 왜곡된 방법으로 섣불리 한을 풀고자 할 때, 자기보다 못한 사람을 무시하는 일이 일어난다. 자기보다 못한 사람을 무시하면 자기가 돋보일 것으로 착각하기 때문이다. 한국인들이 이웃 나라들을 무시한 탓에 얼마나 많은 희생을 치렀는지 모른다. 역사적으로 한국이 이웃 나라들에 혹독하게 괴롭힘을 당한 이유 중에는 이웃을 무시한 것이 들어간다.

　한국인들을 뭉치게 하는 데는 한마음이 아니면 안 된다. 한국인들을 법이나 제도로 뭉치게 하는 것은 매우 어렵다. 긴 역사에서 볼 때 다스리는 자가 한마음을 가지고 백성과 하나가 되었을 때는 나라가 부강했지만, 한마음을 잃고 욕심을 채우기 위해 편을 가르고 분열하면 나라는 망했다. 부강했던 고구려도 연개소문의 아들이 분열하여 망했고, 천년을 유지했던 신라도 고려 태조와 싸워서 망했다기보다 분열하여 망했다. 고려도 분열하여 망했고 조선도 분열하여 망했다. 단군왕검은 한국의 흥하는 원리와 망하는 원리를 간단명료하게 정리하고 있다. 한국의 긴 역사에서 단군왕검의 가르침을 놓치지 않았더라면, 한국이 멸망하는 일은 없었을 것이다.

제4장

■

을보륵의 철학사상

을보륵(乙普勒)은 3세 가륵단군 때의 재상이고 스승이었다. 을보륵
은 기독교적 표현을 빌리면 성령에 충만한 사람으로 이해해야 할
것이다. 을보륵은 가륵단군의 명으로 순식간에 가림토 문자를 만
들기도 했다. 을보륵의 철학사상은 심오하고도 짜임새가 있다.

제1절
수신의 목표와 방법

을보륵 선생은 짧은 글 속에 수신의 목표와 방법, 수신이 완성되
었을 때의 삶의 방식, 교육철학과 정치철학 등을 압축시켜 놓았
다. 을보륵은 수신의 목표와 방법에 대해 짤막하게 설명한다.

> 나라 사람에게 망령된 삶에서 벗어나 참된 삶으로 나아가는
> 것을 알게 하고, 21일을 단위로 기일을 정해 사람을 모아 온전
> 한 사람이 되는 계율을 지키게 해야 합니다.[11]

수신의 목표는 망령된 삶을 극복하여 참된 삶을 회복하는 것이다. 단군조선시대에는 사람을 참된 삶을 사는 사람과 망령된 삶을 사는 사람의 두 종류로 분류했다. 참된 삶을 사는 사람은 본질을 알고 사는 사람이고, 망령된 삶을 사는 사람은 본질을 잃어버리고 사는 사람이다. 사람의 본질은 하늘이다. 마음도 하늘이고 몸도 하늘이다. 이를 알고 사는 사람은 참된 사람이고, 잊어버리고 사는 사람은 망령된 사람이다. 단군조선시대 때의 사람들은 참된 사람을 사람이라 하고 망령된 사람을 짐승이라 했다. 짐승은 동물을 일컫는 말이 아니라, 망령된 사람을 폄훼하여 부르는 호칭이었다. 참된 사람은 모두 하나라는 것을 알고 서로 사랑하면서 산다. 참된 사람은 늙어 죽는 고통도 없다. 참된 사람은 참으로 행복한 사람이다. 그러나 망령된 사람은 이와 반대이다. 모두가 남남인 줄 알고 싸우면서 산다. 망령된 사람은 끊임없이 싸우면서도 늙어 죽어야 하는 고통에서 벗어나지 못한다. 망령된 사람은 참으로 불행한 사람이다. 망령된 사람이 해야 할 가장 시급하고 중요한 일은 망령된 삶에서 벗어나 참된 삶을 회복하는 것뿐이다. 참된 삶을 회복하는 노력이 수신이다. 수신하지 않으면서 다른 것을 추구하는 것은 의미가 없다. 수신하지 않는 사람은 아무리 성공해도 불행하다. 수신하지 않으면서 성공하는 것은 참된 성공이 아니다.

수신하는 구체적 방법으로 제시한 것이 21일간의 합숙 수련이다. 을보륵의 설명은 곰과 호랑이가 동굴에 햇빛을 보지 않고 마늘과 쑥을 먹으며 21일 동안 수련했다는 내용과 일치한다. 우리의

---

11. 使國中之人 知改妄卽眞 而三七計日 會全人執戒(위와 같은 책).

조상들은 21일 동안의 수련을 계속해왔다고 『환단고기』에서는 기록하고 있다.

제2절
수신의 완성

수신이 완성된 사람은 하늘같은 사람이다. 하늘같은 사람은 '나'란 것이 없다. '나'란 것을 가지고 있는 사람은 '나'의 삶에 얽매일 수밖에 없다. 그러나 '나'란 것이 없는 사람은 얽매이는 것이 없다. 물은 '나'라는 것이 없으므로 늘 상황에 맞게 대응한다. 네모 통에 넣으면 네모가 되고, 세모 통에 넣으면 세모가 된다. 평평한 곳에서는 천천히 흐르고 가파른 곳에서는 빨리 흐르며, 둑이 막혀 있으면 고였다 흐르고 절벽에서는 폭포가 되어 떨어진다. 수신이 완성된 사람도 이와 같다. 이를 을보륵 선생은 다음과 같이 설명한다.

> 아버지 역할을 하려 하면 바로 아버지 역할을 하게 되고, 임금 역할을 하려 하면 바로 임금의 역할을 하게 되며, 스승의 역할을 하려고 하면 바로 스승의 역할을 하게 됩니다. 아들의 역할을 하려 하고, 신하의 역할을 하려 하며, 제자의 역할을 하려 하면, 또한 바로 아들의 역할을 하게 되고, 신하의 역할을 하게 되며, 제자의 역할을 하게 되는 것입니다.[12]

사람이 '나'라는 것을 가지면 '나는 남자다', '나는 여자다', '나는 아버지이다', '나는 사장이다', '나는 한국인이다', '나는 노인이다' 등등의 수많은 수식어가 따라붙는다. 그런 수식어에 의해 규정된 것은 모두 고정관념이다. 고정관념을 가진 사람은 유연성을 상실한다. 예를 들면 '나는 노인이다'라는 고정관념을 가진 사람은 젊은이가 거칠게 말을 해도 버릇없다고 화를 낸다. 사실 나에게 따라붙는 수많은 수식어는 모두 가짜이다. 본질에서 보면 나는 남자도 아니고 여자도 아니다. 아버지도 아니고 사장도 아니다. 한국인도 아니고 노인도 아니다. 본질에서 보면 나는 하늘이고 우주이다. 나는 너이고, 나는 모두와 하나이다. 본질을 아는 사람은 주어진 상황에 알맞게 대처하기만 한다. 남자의 역할을 해야 할 상황이 되면 남자 역할을 하고, 아버지 역할을 해야 할 상황이 되면 아버지 역할을 하며, 사장의 역할을 해야 할 상황이 되면 사장의 역할을 할 뿐이다. 마치 배우가 주어진 배역을 열심히 소화해내는 것과 같다.

제3절
교육의 내용

교육이란 수신을 하도록 가르치는 것이다. 수신하도록 가르치지 않는 교육은 참다운 교육이 아니다. 더구나 욕심을 채우는 방법

---

12. 盖其道也 欲爲父者 斯父矣 欲爲君者 斯君矣欲 爲師者 斯師矣 爲子爲臣爲徒者 亦斯子斯臣斯徒矣(위와 같은 책).

을 가르치는 것은 사람을 불행한 방향으로 인도하는 것이므로 참된 교육이 아니다.

> 신시시대에 하늘을 여는 도리 또한 신(神)의 도로써 가르쳐, 각자에게 자신의 본질을 알아 자신이 하늘과 하나 되는 전체적 존재임을 추구하며, 자기를 비워 만물을 되살게 함으로써 인간 세상에 복이 넘치게 할 따름입니다.[13]

참다운 교육은 사람들에게 먼저 각자의 본질이 무엇인지 알고, 그 본질을 추구하도록 유도하는 것이어야 한다. 각자의 본질은 모두 하나이다. 지아(知我)란 자신의 본질에 관해서 아는 것이다. 사람들은 대부분 자기의 본질을 망각한 채 외형적인 모습만을 자기인 줄 착각한다. 사람들이 흔히 '나는 남자다', '나는 여자다', '나는 아버지이다', '나는 사장이다', '나는 한국인이다' 등으로 말하는 것은, 자기의 본질을 망각한 채, 자기의 몸이 현재 하고 있는 역할만을 자기로 착각하고 하는 말이다. 사람들은 대부분 자기가 자기를 알지 못한다. 자기를 제대로 알기 위해서는 우선 착각에서 벗어나야 한다. 착각에서 벗어나면 '나는 남자가 아니다', '나는 여자가 아니다', '나는 아버지가 아니다', '나는 사장이 아니다', '나는 한국인이 아니다'라는 사실을 안다. 현재 자기라고 생각했던 것이 자기가 아님을 알면 비로소 참된 자기를 찾을 수 있다. 참된 자기

---

13. 神市開天之道, 亦以神施敎, 知我求獨, 空我存物, 能爲福於人世而已(위와 같은 책).

는 우주 전체이고 하늘 그 자체이다. 본질에서는 모든 구별이 없이 전체가 하나로 존재하므로 독(獨)이다. 을보륵 선생이 구독(求獨)이라 한 말의 뜻이 바로 이것이다.

'나'라는 것이 없어지면 만물이 나이다. 내가 하늘이고 우주이듯이 만물 또한 하늘이고 우주이다. 내가 우주가 되었을 때 비로소 모든 것을 우주로 볼 수 있다. 무학대사는 '돼지는 부처님을 보고도 돼지인 줄 알지만, 부처님은 돼지를 봐도 부처님인 줄 안다'고 했다. 사람이 자기의 본질을 잃어버리면 세상의 모든 것이 본질로 보이지 않는다. 나무는 나무로만 보이고, 돌은 돌로만 보인다. 산은 산으로만 보이고 물은 물로만 보인다. 그러다가 자기가 본질을 회복하여 우주의 모습인 줄 알고 나면, 나무와 돌과 산과 물이 비로소 우주의 모습으로 보인다. 이 세상의 모든 것은 '나'와 관계없이 존재하는 것 같지만, 그렇지 않다. 내가 없으면 이 세상도 없다. '나'라는 것이 만들어진 뒤에 이 세상의 모든 것이 각각의 모습으로 존재하게 된 것이다. 이 세상의 모든 것을 제자리로 돌려놓는 것은 나를 비울 때 가능하다. 이를 을보륵 선생은 공아존물(空我存物)이라 했다. 공아란 자기를 비우는 것이고, 존물은 다른 것을 제대로 존재하게 한다는 뜻이다.

제4절
정치철학

정치란 국민의 몸과 마음을 행복하게 하기 위한 수단이 되어야 한다. 국민을 불행하게 만드는 정치는 정치가 아니라 정치의 탈을 쓴 독재이다. 을보륵 선생은 정치의 내용에 대해 다음과 같이 말한다.

> 천신을 대신하여 세상을 다스릴 때는, 도를 넓혀 백성들을 이롭게 하여 한 사람도 본성을 상실함이 없게 해야 하고, 모든 임금을 대신하여 인간을 다스릴 때는 병을 없애고 원한을 풀어주어 미물 하나도 생명을 손상함이 없게 해야 합니다.[14]

원래 이 세상은 천신이 끌고 가는 것이다. 천신은 말을 하거나 몸으로 지시하지 않고, 이 세상 모든 것에게 느끼도록 하여 끌고 간다. 그런데 사람은 너무 타락해버려서 느끼도록 해도 느끼지 못하게 되었으므로, 천신과 통하는 사람이 나타나 천신을 대신하여 말과 행동으로 사람을 행복하도록 인도하는 것이 정치이다. 사람이 본성대로 사는 것보다 더 행복한 것은 없다. 본성대로 살지 않으면 행복할 수 없다. 만약 행복하다고 생각하는 사람이 있다면 그는 착각하고 있는 사람이다. 사람들을 가장 이롭게 하는 것은 본성을 상실하지 않게 하는 것이고, 이미 본성을 상실한 사람에게는 본성을 회복하도록 하는 것이다. 본성을 완전히 회복하여 몸과 마음이 건강해야 행복하다. 몸을 건강하게 하여 병이 들지 않게 해야 하고, 마음을 건강하게 하여 원한이 없도록 해야 한다.

---

14. 代天神而王天下 弘道益衆 無一人失性 代萬王而主人間 去病解怨 無一物害命(위와 같은 책).

사람에게 있는 원한 중에 가장 큰 원한은 하늘처럼 살지 못하는 자신에 대한 불만이다. 가장 큰 원한을 해소하는 방법은 본성을 회복하여 하늘처럼 되는 것이다. 하늘처럼 된 사람에게는 모든 원한이 사라진다. 정치의 핵심은 사람들을 하늘같은 사람이 되도록 인도하는 것이다.

제5장

■

한국 고대 철학사상의 가치와 의미

한국 고대의 철학사상은 본질적이고 원천적이다. 한 그루의 나무에서 보이지 않는 뿌리를 추구하고 확인하는 것과 같다. 한국 철학사상은 심오하고도 신묘하다. 한국 고대의 철학사상은 후대의 여러 종교와 철학사상의 원천이 될 수 있다. 『천부경』의 '하나사상'은 모든 종교철학의 원천이 되고, 『삼일신고』에서의 천인일체 사상과 단군왕검의 충효 사상은 유학의 원천이 되며, 을보륵 선생의 지아구독(知我求獨) 사상과 공아존물(空我存物) 사상은 유학과 도가철학 및 불교철학의 원천이 될 수 있다.

한국 고대의 철학이 유불도 삼교를 포함한다는 말은 유불도 삼교의 가르침을 섭렵하여 종합해 놓았음을 뜻하는 것이 아니다. 백두산 천지의 물이 여러 갈래로 나뉘어 산 아래로 흘러가는 것을 보고, 백두산 천지의 물이 산 아래로 흐르는 모든 물을 포함한다고 말하는 것과 같은 뜻이다. 유학과 노장철학은 한국 고대의 철학사상에서 흘러 들어간 사상이라고 할 수 있지만, 불교철학도 그렇다고 할 수 있을까? 그럴 수도 있고 아닐 수도 있다. 만약 불교철학은 한국 고대의 철학이 흘러 들어가서 만들어진 것이 아니라고 한다면, 불교철학을 포함한다는 말은 어떻게 해석해야 할 것인가?

사람에게 의식이 있어, 의식으로 삶을 영위한다. 사람은 의식에 삶의 방법을 넣어놓고 그 방법대로 살아간다. 사람이 의식에 삶의 방법을 각자 다르게 넣으므로, 사람의 삶의 방법이 각자 달라진다. 그러나 의식의 밑바닥에는 부모의 삶의 방법이 잠재해 있고, 또 그 밑바닥에는 조부모의 의식이 잠재해 있다. 이처럼 의식의 밑바닥을 파고 들어가면 인류 최초의 조상에서 비롯하여 부모에게 이르기까지의 모든 조상의 의식이 잠재해 있다. 또 그 밑바닥에는 인류가 되기 이전에 존재했던 의식도 잠재해 있다. 더욱 밑바닥을 파고 들어가면 우주와 하나이고, 하늘과 하나로서의 의식이 잠재해 있다.

사람이 자기의 의식에 자기가 넣어놓은 삶의 방법만 옳다고 주장하면 형제들과도 다투게 된다. 그러나 자기의 의식에 잠재해 있는 부모의 의식을 들추어내어 형제들을 대하면 형제들을 포함할 수 있다. 부모의 의식은 형제들의 의식에 깔린 원천이기 때문에 그렇다. 군이 형제들의 의식을 조사하여 종합하지 않더라도, 부모의 의식을 끄집어내기만 하면 형제들의 의식을 포함할 수 있고, 조부모의 의식을 끄집어내면 사촌들의 의식을 포함할 수 있다. 이처럼 거슬러 올라가 태초 인류의 의식을 끄집어내고, 또 더 거슬러 올라가 그 이전의 의식을 끄집어내면, 유사 이래 모든 사람의 의식을 포함한다. 최치원 선생이 한국 고대의 심오하고 오묘한 철학사상이 유불도 삼교를 포함한다고 한 말의 뜻은, 한국 고대의 철학사상을 의식의 밑바닥에 깊이 들어가 원초적인 의식에서 끄집어낸 진리로 볼 때 비로소 이해된다. 그렇다면 한국 고대의 철학사상은 유불도 삼교뿐만 아니라, 지구상에 존재하는 모든 철학사상을 다 포함한다고 할 수도 있다. 최치원 선생이 말한 유불도 삼교는 당시 동아시아 지역에 있던 진리의 전부였다. 만약 최치원 선생이 오늘날에 나타나 말한다면, 기독교의 가르침을 포함한 전체의 진리를 다 포함한다고 했을 것이다.

　역사의 흐름에서 보면 지금은 몸을 주로 챙기는 시대에서 마음을 주로 챙기는 시대로 전환하는 전환기이다. 말하자면, 형하판의 철학에서 형상판의 철학으로 판 갈이가 진행되고 있다. 역사의 흐름에서 판 갈이를 할 때는 혼란기가 지속된다. 오늘날을 인류의 역사에서 판 갈이가 진행되는 시기라고 본다면 상당 기간 혼란이 지속할 것이다. 그리고 혼란의 시기에 혼란을 마감할 위대한 철학사상이 출현할 것이다. 과거의 혼란기에는 특정 지역에서 특정의 철학사상이 출현하여 혼란을 마감했지만, 지금은 지구 전체가 하나의 나라처럼 되었으므로, 과거에 출현했던 특정 지역의 특정한 철학사상으로는 지금의 위기를 마감하기 어렵다. 지금의 세상에 필요한 철학사상은 과거 각 지역에서 출현한 기존의 철학사상을 포괄하는 보편적인 철학사상이어야 한다. 기존의 모든 철학사상을 포괄하는 보편적인 철학사상의 원형이 한국 고대의 철학사상에 있으므로, 한국 고대 철학사상은 오늘날에 필요한 보석을 캐낼 수 있는 원석이라 할 수 있다. 원석에서 보석을 캐내는 일은 우리들의 몫이다.

제6장

■

한국 고대사상의 한계와 문제점

한국 고대사상의 바탕은 현상보다 본질을 더 중시하는 형상판의 철학이다. 한국 고대에 깔린 형상판은 한국의 긴 역사에서 한 번도 판 갈이 되는 일이 없이 지속된다. 형상판의 철학만으로 지속되면 그 또한 문제점이 있을 수 있다. 이미 유학의 원형을 설명하면서 지적했듯이, 수양의 어려움·수양의 내용을 남에게 전달할 수 없는 점·정리 정돈에 미숙한 점·실용성이 취약한 점·외침에 대한 방비가 소홀한 점·자기중심주의에 빠지기 쉬운 점·획일주의로 흘러가기 쉬운 점·분열로 인해 자멸하기 쉬운 점 등을 들 수 있다. 단군조선의 말기에 이르러 이러한 단점이 노출되어 한국의 철학과 문화가 침체하기 시작했다.

제7장

■

단군조선의 침체와 멸망

고대의 한민족은 광활한 영토를 가지고 찬란한 문화를 꽃피웠다. 한민족(韓民族) 또는 한족(韓族)이라는 말을 언제부터 사용했는지는 알 수 없으나, 단군이 조선을 건국할 때 이미 삼한(三韓)이 있었다. 『환단고기』에 실려 있는 『단군세기』 초대 단군조에 다음과 같은 설명이 나온다.

> 이에 앞서 우리나라는 영토를 셋으로 구획했는데, 삼한으로 나누어 통치한 것이 그것이다.[15]

위의 인용문에서 보면 단군이 조선을 건국한 것은 삼한의 국토와 백성을 그대로 물려받은 것으로 이해할 수 있다. 신용하 교수는 "9000년 전쯤에 한족은 한반도 북부 일대에 한족의 본거지인 진한, 한족의 일부가 요서 지역으로 이동하여 정착한 맥족, 요동 지역과 흑룡강 유역으로 이동하여 정착한 예족으로 구성되었다고 하고, 예족은 범을 토템으로 삼고, 맥족은 곰을 토템으로 삼

---

15. 先是 區劃天下之地 分統三韓(위와 같은 책).

았는데, 한족의 군장인 환웅과 맥족의 여 족장 사이에 태어난 단군의 주도로, 한·예·맥 세 부족의 연맹 결합에 의한 고대국가 단군조선이 건국되었다"[16]라고 서술하고 있는데, 단군조선 건국 이전부터 있었던 삼한은 바로 한·예·맥으로 봐야 한다. 삼한은 진한(辰韓)·변한(弁韓)·마한(馬韓)인데, 한·예·맥 중에서 한이 진한이고, 예가 변한이며, 맥이 마한이다. 12세 단군 때 창해역사 여홍성(黎洪星)이 요하 왼쪽을 지나다가 읊은 노래 가사에 "변한이라 불리던 고즈넉한 시골 마을"이란 내용이 있는 것을 보면 예를 변한이라 불렀던 것임을 알 수 있다.

『한서(漢書)』「고제기」에 있는 안사고(顔師古)의 주에 "맥은 동북방에 있고 삼한에 거주하는 것은 모두 맥류이다"라고 기록했고, 또 '맥은 중국의 동북방에 있고 한반도 중남부의 사람들도 모두 중국 동북부에 들어와 살던 맥족과 동일한 족속이다'라고 해설했다. 이를 보면 단군의 조선이 진한이고, 예가 변한이며, 맥이 마한임을 알 수 있다.

삼한은 평등한 관계가 아니다. 진한이 전체를 주도하고 예와 맥이 진한의 제후국 형태를 취했다.

초대 단군은 조선이 흥하는 원인과 망하는 원인을 알고 있었고, 사람들에게 그 내용을 잘 깨우쳤다. 고대 조선 사람들은 끊임없이 수련하고, 모두 모여 하늘에 제사 지내면서 단합했다. 수시로 사람들을 모아 21일간의 수련을 했고, 모임이 있을 때마다 『천부경』과 『삼일신고』를 암송했으며, 욕심을 없애기 위해 수시로

---

16. 신용하, 『단군조선 문명의 사회사』(지식산업사, 2018) 참조.

「어아가」라는 노래를 불렀고, 학교를 세워 계속 참된 사람이 되는 길을 가르쳤다. 단군조선은 주변의 나라들과 비교할 수 없을 정도로 높은 수준의 문화를 누렸고, 태평성대를 이루었다.

단군조선 사람들에게는 도가철학과 유가철학이 분리되기 이전의 원초적인 사상이 있었기 때문에 유가적 분위기의 정치와 교육을 하면서도 도가적 분위기의 삶과 조화를 이루고 있었다. 17세 단군 때 개사성 부근에 서서 푸른 도포를 입은 노인이 지어 바친 노래에 다음과 같은 가사가 들어 있는 것을 보면 이를 알 수 있다.

오래도록 선인의 나라에 살면서 즐거이 선인의 백성 되었네.[17]

단군이 세운 조선은 오랫동안 태평성대를 누렸지만, 여러 가지 폐단이 노출되면서 침체하기 시작했다. 『환단고기』에는 20세 단군이 기원전 1338년 나라가 편안치 않을 때 붕어했다는 기록이 나온다. 나라가 편하지 않다는 것은 변란이 일어났거나 역병 또는 기근으로 인해 어려워졌다는 것을 의미하는 것일 수도 있다. 21세 단군 때 은나라의 무정과 전쟁한 기록이 있는 것을 보면 당시에 많은 전란이 있었던 것으로 짐작할 수도 있다. 21세 단군 때 고죽국의 왕자인 백이와 숙제가 나라를 사양하고 달아나 동쪽 바닷가에 살았다는 기록이 있는 것을 보면 21세 단군 때 주나라의 무왕이 은나라를 멸망시킨 사건이 일어났음을 알 수 있다.

---

17. 長生仙人之國 樂爲仙人之氓. 이기동·정창건 역해, 『환단고기』(행촌, 2019), 152쪽.

21세 단군 때 고등이라는 사람이 군사를 일으켜 귀방(鬼方)을 정복한 뒤, 단군에게 강요하여 우현왕이 되었다. 우현왕의 손자인 색불루(索弗婁)가 단군을 압박하여 단군에 올랐다.

22세 단군 때 삼한을 삼조선으로 개편하는 작업이 시작되는데, 44세 단군 때 완료된다. 삼한의 진한이 진조선으로 되었고, 변한이 번조선으로 되었으며, 마한이 막조선으로 되었다. 진조선은 단군이 직접 통치하고, 막조선은 우현왕이 통치하며, 번조선은 좌현왕이 통치했다.

우현왕이 단군에 즉위한 것은 큰 변화이다. 단군조선이 혼란기에 접어들었다는 증거이기도 하다. 『환단고기』에는 25세 단군 때 기자(箕子)가 옮겨와 서화에 정착했지만, 인사를 나누는 일도 사절하여 받지 않았다는 기록이 나온다. 이에서 보면 기자가 동쪽으로 망명하여 온 것은 사실이지만, 기자가 조선의 왕으로 봉해졌다는 것은 사실이 아니다. 기자에 관한 내용은 중요하기 때문에 자세하게 밝혀볼 필요가 있다.

기자가 동쪽으로 와서 많은 교화를 펼쳐서 조선이 문화국이 되었다는 주장이 후대에 많이 남아 있고, 기자가 조선을 통치했고, 그 시기를 기자조선이라 불렀다는 설도 있지만, 『환단고기』에서 보면, 그 사실들이 모두 거짓임이 밝혀진다. 『환단고기』의 기록이 기존의 학설과 다르므로 『환단고기』를 위서라고 주장하는 사람들이 있지만, 경솔한 주장으로 보인다.

신채호는 『조선상고사』에서 다음과 같이 기술하고 있다.

우리나라는 고대의 희귀한 서적을 불태워버린 적이 있었으나 위서를 작성한 일은 없었다. 근자에 와서 『천부경』, 『삼일신지』 등이 처음 출현했는데, 누구의 변박도 없이 고서로 인정해 주는 사람이 없게 되었다. 그러므로 우리나라 서적은 각 성씨의 족보 속에 혹간 그들 선조의 일을 거짓으로 꾸민 것 이외에는 진위를 판별하기 위해 애쓸 일이 거의 없다.[18]

신채호는 기자동래설을 인정하지만, 기자가 조선의 왕으로 봉해졌다는 말은 부정한다.

옛날에 장유(張維)가 『사기』의 "무왕이 기자를 조선에 봉했다"라는 말을 변정했는데, 첫째, 「상서」의 상나라가 망한다면 내가 신하 되는 일은 없을 것이다"라고 한 말을 들어, 기자가 이미 남의 신하가 되지 않을 것임을 맹세했으니, 주나라 무왕의 봉작을 받았을 리가 없다는 전제를 세우고, 둘째, 『한서』의 기자가 조선 땅으로 피했다"라는 말을 들어 반고는 『사기』를 지은 사마천보다 충실하고 정밀한 역사가라서 사마천이 지은 『사기』의 기자 봉작설을 『한서』에서 빼버렸다며, 봉작은 사실이 아니라고 단언했으니, 이것은 사람으로 증명한 것이다.[19]

신채호는 또 기자와 「홍범구주(洪範九疇)」에 대해서도 다음과 같이 서술하고 있다.

---

18. 정소문 정해, 『신채호의 조선상고사 바로 읽기』(서문당, 2014), 71쪽.
19. 위의 책, 73~74쪽.

우가 홍수를 다스린 공으로 왕이 되자 국호를 하(夏)라 하고 수
두의 교를 성행했으며, 도산(塗山)에서 받은 신서(神書)를 「홍범
구주」라 하여 믿었다. 하가 몇 백 년 뒤 망하고, 상(商)이 이었다
가 또 몇 백 년 뒤 망했다. 주(周)가 일어나서는 주 무왕이 「홍
범구주」를 배척했다. 은의 왕족 기자가 「홍범구주」를 지어 무
왕과 사리를 분별하며 논란을 벌이다가 조선으로 망명했다. 지
금 보는 『상서』의 홍범이 그것이다. 「홍범편」에 "첫 번째는 오
행이고 (…) 아홉 번째는 오복을 권면하고 육극을 경계하는 것
이다. 첫 번째 '오행'은 첫째 수, 둘째 화, 셋째 목, 넷째 금, 다섯
째 토이다. (…) 아홉 번째 오복은 첫째가 수(壽)이고, 둘째가 부
(富)이고, 셋째가 강녕이고, 넷째가 유호덕이고, 다섯째가 고종
명이다. 육극은 첫째는 흉하고 요절하는 것이고, 둘째는 질병이
고, 셋째는 우환이고 넷째는 가난이고, 다섯째는 악한 것이고,
여섯째는 나약한 것이다"라는 것 등은 바로 〈도산신서〉의 본문
이고 기타 나머지는 기자가 부연해 기술한 것인데, "하늘이 우
에게 홍범구주를 내려주셨다"라는 것은 바로 기자가 단군을
가리켜 하늘이라 하고, 단군에게 받은 것을 하늘이 주셨다고
한 것이다. 이것은 수두의 교의에 단군을 하늘의 대표로 보는
까닭이고, 기자가 조선으로 망명한 것은 상(商)이 주(周)에게 멸
망하는 동시에, 상의 국교인 수두교가 압박을 받으므로 고국을
버리고 수두교의 조국으로 돌아온 것이다. (…) 또 『오월춘추』
에 근거하여 「홍범오행」이 조선에서 전해진 것이라고 믿는 것
이 옳다고 볼 수 있으며, 또 『초사』에 근거하여 '동황태일', 곧
단군왕검을 제사하는 풍속이 허베이(河北)와 저장(浙江) 등지에

서 많이 유행했다고 보면, 대개 하우가 형산에서 제사 지내고 도산에서 부루에게 신서를 받은 곳이기 때문에 수두교가 이 지방에서 가장 유행했던 것 같다.[20]

이상의 논의에서 보면 기자에 관한 사실과 홍범의 내용 등이 선명해진다. 참고로 『환단고기』에는 1세 단군조에 "재위 67년 갑술년에 단군께서 태자 부루를 파견해 도산(塗山)에서 우사공(虞司空)을 만나게 했다. 태자가 오행치수의 법을 전하고 국경을 따져 확정하니 유주와 영주가 우리에게 귀속되었다"라는 기록이 나온다. 4세 단군조에도 "재위 5년 8월 가을에 하나라 사람이 와서 특산물을 바치고 신서를 구해갔다"라는 기록이 나온다. 우사공은 순 임금 때 사공 벼슬을 했던 우 임금을 가리킨다.

『환단고기』를 참고하면, 고대 동북아시아에서는 단군조선이 황제국으로서 문화 중심국이었고, 서부 지역에 살고 있던 요순과 하나라, 상나라가 문화의 주변국으로서 단군조선으로부터 문물을 받아들였던 것을 알 수 있다. 단군조선은 점차 침체를 거듭하다가 공자가 활약하던 시대에 이르러 문화가 완전히 역전되어 주변국으로 전락한 것으로 보인다.

44세 단군 때에 완전히 침체하여 나라 이름을 대부여(大夫餘)로 바꾸고 삼한을 삼조선으로 완전히 바꾸었다. 이로부터 삼조선을 통솔하는 단군의 권한이 약화하였다. 47세 단군이 제위를 버리고 산으로 들어가 선인이 됨으로써 단군조선이란 나라는 막을 내렸

20. 위의 책, 115~117쪽.

다. 때는 기원전 238년이었다. 이즈음부터 북부여와 고구려가 일어났고, 삼한의 유민들이 남쪽으로 내려가 다시 삼한이란 나라를 세웠다. 단군조선 때의 삼한을 전삼한이라 하고, 단군조선이 망한 뒤의 삼한을 후삼한이라 해야 할 것이다.

북부여를 건국한 해모수를 시조 단군이라 한 것을 보면, 단군이란 밝달 임금으로 부른 것임에 틀림없다. 밝달은 밝고 곱다는 뜻으로 임금을 수식하는 말이다. 임금은 조선시대 말기까지 불린 일반명사임을 알 수 있다.

해모수의 재위 45년 병오년(기원전 196)에 연나라의 위만이 망명을 요구했으나, 단군이 허락하지 않았는데, 번 조선의 왕 기준(箕準)이 위만을 박사로 삼고 상하운장(上下雲障)에 봉한 사실이 있다.

단군조선이 후기로 접어들면서 침체하고 멸망한 근본 원인은 도덕성을 유지하지 못했기 때문이지만, 직접적인 원인은 중국의 부강을 들 수 있다. 중국은 형상판과 형하판이 공존하는 나라이다. 중국은 형상판과 형하판의 충돌로 혼란해지면, 그 혼란을 극복하기 위한 다양한 시도를 한다. 하나라는 형하판이었고, 상나라는 형상판이었으며, 주나라는 형상판에서 형하판으로 바뀌는 과정에서 춘추전국시대라는 엄청난 혼란기를 맞이했고, 그 혼란을 극복하기 위해 수많은 사상가가 등장하여 각자의 사상을 제시했다. 그 과정에서 유가·묵가·도가·명가·법가·종횡가·농가·병가 등 다양한 사상들이 쏟아져 나왔고, 공자·맹자·순자·노자·장자 등 위대한 사상가가 등장하여 위대한 사상을 정리했다. 이에 비해 단군조선은 형상판으로 일관하고 있었으므로, 판을 갈기 위한 혼란의 과정이 없었지만, 인간성 회복을 위한 노력이 부족했으므로 분열이 일어나 침체했다. 적어도 19세 단군 이전에는 문화 중심국의 위상을 유지해왔으나 춘추전국시대를 거치면서 단군조선은 문화 중심국의 자리를 중국에 내어주고 문화 주변국으로 전락하고 말았다. 한 번 중국에 문화 중심국의 자리를 내어준 뒤로는 오늘날에 이르기까지 한국 민족은 문화 중심국의 자리를 되찾지 못하고 있다. 중국이 문화의 중심국이 된 뒤로는 그 이전의 역사를 모두 중국이 문화 중심국인 것으로 기록하게 되고, 한국인들은 중국 중심으로 기록된 역사를 기준으로 모든 것을 판단하게 되었다. 그로 인해 춘추전국시대 이전의 단군조선 중심의 문화사가 요·순·우로 이어지는 중국 중심의 문화사로 자리바꿈을 하게 되었고, 단군조선의 문화는 요·순·우로 이어지는 중국 문화속으로 대거 편입되었다. 문화 중심국의 이동에 따라 역사기록이 바뀌는 현상을 우리는 다음과 같은 가정을 해보면 쉽게 이해할 수 있다. 임진왜란 때 포로로 잡혀간 도공의 후예 중에 도예를 대성한 심수관이 있다. 만약 심수관의 도예가 다른 지역의 모든 도예를 압도한다고 가정해보면, 다음과 같은 결론에 도달할 수 있을 것이다. 도예의 역사에 대한 심수관의 기록은 임진왜란 때 잡혀가 일본에서 도자기를 굽기 시작했던 조상에서부터 시작할 것이다. 심수관은 그 조상이 한국에서 왔다는 것은 기록할지 모르지만, 한국에서 전개된 도예의 역사는 기술하지 않을 것이다. 심수관이 도예를 집대성하여 세계를 압도할 때, 한국의 도예가들은 각각이 도자기를 굽기는 했어도 도예로서 정리하지 않았기 때문에, 아무에게도 알려지지 않았다고 가정한다면, 훗날 한국의 도예가들은 심수관의 도예를 따를 수밖에 없고, 동시에 도예의 역사도 심수관이 정리한 도예의 역사를 중심으로 이해할 수밖에 없을 것이다. 그렇게 되면, 심수관 이전에는 한국이 도예의 중심국이었지만, 심수관 이래로 일본이 도예의 중심국이 되고, 심수관 이전의 도예의 역사도 일본 도예사 중심으로 재편될 것이다. 그리고 과거 도예의 중심국으로서의 한국 도예의 역사는 일본 중심의 도예사에 묻혀버릴 것이다. 물론 지금의 예화는 사실이 아니지만, 만약 심수관의 도예가 세계를 제패하고 한국의 도예가 지리멸렬하고 있다는 가정을 하고 본다면, 위의 예를 이해하기는 어렵지 않다.

고대사 기록에 대한 중국 중심으로의 개편은 중국에 중화사상이 강화될 때 극대화된다. 중국에 중화사상이 극에 달했을 때가 한나라 때이었으므로, 한나라 때 편찬된 고대사와 고대문화는 중국 중심으로 기록되었다. 그 뒤 다시 청나라 때부터 중화사상이 등장하여 차츰 확대되다가 지금에 이르러 가장 강화된 듯하다. 최근 중국에서 이른바 동북공정이라는 작업을 통해 몽골·흉노·료·고구려 등의 역사를 중국의 역사로 재편한 것도 중화사상의 영향으로 볼 수 있다.

사람은 남에게 인정을 받고 칭찬을 받으면 없던 힘도 생겨나지만, 남에게 비난을 받아 조롱거리가 되면 있던 힘도 없어진다. 춘추전국시대를 거치면서 문화의 중심국이 된 중국인들은 조선을 비롯한 동이족 사람들을 바보로 만드는 작업에 들어갔다. 당시 중국에 남아 있는 동이족의 나라가 송나라였으므로, 송나라 사람들을 바보 취급하는 것은, 크게 보면 동이족 전체를 바보로 만드는 작업의 일환이었다.

송나라 사람 중에 자기 밭에 있는 곡식의 싹이 덜 자란 것을 걱정하여 뽑아 올린 자가 있었다. 그는 헐떡거리며 집에 가서 집안사람들에게 말했다. "오늘 나는 피곤하다. 곡식의 싹을 뽑아 올려서 잘 자라도록 도와주었다. 그 아들이 종종걸음으로 밭에 가 보니 곡식의 싹이 모두 죽어 있었다(『맹자』「공손추상」).

송나라 사람이 장보라는 모자를 가득 사서 월나라에 팔러 갔는데, 월나라 사람들은 단발머리를 하고 몸에 문신하고 있었으므로 모자는 쓸모가 없었다(『장자』「소요유」).

송(宋)나라 사람 중에 밭을 가는 사람이 있었다. 밭 가운데 나무그루터기가 있었는데, 숲에서 갑자기 토끼 한 마리가 뛰어나와 그루터기에 부딪혀 목이 부러져 죽었다. 농부가 이것을 본 뒤에는 일하지 않고 매일 그루터기 옆에 앉아서 토끼가 뛰어나오길 기다렸다. 그러나 토끼는 두 번 다시 나타나지 않았고, 그 사이에 밭이 황폐해졌다. 그 농부는 온 나라의 웃음거리가 되었다(『한비자』「오두편」).

송나라가 초나라와 홍이라는 강가에서 전쟁하는데, 송나라 군사가 전투태세를 갖추고 기다리고 초나라 군사가 강을 건너고 있을 때, 사마가 말했다. "적군의 수는 많고 우리 군의 수는 적으니, 강을 다 건너오기 전에 공격합시다." 양공이 말하기를 "불가하다." 초나라 군사가 다 건너왔으나 아직 대오를 갖추기 전에 사마가 또 말했다. "이제 공격합시다." 양공은 또 말했다. "아직 안 된다" 하고 허락하지 않았다. 적군이 대오를 다 갖추었을 때 공격했다가 송나라 군대가 패했다(『춘추좌전』 희공 22년).

송나라는 동이족(夷族)의 나라이었다. 송나라 사람을 바보로 취급하는 것은 동이족 전체를 바보로 취급하는 것이다. 춘추전국시대는 형상판의 철학에서 형하판의 철학으로 판 갈이를 하는 혼란기였으므로, 송나라 사람들을 바보로 취급하는 것은 형상판의 철학으로 사는 사람의 어리석음을 비꼬는 것이다. 춘추전국시대의 사람들은 동이족을 지칭하는 이(夷)라는 글자의 뜻를 야만인이라는 의미로 바꾸었다. 사전에 이(夷)라는 글자의 의미가 오랑캐로 풀이되는 것은 춘추전국시대 이래로 뜻을 바꾼 것에 연유한다. 이(夷)는 원래 '활을 잘 쏘는 키 큰 사람'이란 뜻이다. 이(夷)가 갑골문에 노예라는 뜻으로 쓰였다는 연구 결과가 있는데, 만약 그렇다면 동이족을 바보로 취급하는 작업은 갑골문이 널리 쓰였던 시대부터 시작된 것으로 봐야 할 것이다. 이러한 현상은 훗날 일본과의 관계에서도 일어난다. 한국은 일본에 대해 줄곧 문화 중심국이었으나, 메이지유신이 일어난 이후 일본인들이 한국인을 무시하기 시작했다. 당시 한국인에 대한 호칭이 조센징(朝鮮人)인데, 조센징은 에도시대에 많은 사람이 부러워하는 호칭이었으나, 한국을 식민지로 삼으면서 야만인이라는 뜻으로 의미를 바꾼 것이다.

침체를 거듭하다가 중국에 문화 중심국의 자리를 넘겨주고 문화의 주변국으로 전락한 한국인들이 문화 중심국이 된 중국인들에게 바보 취급을 당하고 무시를 당하게 되면, 있던 능력도 발휘할 수 없게 된다. 한국인들의 삶은 철학의 형상판 위에서 지속되기 때문에 주위의 나라들이 형하판으로 바뀌면 거기에 적응하기가 어려워진다. 중국인들의 삶의 바탕이 형하판으로 바뀐 것이 한나라 때이었으므로, 중국 한나라 때의 한국은 능력을 발휘하지 못하고 침체했다. 단군조선이 망하고 북부여와 고구려가 건국되었고, 신라와 백제가 건국되었지만, 큰 역량을 발휘하지 못했다.

사람들이 형하판의 철학으로 살게 되면 치열한 경쟁을 통해 부강해지지만, 부강해진 다음에는 그 자체의 모순으로 한계에 직면하여 혼란에 빠진다. 한나라가 후기로 접어들면서 혼란에 빠지게 된 것은 그 때문이다. 사람들이 형하판 철학의 삶에서 한계에 직면하면 형상판의 철학으로 사는 사람들에게 매력을 느낄 수밖에 없다. 한나라가 후기에 접어들면서 조선인에 대한 중국인들의 평가가 달라지기 시작한 것은 그 때문이다.

『후한서』에서는 "동부의 사람은 천성이 유순하여 서방이나 북방 남방의 족속과는 다르다"라고 하면서 "구이(九夷)에 가서 살고 싶다"라고 한 공자의 말씀을 인용하여 "그 말씀이 그럴 법하다"라고 했고, "동방에 군자가 죽지 않고 사는 나라가 있다"라고도 했다. 『한서』 「지리지」에서는 단군조선시대의 인정과 풍속에 대해서 "사람들이 서로 도둑질 하는 일이 없어 문을 닫지 않고 지내며, 혼인함에 매매하는 버릇이 없으며, 부인들이 곧고 미더워 음란하지 않으며, 예의가 바르고 음식에서 범절이 있었으나, 중국의 상인들이 들어간 뒤에 풍속을 흐리게 했다고 한다"라고 기록하고

---

21. 『한서』와 『후한서』의 기록에 관해서는 류승국, 『한국유학사』(성균관대학교출판부, 2009), 22~23쪽 참조.

있다.[21]

『삼국지』「위서魏書」〈동이전〉에는 부여에 대해 "사람들이 키가 크며, 성질이 굳세고 용감하며 침착하고 후덕하며 노략질을 하지 않는다. (…) 은나라 달력으로 정월에 하늘에 제사 지낼 때, 서울에서 큰 모임을 하고 연일 먹고 마시며 노래하고 춤을 추는데, 그 이름을 영고(迎鼓)라 한다. 이때에는 소송을 중단하고 죄수를 풀어준다. 나라에 있을 때 흰옷을 숭상했다. 흰 베를 사용하여 큰 소매를 만들고 저고리와 바지와 가죽신을 신었다"라고 기록하고 있다.

이외에도 한나라 말기에서 위·진·남북조에 걸쳐 한국인에 대해 호평한 것이 여기저기에 많이 나온다. 이는 형하판의 철학으로 살고 있었던 중국인들이 한계에 부딪혀 판을 갈아야 할 때 나타나는 한민족에 대한 매력을 표현한 것이다. 당시의 중국에서 이미 오늘날의 한류와 같은 한국문화의 붐이 일어난 것이다. 사람이 인정을 받고 칭찬을 받으면 능력을 발휘하게 된다. 중국에서 일어난 한류 분위기로 인해 한국인들은 능력을 발휘할 수 있게 되었다. 이러한 분위기에서 고구려가 먼저 기지개를 켜고 일어났다.

제 2 부

삼국시대의 유학

◎

삼국의 건국연대는 신라가 기원전 57년, 고구려가 기원전 37년, 백제가 기원전 18년이었다. 그러나 위치상으로 고구려와 백제가 중국에 가까웠으므로, 중국 문화를 받아들인 것은 고구려, 백제, 신라 순이었다. 삼국이 기원전에 건국했지만, 당시는 중국 한나라 때이었고, 당시의 중국인들은 물질주의적 삶을 추구하여, 강력한 힘을 배경으로 영토 확장에 주력했으므로, 고구려·백제·신라 삼국은 큰 힘을 발휘하지 못하고 침체하고 있었다. 고구려·백제·신라 삼국은 건국은 했으나 이미 중국이 문화의 중심국으로 바뀐 뒤이기 때문에, 중국의 영향을 지대하게 받을 수밖에 없었다.

이윽고 중국 한나라가 형하판의 철학이 갖는 한계에 부딪혀 멸망하고, 뒤를 이어 형상판의 철학으로 판 갈이가 완성될 때까지 위·진·남북조라고 하는 길고 긴 혼란이 지속되었다. 중국이 형상판으로 판 갈이를 하게 되면, 원래부터 형상판의 철학으로 삶을 지속하고 있는 한국인들에게 매력을 느끼게 되므로, 한국인들을 인정하고 칭찬하게 된다. 중국에서 일어난 한류 붐을 타고 먼저 기지개를 켜고 일어난 나라가 고구려였다.

제1장

■

고구려의 유학

고구려는 기원전 37년에 고주몽(朱蒙)에 의해 부여족에서 갈라져 나와 압록강 유역에서 건국되었다. 고구려는 중국 한나라의 강력한 영토 확장정책에 눌려 크게 발전하지 못했으나, 한나라의 국력이 쇠약해지기 시작한, 후한 중엽 이후에 차츰 국력을 신장하였다. 태조대왕(太祖大王, 재위 53~146) 때는 영토가 넓혀졌고 국가체제가 정비되었다. 미천왕(美川王, 재위 300~331) 때는 한사군을 완전히 정복하여 단군조선의 옛 땅을 회복했다. 보장왕 27년인 668년 나당연합군에 의해 멸망했다.

나라가 안정되어 사람들의 육체적 삶이 확보되면 정신적 삶을 위한 철학과 사상이 필요해진다. 고구려는 372년 소수림왕 2년에 태학을 설립하여 정식으로 국가의 인재를 양성하기 위한 대학교육에 들어갔고, 아울러 같은 해 6월에 전진(前秦)으로부터 불교를 수입했다.

고구려의 태학에서 가르친 유학은 한(漢)나라 때의 유학이었으므로, 공자와 맹자 중심의 형이상학적 유학이 아니라, 순자의 형이하학적 유학이었다. 한국인들의 삶의 바탕에는 끊임없이 형상판의 철학이 깔려 있었으므로, 형하판에서 정리된 순자의 유학이 제대로 정착되기 어려웠다. 고구려의 유학은 정치 방법과 제도, 문자 교육, 사회에서의 생활윤리 등을 제공하는 역할을 하는 데 멈추고, 사람들의 형이상학적 요구에 부응한 것은 유학이 아니라 불교였다. 이러한 현상은 고구려뿐만 아니라 삼국에 공통되는 것이었다.

이러한 이유로 삼국시대에 등장하는 위대한 철학자는 유학자가 아니라 원효나 의상 같은 불교의 승려였다.

고구려에서도 형이상학을 지향하는 일반인들의 관심이 불교를 향했으므로, 국가에서도 불교를 장려하지 않을 수 없었다. 고국양왕(故國壤王: 재위 384~391) 때는 불법을 숭상하도록 권장하는 영을 내렸고, 광개토태왕 때인 392년에는 평양에 아홉 개의 절이 지어졌다. 평원왕(平原王) 때 승려 의연(義淵)은 중국의 고승인 법상(法上)에게 불교를 배웠고, 영류왕(榮留王) 때 혜관(慧灌)은 일본에 건너가 삼론종(三論宗)의 개조(開祖)가 되었다. 그 외에도 평원왕 때 담징(曇徵)이 일본의 법륭사(法隆寺) 금당(金堂)의 벽화를 그렸고, 지묵·맷돌 등을 전했다. 혜량(惠亮)은 신라에 들어가 초대 국통이 되었으며, 보덕(普德)은 백제에 들어가 열반종(涅槃宗)을 개창(開創)하기도 했다. 이를 보면 고구려의 철학사상은 주로 불교를 통해서 발전했고, 유학은 정치·경제·교육·윤리 등의 현실사회에서 필요한 요소를 해결하는 역할을 했다.

광개토태왕비문에 동명왕이 18년간 통치한 뒤 세자에게 "도로써 나라를 다스려라"라고 하는 구절이 나오는데, 여기서 말한 도(道)는 최치원 선생이 말한 전통사상으로 이어져 오고 있는 현묘한 도로 이해한다면, 공자와 맹자 철학에서 말하는 도일 것이다.[1]

고구려의 유학에서 도를 강조한 것은 중국의 순자 유학에서 공맹의 유학으로 회귀하는 것인데, 이는 단군조선에서 내려오는 한국 고유사상의 영향을 이어받고 있기 때문일 것이다.

고구려에서는 국립대학에 해당하는 태학에서 유교 경전을 교육한 것 외에 지방에 경당(扃堂)이라는 교육기관을 만들어 유교 경전을 강의하고 궁술을 단련케 했다. 『구당서』 「고구려전」에는 다음과 같은 기록이 있다.

> 풍속이 서적을 사랑하고, 목축하는 천하고 가난한 가정에 이르기까지 모두 거리마다 큰 집을 지어놓고, 이를 경당이라 불렀는데, 미혼의 자제들이 밤낮으로 여기에 모여서 글 읽기와 활쏘기를 연습했다.[2]

위의 인용문에서 보면, 고구려에서는 유교 경전을 학습하는 분위기가 일반인에 이르기까지 널리 퍼져 있었음을 알 수 있다.

---

1. 위의 책, 51~52쪽 참조.
2. 俗愛書籍 至於衡門厮養之家 各於街衢造大屋 謂之扃堂 子弟未婚之前 晝夜於此讀書習射. 『구당서』 권199, 〈동이전〉; 류승국, 『한국유학사』에서 전재.

제2장

■

백제의 유학

백제는 고구려와 마찬가지로 부여에서 갈라져 나왔고, 부여는 옛 마한에서 갈라져 나왔다. 『주서(周書)』 「이역전異域傳」 「백제전」 에는 다음과 같은 기록이 있다.

백제는 그 선대가 마한의 속국이었고 부여의 별종이다.[3]

여기서 말하는 마한은 단군조선시대의 마한이다. 마한이 쇠약 해지면서 부여가 나왔고, 부여에서 고구려가 나왔다. 고구려를 건 국한 주몽의 태자 유리가 왕위를 이어받자, 유리의 동생인 비류와 온조가 남쪽으로 내려가 백제를 건국했다. 비류가 건국한 비류의 백제는 미추홀(彌鄒忽)에 도읍했다가 해상왕국으로 발전했다는 설 도 있고, 온조의 백제에 복속되었다는 설도 있다. 온조는 하남 위 례성에 도읍을 정하여, 21대 개로왕 때까지 번성했으나, 개로왕이 남침한 고구려에 의해 피살된 뒤, 문주왕(文周王)이 웅진으로 천도 했다.

---

3. 百濟者 其先蓋馬韓之屬國 夫餘之別種(『주서』 권29, 〈백제전〉).

백제는 문주왕의 웅진 천도 후 무령왕 때에 이르러 번성했다. 그 뒤 성왕(聖王)은 백제의 중흥과 왕권의 강화를 위해 도읍을 사비로 천도했다. 성왕은 사비 천도 후 국호를 '남부여(南扶餘)'로 고치고, 중국 남조로부터 유학을 적극적으로 수입하여 정착시킨 뒤 왜에 전수했다. 백제는 의자왕 20년인 660년에 나당연합군에 의해 멸망했다.

백제의 유학도 그 전개 양상이 고구려의 유학과 크게 다를 것이 없다. 백제에서 받아들인 중국의 유학은 순자의 유학이었기 때문에, 일반인들의 철학적 요구에 부응하지 못하고 현실사회에서의 정치·윤리·경제·교육 등의 문제를 해결하는 역할을 했고, 철학적 요구는 불교를 통해서 해소했다.

『삼국사기』에는 박사 고흥이 『서기(書記)』를 저술했다는 기록이 있다.

> 옛 기록에 이르기를, 백제는 개국 이래 문자로 사건을 기록한 것이 없었는데, 이때 이르러 박사 고흥을 얻어 비로소 『서기(書記)』가 있게 되었다. 그러나 고흥에 관해서는 다른 책에 드러난 기록이 없으므로 어디 사람인지 알 수 없다.[4]

『서기』의 내용이 구체적으로 어떤 것인지 알기는 어렵지만, 아

---

4. 古記云 百濟開國已來 未有以文字記事 至是得博士高興始有書記 然高興未嘗顯於他書 不知其何許人也(『삼국사기』 권24, 「백제본기」 第二 近肖古王 30년조).

마도 역사서일 것으로 추정하는 데는 무리가 없다. 나중에 일본에 『일본서기(日本書紀)』라는 역사서가 간행되었는데, 이 『일본서기』는 고흥의 『서기』를 본보기로 하여 집필된 것으로 볼 수 있기 때문이다. 이는 고려의 김부식이 중국의 『사기(史記)』를 본보기로 하여 『삼국사기(三國史記)』를 집필한 것과 같은 경우이다.

백제에서 역사서가 출간되었다는 것은 유학뿐만 아니라 문학 사학에 걸쳐 골고루 학술이 발달했다는 것을 의미한다.

백제는 일본과 빈번하게 소통하면서 유학뿐만 아니라 불교와 천자문 등을 일본에 전해주었다. 먼저 일본에 건너가 문화를 전파한 인물로는 아직기를 들 수 있는데, 아직기는 『고사기(古事記)』에는 아지길사(阿知吉師)로, 『일본서기(日本書記)』에는 아직기(阿直岐)로 기록되어 있다. 아직기는 일본에서 태자의 스승이 되었고, 백제의 왕인 박사를 모셔오도록 추천했으며, 그의 추천으로 왕인 박사가 일본으로 건너갔다.

왕인은 『고사기』에는 「화이(和邇)」로 기록되어 있고, 『일본서기』에는 왕인(王仁)으로 기록되어 있다. 왕인은 일본으로 건너가, 『논어』와 『천자문』을 전해주었고, 성덕태자의 스승이 되어 유교 경전의 내용을 가르쳤다. 백제도 중국 한나라 때의 오경박사 제도와 같은 오경박사 제도가 있었다. 이를 보면 백제 유학 역시 중국 한나라 때의 순자 중심의 유학을 받아들인 것을 알 수 있다.

제3장

■

신라의 유학

신라는 박혁거세가 기원전 57년에 지금의 영남 지역에서 건국했다. 박혁거세(朴赫居世)의 혁(赫)이란 글자는 밝다는 뜻으로 박(朴)의 발음기호로 볼 수 있고, 거세는 임금이란 뜻이므로, 박혁거세는 '밝거서간'으로 발음했고, 뜻은 '밝으신 임금'일 것으로 추정할 수 있다.

신라는 고구려·백제·신라 중에서 가장 먼저 건국했으나 중국과 소통할 수 없는 지리적 조건으로 인해, 중국의 문화를 가장 늦게 받아들였으므로, 중국식 문화가 가장 늦게 발전했다. 그 반면에 신라는 단군조선시대의 전통을 가장 많이 보유할 수 있었다. 신라에서는 단군조선의 정치제도인 화백제도를 시행했고, 단군조선의 청년수련단체인 화랑제도를 계승했는데 그것이 나라를 부강하게 만드는 원동력이 되었다. 화백제도는 환웅천왕 때부터 시작되어 단군조선시대로 이어진 정치제도였고, 화랑은 13세 단군 흘달(屹達) 때 만들어졌다. 화랑은 천지화를 머리에 꽂고 다닌 것에서 유래한다.

재위 20년 무술년(기원전 1763). 소도를 많이 설치하고 천지화를 심었다. 결혼하지 않은 자제들에게 독서와 활쏘기를 익히게 하고, 국자랑이라 했다. 국자랑이 외출할 때는 머리에 천지화를 꽂았기 때문에 당시 사람들이 천지화랑이라 불렀다.[5]

신라는 단군조선의 정치제도와 화랑제도만 이어받은 것이 아니라, 단군조선의 철학과 사상까지도 이어받았다. 신라 말의 학자 최치원 선생은 「난랑비서(鸞郎碑序)」에서 다음과 같이 말한 적이 있다.

나라에 현묘한 도가 있으니, 풍류라 한다. 가르침을 일으키는 근원이다. 그 내용은 선사(先史)에 자세하게 기록되어 있다. 실로 그 안에 유불선 삼교를 포함하는 것으로, 모든 생명체에 접하여 참되게 바꾼다. 이를테면 집에 들어와서 부모에게 효도하고 밖에 나가서 나라에 충성하는 것은 노나라 사구였던 공자의 뜻이고, 무위의 일에 처하고 말 없는 가르침을 행하는 것은 주나라 주사였던 노자의 핵심사상이며, 모든 악을 짓지 않고 모든 선을 받들어 행하는 것은 인도의 태자였던 석가모니가 교화한 내용이다.[6]

---

5. 戊戌二十年 多設蘇塗 植天指花 使未婚子弟 讀書習射 號爲國子郎 國子郎出行 頭揷天指花 故 時人稱爲天指花郎.
6. 國有玄妙之道 曰風流 設敎之源 備詳仙史 實乃包含三敎 接化群生 且如 入則孝於家 出則忠於國 魯司寇之旨也 處無爲之事 行不言之敎 周柱史之宗也 諸惡莫作 諸善奉行 竺乾太子之化也(『삼국사기』「新羅本紀」〈眞興王 37年條〉).

나라에 전승되어온 철학사상의 핵심은 『천부경』의 '하나사상'과 『삼일신고』의 천인일체사상으로 추측할 수 있다. '하나사상'은 모든 철학사상을 다 포함할 수 있다. '하나사상'에서 모든 것이 구별되지 않은 하나를 중시하는 것은 노장철학의 도·자연·혼돈과 통하고, 시작도 없고 마침도 없다는 무시무종 사상은 불교의 불생불멸 사상과 통한다. 부모를 나와 하나로 생각하여 받드는 것과 나랏일을 집안의 일로 여겨서 나라의 일을 진실하게 처리해야 하는 사람의 윤리 역시 '하나사상'에 기반하고 있다. 모든 생명체에 접하여 참되게 바꾸는 것은 『삼일신고』의 사상이고, 을보륵 선생의 지아구독(知我求獨)·공아존물(空我存物) 사상과도 통한다.

옛날부터 이어져 오고 있는 현묘지도는 모든 종교와 철학을 성립시키는 바탕이다. 이 바탕에서 외래의 종교와 철학을 수용하면 주체적으로 한국의 종교와 철학으로 소화하여 한국인의 삶에 도움이 되는 방향으로 재창조할 수 있다. 외국에서 들어오는 종교와 철학을 소화할 수 있는 바탕을 자체적으로 가지고 있지 않으면, 외국에서 들어오는 종교와 철학을 주체적으로 소화하지 못하기 때문에, 삶에 도움이 되는 활력소를 만들어내지 못하고, 그 종교와 철학에 매몰되어 노예처럼 되어버리는 부작용이 생긴다.

신라가 백제와 고구려를 복속하고 천년을 이어온 비결은 바로 여기에 있다고 할 수 있겠다. 말하자면 신라는 외래의 종교와 철학을 주체적으로 소화하여 활력소를 만들어냄으로써 현실 문제의 해결에 창조적으로 대응할 수 있었기 때문으로 볼 수 있다.

외래의 종교와 철학을 수용하여 소화할 수 있는 바탕이 있으면, 여러 종교와 철학이 들어와도 그것을 하나로 녹여서 현실의 삶에 도움이 될 수 있도록 재창조할 수 있다. 유교와 불교를 하나로 녹여서 재창조한 경우를 우리는 화랑도의 세속오계에서 볼 수 있다. 『삼국사기』 「귀산전(貴山傳)」에 의하면, 진평왕 22년(600년)에 원광법사가 중국 수나라에서 돌아와 운문산(雲門山) 가실사(嘉瑟寺)에 있을 때, 귀산(貴山)과 추항(箒項) 두 사람이 평생 명심해야 할 가르침을 청하자, 법사는 사군이충(事君以忠)·사친이효(事親以孝)·교우이신(交友以信)·임전무퇴(臨戰無退)·살생유택(殺生有擇) 등의 다섯 가지 계율을 가르쳤다는 기록이 나온다. 원광이 가르친 이 다섯 가지 계가 바로 세속오계이다. 내용은 충심으로 임금을 섬기고, 효심으로 부모를 섬기며, 미더운 마음으로 벗을 사귀고, 전투에 임하여 물러서지 말 것이며, 살생할 때는 가려서 해야 한다는 것이다. 사군이충·사친이효·교우이신은 주로 유학에서 말하는 실천 윤리이고, 임전무퇴는 전쟁에 나아가는 마음 자세이며, 살생유택은 불교적인 내용과 유학적인 내용의 결합으로 볼 수 있지만, 이 다섯 가지 윤리는 사실 단군조선에서 강조했던 윤리이기도 하다. 초대 단군 때의 훈시에는 충성과 효도가 강조되어 있고, 단군조선의 화랑정신에 임전무퇴 정신이 들어 있다. 살생유택의 내용에 관해서는 『환단고기』에 실려 있는 『태백일사(太白逸史)』 「삼신오제본기」에 다음과 같은 기록이 있다.

또한 살생에도 법이 있어서 위로 국왕으로부터 아래로 서민에 이르기까지 모름지기 스스로 때와 대상을 택해서 살생했으나, 결코 함부로 죽이지는 않았다. 옛 부여 때부터 말이 있어도 타지 않고 살생을 금하여 놓아준 것은 그런 뜻에서였다. 그러므로 잠든 것은 죽이지 않고, 알을 배었거나 품고 있는 것을 죽이지 않은 것은 곧 때를 택함이요, 어린 것은 죽이지 않고 새끼를 덮거나 품고 있는 것을 죽이지 않은 것은 대상을 택함이니, 생명을 중히 여기는 뜻이 지극하다고 할 수 있다.[7]

살생할 때 가리는 것은 때와 대상에서다. 잠든 때와 알을 배었거나 알을 품고 있을 때는 죽이지 않았고, 어린 것, 또는 새끼를 덮거나 품고 있는 것을 죽이지 않은 것은 대상을 택한 것이다. 원광법사도 살생유택에 관해 다시 물어온 귀산과 추항에게 다음과 같이 설명했다.

대재일과 봄·여름철에는 살생하지 말라고 했으니, 이것은 때를 가리는 것이다. 기르고 부리는 것을 죽이지 않는다고 함은 말·소·닭·개와 같은 부류를 말하는 것이며, 미물을 죽이지 않는다는 것은 고기가 한 점도 되지 못하는 것을 말함이니, 이것들은 대상을 가린다는 것이다. 다만 꼭 필요한 것에만 한하고 많은 죽음을 요구하지 않으면, 이를 세속의 선계(善戒)라 할 수 있다.

위에서 말한 대재일이란 매달 8·14·15·23·29·30일로서, 이날은 불가에서 말하는 사천왕이 인간 세상을 돌아보면서 인간의 선

---

7. 殺生有法 上自國王 下至庶民 須自擇時與物而行之 一不濫殺 自古夫餘 有馬不乘 禁殺放生者 亦其義也 故不殺宿 不殺卵 是擇時也 不殺幼 不殺盖 是擇物也 重物之義 可謂至矣(『태백일사』「삼신오제본기」).

악을 살피기 때문에, 재계해야 한다고 한다.[8]

원광법사의 설명은 단군조선시대의 살생법에 불교적 색채가 가미된 것이니, 대재일에 살생하지 않는다는 것이 그것이다. 그리고 대상을 가리는 것이 단군조선의 내용에서 약간 변형이 되었다. 말·소·닭·개와 같이, 가까이에서 기르고 부리는 것을 살생하지 않는다는 것은 사랑이 가까운 데서 먼 데로 퍼져나간다는 맹자의 사랑의 단계적 실천원리와 일치하는 것이고, 고기가 한 점도 되지 않은 미물을 살생하지 않는다는 것은 역시 측은지심의 발동을 설명한 것이다. 『태백일사』에서 말하는, 자는 것을 살생하지 않는다는 것은 공자가 한 말과 일치하는데, 이는 원광법사가 인용하지 않았다. 새끼를 덮고 있거나 품고 있는 것을 죽이지 않는다는 것 또한 측은지심으로 설명할 수 있지만, 이 또한 원광법사는 인용하지 않았다. 원광법사는 아마도 단군조선시대 때부터 있었던 살생의 의미를 파악하고 있으면서, 그것을 그대로 따르기만 한 것이 아니라, 당시의 상황에 맞게 변화시킨 것으로 보아야 한다. 옛 사상을 익혀 그것을 현실에 맞게 창의적으로 변화시키지 못하는 것은, 옛것에 갇히는 것이다. 옛것에 갇혀 있는 사람은 현실의 문제를 해결하지 못하므로 필요 없는 존재가 되고 만다. 원광법사는 단군조선시대의 화랑정신을 소화하여 신라의 현실에 맞게 응용하여 세속오계의 가르침을 만들었다.

한국의 전통사상을 이어받은 사람은 한 특정 종교의 틀이나 교리에 갇히지 않고, 여러 종교의 진리를 하나로 융합한다. 스님이

---

8. 최영성, 『한국유학통사』(심산, 2006), 137쪽.

면서 유학사상과 노장사상을 설하고, 유학자이면서 불교와 노장사상을 강의한다. 스님들이 나라가 위급할 때는 승병을 조직하여 전장에 나가기도 한다. 후대에는 기독교 목사이면서 유학과 노장을 아우르는 사람도 있다. 이는 여러 종교나 철학에서 말하는 진리가 하나로 통해 있기 때문이고, 그 하나로 통해 있는 진리가 바로 한국의 '하나사상'이기 때문에 그렇다. 진리는 수많은 잎과 가지를 하나로 꿰뚫고 있는 하나의 뿌리에 비유할 수 있다. 하나의 뿌리가 되면 수많은 잎과 가지를 왕성하게 살리는 힘이 나온다. 신라가 천년을 유지할 수 있었던 원동력은 모든 것을 하나로 융합하는 힘에서 나온 것이다.

단군조선시대부터 전해 내려오는 융합 정신은 신라의 화랑 운동을 통해 보편화되었다. 화랑의 교육내용에 관하여 『삼국유사』에서는 "효제충신으로 가르쳤다"라고 했고, 『삼국사기』에서는 "서로 도의로 연마하고, 노래와 음악으로 즐기며, 산수에서 노니는데, 멀다고 가지 않는 곳이 없었다"라고 했다. 이를 보면 화랑의 교육은 유학의 윤리교육과 단군조선시대부터 내려오는 제천의식에서의 전통을 융합하고 있음을 알 수 있다.

신라는 정치적으로 단군조선의 화백제도를 계승함으로써 덕 있는 사람이 정치를 담당할 수 있게 되었고, 화랑정신의 발양으로 인해 윤리의식을 강화했기 때문에, 강력한 힘을 발휘할 수 있었고, 그로 인해 백제와 고구려를 복속할 수 있었다.

제 3 부

남북국시대의 유학

◎

신라가 백제와 고구려를 복속했지만, 영토의 면에서 보면 고구려의 영토를 거의 상실했으므로 온전한 통일이라고 하기 어렵다. 또 고구려의 옛 땅에 고구려의 유민들이 발해를 건국했으므로 신라의 통일은 불완전한 통일일 수밖에 없었다. 이러한 의미에서 삼국시대 이후를 통일신라시대로만 정리하는 것에는 무리가 있을 수 있다. 통일신라시대로 시대구분을 하면 발해가 들어갈 자리가 없어진다. 신라는 백제와 고구려 땅의 일부를 복속한 것이고, 고구려의 광대한 국토는 발해가 차지하고 있었으므로, 이를 고려한다면, 북쪽의 발해와 남쪽의 신라가 병존하는 남북국시대로 보아야 할 것이다. 학자에 따라서는 삼국시대 이후의 시대를 통일신라시대로 보지 않고, 남북국시대로 보는 견해가 있다. 이러한 견해는 타당하다고 생각되므로, 통일신라를 남북국시대의 남쪽에 있던 신라로 보고 정리하기로 한다.

제1장

■

통일신라의 유학

신라는 문무왕 8년(668)에 고구려를 복속함으로써 삼국통일의 꿈
을 달성했다. 문무왕의 뒤를 이어 왕위에 즉위한 신문왕은 즉위
한 이듬해인 682년에 백년대계를 위한 교육의 필요성을 실감하여
국립대학인 국학(國學)을 설립했다. 나라가 안정된 뒤에 주력해야
할 사업은 교육이다. 최영성 교수는 신문왕이 682년에 국학을 설
립하기 전에도 국학이 있었다고 주장한다. 그 근거로 제시한 내용
은 다음과 같다.

> 사실은 신문왕 이전에도 신라에 국학이 있었다. 『삼국사기』
> 「직관지(職官志)」에서 국학의 직원을 소개하는 가운데 '진덕왕
> 5년에 대사 두 사람을 두었다'라고 한 것이라든지, 또한 문무
> 왕 때 국자박사 설인선에게 김유신의 비문을 짓게 했다는 기록
> 으로 미루어 보면, 국학이 통일 이전에 이미 설립되었음을 알
> 수 있다. 진덕여왕 5년(651)으로 말하면, 견당사 김춘추가 당나
> 라에서 석전을 참관하고 돌아온 지 4년 뒤가 된다. 그러고 보면
> 신라의 국학은 적어도 김춘추의 건의에 따라 설립되었을 가능
> 성이 크다. 신문왕 때 와서 설립되었다고 한 것은 통일 이전의

국학이 사실상 유명무실하다가 통일 이후 신문왕 때에 이르러
서 제도적으로 정비되었다는 의미로 보아야 할 듯하다.[1]

　　나라가 혼란할 때는 교육에 신경을 쓸 여유가 없으므로, 통일
이전의 신라에서는 국학이 있어도 제 역할을 하지 못하다가, 나라
가 통일되어 안정되고 난 뒤에 국학이 정비되어 역할을 제대로 할
수 있게 되었을 것이다. 국학에서의 교육내용 중에 가장 강조되었
던 교육과목이 『논어』와 『효경』이었다. 이는 고구려와 백제에서
도 예외가 아닌데, 그 이유는 한국에서는 예로부터 효도가 가장
강조되었던 것에 기인한다. 한국의 '하나사상'이 인간관계에서 나
타나는 가장 확실한 것은 부모와 자녀와의 관계에서다. 부모와 자
녀가 하나라는 것을 전제해야 형제자매가 하나 되고, 그로부터
하나 되는 관계가 삼촌· 사촌·오촌·육촌으로 퍼져나가 모두 하
나가 된다. 그러므로 예로부터 한국에서는 부모와 자녀 간의 하나
됨이 강조되었다. 부모와 자녀가 하나 되면, 부모는 자녀를 내 몸
처럼 사랑하고, 자녀는 부모를 내 몸처럼 아끼고 받든다. 한국에
서 효도가 강조되는 것은 이 때문이다. 부모와 자녀의 하나 됨은
형제와 하나 됨으로 확산된다. 단군조선에서부터 삼국시대에 이
르기까지 왕위계승이 형에서 동생으로 이어지는 경우가 많은 것
도 이러한 특징 때문이다.
　　신라는 중국 문화의 수입이 가장 늦었기 때문에, 오히려 단군
조선의 전통을 많이 이어왔다. 중국으로부터 군자국으로 불리는

1. 위의 책, 147~148쪽.

것 역시 단군조선 때부터의 전통이다. 경덕왕 때 당나라 현종이 신라에 사신을 보내면서 시부도 함께 보냈는데, 시부의 내용을 보면 신라인의 의관이 예에 맞고, 충신의 윤리가 보편화되는 등 유풍이 진작되었음을 알 수 있다. 그리고 사신인 형숙(邢璹)에게 당부한 다음의 말에서 신라의 학술 수준을 가늠할 수 있게 한다.

> 신라는 군자지국이라고 일컬어지며 자못 글을 알아 중국과 유사하다. 그대가 학술에 뛰어나 더불어 강론할 수 있으므로 사신으로 선발하는 것이니, 그곳에 이르거든 경서의 뜻을 널리 밝혀 중국유교의 성대함을 알게 하라.[2]

신라에서도 유학이 많이 보급되었지만, 신라에서 받아들인 유학 역시 한나라 이래의 순자 중심의 유학이었으므로, 우리나라 사람들의 형이상학적 요구를 충족하기 어려웠다. 한국인의 형상판의 철학에 적합한 것은 유학이 아니라 불교였기 때문에, 형이상학적 지향성이 뛰어난 지식인들은 거의 불교를 통해 진리를 추구했다. 이로 인해 불교계에서는 내로라하는 철학자들이 즐비하게 쏟아져 나왔지만, 유학에서는 그렇지 못했다. 유학은 형이상학적인 방면으로 발전하기보다는 현실 세계에서의 정치제도와 사회윤리를 확립하는 방면으로 발전했기 때문에, 상대적으로 뛰어난 학자가 배출되지 못했다. 통일신라시대가 배출한 걸출한 학자로는 강수, 설총, 최치원 정도에 불과하다.

---

2. 천인석, 『한국사상의 이해』(대구한의대학교출판부, 2016), 141쪽.

제1절
강수의 사장학과 유학사상

강수(强首: ?~692)는 중원경, 즉 오늘날의 충주에서 태어났다. 부친의 이름은 석체(昔諦)이다. 강수의 초명은 우두(牛頭)이었으나 나중에 강수로 고쳤다. 강수는 스승에게서 『논어』, 『효경』, 『사기』, 『한서』, 『문선』, 『이아』, 『예기』의 「곡례」 등을 배웠다. 여기서 주목할 것은 『예기』 속에 들어 있는 「곡례편」 하나만을 독립 과목으로 배웠다는 점이다. 이는 당시에 국가체제를 정비하고 사회질서를 유지하기 위해, 예에 관한 교육이 절실하게 필요하지만, 분량이 방대한 『예기』의 내용을 대중화하기 어려우므로, 그중에서 예를 실천할 수 있는 구체적이면서도 자세한 「곡례」를 따로 뽑아서 가르쳤던 것으로 보인다. 예의 실천을 중시했던 것은 당시의 유학이 사회질서를 확립하는 형이하학적 기능을 주로 담당했기 때문으로 이해할 수 있다.

강수는 젊었을 때 대장간 집의 딸과 정이 두터웠는데, 강수의 부모가 강수의 출세를 위해 좋은 집안의 여자에게 장가들도록 하자, 강수는 사양하면서 "가난하고 천한 것은 부끄러운 것이 아니고, 도를 배우고도 실천하지 않는 것이 참으로 부끄러운 것입니다. (…) 저는 일찍이 조강지처는 마루에서 내려가지 않게 해야 하고, 빈천했을 때의 친구는 잊지 않아야 한다는 말을 들었습니다"라고 말하고 그 여자와 결혼했다고 한다.[3]

---

3. 위의 책, 166쪽 참조.

유학의 경전을 위시한 많은 서적을 익힌 강수는 작문 능력이 뛰어나 문장가로 이름이 높았다.

태종 무열왕 때 당나라의 사신이 외교문서를 가지고 왔는데, 그 내용 중에 난해한 부분이 있어서 왕은 강수를 불러 물어보았다. 강수는 왕 앞에서 한 번 읽어보고서 막힘이 없이 해석했다. 이에 왕이 놀라서 서로 늦게 만난 것을 한탄했다. 왕이 그의 성명을 물으니, "저는 일찍이 임나 가야 사람으로 이름은 우두(牛頭)[4]입니다"라고 대답했다. 그러자 왕이 "그대의 머리뼈를 보니 강수 선생이라 할만하다"라고 한 데서 연유하여 이름을 강수(强首)로 바꾸었다. 태종은 그에게 당나라의 외교문서에 회답하는 문서를 짓도록 했는데, 그 문장의 솜씨와 내용이 훌륭하여, 왕이 그를 더욱 기특하게 여겼다. 그 이후 그는 당나라와 고구려 백제 등에 보내는 모든 외교문서를 전담하게 되었다.[5]

강수는 사신을 접대하고 외교문서를 작성하는 등의 역할을 성공적으로 완수하여 큰 공을 세웠다. 그러나 강수는 철학적 저술을 하지 않았는지, 했는데도 유실되어 전해지지 않는지는 알 수 없다. 한 가지 짐작할 수 있는 것은, 신라가 수입한 유학이 한나라 이래의 순자의 유학이었으므로, 공맹 중심의 심오한 철학을 추구하기 어려웠으리라는 것이다.

---

4. 우두가 자두(字頭)로 되어 있는 판본도 있다.
5. 위의 책, 『한국사상의 이해』, 167~168쪽 참조.

제2절

설총의 유학사상

설총(薛聰: 655~?)은 자가 총지(聰智)이고, 시호가 홍유후(弘儒侯)이다. 부친은 원효대사이고 모친은 요석공주이다. 『삼국유사』에는 설총이 우리말로 육경을 해설했다고 했고, 『삼국사기』에는 우리 말로 9경을 해설하여 경전을 공부하는 생도들이 그의 해설서에 많이 의존했다고 했지만, 설총의 저술은 고려시대에도 이미 전하는 것이 없었던 듯하다. 지금까지 남아 있었더라면 설총의 유학사상이 중국의 유학사상과 어떻게 다른지를 알 수 있는 좋은 자료가 될 것이고, 이두 연구에도 좋은 자료가 될 것인데, 없어진 것이 참으로 애석하다. 지금까지 남아 있는 그의 저술은 오직 화왕계(花王戒) 하나뿐이다. 화왕계의 전체 내용은 다음과 같다.

신문대왕이 한여름에 높고 밝은 방에서 설총을 돌아보며 말했다. "오늘은 오랫동안 내리던 비가 처음으로 그치고 향기로운 바람이 서늘하게 부니 비록 좋은 반찬과 애절한 음악이 있어도 고상한 담론과 좋은 해학으로 울적한 기분을 푸는 것이 나을 것이다. 그대가 들은 기이한 이야기가 있을 것이니, 나에게 말해주지 않겠는가?" 제[설총]가 들은 것은 다음과 같습니다. 옛날 화왕(花王)이 처음 와서 향기로운 동산에 심어져 푸른 장막으로 보호받고 있었습니다. 봄철이 되자 곱게 피어나 모든 꽃을 능가하여 홀로 빼어났습니다. 이에 가까운 곳에서부터 먼 곳에 이르기까지, 곱고 싱그러운 꽃들이 달려가 알현하려고 하면서,

오직 남에게 뒤처지지 않을까 염려했습니다. 돌연히 붉은 얼굴과 옥 같은 치아를 가진 한 아름다운 여인이 곱게 화장하고 말쑥하게 차려입고 사뿐거리며 와서는, 맵시 있게 앞으로 나와 말하기를, "저는 눈처럼 흰 물가의 모래를 밟고, 거울처럼 맑은 바다를 마주 보며, 봄비로 머리를 감아 때를 씻고, 상쾌하게 맑은 바람을 쐬면서 유유자적합니다. 저의 이름은 장미(薔薇) 입니다. 왕의 아름다운 덕을 듣고 왔습니다. 향기로운 휘장 속에서 베게라도 챙겨드리려고 합니다. 왕께서는 저를 받아주시겠습니까?"라고 했습니다. 또 머리가 허연 한 장부가 베옷에 가죽띠를 매고 지팡이를 짚은 채, 비틀거리며 걸어와 구부정한 자세로 말하기를 "저는 서울의 외곽 큰길가에 있으면서, 아래로는 푸르고 아득한 들판의 경치를 내려다보고, 위로는 우뚝한 산의 자태를 등지고 있습니다. 저의 이름은 백두옹(白頭翁: 할미꽃) 입니다. 가만히 생각해보건대, 주위 사람들이 비록 넉넉하게 받들어 올려서 기름진 음식으로 배를 채우고, 차와 술로 정신을 맑게 하며, 천이나 의복이 가득 쌓여 있어도, 반드시 좋은 약으로 기운을 돋우고, 독한 침으로 병독을 없애야 합니다. 그러므로 옛날 말에 이르기를, '비록 명주실과 삼이 있다 해도 왕골과 띠 풀을 버리지 않는다'라고 했습니다. 무릇 모든 군자는 없어진 것에 대신할 수 있는 것을 마련해 두는 법입니다. 왕께서도 또한 이런 생각을 하고 계시는지 모르겠습니다"라고 했습니다. 어떤 이가 말하길, "두 사람이 왔는데, 어느 쪽을 취하고 어느 쪽을 버리시겠습니까?" 하니, 화왕이 말하길, "장부의 말도 일리가 있지만, 아름다운 여인은 얻기가 어려우니, 어찌할까?" 하

고 망설였습니다. 그러자 장부가 앞에 나와 말하기를, "저는 왕
께서 총명하여 이치를 잘 아실 것으로 생각했기 때문에 온 것
인데, 지금 보니 그렇지 않습니다. 무릇 임금 중에는 간사하고
아첨하는 무리를 가까이하고, 바르고 곧은 자를 멀리하지 않는
자가 드뭅니다. 그래서 맹자가 훌륭한 임금을 만나지 못한 채
일생을 마쳤고, 풍당이 낭서에 머물면서 백발이 되었습니다. 예
로부터 이러하니 전들 어찌하겠습니까?"라고 하니, 화왕이 "내
가 잘못했다, 내가 잘못했다"라고 했답니다. 왕이 놀라서 정색
하고 말했다. "그대의 우언은 참으로 깊은 뜻이 있다. 글로 써서
왕들을 깨우치는 교훈으로 삼도록 하기 바란다." 드디어 설총을
높은 관직에 발탁했다.[6]

화왕계는 임금이 신하를 발탁하는 바른 방법에 대해서 꽃들을
비유로 설명한 것이다. 설총은 임금에게 외모가 화려하면서 아첨

---

6. 神文大王以仲夏之月 處高明之室 顧謂聰曰 今日 宿雨初歇 薰風微凉 雖有珍
饌哀音 不如高談善謔 以舒伊鬱 吾子必有異聞 盍爲我陳之 臣聞昔花王之始
來也 植之以香園 護之以翠幕 當三春而發艷 凌百花而獨出 於是 自邇而遐 艷
艷之靈 夭夭之英 無不奔走上謁 唯恐不及 忽有一佳人 朱顔玉齒 鮮粧靓服
伶俜而來 綽約而前曰 妾履雪白之沙汀 對鏡淸之海而沐春雨以去垢 快淸風而
自適 其名曰薔薇 聞王之令德 期薦枕於香帷 王其容我乎 又有一丈夫 布衣韋
帶 戴白持杖 龍鍾而步 傴僂而來曰 僕在京城之外 居大道之旁 下臨蒼茫之野
景 上倚嵯峨之山色 其名曰白頭翁 竊謂左右供給雖足 膏粱以充腸 茶酒以淸
神 巾衍儲藏 須有良藥以補氣 惡石以蠲毒 故曰 雖有絲麻 無棄菅蒯 凡百君子
無不代匱 不識王亦有意乎 或曰 二者之來 何取何捨 花王曰 丈夫之言 亦有道
理 而佳人難得 將如之何 丈夫進而言曰 吾謂王聰明識理義 故來焉耳 今則非
也 凡爲君者 鮮不親近邪佞 疎遠正直 是以 孟軻不遇以終身 馮唐郎潛而皓首
自古如此 吾其奈何 花王曰 吾過矣 吾過矣 於是 王愀然作色曰 子之寓言 誠
有深志 請書之 以爲王者之戒 遂擢聰以高秩(『삼국사기』 권46, 「열전」).

하는 신하를 가까이하기보다는 의리가 있고 절개가 있는 충직한 신하를 가까이해야 한다는 것을 꽃들의 이야기를 빌려 간접적으로 표현했고, 당시의 신문왕은 설총의 진언을 받아들이고 설총을 발탁하여 높은 관직을 주었다.

화왕계에서 설총은 임금의 자격에 대해서 언급하지는 않았다. 공자와 맹자의 정치사상에서 가장 중시하는 것은 임금의 자격에 관한 것이다. 『중용』에서 말하는 정치의 아홉 가지 원칙 중에서 첫 번째가 수신이다. 정치란 바르게 하는 것이다. 먼저 자기를 바르게 하고 다음으로 남들을 바르게 하여 세상을 바르게 하는 것이다. 그러므로 수신이 되지 않은 사람은 정치할 자격이 없다. 제나라 경공이 공자에게 정치에 관해 물었을 때 공자는 임금이 임금다워야 한다고 대답했고, 맹자는 임금이 임금답지 않을 때는 임금다운 임금을 추대하기 위해 혁명하는 것이 좋다고도 했다. 그러나 순자는 임금의 자격에 대해서 말하지 않고, 주로 신하의 도리에 대해서 언급했다. 신하는 시원찮은 임금에게도 충성을 다해야 한다는 것이다. 삼국시대의 유학은 순자의 사상을 바탕으로 정리된 한나라의 유학을 수용한 것이었으므로, 임금에게 충성을 강요하는 신하의 도리를 중시했을 것이지만, 그러나 임금의 자격을 중시한 한국 고유의 전통이 삼국시대의 유학에 스며들었을 가능성이 있다. 설총의 경전 해석에 그런 요소가 얼마나 들어 있는지 알아보는 것이 중요하지만, 설총의 경전 해석이 남아 있지 않아서 애석하다. 화왕계에서만 본다면 임금의 자격에 대한 것은 없다. 화왕계에서는 오직 임금이 신하를 제대로 알아봐야 한다는 것을 강조한 것뿐이다. 임금이 왕권을 유지하기 위해 가장 중요한 것은 신하에게 배신당하지 않는 것이고, 그러기 위해서 미리 신하의 품성을 제대로 알아볼 수 있는 안목을 가져야 한다. 이런 점들이 순자 철학과 한비자 철학의 핵심이므로, 화왕계 하나만 보면 설총의 유학은 순자 중심의 유학이라고 이해할 수 있다. 삼국시대의 유학이 사람들의 철학적 요구에 부응할 수 없었던 것은 바로 이런 이유 때문일 것이다.

제3절
최치원의 유학사상

제1항 최치원의 생애

최치원(崔致遠: 857~?)의 자는 고운(孤雲) 또는 해운(海雲)이다. 고운은 868(경문왕 8)년 12세의 어린 나이로 당나라에 유학 갔고, 유학한 지 7년째인 874년에 18세의 나이로 예부시랑(禮部侍郎) 배찬(裵瓚)이 주관한 빈공과(賓貢科)에 합격했다. 2년 뒤인 876(헌강왕 2)년에 당나라의 선주(宣州) 율수현위(溧水縣尉)가 되었다. 879년 황소(黃巢)가 반란을 일으키자 제도행영병마도통(諸道行營兵馬都統)인 고변의 종사관(從事官)이 되어 군막(軍幕)에서 표(表)·장(狀)·서계(書啓)·격문(檄文) 등을 제작하는 일을 맡게 되었는데, 이때 작성한 「격황소서(擊黃巢書)」(일명 토황소격문(討黃巢檄文)는 특히 유명하다. 885년 29세의 나이로 신라에 돌아온 고운은 헌강왕에 의해 관직으로 임명되었으나, 외직을 원해 대산군(大山郡: 지금의 전라북도 태인)·천령군

(天嶺郡: 지금의 경상남도 함양)·부성군(富城郡: 지금의 충청남도 서산) 등지
의 태수(太守)를 역임했다. 한 때 아찬(阿湌)에 올랐으나 얼마 뒤 40
여 세의 나이에 관직을 버리고 지방을 소요하다가 은거에 들어갔
다. 즐겨 찾은 곳은 경주의 남산(南山), 강주(剛州: 지금의 경상북도 義
城)의 빙산(氷山), 합천(陜川)의 청량사(淸凉寺), 지리산의 쌍계사(雙磎
寺), 합포현(合浦縣: 지금의 昌原)의 별서(別墅) 등이었고, 동래(東萊)의
해운대(海雲臺)에도 발자취가 남아 있다. 만년에는 가야산 해인사
에 들어가 머물렀던 기록이 있으나 그 뒤 어떻게 되었는지 알려진
것이 없다. 그가 저술한 「상태사시중장(上太師侍中狀)」[7]에서는 마한
이 고구려, 변한이 백제, 진한이 신라로 발전한 것으로 인식하고,
발해는 고구려의 후예들이 건국한 것으로 설명되고 있다. 이에서
보면, 고운도 단군조선시대의 삼한을 알고 있었음을 알 수 있다.
고운의 학문은 단군조선의 사상을 이어받아 어느 하나의 가르침
에 얽매이지 않고 모든 것을 두루 포함하는 성격을 띠고 있다. 그
는 유학자이면서 불교와 노장사상 등을 두루 섭렵했다. 고운은 고
려조에 들어와 1020(현종 11)년에 내사령(內史令)에 추증되고, 이듬
해에 문창후(文昌候)라는 시호를 받고 문묘에 배향되었다. 조선시
대에 태인(泰仁)의 무성서원(武城書院), 경주의 서악서원(西嶽書院), 함
양의 백연서원(柏淵書院), 영평(永平)의 고운영당(孤雲影堂), 대구 해안
현(解顔縣)의 계림사(桂林祠) 등에 제향되었다. 저술로는 시문집으
로 『계원필경』, 『금체시』, 『오언칠언금체시』, 『잡시부』, 『중산복
궤집』, 『사륙집(四六集)』, 『제왕연대력』, 『부석존자전』, 『법장화

___

7. 『삼국사기』 「최치원 열전」과 『당문습유』 권43에 수록되어 있음.

최치원

상전』, 『석이정전』, 『석순응전』, 『사산비명(四山碑銘)』 등이 있었으나 오늘날 전하는 것은 『계원필경』, 『법장화상전』, 『사산비명』뿐이고, 나머지는 『동문선』에 시문 약간, 사기(寺記) 등에 기(記)·원문(願文)·찬(讚) 등이 일부 전하고 있다.

제2항 최치원의 철학사상

고운은 당나라 유학 시절에 유학을 공부했으므로 유학에 조예가 깊고, 자신도 유자로서 자부하고 있었다. 그러나 고운은 당시에 유행하던 한나라와 당나라 때의 유학에 얽매이지 않고, 공자와 맹자의 수기를 중시하는 유학에 주력한 듯하다. 공자와 맹자는 자신의 유한한 삶을 자각할 때 밀려오는 근본적인 문제를, 학문을 통해서 해결하려 했기 때문에, 세상에서 학문하는 것보다 더 귀한 것이 없었다. 공자와 맹자의 학문은 사람들의 유한성을 넘어서는 길까지도 제시한다. 세상 사람들은 모두 유한한 삶을 살고 있지만, 자신의 유한한 삶을 직시하고 그 한계를 넘어서기 위해 몸부림쳐보지 않은 사람은 학문의 귀함을 알기 어렵다. 고운은 학문의 귀함을 알았다. 『최문창후전집』에 있는 다음의 말을 보면 이를 짐작할 수 있다.

> 만 가지로 헤아리고 깊이 생각해봐도 학문하는 것만 못합니다. 평생의 노력이 헛수고일까 두렵습니다. 그래서 벼슬길에 다투지 않고 오직 유학만을 따랐습니다. (…) 공부자의 가죽끈이 세

번 끊어지도록 학문에 전념한 경지에 이르고자 합니다. (…) 오로지 도가 장차 없어질 것을 근심할 뿐 어찌 사람들이 나를 쉽게 알아주지 않는 것을 말하겠습니까?[8]

공자와 맹자가 말하는 학문의 궁극적인 목적은 벼슬을 하는 것도 아니고, 명예를 얻기 위해서도 아니다. 오직 자기를 닦아 자기의 본래마음을 회복하는 데 있다. 고운은 학문 본래의 목적에 전념했다. 한국인은 특히 사람과 하늘이 따로 존재하는 것이 아니라 하나로 연결된 존재라고 하는 천인일체사상을 가지고 있다. 천인일체사상에서 보면, 자기 자신은 작고 보잘것없는 존재가 아니라 하늘같은 존재이다. 그러므로 현재 자기의 모습도 하늘같이야 하고, 하늘처럼 영원하고 무한해야 한다. 하늘처럼 모든 것을 포용할 수 있어야 하고, 하늘처럼 고귀한 모습으로 살아야 한다. 그런데 그렇지 못한 현재의 자기 모습을 알게 되면 한이 맺힐 수밖에 없다. 한을 푸는 방법은 본래의 자기 모습을 회복하는 것뿐이다. 자기의 본래 모습을 회복하는 방법은 공자와 맹자의 학문을 통해서도 가능하고 불교를 통해서도 가능하다. 고운이 유학에 전력투구하게 된 것 역시 그의 한을 풀어내는 방법이었음을 알 수 있다.

고운의 다음 말을 보면 이를 더욱 정확하게 이해할 수 있다.

훌륭하도다. 하늘이 귀하게 여기는 것은 사람이요, 사람이 마

---

8. 萬計深思 不如學也 百年勤苦 猶恐失之 所以未競宦塗 但尊儒道(…)欲爲尼父之絶編(…)唯慮道之將廢 豈言人不易知.

루로 여기는 것은 도이다. 사람이 도를 넓히는 것이다. 도는 사람에게서 멀지 않다. 그러므로 혹 도가 높아진다면 사람은 저절로 귀하게 된다. 도를 도울 수 있는 것은 오직 덕을 높이는 것이니, 도를 높이고 덕을 귀하게 여기는 것은, 오직 법의 첫머리다. 비로소 일반의 감정이 만족해진다. 반드시 정명이라야 대덕이라 부를 수 있고, 이로 말미암아 도가 강해지고 이름이 커지며, 덕이 완성되어 올라간다.[9]

하늘과 사람은 하나이다. 사람이 귀하게 여기는 것이 하늘이듯이, 하늘 또한 사람을 귀하게 여긴다. 사람은 하늘처럼 살아야 하는데, 하늘처럼 사는 방법은 하늘의 도를 따르는 것이다. 하늘의 도는 세상에 가득하지만, 사람의 욕심에 의해 가려졌으므로, 사람은 다시 하늘의 도를 넓혀야 한다. 그 방법은 자기의 욕심을 제거하기만 하면 된다. 욕심을 제거하고 도를 넓혀 하늘처럼 사는 길로 나가는 것이, 사람 사는 법의 출발점이 되어야 한다.

도를 넓히는 방향으로 가지 않고 다른 목적을 향해 간다면 사람의 마음이 안정되지 않는다. 그 이유는 아무리 목적을 달성해도 참된 행복이 얻어지지 않기 때문이다. 도를 얻고 덕을 실천하게 된 사람은 하늘처럼 된다. 그는 '나'라는 것이 없다. '나'라는 것은 욕심이 만들어낸 허상이다. 사람이 '나'라는 허상에서 벗어날 때 하늘과 하나인 본래의 모습을 회복하게 된다. '나'라는 허상에서 벗어난 사람은 정명을 실천할 수 있다. 공자는 제나라 경공이

---

9. 大同文化研究院, 『崔文昌侯全集(影印本)』, 78쪽, 〈善安住院壁記〉.

정치에 관해서 물었을 때, "임금이 임금답고 신하가 신하다우며, 아버지가 아버지답고 아들이 아들답게 되는 것"[10]이라고 설명한 적이 있는데, 이 내용이 공자의 정명사상이다. 임금이 임금답고 신하가 신하다우며, 아버지가 아버지답고 아들이 아들답게 되는 것은 어떻게 해야 가능한 것인가? 고운이 정명을 실천하는 자를 대덕이라 부를 수 있다고 한 것에서 보면, 정명은 도를 통하여 덕을 실천하는 사람의 실천 덕목으로 봐야 한다. 임금이 임금답고 신하가 신하다우며, 아버지가 아버지답고 아들이 아들답게 되는 것이 어떻게 진리를 얻은 사람의 실천 덕목이 될 수 있을 것인가? 이 수수께끼는 『환단고기』에 있는 을보륵 선생의 말을 참고하면 쉽게 풀린다. 『환단고기』에 실려 있는 『단군세기』의 삼세 단군 때 을보륵 선생은 다음과 같이 말한 적이 있다.

> 도의 내용은 아버지 노릇 하려고 하면 곧 아버지 노릇 하게 되고, 임금 노릇 하려고 하면 곧 임금 노릇 하게 되며, 스승 노릇 하려고 하면 곧 스승 노릇 하게 된다. 아들 노릇 하려고 하고 신하 노릇 하려고 하며 제자 노릇 하려고 하면 또한 곧 아들 노릇 하게 되고, 곧 신하 노릇 하게 되며, 곧 제자 노릇 하게 된다.[11]

도를 얻은 사람은 '나'라는 것이 없다. '나'라는 것이 없는 사람

---

10. 君君臣臣父父子子(『논어』 「안연편」).
11. 蓋其道也 欲爲父者 斯父矣 欲爲君者 斯君矣 欲爲師者 斯師矣 爲子爲臣爲徒者 亦斯子斯臣斯道矣.

은 언제나 상황에 맞게 처신할 수 있다. 아버지 노릇 해야 하는 상황에서는 바로 아버지 노릇 할 수 있고, 임금 노릇 해야 하는 상황에서는 바로 임금 노릇 할 수 있으며, 스승 노릇 해야 하는 상황에서는 바로 선생 노릇 할 수 있다. 그러나 '나'라는 고정관념을 가지고 있는 사람은 그렇게 할 수 없다. '나'라는 사람이 임금일 때는 '나는 임금이다'라는 고정관념을 가진다. 그런 사람은 물건을 살 때 줄을 서서 차례를 기다렸다가 사야 하는 손님 역할을 하지 못한다. 그런 사람은 옛 스승을 만날 때는 제자 역할을 해야 하지만, 제자 역할을 제대로 하지 못한다. 친구를 만났을 때는 친구 역할을 해야 하지만, 친구 역할을 제대로 하지 못한다. 공자가 말한 정명이란 바로 '나'란 고정관념이 없어져서 상황에 맞게 대처하는 실천의 철칙을 말하는 것이다. 이를 보면 고운은 단군조선시대의 서적을 읽은 것으로 짐작할 수 있다. 고운의 유학은 한편으로는 한나라 이래의 순자 중심의 유학에서 공자와 맹자 중심의 유학으로 회귀한 것이고, 다른 한편으로는 단군조선 이래의 한국 전통사상과 융합한 것으로 이해할 수 있다. 단군조선시대 때부터 이어져 오는 한국 전통사상의 핵심은 '하나사상'이고 만물일체사상이므로, 전통사상이 신라시대 때 부활하게 되면, 고운이 「난랑비서」에서 신묘한 도가 삼교를 포함한다고 말한 것처럼, 당시에 있는 유학·불교·노장사상 등을 하나로 융합한 형태로 나타날 것이다.

고운은 중국 화엄종의 대가 법장의 전기를 지었고, 유명한 사산비명, 즉 숭복사의 창건비명(創建碑銘), 쌍계사진감선사비명(雙磎寺眞鑑禪師碑銘), 성주사대낭혜화상비명(聖住寺大朗慧和尚碑銘), 봉암사

지증대사비명(鳳巖寺智證大師碑銘) 등 불교에 관한 많은 문장을 남겼다. 또한 여러 편의 도교 재사에도 그의 작품이 남아 있다. 고운의 사산비명 등에 나오는 유·불·도 삼교의 내용은 고대의 '하나사상'을 바탕으로 유·불·도 삼교를 융합한 철학으로 볼 수 있다.

제2장

■

발해의 유학사상

발해는 고왕(高王) 대조영이 698년에 건국하여 926년에 망할 때까지 15대, 229년을 유지했던 나라이다. 발해의 영역은 고구려의 국토 대부분을 차지하여, 서쪽은 요하, 북쪽은 흑룡강, 남쪽은 대동강, 동으로는 동해에 이르렀다. 발해의 행정구역은 다섯 경(京), 열다섯 부(府), 예순두 주(州), 100여 개의 현으로 구성되어 있었다. 중앙관제는 당나라의 관제를 모방하여 조직했다. 주민은 고구려의 유민과 말갈족으로 구성되어 있었다. 발해의 풍속은 대체로 고구려 및 거란과 같았고, 문자를 잘 사용했으며, 각종 서적과 기록을 갖추었고, 독자적인 연호와 시호를 사용했다.

발해는 건국 초부터 자주 유학생을 당의 태학 즉 국자감에 보내서 유학의 경전들과 고금의 제도를 학습하게 했다. 발해는 당의 제도를 모방하며 나라의 발전에 주력했으므로 얼마 가지 않아 해동성국으로 불릴 정도가 되었다.

발해에서는 국내의 통치에 유교 경전에 들어 있는 이념과 내용을 활용했을 뿐만 아니라, 국제간의 외교활동에도 이를 활용했다. 발해는 고구려와 마찬가지로 천하 의식을 가지고 천손, 황상, 성인(聖人), 대왕 등의 호칭을 사용하여 내외에 과시하는 대제국으로 성장했다.

발해에서는 최고의 교육기관인 주자감(胄子監)을 설치하여 자제들을 교육했고, 지방에도 고구려의 경당과 유사한 각종의 학교를 설치하여 교육했다.

유학자들이 학문을 연마하면 관료로 진출하여 그 배운 바를 실천하고, 물러나서는 다시 학문을 더욱 연마하는 것이 일반적인 일이다. 주자감을 설치하여 경전을 교육하고, 인재를 양성하여 이들을 관료로 진출시켜, 백성을 교화하는 것이 발해 유학의 중요한 기능이었다.

발해에서는 여사(女師) 제도를 두어, 여성들에게도 시·예·악 등을 교육했다. 이것은 주목할 만한 일이다. 정효공주의 묘지에 다음과 같은 문구가 들어 있는 것을 보면 여자들의 교육에 관한 내용을 알 수 있다.

> 공주는 일찍부터 여 스승의 가르침을 받아, 능히 문왕의 어머니와 비교할 수 있다. 항상 조가 사람인 반소의 풍모를 사모하여, 시경에 돈독하고 예경을 기뻐하며 익혔다.[12]

발해의 유학은 일반인들에게도 보급될 정도로 높은 수준이었으나, 저명한 유학자와 저술이 남아 있지 않아 발해의 철학사상을 구체적으로 연구할 수 없는 것이 안타깝다.[13]

---

12. 早受女師之敎 克比思齊 每慕曹家之風 敦詩悅禮.
13. 통일신라의 유학과 발해의 유학은 천인석 교수의 『한국사상의 이해』에서 많이 참고했고, 원문을 그대로 인용한 것도 있음을 밝힌다.

제3장

■

신라와 발해의 멸망

신라는 말기에 이르러 지도자들의 무능과 부패로 인해 분열되었다. 한국의 역사에서 보면 나라가 멸망하는 형태가 거의 같다. 지도자가 무능하여 백성의 소리에 귀를 기울이지 않고, 자신들의 사치를 위해 세금을 과하게 걷으면, 백성들은 지도자에게 등을 돌린다. 한국인들은 지도자에게 공감하면 하나로 뭉쳐서 막강한 힘을 발휘하지만, 지도자에게 등을 돌리면 모래알처럼 흩어져 나라를 유지하는 힘을 상실하여 자멸하고 만다.

신라 말기 진성여왕 때는 왕과 고관들의 부패가 절정에 달했고, 백성들은 과대한 세금에 생업을 잃었다. 나라가 망할 때 나타나는 첫 번째 현상은 세금이 과도하게 많아진다는 것이다. 신라 말기에 얼마나 철저하게 백성들에게 세금을 걷었는지를 가늠할 수 있는 문서가 일본의 나라(奈良)에 있는 동대사의 창고인 쇼소인(正倉院)에서 발견되었다. 쇼소인에서 발견된 신라의 민정 문서에는, 세금을 거두기 위해 촌락의 인구와 토지의 면적을 3년마다 조사했고, 소와 말뿐만 아니라, 뽕나무와 잣나무의 수까지 조사한 것으로 되어 있다. 이렇게 철저하게 세금을 걷으면 백성들은 살 수가 없다. 과대한 세금을 감당하지 못한 농민들이 집을 떠나 산으로 들어가서 도적이 되기도 했다. 895(진성여왕 8)년에 해인사 길상탑이 세워졌는데, 이 탑의 탑지에 따르면, 895년 해인사 인근의 백성들이 도적이 되어 해인사를 약탈하기 위해 몰려오자, 이를 막으려다가 사망한 해인사의 승려를 비롯한 56명의 넋을 기리기 위해 세운 것이다. 도적으로 변한 민간인들이 사찰까지 공격할 정도가 되었다는 것은, 온 나라의 모든 집들이 도적들의 공격대상이 되었다는 것을 의미한다. 길상탑에 저장되어 있었던 고운의 「해인사묘길상탑기(海印寺妙吉祥塔記)」에는 다음과 같은 내용이 들어 있다.

> 당나라 19대 왕이 나라를 중흥할 때 전쟁과 흉년의 두 재앙이 서쪽에서 멈추고 동쪽으로 와서, 나쁜 것 중에서도 가장 나쁜 것이 없는 곳이 없었다. 굶어 죽은 송장과 싸우다 죽은 해골들이 들판에 하늘의 별처럼 깔려 있었다.[14]

신라 말기의 처참한 상황을 잘 설명해주는 자료이다. 896년 진성여왕 때에는 서남해안 지방에서 농민들이 무기를 들고 동쪽으로 진격하여 경주 부근까지 압박하는 일이 벌어졌다.

신라의 백성들은 염불을 외는 대신 "신라여, 여왕이여, 제발 망하기를" 하고 빌 정도가 되었다. 제정신을 가진 조정의 대신들은 관직을 버리고 조정을 떠났다. 나라의 재건을 위한 개혁안을 만들어 여왕에게 건의했던 고운도 포기하고 해인사로 들어갔고, 당나

---

14. 唐十九帝 中興之際 兵凶二災 西歇東來 惡中惡者 無處無也 餓殍戰骸 原野星排.

라로 떠난 유학생들은 경주로 돌아오지 않았다. 이 지경이 되면 나라를 유지할 수 없다.

900년에는 견훤이 완산주에서 후백제를 건국하여 신라를 압박했다. 견훤은 신라의 경주를 공격하여 경애왕을 죽이고 경순왕을 세웠다.

한편 899년에 궁예는 한반도 중부의 군벌인 양길을 제압하여 군주가 되었으나, 정식 건국은 901년이었다. 궁예는 901년에 고려라는 이름으로 국호로 선포했다가, 904년에는 마진으로 바꾸었고, 911년엔 태봉(泰封)으로 바꾸었다. 918년 왕건이 궁예를 몰아내고 국호를 다시 고려로 고쳤다.

신라의 영역은 고려와 후백제로 분열되어 경상도 지역을 차지한 작은 나라로 전락했다. 그나마도 지방 호족들의 세력에 밀려 조그만 힘도 발휘할 수 없는 지경이 되었다. 후백제의 견훤은 넷째 아들 금강에게 왕위를 물려주려 하다가, 이를 간파한 신검이 견훤을 금산사에 구금하고 금강을 죽인 뒤 왕위에 올랐다. 그러자 금산사를 탈출한 견훤이 고려로 망명하여, 태조와 힘을 합쳐 후백제를 공격하여 936년에 멸망시켰다. 이에 앞선 935년에 신라의 경순왕은 스스로 고려의 태조 왕건에게 나라를 바침으로써 신라의 천년 왕국은 문을 닫았다.

대조영이 나라를 세운 뒤 200여 년간 평화를 유지하며 번성했던 발해는 갑자기 역사 속에서 사라지고 말았다. 발해는 926년에 망한 것으로 되어 있지만, 어느 문헌에도 멸망에 대한 구체적인 기록이 남아 있지 않다. 거란의 침략을 받아 멸망한 것으로 볼 수도 있고, 내분이 일어나 자멸한 것으로 볼 수도 있고, 백두산의 폭발로 멸망했다는 설도 있다.

제 4 부

고려시대의 유학

제1장

태조 왕건의 고려 개국

고려는 태조 왕건이 918년에 태봉의 궁예를 몰아내고 세운 나라이다. 왕건은 궁예를 몰아내자마자 나라 이름을 태봉에서 고려로 바꾸었다. 왕건은 935년에 신라를 바치겠다는 경순왕의 뜻을 받아들여 신라를 합병하고, 이듬해 936년에는 견훤의 도움을 받아 후백제를 합병함으로써 후삼국을 통일하고 한국을 대표하는 단일국가를 출범시켰다.

왕건은 사람됨이 훌륭하여 덕이 있었고, 천성이 어질고 너그러워 백성들을 두루 사랑할 수 있었으므로, 군왕의 자질을 갖추고 있었다. 궁예를 따르던 대표적인 유학자인 홍유(洪儒: ?~936)와 최응(崔凝: 898~932)이 왕건의 창업을 도왔고, 신라의 대표적인 유학자인 최언위(崔彦撝: 868~944)와 최승로(崔承老: 927~989)가 헌신적으로 왕건을 도왔으며, 견훤의 휘하에 있던 최지몽(崔知夢: 907~987)도 적극적으로 왕건을 도왔다. 왕건이 고려를 건국할 즈음에 많은 선비 학자들은 왕건에게, 하나라의 폭군 걸을 몰아내고 혁명하여 임금이 된 탕왕과 은나라의 폭군 주를 몰아내고 혁명하여 임금이 된 무왕의 역할을 하도록 건의했다.

이러한 내용은 홍유가 배현경, 신숭겸, 복지겸과 더불어 왕건을 추대하면서 건의한 내용에 나온다.

> 궁예는 방종과 포학이 너무 심하여 처자를 죽이고 신하를 죽
> 여 백성을 도탄에 빠뜨렸으니 걸·주의 무도함도 이보다 더하지
> 는 못할 것입니다. 어리석은 임금을 몰아내고 현명한 임금을 옹
> 립하는 것은 천하의 큰 도리이니, 청컨대 공께서는 은·주의 일
> 을 행하소서.[1]

그러나 선비 학자들과 신하들의 건의를 왕건은 선뜻 받아들이
지 못한다.

> 나는 평소 충의로써 자처했다. 왕이 비록 난폭하다고는 하나 어
> 찌 두 마음을 품어 신하로서 임금을 칠 수 있단 말인가! 이는
> 혁명을 말함인데, 부덕한 내가 감히 탕·무의 일을 본받을 수
> 있겠는가? 이것이 후세의 구실이 될까 두렵다.[2]

혁명이란 신하가 임금을 축출하는 것이므로, 매우 신중해야 한
다. 임금이 너무 난폭하여 백성들이 도저히 용납할 수 없을 정도
가 되고, 신하가 조금의 욕심도 남아 있지 않은 성인이어서 모든
백성이 받들고 따르는 경우에만 가능하다. 만약 그렇지 못한 신하

---

1. 『고려사』 「열전」 권5, 〈홍유〉.
2. 『고려사』 「열전」 권5, 〈홍유〉. 이 부분은 김충렬 교수의 『고려유학사』에서
   옮긴 것임을 밝힌다.

가 임금을 몰아내고 혁명을 한다면, 그 뒤에 그것을 구실삼아 권력을 잡고 싶은 욕심 많은 소인들이 걸핏하면 혁명을 구실로 임금을 공격하게 되어 나라가 큰 혼란에 빠질 것이기 때문이다. 왕건은 혁명의 중요성을 알기 때문에 그럴 자격이 없다고 사양한다. 위의 대화를 보면 왕건은 참으로 혁명할 자격이 있는 위대한 지도자로 보인다.

궁예를 몰아내고 고려를 건국한 태조 왕건은 고려를 다스리는 후대의 왕들에게 나라를 다스리기 위해 지켜야 하는 강령으로 열 조목의 훈요(訓要)를 남겼는데, 여기에 왕건의 정치철학이 잘 드러나 있다. 『고려사』에 따르면, 훈요십조는 태조 왕건이 숨지기 한 달 전인 943(태조 26)년 여름 4월에 대광 박술희(朴述希)에게 후손들에게 전하도록 경계가 될 만한 열 개 조에 달하는 글을 남겼다. 왕건은 십조의 훈요를 남기면서 자신을 순 임금과 한 고조 유방처럼 평민으로서 그릇되게 여러 사람의 추천을 받아, 외람되게 임금 노릇을 하여 삼한을 통일한 사실을 말하고, 후손들이 감정과 욕심에 사로잡혀 나라를 어지럽힐까 염려하여, 훈요를 남긴다는 취지를 말했다.

왕건이 말하는 후손들은 후대의 임금들만을 말하는 것이 아니다. 후대에 정치를 담당하는 관리들뿐만 아니라 모든 백성이 다 해당한다. 태조 왕건이 말한 삼한은 구체적으로는 고려와 후백제와 신라를 말하지만, 근원적으로 보면 단군조선시대의 삼한을 말한다. 그렇지 않다면 후백제와 신라와 고려를 삼한이라 할 수 없다. 삼한을 통일했다는 것은 단군조선의 전통을 이은 것임을 말한다. 훈요십조의 다섯 번째 조에서 삼한의 산천에 도움을 받아

대업을 이루었고, 평양이 우리나라의 근본 뿌리이니 중시해야 한다고 한 것이 이를 증명한다. 삼한의 산천에 도움을 받았다는 것은 단군조선 때부터 내려오는 민족의 정기를 받았다는 것이고, 평양이 나라의 근본 뿌리라는 것은 평양이 단군조선의 수도였기 때문이다.

한 그루의 나무를 잘 가꾸는 방법은 뿌리를 튼튼히 한 뒤에 가지와 잎을 조화롭게 다듬는 것이다. 나라를 다스리는 방법도 이와 다르지 않을 것이다. 먼저 예로부터 내려오는 나라의 뿌리를 든든히 한 뒤에, 당시의 사람들에게 건전한 마음과 건강한 몸으로 질서를 지키며, 조화롭게 사는 방안을 마련하는 것이다. 태조 왕건은 우선 당시의 사람들이 마음의 안정을 얻고 있었던 것이 불교였으므로, 불교를 장려할 것을 권했다. 훈요십조 중의 첫째, 둘째, 여섯째가 불교에 관한 것이었다. 첫째는 불교를 장려하여 마음을 수련하도록 하되, 간신들이 정치를 담당하여 승려들에게 끌려가 불교사원이 싸움의 온상이 되는 것을 강력하게 금지한 것이었고, 둘째는 불교사원을 과다하게 짓는 것을 금지한 것이며, 여섯째는 당시에 시행되고 있는 연등회와 팔관회를 군신들이 함께 즐기도록 한 원래의 목적을 훼손하지 말고, 경건하게 행하여 간신들에 의해 변질하는 일이 없도록 하는 것이었다. 민족의 정기를 바로 세우고 마음을 안정시키는 것이 모두 뿌리를 튼튼하게 하는 것에 해당한다.

나라를 안정시키고 백성을 잘살게 하는 것은 나무의 가지와 잎을 조화롭게 유지하는 것과 같다. 먼저 정치를 안정시키고, 윤리와 도덕을 가르쳐 나라의 질서를 확립하며, 경제를 발전시키는 것 등이 그 핵심이 된다. 태조 왕건은 정치의 안정을 위해 셋째의 조목에서 후계자를 결정하는 원칙을 정했다. 그 내용은 후계자는 아들들이나 형제 중에서 많은 사람이 추대하는 자를 골라 대통을 잇게 해야 한다는 것이다. 추대에 의한 후계자 결정 방식은 단군조선이나 신라 화백제도를 이어받은 것이다. 그러나 임금의 아들이나 형제 중에서 선택해야 한다는 제한을 둔 것이 화백제도와 다른 점이다. 이는 중국의 영향을 받은 것으로 보인다. 단군조선이 멸망한 뒤에 문화의 중심이 중국으로 넘어간 뒤로, 각종의 문물제도가 중국의 방식으로 바뀌었다. 중국에는 화백제도가 없으므로 왕위는 왕의 아들로 계승되었다. 태조 왕건이 제시한 후계자 선택 방식은 중국의 방식을 따르면서도 한국의 전통이 남아 있는 것으로 볼 수 있다. 이는 태조 왕건이 훈요의 네 번째 조에서 각종의 문물제도를 당나라의 방식으로 하되, 사람의 마음이나 품성이 각각 다르므로 반드시 똑같이 할 필요는 없다고 한 것에서 잘 드러나 있다.

십조 중의 일곱 번째는 임금의 도리를 설명한 것이다. 임금은 민심을 얻어야 한다. 민심을 얻는 방법은 충신의 간언을 듣고 간사한 신하의 참언을 막으며, 부역을 가볍게 하고 세금을 줄이는 것이다. 아홉 번째는 관료들의 기강과 국방에 관한 것이다.

태조 왕건의 십훈요는 국가를 경영하는 핵심을 잘 정리한 것인데, 오직 문제가 되는 것은 여덟 번째 조항이다. 차현 이남 공주강 밖의 사람을 기용하지 말도록 한 것인데, 차현 이남 공주강 밖의 지역이 구체적으로 어디를 말하는지 알 길이 없다. 태조 왕건의 품성으로 보아 한국인 모두를 포용해야 함에도 특정 지역을 거론한 것은 이해하기 어렵다. 후대에 끼어 들어간 것이라는 설이 있기도 하다. 만약 왕건 자신이 특정 지역의 사람들에게 호되게 당한 일이 있다 하더라도 그것을 잊어버리고 너그럽게 포용해야 한다. 태조 왕건은 능히 그런 인품을 가지고 있었던 것으로 생각이 되는데, 어쨌든 의아하다.

마지막의 열 번째 조항은 지도자들이 쉬지 않고 경계해야 하는 것을 강조하면서 『서경』「무일편(無逸篇)」을 참고하라고 깨우친 것이다.

태조 왕건이 덕으로 다스려 많은 사람을 포용했으므로, 왕건의 혁명에 반대하거나 고려조에 저항하는 세력이 없이 고려는 순탄하게 출범했다. 신라에서 고려로 넘어가는 과정은 왕조만 바뀌었을 뿐, 시대를 이끌어간 사상이나 철학에는 아무런 변화가 없었으므로 시대사조에서만 보면 연속되는 시대로 볼 수 있다. 말하자면 신라와 고려에서는 사람들의 마음을 안정시키는 역할은 불교가 담당했고, 사회의 질서를 확립하기 위한 정치와 윤리는 유학이 담당하고 있었다. 따라서 신라와 고려조에서 등장한 걸출한 철학자는 거의 불교의 승려였다. 다만 고려는 단군조선에서 신라로 이어져오던 화백제도와 화랑제도를 계승하지 않고 문물제도를 중국 방식으로 바꾸었으므로 민족의 저력이 많이 약화되었다. 이는 현재의 한국이 전통적인 정치·교육·경영 방식을 도외시하고 서구의 문물제도를 따름으로써 민족의 저력이 약해진 것과 같다.

제2장

■

최언위와 최응의 실천유학

제1절
최언위의 실천유학

최언위(崔彦撝: 868~944)는 초명이 신지(愼之)·인연(仁渷)이고 시호가 문영(文英)이다. 885(헌강왕 11)년에 당나라에 유학하여 문과에 급제했고, 909(효공왕 13)년에 귀국한 뒤 수집사시랑(守執事侍郎)·서서원학사(瑞書院學士) 등을 지냈다. 935(태조 18)년 신라가 망하자, 고려 태조 왕건을 섬겼다. 태조는 최언위를 받아들여 태자사(太子師)로 삼고, 문한(文翰)을 맡게 했다. 그 뒤 한림원대학사(翰林院大學士)·평장사(平章事) 등의 요직을 거치면서 신라의 유학에서 고려의 유학으로 이어지는 가교의 역할에 충실했다.

법경대사 현휘(玄暉)의 탑비에 기록한 다음의 말에서 보면 최언위의 학문적 태도를 짐작할 수 있다.

유학의 풍모는 시 삼백 편에 담겨 있고, 노자의 가르침은 오천 글자의 경전에 실려 있다. 공자는 인의의 근원을 말하고, 노담은 현허(玄虛)의 이치를 풀어내었다. 그러나 비록 감정의 극복을

염원하고 감히 진리 얻음을 말했지만, 이는 세상 안에서의 가
르침이요 세상 안에서의 말이다. 어찌 바르게 깨닫고 도를 이루
어, 삼세에 여일하게 존재하는 청정한 진여의 본성인 일심을 얻
을 줄 아는 것만 같겠는가.[3]

최언위는 공자의 가르침과 노자의 가르침은 심오한 본질을 풀
어내어 진리를 설명했지만, 기본적으로 세상 안에 국한되는 것이
어서 세상 밖의 세계를 포괄하는 것이 아니므로, 시공을 초월하
여 여일하게 존재하는 청정한 진여의 본질인 일심을 깨닫게 유도
하는 불법과 같을 수 없다고 설명한다. 최언위의 설명에서 우리는
유·불·도에 대한 지식인들의 관점과 사회적 분위기를 짐작할 수
있다.

당시의 지식인들은 단군조선 시대 때부터 내려오는 '하나사상'
을 바탕으로 유·불·도를 포괄하고 있으면서도, 심오한 철학적 사
유는 불교를 통해서 추구하는 것이었고, 유학이나 노장사상은 세
속적인 삶에 필요한 실용적인 면을 담당하는 것으로 이해되고 있
는 것이었다. 그러므로 최언위의 유학은 궁극적인 진리를 학문적
으로 추구하기보다는 정치 방법을 가르치고 사회윤리를 확립하
며, 외교문서나 비문을 작성하는 등과 같은, 이 세상에서의 삶에
필요한 기능을 담당하는 것으로 이해할 수 있다.

---

3. 儒風則詩惟三百 老教則經乃五千 孔譚仁義之源 聃演玄虛之理 然而雖念忘
   ◎ 敢言得理 此則域中之敎 方內之譚 曷若正覺道成 知一心之可得 眞如性淨
   在三際之非殊.『조선금석총람』상권, 150쪽,〈淨土寺法鏡大師慈燈塔碑〉.
   이 부분은 최영성의『한국유학통사』에서 인용함.

공자와 맹자는 진리 탐구를 위한 심오한 철학적 이론을, 현실사회에서 일어나는 정치와 교육의 영역을 떠나서 독자적으로 추구하지 않았기 때문에, 깊이 음미해보지 않으면 공자와 맹자의 철학은 인간 세상 안에서 필요한 사람 사는 도리를 설파한 것으로 알기 쉽다. 더욱이 삼국시대의 유학은 중국 한나라에서 유행한 순자 중심의 유학이었기 때문에 유학을 심오한 철학으로 이해하기가 어려웠다. 이에 비해 중국에서 수입된 불교에는 인간 세상에서의 삶의 문제를 초월하는 심오한 이론이 복잡하게 전개되어 있으므로, 유학과 비교될 수밖에 없었다.

제2절
최응의 실천유학

최응(崔凝: 898~932)은 오경(五經)에 통달했는데 태조 왕건을 보필하는 과정을 보면 특히 『주역』에 달통했을 것으로 짐작된다. 궁예가 "이른바 성인(聖人)을 얻는 것은 이런 사람을 얻는 것을 말하는 것이 아니겠는가!" 하고 극찬한 것을 보면, 품성이 중후했던 것으로 짐작된다. 최응은 궁예 밑에서 한림이 되어 신임과 존경을 받았다.

915(신덕왕 4)년에 궁예가 왕건을 불러들여 이른바 관심법이라는 것을 이용하여, 왕건에게 모반의 누명을 씌우자 왕건이 변명을 하려 했는데, 그 자리에 장주(掌奏)로 있던 최응이 일부러 뜰에 붓을 떨어뜨린 다음, 붓을 주우려고 뜰에 내려가 왕건에게 "굽히지 않

으면 위태롭습니다"라고 귀띔해주어 화를 면하도록 도왔다.

궁예를 섬겨야 하는 위치에 있는 최응이 왕건을 도와 왕건이 궁예를 몰아내고 고려를 건국할 수 있도록 한 것은 궁예에게 불충한 것으로 생각할 수도 있다. 이 점을 어떻게 이해해야 할 것인가?

맹자는 훌륭한 사람을 여러 층으로 나누어 논한 적이 있다. 첫째는 임금 섬기는 것에 모든 것을 바치는 자이다. 그런 사람은 자기 임금을 잘 섬기기만 하면 기쁨에 넘치는 자이다. 둘째는 국가를 편안하게 보전하는 자이다. 그런 사람은 나라 안정시키는 것을 기쁨으로 여기는 사람이다.[4] 오로지 자기 임금만 섬기는 것에만 모든 것을 바치는 사람보다 나라의 안정을 우선하는 사람이 더 훌륭하다. 나라의 안정을 우선하는 사람은, 섬기던 임금이 나라의 안정에 해가 되면 그를 몰아내고 나라를 안정시킬 수 있는 적임자로 대신하게 한다. 관중에 대한 공자의 평가는 다른 사람과 달랐다. 관중은 자기가 섬기던 주군인 공자 규를 죽인 환공을 섬겼다. 주군의 원수를 갚지 않고 오히려 섬겼으므로, 일견 불충한 사람이라 생각하기 쉽지만, 공자의 평가는 전혀 달랐다. 관중이 환공을 섬겨서 천하를 바로잡았기 때문에, 백성들이 그의 은혜를 받아 잘살게 되었다는 것이다. 만약 관중이 그렇게 하지 않았더라면 사람들이 머리를 풀어 헤치고, 왼쪽으로 옷깃을 여미며 오랑캐처럼 살게 되었을 것이다. 관중의 공은 오직 한 사람의 임금

4. 孟子曰 有事君人者 事是君則爲容悅者也 有安社稷臣者 以安社稷爲悅者也 (『孟子』盡心上).

에게 신의를 지키기 위해 아무도 모르게 도랑에서 목매 죽는 것
과 비교가 될 수 없다.[5]

공자는 자기 임금만 섬길 줄 아는 사람보다 나라를 안정시켜
사람들을 잘살게 하는 것을 더 중요하게 생각했다. 『주역』 예괘
(豫卦) 육이효의 효사에 다음과 같은 구절이 있다.

> 육이는 돌 사이에 끼어 있다. 종일토록 가만히 있지만 않는다면
> 길하다.[6]

육이(六二)는 육오(六五)를 섬겨야 하는 위치이지만, 장래의 희망
은 구사(九四)에 있다. 최응은 육이의 형국에 처해 있다. 현재는 육
오에 해당하는 궁예를 섬겨야 하지만, 궁예는 문제가 많으므로,
장래를 책임질 사람은 구사(九四)에 해당하는 왕건이다. 그러므로
최응의 위치에서는 궁예를 섬기기만 해도 안 되고, 왕건을 받들
수도 없다. 바로 돌 사이에 끼어 운신하기 어려운 형국에 처해 있
다. 그렇다고 해서 종일 꼼짝하지 않고 가만히 있기만 하면 안 된
다. 결정적인 순간이 오면, 궁예에게 등 돌리고 왕건을 받들어야
한다.

최응은 공자와 맹자의 뜻을 따랐고, 『주역』의 이치대로 행동했
다. 그는 오경을 공부하여 학문적으로 정리한 것이 아니라, 오경

---

5. 子貢曰 管仲 非仁者與 桓公 殺公子糾 不能死 又相之 子曰 管仲相桓公霸諸侯
   一匡天下 民到于今 受其賜 微管仲 吾其被髮左衽矣 豈若匹夫匹婦之爲諒也
   自經於溝瀆而莫之知也(『論語』 憲問).
6. 六二 介于石 不終日貞 吉.

의 내용을 소화하여 실천에 옮긴 유학의 실천자였다. 이를 보면, 최응은 한나라 때 유학의 학풍에서 벗어나 공자와 맹자의 유학으로 회귀했음을 알 수 있다.

최응은 왕건이 고려를 건국한 뒤 지원봉성사(知元奉省事)·광평낭중(廣評郎中)·내봉경(內奉卿)·공평시랑(廣評侍郎) 등을 역임했다. 최응은 일상생활에서도 항상 마음을 가다듬었다. 최응은 육식하지 않아서 병이 생겼는데, 태조 왕건이 직접 집으로 찾아가 육식을 하지 않다가 죽으면 모친에게 불효한 것이고 나에게 불충한 것이라고 타일러, 육식하게 했다는 기록이 있는 것을 보면, 평소의 삶이 구도자의 삶이었음을 짐작할 수 있다.

최응은 죽은 뒤에 대광태자태부(大匡太子太傅)로 증직되었고, 뒤에 다시 사도(司徒)로 증직되었다. 시호는 희개(熙愷)이다. 1027(현종 18)년에 태조의 묘정에 배향되었다.

제3장

■

최승로의 유학 강조와 성종의 유학 장려

제1절
최승로의 실천유학

최승로(崔承老: 927~989)는 나이 10세 때 신라가 망하자, 부친을 따라 송도로 갔다. 12세 때 태조 왕건을 만나 『논어』를 줄줄 암송했는데, 그의 재능에 감탄한 태조가 그에게 상을 내리고, 학자들이 드나드는 원봉성(元鳳省)의 학생으로 보내어 교육받도록 했다. 어릴 때부터 두각을 나타낸 최승로는 한창 활약할 20대에서 40대 말까지 광종의 신임을 받은 쌍기의 활약에 밀려 제대로 능력을 발휘하지 못했다. 당시의 임금 광종은 광덕(光德)이란 연호를 선포하고, 황제를 칭하면서 왕성한 개혁을 단행했다. 광종은 956(광종 7)년 후주(後周)에서 사신으로 왔다가 병이 나서 머물고 있었던 쌍기(雙冀)를 등용했고, 958년 5월에 쌍기의 건의에 따라 처음으로 과거시험을 실시했다. 그 뒤로도 쌍기에게 중책을 맡겼으므로, 최승로가 능력을 발휘할 수 있는 입지가 없었다.

　광종의 개혁정치는 10여 년이 지나면서 퇴락하고 차츰 기복 불교에 빠져 국고를 탕진하는 등의 실정이 겹쳐 나라가 혼란스러웠다.

최승로는 광종 후반기에 쌍기를 비롯한 귀화 세력들이 침체하고 과거 출신의 신진 관료들이 부상하자, 조금씩 정치적 역량을 발휘하기 시작했다. 유학적 소양을 가진 과거시험 출신자들이 최승로의 학문적 역량과 식견을 인정했기 때문이다. 경종의 치세가 짧게 끝나고 성종이 즉위하자마자 최승로는 바로 '정광행선관어사상주국(正匡行選官御事上柱國)'이라는 행정의 요직에 임명되었다. 성종이 즉위한 시기의 중국은 이미 오대의 혼란기가 지나 조광윤이 송나라를 세운 지 22년이 지나고 있었다. 중국이 문화의 중심국이 된 이래로 한국은 중국의 변화에 예민하게 반응할 수밖에 없었다. 중국의 송나라가 유학 중심의 문치주의를 표방하고 있었기 때문에, 성종이 국제적인 분위기에 맞추기 위해서는 유학을 장려할 수밖에 없었다. 당시에 이미 불교의 폐단이 다방면에 노출되어 혼란을 겪고 있었기 때문에 더욱 그러했다. 성종이 유학을 통해 정치적 기강을 확립하려고 할 때 가장 먼저 해야 할 일이 당시 유학계의 대표인 최승로를 등용하는 것이었다.

최승로는 정광행선관어사상주국이라는 요직에 임명된 이듬해 성종에게 「시무28조(時務28條)」를 올렸다. 「시무28조」는 개혁해야 할 정치 방법을 모두 28개 조목으로 나누어 작성한 것인데, 22조까지는 『고려사』 등에 실려 있어서 현재까지 전해지고 있지만, 나머지 6조는 전해지지 않는다.

최승로가 「시무28조」에서 강조한 것 중에 가장 강력한 것은 불교의 폐단에 관해서이다. 최승로는 「시무28조」 중의 제20조에서 유불도 삼교의 역할에 대해서 다음과 같이 말하고 있다.

삼교는 각각 맡은 역할이 있으므로 뒤섞어서 하나로 뭉뚱그리면 안 됩니다. 불교를 하는 것은 수신의 근본이고, 유교를 하는 것은 나라 다스리는 근본입니다. 수신은 내세의 문제를 해결하는 바탕이고, 나라 다스리는 것은 금일의 문제를 처리해야 하는 급무입니다. 금일의 문제는 지극히 가까운 것이고, 내세의 문제는 지극히 먼 것입니다. 가까운 것을 버려두고 먼 것을 추구하는 것은 또한 잘못이 아니겠습니까? 임금은 오직 마땅히 사심을 버리고 한마음으로 널리 만물을 구제해야 합니다. 무엇 때문에 원하지 않는 사람들에게 노역을 시키고, 창고의 곡식을 소비하여 결코 얻을 수 없는 이익을 추구하겠습니까?[7]

유학과 불교의 역할 분담론은 신라에서부터 내려온 전통이었다. 최언위의 실천유학에서도 설명된 역할 분담론은 최승로의 「시무28조」에서도 그대로 이어지고 있다.

최승로에 따르면, 불교는 수신을 통해 개인의 철학적 갈증을 해소하는 것이고, 유학은 정치를 하여 사회의 질서를 확립하고, 경제를 다스려서, 사람들이 잘살 수 있는 사회를 건설하는 것이다. 최승로는 각각의 역할을 혼동하여 철학적인 문제를 해결해야 하는 불교를 정치와 교육의 장에 끌어들이면 안 된다고 주장한다. 당시는 사람들이 이미 정치와 교육의 장에 불교를 끌어들여 폐단

---

7. 三教各有所業 而行之者 不可混而一之也 行釋教者 修身之本 行儒教者 理國之源 修身是來生之資 理國乃今日之務 今日至近 來生至遠 舍近求遠 不亦謬乎 人君惟當一心無私 普濟萬物 何用役不願之人 費倉庫之儲 以求必無之利乎 (『高麗史』列傳 권6, 崔承老條).

이 노출되기 시작했다.

형상판의 철학으로 사는 사람에게는 수신을 통한 본질 회복의 과제가 매우 중요하다. 신라와 고려에서 수신의 과제를 불교의 역할로 한정하면, 유학에 종사하는 사람들은 수신의 과제를 해결할 수가 없어진다. 이러한 한계를 해결하기 위해 등장한 것이 처사방이다. 말하자면 젊었을 때 유학을 배워 나라를 다스리면서도 개인적으로 틈틈이 불교를 익혀 수신의 과제를 해결하기도 하고, 은퇴한 뒤에 본격적으로 불교에 매진하는 거사의 삶을 살면서 본격적으로 수신에 매달리기도 한다. 다음의 인용문에서 보면 이러한 내용을 잘 이해할 수 있다.

고려 중기의 묘지(墓誌)를 보면, 당시의 많은 유자들이 평소 불경을 외우고 염불하며 불사에 적극적으로 참여했는데, 자식을 승려로 바치고, 사찰에서 임종을 맞이하며, 장례에 다비를 쓰는 것이 유행했다. 당시의 유명한 거사들은 대개 '처사방'의 전후로 속출하기에 이르렀는데, 처사방이란 과거에 급제하여 벼슬길에 나갔다가 사직하고 처사가 되는 것을 말한다. 세속적 욕심을 멀리하고 수도 생활을 즐기는 새로운 경향이었다. 고려 중기 유교의 변화는 처사방으로부터 비롯되었다고 할 수 있다. 거사 불교인으로서 중요한 이들을 살펴보면 다음과 같은 이들이 있다. 일찍이 이자현의 종부인 이오는 여러 불경의 해설서를 편람하고 『금강경』을 더욱 좋아하여, 자기를 금강거사라 불렀다고 하며, 김부식도 자칭 거사라 했다 한다. 또 윤언이는 말년에 불법을 몹시 좋아하여, 파평에 물러가 살면서 금강거사라

자칭하고, 관승스님을 불문의 벗으로 삼았다 한다. 또 중기 후반으로 말하더라도 벽송거사 윤위, 화곡거사 박인석, 기암거사 안치민, 백운거사 이규보, 일암거사 정분, 참선거사 백분화 등이 있었고, 그 외에도 수많은 거사가 있었을 것으로 생각된다.[8]

불교를 통해 진리를 얻을 수 있다면 불교는 매력이 넘치는 위대한 철학이 되어 다가온다. 그렇게 되면 사람들은 불교를 좋아할 수밖에 없다. 다수의 사람이 불교를 좋아하게 되면, 정치하는 사람이 불교를 장려하겠다고 선언하여, 많은 사람의 지지를 받고 성공하게 된다. 삼국시대와 남북국시대를 거치면서 불교는 형이상학적 지향성이 강한 한국인들의 마음을 사로잡았기 때문에, 고려를 건국한 태조 왕건은 불교를 장려하는 정책을 통해 성공했다. 많은 사람이 불교를 좋아하고, 정부가 불교를 장려하는 정치를 하면, 부작용이 생기기 시작한다. 불교의 사원을 과다하게 짓고, 불상과 사원을 화려하게 꾸민다. 불교의 사원은 생산하는 곳이 아니라, 소비하는 곳이다. 그러면서 비과세 혜택을 누리고 정부의 지원까지 받게 되므로, 불교의 사원으로 말미암아 경제가 피폐해진다. 또 불교의 승려들이 정치력을 갖게 되면 승려들이 점점 타락하게 되고, 또 타락한 사람들이 승려가 되기도 한다. 타락한 불교의 승려들은 정치권력과 부를 누리기 위해, 불교의 이론을 왜곡시켜 혹세무민하는 일들을 한다. 이러한 부작용이 생겨나면 나라가 어지러워져 사람이 살기 어려운 지경에 이른다.

───

8. 최영성, 『한국유학통사』(심산, 2006), 219~220쪽.

광종 때부터 이미 불교의 폐단이 속출하기 시작했다. 최승로가 「시무28조」를 건의하게 된 가장 큰 목적은 불교의 폐단을 극복하기 위해서였다.

「시무28조」에서 최승로가 지적한 불교의 폐단에는 다음과 같은 것들이 있다. 불교 행사를 자주 열어 소비와 지출이 과다해지는 것, 절에서 돈과 곡식을 가지고 백성들을 상대로 돈놀이를 해서 백성들을 괴롭히는 것, 절에 가서 부처님께 빌면 복을 받는다는 잘못된 미신을 갖게 되는 것, 승려들이 백성과 관리들에게 행패를 부리는 것, 절 짓는 공사가 과다하여 백성들을 노역에 동원하는 일이 많은 것, 절과 불경, 불상을 너무 화려하게 꾸미느라 소비지출이 심한 것 등이다.

「시무28조」에는 불교의 폐단 외에도 민생문제를 해결할 것, 사회제도를 정비할 것, 중국의 문물을 받아들일 때 우리의 현실에 맞게 주체적으로 받아들여야 한다는 것 등을 지적하고 있다. 유학의 정치사상에서 가장 중요한 것은 임금의 수신이다. 『중용』에 있는 정치의 아홉 가지 원칙 중에도 첫째가 수신이고, 『대학』의 삼강령 팔조목에서도 수신을 으뜸으로 중시하고 있지만, 최승로는 수신을 불교의 역할로 분류했기 때문에 「시무28조」에 임금의 수신에 관한 내용이 빠져 있다. 이는 고려 이전의 유학에서 나타나는 공통점이다.

최승로는 「시무28조」를 올리면서 성종의 지지를 받고 정치적 역량을 크게 발휘하게 되었다. 983년에 정2품 문하시랑평장사에 임명된 최승로는 성종의 지원에 힘입어 유교를 정치이념으로 삼아 다방면으로 정치개혁에 돌입했다. 12목을 설치하고, 3성 6부제를 바탕으로 한 중앙관제를 정비한 것도 최승로의 발상이었다. 최승로의 건의대로 팔관회와 연등회가 폐지되었고, 고려가 안정기에 접어들었다.

최승로는 988(성종 7)년에 종1품 문하수시중에 올랐고, 청하후에 봉작되어 식읍 7백 호를 받기도 했다. 그러나 최승로는 성종의 개혁정치에 앞장서느라 과로가 겹쳐 989(성종 8)년 63세를 일기로 생을 마감했다. 성종은 그의 죽음을 애도하여 태사 벼슬을 추증하고 그의 공훈과 덕행을 표창했다. 장례비로 베 1천 필, 밀가루 3백 석, 쌀 5백 석, 유향 100냥 등을 하사했다. 목종은 최승로를 성종의 묘(廟)에 합사했고, 덕종은 대광·내사령이란 벼슬을 추증했다.

제2절
성종의 유학 장려

성종은 최승로의 보좌를 받아 유학을 장려하는 여러 가지 시책을 내어놓았다. 987(성종6)년에 정우현 등의 과거 급제자에게 다음과 같은 교시를 내린 적이 있다.

옛날부터 나라를 다스리는 임금은 모두 오륜을 익히기 위해 학교를 세웠고, 육경으로 시험을 쳐서 인재를 구했다. 그리하여 하·은·주가 나름대로 학교를 세우고 제자를 가르쳐, 임금과 신하, 아버지와 아들이 모두 사랑하고 공경하는 풍습을 알았고, 예악과 시경 서경의 내용으로 경륜하여 사업을 확립했으므로, 인륜과 규범과 정치의 기강이 환하게 빛났다. 나도 그것을 본받아 우리나라 사람들이 예의와 사양함을 알고, 학교와 서당마다 공부하러 오는 학생들이 많아져서 교실마다 책을 펴고 글 읽는 학생들이 가득하게 하고자 한다. 요즈음 멀리 있는 모든 주·군·현의 자제들을 모집하여 서울에 와서 학업을 익히게 하니, 이에 호응해서 바람처럼 몰려들어 강당에는 학생 수가 자못 많아졌다. 그런데 시일이 오래 되자 나태해져서 돌아가는 자가 없지 않으니, 원하는 대로 가고 싶으면 가고 오고 싶으면 오게 할 것이나, 천품을 총명하게 타고난 자가 스승의 가르침을 못 받아, 한 경전의 뜻도 깨치지 못하고, 수년의 세월을 헛되게 보내는 일이 있으니, 앞길이 유망한 청년을 그렇게 버려두고서야 어떻게 인재를 구하리오. 이제부터는 경서에 통하고 전적을 읽을 줄 아는 선비와 온고지신하는 무리를 선발해서, 열 두 목에 각각 경학박사 한 명을 파견하여, 여러 학생을 가르치고 인도하게 하리니, 주·목·군·현의 관장은 더욱 가르치고 깨우쳐서, 경전에 밝으면서 효도하고 공경하는 행실로 이름나 쓸 만한 인재가 있으면, 경사에 천거해 보내도록 하라.[9]

나라가 안정되면 무엇보다도 먼저 교육에 힘써야 한다. 성종은 과거에 급제한 사람에게 당부하는 교서에서 인재를 육성하기 위한 교육정책을 발표했다. 그로부터 2년 뒤 성종은 다시 학문을 장려하는 교서를 내렸다.

---

9. 『고려사』 世家 권3, 성종 6년조.

나는 바야흐로 학교를 숭상하고 나라를 다스리기 위해, 널리 스승을 구하고 학생을 모집하며, 전장을 주어 학업을 닦게 하고, 학문이 있는 선비를 파견하여 스승으로 삼아 매년 갑과와 을과의 과거를 실시하여 준수한 인재를 뽑았으며, 산림에 묻힌 선비를 찾아가 우대하고, 박식한 선비를 얻어 번거로운 정사를 돕게 했다. 그러나 학자는 쇠털같이 많으나 성취한 인재는 기린의 뿔처럼 적다. 헛되이 이름만 국학에 걸어놓고, 과장에 나오는 자가 드물다. (…) 근자에 당국에서 올린 과거에 응한 사람의 명수를 보니 오직 대학 조교 송승연과 나주목의 경학박사 전보인만이 열심히 교육해서, 널리 글을 가르치고 예로써 집약하는 공자의 뜻에 따라 가르치기를 게을리하지 않아서, 학문을 권장하는 나의 마음에 부응했으니 마땅히 장려하고 승진시켜서 귀감이 되도록 해야겠다.[10]

성종은 그간 열성적으로 교육에 임했으나 아직 성과가 미미함을 걱정하며 교육을 담당하는 사람들에게 인재교육에 최선을 다할 것을 당부하고 있다. 위의 교서에서 보면 이미 국학이라고 하는 대학교가 있었음을 알 수 있다. 아마도 국학은 태조 왕건 때에 설립된 것으로 추정할 수 있다. 유학의 교육에 심혈을 기울인 성종은 드디어 992년에 국자감을 설립하여 유학 교육을 강화했다. 흔히 성균관대학교의 설립연도를 992(성종 11)년으로 보지만, 992년은 기존에 있던 국학을 송나라의 제도를 참작하여 국립종합대

---

10. 상동, 8년조.

학으로 확장 개편하면서 이름을 국자감으로 개칭한 해에 해당한
다. 국자감으로 개칭하기 전인 983년에 송나라로부터 「문선왕묘
도(文宣王廟圖)」와 「제기도(祭器圖)」, 「칠십이현찬기(七十二賢贊記)」 등
을 가져왔는데, 이런 일들이 국학을 국자감으로 확대 개편하게 된
계기가 된 것으로 이해할 수 있다.

제4장

■

최충의 유학 교육

최충(崔沖: 984~1068)은 자가 호연(浩然)이고, 시호가 문헌공(文憲公)이며, 황해도 해주 출신이다. 최승로가 유학적 정치를 확립했다면, 최충은 구재학당이라는 사학을 세워 유학 교육의 산실이 되었다. 최충은 어려서부터 학문을 좋아했고 글을 잘 지었다. 1005(목종 8)년에 과거에 응시하여 갑과(甲科)에 장원급제한 뒤 벼슬길에 나갔다. 최충은 문하시중이 되었을 때 율령을 개정하고 서산(書算)을 고정하는 작업과 형법을 정비하는 등의 작업에 참여하여 제도를 정비하는 일에 주력했다. 최충은 태보태부(太保太傅)로 추존되었고 추충찬도공신이라는 호까지 받았다. 최충은 1053(문종 7)년 70세가 되었을 때, 문종의 만류에도 불구하고 기어이 은퇴하니, 문종은 다음과 같은 교서를 내렸다.

> 시중 최충은 여러 대를 걸쳐 유학의 으뜸이었고, 삼한의 덕망 있는 어른이었다. 지금은 비록 늙어 물러나기를 청하나 차마 윤허할 수 없으니, 마땅히 고전을 계고하여 궤장을 내리고 계속해서 나랏일을 보도록 할 것이며, 다시 추충(推忠)·찬도(贊道)·협모(協謨)·동덕(同德)·좌리공신(佐理功臣)이란 호를 내린다.

최충은 은퇴한 후에도 집에 있으면서 나랏일에 대한 자문에 응했고, 문종은 최충에게 다시 홍문(弘文)·의유(懿儒)·보정(保定)·강제(康濟)라는 공신호를 더했으므로, 최충은 모두 아홉 개의 공신호를 받은 신하가 되었다.[11]

당시 국자감의 교육이 부실했으므로, 최충은 자기의 집에서 서당을 열어 제자들을 가르쳤는데, 너무 많은 학생이 모여들었다. 이에 많은 학생을 수용할 수 있도록 넓은 서당을 송악산 아래 자하동에 마련한 것이 9재 학당이다.

9재의 이름은 진학의 순서에 따라 악성(樂聖)·대중(大中)·성명(誠明)·경업(敬業)·조도(造道)·솔성(率性)·진덕(進德)·대화(大和)·대빙(待聘)이다. 말하자면 초학자는 먼저 악성재에 들어가 6예를 익히는 것에서 시작하여 여러 재를 순차적으로 거친 다음 대빙재에서의 수학을 끝으로 졸업하게 된다. 9재 중에 성명과 솔성은 『중용』에 나오는 말이다. 당시에는 아직 『중용』이 단행본으로 독립된 것이 아니라 『예기』 속의 한 편으로 있었던 것인데, 최충이 『예기』 「중용편」의 내용으로 구재의 이름을 붙인 것은 매우 의미 있는 일이다. 「중용편」의 내용은 심오한 철학으로 구성되어 있으므로, 최충의 가르침은 송나라 이전의 훈고학적인 유학 연구의 내용과 달리, 이미 철학적 탐구를 겸했던 것으로 보인다. 『예기』의 「중용편」은 당나라 말기의 이고가 중시했고, 그 전통이 송나라의 유자들에게 이어지고 있었으므로, 최충은 북송 초기의 유학

---

11. 『고려사』 열전 권8, 최충조. 이 부분은 김충렬, 『고려유학사』(고려대학교 출판부, 1984)를 참조했음.

을 접하고 있었을 것으로 짐작할 수도 있다.

9재 학당의 학풍은 그저 재당 안에서 경전과 역사서를 읽는 데 그치지 않고, 여름이면 산사의 승방을 빌어 산수를 노래하고 소요하며 마음을 닦았다. 최충의 학풍에 대해서, "산사의 승방이나 산간의 개울가에서 노니다가 어른과 아이가 차례로 시를 주고받고 읊으며 저녁때 돌아오는 광경을 보고 감탄하지 않은 이가 없었다"라는 기록이 있는 것을 보면, 그 풍경이 당시로서는 새롭게 보였기 때문일 것이다. 『논어』 「선진편」에 공자가 제자들에게 각자의 소원과 취향을 물었더니 증점이 "늦은 봄날 봄옷으로 갈아입고서 어른 대여섯 사람과 아이들 육칠 명이 기수에 가서 목욕하고 무우(舞雩)에서 바람 쐬고 노래하며 돌아오겠다"라고 대답했는데, 공자가 증점과 같이 하겠다고 답변한 적이 있다. 최충과 그의 제자들이 학문을 연마하는 모습은 공자와 증점이 염원했던 광경을 실현한 것으로도 보이고, 옛 화랑들의 수련법을 이어받은 것으로도 보이지만, 최충이 사학을 일으켜 제자들에게 강학한 것은, 주나라의 관학에서 벗어나 사학을 일으켜 제자들에게 강학했던 공자의 교육방식에도 비견된다. 최충이 해동공자라고 칭송받는 이유 또한 여기에 있을 것이다.[12] 최충의 구재학당에서는 간혹 선배들이 여러 제자와 함께 초에 금을 그어놓고 그 금까지 타기 전에 시를 지어 읊게 하는 '각촉부시(刻燭賦詩)'라는 시 짓기 대회를 열기도 했다. 이는 과거시험의 예행연습에 해당하기도 했으므로, 과거 볼 사람들이 그의 학도가 되기 위해 많이 몰려오기도 했다.

---

12. 이 부분은 위의 책, 『고려유학사』를 참조했음.

최충이 구재학당을 시작한 이래로 관직에 있던 학덕이 높은 신하들이 이를 모방하여 제각각 학도를 모아 강학하는 학당을 열었는데, 최충의 학당을 포함하여 모두 열두 학당이 되었으므로, 그 학당의 문도를 일컬어 사학 12도라 한다. 최충은 86세를 일기로 삶을 마감했다.

제5장

■

북송 도학의 수용과 유학 연구의 변화

성종 때에도 이미 송나라로부터 서적들이 수입되고 있었던 사실을 보면, 최충이 이미 북송 유학의 영향을 받았을 가능성이 커진다. 북송의 유학은 한당 시대의 유학과 달리 불교의 문제점을 극복하기 위해, 불교의 심오한 형이상학적 체계를 유학의 이론으로 정리하는 과정에 있었다.

북송의 유학을 접한 고려의 학자들은 유학의 새로운 면에 고무될 수밖에 없었을 것이다. 고려의 유학자들은 심오한 형이상학적 진리에 관한 연구를 불교의 승려에게 넘겨주고, 현실의 문제를 해결하는 것으로 국한해서 연구하고 있었으므로, 심오한 진리를 얻는 과정에서 오는 행복감을 찾기 어려웠다. 특히 한국인들은 심오한 형이상학적 진리를 탐구하려는 의욕이 왕성하기 때문에, 현실 문제에 국한한 유학 연구에 대해 많은 불만이 있었을 것이다.

이러한 상황에서 보면 고려의 유학자들이 새롭게 전개되는 북송의 유학을 접하게 되면, 희열을 느끼며 바로 심취할 수 있을 것이다. 실지로 최충의 활발한 유학 교육이 있은 뒤로 고려의 유학이 활기를 띠게 된다.

인종 때 학자인 문공유(文公裕)의 묘지에 따르면, 일찍이 임금에게 『논어』와 함께 『맹자』를 강의했다는 기록이 있는 것을 보면, 이미 유학에 많은 변화가 일어난 것임을 알 수 있다. 고려 초기의 유학은 오경을 중심으로 한 실천유학이었기 때문에 『맹자』는 중시되지 않았다. 맹자가 중시된 것은 북송 때이었으므로, 인종 때는 이미 북송의 유학을 받아들이고 있었으며, 인종 1년에 고려에 온 송나라 사신 노윤적(路允迪)에게 인종이 구산 양시의 안부를 물었던 사실을 보면, 북송시대의 유학자들이 소상하게 알려져 있었음을 알 수 있다. 고종 때의 학자 정의(鄭義)의 부에 "기(氣)가 모인 것은 비록 다르지만, 리(理)가 주관하는 것은 (기가) 다르더라도 반드시 같다"라고 한 것을 보면, 이미 이기설까지 수용하고 있음을 알 수 있다.[16]

북송의 유학을 받아들인 고려에서는 유학 연구에 많은 변화가 일어났다. 불교의 폐단이 노출되고 있었으므로, 형이상학적 진리 탐구에 관심이 많았던 지식인들의 관심이 불교에서 유학으로 옮겨가게 되어, 유학의 연구열이 왕성해졌다. 거기다가 예종·인종·의종 때는 임금이 직접 경전토론회를 주재하면서 열기가 더욱 뜨거워졌다. 그러나 북송시대의 유학은 하나의 체계로 완비된 것이 아니라 다양한 이론들이 각각 흩어져 있었으므로 소화하기가 쉽지 않았다. 북송 유학을 받아들인 고려의 유학이 크게 발전하지 못한 근본 원인은 바로 그 때문이다. 고려시대 후기에는 고려의 유학이 다수의 사람이 좋아할 정도로 발전하지 못했고, 사람들을 정신적으로 안정시키는 역할을 담당했던 불교가 폐단을 노출

---

13. 이 부분은 위의 책, 『한국유학통사』, 247~249쪽을 참조했음.

했기 때문에 사람들의 마음을 하나로 결집할 수 있는 이론이 없어졌다. 다수의 사람이 정신적으로 좋아하는 이론이 없으면 나라는 혼란할 수밖에 없다. 고려는 말기에 가까워지면서 국력이 쇠약해져 무신들이 정권을 잡은 무신정권시대로 접어들었다가 결국 원나라의 지배를 받게 되었다.

제 5 부

고려 말의 자주의식과
주자학의 수입

고려는 말기에 접어들면서 혼란에 빠졌다. 무신정권이 지속되다가 급기야 원나라에 항복해서 원나라의 지배를 받게 되었고, 불교의 폐단이 극심하게 노출되었다. 절의 수가 급격하게 불어나서 나라의 경제가 파탄할 정도가 되었고, 승려들의 횡포가 극에 달했다. 특히 신돈(辛旽: ?~1371)이 정치에 개입하면서 더 큰 혼란에 빠져, 나라가 위태롭게 되었다. 위기에 처할수록 사람들은 위기를 극복하기 위해 고심한다.

나라가 안정되기 위해서는 다수의 사람이 계속 좋아할 수 있는 이론이 나와야 한다. 다수의 사람이 일시적으로 좋아하게 되는 이론은 다수 사람의 욕심을 채워주는 이론이 대부분이다. 욕심은 그때그때의 상황에 따라 늘 변하기 때문에 욕심을 채워주는 이론은 오래 지속되지 않는다.

한 그루의 나무가 계속해서 생명력을 발휘하기 위해서는 뿌리가 튼튼하고, 잎과 가지가 번성해야 한다. 땅 깊숙한 곳에 자리하고 있는 뿌리는 변함없이 존재하지만, 잎과 가지는 늘 움직이고 변한다. 그러므로 한 그루의 나무를 잘 가꾸는 방법은 뿌리를 튼튼하게 한 다음, 잎과 가지를 정비하는 것이다.

한국인의 마음 바탕에는 한마음이 있고, 하늘마음이 있다. 그것이 한국인의 삶의 뿌리이다. 한국의 생명력을 튼튼하게 하는 방법은 한국인의 마음 바탕을 확인하고, 그 마음 바탕 위에 많은 사람이 좋아할 수 있는 삶의 방법을 확립하는 것이다. 고려 전기까지는 불교가 그 역할을 했다. 당시의 불교는 단군조선 때부터 이어져 오는 한국인의 마음 바탕에 중국에서 들어온 불교를 접목하여 피워낸 찬란한 꽃이었다. 그러던 불교가 고려 후기로 접어들어 폐단을 노출하면서 사람들의 삶을 이끌어가는 역할을 할 수 없게 되었다. 많은 사람이 좋아하는 이론이 없어졌다는 것은 운행하고 있는 배가 방향키를 잃어버린 것과 같다. 방향키를 잃어버린 배는 길을 잃고 우왕좌왕할 수밖에 없다. 그 혼란은 새로운 방향키를 만들어낼 때까지 계속될 수밖에 없다.

고려 말에 불교가 제 역할을 못 하게 된 것은 운행하던 배가 방향키를 잃어버린 것과 같다. 고려는 혼란에 빠질 수밖에 없다. 그 혼란은 불교에 대신할 수 있는 새로운 이론이 나타날 때까지 지속될 것이다. 불교에 대신할 수 있는 새로운 이론을 제대로 찾아내기 위해서는 먼저 한국인들에게 뿌리 역할을 해온 마음 바탕을 확인해야 하고, 다음으로는 그 마음 바탕 위에 고려시대 말의 상황을 파악해야 한다. 한국인의 뿌리 역할을 해온 마음 바탕을 알기 위해서는 한국 고대의 역사를 뒤져서 그 속에서 변함없이 이어지고 있는 한국인의 마음 바탕을 찾아내는 작업이 선행되어야 한다. 실지로 고려 후기로 들어오면서 한국 고대사에 대한 연구업적이 나타나기 시작한다. 이규보(李奎報: 1168~1241)는 고구려의 「동명왕편」이란 장편의 서사시 형태의 역사기록을 남겼고, 일연(一然: 1206~1289)은 『삼국유사』를 써서 단군조선의 내용을 간략하게 기록했다. 이승휴(李承休: 1224~1300)는 1287년에 『제왕운기(帝王韻紀)』를 저술하여 중국과 한국의 역사를 운율시의 형식으로 읊었다. 그리고 이암(李嵒: 1297~1364)은 『단군세기』를 저술하여 단군조선의 역사와 철학사상을 정리했다. 고려 말기에 한국 고대의 역사와 고대사상을 정리하고 난 뒤에는 당시 사람들이 공감할 수 있는 이론을 당시의 상황에 맞게 찾아내어야 한다. 당시의 상황에 맞는 이론을 찾는 것은 상당한 시행착오를 거치지 않으면 안 된다. 당시에는 불교가 사람들에게 배척을 받게 되었으므로, 앞으로의 시대에 필요한 새로운 사상은 불교의 단점을 극복하고 장점을 계승하는 것이어야 한다. 그런 이론을 찾거나 만드는 것은 매우 어렵다. 그런데 당시에 안성맞춤인 사상이 이미 중국 남송에서 만들어져 있었다. 중국 송나라의 과제는 불교를 극복하면서도 불교의 장점을 계승할 수 있는 새로운 이론체계를 만들어내는 것이었는데, 그 과제가 남송의 주자가 정리한 주자학으로 완성되었다.

고려 말기에 처한 시대 상황이 당나라 말기에 처한 중국의 상황과 매우 유사했다. 그것은 불교의 폐단을 극복하고 불교를 대신할 수 있는 새로운 이론과 사상을 만들어야 하는 상황이었다. 중국에서는 5대라는 혼란기를 거치고 북송시대의 노력을 거쳐 남송의 주자에 의해서 완성된 주자학으로 결실했지만, 고려에서는 중국의 주자학을 수입해 정착시키기만 하면 되기 때문에, 오랜 시간을 소비할 필요가 없었다. 고려 말기에 이암 선생이 단군조선의 역사와 사상을 정리한 시기에 유학자들은 주자학의 수입에 박차를 가하고 있었다.

제1장

■

행촌 이암 선생의 자주의식과 한국 고유사상

이암(李嵒: 1297~1364)은 초명이 군해(君倿), 자는 고운(古雲), 호는 행촌(杏村)이다. 1313(충선왕 5)년에 문과에 급제했고, 여러 관직을 거쳐 충목왕 때 좌정승에 올랐으며, 공민왕 때 수문하시중(守門下侍中)이 되었다. 우왕 때 충정왕의 묘정에 배향되었다. 행촌은 강화도의 해운당에서 『단군세기』를 집필했는데, 다음과 같은 집필 동기를 남겼다.

> 나라를 다스리는 방도에는 선비의 기상보다 더 앞세울 것이 없고, 역사학보다 더 급한 것이 없다. 왜 그러한가? 역사학이 밝지 않으면 선비의 기상이 떨치지 않고 선비의 기상이 떨치지 않으면 나라의 근본이 흔들리고 정치의 법도가 갈라지기 때문이다.[1]

나라가 흔들리는 이유는 선비들의 기상이 가라앉았기 때문이고, 선비들의 기상이 가라앉은 이유는 역사가 정리되지 않았기 때문이다. 역사기록이 중요한 이유는 역사기록 속에 삶의 원초적 본

---

1. 이기동·정창건 역해, 『환단고기』(행촌, 2019), 64쪽, 〈단군세기 서〉.

질을 알 수 있는 내용이 들어 있기 때문이다. 과거의 삶 속에 오늘의 삶을 살아가는 지침이 있다. 과거의 삶의 내용이 역사기록 속에 들어 있기 때문에 역사가 중요한 것이다.

삶의 바탕에는 오래전 조상들의 삶의 지혜가 녹아 있다. 그것이 오늘날의 삶을 지탱하는 뿌리이다. 우리들의 삶의 바탕에 녹아 있는 옛 조상들의 지혜를 무시하고, 그것과 전혀 다른 삶의 방식을 택한다면, 안정을 찾기 어렵다. 오늘의 삶을 질서 있게 유지하기 위해서는 마음 깊숙한 곳에 깔린, 조상 때부터 내려오는 지혜에 기초한 삶을 찾아야 한다. 한국인들의 옛 조상 때부터 내려온 삶의 지혜는 무엇인가? 행촌 선생은 다음과 같이 말한다.

> 본질과 형체를 아울러 챙기는 것이 '나'이고, 몸과 혼을 함께 챙기는 것 또한 '나'이다. 그러므로 천하만사는 먼저 '나'를 아는 데 달려 있다. '나'를 알고자 한다면 어디서부터 시작해야 하겠는가?[2]

한국인 개개인이 안정되어야 나라가 안정된다. 개인이 안정되지 않으면서 한국의 안정을 기대할 수는 없다. 한국의 안정을 바란다면 한국인 개개인이 안정되어야 하고, 개개인이 안정되기 위해서는 개개인의 본질을 알아야 한다. 개개인의 본질을 알고 사는 사람은, 땅속에 깊이 뿌리박고 사는 나무처럼 흔들리지 않지만, 개개인의 본질을 모르고 사는 사람은 땅속에 뿌리내리지 못

---

2. 위의 책, 68쪽.

하고 사는 부평초 같아서 흔들리면서 살 수밖에 없다. 그러므로 나라의 안정을 바란다면 먼저 한국인 각자가 자기의 본질을 아는 데서부터 시작하지 않으면 안 된다. 행촌 선생은 각 개인의 본질을 다음과 같이 설명한다.

> 조화의 신이 내려와 우리 마음의 본질인 성(性)이 되었고, 교화의 신이 내려와 우리 기력의 본질인 명(命)이 되었으며, 치화의 신이 내려와 우리 몸의 본질인 정(精)이 되었다.[3]

행촌 선생의 설명에 따르면, 사람이란 성과 명과 정의 세 요소로 구성되어 있다. 이는 『삼일신고』에서 하늘의 세 요소로 설명한 것이다. 하늘과 사람은 하나로 이어져 있으므로, 하늘의 세 요소가 사람의 세 요소이기 때문에 행촌 선생은 하늘의 세 요소를 그대로 사람의 세 요소로 간주했다. 『삼일신고』에서는 사람의 세 요소를 심·기·신으로 설명했지만, 하늘과 사람이 본질에서 하나이기 때문에 본질에서 보면 사람의 세 요소 역시 성·명·정으로 설명할 수 있다. 그러나 사람이 망령되어 본질을 상실하면, 하늘과 일치되지 못하므로, 『삼일신고』에서는 사람의 세 요소를 심·기·신으로 설명한 것이다. 하늘의 세 요소에서 보면, 성(性)은 착하고, 명은 맑으며, 정은 넉넉하지만, 사람의 세 요소에서 보면 심에는 선악이 있고, 기에는 청탁이 있으며, 몸에는 넉넉함과 척박함이 있다. 이처럼 사람이 하늘과 달라진 것은 본질을 상실했기

---

3. 위의 책, 70쪽.

때문이다. 본질을 상실한 사람은 참된 사람이 아니다. 본질을 유지하고 있는 사람이라야 참된 사람이므로, 참된 사람만을 사람이라고 정의한다면, 사람의 세 요소 역시 성·명·정으로 정의해야 한다. 행촌 선생이 사람의 세 요소를 성·명·정으로 정의한 것은 참된 사람만을 사람으로 간주했기 때문이다.

참된 사람은 하늘과 같은 사람이다. 하늘이 흔들리지 않듯이 참된 사람은 흔들지 않는다. 행촌 선생에 따르면, 참된 사람의 마음은 하늘마음처럼 신령스럽고, 참된 사람의 기운은 산천의 기운처럼 맑으며, 참된 사람의 몸은 만물과 하나인 하늘의 몸처럼 영원히 지속된다.

사람은 근본적으로 하늘과 같으므로, 본질을 아는 사람은 하늘처럼 흔들림이 없다. 세상이 혼란한 이유는 사람이 본질을 잃었기 때문이다. 그러므로 세상을 안정시키려고 한다면 먼저 사람들 각자가 자기의 본질을 알아야 하지만, 사람들 모두가 본질을 알도록 할 수는 없으므로 먼저 이 사실을 아는 사람 자신부터 본질을 회복해야 한다. 행촌 선생은 다음과 같이 말한다.

세상 교화의 방법을 확립하려면 반드시 먼저 자기 자신을 바로 세워야 하고, 몸을 혁신하려면 반드시 먼저 몸으로 나타나지 않은 본질을 새롭게 해야 한다. 이것이 나에게 파고들어 내가 유일한 우주 그 자체임을 깨달아야 하는 하나의 이유이기도 하다.

아! 마음이 아프다. 부여는 부여의 도가 없어진 연후에 한나라 사람들이 부여로 들어왔고, 고려는 고려의 도가 없어진 연후에 몽골이 고려에 들어왔다. 만약 그때 기선을 제압하여 부여가 부여의 도를 유지했다면 한나라 사람들이 한나라로 돌아갔을 것이고, 고려가 고려의 도를 유지했다면 몽골 사람들이 몽골로 돌아갔을 것이다.[4]

행촌은 자기 혼자서 본질을 회복했다 하더라도 바로 나라를 안정시킬 수 없다는 것을 알기 때문에 마음이 아팠다. 그럴수록 행촌 선생은 글을 써서 모두에게 알리고 싶었다. 온 나라 사람들이 모두 알아서 나라 구할 것을 스스로 기약하고 다 같이 노력한다면 나라를 구하는 것은 어렵지 않다. 행촌이 『단군세기』를 집필한 이유가 여기에 있다.

행촌 선생은 『단군세기』를 통해 한국의 고유사상을 잘 설명해 놓았다. 한국 고유사상에는 독특한 것이 있다. 한국 고유사상에서는 모든 것이 하나라는 것을 전제한다. 하나라는 것을 전제하면 사람과 하늘이 하나이고, 만물이 모두 하나이다. 하나이기 때문에 하나로 사는 것이 참된 삶이고 참된 삶을 사는 사람이 참된 사람이다. 사람이 모두가 하나라는 사실을 잊어버리고 각각 남이 되어 서로 다투며 사는 것은 망령된 것이고 불행한 것이다. 사람이 불행한 삶에서 벗어나기 위해서는 자기의 본질을 회복해야 한다. 자기의 본질을 회복하면 모두와 하나가 되어 서로 사랑하며 행복하게 살 수 있다. 모두가 서로 사랑하며 행복하게 사는 세상이 홍익인간이고 지상낙원이다. 행촌 선생이 정리해놓은 한국의 고유사상은 서로 다투느라 정신을 차리지 못하고 있는 세상 사람

4. 위의 책, 77~80쪽.

들을 바르게 인도할 수 있는 위대한 철학이 될 수 있다. 이러한 의미에서 행촌 선생의 업적은 아무리 높이 평가해도 과장되지 않을 것이다.

행촌 선생이 정리한 한국 고유사상은 제자인 목은 이색 선생에게 전해져 한국적 주자학으로 정리되었다.

제2장

■

주자학의 수입

한편 불교의 폐단으로 나라가 혼란에 빠진 고려 말기의 상황을 극복하는 데 가장 효과적인 사상체계가 바로 남송시대에 주자에 의해 완성된 주자학이었으므로, 주자학을 수입하기 시작한 고려 말의 학자들에게 주자학의 열기가 뜨겁게 달아올랐다.

제1절
안향의 주자학 수입

안향(安珦: 1243~1306) 선생의 초명은 유(裕)이었으나, 나중에 향(珦) 으로 바꾸었다. 조선조에 들어와 문종의 휘를 피해 다시 유(裕)로 불렀다. 호가 회헌(晦軒)이고 시호가 문성(文成)이다. 경상북도 홍주 (興州: 지금의 경상북도 영주시 풍기) 출신이다. 회헌이라는 호는 주자(朱 子)의 호인 회암(晦庵)에서 따온 것이다. 선생은 1260년에 과거에 급제한뒤 벼슬길에 들어서서 여러 관직을 거친 뒤에 첨의중찬(僉 議中贊: 전기의 門下侍中에 해당)에까지 이르렀다. 선생은 몸가짐이 장중 하고 온화하며 조용했지만, 일이 있을 때는 자세히 계획을 세웠고

宣授高麗國儒學提舉都僉議中賛修文殿大學士贈謚文成公安　珦眞

越延祐五年二月　日降

宥吉其目云都僉議中賛修文殿大
學士安珦有棠設學校之功亦於

夫子廟庭圖形筭祭床
郎崔琳依其目摹寫一軀將安之
于鄕校時嗣子于器遼承之鎭邊崔
君送以示之於是焚香拜手乃爲
之賛曰

上命圖形
先君當日振儒風
文廟中一幅丹青照奉樺四時籩豆
荅膚功

是年秋九月　日賛

慶尙全羅州道巡撫鎭邊使匡靖大夫檢校僉議評理無判典儀寺事上護軍安于器拜題

안향

결단할 때는 과감했다.

선생은 일찍이 당시의 국립대학인 국학에 들어가 문묘가 황폐해진 것을 보고 개탄하면서 다음과 같은 시를 읊은 적이 있다.

곳곳마다 향을 피워 부처님께 복을 빌고	香燈處處皆祈佛
집집마다 요란하게 푸닥거리 하는 소리	簫管家家盡祀神
두어 칸밖에 없는 공부자의 사당에는	獨有數間夫子廟
뜰 가득 우거진 봄풀 사람 흔적 안 보이네	滿庭春草寂無人[5]

이 시를 보면 선생은 불교가 번성하고 무당들의 푸닥거리가 성행하여, 폐해가 극에 달해있었던 당시의 상황을 잘 알고 있었기 때문에, 유학을 통해 당시의 문제점을 해결해야 한다고 생각하고 있었던 것으로 보인다.

1289(충렬왕 15)년에 정동행성의 좌우사랑중(左右司郎中)이 되고 또 유학제거(儒學提擧)가 되었는데, 그해 왕을 모시고 원나라에 갔다가, 연경에 머물면서 처음으로 『주자전서』를 보고, 중요한 부분을 손수 베끼고, 공자와 주자의 초상화도 보고 그렸다. 당시에 주자의 글이 세상에 성행하지 않았으므로 보기가 쉽지 않았는데, 선생은 한 번 보자마자 독실하게 좋아하게 되었다. 선생은 주자가 바로 공문의 정맥임을 알아보고, 글의 중요한 부분을 기록하고 공자와 주자의 초상화를 가지고 귀국한 뒤 주자학 연구에 몰두했다.

선생은 찬성사로 재직하던 1304(충렬왕 30)년에 국학에 섬학전

---

5. 『회헌실기』 권1, 「遺集」〈題學宮〉.

(瞻學錢)이라는 육영기금을 조성하도록 다음과 같이 조정에 건의하여 시행되도록 했다.

정치의 요체 중에 인재를 교육하는 것보다 더 급한 것이 없습니다. 지금 양현고의 재정이 고갈되어 선비를 기를 수 없으니, 백관에게 명하여 등급에 맞게 은과 포를 내어 양현고에 귀속하게 하되, 본전은 그대로 두고 이식을 취해서 영구히 교육 자금으로 만들게 하소서.[6]

선생의 건의가 받아들여 시행되었다. 선생은 또 김문정(金文鼎) 등을 중국 원나라에 보내 공자 및 칠십 제자의 상을 베껴오게 하고, 아울러 제기 악기 및 육경과 제자서(諸子書)·사서(史書) 등을 사들여오도록 하여 유학 교육에 박차를 가했다. 선생의 이러한 노력에 힘입어 유학 교육이 활성화되었고, 그로 인해 경전을 끼고 다니며 수학하는 자가 수백 명에 달했다고 한다. 선생은 국자감의 생도들에게 글을 내렸다.

성인의 도는 현실 생활 속에서 인륜을 실천하는 것 이외의 것이 아니다. 자식 된 이는 효도하고 신하 된 이는 충성하며, 예로써 집안을 다스리고 신의로써 벗을 사귀며, 경으로써 수양하고 일할 때는 성(誠)으로써 할 따름이다. 그런데 불교는 어떠한가. 부모를 버리고 출가하여 인륜을 파괴하니 이는 이적의 무리

---

6. 『고려사』 권105, 「안향전」.

이다. 근래 전쟁에 시달린 나머지 학교가 퇴폐하고 선비가 학문을 몰라서, 배운다는 것이 고작 불교 서적이나 즐겨 읽고, 허무하고 공허하고 적막한 뜻을 믿으니, 무척이나 가슴 아프다. 내 일찍이 중국에서 주회암의 저술을 얻어서 읽어보니, 성인의 도를 밝히고 선불(禪佛)의 학문을 배척한 공이 공자에 짝할 만했다. 공자의 도를 배우고자 하면 회암을 배우는 것보다 우선할 것이 없다. 여러 생도는 『주자전서』를 읽는 데 힘써서 조금의 게으름도 없어야 할 것이다.[7]

선생은 당시 학자들에게 주자학 연구에 몰두하도록 하는데 크게 공을 세웠다. 그가 세상을 떠난 13년째인 1319년에 충숙왕은 그의 공을 평가하여 문묘에 종사토록 했다. 조선조 1542년에 주세붕이 백운동서원(白雲洞書院)을 건립하여 선생을 향사했고, 백운동서원은 퇴계 선생의 건의로 최초의 사액서원이 되면서 소수서원(紹修書院)으로 이름이 바뀌었다. 선생의 문하에서는 백이정·우탁·권보 등을 위시한 저명한 학자들이 많이 배출되었다.[8]

---

7. 『회헌실기』 권1, 「遺集」 〈論國子諸生〉.
8. 안향 선생에 관해서는 현상윤의 『조선유학사』(민중서관, 1977)와 최영성의 『한국유학통사』를 참조했고, 부분적으로 그대로 인용한 것도 다수 있음을 밝힌다.

제2절

주자학의 수용과 보급

제1항 백이정 선생의 주자학 수용

백이정(白頤正: 1247~1323) 선생의 자는 약헌(若軒) 호는 이재(彛齋) 시호는 문헌(文憲)이다. 이제현의 『역옹패설』에 백이정에 관한 다음의 설명이 있다.

> 안 문성공 뒤에 이재 백이정이 충선왕을 따라 원나라에 10년간 머물렀다가 정주학에 관한 책을 구하여 돌아왔는데, 나의 외삼촌인 정승 국재 권공이 『사서집주』를 얻어 판각하여 널리 보급하니, 학자들이 도학이 있음을 알게 되었다.[9]

안향 선생이 주자학을 소개하자, 주자학에 관한 관심이 학자들에게 집중되었다. 주자학에 관한 관심이 커지면 직접 원나라에 가서 공부하고 싶은 열기가 생긴다. 백이정 선생이 바로 그 선두에 섰다. 선생은 원나라에 가서 10년간 주자학을 연마했고, 귀국하면서 주자학에 관한 서적을 많이 가지고 왔다. 『역옹패설』에서 정주학이라 한 것은 주자학과 다를 것이 없다. 정주학이라 한 것은 정이천과 주자가 중심이 되어 정리했다는 의미로 붙인 것이고, 주자학이라 한 것은 주자가 정리했다는 의미에서 붙인 이름이다. 이

---

9. 대동문화연구원, 『역옹패설』 전집2, 356쪽.

외에도 주자학은 성리학(性理學)·송학(宋學)·도학(道學)·리학(理學)·
성학(聖學)·신유학(新儒學) 등으로 불리기도 한다.

선생은 귀국 후에 첨의평리(僉議評理)가 되었고, 나중에 상당군
(上黨君)에 봉해졌다. 이제현·박충좌·이곡·이인복·백문보 등 많
은 문인을 배출했다.

제2항 우탁 선생의 주자학 소화

우탁(禹倬: 1263~1342)의 자는 천장(天章)·탁보(卓甫)이고, 호는 백운
(白雲)·단암(丹巖)이며, 시호는 문희(文僖)이다. 『주역』 연구의 대가
이므로, 역학으로 해동을 깨우쳤다는 의미에서 역동(易東) 선생이
라 불렸다. 문과에 급제하여 벼슬길에 들어섰다. 1308년 감찰규
정(監察糾正)의 관직에 있을 때, 충선왕이 부왕 충렬왕의 후궁인 숙
창원비(淑昌院妃)와 밀통한 것을 알고 죽음을 무릅쓰고 간한 뒤 벼
슬을 내놓고 학문에 전념했다. 뒤에 성균좨주(成均祭酒)를 지내다
가 은퇴했다.

선생은 원나라에서 들어온 주자학의 서적들을 본격적으로 연
구한 1세대이다. 선생은 특히 역학에 통달했다. 정이천의 『역전』
이 처음 들어왔을 때, 혼자서 해독하여 후학들에게 전수했다. 선
생의 저술로 『정전이해(程傳理解)』, 『초학개몽(初學開蒙)』, 『가례요
정(家禮要精)』, 『도수편(徒酬篇)』, 『역론(易論)』, 『역설(易說)』 등이 있
었다고 하나 전해지지 않아 안타깝다.

제3항 권보 선생의 주자학 보급

권보(權溥: 1262~1346) 선생의 초명이 영(永), 자는 제만(齊萬), 호는 국재(菊齋), 시호는 문정(文正)이다. 1279(충렬왕 5)년 18세로 문과에 급제하여, 첨의사인(僉議舍人)이 되었다. 충선왕 때 우부승지(右副承旨)가 되었고, 충렬왕이 복위한 뒤 밀직학사(密直學士)·지도첨의사사(知都僉議司事)를 지냈다. 충선왕이 복위한 뒤 영도첨의사사(領都僉議司事)가 되었고, 영가부원군(永嘉府院君)에 봉해졌다.

선생은 1302년과 1309년 두 차례 원나라에 다녀왔는데, 원나라에서 학문연구의 중심이 육경에서 사서(四書)로 바뀌었고, 주자학이 관학이 되어 과거시험의 출제범위에 주자의 『사서집주』가 채택되고 있는 것을 보고, 귀국하여 『사서집주(四書集註)』의 간행을 상소하여 간행하도록 함으로써 주자학을 널리 보급하는 데 크게 공헌했다. 선생의 주자학 보급에 힘입어 1344년 『사서집주』가 과거시험의 과목으로 지정됨으로써 주자학이 사실상 관학으로 되었다.

제3절
주자학의 정착

제1항 이제현 선생의 성숙한 주자학

이제현(李齊賢: 1287~1367)의 초명은 지공(之公), 자는 중사(仲思), 호는

이제현

익재(益齋)·역옹(櫟翁) 등이다. 1301(충렬왕 27)년에 성균시(成均試)에 장원으로 급제하고 이어서 대과에 합격했다. 1303년에 권무봉선고판관(權務奉先庫判官)이 되었다. 1308년에 예문춘추관에 선발되고, 1309년에 사헌규정(司憲糾正)이 되었다. 1314년에 상왕(上王)인 충선왕(忠宣王)이 원나라 수도 연경에 장만한 만권당에 머물면서 선생을 부르자, 선생은 연경(燕京)에 가서 원나라 생활을 시작했다. 『고려사』 열전 권23, 〈이제현조〉에 따르면, 충선왕은 만권당에 귀한 서적을 많이 모아놓고 원나라의 저명한 학자들을 초청하여 학문연구와 토론을 하게 했는데, 그에 필적할 만한 고려의 학자가 없는 것이 부끄러워 선생을 불렀다고 한다. 당시에 만권당에 출입한 저명한 학자들은 조맹부(趙孟頫), 원명선(元明善), 장양호(張養浩), 우집(虞集), 탕병룡(湯炳龍), 주덕윤(朱德潤), 요수(姚燧), 염복(閻復) 등이었다. 선생은 만권당에서 중국 학자들과의 교류를 통해 주자학을 더욱 심화할 수 있었다.

선생은 연경에 머물면서 때때로 고려에 와서 관리로 복무했으며, 지공거(知貢擧)가 되어 과거를 주재하기도 했다.

1320년 겨울에 충선왕이 참소를 받아 유배되자 선생은 귀국했다. 1324년 밀직사가 되었고, 1325년에는 관직이 정당문학(政堂文學)에 이르렀다. 1339년에 충숙왕이 죽자, 충혜왕과 심왕 왕고(王暠)가 왕위를 다투었다. 심왕(瀋王)이란 충선왕이 연경에 있으면서 충숙왕에게 왕위를 물려주고, 자기는 고려왕보다 위계가 높은 심왕이란 작위를 받은 데서 유래한다. 충선왕은 심왕의 지위를 아들에게 물려주지 않고, 조카인 왕고에게 물려주었기 때문에 왕고와 고려왕 사이에 권력다툼이 계속 이어졌다. 정승 조적은 심왕

왕고와 모의하여 왕고를 왕으로 추대하려 했다. 이에 충혜왕은 자신이 왕위의 계승자라는 방(榜)을 붙여 조적의 무리를 비난했다. 그러자 조적은 자신을 따르는 무리들과 1,000여 명의 군사로 반란을 일으켜서 왕궁을 습격했으나, 충혜왕이 지휘하는 군사가 승리하여 조적의 반란을 진압하고, 충혜왕이 곧바로 왕위에 즉위했다. 그러자 원나라와 가까운 세력들이 원나라에 호소해 충혜왕이 원나라로 잡혀가게 되었는데, 조정의 대신들이 두려움에 떨었으나, 선생은 "나는 우리 왕의 신하일 뿐이다"라고 하며 충혜왕을 따라 원에 가서 일을 무마시켰다. 그러나 그 뒤에도 조정에는 원나라와 가까운 세력들이 기승을 부리고 있었으므로, 선생은 벼슬에서 물러나 은둔생활에 들어갔다. 선생의 저작인 『역옹패설(櫟翁稗說)』은 은둔 시기에 쓴 것이다. 1357(공민왕 6)년 선생은 늙은 몸으로 녹봉을 많이 받는 것을 옳지 않게 여겨 완전히 물러나기를 요청했으나, 공민왕은 그를 공경하여 계림부원군으로 봉하고 예를 갖추었다.

공민왕이 신돈을 신임하여 중용하려 할 때, 선생은 후환을 끼칠 자이므로 가까이하지 않는 것이 좋을 것이라고 설득했지만 실패했다. 훗날 공민왕은 익재의 말을 듣지 않은 것을 후회했다. 공민왕은 선생을 존경하여 선생의 이름을 함부로 말하지 않고 익재라는 호로 말했으므로, 주위의 사람들도 선생에 대해 언급할 때 익재라는 호를 사용했다.

1367(공민왕 16)년 81세를 일기로 세상을 마감했고, 문충공(文忠公)이란 시호가 내려졌다. 1376년 공민왕의 묘정에 배향되었으며, 시호는 문충(文忠)이다. 울산에 있는 구강서원(龜岡書院)과 황해북도

금천(金川)군에 있는 도산서원(道山書院)에 제향(祭享)되었다. 선생의 저술로 전해오는 것은 『익재난고(益齋亂藁)』 10권과 『역옹패설』 2권이다. 이 두 저술이 합본되어 『익재집(益齋集)』으로 전해지고 있다.

선생은 연경에 있는 만권당에서 주자학에 깊은 조예를 가진 문인·학자들과의 교류를 통해 주자학을 연마하여 주자학의 이해가 완숙한 경지에 이르렀다. 주자학이 견성성불(見性成佛)을 추구하는 불교철학의 목표를, 복성(復性)하여 성인이 되는 것으로 정리해 놓았기 때문에, 선생은 주자학을 통해 종교 철학적 갈증을 해소할수 있었다. 선생의 다음의 말은 이를 잘 말해주고 있다.

> 우리 집에 주회암의 주가 있는데, 이를 읽으면 이른바 얼음이 녹듯 모든 의문이 스르르 녹아버리고, 진리가 풀려나와 기쁨이 충만해진다.[10]

위의 인용문은 불교의 역할을 주자학이 대신하게 되었음을 말해주는 중요한 단서가 된다. 위의 인용문에서 우리는, 삼국시대와 고려시대의 사람들은 종교 철학적 갈증을 불교에서 해결했고, 유학에서는 정치와 교육 등의 현실적 문제를 해결했지만, 고려시대 말기에 주자학이 수입되면서 종교 철학적 갈증을 주자학에서 해결하게 되었음을 알 수 있다. 선생 역시 고려시대 전기의 방식대로 육경 위주의 공부를 하게 되었을 때 많은 의문이 남을 수밖에 없었다. 한나라 이래로 육경에 관한 연구는 현실 문제의 해결

---

10. 대동문화연구원, 『역옹패설』 전집2, 356쪽.

을 위한 수단으로만 접근했으므로, 종교 철학적 의문은 해결하기 어려웠다. 그러나 주자학을 이해하고 나면 달라진다. 주자학은 공자와 맹자의 철학을 종교 철학적 방면으로 해석해놓았기 때문이다. 주자학에서는 경전의 무게중심이 육경에서 사서로 옮겨갔다. 주자학 이전에는 사서가 성립하지 않았고, 특히 맹자는 거의 교재로 채택되지 않았다. 주자학은 유학을 종교철학적으로 해석한 해설서에 해당한다. 익재 선생이 경전 공부의 순서를 사서를 중심으로 정한 것도 이러한 이유이다.

> 『효경』, 『논어』, 『맹자』, 『대학』, 『중용』을 강학하여 격물치지
> ·성의정심의 도를 익히게 하고, (…) 사서의 내용이 이미 무르
> 익으면 육경을 차례로 강명하게 하여, (…) 습관이 천성처럼 되
> 면 자기도 모르는 사이에 덕에 나아가게 될 것이다.[11]

사서인 『논어』, 『맹자』, 『대학』, 『중용』은 유학의 내용을 종교철학적으로 해설해놓은 것이므로, 선생이 중시하는 것은 당연하지만, 여기에 『효경』이 첫 번째로 들어가 있는 것은 한국적 정서가 가미된 것으로 이해할 수 있다. 한국인의 의식 밑바닥에 가장 강하게 깔려 있는 것 중의 하나가 효도 의식이라는 면에서 보면 충분히 이해할 수 있다.

주자학을 이해하면 유학의 장점이 드러난다. 유학의 장점은 심

---

11. 講孝經語孟大學中庸 以習格物致知 誠意正心之道(…)四書旣熟 六經以次第
　　講明(…)習與性成 德造罔覺(『益齋集』〈拾遺〉上都堂書).

오한 철학까지 내포하고 있으면서 현실 생활을 떠나야 하는 불교의 문제점을 극복하고 있다는 것이다. 불교는 이미 기복신앙으로 변질하여 많은 폐단을 일으키고 있었으므로, 종교 철학적인 매력도 많이 사라진 상태다. 행복 중의 최고의 행복은 진리를 얻는 것이다. 진리를 얻는 방법은 수양에서 시작한다. 부귀영화를 누리는 것은 진리를 얻는 행복에 비하면 행복 축에 들어가지도 않는다. 그러므로 참다운 행복을 얻기 위해서는 절에 가서 복을 비는 것보다 수양하는 것이 낫다. 선생은 이를 다음과 같이 설명한다.

> 이른바 군자가 복은 구하는 것 중에는 경(敬)을 가지고 마음속을 바르게 하는 것이 제일이다.[12]

마음속을 바르게 하여 하늘마음을 가지고 살면 하늘처럼 사는 것이고, 하늘처럼 살면 하늘과 같아진다. 이보다 더 행복한 것이 없다. 선생은 주자학을 이해하고 체화하여 군자의 삶을 실현하게 되었던 것으로 보인다. 제자 목은 선생이 스승 익재의 묘지명에서 "도덕의 으뜸이요, 품행의 표준이다(道德之首 文章之宗)"라고 말한 것에서 보면 이를 짐작할 수 있다.

선생은 원나라의 수도 연경에서 오랜 생활을 하면서 학문을 했다. 당시의 원나라는 고려를 정복하여 고려의 왕을 부마로 삼았으므로 원나라와 고려가 동등한 처지가 아니었다. 그런 상황에서 선생은 원나라에서 학문을 연찬하고 귀국했다. 큰 나라에서 생활하

---

12. 『익재난고』 권9하, 〈史贊〉 定王條.

고 귀국한 사람들을 크게 두 부류로 나눌 수 있다. 하나는 큰 나라의 세력을 이용하여 자기의 입지를 견고하게 하려는 사람이다. 나쁘게 말하면 큰 나라에 빌붙어서 자기의 권력과 이익을 챙기려는 앞잡이들이다. 그런 사람 중에는 그 나라 사람들보다 실력이 뒤떨어지는 경우가 많다. 그 나라 사람들보다 실력이 뒤떨어지는 사람들은 자신에게 자부심이 없고, 자기 나라에 대해서도 부끄럽게 여긴다. 그런 사람은 귀국한 뒤에 자기 나라를 비하하고 자기가 다녀온 나라의 좋은 점을 선전하는 선전부장처럼 되기 쉽다.

그러나 이와 반대의 사람들이 있다. 큰 나라에 유학 갔어도 그 나라 사람들을 능가하는 실력을 갖춘 사람들은 자기와 자기 나라에 대한 자부심이 있다. 그런 사람들은 귀국 후에 애국적으로 바뀐다. 그런 사람은 자기가 다녀온 나라의 단점을 비판하고 장점은 애국적으로 받아들인다. 익재 선생은 귀국한 뒤에 애국적인 태도를 보인 전형적인 학자였다.

충혜왕이 원나라로 잡혀갈 때 선생이 "나는 우리 왕의 신하일 뿐이다"라고 하며 충혜왕을 따라 원에 가서 일을 무마시킨 일은 지극히 애국적이다.

선생의 문하에는 많은 제자가 있었지만, 그중 으뜸인 제자는 이곡·이색 부자였다. 선생은 아끼던 제자 이곡이 먼저 세상을 떴을 때, 몹시 상심하며 통곡했다. 제자이며 이곡 선생의 아들인 이색 선생은 통곡하는 익재 선생에게서 안연이 죽었을 때 통곡하시던 공자의 모습을 봤다고 술회했다. 익재 선생의 공적은 매우 많지만, 그중에서도 으뜸인 것은 주자학을 성숙한 경지로 끌어올려 제자인 목은으로 하여금 주자학을 한국 토양에 완전히 정착하게 만든

점이라고 하겠다.

제2항 이곡 선생의 실천주자학

이곡(李穀: 1298년~1351) 선생의 초명은 운백(芸白), 자는 중보(仲父), 호는 가정(稼亭)이다. 연보에 의하면, 선생은 1317(충숙왕 4)년에 거자과(擧子科)에 합격하고, 1320(충숙왕 7)년 가을에 수재과(秀才科)에 차석으로 합격하여 복주 사록참군사(福州司錄參軍事)에 조용(調用)되었고, 1331(충혜왕 1)년 봄에 예문검열(藝文檢閱)에 임명되었다. 1332(충숙왕 복위 1)년 가을에 원나라에 가서 정동성 향시에 수석으로 급제하고, 이듬해 전시(殿試)에서 차석으로 급제했는데, 그때의 답안지를 독권관(讀卷官)이 보고 감탄했다고 한다. 재상들의 건의로 한림국사원검열관(翰林國史院檢閱官)이 되었는데, 그때 원나라의 문사들과 교유했다.

　1334년에 선생은 본국으로부터 학교를 진흥시키라는 조서를 받고 사신의 신분으로 귀국하여 가선대부시전의부령직보문각(嘉善大夫試典儀副令直寶文閣)이 되었다.

　이듬해에 다시 원나라에 돌아가 봉선대부(奉善大夫) 시전의부령직보문각(試典儀副令直寶文閣)에 임명되었고, 1336(충숙왕 복위 5)년에 유림랑(儒林郞) 경정원관구겸승발가각고(敬政院管勾兼承發架閣庫)에 임명되었다.

　1337(충숙왕 복위 6)년에는 원나라의 조정에 고려로부터 동녀를 징발하지 말 것을 건의하여 받아들여졌다. 장문의 건의문에는 고

려에서 징발하는 동녀로 인한 슬픈 사연이 구구절절 기술되어 있어, 읽어보면 받아들이지 않을 수 없을 정도로 간절했다. 선생의 건의로 인해 동녀 징발이 중단되자, 여자들이 혼인할 때 곡자상(穀字床)을 차려 선생에게 감사하는 뜻을 표했는데, 그 예가 조선시대에도 지속되었다. 곡자상은 가정 선생께 드리는 예물을 올려놓은 상을 의미한다. 곡자란 선생의 이름을 높여 부르는 예에 따라 붙인 것이다.

그 뒤에 본국에서 밀직부사·지밀직사사를 거쳐 정당문학(政堂文學)·도첨의찬성사(都僉議贊成事)가 되고 뒤에 한산군(韓山君)에 봉해졌다.

1350(충정왕 2)년에 원나라로 가서 정동행중서성좌우사낭중(征東行中書省左右司郎中)에 임명되었다. 이듬해 1351(충정왕 3)년 정월에 병사했다. 나중에 문효공(文孝公)이라는 시호(諡號)가 내려졌다.

선생은 일찍이 원나라에서 문명을 떨쳤다. 선생은 유학사상을 몸으로 소화하여 현실에 대응한 실천유학자였다.

선생의 저술로 「죽부인전」이 있고, 『가정집』이 전해지고 있다.[13]

---

13. 주자학의 수입 부분에서는 김충렬의 『고려유학사』와 최영성의 『한국유학통서』에서 참고했고, 부분적으로 번역을 그대로 실은 것이 있음을 밝힌다.

제3장

■

이색 선생의 한국적 주자학의 정착

이색(李穡: 1328~1396) 선생의 자는 영숙, 호는 목은(牧隱)이며, 시호는 문정(文靖)이다. 선생이 살았던 고려시대 말기는 나라가 존망의 갈림길에 처해 있던 혼란기였다.

인간의 모든 노력은 삶을 위한 것이다. 인간의 의식도 삶을 위해 작용한다. 사람들은 각자 살아가는 방식이 의식에 저장되어 있다. 의식에 저장된 방식이 각각 다르므로 사람들은 각각 다른 방식으로 살아간다.

한 그루의 나무에 있는 수많은 잎은 각각 다르게 움직이지만, 그 잎들을 하나로 묶어주는 가지가 있고, 그 가지들을 하나로 묶어주는 줄기가 있다. 그 줄기는 또 땅속에 있는 뿌리에 연결되어 있다.

사람이 살아가는 방식도 이와 같다. 각 개인의 삶은 잎들의 움직임과 같다. 각 개인의 삶이 각각 다른 것은 의식 속에 저장된 삶의 방식이 다르기 때문이다. 그러나 그 다른 방식의 삶을 하나로 이어주는 공통의 의식이 있다. 나라마다 각각 다른 공통의 의식이 있고, 시대마다 각각 다른 공통의 의식이 있다. 사람들이 자기만의 삶의 방식을 주장하면, 다른 사람들이 공감하지 않지만, 공통의 의식에 바탕을 둔 공통의 삶의 방식을 주장하면, 다른 사람들이 공감한다. 모든 사람이 공감하는 공통의 의식이 확고하면 확고할수록 안정이 된다.

공통의 의식은 고정되어 있지 않다. 시대가 바뀌면 달라져야 하고, 지역이 바뀌어도 달라진다. 시대가 바뀌었을 때, 과거에 있었던 공통의 의식이 새로운 시대에 맞는 의식으로 전환하지 못했을 때 혼란이 일어난다. 그 혼란은 새로운 시대에 맞는 새로운 의식이 형성될 때까지 계속된다. 지역이 바뀌거나 서로 다른 지역이 하나로 통합되었을 때도 마찬가지다. 바뀐 지역에 맞는 새로운 의식이 형성될 때까지 혼란이 지속된다.

그러나 시대에 따라 다르고 지역에 따라 다른 공통의 의식은 공통점이 없이 완전히 다른 것이 아니다. 가지들을 하나로 이어주는 줄기가 있고 줄기가 뿌리에 닿아 있듯이, 시대와 지역에 따라서 각각 다른 공통의 의식은 그 밑바닥에 하나로 묶어주는 공통의 바탕이 있다. 그 바탕은 인간의 의식 밑바닥에 깔린 바탕이면서 모든 생명체의 삶의 바탕이기도 하고, 모든 물체를 유지하는 존재의 본질이기도 하다.

같은 지역에서 혼란이 일어나는 까닭은 바뀐 시대 상황에 맞는 공통의 의식이 형성되지 않았기 때문이므로, 그 혼란은 공통의 의식을 형성할 수 있는 새로운 이론이 찾아져야 극복이 된다. 새로운 이론으로 공통의 의식이 새롭게 형성되면 안정을 회복할 수 있지만, 그 안정은 새로운 이론이 공통의 의식 밑바닥에 있는 하나의 바탕에 뿌리를 둔 것일수록 오래 지속된다.

공통의 의식 밑바닥에 있는 하나의 바탕은 시대가 바뀌고 지역이 달라도 변함이 없다. 형제가 각각 다른 모습을 하고 있어도 하

天資之粹美稟聖學之精微宵襟灑落警激光輝踐履極於篤實文章妙於發揮匪默之
而有諫師之興獨惠之和而無不恭之識學者仰之如山斗國家倚之如蓍龜膺大拜而

變其塞復大難而不怵其歲赤心彌諒素節不移真公所以自道之辭也若夫江漢滔滔
雲烟霏霏追逐歐韓并駕齊馳後之觀者知吾言之不欺也
門人權近撰
十六代孫永運謹書

이색

나로 묶어주는 공통점을 부모에게서 찾을 수 있고, 사촌들의 모습이 제각각 달라도 조부모에게서 하나로 묶어주는 공통점을 찾을 수 있다. 이처럼 소급해 올라가면 사람들을 하나로 묶어주는 공통점을 찾을 수 있다. 따라서 부모의 마음을 각성한 사람은 형제들을 하나로 묶어주는 공통의식을 찾을 수 있고, 조부모의 마음을 각성한 사람은 사촌들을 하나로 묶어주는 공통의식을 찾을 수 있다. 이렇게 소급해 올라갈수록 공통의 의식이 점점 더 깊어져서 의식의 밑바닥에 있는 하나의 바탕에 가까워진다. 공통의식의 밑바닥을 떠받치고 있는 바탕은 자연이다.

목은 선생은 고려 말의 혼란을 극복할 수 있는 새로운 이론을 찾아내었다. 선생이 찾아낸 새로운 이론은 주자학이었다. 선생은 주자학이 당시의 사람들 모두가 공감할 수 있는 새로운 이론이면서 오래 지속될 수 있는 이론이 되기 위해서는 많은 사람이 쉽게 이해하여 공감할 수 있도록 새로운 체계를 갖추면서, 동시에 그 이론이 인류 보편적인 공통의 의식 밑바닥에 깔린 근본 바탕에 뿌리를 내리는 것이어야 했다. 선생은 두 스승에게 영향을 받아 이 두 가지 일을 완수할 수 있었다. 한 스승은 옛 단군조선으로부터 이어져 오는 옛 조상들의 삶의 방식과 사상을 전해준 행촌 이암 선생이고, 또 한 스승은 중국의 주자학을 중국 현지에서 소화하여 제대로 전해준 익재 이제현 선생이다.

목은 선생은 단군조선에서부터 내려오는 사상, 즉 하늘과 사람이 분리되지 않는 하나의 본질을 표현한 '하나' 사상을 바탕으로 하면서, 중국의 주자학을 한국인들이 이해할 수 있도록 하나의 체계로 재구성하여 한국의 토양에 맞게 정착시켰다.

제1절

목은의 생애

목은 선생은 1328(충숙왕 15)년 5월 9일 영덕군 영해 읍 괴시(槐市) 1리에 있는 외가댁에서 탄생하셨다. 부친은 가정 이곡 선생이고 모친은 영해의 현인으로 소문난 김택 선생이다.

선생은 2세가 되던 해에 부친의 고향인 한산(韓山)으로 귀향했다. 어렸을 때는 「아생」이라는 시에서 기록하고 있듯이, 누가 시키지 않아도 스스로 글 읽기를 좋아했다. 8세가 되었을 때 선생은 한산의 숭정산에 있는 산사(山寺)에서 독서했고, 14세 때는 강화도 교동에 있는 화개산(華蓋山)에서 독서했다. 그리고 그해 가을 성균시(成均試)에 합격했다. 선생이 성균시에 합격하기 전에 영향을 받은 스승은 구사평(丘思平)과 송성총(宋性聰)을 들 수 있다. 구사평에게서는 주로 과거시험을 위한 공부를 했고, 송성총에게서는 주로 시작법을 배웠다. 양촌이 지은 선생의 「행장」에, "공(公)은 총명과 지혜가 뛰어나 스스로 글을 읽을 줄 알았고, 보기만 하면 외웠다"라고 한 기록을 보면, 선생은 매우 총명했던 것으로 여겨진다. 16세 때는 별장(別將)에 보임되었고, 이어 성균관(成均館)의 구재학당(九齋學堂)에 나아가 사서오경을 공부했다. 이때 구재학당의 학생들이 한자리에 모여 학문의 성과를 겨루는 구재도회(九齋都會)라는 행사를 했는데, 선생은 구재도회에서 우수한 성적을 거두었다. 이러한 사실은 목은의 말에서 직접 찾을 수 있다.

구재도회에서 촛불에 눈금을 긋고 시를 짓게 하여 작품의 높낮이를 매겨서 제생을 격려하던 것이 또한 권학의 한 방편이었다. 내 나이 16, 17세 때에는 나도 그 속에 있었다. 첫해에는 4, 5차에 걸쳐 장원했고, 다음 해에는 20여 차에 걸쳐 장원했다.[14]

선생은 17세 때 삼각산(三角山), 감악산(紺嶽山), 청룡산(青龍山) 등지에서 독서했는데, 이것이 시험공부를 위한 것이었는지, 아니면 산사에서 배어나는 심오한 형이상학적 분위기 때문이었는지는 알길이 없다. 어쨌든 선생은 이즈음 정신적으로 방황하고 있었다. 주로 과거시험에 주력하던 자신의 처지에 대한 회의에서 비롯된 것이었다. 당시의 심경을 목은은 다음과 같이 술회하고 있다.

내가 17세 때 동당시에 응하여 화씨벽부를 지었고, 21세때는 중국의 국학에 들어가서 월과를 지었는데, 오백상 선생이 나의 부를 칭찬하여 매양 '가르칠 만하다' 했다. 그 후 본국에 돌아와서는 계사년의 동당시에 응하여 황하부를 짓고, 향시에서는 완규부를 지었으며, 회시에서는 구장부를 지었는데, 지금 모두 기록하지 않는다. 이는 고문도 아니요 나의 뜻도 아닌데, 나의 뜻이 아니면서도 이것으로 출신한 것은 바로 이것이 아니면 부모를 영화롭게 봉양할 계제(階梯)가 없기 때문이었으니, 아! 슬프다.[15]

---

14. 九齋都會 刻燭賦詩 第其高下 激厲諸生 亦一勸學方便也 予生十六七 連歲在
其中 初年得魁四五度 次年二十餘度(『牧隱詩藁』 권19, 「靜坐偶記」).

진리에 목마르면서도 과거시험에 응시해야 하는 현실에서 방황한 목은은 이듬해 대둔산(大芚山)으로 들어갔다. 물론 독서 하기 위함이라는 핑계를 댔지만, 사실은 산중에 머물면서 진리에 매진하고 싶은 본래의 뜻이 작용한 것이었다.

아! 처음 먹은 마음 이루지 못했으니
세월 다하도록 이곳에 머무르리라[16]

산중에서 노래한 위의 시구가 그의 심경을 대변하고 있다. 물론 이 시가 대둔산에서 읊은 것은 아닐 수도 있다. 그러나 이 시의 내용을 보면 진리에 매진하고 싶은 뜻이 끊임없이 그의 가슴에서 용솟음치고 있었음을 알 수 있다. 사람은 대체로 사춘기를 맞이하면 자신의 삶에 관심을 가지게 된다. 사춘기가 되기 전에는 부모의 죽음을 두려워하기는 해도, 자기의 죽음에 관해서는 별로 생각하지 않지만, 사춘기가 되면 달라진다. 부모에게서 독립하여 자기의 삶을 돌아보면 많은 생각들이 교차한다. 사람의 한평생이란 순간에 불과하다. 순간에 불과한 한 평생을 산다는 것은 허망하고 무상하다.

---

15. 予年十七歲 赴東堂賦和氏璧 二十一歲 入燕都國學月課 吳伯尙先生賞予賦 每日可敎 旣歸 赴癸巳東堂賦黃河 鄕試賦琬圭 會試賦九章 今皆不錄 非古文也 非吾志也 非吾志而出身于此 非此無階於榮養耳 嗚呼悲哉(『牧隱詩藁』 권1, 「觀魚臺小賦」 後序).
16. 欸初心之弗竟兮 終歲月以聊淹(『牧隱詩藁』 권1, 「山中辭」).

생사(生死)는 무상한 것이다. 그러므로 오늘 존재한다고 해서 내일도 존재하리라 보장하기는 어렵다. 사람의 살고 죽는 문제는 가히 대사(大事)라고 할 만하다.[17]

죽음으로 끝나고 마는 허망한 인생에서 벗어날 수 있는 진리는 없는 것일까? 불교의 승려들은 진리를 얻기 위해 세속적 삶을 버리고 절로 들어간다. 세속적인 삶에 회의가 들수록 선생은 불교의 승려에 대한 호감이 가지 않을 수 없었다. 이러한 심경을 목은은 다음과 같이 술회하고 있다.

불교를 추종하는 사람들을 보면, 대부분이 일상적인 세상일에는 싫증을 내면서 유교의 예법을 따르는 것을 좋아하지 않는 호걸스러운 인재들이다. 불교가 이런 인재들을 얻게 되었고 보면, 그 도가 세상에서 존경을 받게 된 것도 결코 이상한 일이 아니다. 나는 그래서 불교를 심하게 거부하지 않을뿐더러, 더러는 호감이 가고 서로 어울리기도 하는데, 이는 대개 그들에게서 취할 만한 점이 있기 때문이다.[18]

물론 이 문장은 18세 당시에 쓴 것은 아니다. 35세 때 쓴 문장

---

17. 生死無常矣 故曰今日雖存 明亦難保 人之生死 可謂大事矣(『牧隱文藁』권5, 「寶蓋山石台菴地歲殿記」).

18. 趣釋氏者 率皆惡常厭俗 不樂就名教繩墨豪傑之才也 釋氏之得人才如此 無怪其道之見存於世也 余是以不去釋氏甚 或與之相好 蓋有所取焉耳(『牧隱文藁』권1, 「麟角寺無無堂記」).

이지만, 목은이 '일상적인 세상일에는 싫증을 내면서 유교의 예법을 따르는 것을 좋아하지 않는 호걸스러운 인재들'을 배척하지 않고 수용하는 정신적 여유는 아마도 그의 17세 전후에 시작된 방황의 시절에 배양된 것일 것이다. 진리는 자기의 사적(私的)인 감정을 극복하는 데서 얻어진다. 사적인 감정은 고정관념에서 비롯된다. 인간의 삶은 대체로 고정관념을 강화하는 과정이기 때문에, 사람들은 삶을 지속할수록 진리에서 더 멀어지기 쉽다. 그에 반해서 진리를 얻는 사람들은 대부분 자기부정의 과정을 거친다. 이것이 뉘우침이고 참회며 회개다. 이러한 과정은 대체로 현실에 대해 회의하고 부정하는 데서 형성된다. 이러한 의미에서 현실에 대한 회의는 진리에 이르는 귀중한 관문이라 할 수 있다. 일반적으로 경직된 유학자들은 유교의 예법을 따르지 않는 호걸스러운 인재들을 용납할 수 없다. 그런데 선생이 호걸스러운 인재들을 용납하는 것을 보면, 선생은 이미 경직된 유학자가 아님을 알 수 있다. 이러한 정서는 철저한 현실의 회의 과정을 거친 뒤에 얻어진다. 17세 전후에 시작된 현실에 대한 회의는 한동안 계속되었다. 이와 궤를 같이해서 선생의 학문적 토대도 점점 넓어져 갔다.

이즈음 선생이 주로 어떤 공부를 했었는지 그 구체적인 기록은 남아 있지 않지만, 우리는 그것을 한 번 짚어볼 필요가 있다. 선생이 절에서 많이 공부한 것을 보면, 불교에 대해서도 상당히 관심을 가졌을 것으로 짐작할 수 있다. 실제로 선생의 저술이나 시에 언급된 불교적인 내용으로 보면 선생이 일찍부터 불교를 깊이 섭렵하고 있었음을 알 수 있다. 불교는 죽음의 고통에서 벗어나는 방법을 찾는 것이 그 주된 목적으로 되어 있다. 이 점 때문에 선생은 불교의 매력을 떨칠 수 없었다. 그러면서도 목은이 불교를 전공하지 않은 이유는 역시 당시의 불교가 많은 폐단을 드러내고 있었기 때문일 것이다. 25세 때 건의한 상소문에서 목은은 불교의 폐단에 대해 다음과 같이 지적한 바 있다.

> 우리 태조께서 나라를 세우신 이래 불교 사찰과 민가가 섞이더니, 중세 이후로 그 무리가 더욱 번성하여 오교양종이 이익을 추구하는 소굴이 되고, 산천 각처에 사찰이 없는 곳이 없습니다. 이로 말미암아 승려들이 점차 비루해질 뿐만 아니라, 또한 나라의 백성들도 사찰을 오가며 놀고먹는 자가 많아져 식자로서는 매양 마음 아픈 일입니다.(…)신은 엎드려 바라옵건대 금하는 영을 밝게 내리시어, 이미 중이 된 자에게는 다시 도첩을 주고, 도첩이 없는 자는 곧 군대에 편입시키며, 새로 창건한 사찰은 지금 철거토록 하는데, 철거치 않는다면 즉시 수령을 죄주도록 하소서. 그러면 아마도 양민들 모두가 중이 되지는 않을 것입니다.[19]

목은의 이러한 입장은 당나라 말기의 이고(李翱)의 경우와 비슷하다. 불교의 매력과 불교의 문제점 사이에서 고민하던 이고는 유

---

19. 我太祖 化家爲國 佛利民居參伍錯綜 中世以降 其徒益繁 五教兩宗爲利之窟 川傍山曲 無處非寺 不惟浮屠之徒浸以鄙陋 亦是國家之民多於遊食 識者每痛心焉(…)臣伏乞 明降條禁已 爲僧者 亦與度牒 而無度牒者卽充軍伍 新創之寺竝今撤去 而不撤者卽罪守領 庶使良民不盡禿緇(『高麗史』 권115, 「列傳」李穡條).

학의 이론 속에서 불교의 성불론보다 더 우수한 이론을 찾아냄으로써 이러한 고민을 해결했다. 이고의 이러한 이론체계가 주자(朱子)에 이르러 완성된 것이 주자학이다.

선생도 불교의 매력과 폐단 사이에서 갈등했다. 생사의 문제까지도 극복할 수 있는 심오한 진리를 내포하고 있는 불교의 가르침은 매력이 있었다. 그러나 현실적으로는 불교의 폐단이 너무 많아서 용납하기 어려웠다. 이러한 갈등에 빠진 선생에게 다가온 주자학은 선생의 갈등을 해소하기에 충분한 것이었다. 주자학을 접함으로써 선생은 불교에서 바라던 모든 것을 충족할 수 있게 된 것이다. 선생의 다음 말은 이를 입증해주는 좋은 자료가 된다.

> 우리 유교는 격물·치지·성의·정심하여 제가·평천하에 이르는 것이니, 불교에서 말하는 바의 생각을 맑게 하고 지관(止觀)하여 본래의 자성천진(自性天眞)을 보는 것에 해당한다. 불교는 사람을 생사의 물결에서 구제하여 적멸의 세계로 인도하는 것이니, 어찌 다를 것이 있겠는가.[20]

선생이 접한 유학의 진리는 사람에게 해탈로 인도하는 불교의 진리와 다른 것이 아니었다. 이러한 점에서 본다면 선생이 받아들인 주자학은 종교적 성격을 띤 것이었고, 주자학에 접하는 선생의 삶은 구도자의 삶이었음을 짐작할 수 있다.

---

20. 吾儒以格致誠正而致齊平 則釋氏之澄念止觀 以見本源自性天眞 佛度人於生死波浪 而歸之寂滅 豈有異哉(『牧隱文藁』 권3, 「澄泉軒記」).

선생이 한창 정신적인 방황을 한 결과 유교의 논리로 가닥을 잡아가던 즈음에 부친 가정(稼亭) 공이 연경에서 선생을 격려하는 시를 보내왔다. 18세 때의 일이다. 그 시의 내용은 이러했다.

사나이라면 모름지기 황도에서 벼슬해야지	男兒須宦帝王都
몸을 빛내려면 응분의 노력이 있어야 할 것	若欲致身均是勞
너는 천하가 작다고 한 공자의 말을 아는가	汝識宣尼小天下
몸이 태산처럼 높아지면 그리되는 법	只緣身在泰山高
30세가 되기 전에 독서에 게으르면	三十年前懶讀書
백발이 성성할 때 탄식하게 될 것이니	虛名却歎白頭餘
너는 오직 시간 아껴 학업에 정진하라	汝今當惜分陰學
부귀를 따름은 나무에 올라 물고기 잡는 것	富貴可求緣木魚[21]

부친 가정 공의 시는 선생의 마음을 상당히 움직였다. 당시 원나라에서 벼슬하고 있었던 부친이 선생에게 원나라의 유학을 권유한 것이다. 성리학을 통해서 진리를 얻고자 뜻을 두었던 선생에게 원나라 유학은 구미에 당기는 것이었다. 원나라의 서울에는 뛰어난 학자들도 있다. 거기에 가서 공부하면 바로 진리를 얻을 수 있을지도 모른다는 생각이 들자, 선생은 원나라 유학을 결정한다. 이듬해 19세 때에는 평주(平州) 목단산(牧丹山) 산사(山寺)에서 독서했다. 원나라 유학 준비를 겸한 공부였을 것이다. 이 해에 안동(安東) 권씨(權氏)와 결혼했다. 결혼했지만, 선생의 마음은 원나라 유학에 쏠

---

21. 『稼亭集』 권18, 「用家兄詩韻寄示兒子訥懷」.

려 있었다. 선생은 결국 이듬해에 원나라 유학길에 올랐다.

선생은 20세가 되던 해 원(元)나라에 유학하여 부친을 뵙고, 이듬해 조관자제(朝官子弟)라는 특혜를 입어 국자감 생원으로 입학했다. 당시에 선생에게 학문적 영향을 준 학자로 우문공량(宇文公諒)과 오당(吳當)이 있었다. 선생은 이들에게서 가르침을 받았고, 곧바로 두각을 나타냈다. 선생은 후일 우문공량에게 가르침을 받던 당시의 상황을 다음과 같이 술회하고 있다.

나는 관례를 치르고 나서 그 이듬해에 벽옹에 입학했다. 그런데 『주역』으로 말하면 우리 집안에서 대대로 전해 온 학문이 있었는데도 나는 아직 본격적으로 배우지 못했다. 그때 마침 선군의 동년인 우문자정(子貞은 우문공량의 字)이 학관이 되어 벽옹에 부임했다. 이에 내가 즉시 찾아뵙고는 앞으로 나아가 스스로 청하기를, '저는 고려 이가정의 우마주(牛馬走:불초자식이라는 뜻)입니다. 바라옵건대 선생께서 저에게 『주역』을 가르쳐 주셨으면 합니다' 했더니, 선생이 이르기를, '중보(中甫:이곡의 字)야말로 『주역』에 훤했기 때문에 내가 경외하는 대상이었다. 그런데 필시 자네의 나이가 아직 어리기 때문에 자네의 부친이 미처 가르쳐 주지 못했으리라 여겨진다. 동년의 아들은 내 아들과 같으니, 내가 자네를 가르쳐 주지 않을까 걱정하지 말라' 했다.

그리하여 선생에게 나아가 가르침을 받게 되었는데, 며칠이 지나자 선생이 말하기를, '가르칠 만한 자질이 보인다. 그러나 『주역』은 연소한 자가 배울 수 있는 것이 아니니, 내가 우선 자네에게 구두(句讀)나 가르쳐 주겠다'라고 했다. 그리고 나서 그 과정을 마친

뒤에 내가 『역의(易義)』 한 편을 지어 올렸더니, 선생이 기뻐하면
서 말하기를, '의리에 대해서는 거의 되었다고 하겠으나, 표현상에
약간 순서를 잃은 점이 있다' 하고는, 바로 붓을 잡고 써 내려가기
시작했는데, 조금도 다듬거나 꾸미는 일이 없이 마치 구름이 날아
가고 물이 흘러가듯 거침이 없었다. 내가 책상 앞에 두 손을 공손
히 맞잡고 서서 기뻐하는 기색을 감추지 못하자, 선생이 또 말하기
를, '이만하면 글 한 편이 이루어졌다고도 하겠다. 하지만 이것은
『주역』의 겉모습만 본 것일 뿐이다. 자네 정도의 수준으로 몇 년
만 더 공부한다면 그 깊은 뜻을 혼자서 정밀하게 파악할 수 있을
것이다' 했다.[22]

우량 외에 선생에게 영향을 준 국자감의 교관 중에 오당(吳當)이
란 교관이 있었다. 오당은 자(字)가 백상(伯尙)이었는데, 경전과 역
사 및 제자백가에 이르기까지 두루 섭렵하고 있던 석학이었다. 선
생이 국자감의 월과(月課)에 응했는데, 오당이 선생의 문장을 보고
는 "가르칠 만하다"라며 칭찬하고는 정성껏 지도했다.

선생의 원나라 유학은 그의 학문적 성과를 마음껏 발휘하는
기회가 되었다. 이러한 사실은 그의 제자인 양촌(陽村)의 다음 말

---

22. 予旣冠之明年 鼓篋辟雍 易 家學也 未得師 會先君同年宇文子貞先生以學官
召至 予卽上謁 進而自請 日稿 高麗李穡亭牛馬走也 願從先生受易 先生曰
中甫 明易者也 吾所畏也 汝年少 汝父未必授 同年之子猶子焉 無患吾不汝
授也 數日有所求正 先生曰 可敎也 然易非少年所可學 吾且訓汝句讀 旣踰時
進易義一篇 先生欣然曰 義理其殆庶幾矣 措辭失其序爾 因援筆而書 如雲行
流水 略無點綴 予拱立案前 喜形于色 先生曰 章不已就乎 然此易之粗也 汝
數年後當自知其精者矣(『牧隱文藁』 권4, 「朴子虛貞齋記」).

에서 찾아볼 수 있다.

> 무자년에는 가정 선생이 원나라에서 중서사 전부(中瑞司典簿)가
> 되었으므로, 공은 조관의 자제로서 국자감 생원이 되었는데, 학
> 교에 있는 3년 동안에 중국의 연원 있는 학문을 받아서 절차탁
> 마하고 깊이 연구하여 더욱 크게 진취하였고, 성리에 관한 글
> 에 더욱 조예가 깊었다.[23]

'연원 있는 학문을 받았다'라는 말은 주렴계, 장횡거, 정이천, 주
자로 이어지는 주자학의 연원을 두루 섭렵한 것을 말한 것이다.
양촌은 또 『삼봉선생문집(三峯先生文集)』의 서문에서 다음과 같은
말도 남겼다.

> 우리 좌주 목은 선생은 일찍이 가훈을 이어받아 원나라의 벽
> 옹에 들어가 정대하고 정미한 학문을 이루었으며 돌아오자 유
> 림이 모두 그를 유종으로 삼았다.[24]

한편 선생에 대한 중국에서의 평가는 어떠했을까? 공민왕 3년
에 원나라 전시(殿試)의 독권관이 되어 선생을 급제시킨 한림승지

---

23. 戊子 稼亭先生在元朝爲中瑞司典簿 公以朝官子補國子監生員 在學三年 得
    受中國淵源之學 切磨涵漬 益大以進 尤邃於性理之書. 權近, 「牧隱先生李
    文靖公行狀」, 『牧隱集』 卷首.
24. 吾座主牧隱先生 早承家訓 得齒辟癰 以極正大精微之學 旣還 儒士皆宗之
    (『陽村集』 권16, 「鄭三峯文集序」).

구양현(歐陽玄)은 선생의 학문에 감탄하며 다음과 같이 말했다.

공자의 학통이 해외로 나가서 그대에게 전수되리라.[25]

원나라에서 이루었던 선생의 학문적 성과는 원나라에 가서 교육을 잘 받았기 때문만은 아니다. 선생은 원나라에 가기 전에 이미 주자학적 바탕이 갖추어져 있었다. 선생은 이미 성리학을 진리를 얻는 도구로 받아들이고 있었다. 그리고 그의 삶은 구도자적(求道者的) 삶으로 바뀌어 있었다. 그러므로 선생의 원나라에서의 유학은 다만 그의 학문을 다지고 다듬는 기회가 되었을 뿐이다. 기초가 다져지지 않은 사람이 외국에 유학 가서 학문적으로 대성하고 돌아온다는 것은 예나 지금이나 드문 일이다.

23세가 되던 해의 가을, 목은은 일시 귀국했다가 12월에 다시 원나라에 갔다. 그리고 이듬해 1월에 연경(燕京) 국자감에 재입학했지만, 1월 30일, 부친의 사망 소식을 듣고 급히 귀국했다. 부친은 정월 초하루에 별세했는데 연경에 연락하는 시간 때문에 30일 정도 걸린 것이다. 부친의 임종을 옆에서 지켜보지 못한 선생의 슬픔이 어떠했을지는 짐작이 간다.

25세 때인 1352년은 공민왕 원년이었다. 이해 4월에는 진사로서 상소하여 과거시험에 무과의 설치를 청하는 등 '시정오사(時政五事)'에 관한 개혁안을 국가에 상소했다. 선생은 이때 복상(服喪) 중이었는데도 송(宋)의 범문정(范文正)을 자처하고 상소하여 시정

---

25. 이영복, 『牧隱先生의 生涯와 思想研究』(문학연구회, 1990) 참조.

(時政)에 관한 다섯 가지 개혁안을 제시했다. 그 내용은 전제(田制)를 바로잡을 것, 국방을 튼튼히 하여 왜구를 막을 것, 문학을 숭상하고 무력을 증강할 것, 학교를 일으켜 배움을 충실히 할 것, 이단(異端)을 눌러 나라에 충성토록 할 것 등이었다.[26]

공민왕은 즉위 초였으므로 아직 정치적 기틀을 마련하지 못했다. 그리고 당시의 상황은 사원과 귀족들의 토지 겸병으로 경제가 피폐해졌고, 왜구가 자주 침략하여 나라가 위태로운 지경에 처하고 있었다. 이처럼 위급한 상황은 선생에게 상중이라는 이유로 가만히 지켜보고 있도록 허락하지 않았다. 그리하여 선생은 상중임에도 불구하고 권도(權道)를 발휘해서 상소문을 올린 것이었다.

26세가 되어 부친의 3년 상을 마친 선생은 적극적으로 정치적 실천의 장으로 나섰다. 유학에서 제시하는 삶의 과정은 수기치인(修己治人)이다. 먼저 자기의 수양을 완성하고 나아가 남을 인도하는 것이다. 학문에 몰두하여 수신에 집중해오던 선생은 이제 적극적으로 세상을 구하는 일에 나서야 했다. 세상을 구하는 일은 과거시험에 응시하는 일에서 출발한다. 5월에 선생은 과거시험 을과(乙科)에서 장원(壯元)으로 합격했다. 당시 지공거(知貢擧)는 이제현(李齊賢), 동지공거는 홍언박(洪彦博)이었다. 과거시험에 합격한 선생은 숙옹부승(肅雍府承)에 제수되었다. 그리고 9월에는 정동행성(征東行省) 향시(鄕試)에 제1위로 급제하여 서장관(書狀官)이 되어 원(元)으로 갔다. 원나라에 간 선생은 원에서 실시하는 과거에도 응시하여 합격했다. 이는 선생의 학문적 수준을 입증하는 기회가 되었을

---

26. 이 내용은 『東文選』권53, 「李穡 陳時務書」에 나온다.

뿐만 아니라, 국제적인 인물로 부각하는 기회가 되기도 했다.

원나라에 간 선생은 27세 때의 3월에 원(元)에서 실시한 전시(殿試) 가운데의 제2갑(第二甲)에서 2등으로 급제하고 응봉한림문자 승사랑 동지제고 겸 국사원편수관(應奉翰林文字 承事郎 同知制誥 兼 國史院編修官)에 제수되었다. 그리고 3월에 고려로 귀국했다. 원에서의 직책은 급제한 자에게 내리는 예우 차원의 것이었기 때문에 사정이 있을 때는 거기에 얽매이지 않아도 되었다. 고려로 돌아온 선생은 바로 한산(韓山)으로 가서 모친에게 인사를 드렸다.

11월에 통직랑 전리정랑 예문응교 지제고 겸 춘추관편수관(通直郎 典理正郎 藝文應敎 知制誥 兼 春秋館編修官)에 제수되었다. 이때부터 선생은 적극적으로 벼슬길에 나아가 많은 역할을 했다. 28세 때의 1월에 상소를 올려 '시정팔사(時政八事)'를 건의했는데, 모두 시행되었다. 31세 때의 2월에 당시 권신(權臣)들에 의해 간관(諫官)들이 모두 좌천되어 목은(牧隱)은 상주(尙州)로 가게 되어 행장을 꾸리고 있는데, 그날 밤 왕이 선생을 불러, "이색(李穡)의 재주와 도덕이 뛰어났음은 다른 사람과 비할 바가 아니다. 끝내 이색을 버리고 등용하지 않는다면 인심을 따르게 할 수 없다"라고 하며 요직에 등용했다. 이후 왕의 측근으로 7년간이나 머물게 하면서 추밀(樞密)의 일을 맡게 했다.

38세 때 선생은 철성부원군(鐵城府院君) 이암(李嵒)의 묘지명을 지었다(『동문선』 권127, 「鐵城府院君李文貞公墓誌銘」). 선생은 평소 행촌(杏村) 이암 공을 스승으로 모셨다. 행촌은 시중(侍中)을 역임한 조정의 핵심적인 인물로서 큰 공을 세웠을 뿐만 아니라, 선학과 불학 등에도 두루 조예가 깊었다. 당대 최고의 서예가이기도 했다.

선생은 "나는 일찍이 행촌 시중공을 스승으로 모시면서 자질들과 어울려 노닐었는데, 스님은 바로 그 계씨이다"[27]라는 말을 했는데, 이를 보면 선생은 행촌 선생을 스승으로 모시면서 많은 영향을 받은 것을 짐작할 수 있다. 선생이 행촌 선생에게 영향 받은 것 중의 으뜸은 단군조선시대의 역사와 철학사상에 관한 것일 것이다. 행촌이 엮은 『단군세기』에는 단군조선시대의 역사와 철학사상이 들어 있고, 『천부경』과 『삼일신고』가 언급되어 있다. 『천부경』과 『삼일신고』는 『단군세기』에 들어 있지는 않아도, 당시에 구해 읽을 수 있었다. 선생은 『단군세기』와 마찬가지로 『천부경』과 『삼일신고』도 열심히 공부한 것으로 보인다. 『목은시고(牧隱詩藁)』 권3에 있는 「파사부」라는 제목의 시와 「서경」이라는 제목의 시, 그리고 권17에 있는 「군자」라는 제목의 시에 다음의 시구가 들어 있는 것을 보면, 선생은 『단군세기』의 내용을 꿰뚫고 있었음을 알 수 있다.

파사부 　　　　　　　　　　婆娑府

내 지금 길게 읊으며 요동 벌을 지나노니　　　我今長吟過遼野
구불구불 산길이 그 몇 리나 될런고　　　　　山路縈紆知幾舍
갑자기 두어 집에선 개닭소리 들려오고　　　　忽此數家鷄犬聲
길에서 검문한 자는 다 늙은 병사들일세　　　　當道誰何皆老兵

---

27. 予嘗師事杏村侍中公 與子姪遊 師其季也(『牧隱文藁』 권3, 長城縣 白巖寺 雙溪樓 記文).

압록강 동쪽 언덕부턴 바로 우리 땅으로	鴨江東岸是吾土
푸른 산 흰 물결이 서로 교태를 부리는데	青嶂白波相媚嫵
동한은 어질고 오래 사는 군자의 나라로서	東韓仁壽君子國
요 임금 무진년에 처음 시조가 탄생하셨네	唐堯戊辰稱始祖

| 서경 | 西京 |

| 단군의 영걸함은 군웅의 으뜸이었다 하네 | 檀君英爽冠群雄 |

| 군자 | 君子 |

| 군자가 사는 곳이 누추할 수 있으랴 | 君子居何陋 |
| 중원에서도 구이를 우러렀다네 | 中原望九夷 |

위의 시구의 내용들을 종합하면, 다음과 같은 결론에 도달한다. 조선은 뛰어난 지도자인 단군의 지도로 군자의 나라가 되었고, 공자도 조선에서 살고 싶어 우러러보았다는 내용이 된다. 공자는 사람들을 군자로 만드는 것이 꿈이었고, 이 세상을 군자들의 나라로 만드는 것이 꿈이었다. 공자의 꿈은 추상적인 것이 아니라 옛날의 조선이 본보기였다. 군자로 만드는 것은 조선에 살던 사람처럼 만드는 것이었고, 군자의 나라로 만드는 것은 조선처럼 만드는 것이었다. 이를 보면 공자의 사상은 조선에서 연원한 것임이 확실하다.

『목은시고』 권14에 있는 「청산음」이란 시를 보면 중국은 세속의 나라이고 조선은 이상향으로 묘사되어 있다.

청산음

동해의 서쪽 언덕에 자리 잡은 장백산은	東溟西岸長白山
태백이 임금 자리 피해 도망간 형만 같네	有如泰伯逃荊灣
오악더러 중국에게 높이 자랑하게 하고	從敎五岳尊中州
홀로 요해를 건너 청구와 함께 있네	獨跨遼海聯靑丘

　태백은 임금 자리를 버리고 사라졌다. 선생은 사라진 곳을 형만으로 본 듯하다. 임금 자리를 다투는 것은 부귀영화를 쫓는 세속적인 사람들이다. 속된 세상을 초월한 신선은 부귀영화에 관심이 없다. 임금 자리를 다투는 일은 더더욱 없다. 중국에는 오악이라는 높은 산이 있어 서로 높이 자랑을 한다. 그것은 마치 속된 세상의 모습처럼 보인다. 장백산은 속된 세상인 중국에서 벗어나 초연하게 청구에 와 있다. 청구는 단군조선의 땅이다. 거기는 군자들이 사는 이상세계이다. 공자가 조선을 우러러보며 조선에 살기를 희망했다는 것은 그 당시까지 조선은 문화적으로 중국보다 높은 수준에 있는 문화의 중심국이었다는 것을 입증한다. 중국이 문화의 중심국이 된 것은 공자가 나온 뒤이다. 공자가 나온 뒤로 그 이전의 역사도 중국이 문화의 중심국인 것처럼 기록되었지만, 사실은 그렇지 않다는 것을 선생은 알고 있었다. 선생은 『천부경』과 『삼일신고』도 연구했던 것으로 보인다. 이러한 사실은 『목은시고』 권5 「호종백악산유작」이란 시에서 확인된다.

백악산으로 호종하면서 지은 시	扈從白岳山有作

비밀스런 글 처음 나왔을 땐 귀신도 놀랄 정도	秘書初出鬼神驚
세상 사람 모두가 의심하니, 그 이치를 누가 알까	
	舉世皆疑誰辯明
『독단』이 『천부경』과 내용이 서로 통하네	獨斷與天符契合
태양 받드는 뭇 관원들 흔들어대는 패옥소리	群官奉日佩環鳴

비밀스러운 글이란 무엇이고, 귀신도 놀랄 정도란 무엇을 의미하는 것일까? 비밀스러운 글을 『천부경』으로 보아야 문맥이 통한다. 『천부경』의 내용은 너무나 어렵고 너무나 놀랍다. 세상에는 '귀신같이 잘 안다'라는 말이 있다. 『천부경』의 내용은 잘 아는 귀신도 무슨 뜻인지를 알 수 없어 놀랄 수밖에 없다는 뜻이다. 귀신도 모를 정도니, 세상 사람들이 알기 어렵다. 세상 사람들은 자기가 모르는 것을 모른다고 하지 않고 의심하거나 부정하는 습성이 있다. 세상 사람들이 다 의심하고 부정하는데 누가 그 내용을 잘 밝혀서 설명할 수 있을까! 그런데 목은 선생 자신이 잘 훑어본 결과 후한 때 채옹(蔡邕: 133~192)이 지은 『독단』의 내용과 뜻이 통한다는 것을 알았다. 『독단』에는 다음과 같은 말이 있다.

하늘의 아들이란 이적이 일컫는 것이니, 하늘을 아버지로 삼고 땅을 어머니로 삼기 때문에 하늘의 아들이라 한다.[28]

---
28. 天子 夷狄之所稱 父天母地 故稱天子(『독단』 卷上). 사고전서본 참조.

하늘을 아버지로 알고 땅을 어머니로 아는 사람은 하늘의 아들이고 땅의 아들이다. 부모와 자녀는 하나다. 하늘의 아들은 하늘과 하나이고 땅의 아들은 땅과 하나이다. 『독단』에서 말하는 이적(夷狄)은 조선을 말한다. 『천부경』에서는 하늘과 땅과 사람이 하나로 이어져 있는 것으로 본다. 그러므로 『독단』의 내용과 『천부경』의 내용은 하나로 통한다. 『독단』에 있는 말을 보면 천자(天子)라는 말의 연원이 단군조선에서 비롯된 것임을 알 수 있다. 단군조선 때의 사상에서 보면 사람은 누구나 하늘의 아들이다. 단군조선 때의 천자라는 말이 중국으로 건너가 중국의 황제를 지칭하는 말로 사용된 것이다.

선생이 임금을 모시고 백악산에 간 것은 언제였을까? 『고려사절요』 공민왕 9년 7월조에 공민왕이 백악산에 간 기록이 나온다.

가을 칠월에 왕이 백악에 거동하여 도읍을 옮길 자리를 보았다. 백악은 임진현 북쪽 5리에 있다. (…) 백악에서 역사를 시작하니, 당시 사람들이 신경이라 했다.

공민왕 9년은 1359년이고, 행촌 이암 공이 작고하기 5년 전이다. 아마 이즈음에 목은 선생은 이암 공과 교류하면서 단군조선에 대해 많은 이야기를 나누고 있었을 것으로 짐작된다. 선생이 『독단』을 참고하여 『천부경』의 내용을 알게 되었다면, 『천부경』에 관한 주석서를 내놓을 법하다. 『태백일사』에는 실제로 목은 선생이 『천부경』을 주해했다는 기록이 있다.

세상에 전하기를, '목은 이색과 휴애 범세동이 모두 『천부경』을 주해했다고 하나, 지금은 보이지 않는다. 지금의 시속에서는 비록 한 글자라도 정주학에 합치되지 않으면 뭇 화살이 고슴도치 등처럼 쏟아지고 유가의 칼날이 사방에서 올라오니, 「천부경」과 「삼일신고」의 가르침을 어찌 쉽게 논할 수 있겠는가!²⁹

위의 기록은 매우 일리가 있다. 조선조에 들어와서 고대의 역사나 사상 등에 대한 자료는 모두 수거해서 불태웠기 때문에 전해오는 것이 거의 없다. 애석한 일이라 아니할 수 없다.

중국인인 채옹이 쓴 『독단』에서 보면 천자라는 개념은 고대 조선에서 제일 먼저 사용한 것임을 알 수 있다. 『천부경』에서 말하는 존재의 본질은 '하나[一]'이다. 하늘과 땅과 사람이 하나이다. '하늘의 아들이 우리의 뇌 속에 내려와 있다'라고 설명하는 『삼일신고』에서 보면, 사람은 하늘의 아들이 된다. 이 설명은 얼음과 물의 관계에서 보면 이해가 간다. 호수의 물에 수많은 얼음이 떠 있어도, 물과 얼음은 하나다. 그러나 현상적으로는 얼음덩어리 안에 여전히 물의 요소가 내재해 있으므로 얼음덩어리는 물의 아들이라고 할 수도 있다. 얼음덩어리를 사람으로 이해하고 물을 하늘로 이해하면 사람은 하늘과 하나이기도 하고, 사람은 하늘의 아들이기도 하다. 사람이 하늘과 하나라는 사상은 훗날에 나타난

---

29. 世傳 牧隱李穡 休崖范世東 皆有天符經註解云 而今不見 今時俗 雖一字之書 不合於程朱 則衆矢蝟集 儒鋒方厲 其欲傳天經神誥之訓 豈容易得論哉(『환단고기』에 수록된 『태백일사』 蘇塗經典本訓 第五).

인내천 사상이고 사람이 하늘의 아들이라고 하는 사상은 사람을 '천자' 또는 '천손'으로 보는 사상이다. 천손이란 말은 선생의 부벽루(浮碧樓)라는 시[30]에도 나온다.

텅 비어 있는 성에는 달 한 조각 떠 있고	城空月一片
오래 묵은 돌 위로 천년 구름 흘러라	石老雲千秋
기린 말 한 번 간 뒤 돌아오지 않으니	麟馬去不返
그때 그 천손은 어디에서 노니는지	天孫何處遊

위는 '부벽루'라는 제목의 시 중의 일부이다. 돌은 부벽루 옆에 있는 조천석(朝天石)을 말하고, 기린 말은 부벽루 아래에 있는 기린 굴에서 동명왕이 기른 기린 말을 말하며, 천손은 동명왕을 말한다. 동명왕이 기린 굴에서 나와 조천석에서 천국의 궁궐에 조회하기 위해 하늘로 갔다고 한다.

선생은 단군조선의 역사와 사상을 연구하고, 『천부경』과 『삼일신고』의 내용을 이해하여, 자신의 본질이 무엇인지 알았다. 자신은 모든 존재의 본질인 그 하나[一]이다. 그 하나는 하늘이기도 하고, 땅이기도 하며, 우주 그 자체이기도 하다. 자신은 형체 있는 모든 것의 본질이다. 형체 있는 모든 것은 작고 유한하여 보잘것없는 것처럼 보이지만, 본질에서는 무한하고 영원한 존재이다. 자신은 형체 있는 어떤 것과도 비견할 수 없다. 그러나 내 자신이 그러하다고 사람들에게 말할 수는 없지만, 술 취했을 때 읊어볼 수는

---

30. 『목은시고』 권2.

있다. 『목은시고』 권6에 있는 「취중가」의 내용이 그러하다. 선생은 「취중가」에서 자신을 선생으로 표현한다.

선생은 손이 있어 하늘 달을 만지고	先生有手探月窟
선생은 발이 있어 하늘 궁궐 거니네	先生有足趨天闕
선생은 본래 하느님의 아들이기에	先生自是天帝子
마음과 몸이 범상한 속진을 뛰어넘어	意態乃如塵凡絶
오묘한 진리 찾아 복희 삼황 넘어야지	遠尋妙道出羲皇
놀랄 만큼 광활해도 한 치의 오차 없어	瞠乎灝灝幷噩噩
정밀한 뜻 널리 찾아 자사 맹자처럼 되니	旁求精義幷思軻
중용 한편은 참으로 즐거워할 가치 있네	中庸一篇眞足樂
때로는 큰 기개가 홀로 무리를 초월하니	有時嵬駕獨超群
장주 굴원 반고 사마천이 모기 같이 보이는군	莊騷班馬如飛蚊
선생은 이가 시리도록 빙그레 웃음 짓네	先生獨笑齒久冷
공문엔 제자들이 구름처럼 모였어도	孔門諸子屯如雲
참다운 즐거움은 누항 속에 있는 것을	雖然陋巷有眞樂

목은 선생은 자신을 선생으로 불렀다. 하늘로 불러도 되고 우주로 불러도 될 것이었다. 하늘과 하나이고 우주와 하나이므로 하늘 달을 만지기도 하고, 하늘의 궁궐을 왔다 갔다 하기도 한다. 하늘 궁궐에 관한 설명은 『삼일신고』에 잘 묘사되어 있다. 선생은 본래 하느님의 아들이기도 하다. 「취중가」에는 『천부경』과 『삼일신고』의 내용이 다 녹아 있다. 하느님의 아들은 범상한 속세에 머물러 있으면 안 된다. 오묘한 진리로 하늘과 하나 되어 삼

황과 복희씨의 차원도 뛰어넘어야 한다. 하늘은 무한히 광활하지만, 아무것도 없이 공활하기만 한 것이 아니다. 하늘을 알고 보면 한 치의 오차도 없이 정밀하게 진행된다. 정밀하지 못하면서 큰 것만 말하는 사람은 하늘을 아는 것이 아니다. 자사와 맹자는 큰 것을 말하지만 지극히 정밀한 이치를 터득했다. 선생 자신도 하늘이고 하늘의 아들이면서, 자사와 맹자처럼 정밀한 이치를 다 터득하고 있다. 『중용』은 무한한 우주처럼 넓은 세계를 말하지만, 한 치의 오차도 없는 정밀한 이치를 말해주고 있다. 하늘의 이치를 터득하는 데 좋은 참고가 된다. 선생은 빈틈없이 치밀하게 살다가도 때로는 하늘 저 끝에 가서 세상을 내려다보기도 한다. 어마어마한 철학을 토해내는 장자와 굴원이, 사람 사는 이야기를 대 서사시로 펼쳐내는 사마천과 반고도, 날아다니는 모기처럼 미미하게 보이기도 한다. 선생은 천상천하 유아독존이 되어 빙그레 웃고만 있다. 공자의 문하에 수많은 제자가 모여들어도, 부질없이 세속에 얽매여 있으니, 참되고 행복한 것이 아니다. 진짜 행복은 몸이 비록 누추한 곳에 있어도 안연처럼 하늘마음으로 사는 것에 있다. 「취중가」에서 보면, 선생이 하늘과 하나 되고, 하늘의 아들 된 것이, 머릿속에서 생각하는 수준이 아니라, 몸속에서 체화되어 완전히 무르녹아 있다.

사람의 마음은 본래부터 하늘마음이다. 하늘마음은 빛을 뿜어내기만 하는 하늘의 태양이다. 본래 하늘이므로 시작도 없고 끝도 없이 태양처럼 밝게 비추기만 하면 된다. 이런 내용들이 선생의 독음(獨吟)이란 시에 녹아 있다.

만 리라 먼 하늘에 구름 막 걷히어	萬里雲初卷
중천에 떠서 홀로 빛나는 태양	中天日獨懸
이 마음은 본래 물욕이 없는 것	此心無物欲
누가 다시 현인이 되려고 하리	誰肯更希賢

하늘에 구름 걷히고 태양이 중천에 떠서 밝게 빛나고 있다. 하늘의 태양을 보는 순간 『천부경』의 구절이 생각난다. 본래 본마음은 본래 태양이다. 이 마음이 구름 한 점 없는 바로 저 태양이다. 현인이 되려고 노력할 까닭이 없다. 목은 선생에게는 하늘과 하나 되는 본질이 이미 무르녹아 있다.

선생의 나이 40세가 되던 7월에 익재(益齋) 이제현(李齊賢) 공이 작고하여 문상했다. 선생과 부친이 모두 익재(益齋)의 문하에서 공부했는데, 선생은 그 은혜를 잊지 않고 매년 제일(祭日)에 참례했으며, 익재의 묘지명과 문집의 서문도 지었다. 선생이 원나라에서 관직을 받은 직후 원나라는 쇠퇴하고 명(明)나라가 금릉(金陵)에 도읍했다.

44세가 되던 해의 9월에 모친 함창군부인(咸昌郡夫人)이 돌아가셨다. 목은은 한동안 영부(寧府)에서 근신했다. 이보다 더 슬픈 일이 없었겠지만, 슬픔 때문에 몸을 주체할 수 없을 정도는 아니었다. 선생은 이미 불혹의 나이를 넘기고 있었고, 또 생사일여(生死一如)의 이치를 터득하고 있었기 때문이다. 이는 10월에 지은 서경(西京)의 「풍월루기(風月樓記)」에도 잘 나타나 있다. 「풍월루기」에서 선생은 "대저 도가 태허의 상태로 있을 때는 본래 형체가 없지만, 이 세상에 다양한 사물의 현상이 존재하게 되는 것은 오직 그 태허의 기가 그렇게 작용하기 때문이다"라고 적고 있다. 위의 내용은 송나라 장재(張載)의 『정몽(正蒙)』에 있는 기론(氣論)을 바탕으로 한 설명이다. 장재의 기론에서는 만물의 형상을 기(氣)가 모인 것으로 보고, 그 기가 흩어진 모습을 태허(太虛)로 설명한다. 장재의 기론에 따르면, 이 세상의 모든 존재는 기가 모였다가 흩어졌다가 하는 과정일 뿐이므로 사멸하는 것은 없다. 선생은 이미 '시작도 없고 끝도 없다'라고 하는 『천부경』의 진리를 알고 있었을 것이므로, 장재의 기론을 쉽게 이해할 수 있었을 것이다. 국왕은 목은 선생과 초은(樵隱) 이인복(李仁復) 공을 궁궐로 부를 때는 매양 좌우 신하들에게 반드시 향(香)을 피우게 했다. 국왕의 근신(近臣)인 신돈(辛旽)이 공민왕에게 아뢰기를, "국왕이 신하를 보는데 어찌 공경함이 이와 같습니까?"라고 여쭙자, 왕은 "네가 어찌 이 두 분의 도덕이 보통 선비와 다름을 알겠는가! 또 이색의 학문은 살과 피부를 버리고 골수만 빼낸 것이다. 그러기에 중국에서도 비교할 사람이 드무니 어찌 감히 함부로 대접할 것이겠느냐?"라고 답했다. 선생에 대한 공민왕의 존경심은 원(元)나라에 갔을 때 황제와 신하들이 선생에 대해 칭찬하는 것을 직접 들었기 때문이기도 하지만, 그보다도 선생의 인품에 기인한 것이 더 컸을 것이다. 태권도 9단인 사람에게 함부로 범접하기 어려운 기상이 있는 것처럼, 마음이 9단인 사람에게서는 저절로 고개를 숙이게 만드는 위엄이 있다.

선생은 49세쯤 되었을 때 『직설(直說)』 3편을 저술했다. 1편에서는 하늘과 사람을 논하고, 2편에서는 군신(君臣)에 관하여 논했으며, 3편에서는 인간의 마음과 진리에 관해서 논했다.

50세가 되었다. 선생에게 50세란 특별한 의미가 있는 나이였다. 50세는 공자(孔子)가 천명을 알았던 나이였다. 천명을 안다는 것은 진리(眞理)를 얻는다는 것을 의미한다. 선생에게 공자의 삶은 표준이 되는 것이었다. 공자는 50이 되기 전에 『주역』을 열심히 읽었다. 그리고 50이 되어 주역의 이치를 완전히 터득하면 진리를 얻을 수 있을 것이고, 그렇게 되면 허물이 없을 것이라고 술회한 적이 있다. 50세가 된 선생은 『주역』을 펼쳐보고, 주역의 이치가 터득되었음을 확인할 수 있었다. 선생은 기뻐서 「나이 오십에 스스로 읊다」라는 제목의 시(「五十自詠」『牧隱詩藁』 卷6)로 심경을 노래했다.

첫째의 수가 우뚝이 오복 중의 으뜸인데	一壽巍巍冠九疇
나이 오십에 배우길 즐기며 근심 잊었네	行年五十樂忘憂
분향하고 주역 읽으니 생각이 끝없어라	焚香讀易思無盡
이제부터 큰 허물은 혹 면하지 않겠나	大過從今得免不
장수나 요절이 모두 일개 물거품 같은 건데	生死彭殤海一漚
더구나 오십이 되어서 또 무얼 걱정하랴	況今知命更何虞
고요한 가운데 태극이 천지를 내었거니	靜中大極生天地
굳이 여러 말로 유무를 분별할 것 없어라	不必瀾飜辨有無

진리를 얻으면 집착에서 벗어날 수 있다. 특히 육체적 조건이나 의식주에 사로잡히는 일은 없어진다. 이 무렵 선생은 집에 우거한 지 여러 해가 되었는데 식량을 잇지 못할 때가 있었으나 태연히 지냈다. 바로 진리의 힘이었다.

천명을 안다고 해서 바로 인간이 완성되는 것은 아니다. 천명을 안다는 것은 마치 외국어를 공부하던 사람에게 귀가 뚫리는 순간과도 같다. 귀가 뚫리기 전에는 외국어를 들었을 때 아는 단어가 가끔 들리기는 하지만 내용이 귀에 들어오지는 않는다. 그러나 귀가 뚫리고 나면 내용이 귀에 들어오지만, 그렇다고 해서 모든 단어가 완전하게 들어오는 것은 아니다. 모르는 단어들이 계속 섞여 있다. 그러므로 그다음부터는 모르는 단어들을 익히는 공부를 계속하게 된다. 공자(孔子)의 공부도 그랬다. 공자는 공부를 계속하여 70이 되었을 때 완전자(完全者)가 되었다. 선생도 그러했다. 선생은 집에 머물면서 「자경잠(自儆箴)」을 지었다. 「자경잠」의 내용은 진리를 몸으로 체득하는 방법에 관한 것이었다. 이 공부 방법은 뒷날 퇴계선생에 이르러 더 확실해진다.

52세 때의 2월에 정몽주(鄭夢周)의 처소에 「포은재기(圃隱齋記)」를 지어 주었다. 포은 선생은 목은 선생을 스승으로 삼고, 자신을 제자라고 자처했다. 포은은 자신이 지은 시에서, "목은의 학문은 바다와 같이 넓음을 엿볼 수 있다" 또는 "목은은 신분에 알맞은 예절과 의식에 대한 지식이 풍부하고 너그럽다"라고 칭송했고, 목은 선생 또한 포은을 칭찬하여, "포은의 논리는 이리저리 하는 말이라도 이치에 맞지 않음이 없다"라고 했다.

3월에는 제자 권근(權近)을 위해 「양촌기(陽村記)」라는 호기(號記)를 지어 주었다. 「양촌기」에서 선생은 "아, 나 같은 사람이야 이제 다 늙었으니, 다시 더 무엇을 바라겠는가. 가원(可遠)은 자신의 호가 양촌인 까닭을 잘 생각해서 더욱 힘써 나가야 할 것이다. 힘써 나가려면 마땅히 어떻게 해야 하겠는가? 반드시 성(誠)으로부터 시작해야 할 것이다"라고 하여 양촌에게 성(誠)의 실천을 당부했다. 성(誠)은 수양보다 실천에 더 무게가 실려 있는 덕목이다. 이러한 사실로 미루어 보아 선생이 양촌에게 특히 성(誠)을 강조한 까닭은 그에게 실천성이 상대적으로 부족해보였기 때문이었던 것으로 보인다. 이 해에 선생은 명(明)에 보내는 「진정표(陳情表)」를 지었다. 「진정표」를 작성하게 된 것은 공민왕이 시해를 당했을 때 김의(金義)가 명(明)의 사신을 죽이고 도망쳤던 일 때문이었다. 그 당시 명(明)의 황제가 진노해서 고려에 장병을 파견하여 세공으로 양마(良馬) 5천 필, 금 5백 근, 은 5만 냥, 세포 5만 필을 바치라고 수량을 증액하여 정하고, 집정 대신으로 그 인원의 절반에 해당하는 사람이 입조하라는 요구를 해왔다. 그러자 고려 국내의 인심이 흉흉해져 선생이 상세한 표문을 지어 명에 보냈는데, 그 이후 세공이 많이 절감되었다.

선생은 일찍이 한국과 중국의 관계를 잘 알고 있었다. 한국은 원래부터 천자국이었다. 중국은 나중에 한국을 모방하여 천자국이 된 뒤에 약해진 한국을 압박하게 되었다. 이러한 역사적 사실을 알고 있는 선생으로서는 중국에게 압박을 받는 한국의 현실이 처량했다. 이러한 감정을 선생은 시로 표현한 적이 있다. 시에서 선생은 고려의 임금을 해동천자라 하고, 명나라의 천자를 금릉천자라 했다.

'해동천자'라는 말은 『목은시고』 21권 「구나행(驅儺行)」이란 시에 나온다.

해동천자의 옛 악부 가운데   海東天子古樂府
내 노래 한 장 넣어 역사에 전했으면   願繼一章傳汗靑

예로부터 한국이 해동의 천자국이었음을 선생은 익히 알고 있었다. 그런데 중국의 금릉에 도읍한 명나라가 천자국이 되어 고려를 압박해왔다. 선생은 「17일에 감진색이 성에 정문할 일로 회좌하기를 청했다. 그러나 그 사이에 아직도 도당에 자문하여 결정한 것이 있어야만 말을 만들 수 있다는 내용으로 조목조목 갖추어 올렸다. 삼색이 점심을 마련해 와서 또 선온을 마시고 약간 취하여 돌아오다」라는 긴 제목의 시(『목은시고』 권26)에 다음과 같이 읊었다.

금릉의 천자가 천하를 장악하여	金陵天子握乾樞
처음으로 동방에 세금을 징수하네	歲貢初徵東海隅
임금 어리고 인심 의구하니 누가 책임질고	主少國疑誰執咎

금릉은 지금의 중국 남경이다. 금릉에 도읍을 정하고 중국을 되찾은 명나라의 황제가 고려에 조공을 요구해왔다. 이전부터 원나라가 해왔던 것을 이어가겠다는 뜻이었다. 옛날부터 늘 그래왔다면 그런 것이 당연한 것처럼 여겨지겠지만, 옛날에는 한국이 천자의 나라였던 것을 알고 있는 선생으로서는 서글픔이 더할 수밖에 없었다.

53세 때의 8월에 이성계가 황산(荒山)에서 대규모로 침입한 왜적을 격퇴하고 승전하자 선생이 시를 지어 치하했다.

57세 때의 1월에 왕명으로 원증국사(圓證國師) 보우(普愚)의 사리탑 비문을 지었고, 8월에 왕명으로 평안북도 영변 안심사에 세울 인도 승려 지공(指空)과 지공의 제자인 나옹(懶翁)의 사리탑을 위한 비문을 지었으며, 왕명으로 「여주신륵사대장각비(驪州神勒寺大藏閣碑)」를 지었다. 이러한 사실로 미루어 보건대 왕권의 지지기반은 여전히 불교 세력이었으므로, 임금이 불교 세력을 의식하지 않을 수 없었다는 것을 알 수 있다.

58세 때의 9월에 명(明)나라의 사신 국자학록(國子學錄) 장부(張溥)와 전부(典簿) 주탁(周倬)을 만났다. 그때 명 태조에게 보내는 「수명지송(受命之頌)」을 지었다. 명나라에서 두 명의 사신이 국경에서부터 목은 선생의 안부를 물었으므로, 우왕이 선생을 판삼사사(判三司事)로 삼아 그들을 맞이하게 했다. 그들은 선생을 만나서 지극하게 공경하면서 선생의 도덕이 높고 깨끗함을 칭송했다.

59세 때의 4월에 과거시험의 지공거(知貢擧)를 맡았다. 옛날의 법례에 따라 우왕은 화원에서 향응을 베풀면서 선생을 공경하며 손수 손을 잡아 이끌어 마주 보고 앉으려 했다. 이에 선생이 굳이 사양하자 우왕은 마구간에서 말을 한 필 끌어다가 주면서 시를 한 수 짓기를 청한 적이 있다.

선생이 61세가 되었을 때 많은 일이 일어났다.

4월에 명나라에서 사신을 보내 철령위(鐵嶺衛) 설치를 선언했는데, 선생이 대신들을 거느리고 교외로 나가 사신을 맞으며 고려의 입장을 설명했다. 당시에는 원나라와의 외교관계가 더 깊었으나, 명나라는 새로 떠오르는 강국이었으므로, 명나라와의 관계를 돈독하게 유지하는 것이 고려의 안위에 매우 중요하다는 것을 알고 있었기 때문이다. 같은 4월에 이성계가 위화도 회군(威化島 回軍)을 단행했고, 6월에 우왕을 폐하고 종실 가운데서 새로운 왕을 옹립하려 했다. 이때 조민수가 우왕의 아들 창(昌)을 옹립하고자 선생에게 자문했는데 선생은 마땅히 우왕의 아들을 세워야 한다고 대답하여 6월, 창왕이 즉위하게 되었다.

공민왕이 승하한 후 명(明)나라에서는 줄곧 고려의 집정 대신이 입조할 것을 요구해왔었다. 모두가 두려워하여 감히 명으로 가려는 자가 없었는데 선생이 나서서 재상인 자신이 가야 한다고 했다. 창왕과 대신들은 선생이 너무 늙었고 병으로 쇠약한 상태라는 이유로 만류했지만, 선생은 "지금 고려와 명이 틈이 나서 어려운데 왕이나 집정 대신이 가지 않으면 변명의 여지가 없게 됩니다. 나는 본래 포의(布衣)의 한사(寒士)로서 지위가 가장 높이 올랐으니 이를 죽음으로 보답하고자 합니다. 설혹 길에서 죽는 한이 있더라도 죽음으로 국명을 완수할 수 있다면 그 이상의 영광이 없을 것입니다"라고 하면서 명나라로 가기를 원했다. 선생은 이숭인(李崇仁)·김사안(金士安)·이방원(李芳遠) 등을 데리고 명으로 가서 고려의 처지를 소상하게 밝혔다. 명 태조는 본래 목은의 이름을 들어 익히 알고 있던 터라, 여러 차례 만나면서 극진한 예우와 함께 상까지 주었다. 선생이 명나라로 사신 가는 것을 원한 데는 두 가지의 이유가 있는 것으로 보인다. 하나는 고려와 명나라와의 관계를 회복하는 데 자신이 적임자이기 때문이고, 다른 하나는 이성계가 혁명을 일으킬까 염려했기 때문이다. 이방원을 데리고 간 것은 그 때문으로 이해할 수 있다.

8월에는 창왕으로부터 추충보절 동덕찬화보리공신 벽상삼한 삼중대광 문하시중판전리사사 영효사관서연 예문춘추관사 상호군 한산부원군(推忠保節 同德贊化輔理功臣 壁上三韓 三重大匡 門下侍中判典理司事 領孝思館書筵 藝文春秋館事 上護軍 韓山府院君)이라는 직함과 말 1

필을 받았고, 아울러 왕대비로부터 주과(酒果)를 선물 받았다. 이 해에 장남 종덕(種德)이 죽었다. 종덕의 죽음은 왕위를 교체하고 정권을 장악하려는 이성계 일파의 일과 관련이 있다는 설이 있다. 장남의 죽음은 선생을 몹시 슬프게 했을 것이지만, 그에 대한 구체적인 기록이 남아 있지 않다. 또 종덕의 나이와 출생연도에 관한 기록도 남아 있지 않다.

62세 때의 4월에 명나라에서 태조의 후대를 받고 귀국했다. 귀국 후 선생은 이성계, 조준(趙浚) 등이 건의한 사전(私田) 개혁안을 반대하여 시행되지 못 하게 했다. 사전에도 문제가 많은 것은 사실이다. 그러나 그것이 어떤 정파의 목적을 위해서 개혁되어서는 안 된다. 선생이 사전 개혁을 반대한 까닭은 그 때문이었다. 이때부터 선생은 많은 사건에 연루되어 어려운 일들을 겪어야만 했다. 이미 위화도 회군을 단행한 이성계의 세력이 막강해져 아무도 막을 세력이 없게 된 상태였다. 11월에 이성계가 심덕부(沈德符), 지용기(池湧奇), 조준, 정도전(鄭道傳) 등과 더불어 군사를 일으켜 창왕을 폐하고 공양왕(恭讓王)을 옹립했다. 이미 이성계의 천하가 된 것이다. 이성계가 혁명하는데 가장 큰 걸림돌은 목은 선생이었다. 당시의 정신적 지주였던 선생이 이성계의 혁명을 반대하지만 않았더라도 이성계의 혁명에는 어려움이 그다지 없었을 것이었다. 이성계의 측근으로부터 선생을 제거하기 위한 움직임이 끊이지 않았고, 선생은 그로 인해 많은 고초를 겪었다. 개인적으로 선생은 이성계와 가까운 사이였고 이성계는 선생을 매우 존경하고 극진히 대접했다. 선생이 개경으로 올라와 이성계의 사저로 갔을 때, 이성계는 매우 놀라 반기면서, 선생을 상좌에 앉히고 꿇어앉아 술을 올리며 선 채로 마실 것을 권했고, 선생은 사양하지 않고 선 채로 술을 마시면서, 지극히 즐겁게 지낸 적도 있다. 그러나 개인적으로 가까운 것과 임금 자격이 모자라는 사람을 지지하는 것은 별개의 것이었다.

65세가 되던 해에 아끼던 제자 정몽주가 이방원 일파에게 격살되었고, 이성계의 역성혁명(易姓革命)이 일어났다. 태조는 선생의 직첩을 회수하고 서인으로 삼아 해도(海島)로 유배시켜 종신토록 같은 계급에 끼이지 못 하게 하고, 아들 종학의 직첩을 회수하고 곤장 1백 대를 때려 먼 곳으로 귀양 보내게 했다. 그러자 측근의 세력들이 선생에게 극형을 가하고자 했다. 이에 선생은, "나는 평생에 말을 함부로 하지 않았는데, 어찌 거짓으로 꾸며낸 죄에 복종할 수 있겠는가? 비록 죽어서라도 올바른 귀신이 되어야겠다"라고 했다. 「즉위 교서」가 발표된 이튿날 도평의사사에서 목은을 도서 지방으로 귀양 보낼 것을 청했으나, 선생의 말을 전해 들은 태조는 그 정상을 살펴 유배지를 장흥으로 옮기게 했다. 목은은 이후 붓을 잡지 않았다고 한다.

역성혁명 이후 목은은 항상 초립을 쓰고 흰옷에 가늘게 땋은 끈을 매어 상복 차림을 하고 지냈다고 한다.

선생은 어떤 사람에게 편지를 쓰면서, "국사가 이 지경에 이르렀으니 통곡한들 무슨 말을 하리오? 그때 함께 죽지 못했음이 한입니다. 이 몸도 이미 이 지경에 이르렀으니, 다만 백이(伯夷), 숙제(叔齊)와 같이 수양산에서 고사리나 캐 먹으며 지내고 싶습니다. 무슨 마음으로 주나라 곡식을 먹겠습니까? 나머지는 모두 다 쓰지 못하겠으며, 망국의 죄인이니 이름도 쓰지 않겠소"라고 하며,

당시의 비통한 심정을 토로했다. 조선에 협력할 뜻이 없음을 분명히 한 것이다.

8월에는 둘째 아들 종학이 권신들의 사주로 체복사(體覆使) 손흥종(孫興宗)에 의해 32세의 나이로 목이 졸려 피살되었다. 이때 나이가 32세였다. 아들의 피살을 접하고 선생은 자신의 이름 때문에 이러한 일이 일어난 것이라고 한탄하며, 자손들에게 앞으로는 과거에 나가지 말 것을 당부했다.

10월에 교서에 의해 유배가 해제되고, 서인(庶人)이 되어 한주로 돌아왔다. 66세 때의 1월 1일에 사면되어 편리한 대로 살도록 허락받았다. 1월 21일에 선생은 태조를 알현하고 사면해준 은혜에 감사했다.

67세 때의 8월 1일에 부인 권(權)씨가 사망했다. 68세 때의 5월에 여주에 있는 여강 신륵사에서 피서했다. 그리고 가을에는 관동으로 유람을 하고 오대산에 머물렀다. 11월 7일에 도평의사사에서 쌀과 콩 1백 석을 보내왔으나 받지 않았다. 11월 24일, 목은이 오대산에서 돌아오자 태조가 사신을 보내 궁궐로 불렀다.

귀양에서 돌아온 선생은 여주에 있는 농막에 은거하고 지냈는데, 어느 날 그의 문인이 찾아오자 그를 데리고, 깊은 산속으로 들어가 종일토록 울다가 내려온 일이 있었다. 선생은 문인에게 이르기를 오늘은 가슴이 시원한 것 같다고 했다. 아마도 시국을 한탄하고, 두 아들의 억울한 죽음을 슬퍼했을 것이다. 이 무렵 여주에서 이러한 내용이 담긴 시를 지은 것이 두 편 전하고 있다.

11월 태조는 조정대신들과 의논하여, 선생에게 중책을 맡겨 국사에 참여시키고자 선생을 불렀다. 선생이 입궐하자 태조는 옛 친구의 예로서 선생을 대접하고 가르침 받기를 청하며, "어리석고 어두운 나를 버리지 마시오"라고 했고, 선생은, "망국대부(亡國大夫)는 살기를 도모하지 않으며 다만 장차 해골을 고향 산천에 장사 지내길 원할 뿐입니다"라고 했다. 태조는 중문까지 걸어 나와 선생을 작별했다.

한편 상촌(象村) 신흠(申欽)이 지은 『연담(軟談)』에 따르면, "고려가 망할 때 사람들이 오직 포은(圃隱) 정몽주(鄭夢周)와 야은(冶隱) 길재(吉再)만 굳게 절개를 지킨 줄 알고, 목은의 사람됨은 알지 못했는데 참으로 애석하다. 태조가 혁명을 일으키자 고려의 신하들이 모두 무릎을 꿇었는데, 태조가 두려워하고 꺼린 사람은 권근과 이색 두 사람뿐이었다. 권근은 마침 상중에 있었기에 태조가 이색만 불러서 따로 만났는데, 이색은 깊이 읍만 했을 뿐 절을 하지 않았다. 태조가 용상에서 내려와 손님의 예로 대접했다. 그러다가 갑자기 시강관 여러 명이 들어오자 태조는 곧 용상으로 올라갔다. 그러자 이색은 일어나면서 자신은 앉을 자리가 없다고 했다. 세상에서는 목은의 죽음을 타살당한 것이 확실하다고 전하고 있으며 이로 보아 목은이 포은에게 부끄러울 것이 없다"라고 씌어 있다.

11월에 태조가 선생에게 많은 선물을 하사하고, 12월에는 선생을 위해 잔치를 베풀기도 했다.

선생의 나이 69세가 되었다. 선생은 여주의 여강으로 피서가기를 청하여 5월 초 3일, 개경 벽란도에서 배에 올랐다. 배에 오른 뒤 갑자기 병이 나서 막내 아들 종선(種善)을 오게 했다. 병이 위중해지자 승려가 와서 불경을 외우려 했으나 선생은 이를 말리면서,

"나는 죽고 사는 이치를 의심치 않는다"라고 했다. 7일 여주 청심루 아래 제비 여울[燕子灘]에 이르자 배 안에서 갑자기 운명했으므로, 많은 사람이 그의 죽음을 의심하게 되었다. 이기의 『송와잡기』에는 '당시 배 안에서 일을 보고 있던 사람들이 한결같이 정도전, 조준 등이 꾸민 술책이라고 하면서 의심하지 않을 수 없다고 했다'라고 기록하고 있다.

선생의 사망 소식을 들은 태조는 매우 슬퍼하며 3일 동안 조회를 파하게 하고, 사신과 함께 제물을 보내 제사를 지내게 했다. 태조는 조문을 통해, "임금의 도는 반드시 선생에게서 취하여 이루었고, 정의는 옛 친구로 아주 친했으니, 이는 옛날이나 이제나 같도다. 어찌 처음부터 끝까지 혹시라도 변함이 있으리오?"라고 하며 선생을 칭송했다. 태조는 관청에 명을 내려 장례를 돕도록 하고 시호를 '문정(文靖)'이라 내렸다. 태조는 선생을 그리워할 정도로 존경했다. 선생을 자주 뵐 수 있도록 궁궐 앞에 선생의 영당을 짓도록 한 것으로 보인다. 선생의 영당은 아직도 지금의 조계사 뒤편에 남아 있다. [31]

문충공(文忠公) 권근(權近)은 『목은선생행장』에서 그의 성품을 다음과 같이 술회했다.

목은은 타고난 바탕이 총명하고 지혜로우며 학문이 정미하고 깊어서 일을 처리함이 치밀하고도 밝았다. 마음가짐이 너그러

---

31. 지금의 조계사 뒤편에 있는 선생의 영당을 이태조가 건립한 것으로 보는 것은 선생의 후손 이복일 선생에게 들은 말인데, 타당해 보인다.

워서 남을 용서하기를 좋아했으며, 옳고 그른 것을 의논하는 데는 명백하고도 절실하나, 반드시 충후(忠厚)함에 힘썼다. 사람을 대하고 물건을 접하는 데는 겸손하면서도 경위가 분명하며, 화기가 넘쳐흐르는 가운데서도 늠연(凜然)하여 범할 수 없는 기상이 있었다.

공이 재상이 되면서 본래의 법도를 지키는 데 힘써, 말썽 있는 것을 좋아하지 않고 대체를 지켰다. 임금에게 충성하고 어버이를 사랑하는 마음이 늙어서도 변치 않아서, 매양 말과 표정에 나타나고 시문에도 그러함이 엿보였다. 후학들을 면려하는 데는 반드시 윤리를 기틀로 삼았으며, 가르치는 것을 게을리 하지 않았다. 널리 여러 가지 책을 탐독했는데, 특히 성리학에 깊었으며 문장을 짓는 데는 붓을 잡기만 하면 바로 써 내려가서, 마치 바람이 불고 물이 흐르는 것처럼 조금도 막힘이 없었으며, 말의 의리가 정밀하고 격조가 높아서, 도도한 흐름이 마치 강물이 바다로 들어가는 것 같았다.

공민왕은 목은을 한갓 공경만 할 줄 알았을 뿐, 공의 말을 다 받아들이지 못했다. 뒤에 백료(百僚)들의 어른이 되기는 했으나, 얼마 안 되어 파면되고 물리침을 받아, 마침내 경국제세(經國濟世)의 경륜을 크게 베풀지 못했다.

집에서는 가산이 있고 없는 것을 묻지 않았으며, 비록 생활이 궁핍해도 마음이 흔들리지 않았다. 평생 말을 빠르게 하거나 당황하는 기색을 나타내는 일이 없었으며, 집안사람이나 노복에게 혹시 허물이 있어도 차근히 이치를 깨닫게 할 뿐, 노여워하지 않았다. 비록 연회 하는 자리에서라도 몸가짐을 삼가 어지럽히지 않았으며, 심중이 활달하면서도 맑고, 말과 행동이 침착했다.

기쁨과 노여움이 나타나지 않았으며 남과 다투는 일이 없이 오직 온화한 기운이 넘쳐흘렀다. 오랫동안 왕의 은총을 받아 높은 지위에 있었으면서도, 교만하거나 참람한 일을 하지 않았으며, 뒷날 신돈의 난을 당했어도 얻고 잃음을 보지 못했다. 공에게는 옥에 갇히는 것이 욕되는 것이 아니었고, 벼슬이 높아지는 것이 또한 영화로운 일이 아니었다. 그리하여 공의 절조가 확고하여 움직일 수 없는 것임을 알 수 있었다.

고려 말에서 조선으로 이어지는 혼란기에 살면서 성리학을 이 땅에 완전히 뿌리내린 위대한 석학 목은 선생은 이렇게 생을 마감했다. 선생은 정치가이기 이전에 학자였고, 사상가였다. 선생은 진리를 추구하는 삶을 살았고, 진리를 얻은 사람이었다. 특히 만년의 삶은 더욱 그러했다. 선생의 심경을 토로한 시 한 수(『목은시고』권4, 「자책」)를 소개한다.

스스로 책망하노니 이 간의는	自責李諫議
사람됨이 후안무치도 하여라	爲人多厚顔
한림원의 직학사에다	翰林直學士
사관의 편수관을 지내고	史館編修官
더구나 지제고까지 역임하여	況復知制誥
책임이 모두 청한했거늘	職任俱淸閑
시위소찬을 부끄러워 않는데다	旣不愧尸祿
또 사직할 것도 생각지 않으니	又不思掛冠

군자들은 더럽게 여겨 비웃고	君子所鄙笑
소인들은 영광되게 여기는구나	小人所榮觀
다만 가슴속의 마음 하나만은	只有方寸地
비환을 잊은 지 이미 오래라오	久已忘悲歡

이 시에서 읽을 수 있는 선생의 모습은 초연하지도 세속적이지도 않은, 공자의 시중(時中)을 실천하는 바로 그 모습이었다. 만년의 심경을 토로한 시(『목은시고』 권3, 「군자 이수」) 한 수를 더 감상하기로 하자.

군자에게 참다운 낙이 있으니	君子有眞樂
오묘한 곳 참으로 말하기 어렵네	妙處誠難言
솔개가 날고 물고기 뛰어도	鳶飛與魚躍
삼라만상이 모두 하나의 근원	萬像同一元
쪼그만 이 한 몸은 좁쌀 같지만	眇然稊米身
하늘의 마음이 들어 있는 곳	道化所淵源
예악이 천하에 펼쳐졌으니	禮樂被天下
주공 공자는 지금도 생존함일세	周孔至今存

군자는 기꺼이 물러남이 있으니	君子有肥遯
번민함도 없고 노여움도 없어라	無悶亦慍無
세속에서 경영해야 되는 것 아니고	城市何所營
산림에 숨을 까닭도 없네	山林何所隱
오래도록 강물 따라 흘러가다가	久矣 混常流

강가에서 천지의 기운을 살피고 있네	川上觀氣運
끝없이 사방에 교화를 펴면서도	悠然撫四達
화려한 명성을 바라지 않았었네	無心望華問

11월, 한산(韓山)의 가지 고개[加智峴]에 장사지냈다. 선생은 정치가이기 이전에 사상가이고 교육자였다. 집에는 언제나 학술적인 교류를 하거나 배우기 위한 선비들이 드나들었다. 선생은 성균관의 대사성을 오래 역임했기 때문에 성균관의 교수와 학생들이 대부분 선생의 제자이기도 했다. 김구용(金九容), 염흥방(廉興邦), 문익점(文益漸), 정몽주(鄭夢周), 정도전(鄭道傳), 박의중(朴宜中), 하륜(河崙), 권근(權近), 이숭인(李崇仁), 맹사성(孟思誠), 길재(吉再), 박은(朴訔), 이원(李原) 등을 위시한 당대 대부분의 선비와 정치가들이 선생의 문하에서 배출되었다.

선생은 중국의 성리학을 완전히 소화하여 한국에 정착시키는 역할을 했다. 선생의 성리학은 한국 성리학의 원천(源泉)이라 할 수 있다.

제2절
목은 철학사상의 기반

목은 선생은 천자사상, 천손사상, 하늘사상, 천인일체사상 등으로 설명되는 한국 고유의 철학사상을 바탕으로 깔고, 그 위에 주자학이라는 건물을 세웠다. 따라서 목은 선생의 철학사상은 한국 고유사상을 이해하지 못하면 설명되지 않는다.

목은 사상의 근저에 깔린 철학적 기반은 '천인무간(天人無間)'설로 집약된다. 천인무간이란 용어는 물론 선생이 처음 사용한 것은 아니다. 중국의 주자(朱子)도 이 말을 쓴 적이 있다. 그러나 주자학의 목적은 천인합일(天人合一)에 있으므로, 주자가 쓴 용어는 거의 천인합일이고, 천인무간은 거의 사용하지 않았다. 그러나 선생의 철학적 기반에는 천인무간사상이 확고하게 깔려 있다. 선생은 천인합일이란 용어를 쓰지 않고 오직 천인무간이란 용어만 썼다.

천인합일이란 하늘과 사람이 하나가 된다는 말이다. 이 말에는 이미 하늘과 사람이 분리되어 있다는 것이 전제되어 있다. 하늘과 사람이 분리되어 나타나는 문제를 하늘과 하나가 되어서 해소하려는 사상이 천인합일 사상이다. 두 사람이 각각 남남의 관계가 전제되어 있다면, 아무리 두 사람이 결합하여 한사람처럼 된다 해도 완전히 한 사람이 될 수가 없는 것처럼, 하늘과 사람의 분리가 전제되어 있으면, 아무리 결합하여 하나가 되려고 해도 완전히 하나가 될 수는 없다. 천인합일 사상의 한계가 여기에 있다. 목은 선생에게는 하늘과 사람이 분리되어 있다는 것이 인정되지 않는다. 선생에게는 하늘과 사람이 애초에 분리되어 있지 않고 하나로 이어져 있다는 것이 전제되어 있다. 이러한 철학은 선생에 의해 처음으로 대두된 것이 아니라, 단군조선시대 이전부터 있어 온 한국 고유의 철학이므로, 선생이 등장하기 이전부터 줄곧 이어져 왔다. 보조국사 지눌(知訥)의 인불일체(人佛一體) 사상이나 원효(元曉)의 일심(一心)사상도 천인무간사상과 같은 내용이다.

선생은 철학적 기반을 이 천인무간이라는 말로 표현한다(牧隱文

藥』卷1,「西京風月樓記」). 선생은 천인무간이란 용어를 자주 쓰지 않는 까닭은 뿌리가 밖으로 노출되지 않는 것과 같다. 노출되는 부분은 언제나 잎과 가지와 줄기이다. 선생이 표현한 말들은 대부분 잎과 가지와 줄기에 해당하는 것들이다. 잎과 가지와 줄기는 서로 반대 방향으로 뻗어 있는 것도 있고 뒤엉켜 있는 것도 있듯이, 선생의 말씀에도 서로 모순되는 것처럼 보이는 것도 있고, 뒤엉켜 있는 것처럼 보이는 것도 있다. 이런 문제를 해결하기 위해서는 선생의 말씀에 숨어 있는 뿌리를 먼저 살펴봐야 한다. 뿌리를 이해하고 뿌리의 관점에서 살펴보면 외면적으로 서로 반대되고 모순되는 것처럼 보이는 잎과 가지와 줄기가 모두 조화를 이루고 있는 모습으로 이해될 수 있듯이, 선생의 말씀 밑바닥에 깔린 철학을 이해하면 선생의 다양한 철학을 체계적으로 이해할 수 있다. 선생의 철학에 깔린 뿌리가 천인무간이므로 천인무간의 내용을 이해하는 것이 선생의 철학을 이해하는 첫걸음이라 하겠다.

하늘을 산의 정상으로 비유한다면 정상에서 멀리 떨어져 있는 골짜기에 사는 사람들은 정상을 멀리 있는 곳으로 이해할 것이지만, 정상 가까이에 있는 사람들은 정상을 멀리 있는 곳으로 여기지 않고, 자기들이 있는 곳과 연결되어 있다고 생각할 것이다. 선생의 천인무간설도 이처럼 이해할 수 있다. 하늘나라는 사람의 고향으로 이해해도 되고, 사람의 원초적인 모습인 자연으로 이해해도 된다. 기독교식으로 말하면 아담과 하와가 선악과를 따먹기 전에 살았던 에덴동산으로 이해할 수도 있다. 선생의 천인무간설이 한국 고유의 사상이라는 것은 한국 땅이 이상적인 자연환경에 처해 있기 때문으로 이해할 수도 있다. 자연재해가 많고 기후가 거칠며 산천이 험악한 곳에 사는 사람은 자연을 극복해야 살 수 있다고 생각하므로, 자신이 사는 곳을 이상세계로 보기 어렵다. 천인무간의 정서는 자연재해가 적고 기후가 온난하며 산천이 아늑한 한국의 환경에서 배양된 것일 수도 있을 것이다.

선생의 천인무간설에 이기론(理氣論) 개념이 도입되면 바로 '천즉리(天則理)'설이 도출된다.

> 천(天)은 이(理)이다. 그런 후에 사람들은 비로소 인사(人事)가 천(天) 아님이 없음을 안다. 대체로 성(性)이란 사람과 만물에 존재하는 것으로 사람과 만물의 입장에서 이름 붙인 것이다. '사람이다', '만물이다' 하는 것은 흔적일 뿐이다. 그런 흔적이 나타나게된 원인을 찾아보면, 사람에게 있는 것이 성(性)이고, 만물에 있는 것 역시 성(性)이다. 같은 성(性)이므로 같은 하늘[天]이다.[32]

"천(天)은 이(理)이다[天則理]"라는 설명은 주자학에서는 바로 언급할 수 있는 개념이 아니었다. 주자는 하늘과 사람이 아득히 멀리 떨어져 있는 것으로 판단하기 때문에, 사람이 하늘을 이해하기 위해서는 복잡하고 까다로운 인식론적 과정을 거치지 않으면 안 되었다. 모든 사람에게는 변하지 않는 본질인 성(性)이 있고, 그성이 하늘과 연결된 것을 확인해야 비로소 하늘과 사람이 하나로

---

32. 天則理也 然後人始知人事之無非天矣 夫性也在人物 指人物而名之 曰人也 物也 是跡也 求其所以然而辨之 則在人者性也 在物者亦性也 同一性也 則 同一天也(『牧隱文藁』 권10, 「直說三篇」).

연결되어 있음이 증명되는 것인데, 그것은 간단하지 않다. 성은 마음속 깊숙한 곳에 있는 것이기 때문에, 인식할 수도 없고 확인할 수도 없다. 이런 어려움을 해결하기 위해서 대두된 학문방법이 이기론(理氣論)이다. 이기론의 대강(大綱)은 다음과 같다.

사람의 몸이나 만물은 모두 물질이기 때문에 늘 변할 수밖에 없는 기(氣)이지만, 모두 하늘에 의해 만들어진 존재이므로, 그 속에는 변하지 않는 하늘의 요소가 들어 있다. 그리고 그 요소는 모두 같을 수밖에 없다. 모든 생물체에 들어 있는 불변적 요소를 성(性)이라고 하고, 생물체를 포함한 모든 물질에 들어 있는 불변적 요소를 이(理)라고 한다. 성(性)과 이(理)가 같다는 것은 이미 전제되어 있다. 이것이 주자학에서 말하는 전제인 '성즉리(性卽理)'이다. 다만 성(性)은 생물체에 국한해서 사용하는 개념이고, 이(理)는 무생물까지를 포함한 모든 물체에 적용되는 개념이다. 그러므로 성즉리(性卽理)는 성립되지만 이즉성(理卽性)은 성립되지 않는다. 성(性)이 곧 이(理)이기 때문에, 내 몸에 들어 있는 성(性)을 알기 위해서는 다른 물체에 들어 있는 이(理)를 인식하면 된다. 따라서 주자학에서는 이(理)를 인식하는 것이 일차적인 목표가 된다. 이(理)를 인식하면 그것을 통해 자기 몸에 있는 성(性)을 간접적으로 인식할 수 있는 것은 사실이지만, 그렇다고 해서 그것이 하늘과 연결되어 있음이 증명되는 것은 아니다. 성(性)이 하늘과 연결되어 있음이 증명되기 위해서는 모든 사물에 들어 있는 이(理)가 모두 같다는 사실을 증명해야 한다. 이를 위해 설정한 것이 주자(朱子)의 '활연관통(豁然貫通)'설이다. '활연관통'이란 개개의 이(理)를 인식해 가다 보면 어느 날 아침에 갑자기 모든 이(理)가 하나로 연결되어 있음을 깨닫게 된다는 것이다. 사람들의 마음속에 있는 각각의 성(性)이 하나로 연결되어 있다면 그것은 전체이다. 성(性)은 사람의 마음 바탕에 들어 있는 것이므로, 모든 성이 연결되어 하나로 이어져 있는 것을 성(性)으로 표현하지 않고 천명으로 표현한다. 이와 마찬가지로 모든 물체에 들어 있는 각각의 리(理)는 모두 하나로 연결되어 있으므로, 그것을 리라 하지 않고 태극이라 표현한다. 성과 리는 개체적인 개념이고, 천명과 태극은 전체적인 개념이다. 그렇지만, 천명이 성이고, 태극이 리이다. 성이 이(理)이므로 천명이 태극이다. 이기론적 인식 과정을 통해 모든 이(理)가 다 같은 것이라는 것을 확인하면 그것이 바로 태극임을 확인할 수 있고, 이를 미루어 성(性)이 곧 천명(天命)이라는 사실도 확인할 수 있다. 이러한 인식 과정을 거치고 나면 비로소 천(天)이 천명(天命)으로 연결되고 천명(天命)이 성(性)으로 연결되며, 천명(天命)이 태극(太極)이고 동시에 이(理)라는 사실을 확인할 수 있다. 천(天)이 바로 이(理)라는 사실은 이처럼 복잡한 인식 과정을 거친 다음에야 확인할 수 있는 것이지만, 목은 선생에게는 이러한 과정이 필요하지 않다. 왜냐하면 선생은 하늘과 사람이 애초에 분리되지 않고 연결되어 있다는 사실을 전제하고 있기 때문이다. 그것은 단군조선 이래로 한국인의 마음속 깊은 곳에서 흘러내려오는 전통이기도 하다.

하늘과 사람이 사이가 없이 하나로 연결되어 있듯이 하늘과 만물도 물론 사이가 없이 하나로 연결되어 있다. 그렇다면 하늘과 성(性)이 하나이듯이 하늘과 이(理)도 또한 하나이다. 이러한 논리로 인해 주자학에서 복잡한 인식론적 과정을 거쳐 도출되는 '천즉리(天則理)'가 선생에게는 출발선상에서 이미 전제되어 있다.

하늘과 사람이 사이가 없이 연결되어 있고 만물이 다 하늘과 연결된 것으로 판단하면, 사람과 만물은 당연히 하나로 연결되어 있으므로, 천인무간이 전제되어 있듯이 만물일체도 전제되어 있다.

선생에게는 하늘이 이미 인식해야 할 대상이 아니다. 하늘은 다만 실천(實踐)의 모범이 될 뿐이다. 그렇다면 선생에게서 하늘의 움직임은 어떻게 설명되고 있을까?

> 오직 하늘의 명(命)은 근엄하여 중단됨이 없다. 비록 소리도 없고 냄새도 없다고 하지만 운행하여 중단됨이 없고, 커서 빠뜨림이 없는 것을 보면 어찌 주재하는 바가 없다고 하겠는가. 해와 달과 별들이 그 상(象)을 드리우고 있고, 바람과 비와 서리와 이슬이 가르침을 베풀고 있는 것이, 어찌 경각이라도 위배된 것이 있겠는가. 비록 꾸짖음이 위에서 나타나고, 아래에서 재앙이 나타나도 그것은 잠시일 뿐이다. 만물을 생성하고 기르는 조화가 지금에 이르기까지 한결같으니, 그 중단됨이 없이 순일함을 알 수 있다.[33]

위의 인용문에 따르면, 자연계의 운행은 하늘이 주재한다. 하늘은 쉬지 않고 자연계를 운행하고 있다. 천인무간을 전제하면, 사람이 인간사회를 다스리는 것처럼, 하늘이 자연계를 운행하고

---

33. 惟天之命 於穆不已 雖曰無聲無臭 然所以運而不息 大而不遺 豈曰無所主宰乎 日月星辰之垂象 風雨霜露之爲教 曷嘗頃刻之有違也哉 雖其譴見于上 災興於下 亦暫焉而已 其所以生成涵育之化 至于今如一日 則其不已也 純也 可知矣(『牧隱文藁』권10, 「純仲說」).

있다는 것을 쉽게 이해할 수 있다. 하늘과 사람이 사이가 없으면 하늘의 일과 사람의 일 또한 사이가 없이 하나로 연결되지 않으면 안 된다. 이에 대해 선생은 다음과 같이 말한다.

감응(感應)이 어긋나지 않아서 오륜의 질서가 펴지고 정사와 교육이 밝아지면, 일월이 궤(軌)를 따라 순행하고 풍우(風雨)가 때에 맞게 내리며, 경성(景星)·경운(慶雲)·예천(醴泉)·주초(朱草) 등의 상서로움이 이르게 된다. (그러나) 이륜(彝倫)이 썩고 정치와 교육이 폐해지면, 일월(日月)이 흉(凶)을 고하고, 풍우(風雨)가 재앙을 이루며, 살별들이 나타나고 산이 무너지며, 물이 마르는 변화가 일어나게 된다. 그러므로 이란(理亂)의 기미는 인사(人事)를 살펴보면 가히 알 수 있다. 이란(理亂)의 형상은 풍월(風月)에서 구해보면 족하다.[34]

자연계의 질서와 인간사회의 질서를 직접 결부시키고, 나아가 주재자로서의 천(天)에 대한 근본적 신뢰를 보인 목은의 사상은 인간의 일이 하늘의 뜻에 따라야 하지만, 하늘 또한 인간의 일에 영향을 받는다.

천도(天道)는 일정함이 있다. 시월(十月)에 밭을 일구는 것은 추

---

34. 感應不忒 故彝倫叙而政敎明 則日月順軌 風雨以時 而景星慶雲醴泉朱草之 瑞至焉 彝倫斁而 政敎廢 日月告凶 風雨爲災 而慧孛飛流 山崩水渴之變作 焉 然則理亂之機 審之人事而可見 理亂之象 求之風月而足矣(『牧隱文藁』 권1, 「西京風月樓記」).

위와 더위의 운행에 따라서 백성들의 일에 순서가 있음을 알기 때문이다. 백성들의 일이 아래에서 잘 다스려지면 하늘의 운행이 위에서 순조롭다.[35]

선생은 하늘의 뜻에 따라 사람이 살아야 하지만, 사람의 삶에 따라 하늘의 운행도 영향을 받는다고 보았다. 이는 아들이 아버지의 뜻에 따라 살아야 하지만, 아버지 또한 아들의 처신에 따라 영향 받는 것과 같다. 때로는 아들이 아버지에게 여러 가지 요구사항을 말하기도 하는데, 그것이 기도다.

천도(天道)의 항상성(恒常性)에 따라 인간이 일을 처리해야 하지만, 인간의 일이 잘 다스려지면 천도가 거기에 따르게 된다. 하늘의 뜻을 따르기만 해야 한다는 것은 천중심주의가 되지만, 하늘이 사람의 일에 따른다는 것은 인간중심주의이다. 목은 선생에게서는 천중심주의와 인간중심주의가 하나로 융합되어 있다.

위의 인용문에서 주목해야 할 것은 천도의 항상성이 신뢰 되고 있다는 것, 그리고 인간의 행위가 하늘의 뜻보다 중심에 놓여 있다는 점 등이다. 하늘의 뜻이 나타나는 것은 사람의 일이 어떠한 가에 의해서이다. 말하자면 하늘의 뜻에 따라 사람의 일이 결정되는 것이 아니라 사람의 일에 의해 하늘의 뜻이 결정된다는 것이다. 그뿐만 아니라 천도의 항상성에 따라 살아야 하는 인간이 항상성을 잃게 되면 천도도 역시 그로 인해 항상성을 보존하지 못

---

35. 天道之有常 十月築圃 則因寒署之運 而知民事之有序 民事治于下 天道順于
上(『牧隱文藁』 권5, 「圃隱齋記」).

한다. 그러므로 천도에 따르지 않은 것에 대한 모든 책임을 모두 인간이 지지 않으면 안 된다.

천인무간을 전제로 하여, 인간의 일과 하늘의 뜻, 그리고 인간 사회의 질서와 자연계의 질서를 연결한 선생의 사상에서는 인간과 인간의 일이 하늘과 결부되어 있으므로, 근본적으로 긍정적이고 낙관적인 자세를 취하고 있으면서도, 현실적으로는 자연현상을 포함한 모든 불순한 것에 대한 책임을 인간에게 묻는 강렬한 비판 정신을 나타냄으로써 긍정과 부정, 낙관과 비관이 항상 동반되고 있다.

천인무간을 기반으로 하는 선생의 사상에서는 하늘과 사람이 하나이고 만물과 사람이 역시 하나로 이해되는데, 이는 외형적·물질적 차원에서 이해되는 것이 아니다. 그것은 사람의 속에 있는 형이상학적 존재를 통해서 가능한 것이다. 이런 의미에서 선생의 사상은 향내적(向內的) 사유형식(思惟形式)을 바탕으로 하고 있음을 알 수 있다. 여기에 관해 선생은 다음과 같이 말한다.

천하의 거대함과 성인의 교화가 무궁한 것은 모두 외적인 면에서이다. 사람의 왜소한 몸과 거대한 천하가 서로 같을 수 있는 것은 그 내적인 측면에서이다. 그 외적인 것에서 보면 동쪽 끝의 해 뜨는 곳, 서쪽 끝의 곤륜산, 북쪽의 불모지대, 남쪽의 눈이 오지 않는 곳에 이르기까지 성인의 교화가 점차 전파되어 미친다. 그러나 혼연히 하나가 되는 시기는 언제나 적고 분열되는 시기는 언제나 많아서, 내 마음 안에 불만이 없을 수 없다. 그 내적인 것에서 보면 한 묶음의 근육과 뼈, 그리고 미미한 성정에도 마음이 그 안에 존재하여 우주를 포괄하고 사물에 응대한다. 위엄이나 무력으로도 능히 떼어낼 수 없고, 지혜나 힘으로도 능히 막을 수 없으니, 우뚝하게 존재하는 한 사람의 '나'이다. 비록, 땅 한쪽 끝에 웅크려 엎드리고 있어도, 그 마음속의 도량이 성인의 교화를 입었으니, 사방이 아무리 멀어도 내 마음 밖으로 나갈 수가 없다.[36]

여기서 밖[外]이라고 말하는 것은 시간과 공간에 의해 파악되는 물질적 세계에서의 개념이고, 안[內]이라고 하는 것은 시간과 공간을 초월한 정신적 세계에서 규정하는 개념이다. 물질적 존재로서의 우리는 한 묶음의 근육과 뼈로 이루어진 미미한 것이지만, 정신적 존재로서의 우리는 우주 만물과 일체가 되는 절대적 존재가 된다는 것이다. 이처럼 선생의 사상에서 내면세계에는 우주 만물의 전체가 갖추어져 있다는 것이 전제되어 있으므로, 참다운 가치는 모두 내면세계에서 찾아진다. 선생은 다음과 같이 말하여 진정한 즐거움은 내면세계에 있는 것임을 강조하고 있다.

군자는 종신(終身)의 즐거움이 있다. 하루아침의 즐거움은 나의 즐거움이 되지 못한다. 꼭 해야 한다는 것도 없고 하지 말아

---

36. 天下之大 聖人之化 與之無窮 此猶外也 人身之小 天下之大 與之相同 此其內也 自其外者觀之 東極扶桑 西極崑崙 北不毛 南不雪 聖人之化 漸之被之曁之也 然渾一常少而分裂常多 固不能不慨然於予心焉 其內者觀之 筋骸之束 情性之微而心處其中 包括宇宙 酬酢事物 威武不能離 智力不能沮 巍然我一人也 則雖潛伏幽蟄於一偏之極而其胸次度量 則聖化所被 四方之遠 無得而外之也(『牧隱文藁』 권1, 「流沙亭記」).

야 한다는 것도 없다. 하늘을 우러르고 땅을 굽어보아 부끄러움이 싹 트지 않는다면, 이른바 '나'라는 것은 편안하게 그 가운데에 있다. 사생수요(死生壽夭)는 하늘의 일이고, 길흉영욕(吉凶榮辱)은 사람의 일이지만, 모두 나의 일이 아니다. 내가 (그런 것을) 기뻐하고 두려워한다면, 정(情)에 지고 마는 것이다. 정(情)에 끌려 다니면 하늘이 비로소 사라진다. 이러한 상태에서 '나에게 종신의 즐거움이 있다'라고 한다면, 나는 믿지 않겠다. 벼슬은 나를 귀하게 하는 것이고, 봉록은 나를 부유하게 하는 것이다. 나를 부유하게 하는 것은 필시 나를 궁하게 할 수도 있고, 나를 귀하게 하는 것은 반드시 나를 천하게 할 수도 있으므로, 나는 명(命)을 듣지 않을 수가 없다. 남에게 달려 있지, 나에게 달린 것이 아니기 때문이다. 이 때문에 평소에 나의 것이 아닌데 하루아침에 나에게 주어지면, 비록 지극한 부귀라 하더라도 나를 기쁘게 할 수는 없다. 기뻐하는 것도 불가한데 하물며 종신의 기쁨으로 삼을 수 있겠는가. 이른바 즐거워할 만하다는 것을 나는 안다.

아버지가 아들에게 줄 수도 없고, 남편이 부인에게서 빼앗을 수도 없다. 천하에서 가장 친하고 밀접한 것은 부자·부부만 한 것이 없는데도 서로 주거나 빼앗을 수 없으니, 그 반드시 그러한 까닭이 있을 것이다. 다만 알기만 하는 것이 아니라, 또 실천하기까지 한다면, 반드시 외환(外患)이 그로 인해 없어질 것이다.[37]

선생은 종신(終身)의 즐거움과 기쁨은 사생수요(死生壽夭)나 부귀녹작(富貴祿爵) 등과 같은 외부에 달린 것이 아니라, 타인에게 줄 수 없는 내적(內的)인 것에 있다고 말하고 있다. 선생은 여기서 사생수요(死生壽夭)와 길흉화복(吉凶禍福)을 외적(外的)인 것으로 보면서, 사생수요(死生壽夭)를 천(天)이라고 한 것은 어떻게 이해해야 할 것인가? 여기서 말한 천(天)의 의미는 천인무간으로서의 천(天)이 아니라 중국에서 쓰인 '운명(運命)'의 의미로서의 천(天)의 개념이 묻어 들어온 것일 뿐이다. "사생수요는 천이다[死生壽夭 天也]"라는 말은 중국에서 관용적으로 쓰이고 있는 말이므로 그대로 묻어 들어온 것에 불과하다. 이를 선생의 천(天)의 개념으로 볼 수는 없다. 그렇지만 이때의 천의 개념이 선생의 사상에서 전혀 무의미하게 쓰인 것은 아니다. 중국에서 천명(天命)을 운명(運命)으로 파악하는 까닭은 사생수요(死生壽夭) 등이 인사(人事)가 미칠 수 있는 범위를 뛰어 너머 있는 운명과 같은 것이기 때문에, 감히 관여하지 않고 오로지 생양(生養)의 도(道)를 개발하는 데 힘써야 한다는 것을 주장하기 위해서이다. 그러나 선생이 사용한 운명의 의미로서의 천(天)은 인간 존재의 외적인 것, 즉 육체적인 사생(死生) 등에는 관여할 것이 아니라, 오로지 정신적 존재에만 관여해야 한다는 것을 주장할 목적으로 사용된 개념이다. 이러한 사실로 미루어 보

---

37. 君子有終身之樂 一朝之樂 不足以爲我樂也 無適無莫 動靜俯仰 怍與愧不
小萌 則所謂我者 湛乎其中存焉 死生壽夭 天也 吉凶榮辱 人也 皆非我也 而
我以爲喜愼則情勝矣 情勝不已 天始滅矣 如是而日我有終身之樂 吾不信也
爵之所以貴我也 祿之所以富我也 富我者必能窮我 貴我者必能賤我 而我不
敢不聽命焉 以其在彼而不在我也 是以 素非我有而一旦加乎我 雖窮貴極富
而我不以爲喜也 喜且不可 況以爲終身可樂乎 所謂可樂者 吾知之矣 父不得
與之子 夫不得奪諸婦 夫天下之至親 而至密者 莫如父子夫婦 而猶且不得而
相子相奪 其必有所以然者矣 不徒知之 又踐之 必外患於是乎絶矣(『牧隱文
藁』권7,「寄贈柳思菴詩卷序」).

건대 선생은 중국에서 쓰인 '운명'의 의미로서의 하늘을 자기의 사상을 설명하는 방편으로 이용하고 있음을 알 수 있다. 중국의 이론들이 선생의 사상을 설명하는 자료로써 이용되고 있는 예는 다음의 인용문에서도 찾아볼 수 있다.

> 정자(程子)는 진기(盡己)로 '충(忠)'을 풀이했다. 그런 뒤에 사람들은 비로소 효(孝)라는 것이 충(忠)이라는 것을 알게 되었다. 그러므로 신하가 되어서 진기(盡己)하는 것은 조정에서의 효이다. (그리고) 아들이 되어서 진기(盡己)하는 것은 집에서의 충(忠)이다.
> 벼슬하면 기뻐하고 물러나면 성을 내는 것은 결코 임금에게 진기(盡己)하는 것이 아니다. 가까이 있으면 친압(親押)하고, 멀리 있으면 잊는 것은 어버이에게 진기(盡己)하는 것이 아니다. 효(孝)는 멀리 있으나 가까이 있으나 다름이 없고, 충(忠)은 벼슬을 하나 안하나 달라지지 않는다. 진기(盡己)하는 자가 아니면 가능하겠는가.[38]

위의 인용문에서 선생은 충(忠)의 해석인 진기(盡己)를 가지고 효(孝)의 의미를 재해석하고 있다. 선생에 따르면, 충(忠)과 효(孝)는 똑같이 자기의 내적(內的)인 것을 극진히 다하는 것일 뿐 외부적인 입장에 따라 달라지는 것이 아니다. 그러므로 충(忠)과 효(孝)는 다

---

38. 程子以盡己訓忠 然後人始知孝者亦忠焉而已爾 然則爲臣而盡己 在朝之孝也 爲子而盡己 在家之忠也 仕而喜 已而慍 則必不能盡己於君 近而狎 遠而忘 則必不能盡己於親 孝不以遠近異 忠不以仕已易 非盡己者 能之乎(『牧隱文藁』 권7, 「送朴中書歸覲序」).

만 그 명칭이 다른 것일 뿐이다.

선생에 따르면, 군신(君臣)관계에서의 충, 부자(父子)관계에서의 효는 군신관계와 부자관계 등의 외적인 요소에 의해 규정되는 것이 아니라, 내면적이고 절대적인 윤리이다. 선생에게서는 관계의 윤리가 독자적 윤리로, 상대적 윤리가 절대적 윤리로 전환된다. 이러한 선생의 향내적(向內的) 사유형식으로 본다면, 외적 요소로서의 문물제도 등이 상대적으로 경시되고 있는 것은 당연하다.

> 공자께서 일찍이 말씀하셨다. '예(禮)라 예(禮)라 하지만 옥백(玉帛)을 말하는 것이겠는가. 악(樂)이라 악(樂)이라 하지만 종고(鐘鼓)를 말하는 것이겠는가.' 그러므로 제도의 오래되고 오래되지 않은 것은 중요한 것이 아니다. 하늘을 받들고 만물을 다스리며, 시대에 따라 제도를 만들며 기강을 세우고, 풍속과 교화를 넓히는 것이 중요할 따름이다.[39]

선생에게서 절대성·불변성을 갖는 가치는 내면적인 질서에서 찾아진다. 외적 질서는 내적 질서에 의해 가치를 갖게 될 뿐이다. 따라서 외적 질서는 내적 질서의 변화에 따라 수시로 만들어지고 변화될 수 있는 것이므로, 그것에 집착해서는 안 된다.

이상에서 보면, 하늘과 사람이 연결되어 있다는 것과 하늘의

---

39. 孔子嘗曰禮云禮云 玉帛云乎哉 樂云樂云 鍾鼓云乎哉 然則制度之古不古 非所急也 奉天理物 隨時創制 扶綱常廣風化 如斯而己矣(『牧隱文藁』권9,「周官六翼序」).

뜻과 사람의 일이 하나라는 것도 인간의 내면세계에서 가능한 것임을 알 수 있다. 인간의 내면적 세계는 마음[心]으로 상징되므로 선생의 사상에서 핵심이 되는 주요 과제는 결국 마음의 문제로 귀결된다. 목은은 이렇게 말한다.

> 사람의 마음과 불보살의 마음은 본래 하나다. 그러므로 부처에게 있는 것이 더하지도 않고, 중생에게 있는 것이 덜하지도 않다.[40]

여기서 우리는 선생의 사상에서 주목할 만한 사실을 발견할 수 있다. 그것은 주자학(朱子學)을 수용한 선생이 천지만물과 일체가 되는 근거로 삼았던 내면적인 것이 성(性)이 아니라 심(心)이라는 사실이다. 이러한 사실로 보건대 선생은 성론(性論)을 중심으로 하는 중국 주자학과 근본적으로 다른 학문체계를 수립하고 있음을 알 수 있다. 이는 그의 사상체계가 천인무간의 명제를 전제로 하여 성립되었기 때문에 가능하다. 중국의 주자학에서는 사람을 하늘과 멀리 떨어져 있는 존재로 파악하기 때문에 사람의 마음이 하늘마음과 일치할 수 없다. 다만 사람의 마음속에 숨어 있는 성(性)이라는 형이상자(形而上者)가 하늘과 하나로 통하는 것으로 설명한다. 그러나 선생의 사상에서는 인간이 바로 하늘과 연결되어 있으므로, 인간의 마음 역시 하늘마음과 연결된 것으로 이

---

40. 人之心與佛菩薩之心 本一也 故在諸佛不增 在衆生不減(『牧隱文藁』 권5, 「寶蓋産石台菴地藏殿記」).

해할 수 있다. 이러한 관점에서 선생에게는 모든 사람의 마음이 다 같다는 정의가 성립한다. 선생의 사상에서 마음 중심의 철학이 성립한 비밀을 우리는 『삼일신고』에서 찾을 수 있다. 『삼일신고』에는, 하늘의 마음이 성(性)으로 되어 있고, 사람의 마음이 심(心)으로 되어 있으며, 하늘마음의 작동이 명(命)으로 되어 있고, 사람 마음의 작동이 기(氣)로 되어 있다. 이에서 보면 하늘과 사람의 관계가 선명해진다. 주자학에서는 『중용』의 '하늘의 명을 성이라 한다[天命之謂性]'는 구절을 근거로 하늘과 사람의 관계를 풀어내지만, 왠지 석연치 않은 점이 있다. 하늘의 명으로 사람의 생명이 시작되었다고 한다면 쉽게 이해할 수 있지만, 하늘의 명이 사람의 본성이라는 설명은 쉽게 이해할 수 없다. 하늘의 명은 하늘마음의 작용이지만, 사람의 성은 사람 마음의 작용이 아니라 본질이므로, 하늘의 명과 사람의 성을 하나로 연결시키는 것에는 논리적으로 무리가 따른다. 이런 석연치 않은 점들이 『삼일신고』의 설명을 참고하면 쉽게 풀린다. 하늘과 사람이 하나로 연결되어 있으므로, 하늘마음이 사람의 마음이다. 하늘의 마음인 성이 사람의 마음인 심이다. 하늘의 살리고 싶은 마음이 사람의 살고 싶은 마음이다. 이러한 『삼일신고』의 설명을 들으면 하늘마음과 사람마음의 관계가 석연하게 이해되고, 어렵게만 여겨지던 원효의 일심 사상도 쉽게 이해할 수 있다.

선생이 사람 마음의 본질을 성으로 설명하지 않고, 심으로 설명하는 것은 『삼일신고』의 내용이 선생에게 무르녹아 있기 때문임을 알 수 있다.

하늘과 사람이 애초에 하나로 연결되어 있다는 선생의 사상에서 보면, 다음과 같은 정서가 나타날 수 있다. 하늘과 사람이 본래 하나로 연결되어 있다는 전제에서 보면 '나는 하늘이므로 하늘처럼 살아야 한다'라는 결론에 도달하는데, 이러한 결론에서 보면, 하늘과 같은 모습으로 살고 있지 않은 자신을 알게 되면 안타까워서 견딜 수가 없다. 돼지에게 미안한 이야기이지만, 다음과 같은 돼지의 예를 들어본다면 한국인의 안타까움을 이해하는 데 도움이 될 것이다. 예컨대 두 마리의 돼지 중 한 마리는 원래 자기가 돼지인 줄 알고 있는 돼지이고, 다른 한 마리의 돼지는 본래 사람이었다가 마술에 걸려 돼지의 모습이 되어버린 돼지라면, 똑같은 돼지의 모습을 하고 있어도 같을 수가 없을 것이다. 원래 자기가 돼지인 줄 알고 있는 돼지는 돼지로서의 행복을 추구할 것이지만, 원래 사람이었던 돼지는 돼지로 살아가는 자신의 모습이 안타까워서 견딜 수가 없을 것이다. 후자의 돼지가 바로 한국인이다. 돼지로 살아가는 한국인은 돼지야 하고 불리는 것도 견딜 수 없는 모독으로 들릴 것이고, 꿀꿀거리며 노래해보라고 하는 말에도 화가 나서 참기 어려울 것이다. 한국인들에게는 여전히 이런 모습들이 나타나고 있다. 초라한 모습을 한 아줌마에게 '아줌마'라고 부르면 화를 낸다. 화가 심해지면 화병에 걸리기도 하고, 한(恨)이 맺히기도 한다. 이것이 한국인들에게 있는 화병과 한(恨)이 생기는 원인이다.

한은 풀어야 한다. 한을 풀지 못하면 견딜 수 없다. 한을 푸는 가장 좋은 방법은 본래의 자기 모습을 회복하는 것이다. 목은 선생의 사상에서 우리는 한국인의 전형적인 모습을 찾아볼 수 있다.

원래의 자기 모습으로 돌아가지 않고는 견딜 수 없는 안타까움, 이것이 목은 사상의 특징이고 한국 사상의 특징이다. 이러한 특징이 바로 철저한 수양철학(修養哲學)을 탄생시킨다. 본래의 모습으로 돌아가는 방법이 바로 수양이기 때문이다.

하늘과 사람이 하나로 연결되어 있다는 사상에서 보면 사람들이 사는 이 세상 역시 하늘같은 사람이 사는 천국(天國)이어야 한다. 그러므로 아비규환의 지옥이 되어버린 현재의 세상을 바라보면 안타까워 견딜 수 없다. 이러한 안타까움은 이 세상을 본래의 천국으로 되돌려 놓으려는 강한 의지로 바뀐다. 목은 선생에게 이 세상을 이상사회로 만들려는 강력한 정치적 실천철학이 나타나기도 하는 것은 이 때문이다.

또한 하늘과 사람이 하나로 연결되어 있다는 전제는 사람이 하늘의 입장에서 모든 것을 판단하고 처리할 수 있어야 한다는 이론이 성립된다. 지상에서는 사람들이 서로 다른 이론을 가지고 나누어져서 대결하지만, 하늘에서는 모든 이론을 하나로 융합하여 하나로 만들기 때문에 대립할 일이 없다. 하늘은 산의 정상과 같다. 산에 오르는 여러 갈래의 길이 있지만, 정상에 오르고 나면 모든 길이 하나로 통해 있다. 정상에 오르기 전에는 서로 다른 길을 가지고 다투지만, 정상에서는 다툴 것이 없다. 그러므로 천인무간사상에서는 상대성을 초탈하여 모든 것을 하나로 아우르는 초탈원융철학이 나타날 수 있다. 목은선생의 철학은 유교·불교·도교 등을 모두 수용하여 하나로 융합하는 초탈원융철학(超脫圓融哲學)으로 나타나기도 한다.

또 천인무간의 철학에서는 인애사상과 의리사상이 나타난다. 하늘이 만들을 사랑하듯이, 하늘마음을 가진 사람은 사람을 사랑하고, 만물을 사랑한다. 사랑에는 두 가지가 있다. 하늘마음에서 나오는 사랑과 욕심에서 나오는 사랑이다. 하늘마음에서 나오는 사랑은 남과 내가 하나 되는 사랑이므로 남에게 희생하는 사랑이지만, 욕심에서 나오는 사랑은 자기 것으로 만들기 위한 소유욕이다. 하늘마음으로 하는 사랑을 인애(仁愛)라 하고, 욕심에서 나오는 사랑을 애욕이라 한다.

하늘이 의롭지 않은 것을 용납하지 않듯이, 하늘마음을 가진 사람은 불의에 굴복하지 않는다. 부귀영화가 눈앞에 다가와도 의롭지 않은 것이라면 초개같이 버리고, 의롭지 않은 세력이 압박해 오면 목숨 걸고 저항한다. 목은 선생의 철저한 수양철학·정치적 실천철학·초탈원융철학의 바탕에는 공통으로 인애정신과 의리정신이 깔려 있다.

선생의 철학사상은 한국 고유사상의 바탕에다가 위에서 언급한 네 가지 사상을 네 기둥으로 하여 세운 건물이다.

제3절
철저한 수양철학

제1항 수양의 목적

'천인무간(天人無間)'에서 보면 인간은 본래 하늘과 일치하는 존재이므로, 인간은 고통이나 슬픔을 당하지 않고, 오직 행복만을 누리는 존재여야 한다. 그렇지만 현실은 그렇지 못하다. 현실에서는 남과의 경쟁으로 인해 온갖 갈등을 겪고 있고, 생로병사의 숙명적인 고통에서 헤어나지 못하고 있다. 선생은 이러한 비극적 현실에 직면하면 안타까워 견딜 수 없다. 인간의 고통 중에서 남과의 경쟁에서 비롯되는 갈등은 부귀를 얻는 것으로 극복할 수도 있으므로, 이러한 문제들은 근본적인 문제가 될 수 없고, 부귀를 통해서 얻는 즐거움 또한 근본적인 즐거움이 될 수 없다. 이에 대해 목은은 「유사암(柳思菴)의 시권(詩卷)에 기증한 서문」에서 다음과 같이 표현하고 있다.

> 관작(官爵)은 나를 귀하게 해주는 것이요, 봉록(俸祿)은 나를 부유하게 해주는 것이지만, 나를 부유하게 해주는 자는 반드시 나를 빈궁하게 만들 수도 있는 것이요, 나를 귀하게 해주는 자는 반드시 나를 천하게 만들 수도 있는 것이다. 그런데도 내가 감히 그런 명을 듣지 않을 수 없는 것은, 그렇게 할 수 있는 권한이 상대방에게 있고 나에게는 없기 때문이다. 따라서 본래 나의 소유가 아닌데도 하루아침에 나에게 주어질 경우, 그것이 비록 더할 수 없이 영광스러운 부귀(富貴)라 할지라도 나로서는 기뻐할 이유가 하나도 없다. 이런 것은 기뻐해서도 오히려 안 되는 것인데, 더군다나 종신토록 즐길 낙으로 삼을 수 있겠는가.

선생에게 부귀영화는 하루아침의 즐거움에 불과한 것이었다. 그러한 것은 근본적인 즐거움이 되지 못했다. 가장 큰 즐거움은 현재의 자기를 극복하여 하늘같은 본모습을 회복할 때 찾아온다. 그런 즐거움이 종신의 즐거움이다. 하늘의 모습을 회복하면 생로병사할 수밖에 없는 사람의 숙명적 고통까지도 해결할 수 있다. 중국의 주자학은 당나라 말기의 이고(李翺)가 삶의 무상감(無常感)을 극복하기 위한 논리를 유학의 논리를 가지고 구축한 것에서 시작되었다. 이러한 성격은 선생에게서도 나타난다. 사람이 피해갈 수 없는 근본적인 고통 중에 죽음에 대한 고통이 있다. 이 근본적인 고통을 해결하는 길이 없는 철학은 위대한 철학이 될 수 없다. 선생에게서도 죽음에 대한 고통의 해결은 여전히 큰 문제일 수밖에 없다.

나는 소년 시절에 산중(山中)에서 노닐기를 좋아했기 때문에, 승려들과 허물없이 지내며 어울리곤 했다. 그때 그들이 외는 사여게(四如偈)라는 것을 들어보면 비록 그 의미를 다 이해하지는 못했다 해도 그 요점은 무위(無爲)일 뿐이었다. 꿈이란 깨어나면 끝나버리고, 환상은 깨닫고 나면 공(空)으로 돌아간다. 물거품은 물로 돌아가고, 그림자는 그늘에서 없어지며, 이슬은 바로 마르고 번갯불은 순식간에 없어지니, 모두 실재하는 것이 아니다. 실지로 존재하지 않으나 무(無)라고 말할 수 없고 실지로 없는 것이 아닌데도 유(有)라고 말할 수 없다. 불교의 가르침은 대체로 이와 같은 것이다. 그 뒤 조금 자라 유자들 18인이 계를 만들어 우호를 다졌는데, 지금 천태종(天台宗)의 원공(圓公), 조계종(曹溪宗)의 수공(修公)이 참여했다. 서로 통하고 서로 친하여 신의가 그보다 더 두터울 수가 없었다. 내가 연경(燕京)에서 관학(官學)을 할 적에 수공(修公)도 입산했으니 지금 30년이 되었다. 그사이 간혹 서로 만나 두 밤 정도 자고 헤어지곤 했다. 전일을 생각해보면 시와 술이 풍성했던 그 시절을 어찌 다시 돌이킬 수 있겠는가. 참이로구나! 꿈과 같다는 것이. 참이로구나!

환상이라는 것이.[41]

    소년 시절에 산사(山寺)에 들어가 학문을 연마한 적이 있는 선생은, 꿈의 세계는 깨어나면 끝나버리고, 환(幻)은 깨달으면 공(空)이 되며, 물거품은 물로 돌아가고 그림자는 그늘에서 사라지며, 이슬이 마르고 번개가 사라지듯 모두 실재하는 것이 아니지만, 실재하지 않는다 하여 무(無)라 할 수 없고, 실재한다고 하여 유(有)라 할 수 없다는 불교의 논리를 기술하고, 옛적 친구들과 함께 지내 온 30년 전과 과거를 회상하며, 그것이 모두 꿈같고 환상 같다는 것을 알고는 결국 인생이라는 것은 덧없는 번뇌라는 것을 깨달았다.

    이를 보면 선생의 학문적 목적 중에는 번뇌를 극복하는 것도 포함된다. 선생은 이고(李翺)와 마찬가지로 당시의 불교의 폐단을 직시하고 있었기 때문에, 불교에 입문할 수는 없었다. 선생에게는 불교의 해탈론(解脫論)을 유교(儒敎)의 방법으로 구축한 중국의 주자학을 수용하는 것이 최선이었다. 선생은 직접 불교의 성불론(成佛論)을 유학의 논리로 구축하는 것을 시도한다. 선생은 다음과 같이 말한다.

    우리 유학은 격물(格物)·치지(致知)·성의(誠意)·정심(正心)하여

---

41. 予之未冠也 喜遊山中 與釋氏狎聞其誦 四如偈雖不盡解 要其歸 無爲而已 夢者寤則已 幻者法謝則空 泡歸於水 影息於蔭 露晞電滅 皆非實有也 非實有焉而不可謂之無 非實無焉而不可謂之有 釋氏之敎 蓋如此 稍長縫掖十八結契 爲好 今天台圓公 曹溪修公與焉 相得之深 相期之厚 復何信哉 及予官學燕京 修公亦入山 今三十年矣 問或相値信宿則別 迴憶前日 詩酒淋漓 何可復得 信乎其如夢矣 信其如幻矣(『牧隱文藁』 권4, 「幻菴記」).

제가(齊家)·평천하(平天下)에 이르는 것이니, 그것은 바로 불교에서 말하는, 생각을 맑게 하고 지관(止觀)하여 본래의 자성천진(自性天眞)을 보는 것에 해당한다. 불교는 사람을 생사의 물결에서 구제하여 적멸(寂滅)의 세계로 인도하는 것이니 어찌 다를 것이 있겠는가!42

여기에서는 사람을 생사파랑(生死波浪)으로부터 제도(濟度)하여 적멸(寂滅)로 인도하는 것을 주로 하는 불교의 내용과 격물(格物)·치지(致知)·성의(誠意)·정심(正心)·수신(修身)·제가(齊家)·치국(治國)·평천하(平天下)로 구성되는 유학의 팔조목(八條目)의 내용이 일치하는 것으로 설명되고 있다. 그렇다면 선생에게 수용된 유학은 생사무상(生死無常)에서 오는 번뇌를 극복하는 수양의 학문이 된다.

물을 가지고 설명할 때는 땅을 가리켜 물이 싣고 있는 것이라 한다. 무릇 땅이란 하늘과 짝하는 큰 것이다. 그런데도 물이 싣고 있는 것이라고 말한다면 물이 하늘에 비하여 어느 것이 더 크고 어느 것이 더 작은지 모르겠다. 그 크기를 어찌 헤아릴 수 있겠는가. 지금 비가 하늘에서 내리면 빗줄기가 서로 쳐서 물방울이 생긴다. 물방울은 물 가운데 가장 작은 것이다. 가장 작으면서 가장 큰 것과 짝이 될 수 있는 것은 형세 때문인가. 아니다. 이는 장자가 말하는 팽조(彭祖)와 상자(殤子), 그리고 붕조(鵬

---

42. 吾儒以格致誠正而致齊平則釋氏之澄?止觀, 以見本源自性天眞 佛度人於生死波浪而歸之寂滅 豈有異哉(『牧隱文藁』 권3, 「澄泉軒記」).

鳥)와 척안(斥鷃)의 비유에 가깝다. 그렇다면 그것은 이치가 그러한 것이다. 바다와 물방울은 이름이 다른 것이다. 물방울은 도로 그 바다로 돌아간다. 바다가 그 물방울을 받아들이고 나면 또한 흔적이 있는가. 없다. 녹아서 하나가 된다. 나눌 수 없는 것이므로 이치가 같을 뿐만 아니라 물질로서도 또한 다르지 않다. 이 때문에 불교에서는 모양이 없어지고 자취가 사라지면 공(空)으로 돌아가고, 나누어져 흩어지면 바다로 돌아간다고 했다. 바다가 비록 크지만, 형체에서 벗어나지 않기 때문이다. 그러므로 적멸(寂滅)이라 하기도 하고 또 생사해(生死海)라고도 한 것이다. 적멸의 상태로 물거품이 일면 이른바 부처[佛陀]이고 생사의 세계에서 물거품이 일면 이른바 중생(衆生)이다. 지금 상인(上人)은 장차 어디에서 거품 일게 하겠는가. 또한 생사와 적멸이 과연 다른 것인가 같은 것인가를 알 수 없다. 상인(上人)이 스승에게 배운 것에 이미 만족하여 거기에만 머물러 있다면 혹 오류에 빠질 수 있을 것이다. 마땅히 세상의 큰선비에게 널리 물어야 할 것이다. 그렇게 하면 반드시 상인(上人)에게 깨우쳐주는 자 있을 것이다[43]

이를 보면 선생은 유학을 생사무상감(生死無常感)을 극복하는 학문체계로 수용한 것이 분명하다. 선생은 불교보다 오히려 유학의 논리에 의해 그것이 가능하다고 말한다. 그 이유는 위의 인용문의 내용이 다음과 같이 이해되기 때문이다.

즉, 인간은 물거품과 같은 미미한 존재이지만, 한 방울의 물거품은 물이 되고 물은 하늘과 짝하니 인간도 천지 우주와 일체가 되는 것이다. 그것은 이치에서도 그러하고 물(物) 자체로도 그러하다. 그렇지만 불교에서는 거품의 상태와 물을 구별하여, 물거품 쪽을 생사해(生死海)라 하고 물의 상태를 적멸(寂滅)이라고 하여, 생사해로부터 이탈하여 적멸에 들어가야 한다는 것을 요지로 한다. 그러나 유학의 논리에서는 적멸과 생사해가 분리되지 않는다. 따라서 생사해에서 나와 적멸에 드는 과정이 따로 설정되어 있지 않다. 불교에서도 색(色)의 세계와 공(空)의 세계를 분리하여 공(空)을 추구하지만, 결국에 가서는 색즉시공(色卽是空), 공즉시색(空卽是色)이라 하여 공(空)과 색(色)을 분리하지 않지만, 아무리 색(色)과 공(空)이 일치한다고 주장하더라도 이미 색(色)과 공(空)의 개념을 쓰고 있는 이상, 애당초 색(色)과 공(空)을 설정하지 않는 것과는 차이가 있다. 색(色)과 공(空)을 설정하여 공(空)을 추구한 뒤 공(空)이 색(色)과 다르지 않다는 것을 확인하더라도, 이미 색(色)과 공(空)을 분리해온 경험 때문에, 색(色)과 공(空)이 분리되기 이전으로 돌아가기는 쉽지 않다. 승려들이 득도한 뒤에도 속인과 같은 모습으로 살 수 없는 것은 이러한 이유로 이해할 수 있다. 이러한 점 때문에

---

43. 有爲水說者指地曰此水之所載也 夫地配天爲大者也 而曰水之所載 則水之
於天 又不知孰大而孰少也 其爲體詎可量哉 今夫雨降於天 其滴也相激而泡
沫生焉 泡沫水事之最微者歟 最微而可配於最大者 勢乎 非也 是近於彭殤鵬
鷃之說矣 然則其理也 海也漚也 名之別也 漚還歸其海 海受其漚 亦有跡乎
無也 消融爲一 無所分析 則不獨理同 其爲物也 亦不異矣 是以佛者之說 泯
相絶跡 則歸之空 分行布列 則歸之海 海雖大而不離乎體故也 故其言曰寂滅
又曰生死海 漚於寂滅者 卽所謂諸佛也 漚於生死者 卽所謂衆生也 今上人
將爲漚於何地耶 又不知生死寂滅 果二耶果一耶 上人以其所得於師者 爲已
足而浹洽於其中 則或不免於孟浪矣 當廣咨於世之大儒 其必有以告上人矣
(『牧隱文藁』 권9, 「贈一漚上人序」).

선생은 최종적으로 볼 때, 생사무상(生死無常)을 극복하는 논리는 불교의 이론보다 유학의 이론이 더 치밀하다고 보았다.[44] 그래서 선생은 승려에게 유학자에게 자문할 것을 권유한 것이다.

목은 선생에 의해 파악된 유학은 생사무상에서 오는 번뇌가 극복된 유학이다. 선생의 유학은 『천부경』의 '하나' 사상의 바탕 위에 세워진 유학이므로 더욱 그렇다. '하나' 사상은 시작도 없고, 끝도 없는 불변의 사상이므로, '하나' 사상에서는 생사의 차이가 애초에 없다. 중국의 주자학은 정주(程朱)의 이(理) 사상과 장재(張載)의 기일원적(氣一元的) 사유를 바탕으로 생사의 문제가 해결되어 있다. 선생이 중국의 주자학을 쉽게 소화할 수 있었던 이유도 선생에게 한국 고유의 철학적 바탕이 있었기 때문이다.

선생에 따르면, 인간이 작은 몸을 가지고 호연지기(浩然之氣)를 길러 천지사방의 사이에 혼연일체(渾然一體)가 되는 것은 진실로 어려운 일이지만, 그러나 천지만물은 동일체이고 인간의 몸에는 천지만물이 구비되어 있기 때문에, 뜻을 가지고 몸을 수양하여 기(氣)를 기른다면 왜소한 몸이 위아래로 천지(天地)와 함께 흐르게 된다. "위아래로 천지와 함께 흐른다"라는 말은 『맹자(孟子)』에서 인용한 말이지만,[45] 위아래로 천지와 함께 흐르는 자는 물론 성인(聖人)이기 때문에, 선생의 학문적 목적은 성인이 되는 것으로 귀

---

44. 목은은 「驪興神勒寺禪覺眞堂詩」에서 "우리가 도를 묘하다고 말하는 것은 무도 아니고 유도 아니기 때문이다[道之云妙 匪無匪有]"라고 하여, 도의 세계를 유도 아니고 무도 아닌 세계로 보았다. 이러한 목은의 진리관에서 보면 진리는 색(色)도 아니고 공(空)도 아닌 것이 된다.
45. 夫君子, 所過者化, 所存者神, 上下與天地同流, 豈曰小補之哉(『孟子』「盡心章句上」).

결된다. 선생은 『맹자』에 있는 안회(顔回)의 말을 다시 인용하여 성인이 될 것을 다짐한 바 있다.

> 순 임금은 어떤 사람이고 나는 어떤 사람인가. 노력하기만 하면 또한 그처럼 될 수 있다.[46]

이상의 논의에서 밝혀진 것처럼, 선생에게는 삶의 무상감을 극복하는 논리의 구축이 중요한 학문의 목적이었지만, 그 목적은 이미 주자학(朱子學)에 의해 달성되어 있으므로, 주자학을 소화하기만 하면 저절로 해결되는 것이었다. 이러한 점에서 보면 한국의 주자학(性理學)은 중국의 주자학과 마찬가지로 종교적 색채를 띠고 있음을 알 수 있다.

성인이 되는 출발은 수양이다. 수양을 통해 하늘마음을 회복하면 하늘처럼 되고, 하늘처럼 되면 성인이 된다. 수양이 완성되면 실천은 저절로 따라온다. 하늘처럼 살지 못하는 자기의 처지가 안타까울수록 수양에 대한 열의가 뜨거워질 수밖에 없다.

제2항 수양의 방법

수양의 목적은 하늘마음을 회복하는 데 있다. 선생은 수양으로

---

46. 舜何人也, 予何人也, 有爲者亦若是(『牧隱文藁』 권4, 「砥平縣彌智山潤筆菴記」).

일관된 구도적 삶을 살았다. 그런데도 아직 하늘마음이 완전히 회복되지 않아 상심하면서 다시 박차를 가한다. 그때의 심정을 선생은 다음의 시로 표현했다.

학문이 아직 완성되지 못했음을 상심하여 일상생활 속에서 찾아 두 수를 읊어 힘을 다하다

自傷學之未至也求諸日用中吟成二首以致其力焉

인심과 도심은	人心與道心
다만 움직이는 곳에서 찾아야 한다	只從動處求
천성이 나타남은 물의 근원에서지만	性發乃本源
욕심이 생기면 갈라져서 흐른다	欲生卽派流
분명히 물은 하나뿐인데	分明只一水
내가 또 무엇을 걱정하랴	吾今復何憂
호연지기를 잘 기르면	養成浩然氣
천지도 에워쌀 수 없나니	天地莫能周
맥락을 세밀히 관찰하여	脈絡却細密
어긋남이 없도록 삼갈지어다	愼旃無謬悠

『목은시고』 권6에 있는 시다. 수양의 핵심은 마음을 바르게 하는 것이다. 마음에는 도심과 인심이 있다. 하늘마음이 도심이고 비뚤어진 욕심이 인심이다. 선생은 움직일 때 도심을 잡아야 한다고 했다. 가만히 있을 때는 인심이 작동하지 않는 것 같으므로, 이미 도심을 잡은 것으로 착각할 수가 있다. 움직일 때 마음을 들여

다보면 없는 것 같던 인심이 다시 머리를 들고 나온다. 특히 남과 경쟁할 때 더욱 그러하다. 그러므로 움직일 때 마음을 들여다보면 도심과 인심이 구별되므로, 그 때 도심을 붙잡으면 된다.

　주자는 하늘마음이 사람에게 멀리 있으므로 들여다보아도 잘 보이지 않는다고 판단했다. 그러므로 하늘마음을 붙잡기 위해서는 먼저 하늘마음이 어떤 것인지 알아야 했다. 하늘마음은 모든 것에 다 들어 있으므로 다른 것을 보고 그 속에 똑같이 들어 있는 마음을 찾아내면 그것이 하늘마음일 것이므로, 다른 것에 들어 있는 하늘마음을 안 뒤에 그것을 미루어 자기 속에 있는 하늘마음을 알고 붙잡아야 한다는 우회적 방법을 제시했다. 하지만 목은 선생에게는 하늘과 사람이 사이가 없이 이어져 있으므로 마음을 들여다보기만 하면 바로 하늘마음이 보였다. 그러나 가만히 있을 때는 욕심이 작동하지 않으므로 욕심과 하늘마음이 잘 구별되지 않기 때문에, 움직일 때 마음을 들여다보고 욕심과 구별되는 하늘마음을 잡으면 된다고 보았다.

　사람의 마음은 하늘마음에서 흘러나온다. 하늘마음은 하나이므로 사람의 마음도 한마음이다. 하늘마음은 착하기만 하므로 한마음 또한 착하기만 하다. 그러다가 욕심이 생기면 지하에서 흘러나온 물이 갈래갈래 찢어져 흐르듯이, 욕심을 채우는 방향으로 이리저리 갈라져서 달려간다. 지하수나 갈라져 흐르는 물이나 다 같은 물이듯이, 한마음이나 욕심이나 모두 마음이다. 모두 마음이지만, 사람이 욕심에 사로잡히면 끝없는 고통에 빠져 헤어나지 못한다. 그렇다고 욕심을 이기기 위해 욕심과 얽혀서 싸우면 욕심도 지지 않기 위해 자꾸 강해진다. 그렇다면 어떻게 해야 하는가?

욕심은 왜곡된 마음이기는 하지만, 그 역시 한마음에서 나온 것이니 그대로 놓아두고 한마음을 강화하면 된다. 한마음을 강화하는 방법에는 두 가지가 있다. 한마음이 어떤지를 잘 알아서 한마음이 왜곡되지 않도록 붙잡는 것이다. 한마음을 붙잡고 한마음을 따라 실천하면 한마음은 자꾸 커지고, 한마음이 커질수록 욕심은 저절로 사라진다. 한마음을 강화하는 또 하나의 방법은 한마음을 담을 수 있도록 그릇을 키우는 것이다. 그릇을 키우는 방법 중에 뛰어난 것이 호연지기를 기르는 것이다. 기는 마음을 담는 그릇이다. 하늘마음을 담기 위해서는 하늘만큼 큰 그릇이 필요하다. 하늘만큼 큰 그릇이 호연지기이다. 호연지기는 우주에 가득한 기운이므로 천지도 감쌀 수 있을 만큼 크다. 사람의 몸에 흐르는 기운도 원래는 호연지기였는데, 사람이 욕심에 갇히면서 사람의 기운이 욕심을 담는 작은 그릇으로 바뀌었다. 이제 해야 할 일은 욕심과 싸우는 것이 아니라, 한마음을 붙잡으면서 동시에 호연지기를 기르는 것이다. 한마음을 붙잡으려고 하면서 호연지기를 기르지 않는 것도 문제이고, 호연지기를 기르기만 하고 한마음을 붙잡지 않는 것도 문제이다.

한마음을 붙잡는 방법에는 어떤 것이 있을까? 선생은 다음과 같이 설명한다.

> 『시경』에 말하기를 "상천(上天)의 작용은 소리도 없고 냄새도 없다"라고 했다. (…) 하늘에 있어서는 혼연(渾然)할 뿐으로 바람을 일으키고 천둥을 움직이기 전이요, 사람에게 있어서는 적연(寂然)할 따름이니, 일에 응하고 물에 접하기 전인 것이다. 바람

이 일어나고 천둥이 쳐도 혼연한 것이 조금의 변함도 없다면, 일에 응하고 사물에 접할 때 적연한 것이 마땅히 어떠해야 하겠는가. 이것을 거울에 비유한다면 곱고 더러운 것은 물건에 있을 뿐이요 거울에는 아무런 자취도 없는[無迹] 것이니, 어찌 일찍이 물건을 비춰 준다고 해서 물건으로 인해 더러워지겠는가? 이것으로 볼 때 사람의 삶[生]은 참되다는 것을 알 수 있다. 오직 대인(大人)은 이것을 잃지 않기 때문에 능히 대인이 되는 것이다. 대인이 되는 것은 밖으로부터 얻어서 되는 것이 아니다.[47]

위의 인용문에서 보면 사람은 본래 하늘과 사이가 없이 연결된 존재이므로, 하늘이 천둥치고 바람 부는 작용을 일으키더라도 혼연한 본질에 조금의 변화가 없듯이, 사람이 일에 응하고 사물에 접하더라도 고요한 마음에 동요가 일어나서는 안 된다는 논리가 성립한다.

선생은 이를 거울의 경우로 비유하여 설명하고 있는데 그 내용을 다음과 같이 도식화할 수 있다.

거울은 사물을 비추는 작용을 한 뒤에도 본질은 변하지 않는다. 거울의 본질은 사물을 비추는 것에 의해 더러워지는 것이 아니다. 사람도 하늘이나 거울처럼 일에 응하고 사물에 접한 뒤에도

---

47. 詩曰 上天之載 無聲無臭 其無極之所在乎 故周子作太極圖 亦曰無極而太極 蓋所以贊太極之一無極耳 在天則渾然而已 發風動雷之前也 在人則寂然而已 應事接物之前也 發風動雷而渾然者無小變 則應事接物而寂然者當如何哉 譬之鏡 姸媸在乎物而鏡則無迹 曷嘗以照物之故爲物所汚哉 是知人之生 旣眞矣 惟大人者不失之故 能爲大人耳 非大人之從外得也(『牧隱文藁』권3, 「養眞齋記」).

	본질 [無極之眞]		작 용		작용 후 본질
천 (天)	······	혼연 (渾然)	······	발풍동뢰 (發風動雷)	······ 불변 (不變)
‖					
인 (人)	······	적연 (寂然)	······	응사접물 (應事接物)	······ 부실 (不失)
‖					
경 (鏡)	······	무적 (無迹)	······	조물 (照物)	······ 불오 (不汚)

하늘과 사람과 거울의 비유

적연한 본래마음을 잃어서는 안 된다. 그러나 본래마음을 유지하는 것은 대인(大人)에 있어서만 가능하다. 범인(凡人)의 경우에는 본래의 모습으로 돌아가지 않으면 안 되는 과제를 짊어지게 되는데, 그 과제가 수양(修養)이다.

앞에서 서술한 것처럼, 인간은 적연한 본래마음을 상실해서는 안 되지만 범인은 기질이나 물욕 등에 의해 상실한다. 이러한 상황에서 본래의 마음을 도로 찾기 위해서는 어떻게 해야 하는가?

목은 선생에 따르면, 사람이 본래마음을 상실했다고 해도 조금은 남아 있다. 하나도 남아 있지 않고 완전히 상실하는 경우는 없다. 그러므로 본래마음을 회복하기 위해서는 남아 있는 본래마음을 잘 붙잡아 확충하면 된다.

사람이 (성품을) 하늘에서 타고나서 모든 이치를 갖추고, 만 가지 일에 응할 수 있는 것은, 본연(本然)의 선(善)이다. 그런데 기질이 혹 구속하기도 하고 물욕이 혹 가리기도 하여, 본연의 선을 잃게 된다. 하늘에서 얻은 것을 자기 몸에서 잃게 되는 것이다. 그런 까닭에 이것을 허위(虛位)라고 한다. 그러나 그 본래의 성품이 완전히 없어지는 것은 아니다. 잠깐 사이에 곧 나타나기도 한다. 이것을 굳게 지키고 이것을 확충시킨다면 그것은 곧 나에게 있는 것이요 밖에서 들어오는 것이 아니다. 나면서부터 갖추고 있는 것은 덕(德)이요, 잃었다가 회복하는 것도 덕(德)이다.[48]

본래부터 있는 본래마음인 한마음을 확충하는 방법은 쉬지 않는 노력하는 것이다. 원래 자기에게 있는 마음이므로 쉬지 않고 노력하면 안 되는 일이 없다.

나면서부터 아는 이는 드물다. 노력하여 배우는 선비가 오직 힘써 행한다는 한마디의 말이 바로 도(道)에 들어가는 문인 것이다. 힘써 행하는 길이란 부지런히 노력하여 낮과 밤을 그치지 않는 것이다. 처음에는 내 마음이 조금씩 밝아지다가 마침내는 내 마음과 일월(日月)이 그 밝음을 함께 하게 되면, 요(堯)의 큰 공이 환하게 퍼지는 것도 여기에서 벗어나지 않을 것이니, 또한 극명(克明)의 큰 징험이다. (…) 사람의 허령불매(虛靈不昧)한 것이 비록 한 치의 마음속에 있지만, 하늘과 조금도 다른 것이 없다.

---

48. 人之得乎天 而具衆理應萬事 本然之善也 氣質或拘之 物欲或蔽之 於是乎 失之矣 得之於天 失之於己 故曰虛位 然其本然之體 未嘗亡焉 發見於俄頃 之間 守之固擴之充 則在我者非自外至也 生而具之者德也 失而復之者德也 (『牧隱文藁』 권10, 「韓氏四子名字說」).

하늘과 사람이 연결되어 있지 않다고 말하는 사람은 도(道)를 알지 못하는 자이다.[49]

본래 하늘의 밝고 밝은 능력과 사람의 밝은 덕이 다른 것이 아닌데도, 사람이 본래의 마음을 잃어버렸으므로, 다시 하늘과 하나 되는 노력을 기울이지 않으면 안 된다. 본래마음을 회복하는 방법은 쉬지 않고 성실하게 노력하는 것이다. 하늘의 운행은 쉬는 법이 없다. 사람도 하늘처럼 쉼 없이 노력하기만 하면 본래의 마음을 회복할 수 있다. 본래 가지고 있던 하늘마음을 회복하면, 하늘의 움직임과 나의 움직임이 하나가 된다. 강물의 흐름과 강물에 떠 있는 조각배의 흐름이 완전히 하나면, 조각배의 움직임이 강물 전체의 움직임과 하나인 것과 같다. 나의 움직임이 하늘의 움직임과 완전히 하나가 되면, 나의 밝음이 세상을 비추는 해와 달의 밝음과도 같다.

하늘마음을 잃지 않고 유지하는 방법 중의 제일은 경건한 마음을 유지하는 것이다. 하늘마음이 사람의 마음으로 들어올 때 자기것 챙기려는 계산이 개입하지 않으면, 하늘마음이 변질하지 않는다. 자기것 챙기려는 계산을 하지 않고 마음 상태를 경건하게 유지하는 것이 경(敬)이다.

---

49. 生知鮮矣 困學之士 惟力行一言 實入道之門也 力行之道 孜孜屹屹 不舍晝夜 始也 吾心也 昭昭之明也 終也 吾心也 與日月合其明 則堯之放勳光被 亦不能遠過於此 其克明之大驗歟 (…) 人之虛靈不昧 雖在方寸之間 然與天也 斷然無毫髮之異 謂天與人不相屬者 非知斯道者也(『牧隱文藁』 권10,「可明說」).

마음은 그 용(用)이 지극히 크다. 천지를 경륜하고도 여력이 있어서, 털끝만큼이라도 마음 밖으로 빠져나가는 것이 있지 않으니, 이렇게 본다면 천지도 마음의 역량을 다 포용할 수가 없는 것이다. (…) 훌륭한 말을 듣고 훌륭한 행동을 볼 때 뭉클 솟아나오는 그것이 바로 마음의 한 실마리라고 할 것인데, 이 실마리를 잡고서 놓치지 않는 방법으로는 오직 경의(敬義)[50]가 있을 뿐이다. 이 어찌 가슴에 새기고서 끊임없이 노력해야 할 일이 아니겠는가.[51]

경(敬)은 잡념이 일어나지 않도록 마음을 경건하게 유지하는 방법을 말한다. 마음을 경건하게 유지하면 애당초 마음에 욕심이 생겨나지 않는다는 것이다.

마음속에 들어 있는 본래마음과 욕심(欲心) 중에서 본래마음을 확충하고 욕심을 제거하는 것이 수양 방법의 두 축이다. 본래마음을 확충하기 위해서는 본래마음을 붙잡는 노력을 쉬지 않고 지속해야 하고, 욕심이 생기지 않도록 하기 위해서는 마음을 경건하게 유지할 수 있도록 잡념을 일으키지 않아야 한다. 전자는 성(誠)이고 후자는 경(敬)이다.

선생은 이 두 가지 수양 방법을 다시 계구(戒懼)와 신독(愼獨)으

---

50. '경의(敬義)'는 『주역』 곤괘 문언(文言)의 "군자는 경을 가지고 안을 곧게 하고 의를 가지고 밖을 바르게 한다[君子 敬以直內 義以方外]"라는 말을 줄인 것이다.
51. 心之用大矣 經綸天地而有餘力 無絲毫之或漏於其外也 是天地亦不能包其 量矣(…)聞善言 見善行 油然而生者 心之端也 持其端而不失焉者 敬義而已 其拳拳焉 其拳拳焉(『牧隱文藁』 권10,「直說三篇」).

로 설명하기도 한다. 본마음을 지속해서 지키는 것이 계구이고, 욕심이 생기지 않도록 조심하는 것이 신독이다.

계구는 무엇을 말함인가? 천리(天理)를 보존하는 것을 의미한다. 신독은 무엇을 말함인가? 인욕(人欲)을 막는 것을 의미한다. 천리를 보존하고 인욕을 막는 일 모두가 지극한 경지에 이르면 성학(聖學)이 곧 완성된다고 하겠다.[52]

경을 지키는 것에 때와 장소가 따로 없다. 언제 어디서나 쉬지 않고 경을 지켜야 하지만, 그중에서 가장 적극적인 것은 정좌이다. 정좌란 고요히 앉아서 마음을 경건하게 유지하는 것이다. 정좌는 오늘날의 개념으로 말하면 명상의 일종이다. 목은 선생은 정좌 수도에 주력했던 것으로 보인다. 정좌하여 마음을 다스리는 방법에도 여러 가지가 있다. 고요히 앉아서 생각이 일어나지 않도록 마음을 가라앉히는 방법도 있고, 한 가지에 대해서 마음을 집중하는 방법도 있다. 옛날부터 내려오는 한국의 전통적 방법 중에는 조식(調息)이 있다. 조식이란 숨을 쉴 때 의식을 숨이 들고 나는 것에 집중하여 숨을 들이쉬고 내쉴 때 고르게 되도록 하는 것이다.

선생은 정좌 수도를 오래한 것으로 보인다. 정좌 수도의 방법에 대해서는 아마 조식(調息)을 주로 한 것으로 짐작되지만 확정할 수

---

52. 是則事君事親 行己應物 中和而已 欲致中和 自戒愼始 戒懼之何 存天理也 愼獨焉何 遏人欲也 存天理 遏人欲 皆至其極 聖學斯畢矣 大舜也周公也 能致其極者也 下惠也子莫也 一於偏者也(『牧隱文藁』 권10, 「伯中說贈李壯元別」).

는 없다. 선생이 정좌 수도를 통해서 느낀 점을 잠언의 형태로 기록한 것이 다음의 「자경잠(自儆箴)」으로 보인다. 『목은문고』 권12에 실려 있다.

가까운 듯하면서도 멀기만 하고   若近焉而遠之
얻은 것 같다가도 잃어버리누나   若得焉而失之
멀리 있다가 때로는 가까워지고   遠矣而時近也
잃어버렸다가 때로는 얻기도 하네   失矣而時得也
까마득하여라 붙잡을 곳이 없고   茫乎無所措也
밝기도 하여라. 눈앞에 보이는 듯   赫乎如有覿也
밝았다가 어떤 때는 어두워지고   赫乎或昧焉
까마득했다 어떤 때는 분명해지네   茫乎或灼焉
선을 긋는 일은 차마 못 하겠고   將畫也不忍焉
자강하는 일은 역량이 부족하니   將彊也不足焉
스스로 부끄러워하며 꾸짖어야 마땅하리   宜其自責而自惡焉
나이 오십 되어서도 잘못된 것을 알고   五十而知非
나이 구십 넘어서도 억이라는 노래지었네   九十而作抑
자신의 역량이 충분했던 옛 임들도   斯古之自力也
이처럼 한순간도 나태하지 않았으니   尙不懈于一息
아무쪼록 힘쓰고 힘쓸지어다.   勉之哉勉之哉
스스로 포기하면 무슨 물건 되겠는가   自暴自棄是何物邪

고요히 마음을 가라앉히고 앉아 있다가 보면, 욕심이 사라지고 고요한 본래마음으로 돌아간 듯 느껴지기도 하다가, 한참 있다가 보면 아무것도 아닌 것 같기도 하다. 우주 공간에 마음이라는 것이 없는 듯 가물가물하다가도 어느 순간 가까이에 확 다가와 내 마음과 하나가 된 느낌이 들기도 한다. 어떨 때는 우주 공간이 텅 비어 아무것도 없는 것 같기도 하다가 또 어떨 때는 빈틈없이 꽉 차 있는 느낌이 들기도 한다. 어떨 때는 아득하고 텅 비어 있는 것 같아서 붙잡아 볼 것이 하나도 없는 것 같다가도 태양이 비치는 대낮처럼 환해지기도 하고, 환해졌다가 다시 깜깜해지기도 한다. 어두워졌다가 다시 분명하게 떠오르는 것이 있기도 하다. 가만히 앉아서 마음을 가라앉히고 있으면 온갖 현상들이 일어난다. 언제 하늘마음이 내 마음속으로 들어와 내 마음과 하나가 될지 막막하기만 하다. 그렇다고 나는 역량이 모자라서 해낼 수가 없다고 선을 긋고 일어설 수도 없다. 하늘마음이 되지 않고는 안타까워 견딜 수 없기 때문이다. 그렇다고 철야 정진하고 장좌불와하는 것처럼 죽을힘까지 다 쏟을 수도 없다. 자신에게 부끄러워하며 꾸짖고 자책해야 할 것이다. 옛사람 중에는 오십이 되어서 잘못을 반성한 사람도 있고, 구십이 넘었어도 세상을 깨우치는 시를 읊은 사람도 있는데, 아직 쉰 살도 안 되었고, 나름대로 능력도 많으면서 포기하면 무슨 물건이 되고 말 것인가! 선생은 정좌 수도에 아무리 어려움이 많아도 포기할 수 없었다. 그럴수록 한순간도 나태하지 말고 힘쓰기를 다짐했다. 이때부터 선생의 정좌 수도에는 탄력이 붙었을 것이다. 얼마 지나지 않아 선생에게는 정좌 수도의 결실이 나타나기 시작했다. 『목은시고』 권32에는 다음의 시로 정좌 수도에서 터득한 느낌을 적고 있다.

즉사	卽事

고요한 대낮 빈집에 시원한 선들바람	晝靜虛堂生嫩涼
명상에 잠겼다가 어느새 깜빡 꿈나라로	冥心誤入黑恬鄕
새 울음 한 소리에 불현듯 깨고 보니	一聲啼鳥俄驚起
이것이 바로 평생 바라던 좌망53의 경지	驗得平生得坐忘

『목은시고』권6에는 「문금유감(聞琴有感)」이라는 제목의 시에 정좌 수도를 통해 얻은 성과를 다음과 같이 술회하고 있다.

거문고 소리를 듣고 느낀 점을 적다	聞琴有感

법칙은 스승이 가르쳐야 하지만	指法須師授
마음의 근원은 스스로 찾아야지	心源在自尋
오경에 맑은 야기가 생겨나니	五更生夜氣
한 점 하늘마음 볼 수 있다네	一點見天心

오경은 새벽 세 시에서 다섯 시 사이이다. 하늘마음을 볼 수 있다는 것은 하늘마음을 알 수 있다는 것이고, 하늘마음을 알 수 있다는 것은 내 마음이 하늘마음과 하나가 된다는 것을 의미한다. 선생은 오경에 하늘마음을 알 수 있다고 했다. 아마 철야 정좌

---

53. 『장자』「대종사편」에 나오는 말로, 앉아서 모든 것을 잊어버리고 본연의 모습으로 돌아가는 상태. 불가의 삼매(三昧)와 비슷하다.

했을 수도 있고, 새벽에 일어나서 정좌했을 수도 있다. 선생은 정좌 수도가 결실하여 하늘과 하나가 되는 경지에 도달했다. 그때의 나이에 대해서는 언급이 없으므로 알 수 없다. 다음의 글은 하늘 마을을 회복했을 때의 소감을 적은 것이다.

군자가 자강(自彊)하면 외물(外物)에 동요되지 않을 것이요, 불식(不息)하면 중도에 그만두는 일이 없을 것이니, 동요되지 않고 그만두지 않는 것이야말로 지극한 경지에 이르는 유일한 길이라 하겠다. 그리하여 일단 지극한 그 경지에 이르고 나서, 하늘에 앞서서 행하면 하늘이 어기지 않을 것이고, 하늘보다 뒤에 행하면 하늘의 움직임을 받들게 될 것이니, 하늘처럼 되기를 원하는 성인의 묘용(妙用)이 여기에 분명히 드러난다고 할 것이다. 그러고 보면 이는 그저 문왕이 되기를 원하는 정도로만 그치는 것이 아니라고 하겠다.[54]

이상에서 우리는 목은 선생의 철저한 수양 방법에 대해 논의를 전개해왔지만, 선생의 철학은 수양 방법에서 끝나는 것이 아니다. 수양은 완성된 인간이 되기 위한 수단이다. 선생은 철저한 수양을 통해 완성된 인간의 모습이 어떠한지를 잘 보여주고 있다. 이것이 선생의 위대한 점이다.

---

54. 君子自彊則不撓 不息則不廢 不撓不廢 所以至其極也 至其極 則先天而天不違 後天而奉天時 希天之妙 於是著矣 是不寧希文而已矣(『牧隱文藁』권10, 「純仲說」).

제3항 천인일체적 인간상

수양을 통해 하늘과 하나로 연결되었던 원래의 모습을 회복하면 하늘과 하나 된 삶을 살 수 있다. 그것은 마치 자녀가 부모의 손을 잡고 있는 것과도 같다. 이를 목은은 다음과 같이 말한다.

> 천지는 우리의 부모요 만물은 우리의 벗이니, 이렇게 본다면 어디를 간들 벗을 구하지 못할 리가 있겠는가?[55]

물론 이 말은 중국 송(宋)나라 때의 학자인 장재(張載)의 말에서 일부 따온 것이다. 그렇다고 해서 장재의 사상에 영향 받았기 때문이라고 할 수는 없다. 선생이 터득한 자득의 경지를 표현하기 위해 장재의 말을 일부 활용한 것일 뿐이다. 천지는 부모이고 만물은 형제이다. 부모와 자녀가 하나이듯이 천지와 사람은 하나이다. 만물도 천지와 하나이므로 나와 사람과 만물이 모두 하나이다. 원래부터 그러한 것이지만, 사람들은 '나'라는 헛것을 만들어 하늘과 분리하고, 사람들과 분리하고, 만물과 분리했다. 진리를 얻었다는 것은 착각에서 벗어나서 본래의 모습을 회복했다는 것이다.

하늘과 하나가 된 선생은 하늘마음이 그러한 것처럼 마음을 고요한 상태로 유지할 수 있었다. 그러한 심정을 선생은 다음과 같이 「즉사(卽事)」(『목은시고』 권2)라는 제목의 시로 술회한다.

---

55. 天地父母也 物吾與也 何往而非友哉(『牧隱文藁』 권3, 「六友堂記」).

시경의 녹명가 불러 파하고 연산을 향하니	鹿鳴歌罷向燕山
씩씩한 말 잘 달리고 변방의 햇살이 차가워라	驕馬蹄翻塞日寒
나는 다만 한 치의 마음이 옛 우물 같아서	只有寸心如古井
깊고 고요하여 파도가 이는 곳이 없다오	湛然無處動波瀾

마음이 깊고 고요한 상태를 유지한다는 것은 이미 하늘의 마음이 되었고 우주의 마음이 되었음을 의미한다. 하늘의 마음이 된 사람은 하늘이고 우주의 마음이 된 사람은 우주이다. 그렇게 되면 자신의 힘을 자랑한다거나 자기 집이나, 자기 나라의 부강함을 토대로 으스대는 등의 저차원의 삶에서 완전히 벗어나, 초연하고 자유로운 삶을 누리게 된다.

자유로운 삶은 각각 자기 모습대로 사는 것이다. 산천초목이 다 자기의 모습에 따라 다르게 살지만, 본질에서 모두 하나이기 때문에, 차별할 것이 없다. 각각 다른 모습을 하는 것은 같음 속의 다름일 뿐이다. 그것은 마치 손가락 열 개가 각각 다르지만 차별할 것이 없는 것과 같다. 모든 것이 각각 다른 모습으로 존재하면서도 조금의 차별도 없이 살아가는 세상이 이상세계이다.

비록 그렇긴 하지만, 천지도 본래 하나의 기운이요, 산하와 초목도 본래 하나의 기운이니, 어찌 그 사이에서 경중을 따질 수가 있겠는가!56

모든 존재가 하나의 기운으로 존재하기 때문에 다 숭고하다. 하나는 하늘이므로 모든 존재는 다 하늘이다. 어느 하나 가벼운 것이 있을 수 없다. 모든 것을 자기와 하나로 여기는 마음이 인(仁)이다. 철저한 수양으로 하늘과 하나 되는 경지에 도달한 선생은 만물을 내 몸처럼 중시하는 인(仁)의 실천자로 등장한다.

사람이 몸의 차원에 머물러 있을 때는 그 몸이 늙을 때 함께 늙고 그 몸이 죽을 때 함께 죽는다. 그러나 하늘마음으로 사는 사람에게는 늙음도 죽음도 없다. 그대로 변함없이 영원히 존재할 뿐이다. 선생은 다음과 같이 이를 설명한다.

> 아! 본질적인 면에서 본다면, 공의 꽃 같은 이 세상이 짧은 것이 아니요, 영겁의 세월이라고 해서 긴 것이 아니라고 하겠지만, 현상적인 측면에서 본다면, 이 세계는 또한 필연적으로 생성과 소멸의 과정을 거치게 마련이다. 그런데 세계가 비록 생성하고 소멸할지라도, 사람의 본성만큼은 항상 변함없이 여전하다고 할 것이다.[57]

> 몸을 닦되 뜻을 먼저 확고하게 가지고, 뜻을 확고하게 가지되 기운을 제대로 길러서, 쉬지 않고 지속하는 경지에 이른다면, 이른바 조그마한 사람의 몸 하나가 위로는 하늘과 짝이 되고 아래로는 땅과 짝이 되어 함께 움직이게 될 것이니, 초목이나 금수(禽獸)와 더불어 순식간에 썩어버리지 않고 백년, 천년 뒤

---

56. 天地本一氣也 山河草木本一氣也 豈可輕重於其間哉(『牧隱文藁』 권3, 「菊磵記」).
57. 嗚呼 空華非瞥 墨劫非闊 理也而世則有成壞焉 世界雖有成壞 而人性自若也(『牧隱文藁』 권2, 「驪江縣神勒寺普濟舍利石鐘記」).

에도 그 빛을 드리우게 될 것이다. 이처럼 초목이나 금수와 더불어 순식간에 썩어버리지 않고 백년, 천년 뒤에도 그 빛을 드리울 수 있는 것은, 바로 그 몸의 호연지기가 우주 사이에 웅혼하게 가득 들어찼기 때문이라고 하겠다.[58]

인간이 무엇보다도 간절하게 염원하는 영원한 삶은 선생의 사상으로 가능해진다. 선생은 영원한 삶을 터득한 사람이다.

제4절
정치적 실천철학

목은 선생의 사상에 깔린 '천인무간(天人無間)'의 전제에서 보면 사람이 원래 하늘과 하나로 이어져 있듯이, 이 세상도 천국과 하나로 이어져 있다. 환웅 시대에는 이 세상을 천신들이 사는 곳이란 의미에서 신시(神市)라 부르기도 했다.

이 세상이 원래부터 아비규환의 지옥이었다면 지금 난장판이 되어 있는 세상의 모습을 보더라도 안타까워하지 않을 것이지만, 이 세상이 원래 천국이었다면 혼란에 빠져 있는 지금 세상을 보면 안타까워서 견디기 어렵다. 이러한 안타까움은 이 세상을 원

---

58. 修其身 先持其志 持其志 氣斯可養 馴至於不息不已之地 則所謂眇然之身 上下與天地同流 已不與草木禽獸同腐於須臾之頃 而垂光於千百載之下者 卽浩然之氣充盈乎大寓者也(『牧隱文藁』권10, 「浩然說贈鄭甫州別」).

래의 상태로 되돌려놓으려는 강력한 의지를 불러일으킨다. 이 세상을 본래의 세상으로 만드는 것은 정치적 기능을 활용하는 것이 가장 빠르다. 그러므로 이 세상을 원래의 상태로 되돌려놓으려는 의지는 강력한 정치적 실천 의지를 동반한다. 목은 선생에게 정치적 실천 의지가 강하게 작용하는 것은 이러한 이유 때문이다.

제1항 현실을 보는 안타까움

선생은 이 땅이 본래 이상향이었다는 것을 알고 있었기 때문에 혼란에 빠져 있는 당시 상황이 안타까워 견디기 어려웠다. 선생은 「파사부(婆娑府)」라는 시(『목은시고』 권3)에서 다음과 같은 심경을 술회하고 있다.

동한은 어질고 오래 사는 군자의 나라로서	東韓仁壽君子國
요 임금 무진년에 처음 시조가 탄생하셨네	唐堯戊辰稱始祖
하상 시대엔 중국에 신복하지 않았다가	綿歷夏商不純臣
기자가 봉작된 이후로 사도가 새로워져서	箕子受封師道新
홍범구주가 정연히 천하를 비추었으니	九疇森列照天下
(…)	(…)
아 세상 변천은 나날이 말세로 치달아서	嗚呼世變日趨末
바람 따라 버들꽃이 눈 날리듯 어지럽네	楊花隨風亂飛雪

요 임금 무진년이란 요 임금이 다스린 지 25년째 되던 무진년

을 말한다. 『삼국유사(三國遺事)』「단군조선(古朝鮮)」에 따르면, 이 해에 단군(檀君)이 조선(朝鮮)을 건국한 것으로 기록되어 있다. 선생은 한국을 '어질고 오래 사는 군자의 나라'로 정의한다. 한국은 단군이 건국했을 때부터 이상적인 나라였는데, 지금 나날이 말세로 변해가는 모습을 보는 선생의 심정은 안타까웠다.

한국인의 순박한 모습은 고려(高麗) 때까지 면면히 이어져 왔다.

> 고려의 풍속은 그저 질박하고 너그럽기만 할 뿐 생계를 꾸려 나가는 데에는 어리석기 그지없다. (…) 사람이 일단 이목구비를 갖춘 몸뚱이를 가지고 있는 이상에는 성색취미(聲色臭味)의 욕망이 일어나게 마련이다. 따라서 가볍고 따뜻한 옷을 몸에 편하게 여기고, 살지고 맛난 음식을 입에 달게 여기면서, 넉넉하게 남겨 두기를 좋아하고, 모자라거나 떨어지는 것을 싫어하는 것이야말로, 오방(五方:중국과 사방의 주변 민족)의 사람들 모두가 천성적으로 똑같이 지닌 속성이라고 할 것이다. 그런데 어찌하여 유독 고려만은 이처럼 다른 모습을 보여 주게 되었단 말인가.
>
> 풍성하게 하되 사치스럽게 되지 않도록 하고, 검소하게 하되 누추하게 되지 않도록 배려하면서, 인(仁)과 의(義)에 근본을 두고 하나의 표준을 만든 것이 바로 성인(聖人)의 중제(中制:중용의 도에 맞는 예법)인 만큼, 사람들이 일을 행할 때마다 이를 아름답게 여기면서 따르고 있는 터이다.
>
> 그러면서도 다섯 마리의 닭이나 두 마리의 돼지 같은 것은 사람의 손으로 길러지기만 할 뿐 사람의 힘을 돕는 데에는 아무 쓸

모가 없는데도 차마 죽이지를 못하고, 소와 말은 사람의 노동력을 대신해주는 공이 무척이나 큰데도 모질게 때려잡고 있다. 또 사냥을 나가서 치달리는 수고를 하다 보면 혹 몸을 상하거나 목숨을 잃는 경우가 나오는데도 이런 일은 과감하게 행하고, 추환(芻豢)을 우리 속에서 꺼내어 잡는 일은 감히 행하지 못하고 있다.

그리하여 백성들이 경중(輕重)을 식별하지도 못한 채 의리를 해치고 중제(中制)를 무너뜨리고 있는데, 본심(本心)을 잃는 것이 이 정도까지 이르게 한 것이 어찌 백성들의 죄라고 할 수가 있겠는가. 그래서 내가 이 점을 나름대로 가슴 아프게 생각해왔다. 백성의 생활 근거를 마련해주면서 왕도정치(王道政治)를 일으키는 것이 바로 나의 뜻이었는데, 결국에는 이를 행할 수 없게 되고 말았으니 이제 내가 또 어떻게 하겠는가. (…) 그 일을 기필코 시행해보려고 한다면, 이단을 몰아내는 일부터 시작해야만 마땅할 것이다.[59]

세상 사람들은 음식이나·옷·돈 등의 물질적 가치를 중시한다. 대부분 그런 것들을 챙기기 위해 전력투구하지만, 유독 한국인들은 물질적인 가치를 챙기는 데 어리석다. 중국과 중국의 동서남북

---

59. 高麗俗拙且仁 薄於理生産(…)夫人旣有耳目口鼻之體 則聲色臭味之欲生焉 輕煖之便於身 肥甘之適於口 欲羸餘而惡匱乏 五方之人 其性則均也 高麗 豈獨若是之異哉 豈不至侈 儉不至陋 本之仁義 爲之度數者 聖人之中制 而人 事之所以爲美也 五鷄二彘之畜 於人而無所用 則不忍 牛馬之代人力 有功甚 大 則忍之 田驅之勞 或殘支體殞性命 則敢爲芻豢之取諸牢 則不敢 其不識 輕重 害義壞制 實其本心如此 又豈民之罪哉 予竊悲之 蓋制民産 興王道 予 之志也 而竟莫能行 奈之何哉(…)如欲必行 當自闢異端始(『牧隱文藁』권9, 「農桑輯要後序」).

사방으로 나라가 있지만, 한국을 제외한 나머지 나라 사람들은 이익에 투철하여 손해보는 일을 하지 않는데, 유독 한국인들만 순수하다 못해 어리석을 정도가 되었다. 천성이 어질고 남에게 잘 베풀다가 손해만 보고 있다. 그러다가 고려 말에 이르러서는 마음이 변했다. 닭이나 돼지도 잡지 못하는 측은지심을 가지고 있으면서도, 소와 말을 때려잡을 정도로 거칠어졌다. 다른 나라 사람들처럼 영악하지도 못하면서 우리의 좋은 점마저 없어져 간다. 목은 선생은 옛 단군조선시대 때 우리나라가 군자들이 사는 지상천국이었다는 것을 알고 있었으므로, 소인의 나라로 변해가고 있는 조국의 모습이 너무 안타까웠다. 이렇게 된 것은 백성들 탓이 아니라 정치를 잘못해서 그렇다. 왕도정치(王道政治)를 일으켜 옛 모습을 되살려야 하지만, 이미 행할 수 없게 된 것이 너무 아쉬웠다. 선생은 어쩔 수 없이 다른 사람에게 부탁하면서 먼저 이단을 몰아내는 일부터 시작하라고 당부한다. 선생은 일찍부터 왕도정치의 실현을 꿈꾸어 왔지만 실현할 수 없는 상황이 되었다. 직접 나설 수 없으면, 다른 사람이 대신 실현할 수 있도록 길이라도 열어주어야 한다. 왕도정치를 실현하기 위해서는 왕도정치의 실현에 방해요인이 되는 이단을 배격해야 했다. 이단 중에서도 불교는 당시의 경제를 피폐하게 만드는 주범이었기 때문에 경제를 살리기 위해서라도 불교를 배격하지 않을 수 없었다.

제2항 유교적 현실주의

천인무간을 전제하면, 이 땅이 본래 이상적인 사회였고 천국이었다. 이 땅이 원래 천국이었으므로, 이 땅을 떠나서 이상세계를 찾고 천국을 찾는 것은 용납될 수 없다. 이러한 의미에서 선생은 철저한 수양을 위해 수용했던 불교나 노장철학을 배격하지 않을 수 없었다. 왜냐하면 노장철학이나 불교사상은 현실을 부정하는 사상이며, 특히 불교는 부모형제와 군신관계를 버리고 떠나는 종교이기 때문이다. 이단을 배격하는 가장 좋은 방법은 이단을 공격하는 것이 아니라 이단이 유학으로 다가오도록 유학의 수준을 높이는 것이다.

> 지금 스님으로 말하면 이단에 속한 사람이니, 이것을 가지고 그에게 말해줄 수는 없을 것이다. 비록 그렇긴 하지만, 스님의 마음이 보통 승려와는 같지 않아서 부모에게 효도하고 군자를 좋아하게 되었고 보면, 우리 유자로서는 그런 말을 자꾸 들려주어 우리 쪽으로 자꾸 다가오도록 해야지, 이단이라고 해서 배척만 해서는 안 될 것이다.[60]

유교적 현실주의를 강조해야 하는 처지에서 선생은 전에 수양에 주력했을 때 불교를 섭렵하고 수용했던 자신을 자책하기도 한

---

60. 今師異端也 不足以語此 雖然 師之心旣非常髡矣 旣孝父母矣 旣愛君子矣 則吾儒者當進之又進 不當以異端魔之也(『牧隱文藁』권5, 「無隱菴記」).

다. 『목은시고』 권6에 있는 선생의 「우제자소(偶題自笑)」라는 시에
잘 나타나 있다.

맹자는 양주 묵적을 물리쳐서	孟氏闢楊墨
그 공이 삼재에 배합되었는데	其功配三才
나는 지금 되레 그들을 도왔기에	而今反相助
묵묵히 앉아 때로 냉소를 짓노라	黙坐時冷咍
기원에는 황금이 휘황찬란하고[61]	祇園焜金碧
공자의 사당엔 이끼만 그득하니	闕里多莓苔
마음 아파 눈물을 흘릴 지경이요	傷哉可流涕
조물주도 응당 시샘을 하련마는	造物應相猜
큰집은 나무 한 가지로 못 괴나니	大廈非一枝
그 누가 동량의 재목을 가져올꼬	誰抱梁棟材

물론 유교적 현실주의를 강조한다고 해서 이상이나 진리를 외
면하고 현실에 안주하는 그런 현실주의가 되어서는 안 된다. 선생
의 유교적 현실주의는 애당초 현실과 이상이 분리되지 않기 때문
에, 현실을 떠나 이상을 추구해서는 안 된다는 논리로 이해해야
한다. 그러므로 현실을 떠나 어떤 깨달음을 얻었다 해도 그것은
현실과 진리를 이원화(二元化)한 것이기 때문에 완전한 깨달음이

---

61. 기원(祇園)은 본디 옛날 인도의 기타태자(祇陀太子)의 소유였던 원림인
데, 수달장자(須達長者)가 그곳에 황금을 가득 깔아서 태자로부터 그 원
림을 구입한 다음, 그곳에 정사(精舍)를 건립하여 석존(釋尊)에게 바쳤던
데서 온 말이다.

될 수 없음을 선생은 지적한다. 이러한 의미에서 선생은 승려들의 구도 방식에 대해 문제점을 제기한다. 『목은시고』 권7에 「즉사」라는 제목의 다음 시가 있다.

고요함 속에 능득처가 있음을 나는 믿지만   自信靜中能得處
좌선하는 스님들 헛되이 늙는 게 가련하구나   可憐虛老坐禪僧

　진리를 얻는 일에 최선을 다하기 위해 현실을 떠나는 사람이 많다. 독신(獨身)의 삶으로 일관하면서 오직 수도에 매진하는 성직자들의 삶의 방식에는 문제의 소지가 있다. 만약 그들이 현실을 떠나 구도(求道)의 길에 들어섰다 하더라도 득도(得道)하면 현실과 진리가 둘이 아님을 알기 때문에 바로 현실로 돌아와야 한다. 그러나 그것은 쉽지 않다. 득도하기도 어렵지만, 설사 득도했다 하더라도 그때까지의 삶의 방식이 고정되어 있으므로, 거기에서 벗어나기가 어렵다. 또한 모든 것을 버리고 떠나야 득도할 수 있다면, 일반 백성들에게는 득도하는 기회가 오지 않는다. 진리를 얻어야 하지만 진리를 얻는 방법이 문제다. 애당초 현실을 떠나지 않으면서 진리를 얻는 방법을 찾아내어야 모든 사람을 인도할 수 있다.
　선생은 사방을 유람하러 떠나는 봉 상인(峯上人)이라는 스님을 전송한 글에서 이를 잘 설명한다.

상인은 내가 평소에 알지 못하던 사람이었는데, 적막한 우리 집 문을 두드리면서 만나기를 청했을 때, 내가 그를 한 번 보고서는 손을 마주 잡고 오래 사귄 사람처럼 대하게 되었다. 한동안 우리 집에 머물다가 아내가 세상을 뜨자, 그가 2주일 동안 집에 머물면서 영가(靈駕)를 향하여 한마디 해주고 불경을 독송하며 복을 빌어 주었는데, 그 음성이 너무도 청아해서 듣는 이들이 송연(竦然)해지기까지 했다. 내가 그를 다른 데로 못 가게 붙들어 두고도 싶었으나, 오래 머물렀다는 이유로 그가 떠나려고 한 것이 두 번이나 되었는데, 이는 뽕나무 아래에서 사흘을 묵지 않는다는 불가(佛家)의 전통[62]을 따르기 위함이었다. 그가 작별에 앞서서 나에게 한마디 말을 청하기에, 내가 그에게 말을 건넸다.

"스님이 사방을 유람하겠다고 하는데, 그렇게 해서 무엇을 구하려고 하는 것입니까?"

"다만 도(道)를 구할 따름입니다."

"어디 한 번 물어보겠습니다. 도라는 것이 도대체 어디에 있는 것입니까?"

"어디에도 있지 않은 곳이 없습니다."

"그렇다면 있는 자리에서 떠나 있지 않다는 말이군요?"

"그렇습니다."

"그렇다면 도를 찾아서 사방을 유람한다는 것 자체가 너무나 쓸데없는 일이라고 해야 할 것입니다. 스님이 부들방석 위에 앉아 있으면 도가 바로 부들방석 안에 있을 것이고, 스님이 짚신을 신고 걸어가면 도가 바로 짚신 안에 있을 것이니, 장벽(牆壁)이나 와력(瓦礫) 역시 도(道) 아닌 것이 없을 것이고, 강산(江山)이나 풍월(風

---

62. 뽕나무 (…) 전통: 집착하는 마음을 미리 끊기 위한 불가의 하나의 방편이다.

月) 역시 도 아닌 것이 없을 것입니다. 어찌 이뿐이겠습니까? 옷을 입고 밥을 먹는 것도 도 아닌 것이 없고, 눈썹을 치켜 올리고 눈을 깜박거리는 것도 도 아닌 것이 없을 것인데, 스님은 어찌하여 꼭 사방을 유람하면서 도를 구하려고 하는 것입니까? 내가 쓸데없는 일이라고 말한 것을 옳다고 하겠습니까? 그르다고 하겠습니까?"

"선생님의 말씀이 옳긴 합니다. 하지만 지금 제가 들고 있는 것이 바로 조주(趙州)의 무(無) 자[63] 화두(話頭)입니다. 조주는 나이가 일흔이 되어서도 다시 참선(參禪)의 길을 떠났습니다. 이것이 어찌 쓸데없는 일을 한 것이겠습니까? 나는 지금 태어난 지 29년밖에 되지 않으니, 조주의 나이가 되려면 아직도 멀었습니다. 그런 내가 사방을 돌아다니며 묻지 않는다면, 무슨 수로 도를 찾을 수가 있겠습니까? 이것이 바로 제가 서리와 눈을 무릅쓴 채 산을 넘고 물을 건너면서도 꺼리지 않는 이유입니다. 그런데 선생님께서는 어찌하여 그렇게도 심하게 기롱하신단 말입니까?"

---

63. 조주(趙州)의 무(無)자는 상대적 개념인 유무(有無)의 집착을 깨뜨리고 초월적 존재인 불성(佛性)의 실체를 깨닫게 하기 위한 선종(禪宗)의 공안(公案)으로, 조주 구자(趙州狗子)·조주 불성(趙州佛性)·조주 유무(趙州有無)라고도 칭한다. 당나라 고승인 조주 종심(趙州從諗) 선사에게 어떤 승려가 "개에게도 불성이 있는가?[狗子還有佛性也無]" 하고 묻자, 조주가 "없다[無]"고 대답했는데, 승려가 다시 "일체 중생이 모두 불성을 지니고 있는데, 개는 어째서 없는 것인가?" 하고 물으니, 조주가 "그에게 업식(業識)이 있기 때문이다" 했다. 그런데 다른 승려가 또 "개에게도 불성이 있는가?" 하고 물었을 때, 조주가 "있다[有]"고 하자, 그 승려가 "일단 불성이 있다고 한다면 어째서 저 가죽 부대 속에 들어갔는가?" 하고 물으니, 조주가 "그가 알고도 짐짓 범하기 때문이다"고 대답했는데, 어째서 조주가 있다고도 하고 없다고도 했는지, 그 본래의 참뜻을 깨닫게 하는 것이 이 화두의 목적이다. 『무문관(無門關)』제1칙, 『종용록(從容錄)』제18칙 등에 나온다.

"그래서 내가 아까 말하지 않았습니까? 내가 '부들방석'과 '짚신' 이라고 말한 그 속에는 사실상 가고 머무는 것[行住]과 움직임과 고요함[動靜]의 의미가 모두 포함된 것입니다. 비록 그렇긴 하지만, 초학자의 처지에서는 모름지기 조용히 마음을 가라앉히는 공부 부터 시작해야지 무작정 조주의 행위를 본받으려고만 해서는 안 될 것입니다. 다행히 스님의 자질이 아름다우니 중도에 그만두지 만 않는다면 조주의 경지에 이르는 것도 어렵지 않을 것인데, 그때 가 되면 내 말을 수긍하게 되리라 믿습니다"라고 말한 뒤에 그와 작별했다.

갑술년(1394, 태조 3년) 8월, 일에 쓰다.[64]

이 문답에서 보면 봉 상인은 색(色)과 공(空)을 분리한 뒤 색(色) 의 세계를 떠나 공(空)의 세계를 찾아 나서는 수준이지만, 선생은 공(空)이 곧 색(色)이고 색(色)이 곧 공(空)이라는 사실을 알아 색(色) 과 공(空)을 일치시키고 있다. 봉 상인이 공(空)을 터득하여 공(空)

---

64. 上人 素所不識也 遐然踵吾門求見 一見握手如舊 交未幾 吾稱喪亡 留二七 對靈一語 誦經薦福 梵音淸澈 聽者竦然 吾欲挽留 以久辭去者再 蓋不三宿 桑下也 臨別索言 予乃曰 師云游方 何所求乎 曰道焉而已矣 曰請問道安在乎 曰無不在 曰然則不離當處矣乎 曰然 曰然則所謂游者贅甚矣 師在蒲團 則道 在蒲團矣 師用草鞋 則道在草鞋矣 墻壁瓦礫 無非道也 江山風月 無非道也 不寧唯是 着衣喫飯 無非道也 揚眉瞬目 無非道也 上人何待於游 而後求道 乎哉 吾之所謂贅者 然乎否乎 上人曰 子之言也是矣 然吾所提者 趙州無也 趙州七十更參禪 夫豈贅乎 峯也生今二十九年矣 去州年遠矣 不參訪 何從而 見道乎 此吾所以蒙犯霜雪 跋履山川 而不之憚也 何子之譏之甚也 予笑而答 曰 吾旣不云乎 蒲團草鞋 是行住動靜之謂也 雖然 初學必自靜定上下功夫 無遽效趙州爲也 幸也師之質也美 不中道廢 趙州不難到 及到 肯吾言乎 遂 別 甲戌八月(『牧隱文藁』권9,「送峯上人遊方序」).

과 색(色)이 일치함을 알았다 하더라도, 그때가 되면 색(色)과 공(空)을 분리한 시간이 너무 많이 흘러서 돌이키기 어려울 것이다. 새로이 가정을 갖기도 어렵고 사회적 관계를 회복하기도 어려울 것이다. 이 문답에서 우리는 선생의 심정을 이해할 수 있다. 세속을 떠나지 않고, 세속에 있으면서 도를 구해야 하므로, 중요한 것은 세속에서 도를 체득하는 방법을 찾아내는 것이다. 부모에게 효도하고 부부간에 화합하며 자녀를 사랑하는 것이 도가 드러난 모습이다. 가정을 버리고 도를 찾는다는 것은 도를 떠나서 도를 찾는 것이 될 수도 있다. 그러므로 가정을 떠나지 않으면서 도를 찾아야 하지만, 중요한 것은 구도(求道)의 자세이다. 만약 구도의 자세를 망각하고 현실에 매몰되어 버리면 진리에서 아주 멀어지고 만다. 그렇게 되면 현실을 떠나 진리를 추구하는 것보다 훨씬 못하다. 선생은 이러한 것을 우려하여 다음과 같은 깨우침을 남겼다.

> 다만 관면(冠冕)을 찢어서 훼손시키는가 하면 부자(父子) 사이의 인연을 끊고서 금수(禽獸)와 한 무리가 된 것은 이윤(伊尹)과 다른 점인데, 우리 유자(儒者)가 그 때문에 더러 배척을 가하게 된 것 역시 지나친 일은 아니라고 할 것이다. 그러나 지금 세상의 예교(禮敎)가 옛날과 같지 않아 인륜이 무너진 나머지 석씨(釋氏)에게 비웃음을 당하는 일이 또 적지 않게 되었고 보면, 석씨가 비록 자신의 몸 하나만 착하게 유지하려는 것과 가깝다고는 하더라도 그 정도의 풍도만 가지고서도 쇠퇴한 세상의 기풍을 오히려 격려할 수 있겠기에, 내가 어쩔 수 없이 인정하면서 가끔씩 그들과 왕래하게 된 것이었다. 그런데 더구나 석씨가 군상

(君上)에게 축복을 기원하고 있는 그 뜻이 가상한 데서야 더 말해 무엇 하겠는가![65]

일반적으로 말하는 현실은 선생이 말하는 현실과 다르다. 일반인들이 말하는 현실이란 진리와 동떨어진 가상세계를 말한다. 그런 현실에 매몰되어 진리를 잊고 사는 것을 선생은 용납하지 않는다. 선생이 말하는 현실은 단순한 현실이 아니라 진리와 분리되지 않은 현실이다.

하늘마음으로 바라보면 이 세상이 참된 세계이지만, 욕심으로 바라보면 이 세상은 가상세계이다. 하늘마음을 가지면 복잡한 시장바닥도 낙원이지만, 아무도 없는 청정한 산속도 욕심 많은 사람에게는 속세이다.

이상과 현실이 일치하면, 이상이라고 하기도 어렵고 현실이라고 하기도 어렵다. 그것은 중용적(中庸的) 조화(調和)를 이루고 있는 세계이다. 이를 선생은 다음과 같이 설파한다.

> 만물을 관찰함에는 방법이 있나니
> 만물에 각각 본질이 깃들어 있다
> 현상만을 말하면 너무 얕아서
> 그림 중의 단청처럼 되어버리고

────

65. 惟其毁冠裂冕 去父子群禽獸爲異耳 吾儒者或呲之 不爲過矣 然世敎不古 人倫之敗 取笑於釋氏者不小 則釋氏近於獨善 其風猶足以激衰世 吾不得不取之 時與往來 況其祝釐君上 其志可嘉也哉(『牧隱文藁』 권6, 「覺菴記」).

본체만을 말하면 너무 높아서

이단의 허무적멸에 빠질 수 있다

두 개를 분리해서 다르게 보기 시작하면

내 안에 깃든 하늘의 덕을 잃을 것이니

굽어보고 우러러본 복희씨를 모범 삼고

사물에 밝고 인륜을 살핀 순 임금을 따라야

내 마음속의 태극과 합치될 수 있으리라[66]

    선생의 사상체계에서 보면 모름지기 현실에서 떠나지 않고 도를 얻어야 한다. 도를 얻는다는 것은 현실사회가 이상사회라는 것을 깨닫는 것이다. 이상사회의 건설은 정치적 기능을 활용하는 것이 빠르므로, 선생은 정치의 중요성에 주목한다.

    정치적 실천의 목적은 사람들이 하늘마음을 회복하도록 깨우치는 것이고, 사람들을 깨우치는 방법은 교육이므로, 정치의 핵심은 교육에 있다. 선생의 관심도 역시 교육에 집중된다. 선생은 학교 교육의 활성화를 위해 최선의 노력을 기울인다.

    신축년 병란을 겪은 후에 학교의 교육이 무너졌으므로, 임금께서는 이를 다시 일으키려고 성균관(成均館)을 숭문관(崇文館)의 옛터에 다시 지었다. 강의(講義)를 맡을 사람이 적었기 때문에

---

66. 觀物有術 有物有則 或同於繪事之丹靑 以言乎跡則其淺也 以言乎理則其高也或入於異端之昏黙 惟其二之 喪我天德 範圍乎庖義之俯仰 祖述乎大舜之明察 然後可以會歸于吾心之太極也(『牧隱文藁』권12, 「觀物齋讚」).

경술에 능한 당시의 선비를 뽑았으니, 영가(永嘉) 김구용(金九容)
·오천(烏川) 정몽주(鄭夢周)·반양(潘陽) 박상충(朴尙衷)·밀양(密陽)
박의중(朴宜中)·경산(景山) 이숭인(李崇仁) 같은 사람들인데, 모두
다른 관직에 있으면서 학관(學官)을 겸하게 했으며, 공으로써 그
장(長)을 시켰으니 대사성(大司成)을 겸직한 것도 공으로부터 시
작되었다.

　이듬해 무신년 봄에는 사방(四方)에서 학자들이 모여들었으므
로, 학관들이 경서(經書)를 나누어서 가르쳤다. 매일 강의(講義)가
끝나면 서로 의심나는 뜻을 토론하여 각각 그 극진함을 다했다.
이때 공은 화평한 표정으로 중도를 잡아 분석하고 절충하여 정주
(程朱)의 학설에 부합되도록 힘썼으며, 밤이 다하여도 지칠 줄을
몰랐다. 이로부터 우리나라의 성리학(性理學)이 크게 일어났고,
학자들은 그 기송사장(記誦詞章)의 습관을 버리고, 신심성명(身心性
命)의 이치를 연구했으며, 유학을 높일 줄 알고 이단(異端)에 빠지
지 아니하며, 의리를 바로잡고 공리(功利)를 구하려 하지 않았으므
로, 유풍(儒風)과 학술(學術)이 새롭게 찬란했으니, 이는 모두 선생
의 가르친 공로였다.[67]

　위의 인용문에서 보면 목은 선생이 유학 교육의 중심에서 큰
역할을 한 것을 알 수 있다.

67. 『양촌선생문집』 제40권 「목은 선생 이 문정공(李文靖公) 행장」에서 발
　　췌. 번역문은 고전번역원의 번역을 그대로 실었음.

제3항 이상사회의 정치적 실현

선생이 꿈꾸는 이상사회는 그 사회에 사는 사람이 모두 하늘마음
으로 하나 되어서 사는 사회이다. 그러나 모든 사람이 하늘마음
을 회복하는 날이 온다는 것은 기대할 수 없으므로, 먼저 하늘마
음을 회복한 성인(聖人)이 왕이 되어 다른 사람들을 인도하는 것
이 가장 효과적이다.

> 하늘과 땅이 개벽할 때 가볍고 맑은 기운이 위에 있게 되었는
> 데, 인물이 태어날 때, 그 기운을 받아 온전하게 된 이가 바로
> 성인이요 현인이다. 따라서 그분들이 도(道)를 다스리면 맑은
> 향기가 생겨나 신명을 감응시킨다. 이는 삼대의 성대했던 시절
> 을 상고해보면 충분히 알 수 있는 일이다.[68]

선생이 말하는 이상사회는 지극히 다스려진 지치[至治]의 사회
를 말한다. 향기가 생겨나 신명을 감응시킨다는 말은 『서경』 군
진편(君陳篇)에 있는, "지극히 다스려진 시대에는 향기로움이 신명
을 감응시킨다"[69]는 말에서 기인한다. 지극히 다스려진 시대를 의
미하는 지치(至治)는 이상사회를 의미한다. 우리는 선생의 정치사
상에서 훗날 정암(靜庵) 조광조(趙光祖) 선생의 지치주의(至治主義)가

---

68. 天地之判也 輕淸者在上 而人物之生 稟是氣以全者 爲聖爲賢 其於治道也
　　馨香而感于神明 求之三代盛時 可見已(『牧隱文藁』 권5, 「淸香亭記」).
69. 至治馨香 感于神明.

솟아나고 있음을 알 수 있다.

선생은 성인(聖人)이나 현인(賢人)이 다스려야 이상사회가 도래할 수 있음을 설파한다. 『목은시고』 권6 「자영삼수(自詠三首)」에 실려 있다.

이치로 보면 나와 남이 없는 것	理也無物我
살아가며 남과 나를 구별했네	生而有人己
밝은 태양이 바야흐로 빛나거니	明命方赫然
누가 그 뜻을 어길 수 있으랴	疇能越厥志
원래부터 도에 들게 되는 것은	由來得造道
단적으로 성의에 달린 것이니	端的在誠意
노력하여 이 관문을 통과한다면	努力過此關
천하를 평치할 수 있고말고	天下可平矣

이 세상은 본래 이상사회였고, 이 사회에 사는 사람들은 하늘의 얼굴을 하고 사는 천사들이었다. 그러나 욕심에 사로잡혀 하늘의 얼굴을 잃어버린 사람들이 점차 늘어나면서, 이 세상은 비극적인 모습으로 변모되었다. 그러므로 이 세상을 원래의 모습으로 되돌려놓기 위해서는 이 땅에 사는 사람들 각자가 자기의 본래 모습을 회복해야 하지만, 그렇게 되기를 기대하기는 어렵다. 오히려 사람들은 본래의 모습을 잃는 방향으로 자꾸만 달려가고 있으므로, 이상사회는 점점 더 멀어져 간다.

만약 본래 모습을 회복한 선각자가 있다면, 그가 정치적 지도자가 되어 사람들을 깨우쳐, 본래 모습을 회복하도록 인도하는 것이 효과적이다. 그러나 선생의 정치적 실천철학은 당시의 정치적 현실에서 적극적이고 구체적인 형태로 나타나지 못했다. 당시의 임금이 성왕(聖王)이 아니었던 것이 가장 큰 이유였다. 공민왕이 즉위한 이듬해에는 공민왕을 깨우치기 위해 선생은 상중의 몸인데도 불구하고 장문의 상소문을 올리기도 했다. 당시의 임금들은 선생의 기대에 부응하지 못했다. 이를 바라볼 수밖에 없었던 선생의 마음이 얼마나 안타까웠을지는 짐작하고도 남는다. 선생의 이러한 정치적 실천철학은 한국의 정치적 실천철학의 근간이 되었으며, 조선시대에 들어와 정암 조광조 선생의 지치주의운동으로 나타났다.

제5절
초탈원융철학

'천인무간(天人無間)' 사상에서는 철저한 수양철학이나 정치적 실천철학이 나타나기도 하지만, 다른 한편으로는 하늘의 차원에서 속세를 초월하여 모든 것을 포용하는 초탈원융철학(超脫圓融哲學)이 나타나기도 한다.

제1항 형이상학적 초탈철학

『목은시고』 권2 「야좌유감7수(夜坐有感七首)」 중 세 번째 시에 다음의 내용이 있다.

장부의 뜻은 본디 세상 걱정이 많나니	丈夫志氣本囂囂
천지를 다시 창조함을 어찌 수고롭게 여기랴	再造乾坤豈是勞
기둥 친 데서 이미 팽구의 화가 싹텄으니	擊柱已萌烹狗禍
이교 아래 소서가 높은 줄 비로소 알겠네	始知圯下素書高

거마가 분분하게 밤낮으로 시끄러워라	車馬紛紛日夜囂
공업을 이룬대도 역시 수고롭다 하겠네	縱成功業亦云勞
세간 만사는 참으로 바둑판과 같으니	世間萬事眞棋局
바둑을 두지 않는 것이 가장 묘수라오	妙手無如不著高

'기둥을 친다'는 말은 한(漢)나라를 세운 유방(劉邦)이 천하를 평정했을 때, 신하들이 모여 술을 마시면서 서로 공을 다투다가 술에 취한 끝에 함부로 소리를 지르며 칼을 뽑아 기둥을 쳤던 일을 가리키고, 팽구(烹狗) 즉, '개를 삶는다'라는 말은 유방의 부하로 공신이었던 한신(韓信)이 잡혀 죽을 때 "과연 사람들의 말이 맞구나. '교활한 토끼가 잡히고 나면 사냥개는 삶아 먹힌다[狡兎死走狗烹]' 했으니, 천하가 이미 평정된 지금은 내가 응당 삶김을 당할 것이다"라고 한 데서 나온 말이다. 또 이교(圯橋)는 '흙으로 만든 다리'를 가리킨다. 장량(張良)이 일찍이 이교에서 황석공(黃石公)에게 『소서(素書)』를 받아 공부했었는데, 유방이 천하를 평정했을 때, 장량만은 초연히 숨어서 화를 면했다. 이에서 보면 세상일에 관여하지 않고 초연히 살아가는 것을 희망하는 선생의 심정을 읽을 수 있

다. 선생이 세상의 일을 바둑 두는 것에 비유한 것은, 깨우치는 바가 있다. 초연한 하늘의 차원에서 보았을 때 세상의 일은 아이들이 소꿉장난하는 것과도 같고, 한판의 바둑을 두는 것과도 같다. 선생은 세속에 휘말리지 않고 초연히 살아가는 것을 바둑을 두지 않는 것이 좋겠다는 말로 표현했다.

세속에 초연한 상태로 유유자적(悠悠自適)하는 삶은 하늘처럼 사는 삶이다. 하늘은 존재 그 자체가 진리이고 본질이기 때문에 수양을 할 필요가 없다. 선생은 이러한 심정을 『목은시고』 권6에 있는 「독음(獨吟)」이란 시로 표현한 적이 있다.

만 리라 먼 하늘에 구름 막 걷히어	萬里雲初卷
중천에 밝은 태양이 홀로 걸려 있네	中天日獨懸
이 마음은 본디 물욕이 없으니	此心無物欲
누가 즐겨 현인이 되려고 하랴	誰肯更希賢

하늘마음으로 사는 사람은 물욕이 없다. 물욕 없이 사는 사람은 현인이 되려고 노력할 필요가 없다. 세속에서 욕심을 채우기 위해 동분서주할 이유도 없다. 세속을 초월하여 초연하게 살면 된다. 이러한 초월적 삶을 추구하는 것은 노장철학(老壯哲學)에 가깝다. 선생의 철학은 노장철학과도 통한다.

하늘은 포용하지 않는 것이 없다. 하늘의 차원에서 초연한 삶을 구가하는 목은 선생은 불교와 노장사상을 다 포용하여 하나로 융합한다.

제2항 유불도 삼교의 융합

선생은 다음과 같이 불교를 포용하고 긍정한다.

> 계(戒)를 통해서 정(定)으로 들어가고 정을 통해서 혜(慧)를 발
> 휘하게 되면, 성(性)의 전체와 큰 작용이 깨끗하고 고요한 상태
> 로 순일하게 되어 부처와 다름없이 될 것인데, 이 사실을 어찌
> 의심할 수가 있겠는가. 아! 그렇게 되면 설산의 참모습을 또한
> 스님을 통해서 볼 수 있게 될 것이다.[70]

위의 문장에서 보면 선생은 불교에 귀의하여 수도하는 스님들
을 전적으로 긍정하고 있음을 알 수 있다. 이외에도 선생이 당시
에 유행하던 불교를 전폭적으로 포용하고 있는 흔적은 곳곳에 남
아 있다. 『목은문고』와 『목은시고』에는 불교에 관해 언급한 것이
많다. 이는 그 자신이 절에서, 많이 독서한 데서 영향 받은 것이
기도 하지만, 근본적으로는 선생이 하늘이 되어 모든 것을 융합하
기 때문으로 이해할 수 있다. 진리는 하나로 통해 있다. 하늘마음
이 된 사람은 진리를 하나로 꿰어 다 받아들인다. 목은 선생의 융
합사상은 단군조선시대 때부터 내려오는 한국의 전통사상이다.

부도씨(浮屠氏)가 세상에서 중하게 여김을 받아 온 지가 오래되

---

70. 由戒而入於定 由定而發其慧 全體大用 純乎白淨 與佛而等 尙何疑乎 雪山
    眞面目 在乎師矣 在乎師矣(『牧隱文藁』권6, 「雪山記」).

었다. 그런데 한갓 인과(因果)에 따라 죄와 복을 받는다고 주장하는 것 따위는 말단에 속한다고 하겠지만, 가령 고허(高虛)하고 현묵(玄黙)한 경지에 서서 만물을 초월해 홀로 우뚝 서 있는 것과 같은 것으로 말하면, 비록 우리 유자(儒者) 가운데 고상한 자라 하더라도 그것을 결코 하찮게 여길 수 없는 점이 있다고 하겠다.[71]

목은 선생은 불교만 포용하는 것이 아니라, 노장사상까지 다 포용한다. 선생은 「백척추(百尺楸)」(『목은시고』 권3)라는 제목의 시에서 다음과 같이 술회한다.

나무 중에는 팽조와 노자가 으뜸	在木爲澎聃
큰 재목은 예로부터 쓰이기 어려워	材大古難用
버려진 게 되레 마음에 달갑다오	棄捐心所甘
역사(櫟社)[72]는 절로 보전될 수 있는 법	櫟社自可保
남화경의 말이 진정 믿을 만하네	信哉南華談

『남화경』은 장자가 저술한 『장자』의 다른 이름이다. 쓸모없는

---

71. 浮屠氏 重於世久矣 徒以因果罪福焉者 末也 高虛玄黙 獨立乎萬物之表 則雖吾儒高尙者 亦莫能少之(『牧隱文藁』 권12, 「賜龜谷書畫讚」).
72. 상수리나무를 상징으로 심은 사당을 말한다. 『남화경』 「인간세편」에 다음과 같은 이야기가 나온다. 장석(匠石)이 제나라에 가서 이루 상상할 수 없이 큰 상수리나무를 보고도 뒤돌아다보지 않고 가버리므로, 그의 제자가 장석에게 그 까닭을 묻자 장석이 "그 나무는 아무데도 쓸모가 없는 나무이기 때문에 이렇게 오래 살 수 있는 것이라고 했다."

나무는 사람들이 베어가지 않기 때문에 수명이 다할 때까지 손상되지 않고 살아간다. 이런 점에서 보면 나무의 입장에서는 쓸모없는 것이 오히려 다행인 셈이다. 장자의 사상에서 보면 인간 세상에서의 일은 소꿉장난이요 꿈이다. 그러므로 그 꿈이나 소꿉장난 같은 일에 유용한 인물이 되어 목숨을 잃는 것보다는 유용하지 않더라도 자연 상태를 유지하는 것이 훨씬 더 좋은 일이다. 하늘과 하나 된 본래의 상태에서 세상에 초연하게 살아가고자 한 선생에게 장자의 사상은 매력적으로 다가온다. 선생은 노자에 대해서도 다음과 같이 언급한다.

> 도가 학파에 관해서는 사마천(司馬遷)이 지은 『사기(史記)』의 기록을 통해서 알아볼 수가 있다. 노씨가 주나라의 주하사(柱下史)로 있다가 때를 만나지 못하자 오천 자의 글을 남겼다. 여기에서 두 번 전해져 개공(蓋公)에 이르게 되었는데, 이때 조참(曹參)이 그를 문제(文帝)에게 천거하여 한 나라에 형벌이 필요 없는 시대를 열게 되었으니 비록 우리 유자가 천하에 쓰인다 하더라도 모두 이처럼 아름다운 효과를 거둔다고는 꼭 장담할 수 없을 것이다.[73]

노자 사상에 의해 행해진 훌륭한 정치는 유자가 따라갈 수 없

---

73. 道家者流 馬史所載可見 老氏柱下史 不遇也 著書五千言 再傳而至蓋公 曹參薦之文帝 致漢刑措 雖吾儒用天下者 其成效未必皆若是之美也(『牧隱文藁』 권7, 「送徐道士使還序」).

다고 할 정도로, 선생은 노자를 높이 평가한다. 유학을 전공하면서 유학이 아닌 다른 사상을 조금의 차등도 두지 않고 완전히 수용한다는 것은 참으로 어렵다. 하늘이 되어 진리가 모두 하나임을 깨쳐야 가능한 일이다.

지상에서 보면 모든 것이 구별되는 개별적 존재이지만, 하늘에서 보면 모든 것이 하나로 연결된다. 모든 것은 하늘의 요소를 동시에 가지고 있기 때문이다. 대밭(竹田)에 가서 지상에 나와 있는 대나무를 보면 모든 대나무가 각각 별개의 대나무로 보이지만, 그 대나무들이 지하에서 하나의 뿌리로 연결된 것과 같다. 그러므로 도(道)를 밝히는 것은 어느 특정의 사람이나 특정의 가르침이어야만 가능한 것이 아니다. 누구의 어떤 가르침을 통하더라도 도를 터득하기만 하면 그것을 후세에 전할 수 있는 능력자가 될 수 있다.

도(道)는 하늘과 땅 사이에 내재하여 어둡고 밝은 곳을 관통하고, 크고 작은 것 모두를 포용한다. 그리하여 어떤 물건도 도가 깃들어 있지 않은 것이 없고, 어느 때도 도가 작용하지 않은 적이 없으니, 도의 체(體)와 용(用)이 그야말로 찬연히 빛나고 있다 하겠다. 하지만 그 도를 인간 자신이 몸으로 행하면서 후세에 전하느냐 못하느냐 하는 문제는 비단 우리 유자에게만 해당하는 일은 아니라고 할 것이다. (…) 천하는 광대한 만큼 선지식이 많은 것 또한 분명한 사실이다. 상인(上人)이 법을 얻어서 돌아온다면 이번 걸음이 절대로 헛되지 않을 것이니, 상인은 부디 힘쓰기를 바란다.[74]

사람에게 가장 중요한 것은 진리이다. 종교가 중요한 것은 진리를 가르치기 때문이다. 진리를 얻을 수만 있다면 어떠한 종교를 통하든, 누구의 가르침을 받든 상관이 없다. 특정 종교의 왜곡된 가르침에 구애되어 진리를 얻지 못하는 일이 있다면, 그런 종교는 없는 것만 못하다. 그런 종교는 진리로 인도하는 것이 아니라, 오히려 진리를 막는 독소가 된다. 목은 선생은 유학자이면서도 유학자라는 사실에 얽매이지 않았다. 선생은 하늘로 향하는 길을 제시하는 모든 가르침을 용납했다. 선생의 사상은 종교 간의 충돌로 온 세계가 전쟁의 도가니로 빠져들고 있는 현대의 위기를 극복할 수 있는 좋은 방안이 될 수 있다.

선생의 초탈원융철학은 모든 사상과 종교의 가르침을 포용하여 하나로 융합하면서도 한편으로는 현실에 관여하지 않고, 초탈하여 유유자적하는 삶을 구가하기도 한다.

제3항 유유자적한 삶

진리를 얻으면 이 세상이 이미 천국이라는 것을 안다. 아비규환의 지옥처럼 되어 있는 것은 꿈같은 가상에서 일어나는 일일 뿐, 참이 아니다. 이를 알면 세상의 일에 얽매이지 않고 유유자적하게

---

74. 道在天地間 貫幽明 包大小 無物不有 無時不然 其體用固粲然也 而人之行之 有傳與否焉 非獨吾儒者之事也(…) 天下大矣 善知識者亦大多矣 得法以歸 則不爲虛步矣 上人其勗之哉(『牧隱文藁』 권8, 「送絶傳上人序」).

살아갈 수 있다. 선생은 이 세상을 지상천국으로 바꾸기 위해 전력투구하다가도, 때로는 초탈하여 유유자적한 삶을 구가하기도 한다. 이 두 가지 삶의 방법은 모순되는 것이 아니다. 세상일에 초월하여 유유자적할 수 있는 사람이라야 이 세상을 천국으로 만들 수 있고, 이 세상을 천국으로 만들 수 있는 사람이라야 유유자적할 수 있다. 선생은 「오리송(五里松)」(『목은시고』 권3)이라는 자작시에서 다음과 같이 읊었다.

저 아름다운 푸른 수염 늙은이는	彼美蒼髥翁
산속의 옛 군자로다	山中古君子
숨은 선비들과 서로 어울리니	相從隱淪徒
세속의 선비가 아닌 줄 알겠네	知是非俗士
허사와 금장은[75]	許史與金張
그 흔적이 원래 물과 같은 것	由來跡如水
들녘의 학은 수시로 날아와 앉고	野鶴時飛來
맑은 바람은 가지 위에 일어나니	淸風枝上起
눈 서리 많은 겨울날이 오더라도	歲晚霜雪多
나와 함께 남은 생을 보전하리라	庶與保殘齒

세속적인 부귀영화는 물과 같이 흔적이 없는 것이고 덧없는 것

---

75. 허사(許史)는 한(漢) 선제(宣帝) 때 후비인 허황후(許皇后)의 집안과 한 선제의 조모인 사양제(史良娣)의 집안을 합칭한 말이고, 금장(金張)은 한나라 때 7대에 걸쳐 고관대작에 올라 부귀영화를 극도로 누렸던 금일 제(金日磾)와 장안세(張安世)의 가족을 가리킨다.

이다. 그런 것에 얽매일 까닭이 없다. 선생은 겨울이 와도 변치 않는 소나무를 보고 자신의 삶도 그렇게 되기를 희망한다. 산에 있는 소나무는 소나무가 아니다. 그냥 자연이다. 자연이라는 의미에서 나와 하나다. 소나무 아래에 모여드는 선비도 자연이고, 스쳐 지나가는 바람도 자연이다. 수시로 날아오는 학들도 자연이고 눈서리 오는 것도 자연이다. 우리가 하늘이 되고 자연이 되면 사람의 차원을 초월한다. 속세의 사람들이 누린 부귀영화는 꿈속에서 스쳐 간 바람일 뿐 흔적이 없다. 꿈같은 가상세계에서 벗어나 자연으로 하나 되는 삶을 사는 것이어야 참된 삶이다. 마음으로 이미 세속을 초월한 선생은 비록 세속에 살고 있어도, 세속의 부귀영화를 초월한 상태로 유유자적한 삶을 살았다. 유유자적한 삶은 꼭 산중에 은거해서만 가능한 것이 아니다. 유유자적한 삶을 사는 사람에게는 그가 서 있는 그 자리가 바로 선계(仙界)이다. 유유자적한 삶은 마음에서 오는 것이지, 환경에서 오는 것이 아니다.

제6절
목은의 인애사상과 의리정신

제1항 목은의 인애정신

목은 선생은 철저한 수양을 통해 하늘마음을 회복했다. 하늘마음은 한마음이다. 한마음을 가진 사람은 남과 내가 하나가 된다. 남과 하나가 된 사람은 나를 사랑하듯 남을 사랑한다. 사랑에도 두 종류가 있다. 하나는 남과 내가 하나 되는 사랑이고, 다른 하나는 남을 내 것으로 만들기 위한 사랑이다. 전자는 한마음에서 나오는 사랑이고, 후자는 욕심에서 나오는 사랑이다. 전자는 인애(仁愛)이고, 후자는 애욕(愛慾)이다. 인애는 담담하지만 애욕은 뜨거워진다.

목은 선생은 하늘마음을 회복했기 때문에 몸에는 하늘마음이 가득했다. 선생의 몸에서는 하늘마음에서 나오는 사랑으로 넘쳐흘렀다. 미천한 사람의 부탁도 거절하는 법이 없었다. 아무리 미천한 사람이라도 선생에게는 하늘처럼 귀한 존재로 보였다. 제자 양촌은 선생의 모습과 품성에 대해 다음과 같이 기록하고 있다.

> 평소에 급한 말이나 당황한 빛이 없었으며, 집안 식구나 노복들이 혹 실수가 있더라도 서서히 이치로 타일러, 성낸 말을 한 일이 없었으며, 잔치 자리에서도 예사롭게 행동하나, 난잡스러운데에 이르지 않았다. 마음에 거리낌이 없고, 말과 행동이 조용하며, 즐겁고 성냄을 나타내지 않고, 모난 행동이 없어, 마치 훈훈한 한 덩이의 화기(和氣)인 듯했다. 오랫동안 은총을 받고 권리를 잡은 자리에 있었으나, 교만하고 뽐내는 것을 보지 못했으며, 나이 들어 환란을 만났어도 기개를 잃지 아니하여, 옥중에 갇혀도 욕되게 여기지 아니하고, 높은 벼슬에 올라도 영화로 여기지 아니했으니, 공은 몸과 마음을 지켜나가는 것이 확고하여, 뺏을 수 없는 사람이라 하겠다.[76]

---

76. 『양촌선생문집』 제40권 「목은선생 이 문정공(李文靖公) 행장」에서 발췌. 번역문은 고전번역원의 번역을 거의 그대로 실었음.

선생의 삶은 하늘마음으로 살아가는 것이 어떤지를 보여주는 모범이다. 하늘마음은 위엄이 있다. 황소 같은 힘을 가진 아들이 힘이 없고 배운 것 없는 어머니의 꾸지람에 고개를 숙이는 까닭은 아들을 향한 어머니의 마음이 하늘마음이기 때문이다. 선생에게는 위엄이 있었다. 공민왕이 선생을 궁중으로 부를 때는 좌우 사람을 시켜 닦고 쓸고 향불을 피웠다. 이는 선생의 마음에서 나오는 위엄에 기인하는 것으로 볼 수 있다. 선생은 명나라와의 껄끄러운 관계를 해결하기 위해, 위험을 무릅쓰고 명나라의 조정에 갔는데, 선생을 만난 명나라의 황제 주원장은 선생을 우대하며 선물을 많이 내렸다. 이 또한 선생에게서 배어 나오는 위엄에 의한 것으로 이해할 수 있다. 양촌은 행장에서, 온화하면서 위엄이 있는 선생의 모습을 다음과 같이 기록했다.

> 사람을 대하고 물건에 접할 때는 공경하고 겸손하여 화기애애했으나, 그 늠름한 기상은 범할 수 없었다.[77]

하늘마음으로 인애하는 사람은 남에게 희생한다. 부모가 자녀에게 희생하는 까닭은 자녀를 대할 때의 부모의 마음이 하늘마음으로 바뀌기 때문이다. 선생은 어렵고 위험한 일 앞에서 늘 자신을 희생했다. 부모가 자녀에게 희생하고, 다른 사람에게 희생하지 않는 이유는, 자녀를 대할 때는 하늘마음이 되지만, 다른 사람을 대할 때는 하늘마음이 사라지기 때문이다. 선생의 몸에는 하늘마

---

77. 위와 같음.

음이 가득하므로 희생정신이 늘 배어 나왔다. 선생의 일생은 인애
와 희생으로 일관되었다.

제2항 목은의 의리정신

하늘이 의롭지 않은 것을 옹호하지 않는 것처럼, 하늘같은 사람은
불의에 굴복하지 않는다. 선생이 살았던 고려시대 말기는 이미 나
라의 국운이 기울어져 나라를 더는 유지하기 힘든 상황이었다. 고
려왕조의 정신적 지주였던 불교가 타락하여 회복 불능 상태가 되
었다는 것은 고려왕조가 존속하기 어렵게 되었음을 의미한다. 만
약 주자학이 일반에게 널리 퍼져서 불교를 대신할 수 있게 되고,
국왕이 주자학을 신봉하면서 원나라와 명나라의 주자학적 정치
체제를 본보기로 하여, 재빨리 정치체제를 개혁한다면 고려왕조
는 새로운 모습으로 재탄생할 수 있을 것이지만, 그것은 기대하기
어렵다. 새로운 철학을 가지고 창업할 수 있는 능력을 갖춘 국왕
이 등장하지 않는다면 고려왕조는 지속하기 어렵다.

　고려의 왕들은 원나라의 수도에 머물기도 했지만, 원나라의 정
치이념인 주자학을 습득하지 못했다. 국왕은 여전히 불교의 사찰
을 건립하느라 재정을 낭비하고, 승려에게 정치를 맡겨 세상을 어
지럽힘으로써 민심이 돌아서고 있었다. 이러한 상황은 새로운 시
대를 열기 위한 혁명을 부르는 마중물이 되기도 한다. 더구나 중
국이 주자학을 정치이념으로 삼고 있었기 때문에 더욱 그러하다.

　고려 말에 상황판단이 가장 빨랐던 지식인이 정도전이었다. 정

도전은 혁명의 필요성을 감지하고 이성계를 찾아가 혁명을 권유했다.

그러나 목은 선생은 혁명을 찬동하지 않았다. 새로운 시대를 열어야 하는 상황에서는 혁명할 필요가 있지만, 문제는 누가 혁명을 하는가에 달렸다. 은나라의 탕 임금이나 주나라의 무왕 같은 성인이 아닌 사람이 국왕을 축출하고 왕이 되는 일은 일어나서는 안 된다. 성인은 하늘마음을 가진 사람이고 백성들과 한마음이 되는 사람이다. 성인은 욕심이 없다. 그러므로 성인이 혁명을 하는 것은 백성을 위한 것일 뿐이므로, 혁명 후에 백성들은 행복해진다. 그러나 성인이 아닌 사람이 욕심을 채우기 위해 국왕을 축출하는 것은 혁명이 아니라 찬탈이다. 성인이 아닌 사람이 욕심을 채우기 위해 왕위를 찬탈하면, 자기의 권력과 부귀영화를 누리기 위해 백성들을 괴롭게 만든다.

목은 선생이 보기에는 정도전과 이성계가 성인이 아니었다. 정도전은 자기의 제자이고 이성계는 각별한 사이였지만, 그런 관계 때문에 혁명할 자격이 없는 사람을 지지할 수는 없다. 그것은 하늘을 배반하는 것이고, 백성들을 고통스럽게 하는 것이다.

선생은 정도전과 이성계에게 끝끝내 찬동하지 않았다. 그 때문에 모진 고초를 겪었다. 수없이 유배되었고, 감옥에도 갇혔으며, 아들이 처참하게 죽기도 했다. 선생이 찬동했더라면 최고의 부귀영화를 누렸을 것이다. 그러나 의롭지 않은 부귀영화는 선생에게 뜬구름 같은 것이었다. 이성계가 왕위에 등극한 뒤, 선생을 꺼리는 자들이 선생을 극형에 처하려고 하자, 선생은 다음과 같이 말했다.

나는 평생 망령된 말을 하지 않았는데, 구태여 거짓으로 승복하겠는가. 비록 죽는다고 해도 나는 바른 귀신이 되겠다.[78]

죽음 앞에서도 굽히지 않는 선생의 의리정신은 바로 하늘마음에서 나오는 것이었으므로 강력한 힘이 있었다.

제7절
목은 사상의 흐름

목은의 철학사상은 한국 고유의 철학사상과 중국의 주자학이 합류하여 이루어진 거대한 호수였고, 그 호수가 다시 세 흐름으로 나뉘어 거대한 물줄기를 이루면서 후대로 흘러간다. 세 흐름에 깔린 공통적인 요소는 한국의 하나사상이다. 세 흐름은 때로는 만나서 합류하기도 하고 때로는 분리되어 각각의 특징을 드러내기도 하면서 조선시대를 거쳐 오늘날의 정신세계에까지 유유히 흘러오고 있다.

인애사상을 바탕으로 한 의리정신은 하나사상이 세 흐름에 공통으로 깔린 것처럼, 세 흐름의 원줄기가 되어 함께 흐른다. 인애사상과 의리정신은 하나사상에서 지상으로 올라온 원줄기이다. 인애사상과 의리정신은 한국 정신의 바탕이 되어 흐르다가, 외부로 나타날 상황이 되면 영락없이 고개를 들고 나타난다.

---

78. 위와 같음.

선생의 의리정신은 선생의 문인 포은 정몽주 선생에게서 나타났다. 포은은 이성계의 혁명에 굴복하지 않고 목숨 바쳐 저항했다. 포은의 의리정신은 야은 길재 선생, 강호 김숙자 선생, 점필재 김종직 선생, 일두 정여창 선생, 한훤당 김굉필 선생, 탁영 김일손 선생, 사육신과 생육신, 임란 때의 의병, 동학 운동, 구한말의 의병, 삼일운동과 독립운동, 419 학생운동 등으로 면면히 이어져 오고 있다.

　　수양철학(修養哲學)의 흐름은 양촌(陽村) 권근(權近) 선생, 회재(晦齋) 이언적(李彦迪) 선생을 거쳐 퇴계(退溪) 이황(李滉) 선생에 이르러 완성을 보게 되고, 정치적(政治的) 실천철학(實踐哲學)은 정암(靜庵) 조광조(趙光祖) 선생, 하서 김인후 선생을 거쳐 율곡(栗谷) 이이(李珥) 선생에 이르러 이론적으로 완성되며, 초탈원융철학(超脫圓融哲學)은 매월당(梅月堂) 김시습(金時習) 선생, 화담(花潭) 서경덕(徐敬德) 선생을 거쳐 남명(南冥) 조식(曺植) 선생에 이르러 완성을 보게 된다.[79]

---

79. 목은 선생의 철학사상 부분은 이기동,『동양삼국의 주자학』(성균관대학교출판부, 1995)과 임정기·이상현 옮김,『목은집』(민족문화추진회, 2001)에서 많이 참고했고, 번역을 거의 그대로 실은 곳도 있음을 밝힌다. 제자 이은영 박사의 학위논문『목은 이색의 철학사상 연구』(성균관대학교, 2019)도 참조했음을 밝힌다.

제4장

■

여말의 성리학과 고려의 멸망

제1절
포은 정몽주 선생의 의리사상

정몽주(鄭夢周: 1337~1392) 선생의 자는 달가(達可), 호는 포은(圃隱)이고, 시호가 문충(文忠)이다. 1360년 문과에 장원하여, 벼슬길에 들어섰다. 1376(우왕 2)년에 성균대사성(成均大司成)이 되었고, 이듬해 사신으로 일본 규슈[九州]의 장관에게 왜구의 단속을 부탁하고, 잡혀간 고려인 수백 명을 귀국시켰다. 1380년 조전원수(助戰元帥)가 되어 이성계(李成桂) 휘하에서 왜구토벌에 참여했다. 1383년에는 동북면 조전원수로서 함경도에 침입한 왜구를 토벌했다. 1389년에 이성계와 함께 공양왕을 옹립했고, 이듬해 관직이 수문하시중(守門下侍中)에 이르렀다. 이성계 일파가 이성계를 왕으로 추대하려는 움직임을 알고, 저지하기 위해 기회를 보고 있다가, 1392년 선죽교(善竹矯)에서 이방원의 부하 조영규(趙英珪) 등에게 격살 당했다. 선생은 주자학에 투철하여 주자학에서 말하는 생사고락을 초월하는 진리가 몸에 배었다. 생사고락을 초월한 사람은 몸이 죽어도 죽는 것이 아니다. 그런 사람은 한 몸 살기 위해 구차하게 불

題千員船館 英植

정몽주

의에 굴복하지 않는다. 이방원이 선생에게 자기와 함께 하자고 회유했을 때 주고받은 「하여가(何如歌)」와 「단심가(丹心歌)」는 지금까지도 유명하다. 『병와가곡집(瓶窩歌曲集)』과 『청구영언(靑丘永言)』 등에 실려 있다. 내용은 현대어로 고치면, 다음과 같다.

「하여가」
이런들 어떠하며 저런들 어떠하리. 만수산 넝쿨 칡이 얽혀진들 어떠하리. 우리도 이같이 얽혀져 한평생을 누리리.

「단심가」
이 몸이 죽고 죽어 일백 번 고쳐 죽어, 백골이 진토 되어 넋이라도 있고 없고, 님 향한 일편단심이야 가실 줄이 있으랴.

1401(태종 1)년에 영의정에 추증되었고, 익양부원군(益陽府院君)에 봉해졌다. 중종 때 문묘(文廟)에 배향되었고, 개성의 숭양서원(崧陽書院)을 비롯한 11개 서원에 모셔졌다. 문집으로 『포은집(圃隱集)』이 전한다.

선생은 타고난 재질이 총명하고 명석했다. 어려서부터 주자의 집주를 혼자서 읽고 자득했다. 목은 선생은 포은을 칭찬하며 다음과 같이 말한 적이 있다.

몽주가 이(理)를 논할 때, 이런저런 방식으로 설명하더라도 이치에 맞지 않은 것이 없다.[80]

당시에 주자학이 소개되어 급속도로 전파되고 있었기 때문에 주자학의 이론체계를 꿰뚫고 있는 선생은 큰 역할을 할 수 있었다. 여러 관직을 두루 거쳐서 재상에까지 이르렀다. 주자학을 바탕으로 해서 여러 정책을 세우고 실시하여 큰 효과를 보았고, 중국 및 일본과의 외교에서도 큰 공을 세웠다. 성균관에서 교육을 담당하여 많은 학생을 배출했고 개성에 5부 학당과 지방에 향교를 세워 많은 인재를 양성했다.

또한 당시에 유행하던 불교적인 예식을 주자학의 방식으로 바꾸기 위한 선구적 역할을 했다. 당시에는 사대부들도 백일 탈상을 했으나, 선생이 양친의 상을 당했을 때, 3년 상을 치렀다. 1390년에는 『주자가례』에 따라 가묘를 세우고 조상의 제향을 받들도록 장려했다. 선생의 노력은 당시까지의 불교적 분위기를 유학적 분위기로 전환하는 데 큰 효과를 거두었다.

그러나 선생은 주자학에 몰입한 나머지 중국에 치우친 폐단도 있었다. 선생은 「겨울밤에 춘추를 읽다(冬夜讀春秋)」(『포은집』 권2)라는 제목의 시에서 다음과 같이 읊은 적이 있다.

공자의 필법은 뜻이 정밀하고 오묘하다	仲尼筆削意精微
설야에 등불 켜고 자세히 완미해보니	雪夜青燈細玩時
진작부터 이 몸은 중국에 가 있거늘	早抱吾身進中國
곁의 사람들 몰라보고 동이에 산다 하네	傍人不識謂居夷

---

80. 夢周論理 橫說竪說 無非當理(『고려사』 권117, 「정몽주전」).

공자의 『춘추』에서는 역사적 인물들이 예법의 실천 여부에 따라 군자와 소인으로 평가되고 있다. 예법이란 인의의 마음이 외부로 나타난 모습이다. 춘추를 완미하던 선생은 공자를 이해할 수 있었다. 공자가 살던 나라가 중국이다. 중국은 지역을 일컫는 말이 아니라 문화의 수준을 일컫는 말이다. 문화의 수준이 높은 나라가 중국이고 그렇지 못한 나라가 오랑캐 지역이다. 선생은 이미 주자학을 소화하고 있었고, 이미 군자가 되어 있었으므로, 이미 중국에 사는 사람이다.

공자의 학문은 주자가 이어받았고, 당시에 주자학으로 꽃을 피운 나라가 명나라였으므로 당시로서는 중국이 명나라다. 선생이 명나라를 높인 것은 이러한 이유 때문이다. 공자와 주자의 학문을 터득한 선생은 자신이 이미 중국 사람과 같다고 생각했다. 자신은 중국 사람처럼 중국에 사는 수준인데, 사람들은 그런 것도 모르고 여전히 동이에 살고 있다고 생각한다고 술회했다.

여기에서 우리는 약간 비판의 시각을 가질 수도 있다. 한국인에게는 모두가 하나라는 정서가 있다. 이 정서가 깊이 체화된 사람과 그렇지 못한 사람과는 큰 차이가 있다. 모두가 하나라는 정서의 핵심은 '너=나'라는 등식이다. '너=나'의 등식에서 보면 네가 나이고 내가 너이다. 이 정서가 깊이 체화된 사람은 너를 나처럼 귀하게 받아들이고 존중하지만, 그렇지 못한 사람은 너는 나와 같아야 한다고 고집하여, 나와 다른 것을 용납하지 못하는 편협한 사람이 되고 만다. 나와 다른 의견, 나와 다른 사상, 나와 다른 종교 등을 용납하지 못하고 싸운 까닭도 이 때문이다. 조선시대 후기에 당파싸움을 격렬하게 된 것도 이 때문이다. 오늘날에도 이런 현상들은 있다. 독실한 불교 신자는 불교 외의 종교를 용납하지 못하고, 독실한 기독교 신자는 기독교 외의 종교를 용납하지 못하며, 마르크스 철학을 추종하는 사람은 마르크스 사상 이외에는 용납하지 못하는 수도 있다. 독실한 기독교인 중에는 이스라엘을 선망하고, 불교 신자는 인도를 선망하기도 한다. 영어 공부에 심취해 있는 사람은 미국을 선망하기도 하고, 심지어 일본어에 심취해 있는 사람은 일본문화를 선망하기도 한다.

포은 선생은 명나라를 선망했던 것 같다. 자신은 이미 중국문화와 동화되어, 중국 땅에 사는 사람과 차이가 없는데, 사람들은 여전히 동이에 사는 것으로 생각한다고 하는 것에는, 중국은 문화의 중심국이지만, 한국은 주변국이라는 전제가 깔려 있다. 한국 땅에 사는 사람들은 여전히 문화 수준이 뒤떨어진다는 전제도 깔려 있다.

목은 선생의 사상은 그렇지 않았다. 목은 선생은 고대의 한국 사상을 알고 있었다. 고대의 한국사상은 모든 것을 다 포용하는 무한한 그릇이고, 모든 건물을 다 떠받히고 있는 튼튼한 땅이다. 목은 선생의 주자학은 한국 고대사상이라는 무한히 넓고 튼튼한 땅에 세운 건물이었다. 땅을 보지 못하고 건물에만 들어간 사람은, 건물 내부의 아름다움에 매혹되어 그 건물에 갇혀버리기 쉽지만, 땅을 아는 사람은 그 땅 위에 세워진 다른 건물들을 두루 포용한다. 철학사상도 마찬가지다. 세상에 드러나 있는 철학사상은 넓고 튼튼한 땅에 세워진 건물들이다. 최치원 선생이 말했듯이 한국 고대의 신묘한 도는 모든 철학사상을 포용하는 넓고 튼튼한 땅이기 때문에, 철학사상으로 드러난 모든 건축물을 다 포

용할 수 있었다. 철학사상을 떠받치고 있는 토대를 알면 철학사상
에 갇히지 않을 뿐만 아니라, 자기에게 필요한 사상으로 소화할
수 있고, 필요에 따라서 재건축을 할 수도 있다.

목은 선생은, 단군조선시대는 한국이 천자국이었고 문화의 중
심국이었지만, 후대로 내려오면서 문화의 중심이 중국으로 넘어
갔고, 중국이 천자국 행세를 하는 것에 대해 가슴 아파했으며, 명
나라가 조공을 가져오라는 것에 대해서도 불만을 품고 있었다. 명
나라가 한국의 본래면목과 위상을 알았더라면 그렇게 경솔한 요
구는 하지 않았을 것이고, 목은 선생이 명나라와의 관계를 설정
하는 위치에 있었더라면, 명나라와 대등한 관계를 유지하는 방안
을 찾기 위해 고심했을 것이다.

제2절
정도전의 주자학과 정치의식

정도전(鄭道傳, 1342~1398)의 자는 종지(宗之), 호는 삼봉(三峯), 시호는
문헌(文憲)이다. 목은 선생의 문하에서 수학했다. 1360(공민왕 9)년
에 성균시에 합격하고, 2년 뒤에 진사시에 합격해 충주사록(忠州司
錄)을 시작으로 벼슬길에 들어섰다. 1370년에는 성균관 박사로 있
으면서 정몽주 등의 교관과 매일 명륜당에서 주자학을 강의하고
강론했다. 1375(우왕 1)년에 이인임(李仁任)·경복흥(慶復興) 등의 친
원 배명 정책을 반대하다가 전남 나주로 유배되었다.

삼봉은 유배되었을 때, 소재동에 있는 황연의 집에서 살았다.

삼봉은 동네의 농민·천민들과 어울리면서 많은 경험을 했다. 백성들이 고생하는 것이 정치의 잘못 때문이라는 것도 알았다. 당시 나라가 어지럽게 된 근본 원인은 불교의 폐단과 무능한 정치 때문이었다. 삼봉은 유배와 유배에서 풀려난 뒤의 유랑생활까지 9년에 걸쳐 고달픈 삶을 살면서 세상을 바꾸어야 한다는 생각을 굳혔을 것이다.

세상이 혼란스러워 구제 불능일 때는 바꾸어야 한다. 그것이 혁명이다. 혁명해야 할 때 혁명하는 것은 바람직하다. 삼봉은 당시의 상황이 혁명해야 하는 시점임을 알았다. 불교가 타락하여 민심이 불교에서 떠나가고 있었고, 무능한 정부의 무능한 정치로 인해 민생이 도탄에 빠져들고 있었으며, 중국에서는 명나라가 새로 일어나 주자학으로 나라를 운영하고 있었고, 국내적으로는 목은 선생이 주자학을 정착시켜 놓았다. 나라가 안정되기 위해서는 민생이 안정되어야 하고, 국제적인 분위기와 조화를 이루어야 한다. 민생을 안정시키려면 정부를 바꾸어야 하고, 국제적인 분위기에 맞추려면 정치이념을 불교에서 주자학으로 바꿔야 한다. 이제 고려왕조를 무너뜨리고 새로운 세상을 열어야 할 절묘한 기회가 온 것이다.

새로운 나라의 건국을 목표로 정한 삼봉은 성급해졌다. 고려왕조를 전복시키기 위해서는 힘이 필요한데, 그런 힘이 이성계에게 있다는 것을 알았다. 이성계가 어떤 인물인지, 혁명을 할 수 있는 자격이 있는 사람인지에 대해 검증하지도 않았고 검증할 여유도 없었다. 다만 고려왕조를 전복시킬 힘이 있기만 하면 되었다.

삼봉은 1383(우왕 9)년 가을에 북방의 함주로 가서 동북면 병마사 이성계를 만났다. 이성계를 만난 삼봉은 이성계를 설득하여 혁명을 위한 준비에 들어갔다. 이러한 사실을 가지고 보면 조선의 건국은 정도전에서 시작된 것이라고 해야 할 것이다. 『태조실록』 14권에는 삼봉이 조선을 개국할 즈음, 취중에 가끔 이렇게 말했다고 전한다.

> 한 고조가 장자방을 쓴 것이 아니라, 장자방이 한 고조를 쓴 것이다.

한 고조는 한나라를 건국한 유방이고, 장자방은 책사 장량이다. 유방이 장량을 부하로 삼은 것으로 되어 있지만, 사실은 유방이 장량의 계책대로 움직여서 성공한 것이다. 삼봉의 말은 조선의 건국이 이성계가 주도한 것이 아니라 삼봉이 이성계를 설득하여 이루어낸 성과라는 것을 의미한다.

1385년에 삼봉은 이성계의 천거로 성균관 대사성이 되었다. 1388년 6월에 위화도회군으로 이성계 일파가 실권을 장악했다. 1389년 삼봉은 이성계·포은 정몽주 등과 모의해 창왕을 폐위하고 공양왕을 즉위시켰고, 1392년 7월에 조준·남은(南誾) 등 50여 명과 함께 이성계를 추대해 조선을 개국했다.

삼봉은 1394년 정월에 판의흥삼군부사(判義興三軍府事)로서 경상·전라·양광삼도도총제사(慶尙全羅楊廣三道都摠制使)가 되어 재정 및 지방 병권을 장악했고, 6월에 『조선경국전(朝鮮經國典)』을 지어 이태조에게 바쳤으며, 『심기리(心氣理)』 3편을 저술했다. 한양 천도를 계획하고 실천했다.

1395년에 정총(鄭摠) 등과 함께 『고려국사(高麗國史)』 37권을 편집했고, 『경제문감(經濟文鑑)』을 저술해 재상·대간·수령·무관의 직책을 밝혔으며, 1397년에는 『경제문감별집(經濟文鑑別集)』을 저술해 군주의 도리를 밝혔다. 1398년 여름에 『불씨잡변(佛氏雜辨)』을 저술해 주자학을 정치이념으로 정하는 이론적 기초를 마련했다. 이 외의 저서로 『팔진36변도보(八陣三十六變圖譜)』, 『오행진출기도(五行陣出奇圖)』, 『강무도(講武圖)』, 『진법(陣法)』 등의 병서가 있고, 의서로 『진맥도결(胗脈圖訣)』, 역산서(曆算書)로 『태을72국도(太乙七十二局圖)』와 『상명태을제산법(詳明太乙諸算法)』 등이 있다. 삼봉은 다양한 방면에 걸쳐 폭넓은 연구를 했기 때문에, 여러 분야에 걸쳐 많은 저술을 할 수 있었다. 삼봉은 한양 천도 후에 왕궁터를 정하고 사대문의 위치와 명칭을 직접 정했으며, 법전을 제작하고, 국가경영의 기초를 다졌다.

1398년 9월에 이방원의 기습을 받아 희생되었다. 고려 말기의 상황에서 조선을 건국하는 데 가장 큰 걸림돌이 포은이었으므로, 조선의 건국 전에 포은이 희생되었지만, 조선을 건국한 뒤에는 왕조에 충성하는 신하가 필요했으므로 충신인 포은을 영의정으로 추증하여 받들었지만, 삼봉은 역할이 끝났으므로 희생되었다.

「심기리편」, 「불씨잡변」 등의 저술은 정치적인 목적으로 쓴 것이어서, 논의가 정밀하지 못하다. 「심기리편」의 내용은 심난기(心難氣)·기난심(氣難心)·이유심기(理諭心氣)의 3편으로 되어 있다. 논리구조는 먼저 마음을 중시하는 불교의 관점에서 기를 중시하는 노장철학을 비난하고, 다음으로 노장철학의 관점에서 불교를 비난한 뒤, 주자학의 관점에서 불교와 노장철학의 잘못을 깨우쳐주는 것으로 되어 있지만, 마음을 불교철학의 핵심, 기(氣)를 노장사상의 핵심, 리(理)를 주자학의 핵심으로 보는 것 자체가 이미 잘못이다.

「불씨잡변」은 ① 불씨윤회지변 ② 불씨인과지변 ③ 불씨심성지변 ④ 불씨작용지성지변 ⑤ 불씨심적지변 ⑥ 불씨매어도기지변 ⑦ 불씨훼기인륜지변 ⑧ 불씨자비지변 ⑨ 불씨진가지변 ⑩ 불씨지옥지변 ⑪ 불씨화복지변 ⑫ 불씨걸식지변 ⑬ 불씨선교지변 ⑭ 유석동이지변 ⑮ 불법입중국 ⑯ 사불득화 ⑰ 사천도이담불과 ⑱ 사불심근 연대우촉 ⑲ 벽이단지변 등으로 구성되어 있다. 윤회설은 인도의 민간신앙에 바탕을 둔 것이다. 석가모니는 윤회의 사슬에서 벗어나려 한 것이므로, 윤회설은 불교의 핵심사상이 아니다. 민간이나 일부 승려들이 잘못 전달한 것을 비판의 대상으로 삼은 것은 잘못이다. 정신이 불멸한다는 것은 존재의 본질을 말한 것이다. 『천부경』에서 말하는 무시무종의 본질로 이해해야 할 것인데, 지극히 상식적인 판단으로 윤회설을 비판한다. 착한 일을 했거나 악한 일을 한 것에 모두 그에 상응하는 결과가 있다는 말에 관해서도 내용을 잘못 이해하여 엉뚱한 논리로 비판한다. 착하게 사는 사람은 행복해지고 악하게 사는 사람은 불행해진다. 이것이 인과론의 핵심이다. 그러나 삼봉은 불행하게 태어난 동물도 있고 비교적 덜 불행하게 태어난 동물도 있지만, 그런 동물들의 태어남이 선행과 악행의 결과가 아니라는 식으로 비판하지만, 이는 핵심을 비껴가는 논의에 불과하다. 이외에도 삼봉의 불교 비판은 깊이 있게 통찰하지 않고, 지극히 상식적인 수준에 그치고 있다.

삼봉은 고려왕조를 전복하는 과업을 이미 이루었으므로, 불교를 완전히 축출해야 하는 과업을 완성하기 위해 「불씨잡변」을 간행했다. 이미 불교에 대해 적개심을 가진 사람들은 외형적으로 드러난 불교의 부작용에 대해 감정적으로 대응한다. 그런 사람들에게는 불교에 대한 치밀한 이론분석이 필요하지 않다. 외형적으로 드러나 있는 불교의 부작용을 들추어 비판하기만 하면 된다. 불씨잡변은 그러한 용도로 쓰였다. 「불씨잡변」은 불교에 대해 적개심을 가진 사람들에게 이론적 근거를 제공할 목적으로 쓰인 것이다.

삼봉은 자신의 계획대로 새로운 왕조를 열었고, 주자학을 유행시키는 일에도 어느 정도 성공했다. 한양을 새로운 도읍지로 정하여 궁궐을 짓고, 새로운 법전을 만들어 나라의 기틀을 다졌지만, 그의 역할은 거기까지였다. 모든 역할을 혼자서 해내면 왕들의 역할이 없어진다. 삼봉은 이방원에게 희생당하여 생을 마감했다.

제3절
양촌 권근 선생의 한국적 주자학

권근(權近: 1352~1409)의 초명은 진(晉)이고, 자는 가원(可遠)·사숙(思叔)이며, 호는 양촌(陽村)이고, 시호는 문충(文忠)이다. 어려서부터 학문을 좋아했으며, 1368년 성균시에 급제하여 성균관에서 약 1년간 수학하며 목은·포은·도은 등의 학자들에게 배웠다. 1369년 나이 열여덟 살 때 관시·예조회시·전시 등의 과거에 연달아 급제했다. 호명에 따라 대궐 뜰에 들어가자 왕이 노해 "저렇게 어린아이가 어떻게 과거에 급제했느냐?"라고 묻자 동지공거 목은 선생이 "장차 크게 쓰이게 되면 어리다고 할 수 없을 것입니다"라고 대답했다고 한다.[81] 과거 급제 후 바로 춘추검열에 제수되어 관직에 나아갔다.

그 뒤 양촌은 1389년 38세에 귀양 갈 때까지 20년간 고려 말의 조정에서 비교적 평탄한 관직 생활을 했다. 그는 예문응교, 춘추관, 편수관 등 주로 왕실의 문서 작성을 담당했고, 교육 및 관료를 선발하는 일에도 관여했다. 29세와 33세 때는 성균시를 관장하여 유생들을 선발했고, 37세 때인 1388년 9월에는 정도전과 함께 동지공거가 되어 이은 등 33명을 선발했다. 정치적으로 혼란한 때이었지만, 양촌은 한가한 관직에 있으면서 줄곧 학문을 연마했다.

비교적 평탄한 관직 생활을 하던 권근이 정치적 사건에 연루되기 시작한 것은 1389년 창왕 원년인 나이 38세 때부터이다. 이해 4월에 도평의사사에서 이성계·조준 등이 사전(私田)을 개혁하는 방안을 의논했는데, 목은 선생은 옛 법을 경솔하게 고쳐서는 안 된다고 하며 반대했다. 개인이 사전을 과다 소유하여 문제가 생기면 개혁해야 하지만, 개혁하는 주체가 누구이며 개혁의 목적이 어디에 있는지는 따져봐야 한다. 그것이 권력을 잡기 위한 수단으로 이용되어서는 안 되기 때문이다. 정도전과 대사성 윤소종은 개혁에 찬동했지만, 양촌과 판내부시사 유백유는 개혁에 반대했으며, 찬성사 정몽주는 중립을 지켰다. 이 사건으로 양촌은 이성계·조준·정도전과 정치적으로 대립하게 된다.

---

81. 『고려사』「열전」權旺부 權近.

1389년 6월에 양촌은 윤승순과 함께 명나라 수도인 남경으로 사신을 갔다 오면서 예부의 자문(咨文)을 가지고 귀국했는데, 이 자문을 먼저 열어 보고 도당에 알리기 전에 이림(李琳)에게 보여준 것이 대간의 탄핵을 받는 빌미가 되었다.[82] 자문의 내용은 우왕과 창왕을 신돈의 아들로 보고, 창왕의 정통성을 부인하는 내용이었다.

1389년 10월에 양촌은 이숭인이 모친상을 당한지 3년이 안 되어 시관을 맡은 이유로 탄핵을 받게 되자 그를 변호하는 상소를 올렸는데, 그 사실이 이숭인에게 편당을 했다는 죄가 되어 유배되었다. 유배지가 처음에는 우봉현이었다가, 1년 2개월간 영해(寧海), 계림옥(鷄林獄), 흥해(興海), 김해(金海), 청주옥(淸州獄), 익주(益州) 등으로 옮겨졌다. 양촌은 익주에서 유배 생활할 때 『입학도설』을 저술했다. 유배에서 풀려난 양촌은 충주 양촌으로 돌아가 1393년 2월 조선조 태조 이성계의 부름을 받을 때까지 약 2년 3개월간 은거하면서 『오경천견록』을 저술했다. 그중에서 『예기천견록』만은 조선조 출사 이후에 완성했다. 양촌은 관직에서 물러났을 때 주로 그의 학문적 업적을 정리했다. 그의 역저인 『입학도설』은 조선조에 들어가서 간행되었지만, 내용은 거의 이때 완성이 되었다.

1392년에 등극한 이태조가 1393년 2월에 속리산 행재소에 내려와 머물렀는데, 그때 양촌이 태조에게 부름을 받아 환왕(桓王)의 정릉(定陵) 묘비문을 찬하도록 지시받고부터 다시 조선의 관직이 시작되었다. 그해 3월에 태조를 따라 서울로 올라왔고, 9월에 검교 예문춘추관 태학사 겸 성균관 대사성이 되었다. 양촌의 나

---

82. 『고려사절요』 권34, 공양왕 원년 12월.

이 42세 때였다.[83]

양촌에게는 아직 앞날이 많이 남아 있다. 태조는 이미 조선의 임금으로 등극했고, 고려의 백성은 그대로 조선의 백성으로 남아 있다. 이제는 어쩔 수 없이 조선을 위해 길을 찾아야 한다. 피하는 것만이 능사는 아니다. 하늘의 역할은 내비게이션의 역할과 같다고 생각할 수 있다. 내비게이션의 지시대로 길을 가지 않고 엉뚱한 곳으로 갔을 때, 내비게이션은 포기하지 않고, 잘못 간 그 시점에서 다시 최선의 길을 가르쳐준다. 이제 조선시대로 접어들었다. 조선의 건국이 잘못 간 길이라 할지라도, 그 시점에서 최선의 길을 가기 위해 노력해야 한다. 그렇다고 해서 이전에 잘못 간 것을 잊어버리지 않도록 하는 것은 목은 선생의 역할이었다. 양촌은 새로운 시점에서 최선의 길을 찾는 것이 그의 역할이었다. 역할은 때와 장소에 따라 다르다. 그것이 시중이다.

1396년 명나라에 올린 표문이 문제가 되어 명의 황실에서 표문을 찬한 정도전을 불렀으나 권근이 대신 갔었는데, 그때 황제에게 올린 시를 본 황제가 칭찬하고, 어제시 3편을 답시로 하사해주었다. 이 일로 양촌의 학문이나 문장이 조선에서뿐만 아니라 중국에서도 알려지는 계기가 되었다.

양촌은 1400년 3월 나이 49세에 사헌부 대사헌이 되어, 재상의 수를 줄이고, 사병(私兵)을 없애는 등의 국가안정책을 제시하여 받아들여졌다.

1400년 11월 태종이 즉위한 뒤에 양촌은 자기가 하고 싶었던

83. 『양촌집』 권1, 「양촌선생연보」 홍무 26년조.

교육에 관련된 직책을 맡았다. 1402년에는 지공거가 되어 과거시험을 주관하기도 하고, 1407년에는 「권학사목(勸學事目)」을 올려 과거제도를 개편했다. 양촌은 1409년 2월 58세를 일기로 졸했다.

저서로 『양촌집』 외에 『입학도설(入學圖說)』, 『오경천견록(五經淺見錄)』, 『사서오경구결(四書五經口訣)』 『동현사략(東賢事略)』, 『동국사략』, 『효행록주』 등이 있고, 가곡으로 「상대별곡(霜臺別曲)」이 있다. 『사서오경구결(四書五經口訣)』, 『동현사략(東賢事略)』은 현재 전하지 않는다.

제1항 양촌 주자학의 특징

양촌 선생은 단군조선으로부터 내려오는 고유사상을 바탕으로 하고, 그 위에 주자학이라는 건물을 세운 점에서 목은 선생의 철학사상을 가장 잘 계승한 제자이다. 양촌이 한국 전통사상을 이어받게 된 가장 큰 원인은 개인적 성향이겠지만, 그럴 수 있는 환경적 요인도 크게 작용했을 것으로 생각된다. 양촌은 목은 선생을 스승으로 삼으면서도 행촌 이암 선생과도 깊은 인연이 있다. 부인이 행촌의 손녀이고, 행촌의 손자인 이원(李原)공이 처남인 점 등이 한국 고대사상에 관심을 가질 수 있는 환경으로 작용했을 것이다. 양촌의 『입학도설』에 있는 「천인심성합일지도(天人心性合一之圖)」를 보면, 한국의 고유사상과 주자학이 절묘하게 융합되어 있음을 알 수 있다.

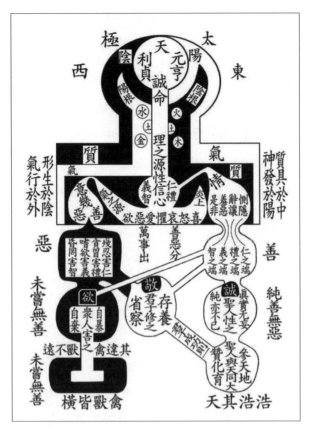

「천인심성합일지도」

　「천인심성합일지도」의 전체 모양이 사람의 모습과 유사하다.
그리고 사람의 머리 부분에 하늘이 들어와 있다. 사람의 모습 하
나에 하늘과 만물이 모두 표현된 그림을 양촌의 「천인심성합일
지도」 이외에서는 찾아볼 수 없다. 아마 한국 고유사상을 알고 있
는 사람이 아니라면, 이런 그림을 그릴 발상을 할 수 없을 것이다.
『삼일신고』에는 다음과 같은 설명이 있다.

천신은 위 없는 첫 자리에 계시어 큰 덕과 큰 지혜와 큰 힘으로 하늘을 내시고, 무수한 세계를 주재하시며, 많고 많은 물상을 만드시되 작은 티끌 하나도 빠트리지 않는다. 밝고 밝으며 영험하고 영험하여 감히 이름 붙이거나 헤아릴 수 없다. 큰 소리로 원하고 빌어도 결코 직접 볼 수가 없다. 본성으로 들어가 그 아들을 찾아보면 너희의 뇌에 내려와 계신다.[84]

천신은 하느님이다. 무한한 능력으로 세상을 주재하지만, 직접 볼 수가 없고, 증명하기도 어렵다. 그러나 나의 본성으로 들어가 자세히 찾아보면 그 아들이 우리의 뇌 속에 내려와 있다는 것이다. 하느님의 아들은 하느님과 하나다. 아들은 아버지의 일을 한다. 하느님이 우주 만물의 움직임을 주도하는 방식은 그 아들이 각자의 뇌에 들어가서 작동하게 하는 방식이다. 아들은 아버지와 하나이므로 뇌에서 작동하고 있는 아들을 알면 바로 하느님을 알 수 있는 것이다. 양촌이 「천인심성합일지도」에서 사람의 뇌 속에 하늘을 넣을 수 있었던 것은 한국인의 유전자에 전해지고 있는 고유한 정서에 기인할 수도 있지만, 『삼일신고』의 사상을 접했기 때문이라고 볼 수도 있다. 유독 양촌에게서만 이런 그림이 나온 것을 보면 아마도 『삼일신고』에서 영향 받은 것이 더 컸던 것으로 보인다. 하늘이 사람의 뇌 속에 있으므로 하늘을 외부에서 찾을 필요가 없다. 중국의 주자학에서는 하늘을 외부에서 찾기 위

---

84. 神在无上一位 有大德大慧大力生天 主無數無世界 造㸒㸒物 纖塵无漏 昭昭靈靈 不敢名量 聲氣願禱 絶親見 自性求子 降在爾腦.

해 이기설을 전개하지만, 한국의 주자학에서는 하늘을 자기 속에서 찾기 때문에 이기설이 발달하지 않고 심성론이 발달한다. 우리는 그 출발점을 목은 선생의 천지인 삼위일체설과 양촌의 「천인심성합일지도」에서 찾을 수 있다.

한국 고유사상에서는 사람이 사람의 마음을 가지고 있지 않으면, 사람으로 보지 않고 짐승으로 본다. 짐승을 한자로 옮기면 동물이 아니라 금수이다. 「천인심성합일지도」에는 한 사람의 모습에 사람과 짐승이 공존한다. 한 사람이지만, 오른쪽의 흰 부분의 마음을 가지면 성인이지만, 왼쪽의 검은 부분의 마음을 가지면 짐승이다. 「천인심성합일지도」에는 중간에 위치하는 보통 사람이 없다. 마치 모래시계처럼 위와 아래만 있고 가운데가 없는 것이다. 한국인 중에 훌륭한 사람과 추한 사람이 많은 대신 보통의 교양인이 적은 이유도 여기에서 찾아볼 수 있을 것이다.

양촌이 단군조선으로부터 내려오는 한국 고유사상에 영향을 받았다는 것은, 그의 시를 통해서도 짐작할 수 있다. 양촌이 명나라에 갔을 때 명나라 황제의 명에 따라 응제시(應制詩) 24수를 지었는데, 그중의 「태고에 동이를 연 임금(始古開闢東夷主)」이라는 제목의 시에서 다음과 같이 읊은 적이 있다.

옛 설명을 들으니 황량했던 아득한 날에	聞說鴻荒日
단군이 신단수 곁으로 내려와	檀君降樹邊
동국의 강토에 자리 잡고 임했는데	位臨東國土
때는 제요(帝堯)와 같은 날이었네	時在帝堯天
대를 물림이 많고도 오래되어서	傳世不知幾

역년(曆年)은 일찍 천년을 넘겼으며	曆年曾過千
뒷날 기자(箕子)의 시대에도	後來箕子代
같이 조선을 국호로 했네	同是號朝鮮[85]

양촌은 명나라를 건국하여 조선을 변방의 국가로 보고 있었을 명 태조 앞에서 당당하게 단군이 요 임금과 나란히 나라를 건국했다는 내용의 시를 지어 바친 것을 보면, 양촌은 우리의 옛 역사를 자부하고 있었음을 알 수 있다. 양촌이 이런 시를 바쳤음에도 명나라 황제로부터 칭찬을 받은 것은 양촌에게 마음에서 나오는 위엄이 있었기 때문일 것이다.

한국 고대 사상을 이어받은 옛 선비로는 고운 최치원 선생을 들 수 있다. 고운이 언급한 우리나라 고유의 「현묘지도」는 『천부경』의 '하나사상'과 『삼일신고』의 천지인 삼위일체사상으로 압축된다.

양촌이 고운의 사상을 접했는지는 알 수 없지만, 『양촌집』에 고운을 기리는 시가 있는 것을 보면 고운의 사상을 알고 있었으리라 짐작해볼 수 있다.

해인사	海印寺
깊은 계곡이 둘렸는데 한 길이 트였고	巖壑盤回一路通
일만 겹산이 범왕궁을 에웠구나	萬重山擁梵王宮

---

85. 권근 · 권람 집주, 권관욱 역주, 『응제시집주』(해돋이, 1999), 148쪽~150쪽.

하늘이 아끼고 땅이 감춘 세상 구석에	天慳地祕寰區奧
옛 궁전에 낭사가 둘려 모습이 웅장하네	殿古廊回結構雄
솟아오른 서암은 흐르는 폭포 밖에 있고	突兀書岩流瀑外
황량한 기각은 저녁 볕 가운데로다	荒凉碁閣夕陽中
고운의 먼 자취를 이을 사람이 없으니	孤雲遯躅無人繼
새만이 천년을 유유하게 공중에 나는구나	千載悠悠鳥沒空[86]

서암과 기각은 고운이 놀던 곳이다. 양촌은 고운의 자취가 묻어 있는 해인사에서 감회를 읊었다. 고운은 한국 고대 사상을 계승하여 유·불·도를 하나로 융합했다. 양촌이 살던 시대는 노장철학과 불교를 배척하고 주자학만을 강조하는 시대였다. 만약 양촌도 그러한 시대적 분위기에 휩쓸리고 있었다면 오히려 고운을 비판했을 것이다. 양촌이 고운의 자취를 그리워했다는 것은 양촌이 한국 고대 사상에 대해 자부하고 있었다는 것을 입증한다. 양촌은 한국 고대 사상의 흔적이 자꾸 사라져가는 당시의 상황에 대한 안타까운 심정을 시로라도 읊을 수밖에 없었다.

한국 고대 사상을 터득하면 완전한 자유를 얻는다. 사람들은 칸막이를 쳐놓고 그 속에 갇혀서 답답하게 살아간다. 모든 존재는 차별이 없는 하나이다. 한국 고대의 철학사상에서는 그 하나인 본질을 잃지 않고 그 본질에서 살아야 함을 보여준다. 사람들이 본질을 잃어버리고 눈에 보이는 것만을 참된 것으로 보면 모든 것이 달라진다. 사람들은 다른 점을 기준으로 모든 것을 분류한

---

86. 『양촌집』 권7, 남행록.

다. 사람과 동물을 분류하고, 남자와 여자를 분류하고, 나라와 나라를 분류하고, 부자와 가난한 자를 분류하고, 귀한 자와 천한 자를 분류한다. 사는 곳에 따라서도 분류하고 직업에 따라서도 분류하고, 얼굴의 생김새에 따라서도 분류한다. 모든 것을 분류한 뒤에 그 모든 것을 좋은 것과 나쁜 것으로 분류하여 서로 싸운다. 부귀영화를 누리려고 싸우고, 남에게 지지 않기 위해 싸운다. 끊임없이 싸우느라 몸이 만신창이가 되고 마음이 황폐해져 불행의 늪으로 달려간다.

양촌이 살았던 고려 말기에서 조선으로 넘어가는 시대도 만신창이가 되었다. 살아남기 위해서는 처신도 잘해야 하고 말 한마디도 가려서 해야 한다. 그런 시대 상황을 바라보는 양촌은 답답하고 안타까웠다. 모든 칸막이를 걷어내고 절대 자유를 만끽하며 살 수 있는 진리를 알고 있었으므로 더욱 그러했다. 양촌은 고운을 생각하며 다시 읊었다.

가야산으로 가는 스님을 전송한다　　　　　送僧之伽倻山

가야산 푸른 빛 울창도 한데　　　　伽倻山色鬱蒼蒼
고운의 발자취 천년이나 아득　　　　千載孤雲跡渺茫
오늘 선사를 보내면서 부질없이 처량커니　今日送師空悵望
이 몸은 언제나 명리의 굴레 벗으랴　　此身何日脫名韁[87]

87.『양촌집』권10, 시.

양촌은 처량했다. 그렇다고 모든 것을 훌훌 벗어던지고 세속을 떠날 수도 없다. 세속에는 여전히 힘들게 살아가는 백성들이 있다. 공자도 장저와 걸닉을 만났을 때 "나도 세속을 떠나 저 사람들과 어울려 살고 싶다"라고 토로한 적이 있다. 그러나 세상에 도가 없어 짐승 같은 모습으로 살아가는 사람들을 두고 떠날 수는 없었다. 양촌의 심정도 그럴 것이다. 세속에 있으면서 사람들을 깨우치는 교육에 전념할 수밖에 없다. 수양하는 법을 가르치고 바르게 사는 법을 가르쳐서 세상을 천국의 모습으로 바꾸는 일에 전념할 수밖에 다른 선택이 없다.

제2항 「천인심성합일지도」의 분석

양촌 선생은 목은 선생의 천인무간사상을 「천인심성합일지도」에서 바로 나타내었다. 천인심성의 합일이란 말을 썼지만, 하늘과 사람의 심성이 각각 다르므로 합일해야 한다는 의미의 합일이 아니다. 애초에 이미 합일되어 있다는 의미에서의 합일이다. 하늘은 뇌 속에 들어와 있고, 뇌는 몸속에 들어 있다. 몸은 우주의 기운이 모여서 이루어진 것이다. 우주의 기운이 태극이다. 태극은 우주의 기운이기도 하지만, 우주의 마음이기도 하다. 우주는 하늘로 표현할 수도 있다. 하늘은 형체가 없고 냄새도 없지만, 없는 곳이 없다. 특히 사람에게는 뇌 속에 들어와서 작용한다.

몸은 양의 기운과 음의 기운이 결합하여 이루어진다. 양의 기운은 밝고 음의 기운은 어두우므로 양의 기운이 동쪽에 배치되어 있고, 음의 기운이 서쪽에 배치되어 있다. 양은 맑고 밝고 확산하여 맑은 기운이 되지만, 음은 어둡고 탁하고 수축하여 어두운 질료가 된다. 사람의 몸은 밝은 양의 기운과 어두운 음의 질료가 결합한 것이다. 따라서 사람의 몸은 밝은 기운이 지배하기도 하고, 어두운 질료가 지배하기도 한다. 밝은 기운이 지배할 때는 몸이 맑고 밝아지지만, 어두운 질료가 지배할 때는 어둡고, 탁해진다. 사람의 마음이 맑고 밝은 기운을 통해서 나오면 맑고 밝은 표정이 되지만, 어둡고 탁한 질료를 통해서 나오면 탁하고 어두운 표정이 된다.

사람의 마음이나 몸이 원래 태극이고, 원래 하늘이므로 마음과 몸에는 각각 음과 양이 동시에 있다. 음과 양이 홀로 존재하지는 않는다. 만약 홀로 존재한다면 태극일 수 없다. 사람의 마음과 몸에도 음과 양이 동시에 존재한다. 웃는 얼굴과 화난 얼굴은 각각 다른 모습이지만, 하나의 얼굴이고 하나의 태극이다. 웃는 얼굴도 태극에서 벗어나지 않기 때문에 거기에 화난 얼굴이 숨어 있고, 화난 얼굴도 태극에서 벗어나지 않기 때문에 거기에 웃는 얼굴이 숨어 있다. 부모는 자녀에 대해 하늘같은 존재이다. 몸도 하늘이고 마음도 하늘이다. 부모의 화난 얼굴에도 웃는 얼굴이 숨어 있고, 웃는 얼굴에도 화난 얼굴이 숨어 있으며, 사랑하는 마음에도 미워하는 마음이 숨어 있고, 미워하는 마음에도 사랑하는 마음이 숨어 있다. 부모에게 미움을 받아도 싫어지지 않는 이유는 그 속에 사랑하는 마음이 있음을 알기 때문이다. 그래서 동쪽의 밝고 맑은 기의 내부에 어둡고 탁한 질료를 그려 넣었고, 서쪽의 어둡고 탁한 질료 내부에 밝고 맑은 기를 그려 넣었다. 음양을 세분하면 오행이 된다. 양 속에 음이 있고 음 속에 양이 있으므로, 동쪽의 음 속에 양에 속하는 화와 목을 그려 넣었고, 서쪽의 양 속에 음에 속하는 수와 금을 그려 넣었다. 토는 중성이므로 가운데에 그렸다. 태극에서 음양오행에 이르는 과정은 주렴계의 「태극도」를 참고했다.

기가 맑을수록 감각기관이 작동을 잘하고, 감각기관이 잘 작동하면 구별하고 생각하고 헤아리고 분별하고 알아차리는 기능이 발달하는데, 이런 기능들을 통틀어서 정신이라 한다. 정신은 기가 맑을수록 수준이 높다. 오른쪽에 정신이 양에서 발생한다[神發於陽]고 한 것은 정신이 맑은 기운에서 발생한다는 뜻이다. 질료가 속에 갖추어진다[質具於中]고 한 것은 맑은 양기 속에 질료가 갖추어져 있다는 뜻이다. 양의 기운 속에는 음의 질료가 있고, 음의 질료가 있으면 그 속에서 양의 기운이 작동한다.

질료가 모여 형체가 된다. 흙이 모여 벽돌이 되기도 하고 도기(陶器)가 되기도 하듯이, 사람의 몸을 구성하고 있는 수·화·금·목·토 등의 질료가 모여 형체를 가진 몸이 된다. 몸이 되면 그 속에 기운이 작동하지만, 몸이 외부에서 움직이는 것도 기의 운행에 의한다. 기운이 없으면 몸을 제대로 움직일 수 없다. 그래서 형체는 음에서 생기고[形生於陰], 기는 밖에서 운행한다[氣行於外]라고 썼다.

가운데는 마음을 그렸는데, 머리 부분에 하늘마음을 그리고 가슴 부분에 사람의 마음을 그렸다. 하늘마음과 사람의 마음이 하나이기 때문에, 위의 하늘마음과 아래의 사람 마음이 사이에 칸막이가 없이 하나로 연결되어 있다. 목은 선생의 천인무간을 표현한 것이다. 하늘은 원형리정(元亨利貞)의 네 마음을 가지고 있다.

하늘마음은 하나이면서 무수하게 표현되지만, 크게 네 가지 범주로 정리해서 『주역』 건괘에 나오는 원형리정으로 설명했다. 원형리정의 내용은 이해하기 어렵지만 춘하추동의 작용처럼 이해하면 된다. 봄·여름·가을·겨울의 진행은 하늘이 만물을 살리기 위해서 순환시키는 것이다. 봄은 만물이 생성하는 계절이고, 여름은 번성해지는 계절이며, 가을은 결실하는 계절이고, 겨울은 저장하는 계절이다. 이러한 삶의 과정이 하늘의 마음 씀씀이에서 비롯되는 것이다. 말하자면, 하늘이 봄에 만물을 생성하게 만들고, 여름에 번성하게 만들며, 가을에 결실하고 마무리하게 만들고, 겨울에 잘 분별하여 영원한 생명인 알곡만 저장하게 만든다. 이 네 가지의 마음 씀씀이를 원형리정으로 이해하면 된다. 하늘마음인 원형리정이 사람 마음속에 있는 인의예지이다. 사람의 인의예지를 봄·여름·가을·겨울의 순서대로 배열하면 인·예·의·지가 되므로, 사람의 마음을 인예의지로 그려 넣었다. 인의 마음으로 사람이 서로 사랑하고, 예의 마음으로 삶이 풍성해지며, 의의 마음으로 악을 제거하여 정리하고, 지의 마음으로 옳고 그른 것을 구별하여 옳은 것만 남겨 둔다. 사람의 미더운 마음은 인의예지에 골고루 들어 있는 마음이므로 가운데에 그렸다.

하늘마음은 쉬는 법이 없다. 마치 물이 쉬지 않고 흐르는 것과 같다. 쉬지 않고 봄·여름·가을·겨울로 순환시키고, 해와 달을 돌게 한다. 한순간도 쉬지 않고 작동하는 것을 형용하여 성(誠)이라고 한다. 하늘이 만물을 살리는 방식은 장군이 사병에게 명령하는 것과 유사하다. 아침에 해 뜰 때가 되면 일어나라고 명령하고, 밥 먹을 때가 되면 밥 먹도록 명령한다. 힘들 때는 쉬라고 명령하고, 밤이 되면 자라고 명령한다. 하늘의 명령은 귀로 듣는 것이 아니라, 느낌으로 받아드린다. 『삼일신고』에서는 하늘의 명과 사람의 기가 하나로 이어져 있는 것으로 설명한다. 하늘의 명령과 몸에 있는 기의 작동이 일치하는 것이다. 아침에 해 뜰 때 일어나라는 하늘의 명령과 일어나도록 작동하는 몸의 기운이 같은 것이다.

사람의 마음은 본래 하늘마음이지만, 몸의 영향을 받기 때문에, 사람의 마음은 리의 요소와 기의 요소를 동시에 가지고 있다. 리의 요소는 하늘에서 근원하고, 기의 요소는 몸에서 근원하므로, 사람의 마음 위쪽의 하늘로 향하는 부분에 리의 근원이란 의미에서 리지원(理之源)이라 썼고, 왼쪽의 기질에 연결되는 부분을 기의 근원이란 의미에서 기지원(氣之源)이라 썼다.

사람의 마음은 속에 숨어 있는 마음이 있고, 밖으로 드러나는 마음이 있다. 속에 숨어 있는 마음은 하늘마음인 인의예지이고, 밖으로 드러나는 마음은 측은지심·수오지심·사양지심·시비지심의 사단과 희로애구애오욕의 칠정이다. 사단은 하늘마음인 인의예지가 변하지 않고 그대로 드러난 것이고, 칠정은 인의예지가 몸의 요소인 기질의 개입으로 변한 것이다.

사람은 몸에 있는 감각기관의 감각을 통해, 구별하고, 분별하며, 생각하고 계산한다. 분별하고 생각하고 계산하는 기능은 감각기관에 의해 만들어진 것이므로 물질적이다. 주자학에서는 물질을 초월하는 하늘마음을 리로 정의하고, 물질적인 요소를 모두 기로 정의하므로, 생각하고, 헤아리고, 분별하고, 계산하는 등의 기능은 기에 속한다.

사람의 생각하고, 헤아리고, 분별하고, 계산하는 등의 기능을

「천인심성합일지도」에서는 의(意)라는 글자로 표시했다. 생각·헤아림·분별·계산의 기능을 하나로 대표하여 '생각'이라 한다면 의(意)는 '생각'으로 번역할 수 있다. 사람의 마음은 생각의 개입으로 선과 악으로 갈라진다. 하늘마음이 생각의 개입으로 변한 것이 희로애구애오욕의 칠정이다. 칠정은 사람의 생각에 따라 선악으로 갈라지므로, 칠정에는 선악이 있다. 사단은 담담하지만, 칠정은 욕심으로 불타오른다. 칠정의 불타오르는 모습을 칠정의 오른쪽 위에 표시했다. 사단은 인의예지가 변질하지 않고 그대로 드러난 모습이고, 칠정은 생각의 개입으로 변한 것이지만, 인의예지와 떨어져 있지 않고 붙어 있다. 본래마음은 아무리 왜곡되어도 없어지지 않기 때문이다. 마치 맑은 지하수가 흘러나올 때 진흙이 섞여 들어가 흙탕물이 되어도 그 속에 맑은 지하수가 없어지지 않고 있는 것과 같은 것이므로, 인의예지와 칠정을 붙여 놓았다. 칠정을 흙탕물에 비유한다면, 흙탕물에는 지하수가 거의 많이 남아 있어서 맑음을 많이 유지하고 있는 것도 있고, 진흙이 너무 많이 들어가 맑음을 거의 유지하지 못한 것도 있듯이, 칠정 중에서 인의예지의 요소를 많이 포함하고 있는 것이 있고, 인의예지의 요소를 거의 포함하고 있지 않은 것이 있다. 전자가 선이고, 후자가 악이다. 칠정의 선과 악은 생각이 개입되어 있다는 차원에서는 같지만, 생각이 '내 것만 챙기는 방향'으로 개입하면 인의예지의 요소가 거의 사라져 악이 되고, '우리 것 챙기는 방향'으로 개입하면 인의예지의 요소가 많이 남아 있어서 선이 된다. 칠정의 선과 악은 상대적이다. 맑음을 많이 유지하는 흙탕물에도 진흙이 들어 있고, 맑음이 보이지 않는 흙탕물에도 지하수가 들어 있듯이, 선에도 악이 들어 있고 악에도 선이 들어 있다. 선이 악으로 바뀔 수도 있고, 악이 선으로 바뀔 수도 있다. 그러나 인의예지만 가지고 있는 사단은 선뿐이기 때문에 사단에는 악이 들어 있지 않다. 그것은 지하수로만 되어 있는 샘물에 진흙의 요소가 하나도 없는 것과 같다. 칠정에서 선과 악이 나누어져 세상만사가 복잡하게 얽힌다. '선악이 나누어져서 만사가 나온다[善惡分 萬事出]'라고 한 것이 이 때문이다.

마음속이 사단으로만 채워져 있는 사람은 악이 없다. 악은 생각이 개입해서 생기는 것이므로, 생각을 개입하지 않는 갓난아이의 마음에는 악이 없다. 악이 들어 있지 않은 마음은 하늘마음과 일치한다. 하늘마음에서는 '너'와 '나'의 구별이 없고, 만물과 나의 구별도 없다. '나'라는 것이 없으므로 '나의 태어남'도 '나의 늙음'도 '나의 죽음'도 없다. '나'라는 것이 없으므로 모두와 나는 하나로 통해 있고, 하늘과 하나로 통해 있으며, 우주와 하나로 통해 있다. 그래서 사단의 마음을 안과 밖의 구별이 없이 흰색으로만 그렸다. 사단에 테두리를 한 것은 사단을 표시하는 방편일 뿐, 사실은 테두리가 없는 것이다. 그것은 주렴계가 태극을 ○으로 표현한 것과 같다. 갓난아이가 상당히 성장한 뒤에도 생각을 개입하지 않고 사단만을 온전히 가지고 있는 사람이 있지만, 생각의 개입으로 인해 마음이 바로 칠정으로 가득해지는 사람도 있다. 순수한 사람이 자라면서 내 것 챙기는 계산에 끌려가기만 하면 욕심에 빠져 짐승이 되고 말지만, 욕심에 끌려가다가 도중에 반성하여 수양하면 다시 본래의 모습으로 돌아올 수 있다.

완전히 성장하여 어른이 된 뒤에도 갓난아이 때의 마음만을 고스란히 간직하고 있는 사람은 성인이다. 성인은 하늘이므로, 하늘처럼 성실하게 산다. 성인은 진실하고, 경거망동하지 않으며, 순수하고, 쉬는 일이 없다.

하늘처럼 사람도 쉴 때가 있지만, 그것은 쉬는 것이 아니라 자연이다. 물이 흐르다가 둑이 막혀 있으면 흐름을 멈추고 둑에까지 채운 뒤에 다시 흐른다. 흐르지 않고 채우는 것 또한 흐르는 과정인 것처럼 성인이 쉬는 것은 움직이는 과정이다. 성인은 하늘과 하나이다. 성인은 크기는 하늘과 같고, 움직임은 하늘의 움직임과 같다. 성인은 하늘과 하나 되어 만물을 낳고 기르는 하늘의 일을 돕는다. 사람들은 자기의 수준으로 남을 본다. 자기가 몸에 갇혀 있으면 성인도 몸에 갇혀 있는 사람으로 본다. 몸에 갇혀 있는 사람은 몸과 함께 늙고 몸과 함께 죽는다. 사람들은 성인도 늙어서 죽는다고 생각하지만, 성인은 그렇지 않다는 것을 하늘마음이 된 뒤에라야 안다. 성인의 마음은 하늘의 마음이고 성인의 몸 또한 하늘의 몸이다. 그러나 성인은 하늘과 다른 점이 있다. 하늘마음은 사람들에게 느낌을 통해서 전달할 뿐이지만, 성인은 몸을 통해서 말을 할 수도 있고, 행동할 수도 있다. 불행한 사람에게 불행에서 벗어나도록 말을 하기도 하고, 몸으로 직접 구제하기도 한다. 그래서 성인은 하늘이 만물을 낳고 기르는 일을 도와준다고 했다. 참천지(參天地)란 '천지와 하나가 된다'라는 뜻이고, 찬화육(贊化育)이란 '만물을 낳고 기르는 하늘의 일을 돕는다'라는 뜻이다. 성인은 넓고 커서 하늘과 완전히 일치하는 사람이므로 호호기천(浩浩其天)이라 했다.

사단은 순전히 선뿐이지만, 칠정은 생각이 개입되었다는 의미에서는 악이다. 밤이 늦어질수록 사람이 졸리는 느낌이 드는 까닭은 하늘의 마음이 그렇게 지시하는 것이다. 그때 '자면 손해'라는 생각'이 들거나, '남과 함께 자기가 싫다는 생각'이 들면 자기 싫은 느낌이 든다. 졸리는 느낌은 먼저 생긴 것이고, 자기 싫은 느낌은 두 번째 생긴 것이므로, 자기 싫은 느낌을 두 번째 생긴 마음이란 의미에서 악(惡)이라 일컫는다. 두 번째 마음 중에는 '내 것만을 챙기려는 마음'과 '우리 것을 챙기려는 마음'으로 나뉘는데, '우리 것을 챙기려는 마음'은 두 번째 마음 중에서도 선으로 분류된다.

　칠정에 매몰된 사람은 인의예지를 해친다. 잔인하면 인을 해치고, 욕심에 덮이면 예를 해치며, 욕심에 눈이 멀면 의를 해치고, 어두우면 지(智)를 해친다. 인의예지를 많이 해쳐서 별로 남아 있지 않은 사람을 소인이라고도 하고, 짐승이라고도 하며, 중생이라고도 한다. 소인 중에는 철저하게 욕심만 부려서 성인 되기를 포기한 소인과 성인이 되고 싶은 소인의 두 종류가 있다. 성인 되기를 포기한 사람은 구제 불능이지만, 성인이 되고 싶어 노력하는 소인은 성인이 되는 길로 들어선다. 그런 사람은 열심히 수양하여 언젠가는 군자가 되고 성인이 될 것이므로 예비 군자에 해당한다. 예비 군자를 공자는 군자라 불렀고, 양촌도 군자로 기록했다. 양촌이 말한 '수양하여 길해지는 군자'는 예비 군자이다. 수양 방법 중의 으뜸은 경(敬)이다. 경이란 마음에 잡념이 떠오르지 않도록 경건하게 유지하는 것이다. 잘못된 생각이 일어나지 않도록 마음을 경건하게 유지함으로써 인의예지를 잘 보존하여 인의예지가 마음속에 가득 차도록 기르는 것이 존양(存養)이고, 인의예지가 나타날 때 왜곡되지 않도록 잘 살피는 것이 성찰(省察)이다. 경건한 마음으로 존양하고 성찰하여 인의예지의 마음이 마음속에 가득해지면 성인이 된다. 인의예지의 마음을 처음부터 잃지 않고 보존한 성인과, 일단 잃었다가 되찾은 성인은, 성인이란 의미에서는 차이가 없지만, 사람들에게 성인 되는 방법을 깨우쳐주고 인도해주는 능력은 후자의 성인이 훨씬 더 뛰어나다.

군자 되기를 포기한 소인은 인의예지를 자꾸 해쳐서 짐승처럼 산다. 짐승이란 동물이란 뜻이 아니라 인의예지를 잃어버린 사람을 말한다. 위금수불원(違禽獸不遠)이란 짐승과 차이가 별로 없다는 뜻이고, 금수개횡(禽獸皆橫)이란 짐승으로 사는 사람은 모두 뻐딱하게 산다는 것을 의미한다. 성인과 짐승은 사람 개개인 속에 있는 두 요소다. 인의예지로 살면 성인이고 인의예지를 잃어버리면 짐승이다. 짐승으로 사는 사람은 끊임없이 남과 싸우느라 긴장하고 피곤하게 살아간다. 그러면서 몸과 함께 늙어가고, 몸과 함께 죽어간다. 참으로 불쌍하게 살지만, 자신은 자기가 얼마나 불쌍한지도 모르고 산다.

짐승이 되지 않으려면 욕심에 깊이 빠져들기 전에 빠져나오기 위해 노력해야 한다. 욕심 많은 사람도 처음에는 하늘마음을 가지고 있었으므로, 하늘마음이 완전히 없어지지 않고 조금은 남아 있다. 그래서 양촌은 '애초부터 선이 없지는 않았다[未嘗無善]'라고 썼다. 비분강개하여 전력투구하면 욕심에서 빠져나올 수 있다.

양촌의 「천인심성합일지도」에는 하늘과 사람이 하나인 존재 원리, 경(敬)을 중심으로 하는 수양 방법, 성(誠)을 바탕으로 하는 실천철학 등이 모두 포함되어 있다.

제3항 양촌의 삶과 철학사상

수양철학의 성립 근거는 존재론에 기인한다. 사람이 원래 짐승인 줄 알고 짐승처럼 살아왔다면 짐승으로 사는 것을 당연하게 생각할 것이다. 만약 짐승처럼 살다가 문제가 생기면 그 문제를 해결하기 위한 규칙과 법을 만들어 지키도록 하면 된다. 짐승처럼 사는 사람이 규칙과 법을 잘 지키는 것은, 짐승의 삶을 위한 것일 뿐, 사람 되기 위한 노력은 아니다. 계속해서 짐승으로 살아오고 있는 짐승은 사람이 되고 싶은 희망도 없고 생각도 없다. 고급스러운 짐승으로 살면서 부귀영화를 누리는 것을 행복으로 생각할 뿐이다.

그러나 원래 사람이었다가 갑자기 짐승이 되어 버린 짐승은 다르다. 원래의 모습으로 돌아가지 않고는 안타까워 견딜 수 없다. 원래의 모습으로 돌아가지 못할 때의 안타까움은 목은 선생에게서 처절하게 나타났지만, 양촌에게도 이어진다. 양촌은 하늘과 사람이 완전히 하나라는 것을 전제한다.

> 대단하도다. 물과 달의 차이 없음이여! 하늘에 있고 땅에 있으면서 멀고 아득하여 마땅히 서로 떨어져 합치될 수 없지만, 그러나 물은 맑고 달은 밝아 위아래에 차이가 없다. 대개 사물의 기류가 서로 감응함은 물과 달 만한 것이 없다. 달은 태음이고 물 역시 태음이다. 달은 차고 이지러짐이 있고, 물결도 역시 찰 때와 빠질 때가 있으니, 물과 달은 기류가 같음을 알 수 있지만, 그렇다고 해서 물과 달이 하나는 아니다. 맑은 물에 비친 달을 보면 물의 달이 하늘의 달에서 나온 것이니, 본래 다른 것이 아

니다. 대저 하늘과 땅 사이에 가득한 만물은 모두 하나의 기가 나뉘어 있는 것이고, 하나의 리가 관통해 있는 것이다. 큰 것으로 보면 천지도 그 밖이 될 수 없고, 작은 것을 말하자면 터럭도 빠져나갈 수 없다. 은밀한 부분은 귀신도 볼 수 없고, 밝은 부분은 사람들이 다 헤아릴 수 없다. 위로는 해와 별이 하늘에서 비추고, 아래로는 초목이 땅에 있으며, 안으로는 내 몸의 근본이 되고, 밖으로는 모든 사물에 퍼져 있어, 있지 않은 곳이 없고, 그렇게 되지 않는 때가 없다. 그 전체가 모두 내 마음에 모여 있으므로, 내 마음의 작용이 사물의 이치와 통하여 사이가 없다. 물과 달의 관계보다 더한 것이다. 물에 있는 달은 그림자이다. 진짜의 달이 아니다. 하나는 달이고 하나는 물이라는 차이가 있다. 그러나 리(理)가 사물에 있는 것은 진짜가 아닌 것이 없다. 그러므로 마음이 사물에 대응하는 것은 어디에서도 참되다. 하나로 꿰어져 본래 위아래, 안팎, 대소, 정조의 차이가 없다. 그러므로 맹자는 "만물이 모두 나에게 갖추어져 있으니 몸을 돌이켜 보아 성실하다면 즐거움이 이보다 큰 것이 없다"라고 했다.[88]

88. 甚哉 水與月之無間也 在天在地 遼乎邈哉 宜其相絶而不相合也 然水澄月朗 上下無間 凡物之氣類相感 莫水月若也 蓋月太陰 水亦太陰 月有虧盈 而潮隨 消息 則水月氣類之同可見 然猶二體也 以明水取月觀之 水生於月 本非二也 大抵物之盈天壤之間者 皆一氣之所分而一理之所貫也 大而天地不能外 小而 毫芒不能遺 幽而鬼神之不可見 明而人物之不可窮 上而日星之照乎天 下而草 木之麗乎土 內則本於吾身 外則該於事物 無處不在 無時不然 而其全體總會 於吾心 故吾心之用 能通事物之理而無間 有甚於水月也 然月之在水者 影也 非眞月也 又有是水是月之辨 若夫理之在事物者 無處非眞 故心之應物 亦無 往非眞 一以貫之 固無上下內外巨細精粗之間 故孟子曰萬物皆備於我 反身而 誠 樂莫大焉(『陽村集』卷十一 淮月軒記).

위의 원문에는 무간(無間)이란 말이 네 군데 나온다. 네 번째의 무간은 무상하내외거세정조지간(無上下內外巨細精粗之間)이므로, 상하무간 내외무간 거세무간 정조무간을 합한 것이다. 따라서 이들 넷을 따로 계산하면 전부 일곱 개의 무간인데, 상하무간이 두 번 쓰였으므로 이를 빼면 여섯 번이 된다. 이는 목은 선생의 천인무간이 양촌의 존재론에서 큰 바탕을 차지하고 있음을 알 수 있다. 특히 눈에 띄는 것은 '내 마음의 작용이 사물의 이치와 통하여 사이가 없다'라고 한 대목이다. 주자학에서는 마음속에 있는 성(性)을 사물의 리(理)와 같은 것으로 보기 때문에, 내 마음의 작용이 사물의 리와 하나로 관통한다는 설명이 나올 수 없다. 『오경천견록』까지 집필한 양촌이 이를 모를 리 없다. 그런데도 양촌이 심과 리를 결부시킨 것은 한국 고대 사상의 영향으로 보아야 할 것이다. 주자학에서는 하늘의 명과 사람의 성을 하나로 통하는 것으로 결부시키지만, 『삼일신고』에서는 하늘의 성과 사람의 마음을 하나로 결부시킨다. 목은과 마찬가지로 양촌도 주자학에서의 성에 해당하는 개념을 심으로 표현하는 것은 한국 고대 사상이 녹아들어 있기 때문으로 이해할 수 있다. 이러한 내용은 다음의 인용문에서도 확인할 수 있다.

> 인(人)이란 인(仁)이다. 인(仁)은 천지가 만물을 생성하는 리(理)로서 사람이 이것을 얻어서 심(心)으로 삼은 것이다. 그러므로 사람은 만물의 영장이 되며 인은 뭇 선(善) 가운데 가장 으뜸이 된다. 합해서 말하면 도이다. 성인은 지극히 성스러워서 그 도가 하늘과 같으니 군자는 능히 경(敬)으로써 도를 닦아야 한다.[89]

여기서도 양촌은 만물을 낳는 하늘의 리를 얻어 사람의 심이 되었다고 했다. 주자학에서라면 하늘의 리를 받아서 사람의 성으로 삼았다고 해야 할 것이다. 역시 한국 고대 사상에서 받은 영향으로 보아야 할 것이다.

사람이 하늘과 하나이고 만물과 하나라는 것을 전제하면, 하늘처럼 살지 못하고 있는 현재의 모습이 안타깝고, 만물을 내 몸처럼 사랑하지 못하고 있는 자기의 모습에 대해서도 안타깝다. 양촌 역시 수양에 철저하게 매진하지 않을 수 없다. 수양의 수단은 경(敬)이다.

> 마음이란 사람이 하늘로부터 얻은 것이요 몸의 주인이다. 이
> (理)와 기(氣)가 묘하게 합하여 허령통철(虛靈洞澈)하니 신명이
> 깃드는 집이다. 성(性)과 정(情)을 총괄하는, 이른바 밝은 덕으로
> 모든 리(理)를 갖추고 만사에 응하는 것이다. 기품에 구애되고
> 물욕에 가려져 마음을 쓰는 것이 때때로 어두워질 때가 있으
> 므로 배우는 자는 마땅히 경(敬)으로 내면을 곧게 하여 혼미함
> 을 몰아내고 그 밝음을 회복해야 한다.[90]

경은 마음을 경건하게 간직하는 것이다. 사람이 수양하면 수양

---

89. 人者仁也 仁則天地所以生物之理 而人得以生而爲心者也 故人爲萬物之靈 仁爲衆善之長 合而言之 道也 聖人至聖 道與天同 君子能敬以修其道(『入學圖說』天人心性分釋之圖).
90. 心者 人所得乎天 而主乎身 理氣妙合 虛靈洞澈 以爲神明之舍 而統性情 所謂明德而具衆理 應萬事者也 氣稟所拘 物欲所蔽 其用之發 有時而昏 學者要當敬以直內 去其昏而復其明(上揭文).

한 만큼 실천이 동반된다. 수양하여 욕심을 없앤 만큼 인애의 마음이 살아나기 때문에 수양한 만큼 사랑의 마음이 몸에서 배어나온다. 인애하는 마음이 많아질수록 남을 사랑하고 배려한다. 양촌은 「천인심성합일지도」에서 다음과 같은 의문을 설정한 뒤, 그 해답을 말한 적이 있다.

주렴계가 「태극도」에서 이르기를 "군자는 수양을 하여 길하고 소인은 어긋나서 흉하다" 했는데, 지금 선생께서 그것에 근본하여 이미 경자(敬字)에서는 군자가 수양한다고 말했으나 욕자(欲字)에서는 소인이라고 말하지 않고 중인(衆人)이라고 한 것은 왜입니까.[91]

위의 질문에 대한 해답으로 양촌은 다음과 같이 말한다.

사람은 비록 자신이 불초해도 스스로는 현명하고 지혜롭다고 여기므로, 자신의 행동이 소인됨을 알지 못한다. 그러므로 만약 소인이라고 하면 이 그림을 보는 자가 자포자기하는 것을 다른 사람의 일로 여기고 자기는 반성하지 않을 것이다. 그래서 중인(衆人)이라고 한 것이니, 그래야 보는 사람마다 각각 스스로 반성하고 격려하며 느껴서 분발하는 바가 있을 것이다.[92]

---

91. 周子圖書云 君子修之吉 小人悖之凶 今子本之 旣於敬字言君子修之矣 其於欲字 不曰小人 而曰衆人何也(上揭文).

사람들은 대체로 자기가 똑똑하고 현명하다고 생각하므로, 자기를 소인으로 생각하는 사람이 드물다. 그러므로 소인의 일을 말하면, 자기를 제외한 남들에 관한 이야기로 생각하는 경향이 있다. 이런 점을 생각하여 양촌은 소인 대신 중인이라 했다. 중인은 불교식으로 말하면 중생이다. 사람들은 자기가 부처님으로 생각하지 않기 때문에 중생의 일을 설명하면 자기도 해당한다고 생각한다. 양촌이 소인 대신에 중인이라고 쓴 이유에는 사람들에 대한 배려가 깔려 있다. 소인을 중인으로 바꾸어 표현하는 것은 회재와 퇴계에게로 이어진다.

타인을 배려하는 양촌의 마음은 인애하는 마음이다. 인애하는 마음은 하늘마음이다. 하늘마음을 가진 사람은 부모가 자녀를 사랑하듯, 남을 사랑한다.

양촌이 명나라 조정에 갔을 때 다음과 같은 일이 있었다.

> 양촌이 명나라 조정에 조회할 때 한 졸개가 전삼(氈衫: 솜털로 만들어 윗도리에 입는 작고 짧은 옷)을 잃어버렸다고 값을 물어달라고 하여 값을 물어주려 했다. 그러자 명사(明使) 발라(勃羅)가 알고 그 졸개를 추국하니, 졸개가 말하기를, "듣건대, 공은 전에 우졸(郵卒)이 갈모[笠帽]를 잃어버렸을 때, 값을 비교도 하지 않고 주었다기에 그랬습니다"라고 했고, 발라는 곧 그에게 벌을 주었다.[93]

---

92. 人雖不肖 皆自以爲賢智 而不自知其所行之爲小人 若曰小人 則觀者以自暴自棄爲他人之事 而不自省矣 故直書曰衆人 然後人人觀者 各自省勸 而有所感發矣(上揭文).

양촌은 자기가 훔치지 않았는데도 도둑으로 몰리자 바로 값을 물어주려고 했다. 훔쳤다는 증거도 없는 상태에서 결백을 주장하지도 않고 값을 물어주려 한 것은 바보 같은 행동으로 보일 수도 있다. 실지로 값을 물어주면 사람들에게 도둑으로 몰릴 것이 확실한데도, 값을 물어주려고 한 것은 양촌이 어리석은 구석이 있어서 그랬을까?

중국의 졸개를 대하는 양촌의 마음이 하늘마음이었다면 평가가 달라진다. 하늘마음은 부모가 자녀를 대할 때의 마음과 같다. 부모는 자녀에게 속아주기도 하고 희생하기도 한다. 그래도 자녀는 부모를 바보 취급하지 않는다. 하늘마음으로 사는 사람은 보이지 않는 위엄이 있으므로, 바보로 취급당하지 않는다. 설사 바보로 취급당해도 개의치 않는다.

사람을 사랑하는 방법에는 여러 가지가 있다. 밥을 사주는 것도 있고, 돈을 보태주는 것도 있다. 취직을 시켜주는 것도 있고, 출세하도록 도와주는 것도 있다. 그러나 베푸는 것 중의 제일은 성인으로 만들어 주는 것이다. 사람들에게 성인의 길로 인도하는 것은 교육을 통해서 가능하다. 정치의 목적도 사람들을 성인의 길로 인도하는 데 있다. 양촌이 정치에 입문하여 가장 관심을 가졌던 것은 교육이었다. 양촌이 성균관의 대사성에 취임하여 성균관 학생들을 가르치는 일에 주력했던 것도 이런 이유에서였다.

양촌의 철학에도 수양철학과 정치적 실천철학 외에 초탈원융철학의 요소가 포함되어 있다. 『대동야승』에 양촌에 대한 다음과

---

93. 『응제시집주』 「양촌선생문충공행장」.

같은 일화가 소개되어 있다.[94]

> 삼봉(三峯) 정도전(鄭道傳)·도은(陶隱) 이숭인(李崇仁)이 양촌(陽
> 村) 권근(權近)과 더불어 서로 평생의 즐거운 것을 논하는데, 양
> 촌이 말하기를, "흰 눈이 뜰에 가득하고 붉은 해가 창을 비추
> 면, 따뜻한 온돌방에 병풍을 둘러치고, 화로를 안고, 한 권의
> 책을 손에 들고, 그 가운데 쭉 뻗고 드러누웠는데, 미인이 수를
> 놓다가 때때로 바늘을 멈추고 밤을 구워 먹으면, 이것이 족히
> 즐거움이다" 하니, 정도전과 이숭인 두 선생이 크게 웃으며 말
> 하기를, "자네의 즐거움이 우리를 흥기시킬 만하네"라고 했다.

마치 세상사를 다 잊고, 아무 포부도 없이 하찮은 것을 꿈꾸는
것으로 보이기 쉽지만, 그렇지 않다. 하늘과 하나 되면 세속에서
초탈할 수도 있다. 공자의 제자 증점이 기수에서 목욕하고 무우에
서 바람 쐬고 노래하며 돌아오겠다고 한 풍류와 다를 것이 없다.
어쩌면 증점보다도 더 소박하다.
『양촌집』에는 다음과 같은 내용이 있다.

> 글은 홀로 보되 강론할 필요가 없고, 시는 자기 홀로 읊되 서로
> 주고받을 필요가 없으며, 술은 홀로 따라 마시되 손님과 주인이
> 있을 필요가 없다. 봄날 아침에 꽃을 보면 꽃을 즐길 수 있고,
> 가을밤에 달을 보면 달을 즐길 수 있다. 구름 낀 봉우리의 기이

---

94. 『대동야승』 권23, 「해동잡록」 권근조.

함과 눈 낀 소나무의 기이함은 즐길 만하고 희귀한 새의 소리
와 알맞게 오는 빗소리는 즐겁게 들을 만하다. 혹 정원을 거닐
고 혹 침상에 누워서 하고 싶은 대로 하며 그림자와 더불어 같
이 간다.[95]

작은 물방울이 떨어져 처마를 적시고 이끼 낀 뜰 안이 낮에도
적막하니 바둑 두기에 적당하다. 섬돌에 물방울이 떨어지고, 처
마 밑 오동나무가 밤에 소리를 내니, 거문고를 연주할 만하고,
심한 더위가 이미 씻기니 맑고 상쾌한 바람이 시원하여, 혹 술
자리를 마련함이 적당하고 혹 시를 읊을 만하다.[96]

위의 내용을 보면 양촌은 자연과 하나가 되었다. 혹 정원을 거
닐고 혹 침상에 누워서 하고 싶은 대로 하며 그림자와 더불어 같
이 가는 것은 무위자연의 모습이다. 철저한 수양과 적극적인 실
천과 세속을 초월하여 무위자연으로 살아가는 것이, 모순되는 것
처럼 보이지만, '천인무간'이 바탕에 깔리면 융합이 되어 어울린
다.[97]

---

95. 『양촌집』 권13, 「동락당기」.
96. 『양촌집』 권12, 「우정기」.
97. 양촌의 철학사상에 대해서는 허광호 박사의 학위논문 『권근의 천인심성
합일사상 연구』(성균관대학교, 2017)를 참조했으며, 일부 번역문을 그대
로 실은 것도 있음을 밝힌다.

제 6 부

조선 전기의 주자학

제1장

■

이태조의 조선 개국과 주자학의 변질

제1절

이태조의 조선 개국과 주자학

이성계가 1388년 위화도회군으로 권력을 장악하고, 1392년 음력 7월 17일(8월 5일)에 공양왕에게 옥새를 받아 왕위에 오르면서 조선왕조가 출범했다. 태조가 즉위한 첫해에는 아직 국호를 정하지 못했다. 태조가 즉위한 뒤에도 민심이 안정되지 않았다. 고려 태조가 즉위했을 때 지식인들을 포함한 일반백성들까지 모두 축하하며 환영한 것과는 차이가 있었다.

권력을 장악하는 과정에서 대표적인 주자학자인 포은을 죽였고, 정신적 지주였던 목은 선생의 지지를 받아내지 못했다. 길재를 비롯한 절의파들이 속출했고, 두문동에 들어가 은거하며 조선을 끝까지 인정하지 않은 두문동 72인도 있었다. 당시에 밖으로 나오지 않고 숨어서 은거한 선비들이 많았으므로, 두문동이라고 일컬어지는 곳이 나라 안에 여러 군데 있었다. 개성의 선비들이 특히 반발이 심했으므로 태조는 개성의 선비들에게 100년 동안 과거시험을 못 보게 했으므로, 선비들은 학업을 포기하고 상업을 했다. '개성상인'이란 말이 이에서 유래한다.

백성들의 반발이 너무 심해 왕권이 안정되지 않았으므로 태조는 빨리 왕권을 안정시킬 목적으로 명나라에 의지하는 방법을 택했다. 그것은 명나라를 받드는 제후국의 형태를 취하는 것이었다. 『태조실록』 1년 10월 25일에 이 태조는 "신은 삼가 시종일관 성상을 섬기는 성심을 다하여 억만 년이 되어도 항상 조공하고 축복하는 정성을 바치겠습니다"라고 하며 제후국의 허락을 구했다. 그러나 『태조실록』 권2, 태조 1년 11월 27일에 있는 다음의 글에서 보면 명나라는 처음에 조선의 일에 관여하는 것을 원하지 않았던 것으로 보인다.

우리 중국은 강상(綱常)이 있어 역대의 천자가 서로 전하여 지키고 변경하지 않는다. 고려는 산이 경계를 이루고 바다가 가로막아 하늘이 동이(東夷)를 만들었으므로, 우리 중국이 통치할 바는 아니다.

태조는 수차례 사신을 보내 결국 제후국임을 인정받았고, 그날에 백관들에게 하례를 받았다. 태조는 빨리 왕권을 안정시키는 것이 목적이었으므로, 우선 국호를 정하는 것까지도 명나라의 뜻을 따라야 명나라에 인정받을 수 있다고 여겼던 듯하다. 당시 명나라에 요청한 글은 다음과 같이 태조 1년 11월 29일조에 실려 있다.

배신(陪臣) 조임(趙琳)이 중국 서울로부터 돌아와서 삼가 예부(禮部)의 자문(咨文)을 가지고 왔는데, 그 자문에, '삼가 황제의 칙

지를 받들었는데 그 내용에, 이번 고려에서 과연 능히 천도(天道)에 순응하고 인심에 합하여, 동이(東夷)의 백성을 편안하게 하고 변방의 흔단(釁端)을 발생시키지 않는다면, 사절(使節)이 왕래하게 될 것이니, 실로 그 나라의 복이다. 문서가 도착하는 날에 나라는 어떤 칭호로 고칠 것인가를 빨리 달려와서 보고할 것이다' 했습니다. 삼가 간절히 생각하옵건대, 소방(小邦)은 왕씨(王氏)의 후손인 요(瑤)가 혼미(昏迷)하고 도리에 어긋나서 스스로 멸망하는 데 이르게 되니, 온 나라의 신민들이 신을 추대하여 임시로 국사를 보게 했으므로 놀라고 두려워서 몸 둘 곳이 없었습니다. 요사이 황제께서 신에게 권지국사(權知國事)를 허가하시고 이내 국호(國號)를 묻게 되시니, 신은 나라 사람과 함께 감격하여 기쁨이 더욱 간절합니다. 신이 가만히 생각하옵건대, 나라를 차지하고 국호(國號)를 세우는 것은 진실로 소신(小臣)이 감히 마음대로 할 수가 없는 일입니다. 조선(朝鮮)과 화녕(和寧) 등의 칭호로써 천총(天聰)에 주달(奏達)하오니, 삼가 황제께서 재가(裁可)해주심을 바라옵니다.

태조는 명나라 황제에 대해 신(臣)이라는 호칭을 쓰며 최대한 낮은 자세로 국호를 요청했고, 명나라로부터 "옛날에도 조선이었으니 조선으로 선택하라"는 답문을 받았으며, 태조 2년 3월 9일에는 국호를 승인한 은혜에 사례하는 표문을 올렸다.

황제의 은혜가 한없이 넓고, 황제의 훈계가 정녕(丁寧)하시오니, 온 나라 사람들이 함께 영광으로 여기오며, 자신을 돌아보고 감격함을 알겠습니다. 삼가 생각하옵건대, 다행히 밝은 세상을 만나 먼 곳의 임시 군장(君長)으로 있으면서, 일찍이 털끝만 한 도움도 없었으므로 다만 천일(天日)만을 우두커니 바라볼 뿐이었습니다. 지난번에 천한 사신[賤介]이 돌아오매 특별히 천자의 명령이 내리심을 받았사온데, 나라 이름을 마땅히 고쳐야 할 것임을 지시하여 빨리 달려와서 보고하기를 명했으니, 신(臣)은 나라 사람들과 더불어 감격함을 견디지 못하겠습니다. 간절히 생각하옵건대, 옛날 기자(箕子)의 시대에도 이미 조선(朝鮮)이란 칭호가 있었으므로, 이에 아뢰어 진술(陳述)하여 감히 천자께서 들어주시기를 청했는데, 유음(兪音)이 곧 내리시니 특별한 은혜가 더욱 치우쳤습니다. 이윽고 백성을 다스리라는 말로써 경계하시고, 또 후사(後嗣)를 번성하게 하라는 말로써 권장하시니, 깊이 마음속에 느껴서 분골쇄신(粉骨碎身)이 되더라도 보답하기 어렵겠습니다. 이것이 대개 구중궁궐(九重宮闕)에서 천하를 다스리면서 만 리 밖의 일을 환하게 보시어, 신(臣)이 부지런히 힘써 조심함을 살피시고, 신이 성실하여 딴마음이 없음을 어여삐 여기시어, 이에 소방(小邦)으로 하여금 새 국호(國號)를 얻게 했던 것입니다. 신은 삼가 마땅히 번병(藩屏)이 되어 더욱 직공(職貢)의 바침을 조심하고, 자나 깨나 항상 천자에게 강녕(康寧)하시라는 축원에 간절하겠습니다.

태조는 국호를 정해준 명나라의 은혜에 감사한 뒤, 1393년에 국호를 조선으로 정하고, 1394년에 한양으로 천도했다. 태조 2년 5월에는 명나라에서 조선을 위협하는 조서를 가지고 왔다. 조서의 내용은 이러했다.

흠차 내사(欽差內史) 황영기(黃永奇)·최연(崔淵) 등이 황제의 수조(手詔)를 받들고 오니, 임금이 백관(百官)을 거느리고 선의문(宣義門) 밖에서 맞이하여 앞을 인도해서 수창궁(壽昌宮)에 이르러 조서(詔書)를 듣고 예(禮)를 거행했다.

○ 지난번에 절동(浙東)·절서(浙西)의 백성 중에서 불량한 무리가 그대를 위하여 소식을 보고하기에, 이미 수십 집을 죽였소. 고려의 산천 귀신이 어찌 그대가 화단(禍端)을 만들어 재앙이 백성에까지 미치게 될 줄을 알지 못하겠는가? 이것이 흔단(釁端)을 일으킨 것의 한 가지요.

○ 사람을 보내어 요동(遼東)에 이르러 포백(布帛)과 금은(金銀)의 종류를 가지고 거짓으로 행례(行禮)함으로써 사유(事由)로 삼았으나, 마음은 우리 변장(邊將)을 꾀는 데 있었으니, 이것이 흔단(釁端)을 일으킨 것의 두 가지요,

○ 요사이 몰래 사람을 보내어 여진(女眞)을 꾀여 가권(家眷) 5백여 명을 거느리고 압록강을 몰래 건넜으니, 죄가 이보다 큰 것이 없었소. 이것이 흔단(釁端)을 일으킨 것의 세 가지요,

○ 입으로는 신하라 일컫고 들어와 조공(朝貢)한다 하면서도, 매양 말을 가져올 때마다 말 기르는 사람[豢馬]으로 하여금 길들여 보게 하니, 말은 모두 느리고, 또한 모두 타서 피로한 것들이니, 업신여김의 한 가지요,

○ 국호(國號)를 고치는 일절(一節)은 사람을 보내어 조지(詔旨)를 청하므로, 그대의 마음대로 하도록 허용했는데, 조선(朝鮮)을 계

승하여 그대가 후손이 되게 했소. 사자(使者)가 이미 돌아간 후에
는 오래도록 소식이 없으며, 도리어 흔단(釁端)을 만드니 업신여김
의 두 가지이다.

아! 원(元)나라 말기로부터 중원(中原)026)이 난리가 나서, 백성
들이 병화(兵禍)를 입게 되었소. 영웅이 여러 곳에 웅거하여 전전
(轉戰)하면서 살상(殺傷)한 지가 거의 24년이 되었는데, 짐(朕)이 이
미 이를 평정했소. 그러나 중국이 이미 평정되매, 사방의 오랑캐가
변흔(邊釁)을 일으키고 조공(朝貢)하지 않는 것은 장수에게 명하
여 정토(征討)하게 한 지가 또한 24년이나 되었소. 만이(蠻夷)가 복
종[率服]하고 해외(海外)의 여러 섬나라도 와서 조공(朝貢)하는데,
근래에 나라 안에서 난신적자(亂臣賊子)가 발생했으므로, 금년 봄
에 사로잡아 멸족(滅族)하여 간악한 무리들이 이미 근절되었소. 짐
(朕)은 장차 칼날을 변화시켜 농구(農具)를 만들고, 전사(戰士)들
을 어루만져 옛날의 노고를 잊게 하며, 칼날에 부상한 사람을 후
하게 부양하여 제집에서 평생을 마치게끔 하고, 여러 장수에게 가
벼운 갖옷을 입고 살진 말을 타도록 하여, 사시(四時)의 경치를 구
경하면서 태평을 누리게 하려고 하는데, 어찌 그대의 고려에서 속
히 병화(兵禍)를 일으키는가? 짐은 또 장차 상제(上帝)에게 밝게 고
(告)하고, 장수에게 명해 동방을 정벌하여 업신여기고 흔단을 일으
킨 두 가지 일을 설욕(雪辱)할 것이오. 만약 군사가 삼한(三韓)에 이
르지 않더라도 장차 여진의 사람들을 꾀어 전가(全家)를 떠나오게
할 것이니, 이미 간 여진의 모든 사람을 돌려보낸다면 짐의 군사는
국경(國境)에 들어가지 않을 것이오.

태조는 명나라에서 온 위협적인 조서에 대해 자세하고 간곡한 어투로 해명하는 글을 올렸다. 그 뒤로도 태조는 명나라의 황제에게 친서를 보낼 때 자신에 대한 호칭을 국왕 대신 권지국사로 사용했는데 그에 관한 질문에 대해 다음과 같이 답변한 내용이 『태조실록』 5권, 태조 3년 1월 16일조에 실려 있다.

> 조선은 이미 자주권을 허락했으니 곧 정당한 조선국왕(朝鮮國王)이란 명칭을 사용해야 한다. 그런데 지금 국호는 조선으로 고치고 표문에는 아직도 권지국사(權知國事)라 했으니 무슨 까닭인지 알지 못하겠노라' 했으니, 이것을 받자와 신의 어리석은 생각에는 국호는 명확히 내리신 바 있으므로 고쳤거니와 조선왕의 작호(爵號)는 아직 내리신 처분이 없으므로 감히 왕이라고 일컫지 못한 것입니다.

명나라에 대해 제후국의 예를 갖추면서까지 저자세를 취한 태조의 처신은 아무래도 불안한 왕권을 유지하기 위한 책략으로 보인다. 명나라가 주위의 나라들에 황제로 군림하려는 것은 확실하고 조공 형태의 외교를 취하려 한 것 또한 사실이다. 그렇다고 해서 명나라에서 요구하기도 전에 먼저 제후국의 형태를 취하면서 명나라 황제에게 엎드린 것은 명나라의 힘을 빌려 왕권을 유지하기 위한 것으로 이해할 수밖에 없다. 태조가 우리 백성을 지극히 사랑하여 혹시나 있을지도 모를 명나라의 침략을 사전에 방지하기 위한 깊은 뜻에서 내린 결정일 수도 있을 것이다. 그러나 수많은 반발 세력을 살상한 것으로 미루어본다면, 깊은 뜻에서 나온 결정으로 보기 어렵다.

　가만히 있는 사람에게 가서 부하가 되겠다고 귀찮을 정도로 조르면, 그다음부터 무시를 당하고 수모를 당하는 것은 필연적이다. 애초에 천자국은 한국이었는데, 중국이 한국을 모방하여 천자국이 된 뒤로 도리어 한국에게 조공을 바치라는 말을 듣고 처참하게 생각했던 목은의 마음과 양촌의 마음이 있었다면, 이러한 방식의 외교는 하지 않았을 것이다. 지극히 겸손하면서도 위엄을 갖추고 대등하게 교류하는 방법을 찾아내려고 노력했을 것이다. 그러나 태조에게는 왕권이 불안정했기 때문에 그럴 여유가 없었다.

　태조의 외교정책은 사대교린이었고, 정치이념은 주자학이었다. 한국인의 정서로 보면, 한국인들은 사대할 줄 모른다. 한국인에게 사대의 근성이 있었다면, 청나라나 일본이 강자가 되었을 때, 그 나라들을 섬겼을 것이다. 조선이 끝까지 청나라에 저항했고, 끝까지 일본에 저항한 것은 한국인에게 사대의 근성이 없기 때문으로 이해해야 한다.

　사대는 약자가 강자를 받드는 것이다. 사대의 모습이 가장 잘 지켜지는 조직이 조폭이다. 한국인은 힘이 약해도 강자에게 덤빈다. 아마도 한국인에게 사대주의의 근성이 있었다면 이태조에게 수많은 사람이 죽음으로 항거하지 않았을 것이고, 사육신이 나오지 않았을 것이며, 의병들이 나오지 않았을 것이다.

　한국인의 약점 가운데는 약자가 강자에게 의지하는 습성이 있다. 한국인의 마음 바탕에 깔린 정서의 핵심은 '너=나'라는 등식이다. 이 등식에서 훌륭한 사람은 무게중심이 '너'에게 실린다. 훌륭한 한국인은 네가 아프면 나도 아프고, 네가 울면 나도 울며, 네가 위험하면 내가 위험을 무릅쓰고 뛰어들고, 너의 의견을 나의 의견처럼 귀하게 여기고 경청하며, 너를 위해 내가 희생한다. 그러나 추한 한국인은 이와 반대로, 무게중심이 '나'에게 실린다. 너의 의견은 나의 의견이어야 하므로, 나의 의견과 다른 의견은 들을 필요가 없다. 내가 하는 방식과 다른 방식은 받아들일 가치가 없다. 내가 아프면 너도 아파야 하고 내가 울면 너도 울어야 하며, 내가 위험하면 너는 위험을 무릅쓰고 뛰어들어 나를 도와야 하고, 나를 위해 네가 희생해야 한다. '너의 돈은 나의 돈이므로, 너의 돈은 나를 위해 쓰여야 한다. 너의 힘은 나의 힘이므로, 너의 힘은 나를 위해 쓰여야 한다. 이런 정서에서는 힘 있고 돈 있는 사람에게 의지하여 나의 이권을 챙기려는 추한 모습이 나타난다. 강자를 섬기는 것과 강자에게 의지하는 것은 다르다.

명나라에 대한 태조의 사대는 명나라를 섬기는 것이라기보다는 명나라에 의지하는 것으로 이해해야 할 것이다.

태조가 민심을 얻기 위해 택한 것 중의 하나가 숭유억불이었다. 당시 백성들은 불교에 등을 돌렸고, 고려 말기에는 급속도로 확산하기 시작한 주자학을 따르는 분위기로 바뀌어 있었다. 이런 분위기로 보면 유학을 정치이념으로 삼는 것은 당연한 선택이었다. 여기서 말하는 유학은 주자학을 말한다.

제2절
태종의 참위서 소각과 한국 주자학의 변질

두 차례의 왕자의 난을 거치고 왕위에 오른 태종에게도 백성들의 지지가 적었다. 왕권이 약하면 정치를 하기 어렵다. 태종은 왕위에 즉위하는 순간부터 왕권을 강화하기 위해 총력을 기울였다. 관료제도를 정비하고, 사병(私兵)을 혁파했으며, 조세제도와 호적제도를 개혁했다. 왕실의 외척과 공신을 대대적으로 숙청해서 그들의 세력을 약화했다. 그러나 그렇게 했다고 해서 왕권이 강화되는 것은 아니다. 한국인들에게는 힘 있는 사람을 따르지 않고 덕 있는 사람을 따르는 특징이 있다. 왕실의 외척과 공신들의 세력을 약화하는 것과 백성의 지지가 비례하는 것은 아니다. 강력한 왕권은 백성들의 지지에서 나온다. 태종이 왕권을 강화하기 위해 택한 방안 중의 하나는 역시 명나라의 힘에 의지하는 것이었고, 그러기 위해서는 명나라 황제의 심기를 불편하게 하면 안 되는 것이었다. 『태종실록』 34권, 태종 17년 11월 5일에 참서를 금하는 명을 내린다.

참위(讖緯)·술수(術數)의 말은 세상을 미혹하고 백성을 속이는 것이 심한 것이다. 나라를 다스리는 자가 마땅히 먼저 버려야 하므로, 이미 서운관(書雲觀)에 명하여 요망하고 허탄(虛誕)하여 바르지 못한 글을 골라서 불에 사르게 했다. 이제부터 서울과 외방에 사사로이 간직하고 있는 요망하고 허탄한 글은 오는 무술년 정월까지 한하여 자수하여 바쳐서 역시 불살라 없애게 하고, 만일 혹시 정한 기한까지 바치지 않는 자는 여러 사람이 진고(陳告)하도록 허락하여 조요서(造妖書)의 율에 의하여 시행하고, 범인의 가산은 고한 사람에게 상으로 충당하라.

태종이 말한 요망하고 허탄한 글에는 한국 고대의 역사기록도 포함된다. 한국 고대사의 기록에는 단군이 천자였고, 중국의 순임금, 우 임금 등이 단군에게 조공하는 내용이 들어 있다. 이런 내용이 명나라 황제의 귀에 들어가면 심기가 편할 리 없다. 명나라 사람들에게 알려지기 전에 우리에게 있는 고대의 자료를 모두 없앴다. 형제를 죽이고 왕이 된 면에서 태종과 유사한 임금은 세조였다. 세조 역시 민심의 지지가 약했고 그럴수록 명나라 황제의 지지가 필요했다. 세조 때는 태종 때 불타고 남아 있는 고대사 관련 서적들을 모조리 없앴다. 『세조실록』 7권, 세조 3년 5월 26일에는 다음과 같은 명령을 하달한다.

> 팔도 관찰사(八道觀察使)에게 유시(諭示)하기를, "『단군조선 비사(古朝鮮秘詞)』, 『대변설(大辯說)』, 『조대기(朝代記)』, 『주남일사기(周南逸士記)』, 『지공기(誌公記)』, 『표훈삼성밀기(表訓三聖密記)』, 『안함노원동중삼성기(安含老元董仲三聖記)』, 『도증기 지리성모하사량훈(道證記智異聖母河沙良訓)』, 문태산(文泰山)·왕거인(王居人)·설업(薛業) 등의 『삼인기록(三人記錄)』, 『수찬기소(修撰企所)』 등의 1백여 권과 『동천록(動天錄)』, 『마슬록(磨蝨錄)』, 『통천록(通天錄)』, 『호중록(壺中錄)』, 『지화록(地華錄)』, 『도선 한도참기(道詵漢都讖記)』 등의 문서는 마땅히 사처(私處)에 간직해서는 안 되니, 만약 간직한 사람이 있으면 진상(進上)하도록 허가하고, 자원(自願)하는 서책(書冊)을 가지고 회사(回賜)할 것이니, 그것을 관청·민간 및 사사(寺社)에 널리 효유(曉諭)하라"라고 했다.

세조는 그때까지 남아 있는 고대사 관련 서적들을 하나하나 열거하면서 모두 수거하라는 명을 내렸고 예종때는 옛 서적을 가지고 있는 자들을 처형했다. 아마 행촌의 『단군세기』도 당시에 공개되어 있었더라면 그때 이미 사라졌을 것이다. 우리의 귀한 국보급 서적들이 우리 자신의 손에서 사라진 것이다.

이와 함께 한국의 주자학이 변질하지 않을 수 없었다. 한국의 주자학은 목은에서 양촌으로 이어지면서 체계화된 것이었다. 한국 주자학의 기본 체계는 한국 고대 사상의 지반 위에 중국의 주자학을 세워놓은 건물 같은 것이었다. 한국 고대 사상의 지반은 무한히 넓고 크기 때문에 그 위에 모든 건축물을 세울 수 있다. 만약 그 지반을 놓치지만 않으면 어느 한 건축물에 갇히지 않는다. 그렇지만, 한국 고대 사상이라는 지반을 놓쳐버리고 한 건축물에 들어가면 그 건축물에서 다른 건축물로 갈 수 있는 터전을 잃어버리기 때문에, 그 건축물에 갇혀버리고 만다. 만약 한국인의 단점을 가진 사람이 한 건축물에 갇혀버리면 다른 건축물을 볼 수 없고, 다른 건축물에 있는 사람을 용납할 수 없으므로 무서운 독선에 빠진다. 매우 주의할 일이다. 태종에서 시작한 한국 고대 역사자료 제거작업은 결과적으로 한국 주자학을 떠받치고 있는 지반을 제거하는 것이 되고 만다. 양촌 이후의 주자학자들 중에서 주자학 하나만 고집하는 편협한 학자들이 대거 등장하는 것은 이에 적지 않은 영향을 받았기 때문으로 볼 수 있다. 세종대왕이 나서서 허물어가는 한국 주자학의 지반을 복구하기 위해 상당히 노력했지만, 그 효과가 나중에까지 이어지지는 않았다.

제2장

■

세종대왕의 유학적 이상향 실현

유학의 핵심은 수기치인이다. 개인적 수양을 통해 완전한 인격체가 된 사람이 나서서 다른 사람들에게 자기처럼 완전한 인격체가 되도록 인도하는 것이 수기치인이다. 수기가 완성된 사람이 성인이고, 다른 사람을 인도하는 역량을 최대한 발휘할 수 있는 사람이 왕이기 때문에, 성인이 왕이 되어 다른 사람들을 인도하는 것이 유학의 이상이다. 유학에서는 유사 이래 유학의 이념을 가장 잘 발휘한 사람으로 요 임금과 순 임금을 든다. 요 임금과 순 임금이 성왕의 표상이었고, 그들이 만든 세상이 대동사회였다.

요 임금과 순 임금은 4300여 년 전의 인물들이므로 그 실재를 의심하는 사람도 많고, 상당히 미화된 것으로 여기는 사람도 많다. 많은 사람이 그런 세상은 이상일 뿐, 현실에 나타나지는 않는다고 여기기도 한다. 그러나 그로부터 4천여 년이 지난 먼 훗날에 유학적 이상세계를 건설하신 분이 한국 땅에 나타났다. 세종대왕이 바로 그분이셨다.

『세종실록』 127권, 세종 32(1450)년 2월 17일에 다음과 같은 기록이 있다.

임금이 영응 대군(永膺大君) 집 동별궁(東別宮)에서 홍(薨)하셨다. 처음에 영응 대군 집을 지을 때, 명하여 한 궁을 따로 집 동편에 세워서 옮겨 거처할 곳을 준비하셨다. 임금은 슬기롭고 도리에 밝으매, 마음이 밝고 뛰어나게 지혜롭고, 인자하고 효성이 지극하며, 지혜롭고 용감하게 결단하며, 합(閤)에 있을 때부터 배우기를 좋아하되 게으르지 않아, 손에서 책이 떠나지 않았다. 일찍이 여러 달 동안 편치 않았는데도 글 읽기를 그치지 아니하니, 태종(太宗)이 근심하여 서적(書籍)을 거두어 감추게 했는데, 사이에 한 책이 남아 있어 날마다 외우기를 마지않으니, 대개 천성이 이와 같았다. 즉위함에 미쳐, 매일 사야(四夜)에 면옷을 입고, 날이 환하게 밝으면 조회를 받고, 다음에 정사를 보고, 다음에는 윤대(輪對)를 행하고, 다음 경연(經筵)에 나아가기를 한 번도 조금도 게으르지 않았다. 또 처음으로 집현전(集賢殿)을 두고 글 잘하는 선비를 뽑아 고문(顧問)으로 하고, 경서와 역사를 열람할 때는 즐거워하여 싫어할 줄을 모르고, 희귀한 문적이나 옛사람이 남기고 간 글을 한 번 보면 잊지 않으며, 증빙(證憑)과 원용(援用)을 살펴 조사하여서, 힘써 정신 차려 다스리기를 도모하여 처음과 나중이 한결같았고, 문(文)과 무(武)의 정치가 빠짐없이 잘 되었으며, 예악(禮樂)의 문(文)을 모두 일으켰으매, 종률(鍾律)과 역상(曆象)의 법 같은 것은 우리나라에서는 옛날에는 알지도 못하던 것인데, 모두 임금이 발명한 것이고, 구족(九族)과 도탑게 화목했으며, 두 형에게 우애하니, 사람이 이간질하는 말을 하지 못했다. 신하를 부리기를 예도로써 하고, 간(諫)하는 말을 어기지 않았으며, 대국을 섬기기를 정성으로써 했고, 이웃 나라 사귀기를 신의로써 했다. 인륜에 밝았고 모든 사물에 자상하니, 남쪽과 북녘이 복종하고, 나라 안이 편안하여, 백성이 살아가기를 즐겨한 지 무릇 30여 년이다. 거룩한 덕이 높고 높으매, 사람들이 이름을 짓지 못하여 당시에 해동 요순(海東堯舜)이라 불렀다.

훗날 율곡 선생도 선조대왕에게 요순의 정치를 멀리서 찾지 말고 세종대왕에게서 찾도록 권하면서 세종대왕은 요순이라고 말한 적이 있다.

제1절
세종대왕의 어린 시절

세종대왕(世宗大王: 1397~1450)의 이름은 이도(李祹)이고, 자는 원정(元正)이며 시호는 장헌(莊憲)이다. 태종의 셋째아들이고, 모친은 원경왕후 민씨(元敬王后閔氏)이며, 비는 심온(沈溫)의 딸 소헌왕후(昭憲王后)이다. 재위 기간은 1418~1450년이다. 1408(태종 8)년에 충령군(忠寧君)으로 봉해졌고, 1412년 충령 대군에 봉(進封)해졌다. 1418년 6월 왕세자에 책봉되었다가 같은 해 8월에 태종의 양위를 받아 즉위했다.

세종대왕은 어린 시절에 매우 모범적인 성장 과정을 거친 것으로만 기록되어 있을 뿐이어서, 어떤 생각을 하고 자랐는지, 사춘기에는 어떤 철학적 사색을 했고, 어떤 고민을 했으며, 어떤 방황을 했는지 등에 대한 구체적인 기록이 남아 있지 않아서 짐작하기 어렵다. 유달리 침착하고 인자한 성품을 타고난 것으로 보면 아마도 외조부의 유전자를 많이 이어받은 것으로 추측되기도 한다.

태종실록 26권, 태종 13년 12월 30일의 기록에 따르면, 태종이 일찍이 충녕 대군에게 이르기를, "너는 할 일이 없으니, 평안하게 즐기기나 할 뿐이다"라고 했으므로, 대군은 서화(書畵)·화석(花石)·금슬(琴瑟) 등을 두루 익혔고, 세자에게 금슬을 가르치면서 화목했다고 한다.

태종실록 26권에 있는 같은 날의 기록에 따르면, 태종 13년 조에는 서연관(書筵官)에서 병풍(屛風)을 만들어 『효행록(孝行錄)』에서 뽑아 그림을 그리고, 이어서 이제현(李齊賢)의 찬(贊)과 권근(權近)의 주(註)를 그 위에 썼는데, 이것이 이루어지자 세자(世子)가 충녕 대군(忠寧大君)에게 해석하게 하니, 즉시 자세하게 풀이했다는 기록이 있다. 이에서 보면 세종대왕은 어릴 때 여러 서적을 두루 섭렵했던 것으로 보인다. 세종실록 5년의 기록을 보면 세종대왕은 어릴 때 거의 독서광의 수준이었음 알 수 있다.

임금이 잠저(潛邸)에 있을 때부터 학문을 좋아하고 게을리 하지 않아서, 일찍이 가벼운 병환이 있을 때도 오히려 독서를 그치지 아니하므로, 태종(太宗)께서 작은 환관을 시켜서 그 서책을 다 가져다가 감추게 하고, 다만 구양수와 소식의 글만 곁에 있었는데, 그 책도 다 보시었다. 즉위하심에 이르러서는 손에서 책을 놓지 않아, 비록 수라(水剌)를 드실 때도 반드시 책을 펼쳐 좌우에 놓았으며, 혹은 밤중이 되도록 힘써 보시고 싫어하지 않으셨다. 일찍이 근신(近臣)에게 말하기를, "내가 궁중에 있으면서 손을 거두고 한가롭게 앉아 있을 때는 없다" 하셨으니, 이로 말미암아 경적(經籍)에 널리 통하시었고, 심지어는 본국 역대의 사대문적(事大文籍)에 이르기까지 보시지 않은 것이 없었고, 또 근신들에게 말하기를, "내가 서적을 본 뒤에는 잊어버리는 것이 없었다"라고 하셨으니, 그 총명하심과 학문을 좋아하시는 것은 천성(天性)이 그러했다.

태종실록 35권 태종 18년조에 충녕대군에 관한 태종의 평가를 보면 어릴 때 엄청나게 독서 했음을 알 수 있다.

충녕대군은 천성이 총명하고 민첩하고 자못 학문을 좋아하여, 비록 몹시 추운 때나 몹시 더운 때를 당하더라도 밤이 새도록 글을 읽으므로, 나는 그가 병이 날까 두려워하여 항상 밤에 글 읽는 것을 금지했다. 그러나 나의 큰 책은 모두 청하여 가져갔다.

위의 내용을 보면 세종대왕은 모든 책을 닥치는 대로 다 읽는 독서광처럼 생각할 수 있지만, 그렇지 않았다. 세종대왕은 독서의 방법에 대해서 다음과 같이 말한 적이 있다.

경서를 구두점을 찍으면서 해석하는 것만으로는 학문에 유익함이 없다. 반드시 마음속의 공부가 있어야 곧 유익함이 있는 것이다.[1]

세종대왕은 또 학자들의 독서 방법에 대해 우려하면서 다음과 같이 말한 적이 있다.

이것이 내가 학자들에게 걱정하는 점이다. 사서오경과 백가의 모든 역사에 어찌 한결같이 숙지할 수 있겠는가! 지금 학자들이 사서오경을 두루 익히고자 하지만, 소득이 없을 것임은 분명하다. 반드시 정밀하게 숙지하여 꿰뚫어 보고자 한다면 어느 한 경전에 전심하는 공부만 한 것이 없을 것이다.[2]

세종대왕은 독서의 방법을 꿰뚫고 있으나 당시의 학자들은 그렇지 못했다. 세종대왕은 학자들의 그런 잘못을 놓치지 않고 지적한다.

지금의 유자들은 이름으로는 경학을 한다고 하지만, 본질을 궁구하여 마음을 바르게 한 선비는 듣지 못했다.[3]

세종대왕은 경전 공부의 방법을 스스로 깨쳤다. 경전은 성인의 말씀을 기록해 놓은 것이다. 그 말씀들은 당시의 상황에서 나타나는 문제점들의 해답이다. 상황이 바뀌면 문제가 바뀌기 때문에

---

1. 句讀經書 無益於學 必有心上工夫 乃有益矣(『세종실록』 즉위년 10월조).
2. 上曰 此吾所以爲學者患也 四書五經百家諸史 安得一樣精熟 今學者 欲遍習 四書五經 其無所得明矣 必欲精熟貫穿 莫如專經之學(『세종실록』 15년 2월 조).
3. 今之儒者 名爲治經學 而窮理正心之士 未之聞也(『세종실록』 7년 11월조).

상황에 따라 말씀들이 다 다르다. 경전을 공부하는 사람들이 그 경전의 구절들을 구두점을 찍으면서 해석하고 넘어가는 방식으로만 공부한다면, 경전을 많이 읽어 모조리 암기하더라도 머릿속에 쌓아둔 지식이 많아 머리만 복잡해질 뿐, 삶이 바뀌는 것은 아니다. 경전 공부의 목적은 참되고 행복한 삶을 회복하기 위해서여야 한다.

경전의 내용은 성인의 말씀들이고, 성인의 말씀들은 성인의 마음에서 나온 것이다. 성인들의 말씀은 당시의 문제들을 해결하는 해답이기 때문에 아무리 많은 내용을 외우더라도 그 말씀들이 오늘날의 문제를 해결하는 해답이 되지 못하므로, 유익한 것이 없다. 경전 공부의 핵심은 경전에 들어 있는 성인의 말씀이나 행동 방식을 통해서 성인의 마음을 아는 데 있다.

성인의 마음은 하늘마음이다. 성인의 행동과 말씀은 하늘마음에서 나온 것이므로, 경전 공부에서 가장 중요한 것은 경전 속에 있는 성인의 행동과 말씀을 통해 하늘마음을 이해하는 것이다. 성인의 행동과 말씀을 통해 한마음을 알게 되면 성인의 행동과 말씀이 모두 하나로 꿰어진다. 성인의 행동과 말씀이 때와 장소에 따라 다른 것은 때와 장소에 따라 처한 상황이 다르기 때문이다. 큰 통에 들어 있는 물은 많고, 작은 통에 들어 있는 물은 적다. 네모 통에 들어 있는 물의 모양은 네모이고, 원통에 들어 있는 물의 모양은 원이다. 각각 양과 모양이 다르지만, 물이라는 면에서는 모두 같다. 물의 본질을 모르고 물의 드러난 모양과 양을 조사하기만 한다면, 아무리 많은 것을 조사해도 결국 물의 본질을 알수 없다. 통 하나에 들어 있는 물을 관찰하되 모양과 양에 끌려가지 말고 물의 본질을 찾아내기만 하면, 물의 양과 모양이 아무리 다양하더라도 모두 하나로 꿰뚫어 파악할 수 있다. 경전 공부도 마찬가지다. 경전에 들어 있는 성인의 행동과 말씀들을 다 공부하기보다는 일부의 행동과 말씀들을 통해서 성인의 마음을 이해하는 것이 중요하다. 성인의 마음을 이해하면 성인의 행동과 말씀이 모두 하나로 꿰어져 있음을 알게 된다. 그리고 그 마음이 내 마음의 밑바닥에 깔린 하늘마음임을 알게 된다. 경전 공부의 최종목적은 내 속에 있는 하늘마음을 알고, 하늘마음을 회복하는 데 있다. 하늘마음을 회복하면 성인과 내가 하나가 되고, 하늘과 내가 하나가 된다. 하늘마음은 텅 비어 있으면서 신령스럽고, 어둡지 않다. 옛 성인은 허령불매한 마음으로 당시의 상황에서 참되고 행복한 삶의 방법을 내놓았고, 당시의 문제들에 대한 해답을 내놓았다. 내가 경전 공부를 통해서 내 속에 있는 하늘마음을 알고 회복한다면, 오늘날의 상황에서 참되고 행복한 삶의 방법을 찾아낼 수 있고, 오늘날의 문제들에 대한 해답을 내놓을 수 있다. 세종대왕은 경전 공부를 통해서 하늘마음을 알았고, 하늘마음을 회복했다. 그리고 세종대왕은 당시의 문제들을 해결할 수 있는 해답을 내놓을 수 있게 되었다. 경전 공부는 그렇게 되어야 완성된다.

　세종대왕이 보기에 당시 경전을 공부하는 사람들은 경전의 구절들을 구두점을 찍으면서 읽어가고 있는 수준이었고, 성인의 마음을 이해하는 데까지 파고들지 않고 성인의 행동과 말씀들을 암기하는 데 그치고 있었으며, 경전을 공부한다고 말들을 하면서도 자기의 마음속에 있는 하늘마음을 알고 회복한 선비들이 없었다. 세종대왕은 당시 최고의 학자로서 경전 공부의 바른 방법을 제시했다.

경전 공부를 통해서 자기에게 있는 하늘마음을 회복한 뒤에는 다른 철학서들과 역사서를 공부해야 한다. 다른 철학서들을 통해서 자신이 터득한 하늘마음의 진위를 검정해야 하고, 역사서를 통해 하늘마음이 제대로 실현된 경우와 그렇지 못한 경우를 살펴서, 하늘마음을 실현하는 데 참고로 삼아야 한다. 자기의 마음을 알고 회복하는 것은 제약회사가 약을 만드는 과정에 비유할 수 있고, 다른 철학서와 역사서를 공부하는 것은 자기가 만든 약을 임상실험을 통해 검증하는 것에 비유할 수 있다. 자기가 만든 약을 임상실험을 통해 검증하고 나면, 많은 사람에게 제공할 수 있듯이, 경전 공부를 통해 터득한 자기의 마음을 여타의 철학서들과 역사서를 통해 검증한 뒤에는 새로운 시대에 맞는 새로운 정책으로 펼칠 수 있다.

세종대왕은 『성리대전』, 『근사록』 등의 철학서를 읽었고, 역사서 중에 특히 『통감강목』을 많이 읽었다. 『성리대전』, 『근사록』 등의 철학서는 하늘마음을 알고 회복하는 방법에 관해 깊이 파고 들어가는 철학의 교과서이고, 『통감강목』은 하늘마음이 역사 속에서 펼쳐지는 양상을 설명해놓은 대표적인 서적이다. 세종대왕은 또 『대학연의(大學衍義)』를 많이 읽었다. 세종대왕은 『대학연의』를 통해 정치원리를 이해하는 데 많은 도움을 받았다.

하늘마음은 한순간도 쉬지 않고 만물에 삶을 향해 나아가도록 깨우치므로, 충실하게 하늘마음을 따르는 사람은 언제 어디서나 충실하게 삶의 방향으로 나아간다. 배고플 때 밥을 먹고, 목마를 때 물을 마시며, 나아가야 할 때 나아가고, 물러나야 할 때 물러난다. 악한 마음에 끌려가지 않고, 위험한 곳에 들어가지 않는다. 하늘마음을 따르는 사람은 다른 사람에 대해서도 마찬가지다. 다른 사람이 배고플 때 밥을 먹도록 하고, 목이 마를 때 물 마시도록 한다. 나아가야 할 때 나아가게 하고, 물러서야 할 때 물러서게 한다. 악한 마음에 끌려가지 않게 하고, 위험한 곳에 들어가지 않게 한다. 하늘마음을 충실하게 따르는 사람이 제왕이 되면, 쉬지 않고 백성의 문제를 해결해준다. 백성들에게 농사짓는 기술이 필요할 때는 농사짓는 기술을 가르쳐주고, 백성의 몸이 아프면 의술을 발전시키며, 외국으로부터 침략의 위험이 있으면 국방을 튼튼히 하고, 백성들이 참되고 행복하게 살도록 교육한다. 하늘마음을 가진 제왕은 쉬지 않고 백성들에게 필요한 것을 제공한다. 필요한 것은 새로운 것이고, 필요 없는 것은 낡은 것이다. 세종대왕의 정치는 백성들이 필요로 하는 것을 그때그때 바로 제공하기 때문에, 백성들은 세종대왕이 늘 새롭다. 최고의 정치는 늘 새롭게 이어지는 정치다. 『대학』에서 말한 것처럼 "진실로 날마다 새롭고, 날마다 계속 새롭고, 또 날마다 새로운"[4] 정치였다. 세종대왕의 정치가 늘 새로웠던 이유는 즉위하기 전에 이미 경전 공부를 통해 하늘마음을 회복했기 때문이었다. 태권도 9단인 사람에게는 위엄이 있다. 행패 부리는 사람들에게 다가가 그러지 말라고 타이르면 바로 멈춘다. 그러나 태권도를 할 줄 모르는 사람은 태권도 9단이 하는 것과 똑같은 방식으로 하더라도 효과가 없다. 방식이 똑같아도 효과가 다른 것은 태권도 9단이 되는 노력을 한 것

---

4. 苟日新 日日新 又日新(『대학』 전 2장).

과 안 한 것의 차이이다. 서종대왕이 위대한 정치력을 발휘한 것은 즉위하기 전에 오랜 시간에 걸친 경전 연구를 통해 수양을 완성했기 때문이다. 세종대왕이 했던 것과 같은 수양 과정을 거치지 않은 사람은 아무리 세종대왕의 정치 방법을 따라 하더라도 효과가 없다. 세종대왕의 위대한 정치 내용보다도 더 중요한 것은 세종대왕의 경전 공부를 통한 수양이었다.

1418년 세종대왕은 22세의 나이에 왕위에 즉위했다. 유학의 핵심인 수기치인에서 보면 세종대왕은 수기를 완성하여 치인에 나아갔고, 치인을 통해 이상사회를 건설한 유학의 증인이었다. 공자가 군자에 대해 설명하면서 수기를 통해 백성을 편안하게 하는 것으로 설명하면서 그것은 요 임금과 순 임금도 해내지 못해 걱정했다고 덧붙였다. 수기를 통해 백성을 편안하게 하는 일, 그 어려운 일을 세종대왕이 해낸 것이다.

제2절
세종대왕의 정치목표

유학은 수기치인의 철학이다. 수기의 완성단계에 들어간 세종의 목표는 당연히 치인을 통한 이상세계의 건설이었다. 이상세계란 구체적으로 어떤 세계일까?

> 부덕한 내가 신민의 윗자리에 있으면서 밤낮으로 잘 다스리기를 도모하여 융평(隆平)에 이르기를 기약한 지 무릇 8년이 되었다.[5]

아! 천심을 받들어 왕도를 행하고 두루 어진 정치를 베풀며, 제
왕의 가르침을 펼치고 민생을 보살펴서 영구히 '풍평(豐平)한 세
상에 이르려 한다.[6]

세종대왕의 목표는 이상세계의 건설이었다. 이상세계는 넉넉하
고 평화로운 세계이다. 융(隆)이나 풍(豐)은 넉넉함을 말한다. 사람
들이 부모를 봉양할 수 없고, 가족을 먹여 살릴 수도 없게 된 상
태에서는 좋은 세상을 기대할 수 없다. 그렇지만, 넉넉하고 풍요로
운 사회라고 해서 이상세계가 되는 것은 아니다. 사람들의 마음이
불안하면 아무리 넉넉해도 행복해지지 않는다. 사람들이 경제적
으로 넉넉하고 정신적으로 평화로워 모두가 행복을 구가하는 세
상이라야 이상세계라 할 수 있다.

이상세계에서의 넉넉함이란 빈부격차가 크지 않은 상태에서의
넉넉함을 말한다. 빈부격차가 심한 상태가 오래 지속되면 사회가
혼란해져서 살기 어려운 상태가 되므로, 혼란한 사회보다는 차라
리 가난한 사회가 낫다. 공자도 "적은 것을 근심할 것이 아니라,
균등하지 못한 것을 근심해야 하고, 가난을 걱정할 것이 아니라
불안한 것을 걱정해야 한다"[7]라고 했다. 세종대왕은 『논어』의 내
용을 훤히 꿰뚫고 있었다. 사람들은 골고루 잘 살아야 하고 불안
하지 않게 잘 살아야 한다.

---

5. 予以不德 托于臣民之上 夙夜圖治 期至隆平 盖已八年(『세종실록』 7년 6월조).
6. 於戲 奉天心而行王道 旁施渙汗之仁 敷帝訓 以恤民生 永底豐平之治(『세종실록』 6년 10월조).
7. 不患寡而患不均 不患貧而患不安(『論語』季氏).

세종대왕이 말하는 평화로움이란 무엇일까? 세종대왕이 말하는 평화란 전쟁이 없는 상태만을 말하는 것이 아니다. 아무런 긴장감이 없이 편안하게 '후' 하고 안도의 숨을 쉴 수 있는 상태가 평화다.

사람들은 남남끼리 만나서 경쟁하면서 살아간다. 방심하다가 남과의 경쟁에서 지면 살 수 없으므로 긴장할 수밖에 없다. 산다는 것은 긴장의 연속이다. '후' 하고 안도의 숨을 쉴 겨를이 없다. 그러다가 부모를 만나면 긴장이 풀려서 마음이 편안해진다. 부모는 남이 아니기 때문이다. 만약 부모를 남으로 여기는 사람이 있다면 그는 부모 앞에서도 긴장할 것이다. 긴장은 관계의 문제가 아니라 마음의 문제이다. 마음에는 남을 나로 여기는 한마음이 있고, 남을 남으로 여기는 욕심이 있다. 욕심이 많은 사람은 남과 늘 경쟁해야 하므로 긴장에서 벗어날 때가 없지만, 한마음을 가지고 남을 나처럼 여기는 사람은 긴장할 일이 없다. 그러므로 마음의 평화를 얻는 근본적인 방법은 한마음을 회복하는 것으로 귀결된다.

세종대왕이 이상세계를 건설하기 위해서는 농업과 의학을 발달시켜 사람들이 풍족하고 건강하게 살도록 하면서, 한마음을 회복하여 평화롭게 살 수 있도록 하는 것으로 정리된다. 어떻게 하면 이 세상을 넉넉하고 평화롭게 만들 수 있을까? 그것은 이 세상을 원래의 상태로 되돌리는 것이다. 하늘은 원래 이 이 세상을 넉넉하고 평화롭게 만들었다. 태초에는 사람들이 농사도 짓지 않았다. 산천에는 언제나 먹을 것이 넘쳐났다. 사람들은 하늘마음을 가지고 살았으므로 다투는 일이 없이 늘 평화로웠다. 매머드 한 마리만 잡아도 온 마을 사람이 오랫동안 먹고 살 수 있었다. 지천으로 늘려 있는 야생의 과일과 채소는 사람들이 먹고살기에 풍족했다. 넉넉하고 평화로웠던 태초에는 정치할 필요도 없었고 교육할 필요도 없었다. 그냥 이상세계에서 만끽하고 살기만 하면 되었다.

그러다가 사람들에게 욕심이 생겨 한마음을 잃어버리자 많은 변화가 일어났다. 남들이 잡아갈까 봐 매머드를 마구 잡는 바람에 매머드가 멸종했다. 과일과 채소도 남들이 따 갈까 봐 마구 따 버려서 먹을 것이 없게 되었기 때문에, 사람들은 어쩔 수 없이 농사를 짓게 되었다. 사람들은 욕심이 점점 커지면서 자꾸 더 불행해지고 사회가 자꾸 더 혼란해졌다. 하늘은 쉬지 않고 사람들에게 원래의 모습으로 돌아가라고 깨우치지만, 사람들은 알아듣지 못한다. 하늘은 말로 깨우치지 못하고, 행동으로 지휘할 수 없으므로, 이제 하늘을 대신하는 사람이 나타나야 한다. 하늘마음을 가진 사람이 나타나 하늘을 대신하여 말로 깨우치고 행동으로 지휘하여, 사람을 원래의 모습으로 돌려놓고 세상을 원래의 세상으로 돌려놓아야 한다. 그렇게 하는 것이 정치다.

세종대왕은 정치를 '하늘을 대신하여 모든 것을 원래의 모습으로 돌려놓는 것'으로 정의한다.

> 임금은 하늘을 대신하여 모든 것을 원래의 모습으로 되돌려 놓아야 하니, 이 백성들을 편안하게 되도록 기르는 것을 목표로 삼아야 한다.[8]

---

8. 人君 代天理物 以安養斯民爲心(『세종실록』6년 6월조).

임금은 하늘을 대신하여 모든 것을 원래의 모습으로 되돌려 놓아야 하니, 마땅히 하늘의 길을 따라야 한다.[9]

리(理)를 다스린다는 뜻으로 번역하지만, 다스린다는 뜻의 치(治)와 의미가 다르다. 리는 옥의 무늬이다. 옥의 무늬는 조금의 흐트러짐도 없이 정연하다. 나뭇잎의 결도 헝클어짐이 없고, 사람의 머리에서 나는 머리카락도 헝클어짐이 없다. 머리카락이 자란 뒤에 헝클어지므로 이를 헝클어지기 전의 모습으로 되돌리는 것이 이발(理髮)이다. 리(理)는 원래의 모습으로 되돌려놓는 것을 말한다. 리물(理物)이란 이 세상의 모든 것을 하늘이 만들었을 때와 같은 처음의 모습으로 되돌려놓는 것이다. 세종대왕이 말하는 정치는 바로 이런 의미이다. 단군조선의 재세이화(在世理化) 사상이 세종대왕에게 이어진 것이다.

제3절
세종대왕의 국가의식과 외교

정치는 세상을 바꾸는 것이다. 현상 유지만 하는 것은 정치가 아니다. 제대로 된 목표를 세워놓고 목표를 향해 사람들을 인도하는 것이 정치이다. 목표점은 언제나 미래에 있고, 미래는 언제나 새롭다. 정치란 미래에 전개되는 새로운 세상으로 사람들을 인도해 가

---

9. 人君 代天理物 當順天道(『세종실록』 12년 3월조).

는 것이기 때문에 정치 지도자는 미래에 전개되는 새로운 세상에 대해 알지 않으면 안 된다. 미래에 전개될 새로운 세상은 과거를 통해서 알 수 있다. 과거를 공부하고 익히는 것은 미래로 나아갈 길을 찾는 데 도움이 된다. 공자는 지도자의 자격에 대해 다음과 같이 말한 적이 있다.

옛것을 익혀 새로운 것을 알아야 스승이 될 수 있다.[10]

스승은 지도자를 말한다. 임금도 미래의 방향을 아는 스승이어야 한다. 한국이 나아가야 할 바른길은 과거에서 찾을 수 있다. 동쪽에서 흘러온 한강 물은 서쪽으로 흘러가고, 북쪽에서 흘러온 낙동강의 물은 남쪽으로 흘러간다. 역사의 흐름도 이와 같다.

물의 흐름은 과거에 흐르던 방향으로만 흘러가는 것은 아니다. 흘러온 본류에 새로운 물줄기가 합류하면 본류가 새로 합류된 물줄기에 영향을 받아 방향이 바뀐다. 역사의 흐름도 그러하다. 예로부터 흘러오던 본류에 외부에서 섞여 들어온 새로운 요소가 가미되면 새로운 흐름을 형성한다. 만약 역사의 흐름을 이끌어가는 지도자가 과거에 흘러온 본류를 단절시키고, 외부에서 흘러들어온 새로운 흐름에만 의존한다면, 역사의 흐름에 혼선이 생겨 멸망할 수도 있다. 과거에서 미래로 흘러가는 역사의 흐름에 대한 더 자세한 설명이 『논어』에 나온다.

---

10. 子曰 溫故而知新 可以爲師矣(『論語』爲政).

자장이 "십 대 뒤의 일을 알 수 있습니까?" 하고 물었을 때, 공자는 다음과 같이 대답한 적이 있다. "은나라는 하나라의 문물제도를 받아들이되 새로운 실정에 맞게 가감했음을 알 수 있고, 주나라는 은나라의 문물제도를 받아들이되 새로운 실정에 맞게 가감했음을 알 수 있다. 어떤 지도자가 나와서 주나라의 문물제도를 받아들여 새로운 실정에 맞게 가감하는 방식으로 이어간다면, 비록 백 대가 지난 뒷날의 일도 알 수 있다."11

역사는 흘러간다. 과거의 흐름을 이어받아 미래로 흘러간다. 과거의 흐름을 잇지 못한다면 그 역사는 사라지고 말지만, 과거의 흐름을 잘 이어간다면 미래에도 계속 흘러간다. 미래의 흐름은 과거의 흐름에서 새로운 실정에 맞게 변형하면서 흘러간다. 미래의 흐름을 이끌어가는 힘은 과거의 흐름 속에 있다. 과거의 흐름은 미래의 흐름을 가능하게 하는 원동력이다.

한국의 미래를 이끌어가는 원동력은 과거에 흘러온 한국의 역사 속에서 찾을 수 있다. 유학을 익혀 진리를 습득한 세종대왕이 이를 모를 리 없다. 우리나라를 제대로 이끌기 위해서는 과거에 어떻게 흘러왔는지를 알아야 한다. 세종대왕은 단군에서 시작하는 역사에 관심을 가지지 않을 수 없다. 우리나라에서 살아가는 지혜는 우리나라에서 수천수만 년을 살아온 옛 조상들에게 축적되어 있다. 그 지혜를 무시하고 새로운 지혜를 다른 데서 찾으려

---

11. 子張問 十世 可知也 子曰 殷因於夏禮 所損益 可知也 周因於殷禮 所損益 可知也 其或繼周者 雖百世 可知也(『論語』爲政).

하는 것은 과거에 흘러온 흐름을 잘라버리고 다른 흐름으로 갈아 타려고 하는 것처럼 어리석은 것이다. 과거의 흐름이 단절되는 순간 역사의 흐름이 사라지고 나라가 망한다. 지구상에는 살아남은 나라보다 사라진 나라가 훨씬 더 많다. 지도자는 더욱 조심해야 한다.

세종대왕은 단군에 대해서 살펴보고 먼저 단군의 사당을 바로잡았다. 세종대왕은 즉위한 지 7년째 되는 해에 단군의 사당을 별도로 세우고 신위를 남향으로 배치했다. 단군의 위패는 기자의 사당(箕子祠堂)에 기자와 함께 모셔져 있었는데, 기자의 신위는 북쪽에서 남쪽을 향해 있고, 단군(檀君)의 신위는 동쪽에서 서쪽을 향해 있었다. 위패의 위치로 보면 기자가 황제이고 단군이 제후인 것처럼 되어 있었다. 그렇게 된 연유는 중국의 사신이 기자의 사당에 다녀간 뒤로 바뀐 것이었다. 세종대왕은 향단군진설도(享檀 君陳設圖)에 근거하여 단군의 사당을 별도로 세우고, 신위를 남향 하도록 하여 단군에게 따로 제향하게 했다. 이는 물론 사온서주 부(司醞署注簿) 정척(鄭陟)의 주청을 인가한 형식을 취한 것이지만, 세종대왕의 결정이었다. 세종대왕 12년에는 단군의 사당에 있는 단군의 신위 판에 '조선후단군지위(朝鮮侯檀君之位)'로 되어 있는 것 에서 후(侯)와 지위(之位)를 삭제하고 조선단군(朝鮮檀君)으로만 쓰게 했다. 예조에서 올린 것을 세종대왕이 인가한 형식을 취한 것 이지만, 세종대왕이 그런 분위기를 만들어서 결정한 것이었다.

단군을 조선후(朝鮮侯)라 한 것은 중국의 제후라는 의미가 된 다. 목은에 따르면, 조선이 먼저 천자의 나라였고, 중국은 나중에 조선을 모방하여 천자국으로 칭했다. 천자(天子)라는 말도 제일 먼저 조선에서 사용한 말이었다. 그 뒤 주나라 때 문화의 중심국과 주변국의 위상이 역전되면서 그 이전의 역사기록도 중국 중심으로 재편되었다. 세종대왕은 목은의 사상을 접했고, 행촌의 『단군세기』도 접한 것으로 보인다. 세종대왕이 단군에 관심을 보였으므로, 행촌의 손자인 좌의정 이원(李原) 공이 소개하지 않았을 리가 없다. 세종대왕이 만약 『단군세기』를 접했어도 공개할 수는 없다. 『단군세기』에는 조선이 천자의 나라로 기록되어 있고 중국이 조선에 조공한 기록이 나와 있다. 세종대왕이 만약 『단군세기』를 공개적으로 거론하고 경연에서 윤독이라도 했더라면, 감당할 수 없는 사태가 벌어졌을 것이다. 당시의 학자들과 신료들은 이미 주자학에 갇혀 있었기 때문에, 주자학 이외의 것을 용납하지 못했다. 세종대왕이 경연에서 역사학을 공부하기로 했을 때도, 주자학이 아니라는 이유로 상당한 반발이 있었고, 훈민정음을 창제하려 했을 때도, 중국의 문자가 아니라는 이유로 최만리를 위시한 신료들의 강력한 반발에 부딪혔으며, 불교를 용인하려 했을 때도 심각한 반발이 있었다. 만약 세종대왕이 『단군세기』를 공개했다면 국내에서의 반발은 말할 것도 없거니와 명나라에 고자질해서라도 막으려고 했을 것이고, 심각한 외교 문제까지 일어났을 것이다. 세종대왕이 위패에 있는 단군의 호칭을 바꾸는 것도 예조에서 올린 것을 조용히 처리하는 형식을 취했다.

세종조에는 단군에서 시작하는 우리의 역사가 간략하게 정리되어 있다. 그 내용은 『세종실록』 지리지 「평양부」에 평양을 중심으로 기록되어 있다. 역사기록의 처음은 '요 임금 무진년에 신인(神人)이 박달나무 아래에 내려오니, 나라 사람들이 〈그를〉 임금으로 삼아 평양에 도읍하고, 이름을 단군(檀君)이라 한 것'에서 시작된다. 그 뒤 기자조선, 위만조선을 거쳐 한나라 무제(武帝) 때, 진번(眞蕃)·임둔(臨屯)·낙랑(樂浪)·현도(玄菟)의 4군(郡)으로 전락했다가 삼국시대와 고려시대를 거쳐 조선에 이르는 과정이 간략하게 정리되어 있다. 이 외에도 『세종실록』 지리지에는 『단군고기(檀君古記)』를 인용한 더 자세한 기록이 소개되고 있다. 그 내용을 간략하게 소개하면 다음과 같다.

> 상제(上帝) 환인(桓因)의 서자(庶子) 웅(雄)이 하늘에서 천부인(天符印) 3개를 가지고 태백산(太白山) 신단수(神檀樹) 아래에 강림하여 단웅천왕(檀雄天王)이 되었다. 손녀(孫女)에게 약(藥)을 마시고 사람의 몸이 되게 했다. 단수(檀樹)의 신(神)과 혼인해서 아들을 낳으니, 이름이 단군(檀君)이다. 나라를 세우고 이름을 조선(朝鮮)이라 하니, 조선(朝鮮), 시라(尸羅), 고례(高禮), 남·북 옥저(南北沃沮), 동·북 부여(東北扶餘), 예(濊)와 맥(貊)이 모두 단군의 다스림이 되었다. 단군이 비서갑(非西岬) 하백(河伯)의 딸에게 장가들어 아들을 낳으니, 부루(夫婁)이다. 단군이 당요(唐堯)와 더불어 같은 날에 임금이 되고, 우(禹)가 주최한 도산(塗山)의 모임에, 태자(太子) 부루(夫婁)가 조회했다. 나라를 누린 지 1천 38년 만인 은(殷)나라 무정(武丁) 8년 을미에 아사달(阿斯達)에 들어가 신(神)이 되니, 지금의 문화현(文化縣) 구월산(九月山)이다. 부루가 아들이 없어서 금색 와형아(金色蛙形兒)를 얻어 기르니, 이름을 금와(金蛙)라 하고, 세워서 태자(太子)로 삼았다. 금와왕은 동해(東海)에 있는 가섭원(迦葉原)에 도읍했다. 천제(天帝)의 태자인

해모수가 하늘에서 내려와 아침에는 일을 보고, 저녁에는 하늘로 올라가곤 했는데, 세상에서 '천왕랑(天王郞)'이라 불렀다. 해모수가 혼인한 하백(河伯)의 딸이 주몽을 낳았다. 왕이 졸본천(卒本川)에 이르러 비수(沸水) 위에 집을 짓고, 나라 이름을 고구려라 했다.

위의 글은 『세종실록』에 기록된 『단군고기』의 내용인데, 신화적인 요소를 모두 빼고 극히 간략하게 소개했다. 『단군고기』는 당시에 남아 있었던 고대의 기록 중의 하나로 보이지만, 물론 오늘에 전해지지는 않는다.

세종대왕은 『천부경』과 『삼일신고』의 내용도 접했을 것으로 추측된다. 『천부경』과 『삼일신고』는 예로부터 많이 읽혔고, 특히 『천부경』은 목은의 주석이 있었다고 전해질 정도이므로 당시에도 상당히 읽혔을 것으로 보인다.

『천부경』과 『삼일신고』의 내용은 우주 만물을 하나로 녹이는 우주의 용광로 같은 것이어서 내용을 잘 소화하면 사상의 폭이 넓어진다. 고운 최치원 선생의 사상이나 목은 이색 선생의 사상이 모든 사상을 포용할 수 있을 정도로 폭이 넓은 것은 『천부경』과 『삼일신고』의 사상이 깔려 있기 때문으로 볼 수 있다. 고운에서 목은으로 이어지는 폭넓은 사상의 흐름이 세종대왕에게 이어지고 있음을 보면 세종대왕이 『단군세기』의 내용을 접했을 것이라는 추측의 가능성을 더한다. 이러한 추측은 세종대왕의 훈민정음 창제에 즈음하여 더욱 가능성이 커진다. 세종대왕은 즉위한 지 25년째 되는 해에 훈민정음을 창제했는데, 『세종실록』 세종 25년

12월 조에는 다음과 같이 기록하고 있다.

> 이달에 임금이 친히 언문(諺文) 28자(字)를 지었는데, 옛 전자(篆字)를 모방하고, 초성(初聲)·중성(中聲)·종성(終聲)으로 나누어 합한 연후에야 글자를 이루었다. 무릇 문자(文字)에 관한 것과 이어(俚語)에 관한 것을 모두 쓸 수 있고, 글자는 비록 간단하고, 요약하지만 전환(轉換)하는 것이 무궁하니, 이것을 훈민정음(訓民正音)이라고 일렀다.

세종대왕이 한글을 창제할 때 옛 전자[古篆]를 모방했다고 했는데, 어문학자 중에는 옛 전자를 몽골의 글자로 보는 학자도 있고, 중국 한자의 전서체로 보는 학자도 있다. 몽골의 글자와 한자의 전서체는 한글과 일치하는 것이 하나도 없다. 세종대왕이 참고한 옛 전자는 『단군세기』에 들어 있는 가림토 문자로 보아야 이해가 간다. 가림토 문자는 행촌의 『단군세기』에 들어 있고, 세종대왕 때의 좌의정은 행촌의 손자인 이원(李原)공이었다. 글자를 만들기 위해 노심초사하고 있는 임금님을 가까이에서 모시고 있는 좌의정이 할아버지의 책에 들어 있는 가림토 문자를 소개하지 않았다면, 인간이라고 할 수 없을 것이다. 훈민정음을 반포했을 때 기록한 정인지 서문에서 "천지(天地)자연의 소리가 있으면 반드시 천지자연의 글이 있게 되니, 옛사람이 소리로 인하여 글자를 만들어 만물(萬物)의 정(情)을 통하여서, 삼재(三才)의 도리를 담아 뒷세상에서 변경할 수 없게 한 까닭이다"라고 썼는데, 소리글을 만든 옛사람은 가림토 문자를 만든 삼랑 을보륵을 지칭한 것으로 보인다.

가림토 문자는 다음과 같다.

이외에도 세종대왕이 『단군세기』를 인용한 흔적은 음악의 명칭에서도 나타난다. 세종대왕 즉위 28년째 되던 해 2월에 조정에서 만든 음악 이름을 '균화(鈞和)'로 지었다. 균은 천균(天鈞)을 말한다. 천균이란 세상의 모든 것이 어지럽지만, 하늘에서 보면 모두 고르게 하나로 보인다는 의미이다. 화(和)는 조화를 의미한다. 남과 내가 조화를 이루는 것 중의 최고는 내가 남에게 맞춰주는 것이므로, 화는 맞춰준다는 의미도 된다. 균화란 하늘마음으로 하나가 되어 남에게 맞춰줌으로써 조화를 이룬다는 뜻이다. 이를 『장자』에서는 하늘의 차원에서 하나가 되어 맞춰준다는 뜻으로 '화지이천균(和之以天鈞)'이라 했다. 『단군세기』에는 균화천(鈞和天)이란 말이 있다. 균화천이란 '하나가 되어 맞춰주는 하늘'이란 뜻이다. 세종대왕이 새로 작곡한 궁중음악의 이름을 '균화'라 한 것에서 우리는 많은 것을 이해할 수 있다. 어머니는 자녀에게 하늘이고, 자녀를 대하는 어머니의 마음은 하늘마음이다. 『시경』에도 "어머님은 하늘이다[母也天只]"라는 구절이 있다. 어머니는 자녀들과 논란이 있을 때 자기의 주장을 꺾고 자녀의 주장을 따른다. 아들이 "엄마, 나빠" 하고 항의하면 어머니는 "그래 내가 나빴다" 하고 져준다. 이 말을 곧이곧대로 듣고 어머니가 나쁜 줄 알면 오산이다. 어머니가 "내가 나빴다"라고 말한 것은 어머니가 하늘마음으로 아들에게 맞춰준 것이다. 하늘마음은 용납할 수 없는 것이 없다. 중국이 아무리 크다 해도 하늘에서 보면 점을 찍을 수도 없이 작다. 하늘마음으로 바라보는 세종대왕의 눈에는 중국이 크게 보이지 않는다. 그렇지만 중국의 사신이 큰 나라에서 온 행세를 하면 거기에 맞춰 큰 나라로 인정해준다. 맞춰주는 것은 겉으로만 인정하는 가식적인 것이 아니라, 하늘마음에서 우러난 진실한 것이다. 세종대왕이 불교를 허용하는 문제로 집현전 학사들과 논란을 벌였을 때도 늘 자기의 부덕한 탓으로 돌린 것은, 참으로 부덕한 것이 아니라 학사들에게 맞춰준 것이다.

제4절
천인일체사상과 애민정신

제1항 세종대왕의 천인일체사상

세종대왕의 사상에 나타나는 하늘과 사람의 관계는 중국 주자학에 나타나는 관계보다 훨씬 더 밀접하다. 세종대왕의 하늘 의식은 『시경』이나 『서경』을 공부하여 터득한 것일 수도 있고, 목은과 양촌으로 이어지는 천인무간사상의 영향일 수도 있을 것이며, 『천부경』과 『삼일신고』에서 영향 받았을 수도 있을 것이다. 세종대왕은 하늘의 일과 사람의 일을 직접 연결한다.

대개 듣건대 사람의 일로 인해 아래에서 감정이 생기면 그에 대응하여 위에서 하늘의 변괴가 생긴다. 홍수나 가뭄 같은 흉하고 거친 재해는 사람이 불러일으키지 않은 것이 없다.[12]

죄가 있는 자를 요행히 면하게 하고, 죄가 없는 자를 허물에 빠지게 한다면, 이는 형벌이 적중되지 못하는 것이니, 이로써 원망을 머금고 억울함을 가져서, 끝내 그 원통함을 풀지 못하면, 족히 천지의 조화로운 기운을 상하게 하고 홍수와 가뭄의 피해를 부르게 하는 것이니, 이는 고금에 통하는 걱정거리이다.[13]

세종대왕은 하늘에서 일어나는 기후변화 등이 사람의 일과 직접 연관이 있는 것으로 설명하는데, 이는 목은의 천인무간사상과 일치한다. 오늘날의 사람들은 자연현상과 사람의 일은 별개라고 생각한다. 특히 정치의 잘잘못과 자연현상이 연관되어 있다고 생각하는 사람은 드물다. 정말 그러하다면 목은의 천인무간사상이나 세종대왕의 천인일체사상은 비과학적이고 비상식적인 것이 되고 만다. 그러나 근래 과학이 차츰 발달함에 따라 자연현상과 사람의 일과의 관련성이 조금씩 드러나고 있다. 마음이 따뜻한 사람이 있는 곳에서는 물과 공기 분자가 아름다워지고, 화초가 잘 자라며, 동물들도 행복하게 뛰어놀지만, 마음이 차가운 사람이 있

---

12. 王旨 蓋聞人事感於下 則千變應於上 水旱凶荒之災 靡不爲人召之也(『세종실록』 7년 6월조).
13. 使有罪者幸而免 無罪者陷于辜 則刑罰不中 以致含怨負屈 終莫得伸 足以傷天地之和 召水旱之災 此古今之通患也(『세종실록』 13년 6월조).

는 곳에는 그 반대가 되는 것을 증명할 수 있다. 계속되는 지구 온난화와 빈번하게 일어나는 이상기후로 인해 지구가 몸살을 앓게 된 것은 사람이 화석연료를 너무 많이 사용했기 때문이다. 이렇게 된 것은 사람이 한 일에 하늘이 반응한 것이다.

부모와 자녀는 하나로 연결되어 있지만, 보모와 자녀가 동시에 똑같은 일을 추진하는 것은 거의 없다. 자녀는 부모가 하는 일에 따르지만, 부모도 자녀의 일에 반응한다. 하늘과 사람의 관계를 부모와 자녀의 관계로 비유하면, 탄소 에너지를 과다하게 사용한 것은 자녀가 한 일이고, 이상기후가 생기고 지구가 온난해진 것은 하늘이 반응한 것으로 볼 수 있다. 『주역』 건괘(乾卦) 구오의 상전에는 '하늘보다 먼저 움직일 때는 하늘이 그에 따라 움직이고, 하늘보다 나중에 움직일 때는 하늘의 움직임에 따라 움직인다'라고 했다. 자연현상이 사람의 일과 상관없이 일어날 때는 사람이 자연에 따라 적응하면 되지만, 사람의 일에 따라 일어나는 것일 때는 자연현상을 보고 사람이 반성해야 할 것이다.

천인무간사상이나 천인일체사상이 참으로 중요한 것은 인간의 문제 때문이다. 하늘과 하나가 된 사람은 남들도 하늘과 하나임을 알기 때문에 모든 사람과 하나가 될 수 있다. 모든 사람과 하나임을 아는 사람은 자기를 사랑하듯 모든 사람을 사랑하게 된다. 사랑에는 조건 없는 사랑이 있고, 조건적인 사랑이 있다. 남과 내가 하나가 되는 사람은 남에 대해 조건 없는 사랑을 하지만, 남남끼리 사랑하는 사람은 조건적인 사랑을 한다. 조건적인 사랑은 자기의 이익을 위한 사랑이기 때문에 손해가 될 때는 사랑하지 않지만, 조건 없는 사랑을 하는 사람은 손해가 되어도 사랑한다. 세종대왕은 백성들에게 조건 없는 사랑을 퍼붓는 사랑의 화신이었다.

제2항 애민정신

하늘과 하나 된 사람은 하늘을 부모처럼 여긴다. 하늘을 부모처럼 여기는 사람의 눈에는 모든 사람이 다 하늘의 자녀로 보인다. 세종대왕에게는 모든 사람이 천민(天民)으로 보였다. 세종대왕에게는 모든 사람이 하늘처럼 귀하고, 모든 사람이 형제처럼 가까웠다. 세종대왕은 모든 사람을 하늘처럼 받들었고, 모든 사람을 형제처럼 사랑했다.

모든 사람을 형제처럼 사랑할 때 소외된 사람들에게 더 마음이 가게 마련이다. 세종대왕이 노비에 대해 많은 배려를 한 것은 형제처럼 사랑하기 때문이었다.

임금 된 자라도 한 사람의 죄 없는 자를 죽여서, 선(善)한 것을 복 주고 지나친 것을 화(禍) 주는 하늘의 법칙을 오히려 함부로 하면 안 된다. 더욱이 노비는 비록 천하다고 하나 하늘이 낸 백성 아님이 없으니, 신하 된 자로서 하늘이 낳은 백성을 부리는 것만도 만족하다고 할 것인데, 그 어찌 제멋대로 형벌을 행하여 무고(無辜)한 사람을 함부로 죽일 수 있단 말인가. 임금 된 자의 덕(德)은 살리기를 좋아해야 할 뿐인데, 무고한 백성이 많이 죽는 것을 보고 앉아서 아무렇지도 않은 듯이 금하지도 않고 그 주인을 치켜올리는 것이 옳다고 할 수 있겠는가. 나는 매우 옳

지 않게 여긴다.[14]

노비로서 천한 일을 하고 있어도 하늘이 낸 백성임에는 틀림이
없다. 하늘이 낸 백성을 함부로 하면 안 된다. 세종대왕은 노비가
임신했을 경우 출산 1개월 전부터 출산휴가를 주는 제도를 만들
었다.

> 옛적에 관가의 노비에 대하여 아이를 낳을 때는 반드시 출산하
> 고 나서 7일 이후에 복무하게 했다. 이것은 아이를 버려두고 복
> 무하면 어린아이가 해롭게 될까 봐 염려한 것이다. 일찍 1백일
> 간의 휴가를 더 주게 했다. 그러나 산기가 임박하여 복무했다
> 가 몸이 지치면 곧 미처 집에까지 가기 전에 아이를 낳는 경우
> 가 있다. 만일 산기에 임하여 한 달간의 복무를 면제해주면 어
> 떻겠는가. 가령 그가 속인다 할지라도 1개월까지야 넘을 수 있
> 겠는가. 그러니 상정소(詳定所)에 명하여 이에 관한 법을 제정하
> 게 하라.[15]

세종대왕의 꿈은 백성들이 모두 행복하게 살도록 하는 것이었다.

---

14. 以人君而殺一無辜, 天之福善禍淫, 尙且不僭, 況奴婢雖賤, 莫非天民也? 以
人臣而役天民 亦云足矣, 其可擅行刑罰而濫殺無辜乎? 人君之德, 好生而已°
坐見無辜之多死, 恬然不禁, 而乃曰揚其主可乎? 予甚以爲不可也(『세종실
록』 26년 윤7월조).

15. 古者公處奴婢 必令産兒七日後立役者 矜其棄兒立役 以傷小兒也 曾命加給
百日 然臨産而立役身勞 則未及其家而産者 或有之 若臨産月 除役一朔 何
如 彼雖欺罔 豈過一月乎 其令詳定所幷立此法(『세종실록』 세종 12년 10월
조).

농사짓는 마을에서는 근심과 탄성이 영원히 끊어지도록 하여 각각 '살아가는 즐거움'을 이루게 하고자 한다.[16]

집집마다 넉넉하고 사람마다 풍족하여 예양의 풍속이 크게 일어나 때마다 조화롭고 해마다 풍년 되어 다 함께 '기뻐하는 즐거움'을 누려가게 할 것이다.[17]

세종대왕은 모든 백성을 직접 만나서 일일이 사랑을 베풀고 싶었지만, 그럴 수가 없는 것이 안타까웠다. 백성들을 직접 만나서 다스리는 사람은 오직 지방관뿐이다. 세종대왕이 할 수 있는 것은 지방으로 떠나는 관리를 친견하여 선정을 당부하는 것밖에 없었다. 세종 초기부터 시작된 친견 행사는 즉위한 지 7년째가 되는 해의 12월에 이르러 2품 이하의 모든 수령에게까지 확대하면서 그 이유를 다음과 같이 말했다.

내가 자세히 생각해보았다. 멀리 떨어져 있는 지방을 내가 친히 가서 다스리지 못하기에 좋은 관리들을 선택하여 걱정하는 마음으로 보내는 것이니, 그 임무가 작지 않다. 그러므로 2품 이하의 수령들도 또한 내가 직접 만나고 보내는 것이다.[18]

---

16. 使田里永絶愁嘆之聲 各遂生生之樂(『세종실록』 세종 5년 7월조).
17. 庶幾家給人足 蔚興禮讓之風 時和世豊 共享熙皞之樂(『세종실록』 세종 26년 윤7월조).
18. 予詳思之 閭閻遐邈 予不親往莅之 選擇良吏 分憂差遣 其任不細 故二品以下 受令 亦令親見以送(『세종실록』 7년 12월조).

지방의 수령은 각 지역에서 유일한 통치자로서 단독으로 거의 모든 정무를 담당하기 때문에 백성에 대한 그들의 영향은 실로 중대하다. 세종대왕은 그들을 일일이 만나 백성들에게 선정을 베풀도록 그들에게 유생이라는 말을 쓰면서 신신당부한다.

너희 유생들은 어찌 백성 다스리는 도리를 모르겠는가! 그러나 내가 친히 가르치는 것은 그것을 잊지 않게 하고자 함이다. 수령의 정무에서 그 조목이 하나가 아니지만, 백성에게 어질게 대하는 것이 가장 중요하다.[19]

유생은 지금까지 수기치인의 도리를 배웠지만, 아직 치인을 직접 해본 적이 없다. 그러므로 머리로 공부한 내용을 혹시라도 실천의 장에서 잊어버리는 일이 없도록 당부한 것이다. 당부하는 내용의 핵심은 백성을 사랑하는 것이다. 세종대왕이 백성을 사랑하는 구체적인 방법으로 열거한 것은 ① 세금을 줄이는 것, ② 백성 중에 굶어 죽는 사람이 없도록 하는 것, ③ 형벌에 신중한 것이다. 세금을 과다하게 부과하면서도 성공한 정치는 없다. 세금을 과다하게 부과하면 백성들이 정부를 원수로 생각한다. 나라가 망할 때 나타나는 첫 번째 신호가 과다한 세금이다. 백성 중에 굶어 죽는 일이 일어나면서도 나라가 유지되는 예는 없다. 『서경』에 '백성이 곤궁하면 천록이 영원히 끝난다'라고 했다. 형벌을 함부로 하

---

19. 爾等儒生 豈不知治民之道 然予之親敎者 欲其不忘也 受令之政 其目非一 而 仁民爲重(『세종실록』 7년 12월조).

여 죄 있는 자를 놓아두고 죄 없는 자를 처벌하여, 백성의 원망이 쌓이고서도 성공하는 정치는 없다. 백성들이 가난하고 굶주리고 억울하게 되는 일이 일어날까 봐 세종대왕은 그것이 늘 걱정이었다. 멀리 떨어져 있는 가족들에게 가장 먼저 바라는 것이 바로 이세 가지다. 세종대왕의 백성 사랑은 가족 사랑이었다.

세종대왕은 백성들이 모두 행복해져서 처벌할 일이 없게 되는 것을 바라는 마음이 가득했다.

> 사람들이 정으로 서로 기뻐하고 감옥이 항상 비어 있으며, 화합의 기운이 널리 퍼져 비 오고 볕 나는 것이 모두 알맞게 되도록 해야 할 것이니, 이 지극한 마음을 안팎에 밝혀 깨우치도록 하라.[20]

감옥이 비어 있고 처벌할 일이 없어지는 것이 가장 바람직하지만, 어쩌다 죄를 지은 사람이 있으면 용서하고 싶은 마음이 일어난다.

> 나는 항상 생각해본다. 비록 사람의 죄가 사형에 처하는 것이 마땅하다 해도 정에 따라서 용서할 수 있다면 모두 다 그렇게 하고 싶은 것이 나의 본마음이다.[21]

20. 群情胥悅 致圄圄之一空 協氣旁流 臻雨暘之咸若 惟爾刑曹 體此至懷 曉諭中外(『세종실록』 13년 6월조).
21. 予常念 雖有人罪當處死 若緣情可恕 則悉欲貸之 予之本心也(『세종실록』 6년 6월조).

그렇지만 어쩔 수 없이 용서받지 못하고 감옥생활을 해야 하는 사람들이 있으면 그들이 춥고 배고픈 일이 없도록 장소를 확장하고 시설을 개선했다. 세종대왕의 마음은 재소자 가족의 마음과 같은 마음이었다.

제3항 사랑의 경제학

부모의 마음은 자식들 생각으로 꽉 차 있다. 부모의 걱정은 자식들이 굶주리지나 않을까, 다치지나 않을까 하는 것뿐이고, 부모의 희망은 자식들이 잘살고 행복하게 되는 것뿐이다. 백성들을 바라보는 세종대왕의 마음은 자식들을 바라보는 부모의 마음이었다. 여러 자식 중에 하나라도 굶주리면 안 된다.

　　　하늘이 만물을 낳고 기름에는 크고 작음을 가리지 않고, 임금
　　　이 백성을 사랑함에는 이것과 저것의 차이가 없다.[22]

　　여러 자식 중에 어느 한 자식이라도 굶주리면 그 자식 때문에 잠이 오지 않는 것이 부모의 마음이다. 세종대왕은 흉년이 들어 백성이 굶주리면 밥이 넘어가지 않았다.

　　　하늘이 이미 나를 재변으로 꾸짖었는데, 어떻게 백성들을 번거

---

22. 天之育物 不遺洪纖 王者愛民 無間彼此(『세종실록』 21년 5월조).

롭게 하며, 좋은 밥상을 받을 수가 있겠는가?[23]

백성들을 굶주리지 않게 할 수 있는 방법은 농사를 잘 지어 풍
년들게 하는 것이다. 세종대왕은 농사를 잘 짓는 방법을 개발하
기 위해 큰 노력을 기울였다. 그 첫 번째 노력으로 세종 11년에 농
사를 잘 짓는 법을 정리하여 『농사직설』이란 제목의 책을 출간하
고, 다음과 같이 서문을 달았다.

> 농사는 천하의 대본(大本)이다. (…) 우리 주상 전하께서는 명군
> (明君)을 계승하여 정사에 힘을 써 더욱 민사(民事)에 마음을 두
> 셨다. 오방(五方)의 풍토(風土)가 같지 아니하고, 곡식을 심고 가
> 꾸는 법이 각기 적성(適性)이 있으니, 옛글과 다 같을 수 없다
> 하여, 여러 도(道)의 감사(監司)에게 명하여 주현(州縣)의 노농(老
> 農)들을 방문(訪問)하게 하여, 농토의 이미 시험한 증험에 따라
> 갖추어 아뢰게 하시고, 또 신(臣) 초(招)에게 명하시어 그 까닭
> 을 더하게 한 다음, 신(臣)과 종부시 소윤(宗簿寺 少尹) 변효문(卞
> 孝文)이 낱낱이 살피고 참고(參考)하게 하시어, 중복(重複)된 것
> 을 버리고 절요(切要)한 것만 뽑아서 찬집하여 한 편(編)을 만들
> 고 제목을 『농사직설(農事直說)』이라 했다. 농사 외에는 다른 설
> (說)은 섞지 아니하고 간략하고 바른 것에 힘써서, 산야(山野)의
> 백성들에게도 환히 쉽사리 알도록 했다. 이미 위에 바쳐 주자소
> (鑄字所)에 내려서 약간 본(本)을 인쇄하여 장차 중외(中外)에 반

---

23. 上曰 天旣譴我以災變 何可煩民進膳(『세종실록』 7년 윤7월조).

포하여 백성을 인도하여 살림을 넉넉하게 해서, 집집마다 넉넉하고 사람마다 풍족한 데 이르도록 할 것이다. (『세종실록』 11년 5월 조)

세종 26년 윤7월에는 백성들에게 농사에 힘쓰도록 훈시하기도 했다.

나라는 백성으로 근본을 삼고, 백성은 먹는 것으로 하늘을 삼는 것인데, 농사(農事)는 옷과 먹는 것의 근원으로서 왕자(王者)의 정치에서 먼저 힘써야 할 것이다. 오직 그것은 백성을 살리는 천명에 관계되는 까닭에, 천하의 지극한 노고(勞苦)를 복무(服務)하게 하는 것이다. 위에 있는 사람이 성심(誠心)으로 지도하여 거느리지 않는다면 어떻게 백성에게 부지런히 힘써서 농사에 종사하여 그 생생지락(生生之樂)을 완수(完遂)하게 할 수 있겠는가. 저 옛날 신농씨(神農氏) 같은 이는 처음으로 쟁기와 보습[耒]을 만들어서 천하를 이롭게 했고, 소호씨(少昊氏)는 구호(九扈)에게 명령하여 농사를 맡게 했다. 이것은 고대(古代)의 성군(聖君)이 하늘의 뜻을 이어 지극히 바른 도(道)를 세워 모든 백성을 위하여 천명을 수행한 것이다. (…) (세종실록 26년 윤7월 조)

백성들이 농사에 힘쓰기 위해서는 농기구도 필요하지만, 강수량을 측정할 필요도 있다. 이에 착안한 세종대왕은 강수량을 측정하는 기계를 만들도록 지시하여, 세종 23년에 측우기가 제작되었고, 이듬해에는 측우기가 전국적으로 제작·설치되었다.

이 외에도 백성들이 안심하고 살 수 있도록 하기 위해서는 외적의 침입을 막는 것이 중요하다. 세종대왕은 김종서를 시켜 육진을 개척하여 북방의 경비를 튼튼하게 하고, 이종무를 보내 대마도를 정벌하여 왜구들의 노략질을 막도록 했다. 세종대왕은 국방을 염려하여 신무기를 개발하는 데도 게을리 하지 않았다. 세종 30년 12월에는 신기전(神機箭)이라는 최신무기도 개발했다. 국방을 튼튼히 하고, 농사기술과 농기구를 개발하여 보급하는 일은 국가가 할 수 있지만, 농민들에게 직접 세금을 걷고 법을 집행하는 것 등은 지방관이 직접 담당해야 하므로 그 부분이 늘 걱정이었다. 세종대왕은 지방관에게 세금을 많이 걷지 말 것과 형벌에 신중하도록 당부하는 것을 한시라도 잊지 않았다. 특히 형벌을 잘못 받아 억울한 백성이 생길까 여간 걱정이 아니었다.

> 아! 죽은 자는 다시 살아날 수 없고, 형벌로 팔다리가 잘린 자는 다시 이을 수 없으니, 만약 한 번이라도 실수하면 후회한들 무슨 소용이 있겠느냐. 이것이 내가 밤낮으로 불쌍히 여겨 잠시도 마음속에서 잊지 못하는 것이다.[24]

농사를 잘 지어 백성들이 넉넉하게 먹고사는 것도 중요하지만, 그것만으로 행복해지는 것은 아니다. 넉넉하게 살게 된 뒤에는 하

---

24. 噫 死者不可復生 刑者不可復續 苟或一失 悔將何及 此予之夙夜矜恤 未嘗頃
刻而忘于懷者也(『세종실록』 14년 1월조).

늘마음을 회복해야 참되고 행복한 삶을 살 수 있다. 하늘마음을 회복하는 것은 교육을 통해서 가능하다. 세종대왕은 교육에 열정을 쏟았다.

제4항 사랑의 교육학

세종대왕이 즉위한 지 10년이 되던 9월에 진주의 김화(金禾)라는 사람이 부친을 죽이는 일이 일어났다. 세종대왕은 충격을 받았다. 세종대왕은 심하게 자책했다.

> 아내가 남편을 죽이고, 종이 주인을 죽이는 일은 혹 있는 일이지만, 이제 아비를 죽이는 자가 있으니, 이는 반드시 내가 덕(德)이 없는 까닭이로다.[25]

자책하던 세종대왕은 10월에 대책 회의를 소집하여 논의한 결과, 『효행록』을 편찬 출간하여 널리 효도 교육을 시행하기로 결론을 내렸다. 일반 백성들에게까지 널리 교육해야 할 내용은 인성교육이었다. 인성교육의 핵심은 사람이 본래부터 가지고 있던 하늘마음을 회복하게 하는 것이다. 많은 사람에게 책을 읽히기 위해서는 먼저 많은 책을 출간해야 하므로 인쇄술을 발전시켜야 한다.

---

25. 婦之殺夫 奴之殺主 容或有之 今乃有殺父者 此必予否德所致也(『세종실록』 10년 9월조).

세종 때는 금속활자를 사용한 인쇄술이 매우 발달했다. 특히 갑인년에 개발한 갑인자는 그 우아함이 예술품으로 봐야 할 정도가 되었다.

그러나 아무리 좋은 활자로 많은 책을 편찬해도 모든 백성이 다 읽을 수 없다는 데 문제가 있다. 당시의 책들은 한문으로 기록되어 있으므로, 모든 백성을 상대로 한 인성교육은 근본적으로 한계가 있었다. 이런 한계를 극복하는 길은 모든 백성이 쉽게 배워 사용할 수 있는 글자를 만드는 것밖에 없다. 세종대왕은 새로운 글자를 만들 결심을 했다. 백성을 향한 세종대왕의 사랑이 세종대왕에게 쉬운 글자를 만들겠다는 기상천외한 발상을 하게 한 것이다. 지구상에는 많은 글자가 있지만, 한 사람에 의해 짧은 시간에 만들어진 글자는 없다.

제5항 훈민정음 창제

세종대왕의 위대한 업적은 이루다 열거할 수 없을 정도로 많지만, 그중에서도 가장 위대한 업적은 훈민정음 창제이다.

세종대왕은 경연 강의도 중단하고 한글 창제에 몰입했다. 한글은 집현전 학사들이 만든 것이 아니라, 세종대왕이 직접 만든 것이다. 세종대왕은 한글을 창제한 뒤에 눈이 잘 보이지 않게 될 정도로 몸이 쇠약해졌다. 한글 창제란 그만큼 어렵고 힘든 일이었다. 하늘마음에서 발휘된 창의력이 아니고서는 불가능한 일이었다.

세종대왕은 세종 25년에 한글 창제를 완료하고, 3년간의 시험을 거쳐 28년 9월에 반포하기에 이르렀다. 『세종실록』 28년 9월 29일 조에는 먼저 세종대왕의 서문과 정인지의 서문을 기록하고 있다. 세종대왕의 서문은 다음과 같다.

나라말이 중국과 달라 문자와 서로 통하지 아니하므로, 우매한 백성들이 말하고 싶은 것이 있어도 마침내 제 뜻을 잘 표현하지 못하는 사람이 많다. 내 이를 딱하게 여기어 새로 28자(字)를 만들었으니, 사람들이 쉬 익히어 날마다 쓰는 데 편하게 할 뿐이다. ㄱ은 아음(牙音)이니 군(君) 자의 첫 발성(發聲)과 같은데 가로로 나란히 붙여 쓰면 규(虯) 자의 첫 발성(發聲)과 같고, ㅋ은 아음(牙音)이니 쾌(快) 자의 첫 발성과 같고, ㆁ은 아음(牙音)이니 업(業) 자의 첫 발성과 같고, ㄷ은 설음(舌音)이니 두(斗) 자의 첫 발성과 같은데 가로 나란히 붙여 쓰면 담(覃) 자의 첫 발성과 같고, ㅌ은 설음(舌音)이니 탄(呑) 자의 첫 발성과 같고, ㄴ은 설음(舌音)이니 나(那) 자의 첫 발성과 같고, ㅂ은 순음(脣音)이니 별(彆) 자의 첫 발성과 같은데 가로 나란히 붙여 쓰면 보(步) 자의 첫 발성과 같고, ㅍ은 순음(脣音)이니 표(漂) 자의 첫 발성과 같고, ㅁ은 순음(脣音)이니 미(彌) 자의 첫 발성과 같고, ㅈ은 치음(齒音)이니 즉(卽) 자의 첫 발성과 같은데 가로 나란히 붙여 쓰면 자(慈) 자의 첫 발성과 같고, ㅊ은 치음(齒音)이니 침(侵) 자의 첫 발성과 같고, ㅅ은 치음(齒音)이니 술(戌) 자의 첫 발성과 같은데 가로 나란히 붙여 쓰면 사(邪) 자의 첫 발성과 같고, ㆆ은 후음(喉音)이니 읍(挹) 자의 첫 발성과 같고, ㅎ은 후음(喉音)이니 허(虛) 자의 첫 발성과 같은데 가로 나란히 붙여 쓰면 홍(洪)자의 첫 발성과 같고, ㅇ은 후음(喉音)이니 욕(欲) 자의 첫 발성과 같고, ㄹ은 반설음(半舌音)이니 려(閭) 자의 첫 발성과 같고, ㅿ는 반치음(半齒音)이니 양(穰) 자의 첫 발성과 같고, •은 탄(呑) 자의 중성(中聲)과 같고, ㅡ는 즉(卽) 자의 중성과 같고, ㅣ는 침(侵) 자의 중성과 같고, ㅗ는 홍(洪) 자의 중성과 같고, ㅏ는 담(覃) 자의 중성과 같고, ㅜ는 군(君) 자의 중성과 같고, ㅓ는 업(業) 자의 중성과 같고, ㅛ는 욕(欲) 자의 중성과 같고, ㅑ는 양(穰) 자의 중성과 같고, ㅠ는 슐(戌) 자의 중성과 같고, ㅕ는 별(彆) 자의 중성과 같으며, 종성(終聲)은 다시 초성(初聲)으로 사용하며, ㅇ을 순음(脣音) 밑에 연달아 쓰면 순경음(脣輕音)이 되고, 초성(初聲)을 합해 사용하려면 가로로 나란히 붙여 쓰고, 종성(終聲)도 같다. •, ㅡ, ㅗ, ㅜ, ㅛ, ㅠ는 초성 밑에 붙여 쓰고, ㅣ, ㅓ, ㅏ, ㅑ, ㅕ는 오른쪽에 붙여 쓴다. 무릇 글자는 반드시 합하여 음을 이루게 되니, 왼쪽에 1점을 가하면 거성(去聲)이 되고, 2점을 가하면 상성(上聲)이 되고, 점이 없으면 평성(平聲)이 되고, 입성(入聲)은 점을 가하는 것은 같되 촉급(促急)하게 된다.

이어 정인지(鄭麟趾) 서문은 다음과 같다.

천지자연의 소리가 있으면 반드시 천지자연의 글이 있게 되니, 옛날 사람이 소리로 인하여 글자를 만들어 만물(萬物)의 정(情)을 통하여서, 삼재(三才)의 도리를 기재하여 뒷세상에서 변경할 수 없게 한 까닭이다. 그러나 사방의 풍토(風土)가 구별되매 성기(聲氣)도 또한 따라 다르게 된다. 대개 외국(外國)의 말은 그 소리는 있어도 그 글자는 없으므로, 중국의 글자를 빌려서 일용(日用)에 통하게 하니, 이것이 둥근 장부가 네모진 구멍에 들어가 서로 어긋남과 같은데, 어찌 능히 통하여 막힘이 없겠는가. 요는 모두 각기 처지(處地)에 따라 편안하게 해야만 되고, 억지로 같게 할 수는 없는 것이다. 우리 동방의 예악 문물(禮樂文物)이 중국에 견주 되었으나 다만 방언(方言)과 이어(俚語)만이 같지 않으므로, 글을 배우는 사람은 그 지취(旨趣)의 이해하기 어려움을 근심하고, 옥사(獄事)를 다스리는 사람은 그 곡절(曲折)의 통하기 어려움을 괴로워했다. 옛날에 신라의 설총(薛聰)이 처음으로 이두(吏讀)를 만들어 관부(官府)와 민간에서 지금까지 이를 행하고 있지마는, 그러나 모두 글자를 빌려서 쓰기 때문에 혹은 간삽(艱澁)하고 혹은 질색(窒塞)하여, 다만 비루하여 근거가 없을 뿐만 아니라 언어의 사이에서도 그 만분의 일도 통할 수가 없었다.

계해년 겨울에 우리 전하(殿下)께서 정음(正音) 28자(字)를 처음으로 만들어 예의(例義)를 간략하게 들어 보이고, 명칭을 '훈민정음(訓民正音)'이라 하셨다. 물건의 형상을 본떠서 글자는 고전(古篆)을 모방하고, 소리로 인하여 음(音)은 칠조(七調)에 합하여, 삼극(三極)의 뜻과 이기(二氣)의 정묘함이 갖추어져 포괄(包括)하지 못할 것이 없어서, 28자로써 전환(轉換)하여 다함이 없이 간략하면서도 요령이 있고 자세하면서도 통달하게 되었다. 그런 까닭으로 지혜로운 사람은 아침나절이 되기 전에 이를 이해하고, 어리석은 사람도 열흘 만에 배울 수 있게 된다. 이로써 글을 해석하면 그 뜻을 알 수가 있으며, 이로써 송사(訟事)를 청단(聽斷)하면 그 실정을 알 아낼 수가 있게 된다. 자운(字韻)은 청탁(淸濁)을 능히 분별할 수가 있고, 악가(樂歌)는 율려(律呂)가 능히 화합할 수가 있으므로, 사용하여 갖추지 않은 적이 없으며 어디를 가더라도 통하지 않는 곳이 없어서, 비록 바람 소리와 학의 울음이든지, 닭 울음소리나 개 짖는 소리까지도 모두 표현해 쓸 수가 있게 되었다. 마침내 상세히 해석을 가하여 여러 사람을 깨우치게 하라고 명하시니, 이에 신(臣)이 집현전 응교(集賢殿應教) 최항(崔恒), 부교리(副校理) 박팽년(朴彭年)과 신숙주(申叔舟), 수찬(修撰) 성삼문(成三問), 돈녕부 주부(敦寧府注簿) 강희안(姜希顏), 행집현전부수찬(行集賢殿副修撰) 이개(李塏)·이선로(李善老) 등과 더불어 삼가 모든 해석과 범례(凡例)를 지어 그 경개(梗槪)를 서술하여, 이를 본 사람은 스승이 없어도 스스로 깨닫게 되었다. 그러나 그 연원(淵源)의 정밀한 뜻의 오묘(奧妙)한 것은 신(臣) 등이 능히 발휘할 수 있는 바가 아니다. 삼가 생각하옵건대, 우리 전하(殿下)께서는 하늘에서 낳으신 성인(聖人)으로써 제도와 시설(施設)이 백대(百代)의 제왕보다 뛰어나시어, 정음(正音)의 제작은 전대의 것을 이어받은 것이 없이 자연의 소리에서 이루셨으니, 그 지극한 이치가 있지 않은 곳이 없으므로 한 사람의 사적인 업적이 아니라고 하겠는가? 대체로 동방에 나라가 있은 지가 오래되지 않은 것이 아니나, 만물의 뜻을 깨달아 모든 일을 이루는 큰 지혜는 대개 오늘날을 기다리고 있었을 것인져.

지금도 세계의 문자 품평회가 열리는데, 매년 한글이 최우수 문자로 뽑힌다. 이 위대한 글자가 한 사람의 손으로 순식간에 만들어졌다. 세종대왕은 한글을 반포한 뒤에 몸이 극도로 쇠약해졌다. 한글을 창제하느라 남은 기력을 다 소진했기 때문일 것이다. 세종대왕은 기력을 회복하지 못하고 한글을 반포한 지 4년째 되는 32년 2월에 승하하셨다.

제5절
세종대왕의 불교 포용

하늘마음으로 정치 일선에 나선 세종대왕에게는 포용하지 못할 것이 없다. 주자학 이외에는 어떤 것도 용납하지 않는 당시의 분위기에서도 세종대왕은 불교를 포용한다.

고운, 목은으로 이어지는 포용정신은 세종대왕에게 그대로 이어진다. 세종대왕은 하나의 사상이나 하나의 종교에 갇혀 있는 사람이 아니다. 세종대왕은 온 천하가 주자학 일색으로 가고 있는 때에도 불교나 노장철학을 수용한다. 세종대왕 초기부터 불교 배척 움직임이 신하들 사이에서 거세게 일어났다. 즉위한 지 3년째 되는 해의 7월에 사간원에서 장문의 상소가 올라왔다. 핵심 내용은 다음과 같은 것이었다.

> 만약 불교가 세상에 시행된 지 이미 오래되어, 습속(習俗)이 이미 익숙해졌으므로, 그 법을 갑자기 배척할 수가 없으며, 그 무리를 하루아침에 다 제거할 수가 없다고 한다면, 우선 미리 방법을 만들어 너무 지나치게 하지 말도록 하고, 엄중히 금지하

여 거리낌 없이 행하지 못하도록 하는 것이 옳을 것입니다(『세종실록』 세종 3년 7월 조).

세종대왕은 즉위 초년임에도 불구하고 윤허하지 않았다. 하늘 마음으로 보면 불교에도 진리가 있다. 진리만 있고 단점이 나타나지 않는 것은 없다. 불교의 장점을 무시하고 단점만을 들추어내어 비판한다면 주자학이라고 해서 벗어날 수 없다. 그렇다고 해서 세종대왕이 진리가 없는 사상이나 철학을 무조건 포용하는 것은 아니었다. 경연강의에서 세종대왕은 제자(諸子)의 글을 읽지 않으려고 한 것은, 편협해서가 아니라 제자의 글을 읽고 그것이 진리가 아님을 알았기 때문이다.

많은 사람이 상소를 통해 불교의 서적을 불태우고 절을 민간인의 거처로 해야 한다고 요구했으나 들어주지 않았고, 일본에서 대장경판을 달라고 여러 번 집요하게 졸랐으나, 주지 않았다. 만약에 세종대왕이 주자학에 갇혀 있었다면 불교를 탄압했을 것이고, 대장경판도 일본에 주었을 지도 모른다.

세종 14년에 효령대군이 한강에서 7일간의 수륙재(水陸齋)를 행하는 것을 막지 않았고, 세종 17년부터 24년까지는 흥천사(興天寺)의 사리각(舍利閣)과 석탑(石塔)을 중수하는 것과, 안거회(安居會)와 경찬회(慶讚會)를 설행(設行)하는 것에 대해 유신들의 극심한 반대에도 불구하고 세종대왕은 강행했다.

숭유억불을 정치이념으로 정한 조선시대는 신료들이 불교 행사를 통제하고, 유생들이 승려를 무시하는 분위기였다. 어떨 때는 유생과 승려 사이에 몸싸움이 벌어지기도 했다. 세종 21년 4월에 효령대군이 흥천사에 왕래하며 불경을 외우고 안거회를 추진했으므로, 승려들이 모여들었다. 사간원에서 이를 문제 삼아 임금에게 탄압하도록 진언했는데, 세종대왕은 들어주지 않았다. 사헌부에서 결국 흥천사 승려 40여 명을 잡아들였는데, 이를 전해 들은 세종대왕은 다음과 같이 대응했다.

> 자네들은 모두 문신으로서 승려들을 이단이라고 이르며, 맞서서 배척한다. 근자에 사헌부에서 흥천사의 승려 40여 명을 잡아 가두었는데, 그들이 어찌 모두 죄가 있겠는가? 이제 법을 세우지 않으면 뒷날에 승도들을 침해함이 이와 같을 것이다. 자네들의 말이 비록 좋다 하더라도, 나는 좇을 수가 없다(『세종실록』 세종 21년 4월 조).

세종 24년 7월에 유생과 승려 사이에 몸싸움이 일어났다. 성균관과 동·남부의 학생 26명이 유생의 사찰 출입이 금지된 상황에서 삼각산에 있는 덕방암에 유희를 나가자, 미리 그 주변에 잠복한 승려들이 그들을 급습하여 충돌이 일어난 것이다. 세종은 유생들을 의금부에 가두어 국문하도록 했다. 3년 전에 세종대왕이 유생들의 사찰 출입을 금지하는 법을 만들었을 때 "임금은 유생을 사랑하는가. 승려를 사랑하는가"라는 비방이 있기도 했었다. 이처럼 유생들의 일탈행위를 우려한 세종대왕은 유생들을 두둔하는 사간원의 건의를 받아들이지 않으면서 다음과 같은 훈시를 남겼다.

유생들이 산에 노닐면서 폐단을 일으키는 것을 일찍이 금지했
는데, 지금 유생들이 금령을 위반했으니, 그들의 황당하고 망측
한 죄에 대하여 자네들이 의당 다스리기를 청해야 할 것이다.
그런데 보석을 청해야 옳겠는가(『세종실록』 세종 24년 7월).

형제가 싸우더라도 부모는 한쪽 편을 들지 않는다. 둘 다 용서
하며 화합시키는 방향을 모색하지만, 끝까지 부모의 말에 거역하
는 아이가 있으면 그를 응징한다. 응징하는 것도 미워서가 아니라
화합시키기 위해서이다. 세종대왕에게는 유생도 백성이고 승려도
백성이다. 한쪽 편에 서서 같이 싸우지 않는다. 모두를 포용하여
화합시키기 위해서는 바른길을 제시할 뿐이다. 세종대왕은 유생
에 대해서는 스승에게 책임을 묻는 엄정한 태도를 보이면서도 승
려들에게는 오히려 유연하게 대처했다. 세종대왕의 마음은 싸우
는 형제를 처리할 때 강자를 누르고 약자를 보호하는 부모의 마
음이었다.

세종 28년 왕비의 병환이 위독해지자, 80명의 승려를 동원하
여 기도하게 한 일이 있었고, 작고한 뒤 2일 째에는 왕자들의 효
심을 받아들여 불경사업을 제기하게도 했다. 조정의 대신들이 반
발했을 때, 세종대왕은 "자네들은 모두 의리를 밝게 알지만, 나는
도리를 알지 못하는 자이니, 자네들과 의논함이 잘못이로다"[26]라
고 하며 물러서기도 했다. 이 말을 곧이들으면 세종대왕이 도를
모르는 것이 되지만, 사실을 그렇지 않다. "엄마 나빠—" 하고 대

---

26. 爾等 皆明知義理 而我不知道者 誤與爾等議(『세종실록』 28년 3월조).

드는 아들에게 "그래 내가 나빴다" 하고 맞춰주어 무마시키는 어머니의 마음에서 나오는 말이다. 왕비가 세상을 이별하여 몸을 가누지 못하는 왕자들의 슬픔을 달래느라 불교의 의식을 허용한 것인데, 신하들은 유학에만 갇혀서 인성을 외면하고 있다. 사람을 위해서 유학이 있는 것이지, 유학을 위해서 사람이 있는 것이 아니다. 신하들을 바라보면서 세종은 서글펐지만, 그것을 따져서 해결하기도 쉽지 않고, 그럴 분위기도 아니었다. 맞춰주면서 해결할 수밖에 없었다.

세종 29년에는 수양대군이 모친 소헌왕후의 명복을 빌며 『석보상절』의 간행을 추진했는데, 세종대왕은 허락하면서 『월인천강지곡』도 함께 간행했다. 『석보상절』은 부처님의 일대기를 한글로 번역한 것이고, 『월인천강지곡』은 한글로 만든 찬불가이다. 세종대왕이 말년에 생사의 문제에 직면하여 마음이 흔들렸기 때문에 불교로 기울었다고 보는 학자도 있지만, 그렇게 판단하는 것은 잘못이라고 본다. 세종대왕은 평소에도 불교를 용인하고 있었다. 왕비가 세상을 떠나서 슬퍼하는 왕자들의 마음을 보살피는 의미에서 불교를 더욱 용인한 것으로 보아야 할 것이다. 부모가 돌아가신 뒤에 슬퍼하는 것은 왕자들뿐만 아니라, 세상의 자녀들이 거의 그렇다. 세종대왕이 불교를 용인한 것은 왕자들만을 위한 것이 아니라 부모가 돌아가신 뒤에 슬퍼하는 세상의 자녀들을 위한 것이기도 하다.

세종 30년에 궁중에 '내불당'을 창건하기로 했다. 조정 대신들은 매일같이 결사반대의 상소문을 올리고 있었고, 성균관의 유생들은 수업을 거부하면서까지 반발했다. 그러나 세종의 의지에는 변함이 없었다. 다수의 대신이 사직서를 내고 떠나기도 했다. 아무리 그래도 세종대왕은 굽히지 않았다. 성리학을 공부하는 목표는 하늘마음을 회복하기 위한 것이었다. 하늘마음을 회복한 사람은 진리가 있는 가르침은 두루 포용한다. 철학이나 종교가 정치에 이용되면 변질하기 쉽다. 철학이나 종교가 정치이념이 되면 사람들의 정치적 야욕을 채우기 위한 수단으로 전락한다. 성리학을 정치적 야욕을 채우기 위한 수단으로 삼는 사람들은 성리학 안에 갇혀서 성리학 이외의 것을 용납하지 못하고 독선에 빠진다. 그럴수록 그런 사람들은 성리학 이외의 것을 제거하고 난 뒤에, 다시 성리학 안에서 성리학의 이론을 두고 편을 갈라 싸운다. 편 가르기가 끝없이 이어지고 이전투구의 싸움이 계속되다가 나라가 망한다. 세종대왕의 눈에는 나라가 망하는 미래의 모습이 어른거렸다. 세종대왕은 앞뒤를 가리지 않고 불교를 제거하기 위해 전력투구하는 대신들과 유생들을 용납할 수 없었다. 하늘마음을 가진 어머니는 대개는 덤비는 아들에게 "내가 잘못했다"라고 사과하면서 화합하지만, 아들이 망하는 길로 들어서는 것은 용납할 수 없다. 하나의 철학이나 종교에 갇혀 다른 것을 용납하지 못하는 것은 망하는 길로 들어서는 것이다. 다른 것은 다 용서해도 그것은 용서할 수 없다. 혹세무민하는 사이비종교를 용서하지 못하는 것도 이러한 맥락이다. 불교는 사이비종교가 아니다. 그런데도 성리학에 갇혀서 불교를 용납하지 못하는 사람은 사이비종교의 신도와 같다. 그들이 추구하는 성리학은 사이비종교에 해당한다. 세종대왕은 결코 용납할 수 없었다. 뒷날 율곡 이이 선생은 세종대왕을 요순으로 평가하면서, 임금은 요순이었는데, 신하들이 요순의

세종 영릉

신하가 되지 못했다고 안타까워한 적이 있다. 성리학에 갇혀 성스러운 임금에게 항거하는 신하들의 모습은 참으로 딱하다.

세종대왕은 자신의 모습에 대해서 이렇게 말하기도 했다.

잠시 하나의 일로써 말한다면 이제 고깃덩어리 하나가 방안에 앉아 내관을 시켜 말을 전하니 이는 모두 웃음을 살 일이다.[27]

세종대왕은 병이 들어 밖에 나가지도 못하고 방안에 앉아 내관을 통해 말을 전하면서 대신들과 유생들에게 반대하고 있는 자신의 모습이 우습고, 그러한 자신의 슬픈 마음도 아랑곳하지 않고 반대만 해대는 대신들과 유생들의 모습도 우습다. 자신을 '고깃덩어리 하나'라고 표현하는 것은 생사를 초월했기 때문에 가능하다. '고깃덩어리 하나'라는 말은 남을 비하해서 쓰는 말이지 자기에 대해서 쓰는 말이 아니다. 그런데도 세종대왕은 자기의 몸을 '고깃덩어리 하나'라는 말로 표현했다. 죽음 앞에서 흔들리는 사람은 그런 표현을 할 수 없다. 세종 7년에는 주자소에서 『장자(莊子)』를 인쇄토록 하여 문신들에게 나누어준 일이 있었다. 하나의 이론에 갇혀 꽉 막혀 있는 사람은 꿈속에서 꿈을 꾸고 있는 사람과 같다. 그런 사람을 꿈에서 깨어나도록 하는 데 『장자』를 읽게 하면 효과가 있다. 남들과 얽혀서 이것이 옳다 저것이 옳다 시비하고 있는 것은 꿈속에서의 일이다. 꿈을 깨고 나면 '나'도 없고,

---

27. 姑以一事言之 今乃爲一塊肉 坐於房內 使宦者傳言 此皆取笑事也(『세종실록』 30년 7월조).

'너'도 없다. '옳은 것'도 없고 '그른 것'도 없다. 심지어는 '산다는 것'도 없고 '죽는다는 것'도 없다. 『장자』에는, 죽기 직전에 자기의 몸이 오그라들어 기괴한 모습이 되어 있는 자기의 모습을 보고, 마치 자기 몸을 다른 사람이 바라보고 웃는 것처럼, 깔깔 웃고 있는 사람의 이야기도 나온다. 세종대왕에게는 병들어 방 안에 있는 자기의 모습이 한 줌의 고깃덩어리로 보였다. 꿈에서 깨어나 생사를 초월한 사람의 모습이다. 꿈을 깬 사람이 보면 고깃덩어리 하나가 되어 방 안에 있으면서 대신들과 싸우고 있는 모습은 꿈속에서 일어나는 일이고, 한 편의 연극을 하는 모습이다. 참다운 정치란 꿈을 깬 사람이 꿈속으로 들어가 꿈속에 있는 사람들을 꿈에서 깨어나도록 깨우치는 것이다. 세종대왕은 그런 정치를 해왔다. 그런데도 지금의 모습은 여전히 꿈속 같아서 씁쓸한 웃음을 웃어본다. 세종대왕의 삶은 이처럼 심오하다.[28]

---

28. 세종대왕의 유교적 이상향 실현 부분은 조남욱, 『세종대왕의 정치철학』 (부산대학교출판부, 2001)을 참조했고, 그대로 옮긴 곳도 있음을 밝힌다.

제3장

■

세조의 등장과 정치 환경의 변화

세종대왕의 뒤를 이은 문종(1414~1452)은 학문을 좋아하고 인품이
온후했으나, 몸이 허약했다. 거기다가 추운 겨울에 부왕의 상을
치르느라 몸이 상했다. 다방면으로 정치적 역량을 발휘했지만, 병
이 들어 재위 2년 4개월 만에 병사하고 말았다. 뒤를 이어 단종
(1441~1457) 이 어린 나이로 왕위에 올랐으나, 이때부터 검은 먹구
름이 돌기 시작했다. 세종대왕의 둘째 아들 수양대군이 권력에 대
한 흑심을 품고 1453년에 단종을 보필하던 황보인(皇甫仁)·김종서
(金宗瑞) 등을 제거하고 실권을 장악했다. 단종은 1455년에 한명회
·권람 등의 강요로 수양대군에게 왕위를 물려주고 상왕이 되었
다. 이로 말미암아 엄청난 역사의 회오리바람이 불기 시작했다.
1456년에는 성삼문·박팽년·하위지(河緯地)·이개(李塏)·유응부(兪
應孚)·유성원(柳誠源) 등이 단종의 복위를 위해 수양대군을 해칠
계획을 꾸미다가 발각되어 죽임을 당했고, 수양대군의 동생인 금
성대군이 단종의 복위를 도모하다가 발각되어 죽임을 당했으며,
단종도 유배지인 영월에서 죽임을 당했다. 단종 복위를 꾀하다가
죽임을 당한 성삼문 등의 6명을 사육신(死六臣)이라 하고, 한평생
을 분개하며 죄인처럼 살았던 김시습(金時習)·원호(元昊)·이맹전(李

孟專)·조려(趙旅)·성담수(成聃壽)·남효온(南孝溫) 등을 생육신이라
한다. 세조의 왕위찬탈 과정에서 수많은 변화가 일어났다.

제1절
김시습의 광기와 유불도 융합

세조의 왕위 찬탈 소식에 미치지 않고는 견디기 어려운 선비들이
있었다. 이른바 생육신으로 불리는 선비들이 그들이었다. 그들은
귀가 먼 사람처럼 행세하기도 하고, 눈이 먼 사람처럼 행세하기도
했다. 때로는 방성통곡하기도 하고, 문을 닫아걸고 외부로 출입하
지 않기도 했다. 미치광이처럼 광기(狂氣)를 부리며 떠돌아다니기
도 했다. 그중 대표적인 선비로 매월당 김시습을 들 수 있다.

　김시습(金時習: 1435~1493)의 자는 열경(悅卿)이고, 호는 매월당(梅
月堂)·청한자(淸寒子)·동봉(東峰)·벽산청은(碧山淸隱)·췌세옹(贅世翁)
이며, 법호는 설잠(雪岑)이다. 정조 때 청간(淸簡)이란 시호가 내려졌
다. 서울 출생이고, 생육신의 한 사람으로 불린다.

　매월당은 3세 때부터 외조부로부터 글자를 배워 한시를 지을
줄 아는 천재로 소문이 났다. 세종대왕이 매월당의 천재성을 알고
선물을 하사했을 정도다. 50세 무렵에 매월당은 궁궐에 갔던 기억
을 되살려 시를 지은 적이 있다.

아주 어릴 때 황금 궁전에 갔었는데　　　　　少小趨金殿

영릉(세종)께서 비단을 하사하셨지　　　　　英陵賜錦袍

김시습

지신사(승지)는 날 불러 무릎에 앉히셨고	知申呼上膝
중사(환관)는 붓으로 써보라 권했었지	中使勸揮毫
참으로 뛰어난 물건이라 다투어 말들 하고	競道眞英物
봉황이 났다고 모두들 날 쳐다봤건만	爭瞻出鳳毛
어찌 알았으랴 집안일은 결딴나고	焉知家事替
초췌해진 늙은이는 쑥대머리 되었네	零落老蓬蒿

온 세상이 떠들썩할 정도로 뛰어난 천재는 어릴 때부터 남과
다른 독특한 정서가 자리 잡을 수밖에 없었다. 5세 때 세종대왕
의 초대로 궁궐에 다녀왔을 정도였다. 세상에서 자기가 최고라는
의식이 마음속에 깊이 새겨진다. 세종대왕도 그것을 우려하여 직
접 만나지는 않았지만, 매월당의 마음속에는 당시의 기억이 깊이
자리 잡고 있었음을 위의 시에서 보여준다. 율곡 이이 선생은 매
월당의 천재성에 대해 다음과 같이 말했다.

김시습은 나면서부터 천품이 남달리 특이하여 생후 8개월 만
에 스스로 글을 알았다. 최치운(崔致雲)이 보고서 기이하게 여
겨 '시습'이라고 이름을 지었다. 시습은 말은 더디었지만, 정신은
영민하여 글을 볼 때 입으로는 읽지 못했으나 그 뜻은 모두 알
았다. 세 살 때 시를 지을 줄 알았고, 다섯 살에 『중용』과 『대
학』에 통달하니 사람들이 신동(神童)이라 했다. 명공(名公) 허조
(許稠) 등이 많이 찾아와서 보았다.
　장헌대왕(莊憲大王 세종)이 듣고 승정원으로 불러 시(詩)로 시험
하니 과연 빨리 지으면서도 아름다웠다. 하교(下敎)하기를, "내가

친히 보고 싶으나 세속의 이목을 놀라게 할 듯하니, 그 가정에 권하여 드러내지 말고 잘 가르치도록 하게 하라. 그의 학업이 성취되기를 기다려 장차 크게 쓰리라" 하고, 비단을 하사하고 집으로 돌려보냈다. 그때부터 그의 명성(名聲)이 온 나라에 떨쳐 그의 이름을 부르지 않고 다만 5세(五歲)라고만 불렀다. (…) 한번 기억하면 일생 잊지 않았기 때문에 평일에 글을 읽거나 책을 가지고 다니지 않았지만, 고금(古今)의 문적(文籍)을 꿰뚫지 않은 것이 없어 남의 질문을 받으면 응대하지 못하는 것이 없었다.[29]

매월당의 천재성은 온 나라를 떠들썩하게 했다. 5세 때 세종대왕에게 선물을 하사받은 일로 매월당은 5세로 불렸다. 매월당은 15세 때 모친상을 당했고 3년 상이 끝나기도 전에 그를 돌봐주던 외숙모마저 세상을 떠났다. 어머니의 죽음은 매월당에게 엄청난 충격이었다. 사춘기에 들어서면 누구나 예민해지기 마련이다. 더구나 자기가 최고인 줄 알고 있는 매월당은 자기에게 일어난 모친상을 받아들이기 어려웠을 것이다. 인생의 무상함을 온몸으로 느낄 수밖에 없다. 인생의 무상함이 느껴지면 삶의 의미를 찾을 수 없다. 천재라는 것도 아무 소용이 없어진다. 3년 상을 마치고 18세가 되었을 때 송광사에 들어가 불교 공부를 시작했고, 그 뒤 삼각산(三角山) 중흥사(重興寺)로 들어가 공부를 계속했다. 그러던 중 21세 때인 1455(세조 1)년에 수양대군의 왕위찬탈 소식을 들었다.

29.『율곡선생전서』권11, 잡저1「김시습전」. 번역은 한국고전번역원의 번역을 거의 그대로 옮겼음을 밝힌다.

천재성을 발휘할 수 있는 마지막 희망은 관계에 나아가 뜻을 펼치는 것뿐이었는데, 이제 관계로 나갈 희망조차 사라졌다. 매월당은 3일을 통곡한 뒤 보던 책들을 모두 불태우고 승려가 되어 전국을 유랑하기 시작했다. 매월당은 미치지 않고는 견딜 수 없는 지경이 되었다. 미치광이는 한자리에 가만히 있지 못한다. 매월당은 미치광이처럼 떠돌기 시작했다. 율곡 이이 선생은 「김시습전」에서 매월당에 대해 "광기(狂氣)를 일으켜 뒷간에 빠졌다가 도망하여 불문(佛門)에 의탁(依託)하고 승명(僧名)을 설잠(雪岑)이라 했다"라고 적고 있다. 「김시습전」의 내용을 일부 소개하면 다음과 같다.

> 그의 생김은 못생기고 키는 작았으나 뛰어나게 호걸스럽고 재질이 영특했으며 대범하고 솔직하여 위의(威儀)가 없으며 강직하여 남의 허물을 용납하지 못했다. 시세(時世)에 분개한 나머지 울분과 불평을 참지 못했고, 세상을 따라 어울려 살 수 없음을 스스로 알고 드디어 육신에 구애받지 않고 세속 밖을 방랑하여 우리나라의 산천치고 그의 발자취가 미치지 않은 곳이 없었다. (…) 가슴에 가득 쌓인 불평과 강개의 용솟음을 풀어낼 길이 없어 세간의 풍월(風月)·운우(雲雨)·산림(山林)·천석(泉石)·궁실(宮室)·의식(衣食)·화과(花果)·조수(鳥獸)와 인사의 시비(是非)·득실(得失)·부귀(富貴)·빈천(貧賤)·사병(死病)·희로(喜怒)·애락(哀樂)이며, 나아가 성명(性命)·이기(理氣)·음양(陰陽)·유현(幽顯) 등에 이르기까지 유형, 무형의 말할 수 있는 것이면 모두 문장으로 나타냈다. (…) 선가(禪家)와 도가(道家)에 대해서도 대의(大意)를 알아서 그 병통의 근원을 탐구했고, 선어(禪語) 짓기를

좋아하여 그 현묘하고 은미한 뜻을 밝혀 천명하되 환해서 막힌 데가 없었기 때문에, 비록 학문에 깊은 노석(老釋)과 명승들도 그의 논봉(論鋒)에는 항거할 수 없었다. 그의 선천적으로 뛰어난 자질(資質)은 이것으로도 알 수 있다. (…) 산에 가면 나무껍질을 벗겨 시 쓰기를 좋아했는데 한참 읊조리다가 문득 곡하고는 깎아 버리기도 하고, 어떤 때는 종이에 써서 남에게 보이지 않고 물이나 불에 던져 버리기도 했다. 또 어떤 때에는 나무를 조각(彫刻)하여 농부가 밭갈이하는 모습을 만들어 책상 옆에다 두고 송일토록 골똘히 들여다보다가 울면서 태워 버리기도 했다. 때로는 심은 벼가 이삭이 패어 나와 탐스럽게 되었을 때에 취중(醉中)에 낫을 휘둘러 모조리 쓸어 눕히고, 그러고는 방성통곡하기도 했다. 그 행동거지가 종잡을 수 없었으므로 크게 속세의 웃음거리가 되었다. (…) 인망 없는 인물이 고위 고관에 임명되었다는 것을 알게 되면 반드시 통곡하되, "이 백성이 무슨 죄가 있어서 이 사람이 이 책임을 맡게 되었나" 했다. (…) 당시의 유명한 대신(大臣)인 김수온(金守溫)과 서거정(徐居正)은 시습을 국사(國士)로 칭찬했다. 거정이 막 조정에 들어가느라고 행인을 물리치고 바삐 조회에 들어가는데, 마침 시습이 남루한 옷에 새끼줄로 허리띠를 두르고 폐양자(蔽陽子)를 쓴 채로 그 길을 지나다가 행차의 앞길을 막고 머리를 들어, "강중(剛中)이 편안한가?" 했다. 거정이 웃으며 대답하고 수레를 멈추어 이야기하니, 길 가던 사람들이 놀란 눈으로 서로 쳐다보았다. (…) 나이 47세가 되었을 때, 갑자기 머리를 기르고 글을 지어 그의 할아버지와 아버지의 제사를 지냈다. (…) 드디어 안씨(安氏)의 딸에게 장가들어 가정을 이루었다. (…) 장바닥 아이들과 어울려 거리를 쏘다니다 술에 취하여 길가에 드러눕기가 일쑤였다. 하루는 영의정 정창손(鄭昌孫)이 저자를 지나가는 것을 보고, 큰소리로, "이놈아, 그만두어라" 하고 소리쳤다. 그러나 창손은 못들은 체하고 지나갔다. (…) 얼마 안 되어 그의 처가 죽으니, 그는 다시 산으로 돌아가서 머리를 깎았다. (…) 1493(성종 24)년에 병이 들어 홍산(鴻山) 무량사(無量寺)에서 생을 마쳤으니 그의 나이 59세였다. 화장을 하지 말라는 그의 유언에 따라 절 곁에 임시로 빈소 차림을 해 놓아두었다 3년 후에 안장하기 위하여 그 빈실(殯室)을 열어보니 안색(顏色)이 살아 있는 것 같았다. 승도(僧徒)들이 놀라 모두 성불(成佛)했다고 감탄하고, 마침내 불교의 다비(茶毘)를 하여 그의 잔해(殘骸)를 취하여 부도(浮圖)를 만들었다. (…) 그 사람을 생각할 때 재주가 타고난 기량 밖으로 넘쳐흘러서 스스로 지탱하지 못했던 것이니 경청(輕淸)한 기는 지나치게 받고 후중(厚重)한 기는 모자라게 받았던 것이 아니었는가 한다. 그러나 그는 절의를 세우고 윤기(倫紀)를 붙들어서 그의 뜻은 일월(日月)과 그 빛을 다투게 되고, 그의 풍성(風聲)을 듣는 이는 나약한 사람도 용동하게 되니, 백세의 스승이라 한다 하여도 지나친 말이 아닐 것이다. 애석한 것은 시습의 영특한 자질로써 학문과 실천을 갈고 쌓았더라면, 그가 이룬 것은 헤아릴 수 없었을 것이다.[30]

---

30. 위와 같음.

도를 행할 수 있는데도 출사하지 않는 것은 부끄러운 일이지만, 도를 행할 수 없는데도 출사하는 것은 더욱 부끄러운 일이다. 천재성을 발휘할 수 없게 된 매월당은 떠돌이 생활을 할 수밖에 없었다. 26세 때는 관동 지방을 떠돌아다녔고, 29세 때는 호남 지방을 떠돌아다녔다. 그때 쓴 시를 모은 시집 『탕유관동록(宕遊關東錄)』과 『탕유호남록(宕遊湖南錄)』이 문집에 들어 있다.

29세 때의 가을에 책을 구하러 서울에 갔다가 효령대군(孝寧大君)의 권유로 내불당에 거처하면서 불경언해사업(佛經諺解事業)에 참가한 적이 있었다. 31세가 되던 해의 봄에 경주의 남산인 금오산(金鰲山)에 금오산실(金鰲山室)을 짓고 37세 때까지 칩거했다. 그때 쓴 소설 『금오신화』가 『유금오록(遊金鰲錄)』에 실려 있다.

47세가 되던 해에 환속하여 안씨(安氏)를 아내로 맞아들였으나, 이듬해 다시 관동 지방 등지로 방랑의 길에 나섰다. 방랑길에서 매월당은 잠깐 지방의 청년들을 가르치기도 했다. 매월당의 발길이 마지막으로 닿은 곳은 충청도 홍산(鴻山) 무량사(無量寺)였다. 매월당은 무량사에서 59세를 일기로 생을 마감했다.

매월당을 이해할 수 있는 초점은 그의 천재성일 것이다. 그는 유가 경전·역사서·백가서·불경 등을 두루 꿰고 있었으므로 지식인 중에 그를 당할 사람이 없었다. 매월당에게는 당대의 문인 중에 우러러볼 사람이 없었을 것이다. 뛰어난 천재들에게는 돈오(頓悟)에 비해 점수(漸修)가 부족할 수 있다. 진리를 배워서 머리로 깨닫는 것이 돈오이고, 그 진리가 몸에서 실천되도록 몸으로 닦아나가는 것이 점수다. 배워서 깨닫는 것이 돈오라면 때맞게 실습하여 익히는 것이 점수(漸修)이다. 학(學)이 돈오라면 시습(時習)은 점수이다. 최치운이 3개월 된 매월당의 천재성을 보고 '시습'이란 이름을 지어준 것도 점수를 권하는 의미가 있었을 것이다.

진리의 내용을 돈오하면 그것이 몸에서 배어나올 수 있도록 점수해야 한다. 수영하는 법을 머리로 아는 것은 돈오이다. 돈오를 했다고 해서 수영할 수 있는 것은 아니다. 물에 들어가 수영이 몸에 완전히 밸 때까지 연습하고 또 연습해야 한다. 그러나 천재는 수영하는 법을 머리로 아는 순간 다 알았다고 착각한다. 물에 들어가 연습을 해도 바로 터득해버리므로 진득하게 연습하지 않는다. 천재는 몸에 완전히 밸 때까지 점수하지 않으므로 도중에 탈이 나기 쉽다. 학문을 하는 것도 마찬가지다.

청한자가 말하기를, "옛사람이 도를 추구할 때는 조금도 방일하지 않고 늘 촌음을 아꼈다. 지금 사람들은 아침나절이 끝날 때까지 아무 생각도 함이 없고 헤아림도 함이 없이 꼿꼿하게 앉아 있으니, 어느 천년에 다 깨달을 수 있겠는가!"라고 하니, 객이 힐난하며 말했다. "도는 저절로 생각함이 없고 헤아림이 없는 것이니, 생각하고 헤아리는 것이 망령된 것이다. 도를 추구하면서 생각하고 헤아리겠는가?" "생각함이 없고 헤아림이 없는 것은 도의 본체이다. 정밀하게 헤아리기를 게을리 하지 않는 것이 공을 이루는 요체이다. 세상의 일을 보면 하나라도 헤아림을 거치지 않으면 만사가 어긋나고 만다. 하물며 지극히 진실하고 망령됨이 없는 도를 게을리해서 얻을 수 있겠는가! 그러므로 계문자는 세 번 생각해서 행했고, 공자는 생각해야 하는 아홉 가지 공부의 조목을 세웠으며, 증자는 헤아려야 얻게 된다는 말을 기록했고, 공자는 멀리까지 헤아려야 함을 깨우쳤다. 천성이 총명하여 힘쓰지 않아도 되는 사람이 아니라면 누가 생각하지 않고서 가능하겠는가! 또한 사람의 기질에는 어두움과 밝음, 어리석음과 지혜로움의 차이가 있는데, 부지런히 하지 않고 가만히 앉아만 있으면 어떻게 성인의 경지에 이를 수 있겠는가! 반드시 정밀하게 생각하고 헤아려서 날마다 달마다 연마해서 자득하는 경지에 이른 연후에라야 도가 생각함이 없고, 헤아림이 없다고 말할 수 있을 것이다.[31]

천재인 매월당은 모든 것을 다 알고, 모든 것을 다 파악해야만 하는 것으로 생각했다. 사람에게는 자기가 잘하는 것을 과시하고 싶은 욕심이 있으므로 자기가 잘하는 것을 계속 연마한다. 노래 잘한다는 칭찬을 들어온 사람은 노래 연습을 계속하고, 춤 잘 춘다는 칭찬을 들어온 사람은 춤 연습을 계속한다. 동서고금의 서적에 대해 모르는 것이 없다는 칭찬을 받아온 사람은 동서고금의 서적에 관해 모르는 것이 없어질 때까지 계속 노력하곤 한다. 매월당은 고전에 대해 모르는 것이 없었다. 묻는 사람이 있으면 그 자리에서 바로 답이 나왔다. 그런 사람은 완전히 다 알 때까지 계

---

31. 淸寒子曰 古人之於爲道也 常惜寸陰 未嘗放逸 今之人 終朝兀兀 無思無慮 何時徹悟 有客難之曰 夫道自然無思無慮也 凡有思慮者 妄也 可以道而思慮 乎 曰無思無慮者 道之體也 精慮不怠者 立功之要也 常觀世間之事 一不經慮 萬事瓦裂 況至眞無妄之道 其可怠惰而得乎 故季文有三思之行 宣聖立九思 之目 曾子記慮得之語 夫子有遠慮之戒 自非天性聰明 無待勉强 孰能不思 且 人之氣質 有昏明愚智之不同 苟非孜孜兀兀 安得齊於上聖乎 必硏精思慮 日 鍊月磨 以造乎自得之域 然後可以言道者無思也無慮也(『梅月堂文集』 권16, 雜著 〈無思第一〉).

속 노력한다. 명상한다고 가만히 앉아 있기만 하면 도저히 다 알 수 없다. 매월당에게도 이런 병폐가 있었던 것으로 보인다. 한 그루의 나무에 있는 수많은 나뭇잎을 하나하나 조사하여 다 파악하는 것은 불가능에 가깝다. 하나의 나뭇잎을 깊이 조사하여 뿌리에까지 닿으면 나머지 나뭇잎들은 뿌리를 통해서 하나로 꿰어질 수 있다. 뿌리를 파악하기 위해서는 가만히 앉아서 생각과 헤아림을 멈추는 공부가 필요하다. 하나의 나뭇잎이 뿌리로 연결되어 있다는 것을 아는 것이 돈오라면, 실지로 뿌리와 연결된 것을 느끼는 데까지 가는 것이 점수이다. 매월당에게 점수의 노력이 부족했다면 그것은 천재에게서 오는 병폐일 것이다. 매월당은 천재적 재능을 발휘하여 태극·이기·천명·성 등의 성리학의 중심개념을 정확하게 꿰뚫은 것으로 보인다.

태극은 무극이니, 태극은 본래 무극인 것이다. 태극이 음양이고, 음양이 태극이다. 태극에 따로 또 극이 있다고 하면 그것은 극이 아니다. 극이란 지극하다는 뜻이다. 리가 지극하여 더할 수 없는 것이다. 태란 포용한다는 뜻이다. 도가 지극히 커서 견줄 데가 없다. 음양 외에 따로 태극이 있다면 음양이 될 수 없다. 태극 속에 따로 음양이 있다면 태극이라 할 수 없다. 음이면서 양이 되고, 양이면서 음이 되며, 움직이면서 정지해 있고, 정지해 있으면서 움직이는 것은 리(理)에 끝이 없기 때문이다. 태극이란 기의 측면에서는 움직이고 정지하며, 열리고 닫혀서 음양의 작용을 한다. 성(性)의 측면에서 보면 사랑하고[元] 베풀며 [亨] 가다듬고[利] 보존한다[貞]. 그 마음은 웅크려서 위축되기도 하고, 펼쳐서 느긋해지기도 한다. 작용하는 면에서 보면 하늘과 땅이 태극의 작용을 바탕으로 둥글기도 하고 네모나기도 하며, 우주의 원기가 그 작용을 바탕으로 만물을 만들고 자라게 한다. 만물이 그 작용을 바탕으로 본성대로 산다. 본성대로 바르게 살 수 있는 것은 태극의 음양 작용에 의한다.[32]

주자가 태극을 리(理)로 보고 음양을 기로 본 이래로 많은 학자가 태극과 음양에 대해 헷갈리게 되었다. 태극과 무극이 따로 존재하는 것이 아님은 거의 다 아는 바다. 그러나 태극과 음양에 대해 헷갈리는 이유는 「태극도설」에서 태극에서 음양이 나왔다고 한 것 때문이다. 태극에서 음양이 나왔다면 태극과 음양이 따로 분리된 존재가 아니므로, 태극이 리이고 음양이 기라는 것을 받아들이기 어렵다. 매월당은 이를 정확하게 꿰뚫어 보았다. 태극은 하늘의 마음이기도 하고 몸이기도 하다. 태극을 하늘의 마음으로 보면 리(理)이고, 몸으로 보면 기이다. 태극은 리의 요소와 기의 요소를 동시에 가지고 있다. 부모에게는 마음도 있고 몸도 있다. 부모의 하늘마음은 리이고, 부모의 몸은 기이다. 태극도 마찬가지다. 태극이 음양이고 음양이 태극이므로 음양에도 리의 요소와

---

32. 太極者 無極也 太極本無極也 太極陰陽也 陰陽太極也 謂之太極別有極 則非極也 極者 至極之義 理之至極而不可加也 大者 包容之義 道之至大而不可侔也 陰陽外別有太極 則不能陰陽 太極裏別有陰陽 則不可曰太極 陰而陽陽而陰 動而靜 靜而動 其理之無極者 太極也 其氣則動靜闢闔而陰陽也 其性則元亨而利貞也 其情則陰慘而陽舒也 其用則天地以之圓方 元氣以之發育 萬物以之遂性 其性之正者 太極之爲陰陽也(『梅月堂文集』 권20, 說 〈太極說〉).

기의 요소가 있다. 음은 차가운 마음이고 어두운 얼굴이며, 양은 따뜻한 마음이고, 밝은 얼굴이다. 이를 매월당의 천재성은 찾아내었다.

태극은 몸도 마음도 모두 음양의 작용을 한다. 몸에서 나오는 음양의 작용은 움직이고 정지하며, 열리고 닫히는 작용이다. 매월당은 태극의 몸은 기로 표현했지만, 태극의 마음은 리로 표현하지 않고 성(性)으로 표현했다. 태극과 하늘은 일치한다. 태극의 마음을 성으로 표현한 것은 하늘의 마음을 성으로 표현한 것과 같다. 하늘의 마음을 성으로 표현한 것은 『삼일신고』 이외에서는 보지 못했다. 하늘마음이 원형리정이므로, 매월당은 태극의 성을 원형리정으로 표현했다. 성을 원형리정으로 설명하는 것 또한 매월당이 처음인 듯하다. 매월당은 『천부경』이나 『삼일신고』를 보았을 것 같기도 하다.

매월당은 태극의 마음을 성으로 표현하고, 태극의 마음 씀씀이를 정으로 표현했다. 이는 사람의 마음을 성정으로 설명하는 것과 일치한다. 매월당은 태극과 사람을 같은 것으로 설명한다. 목은의 천인무간이 매월당에게서 태극과 사람의 일체로 표현된 것이다. 하늘과 땅은 각각 음양의 작용을 통해서 원(圓)이 되고 방(方)이 되었으며, 우주의 원기도 음양의 작용을 통해서 만물을 낳고 기른다. 만물도 모두 음양의 작용을 통해서 본성을 실천한다. 만물이 본성대로 바르게 살 수 있는 것은 음양 작용을 제대로 할 수 있기 때문이다. 매월당은 주자의 잘못된 설명으로 인해 혼선을 빚고 있는 태극설을 깔끔하게 정리했다. 매월당은 또 도와 덕의 개념이 도가와 유가에서 어떻게 다르게 쓰이는지 정확하게 설명한다.

"도가는 도덕을 높이고 태고를 흠모하며, 순박한 풍속을 숭상하고 꾸미고 속이는 것을 배척하며, 무위로 심오한 진리를 지키는 것을 근본으로 삼는 것이니, 성리학에 가깝지 않습니까?" "그들이 말하는 도덕은 성리학에서 말하는 도덕이 아니다." "그러면 도덕과 성리가 다른 것입니까?" "다르지 않다. 도란 성리의 극처이다. 애초에 다른 갈래로 설명할 수 있는 것이 아니다." "그렇다면 노자의 말은 성리입니까? 제가 전에 듣건대, 덕을 높이고 도를 즐기는 자를 성인이라고 합니다. 성인의 말씀은 성리의 설입니다." 청한자가 말했다. "성인은 일의 변화와 만물의 본질에 통달하여 하늘을 섬기면 하늘이 따라주고, 사람을 깨우치면 사람이 따른다. 그러므로 하늘을 도와 백성을 인도한다. 노자는 도를 체득했지만, 본성을 따르는 도가 아니고, 덕을 논했지만, 하늘이 밝게 명하는 덕이 아니니, 어떻게 세상에 혜택을 주고 후세에 드리우겠는가, 시험 삼아 자네에게 설명하겠다. 도를 설명하는 글에서 '사람이 의식한 도는 참다운 도가 아니다'라고 했다. 도라고 말한 것은 저절로 그러하여 드러나지 않는 것에 대한 호칭이므로, 말로 표현할 수 있는 것이 아니다. 말로 표현하기만 하면 바로 의식에서 파악하는 도가 되어 변하지 않고 바뀌지 않는 도가 되지 않는다. 덕을 논한 글에서도 '최고의 덕 있는 사람은 덕으로 드러나지 않는다. 그래서 덕이 있다. 옛날에는 이름 없는 임금이 있었다. 덕이 커서 그보다 더 뛰어난 임금은 없었다. 덕으로 백성을 가르치지 않고 자연에 따를 뿐, 인의를 몸소 행하고 힘써 노력한 뒤에 교화하는 것이 아니었다. 그러므로 조화로운 기운이 넘쳐흘러 본래의 모습을 온전

하게 갖출 수 있었다.[33]

    도가의 철학은 태초의 본래 모습을 유지하는 철학이다. 인간의 의지가 전혀 개입되지 않은 자연 그 자체를 따르고, 인간의 요소가 개입되는 것을 싫어한다. 도가철학에서 말하는 도는 태초의 자연 상태의 본질을 말하고, 덕은 그 본질의 운행을 말한다. 성리학에서 말하는 도는 태초의 본질이 인간에게 연결되는 길을 의미하고, 덕은 그 길로 갈 수 있는 인간의 능력을 말한다. 성리학에서 말하는 도와 덕은 인간을 떠나서 있는 것이 아니다. 그렇다고 해서 인간의 도덕이 도가철학에서 말하는 도덕과 별개의 것은 아니다. 자연 상태에서의 도덕이 인간의 도덕으로 이어져 있다. 인간의 본성이 솟아나는 뿌리가 도이고, 본성을 실천할 수 있는 덕은 자연의 덕에서 연유하므로, 도덕과 성리는 하나로 이어져 있는 것이지 갈래가 다른 것은 아니다. 그러나 노자는 인간이 있기 이전의 자연을 강조하므로, 자연에서 벗어나 인간의 세계에 들어와 세상 사람들을 인도하지 않는다. 성인은 하늘을 받들고 사람을 인도하

---

33. 道家尊道德而慕太古 尚淳風而斥嬌詐 以無爲守玄爲本 無乃近於性理乎 曰 此乃其所爲道德 非性理之說也 曰 道德與性理異乎 曰 無以異也 夫道者 性理之極處 初非有他岐可說 曰 然則老氏之語 其性理乎 吾嘗聞尊德樂道 謂之聖人 聖人之語 卽性理之說也夫 淸寒子曰 夫道者 達於事變 通於物理 奉天而天命之 ▓人而人歸之 故能裁成輔相 以左右民 彼老氏者 體道而非率性之道 論德而非明命之德 則如之何其澤於世 垂於後也 試爲汝辨之 其論道章曰 道可道 非常道 言道者 自然無形之稱 不可容言 纔有言說 卽涉第二義 非不變不易之道也 其論德章曰 上德不德 是以有德 言大古無名號之君 德大無上 不以德敎民 因循自然 無待於躬行仁義 勞其筋骨而後化 故和氣流行 得以全其性命(『梅月堂文集』 권17, 雜著 〈性理〉).

여 하늘과 사람을 연결함으로써 세상 사람에게 혜택을 주고 가르침을 후대까지 남겨놓은 사람이므로, 노자를 성인이라 하지 않는다. 노자는 '사람이 의식한 도는 참다운 도가 아니다'라고 했는데, 그 뜻은 사람의 의식은 본래부터 있는 것이 아니기 때문에, 사람의 의식으로 판단하는 도는 참된 도가 아니라 사람의 의식이라는 그물에 걸린 가짜인 셈이다. 인간은 구분할 수 있는 것만 의식하므로, 구분이 있기 이전의 본질인 도는 인간의 의식으로는 파악할 수 없다. 그러므로 참으로 덕이 있는 사람은 덕이 있는 것으로 의식되지 않는다. 태양은 사람에게 지대한 은혜를 베풀지만, 은혜를 베푼다는 의식이 없으므로, 사람들은 태양의 은혜를 갚아야 한다고 의식하지 않는다. 은혜를 갚아야 한다고 의식하면 부담이 되고 피곤해진다. 따라서 보답받기를 바라면서 은혜를 베푸는 사람은 최고로 덕 있는 사람이 아니다. 태양처럼 베푸는 사람이라야 최고로 덕 있는 사람이다. 옛날에는 이름 없는 임금이 있었다. 그런 임금이 최고로 덕 있는 임금이다. 임금이란 이름을 가진 임금은 백성과 하나가 되지 못한다. 임금이란 이름을 가지지 않은 임금이라야 백성과 하나가 될 수 있다. 백성과 하나가 되는 임금은 백성을 가르치지 않는다. 백성을 가르치려고 하면, 이미 가르치는 사람과 가르침을 받는 사람의 구별이 생긴다. 백성과 완전히 하나가 되어 있는 임금은 그냥 묵묵히 자연의 모습으로 존재하고 있기만 하지만, 다른 사람들이 그를 통해 자연의 모습으로 되돌아가게 되어, 모두 하나가 된다. 모두 하나가 되는 것보다 더 조화로운 것은 없다.

매월당은 노장철학의 내용을 정확하게 파악하고 있는 듯하다.

노장철학은 무위자연으로 온 세상을 조화롭게 만들 수 있지만, 이미 타락하여 자연에서 많이 벗어난 사람들을 자연으로 인도하기는 어렵다. 버스를 타고 꼬불꼬불한 길을 가다가 어렴풋이 잠이 깨어 차멀미가 난 사람이 옆에 있는 사람을 보니 그는 차멀미하지 않고 쿨쿨 자고 있었다. 차멀미하는 사람이 그를 보고 자기도 그처럼 쿨쿨 자서 차멀미에서 벗어났다면, 쿨쿨 자고 있었던 사람은 옆 사람의 차멀미를 해결해준 임금과 같은 존재이지만, 그는 아무것도 하지 않았고 임금이란 이름도 붙지 않았다. 최고의 임금은 그런 임금이다. 그러나 잠에서 완전히 깨어 있는 사람은 쿨쿨 자려고 해도 되지 않는다. 그런 사람에게는 쿨쿨 자는 사람이 임금의 역할을 할 수 없다. 완전히 깨어 있는 사람에게는 쿨쿨 잠드는 방법을 가르쳐 주는 사람이 나서야 하는데, 그런 사람이 임금이다. 잠에서 깨어 있는 사람에게 쿨쿨 자는 사람은 은혜롭지 않지만, 잠자는 방법을 가르쳐주는 사람은 은혜롭다. 쿨쿨 자기만 하는 임금은 도가철학에서 말하는 임금이고 잠자는 방법을 가르쳐 주는 임금은 유학에서 말하는 성인이다.

사람이 버스를 타고 가는 경우의 비유에서 보면, 버스는 대자연이고, 잠자는 사람은 자연과 하나가 되어 있는 사람이며, 잠이 깬 사람은 자연에서 벗어나 있는 사람이다. 자연에서 벗어난 사람은 고달픈 인생을 살 수밖에 없다. 사람은 원래 자연이었지만, 실수해서 자연에서 벗어났으므로, 이제 자연으로 돌아가야 하는 과제가 생겼다. 자연으로 돌아가는 과제를 하는 것이 공부이다. 매월당은 공부에 대해 다음과 같이 말했다.

옛사람이 말하기를, "배우기만 하고 생각하지 않으면 답답하고, 생각만 하고 배우지 않으면 위태롭다"라고 했고, 또 이르기를, "널리 배우고, 자세하게 묻고, 신중하게 생각하고, 분명하게 변별하고, 독실하게 실행해야 한다"라고 했다. 공부가 면밀하게 이어져 쉬거나 중단함이 없게 하려면 어떻게 해야 하는가? 배우고 때를 놓치지 않고 계속 배운 내용을 익혀야 한다. 그렇게 하면 또한 기쁘지 않겠는가!34

제대로 된 공부는 배움과 생각을 병행해야 한다. 배움의 수단은 말과 글이다. 말과 글만 이해하고 그 말과 글에 담겨 있는 내용을 이해하지 못하면 배움의 의미가 없다. 말과 글에 담겨 있는 내용을 이해하기 위해서는 생각을 잘 해봐야 한다. 생각을 통해 말과 글에 담겨 있는 내용을 이해해야 비로소 배운 것이 소화되어 자기의 것이 된다. 생각만 하고 배우지 않는 사람은 잘못된 길로 가더라도 그것을 알지 못한다. 잘못된 길로 간 사람은 자기도 불행하게 되지만, 남까지도 잘못된 길로 인도할 것이므로 위험한 인물이 된다.

공부는 참된 삶을 회복하기 위한 노력이다. 참된 삶은 행복한 삶이다. 공부는 행복으로 가는 열차를 타는 것이므로, 그 과정도 기쁘다. 공부의 핵심은 배움이다. 매월당은 배움의 내용을 소학과 대학으로 나누어 설명한다. 소학 공부를 통해 쇄소응대하는 행동

---

34. 古人云 學而不思則罔 思而不學則殆 又云 博學之 審問之 愼思之 明辨之 篤行之 工夫綿密無間斷處如何 學而時習之 不亦悅乎(『梅月堂文集』 권23, 雜說〈工夫〉).

거지와 효도하고 공경하는 마음가짐을 배운 뒤에 여력이 있으면
『시경』과 『서경』을 읽도록 하는 것이다. 대학 공부는 궁리하고 수
신하여 하늘의 밝은 명을 환하게 드러내어 안팎이 하나가 되고,
덕을 높이고 업을 넓혀서, 본래의 모습을 회복하는 것이다.[35]

매월당은 원래의 모습을 회복하는 방법으로 성(性)을 기른다는
의미의 양성을 제시했다.

> 하늘이 나를 낳음에 이미 천명을 주었으므로, 이 몸의 음양오
> 행이 제대로 되었고, 다시 나의 리(理)를 받았으니 이것을 성(性)
> 이라 한다. 어리석은 이나 지혜로운 이나 평범한 사람이나 성인
> 이나 똑 같이 이 리(理)를 받았으므로 모두 하늘같은 존재지만,
> 오직 성인만이 받은 본성대로 살기 때문에 착한 삶으로 일관한
> 다. 보통사람이나 하등한 사람은 성인처럼 되지 못하므로 반드
> 시 길러서 회복해야 한다. 기르는 방법은 오직 궁리에 있다. 궁
> 리란 만물의 본질을 통해서 자기의 본질을 찾아내고, 이미 알
> 고 있는 것을 통해서 최고의 삶을 완전하게 드러낸다. 최고의
> 삶은 어떠한 삶인가? 본성을 따르는 삶일 뿐이다. 찾아내는 것
> 은 어떻게 해야 끝이 나는가? 본성을 다 발휘해야 한다. 리(理)
> 를 따르는 삶을 살아 본성을 다 길러서 칠정이 끼어들어 분탕
> 질하지 못하게 하면서, 어두운 곳에 홀로 있거나 마음이 미세

---

35. 窮理修身 斯學之大 明命赫然 罔有內外 德崇業廣 乃復其初(『梅月堂文集』
   권23, 雜說〈學〉).

하게 움직일 때 조심조심하여 본심의 움직임을 알아 길흉의 갈림길에서 길함이 오는 것을 알고 흉함이 떠나가는 것을 밝혀 완전히 본래모습에 도달하면, 저절로 느긋하고 화락하여 한평생 너를 빌려 하늘의 모습을 보여줄 것이다.[36]

하늘과 사람의 관계에 대한 매월당의 설명은 아주 독특하다. 매월당은 하늘의 명과 사람의 음양오행을 하나로 연결시키고, 하늘의 마음을 리(理)라 하고, 사람의 본마음을 성(性)이라 하여 리(理)와 성(性)을 하나로 연결시켰다. 성리학에서 하늘과 사람을 매개하는 근거는 『중용』에 있는 '천명지위성(天命之謂性)'이다. 하늘의 명이 사람의 성이므로, 명과 성을 매개로 하늘과 사람을 하나로 연결시키는 것이 성리학의 기본 설명이다. 이 성리학의 기본 설명에는 납득하기 어려운 부분이 있다. 성은 본래마음이다. 하늘의 마음이 사람의 본래마음인 성이라고 하면 이해가 되지만, 하늘의 명이 사람의 본래마음이라고 하면 아귀가 맞지 않는다. 그것은 아버지의 마음이 나의 마음이라고 하면 말이 되지만, 아버지의 말씀이 나의 마음이라고 하면 말이 되지 않는 것과 같다. 천재인 매월당은 이러한 문제점을 간파했다. 명(命)에는 명령이란 뜻과 목숨이란 뜻이 있다. 이에서 보면 하늘의 명은 만물의 목숨을 유지하

---

36. 天之生我 旣授以命 兩儀五行 各遂其正 復稟我理 是之謂性 無愚無智 無凡無聖 均賦此理 浩浩其盛 惟聖性者 萬善自足 中下不齊 必養而復 養之之道 惟在窮理 因其物理 以窮其以 因其已知 以極其止 止者何至 率性而已 窮者曷極 盡性云耳 率循是理 極盡涵養 勿使七情 跋扈肆放 隱微之際 愼獨知嚮 吉凶之幾 知來彰往 十分到處 自然舒暢 庶幾一生 以爾爲仗(『梅月堂文集』 권21, 箴 〈養性箴〉).

게 하는 명령으로 이해할 수 있다. 『삼일신고』에서는 하늘의 명을 사람의 기(氣)로 설명했다. 사람의 기는 목숨을 이어가는 방향으로 작동한다. 사람의 기는 하늘의 명과 한 줄로 이어져 있다. 기의 움직임이 멎으면 명줄이 끊어졌다고 하는 것이 그 뜻이다. 『삼일신고』에서는 또 하늘의 마음을 성(性)이라 하고 사람의 마음을 심(心)이라 하여 성과 심을 연결시켰다. 매월당이 하늘의 본질을 리(理)와 명(命)의 두 요소로 보고, 사람의 본질을 성(性)과 음양오행의 두 요소로 보아 각각을 하나로 연결시킨 것은 『삼일신고』의 설명이 매월당에서 되살아난 것이다. 다만 매월당은 『삼일신고』에서 설명한 사람의 기를 음양오행으로 설명하고, 하늘의 마음인 성을 리(理)로 설명했으며, 사람의 마음인 심(心)을 성(性)으로 바꾸어 설명했을 뿐이다. 당시에 성(性)을 사람의 본성으로 보는 견해가 너무나 확고했기 때문에 그렇게 바꾸었을 것으로 생각할 수도 있다. 어쨌든 성리학의 기본전제에서 오는 근본적인 문제점을 간파하여 하늘과 사람의 본질을 각각 두 요소로 만들어 연결시킴으로써 성리학의 근본 문제를 깔끔하게 해결한 매월당은 천재 중의 천재라고 아니할 수 없다. 매월당이 『삼일신고』를 봤을 수도 있지만, 그것을 확인할 길은 없다.

사람은 모두 하늘의 마음을 받았으므로 하늘처럼 크고 굳세지만, 그 마음을 지키지 못하고 상실하기 쉽다. 오직 성인은 하늘마음을 상실하지 않으므로 그대로 살기만 하면 되지만, 하늘마음을 상실한 일반인은 하늘마음을 길러서 회복해야 한다. 하늘마음을 기르는 방법에는 궁리가 있다. 궁리란 만물의 본질과 자기의 본질이 같다는 점에 착안하여, 알기 어려운 자기의 본질을 알기보다 먼저 만물의 본질을 알아서 그 만물의 본질을 미루어 자기의 본질을 찾아내는 것이다. 자기의 본질을 하나라도 찾아내면 그 본질을 확장시켜서 최고의 삶을 회복할 수 있다. 최고의 삶이란 본성을 따라 사는 것이다. 궁리하여 자기의 본성을 찾아낼수록 본성대로 사는 것이 확장되므로, 본성을 찾아내는 것은 모든 삶이 본성대로 사는 데까지 가야 끝이 난다. 하늘의 마음을 따라 살면 본성이 길러지고 본성이 길러지면 칠정이 끼어들기 어렵다. 칠정이 끼어들지 않게 하는 방법 중에는 어두운 곳에 홀로 있거나 마음이 미세하게 움직일 때 잘 살펴보는 것이 있다. 남들과 경쟁하면서 살아가는 낮에는 하늘마음과 칠정을 분간하기 어려우므로, 어두운 곳에 혼자 있을 때 마음의 미세한 움직임을 관찰하는 기회가 온다. 혼자 있을 때 미세한 마음의 움직임을 들여다보면 낮에 일어난 일 중에 잘못한 일에 대해서는 부끄러운 마음이 나타나고, 해를 끼친 사람들에 대해 미안한 마음이 나타난다. 그런 마음들이 하늘마음이고 그 반대의 마음이 칠정이다. 이 두 마음이 길흉의 갈림길이다. 하늘마음을 알고 하늘마음을 회복하면 길하게 되고, 그 반대로 하면 흉하게 된다. 하늘마음을 알아 하늘마음을 회복하는 노력을 계속하면, 하늘과 하나가 되는 때가 온다. 사람이 본래 모습에 도달하면 하늘처럼 되어 느긋하고 즐겁게 된다. 하늘처럼 되기 전에는 몸에 갇혀 몸속에서 몸 밖을 바라봤지만, 하늘처럼 되고 나면 하늘이 몸 밖에서 자기 몸을 바라보는 것 같은 느낌이 든다. 그렇게 되면 하늘이 이 몸을 향해 "너를 빌려 하늘의 뜻과 모습을 세상에 보여줄 것이다"라고 말을 한다. 이 몸이 하는 일은 하늘의 일이 되는 것이다. '너를 무기로 삼는다'라는 말은 너를 하늘의 뜻과 모습을 보여주는 도구로 삼는다는 뜻이다.

매월당은 성(性)을 길러 하늘처럼 되는 과정을 설명한 뒤 다시 성을 기르는 방법으로 경(敬)을 제시한다.

배움에는 크고 작은 방법들이 있어서 본래 한 가지만 있는 것이 아니지만, 시종일관 모든 공부에 녹아 있는 것은 경(敬)이란 한 글자이다. 선현들이 하나에만 집중하여 마음이 다른 데로 흩어지지 않도록 해야 한다고 하고, 또 늘 깨어 있는 방법에 대해 말했는데, 이는 대개 마음을 한 곳에 집중시켜 다른 생각에 끌려가지 않게 하는 것이다. 하나에 주력하여 다른 데로 흩어져 가지 않게 하는 것이란 부모를 섬길 때는 곧 마음이 부모를 섬기는 것에만 있어야 하고, 어른을 섬길 때는 마음이 어른을 섬기는 것에만 있어야 하며, 손님을 대할 때는 마음이 손님을 대하는 것에만 있어야 하고, 옷을 입을 때는 마음이 옷 입는 것에만 있어야 하며, 밥 먹을 때는 마음이 밥 먹는 것에만 있어야 한다. 마음이 다른 곳으로 흩어져 가면, 마음이 깨어 있지 않게 된다. 이른바 마음이 있지 않으면 보고 있어도 보이지 않고, 듣고 있어도 들리지 않으며, 먹고 있어도 맛을 알지 못한다는 것이다.[37]

---

37. 學之太小 固有不同 敬之一字 融貫終始 先賢有云主一無適 有云常惺惺法者 大槩只是心存一處 不容他念者 主一無適 事親時便事親 事長時便事長 對客時便對客 著衣時便著衣 喫飯時便喫飯 心有他適 便不惺惺 所謂心不在焉 視而不見 聽而不聞 食而不知其味(『梅月堂文集』 권23, 雜說 〈敬〉).

경(敬)으로 공부의 방법을 설명하는 것으로써, 매월당의 수양체계가 일단락되었다. 마음을 늘 한 곳에 집중하면 잡념이 끼어들 틈이 없고, 잡념이 끼어들지 않으면 하늘마음이 회복된다. 하늘마음이 완전히 회복되면 하늘마음으로 살기만 하면 된다.

그러나 매월당은 그의 천재성이 발목을 잡는다. 매월당은 천재적인 능력으로 천인관계를 새롭게 정리하여 성리학의 기본 문제까지 극복했고, 공부 방법까지 체계를 다 갖추었다. 매월당은 진리를 다 깨달은 것이므로 돈오(頓悟)를 했다고 볼 수 있다. 돈오를 한 뒤에는 점수가 따라야 한다. 차근히 본성을 길러야 하고 쉬지 않고 마음을 집중해서 하늘과 하나 되는 것을 머리로 이해하는 데서 끝나는 것이 아니라, 점수를 통해 몸놀림 하나하나가 하늘처럼 되는 데까지 가야 한다. 그런데 천재들에게 나타나는 공통적인 문제점 중의 하나는 머리로 돈오를 해버리고 나면 진리를 다 터득한 것으로 착각하기 쉽다는 것이다. 오늘날 천재 중에도 머리로 이해하여 시험문제에 정답을 맞힌 뒤에는, 알았다고 착각하는 경우가 많다. 성선설의 내용을 알고 성선설에 관한 문제에 정확하게 대답했다 하더라도, 본성대로 착하게 살지 않는다면 그는 성선설을 안 것이 아니다. 매월당에게도 그런 병폐가 있었던 것으로 보인다. 인생이 허무하고 세상이 혼탁하여 차분하게 점수(漸修)할 분위기가 되지 않은 탓도 있었을 수 있다.

머릿속에만 있는 지식은 참된 지식이 아니기 때문에 실천으로 이어지지 않는다. 머릿속에서 영원한 진리를 알았다 하더라도, 그 진리가 마음으로 느껴지지 않으면, 마음속에는 허망한 느낌을 떨쳐버릴 수 없다. 허망한 인생을 주체하지 못해 떠돌다가 세상을 돌아보면 둔재들이 요직에 앉아 세상을 더럽히고 있다. 아니꼬워서 눈 뜨고 볼 수 없다. 어차피 허망한 인생을 살면서 아니꼬운 광경들을 보면서 참아야 할 이유가 없다. 내키는 대로 떠들고 즉흥적으로 움직일 뿐이다. 화가 나면 소리를 지르다가도 부질없다는 생각이 들면 너털웃음을 웃기도 한다. 재주를 발휘하여 뛰어난 작품을 만들었다가도 부질없는 헛짓 같아 뭉개버리기도 한다. 매월당은 극도의 즉흥적인 삶을 살았다. 율곡 이이 선생이 지적한 매월당의 삶의 모습을 다시 되새겨 본다.

> 산에 가면 나무껍질을 벗겨 시를 쓰기를 좋아했는데 한참 읊조리다가 문득 곡하고는 깎아버리기도 하고, 어떤 때에는 종이에 써서 남에게 보이지 않고 물이나 불에 던져 버리기도 했다. 또 어떤 때에는 나무를 조각(彫刻)하여 농부가 밭갈이하는 모습을 만들어 책상 옆에다 두고 종일토록 골똘히 들여다보다가 울면서 태워버리기도 했다. 때로는 심은 벼가 이삭이 패어 나와 탐스럽게 되었을 때 취중(醉中)에 낫을 휘둘러 모조리 쓸어 눕히고, 그러고는 방성통곡하기도 했다. 그 행동거지가 종잡을 수 없었으므로 크게 속세의 웃음거리가 되었다.

불세출의 천재는 이렇게 세상을 살다가 갔다.

제2절
세조의 찬탈과 사림파의 등장

단종에게 강압적으로 양위를 받아 즉위한 세조는 반발 세력을 제거하는 과정에서 강산을 핏빛으로 물들였다. 그는 김종서와 황보인을 죽이고, 동생 안평대군을 죽였다. 성삼문 등의 사육신을 처참하게 죽였고, 그와 관련된 사람들을 무수히 죽였다. 순흥에서 단종 복위를 도모하던 금성대군과 그 추종세력들을 몰살시키고 순흥이라는 지명도 없애버렸다. 문종의 부마인 정종도 죽였고, 단종에게도 사약을 내렸다.

수양대군의 집권 과정에서 세종대왕이 건설해 놓은 천국은 순식간에 지옥으로 떨어졌다. 천국에는 천국을 관리하는 관리가 있지만, 지옥에는 지옥을 지키는 파수꾼이 있다. 세조가 즉위하자 세종 시대의 관리들이 일시에 제거되거나 세속을 떠나고, 그들이 떠난 자리에 세조를 받드는 지옥의 파수꾼들이 차고앉았다.

미치지 않고는 견디지 못하는 상황에서 미치광이처럼 떠도는 선비들이 있었는가 하면, 유학을 포기하지 않으면서도 벼슬길에 나아가기보다는 수기에 전념하는 선비들도 있었다. 유학의 기본은 수기치인이다. 유학은 수기가 된 사람이 관리가 되어 치인을 하도록 가르치는 학문이었다. 세종대왕은 지방으로 가는 관리들에게 유생이라 불렀다. 수기를 한 사람이라는 뜻으로 불러준 호칭이다. 세종대왕이 관리가 되는 사람들에게 유생이라 부른 것에는 수기가 되지 않으면 관리가 될 수 없다는 깊은 뜻이 숨어 있다.

그러나 이제 세상이 바뀌었다. 수기를 한 선비들이 나아갈 관계(官界)가 없어진 것이다. 수기를 한 사람은 한양으로 향하는 대신 산천으로 흩어졌다. 그들을 중심으로 사림(士林)이라는 독특한 집단이 형성되었다. 그전부터 사림(士林)이란 말이 쓰이고 있었는데, 그 의미는 '재야의 선비들'이라는 정도의 뜻이었다. 그러던 것이 세조가 등극한 뒤에 관리의 길을 등지고 산천으로 떠난 선비들을 지칭하는 의미로 뜻이 강화되었다.

제1항 사림파의 연원, 길재

세조 때에 대거 등장한 사림은 그 연원이 야은 길재와 포은 정몽주에 닿는다.

포은 선생은 이태조의 조선 건국을 반대하다가 죽임을 당했고, 야은 길재는 조선 건국 후에 일절 벼슬길에 나아가지 않았다.

길재(吉再: 1353~1419)의 자는 재보(再父), 호는 야은(冶隱)·금오산인(金烏山人)이며, 시호는 충절(忠節)이다. 1387년에 성균학정(成均學正)이 되었고, 순유박사(諄諭博士), 성균박사(成均博士) 등을 거쳤으나, 조선이 건국된 뒤에 벼슬하지 않았다. 야은은 1370년 박분(朴賁)에게 『논어』, 『맹자』를 배우면서 성리학을 접한 뒤, 목은·포은·양촌 등의 문하에서 학문을 익혔다. 야은은 1400년 정종 2년에 태상박사로 임명되었는데, '충신불사이군'의 절개를 지키게 해달라는 글을 올려 허락을 받았다. 세종이 즉위한 뒤 그의 인품을 가상히 여겨 그의 아들을 등용했는데, 야은은 아들에게 '임금이 먼저 초야에 묻혀 있는 신하를 부른 것은 훌륭한 임금이고 신하로서 은혜를 입은 것이므로, 자기가 고려에 충성한 것처럼 조선의 임금을 섬겨라'라는 취지의 말을 하면서 벼슬을 권했다.

야은의 이 말은 곧이곧대로 들으면 안 된다. 야은이 조선에 벼슬하지 않은 것을 '충신은 두 임금을 섬기지 않는다'라는 윤리로 구실을 삼았지만, 그것은 구실일 뿐이다. 탕 임금이나 무왕은 역성혁명을 했으며, 주군의 원수를 섬긴 관중도 공자에게 인정을 받았다. 야은이 이를 모를 리 없다. 야은이 정종과 태종을 섬기지 않은 것은 임금에게 덕이 없었기 때문이다. 그렇다고 덕이 없는 임금이라 섬길 수 없다고 할 수는 없으므로, '충신불사이군'이라는 윤리를 구실로 들어 거절한 것이다. 유학은 수기가 된 뒤에 여건이 되면 관리가 되어 치인을 하도록 가르친다. 세종대왕이 즉위하여 아들을 부르자, 야은은 아들에게 벼슬길에 나아가 임금에게 충성하도록 당부했다. 야은은 세종대왕의 인품을 알고 있었기 때문이었다.

수기를 했어도 치인을 할 수 없는 야은은 자신의 처지가 한스러워 방황하며 탄식할 수밖에 없었지만, 방황 끝에 세속을 초월하는 길을 찾았다. 야은은 목은의 제자다. 목은은 하늘과 하나 되고 우주와도 하나 되는 전통철학을 터득하고 있었고, 유불도 삼교를 두루 회통하고 있었다. 우주와 하나 되는 본질에서 보면 세속적인 삶은 꿈같은 것이다. 거기에 얽매여 연연할 것이 없다. 오백년의 고려왕조도 하룻밤의 꿈같은 것이다. 고시조집 『병와가곡집(瓶窩歌曲集)』과 『진본청구영언(珍本靑丘永言)』에 야은의 회고시가(懷古詩歌) 한 수가 실려 있다.

오백년 도읍지를 필마로 돌아드니

산천은 의구한데 인걸은 간 데 없네

어즈버 태평연월이 꿈이런가 하노라

오백 년 지속되던 고려의 서울 개성이 텅 비어 있다. 영화롭던 시절들이 꿈같이 지나갔다. 세상살이를 꿈속에서 일어나는 일로 본 장자 생각이 난다. 꿈을 깨고 나면 이것과 저것도 없고, 너와 나도 없다. 과거와 미래도 없고, 살고 죽는 것도 없다. 이 세상은 구별되는 것이 하나도 없으므로, 이름 붙일 그 무엇도 없는 무하유지향(無何有之鄕)이다. 꿈을 깬 사람은 세상을 탓할 것도 없고, 고뇌할 것도 없다. 그저 무하유지향에서 소요하기만 하면 된다.

아! 하늘이 이렇게 한 것이니 말해 무엇 하리오. 방황하며 개탄하다가 마음을 완전히 바꾸었다. 숨은 듯 나를 어둡게 하여, 나월에 갓을 걸고 청풍에 읊조리며 하늘 한 번 쳐다보고 땅을 한 번 굽어보며, 한 세상을 소요하여, 당시의 일에 책임질 것 없이, 길이 본래의 바른 모습을 보전하리라. 이렇게 하면 하늘 위로 올라가 우주 바깥으로 나갈 수 있으니, 어찌 천사만종(千駟萬鍾)의 부귀가 부럽겠는가![38]

---

38. 嗚呼 天實爲之 謂之何哉 於是彷徨憾慨 翻然改圖 莫若隱然自晦 掛冠蘿月 吟嘯淸風 俯仰二儀之間 逍遙一世之上 不受當時之責 永保性命之正 如是則 可以凌霄漢出宇宙之外 豈羡千駟萬鍾之富貴(『冶隱集』冶隱先生言行拾遺 卷上 先生遺文〈後山家序〉).

고려에서 조선으로 바뀐 것은 인력으로 어찌할 수 없는 것이다. 그것에 불만을 품고 개탄한들 소용이 없다. 세상을 탓해봤자 해결책이 없다. 문제는 나에게 있다. 밤이 되면 모든 구별이 없어진다. 구별이 없어지면 개탄할 것도 없다.

　　밤에 구별되지 않다가 낮에 구별되는 것이 밝아졌기 때문이듯이, 모든 것을 구별하는 것은 나의 의식이 밝아져서 그렇다. 의식은 원래 없었다. 원래 없던 의식이 작동하여 만물을 구별하는 것은 본질이 아니고 가짜다. 가짜의 의식에 의해 구별되는 세계는 가상세계다. 이 세상의 모든 것을 구별하여 잘잘못을 따지는 것은 의식이 밝게 작동하여 모든 것을 구별해내기 때문이다. 사람들이 고통 받으며 가슴앓이를 하는 것은 의식이 밝게 작동하여 모든 것을 구별한 데서 비롯된다. 이는 잘못이다. 이제 의식을 어둡게 해서 모든 것이 숨어버린 듯 구별되지 않는 본질을 회복해야 한다. 본질을 회복하면 나는 내가 아니라 자연이 된다. 넝쿨 사이로 보이는 달이 나의 갓이고, 맑게 불어오는 바람 소리가 나의 노래다. 하늘을 처다보고 땅을 굽어보는 것도 자연의 몸짓이다. 이 세상은 구별되는 것이 아무것도 없는 무하유지향이다. 무하유지향에서 왔다 갔다 하는 자연의 몸놀림이 나의 본모습이다. 세상사에 관여할 것이 하나도 없다. 자연의 모습으로 몸을 놀리는 나는 우주 끝의 움직임과도 하나다. 우주 밖으로 나간다는 것은 이 몸이 우주의 밖으로 나간다는 뜻이 아니다. 여기에 있는 이 몸의 움직임 자체가 우주 끝에서 일어나는 움직임과 하나의 자연이기 때문에 지금 이 몸은 우주 밖에 나가 있는 것과 차이가 없다. 나의 움직임은 우주 바깥에서의 움직임 그 자체이므로 세속에 끌려

갈 것이 없다. '나'라는 것이 없는 것이 나의 본질이므로, 나의 본질을 유지하는 것은 '나'가 없는 느낌을 유지하는 것이다. 야은은 '나'가 없는 느낌을 유지하기 위해 정좌 수도를 했다. 밤이 되면 고요히 앉아서 생각을 중지시키고 몰입했다. 한밤중이 되어서 잠자리에 들 때도 있었고, 이불을 껴안은 채 밤을 새우기도 했다.

우주 전체인 나와 세속에 있는 나가 둘이 아니다. 나는 하나면서 전체이고, 전체면서 하나이다. 세속에 갇혀서 사는 사람은 세속의 규범을 지키지 않으면 안 된다. 부모에게 효도해야 하고, 친구를 사귈 때 미더워야 한다. 정직해야 하고, 예절과 규칙을 지켜야 한다. 삶이 곧 굴레다. 그러다가 세상살이가 꿈이라는 것을 깨달으면 달라진다. 규범을 치켜야 할 이유가 없다. 부모에게 효도해야 할 이유도 없고, 친구에게 신의를 지켜야 할 이유도 없다. 정직해야 할 이유도 없고, 예절과 규칙을 지켜야 할 필요도 없다. 꿈을 깨서 모든 굴레에서 벗어난 사람은 부모에게 효도해야 하는 것도 아니고, 효도하지 않아야 하는 것도 아니다. 삶이 자연일 뿐이다. 태양이 도는 것도 자연이고, 바람이 부는 것도 자연이다. 꿈을 깬 사람의 삶은 태양과도 같고 바람과도 같다. 모든 몸놀림이 자연이다. 부모에게 대할 때의 몸놀림도 자연이고, 친구에게 대할 때의 몸놀림도 자연이다. 자연의 몸놀림일 뿐이지만, 꿈꾸고 있는 사람들이 보면, 꿈에서 깨어난 사람이 부모에게 대할 때의 몸놀림을 효도한다고 하고, 친구에게 대할 때의 몸놀림을 신의를 지킨다고 한다. 수기를 완성한다는 것은 꿈에서 깨어나는 것이다. 꿈에서 깨어난 사람은 굳이 관료가 되어야 할 이유가 없다. 자연의 움직임을 하기만 하면 된다. 『소학』에서 가르치고 있는 실천 덕목들을 실천하기만 하면 된다. 다만 그 실천이 자연의 움직임이기만 하면 되는 것이다.

실천할 때 매우 주의해야 하는 것이 있다. 섣불리 실천규범에 얽매이지 않아야 한다는 것만 알아서 제멋대로 행동하는 것은 위험하다. 자칫 제멋대로 행동하는 데 익숙해지면, 삶이 방탕해져서 진리로 가는 길이 차단되고 만다. 『소학』이나 『주자가례』 등에서 가르치는 덕목들을 충실히 지키면서, 동시에 자기의 본질을 깨달아 지켜오던 실천 덕목들이 본질에서 나온 몸놀림이 될 수 있도록 승화해야 한다.

제2항 김숙자의 역할

김숙자(金叔滋: 1389~1456)의 자는 자배(子培)이고, 호는 강호(江湖)·강호산인(江湖散人)이며 시호는 문강이다. 12세 때 길재(吉再)로부터 『소학(小學)』과 경서를 배우기 시작했다. 황간 현감으로 와 있던 윤상(尹祥)에게 가서 『주역(周易)』을 배웠다. 1414(태종 14)년에 생원시에 합격하고, 1419(세종 1)년에 문과에 급제했다. 고령 현감을 거쳐, 세자우정자(世子右正字)가 되었다. 그 뒤 개령 현감을 거쳐 사예(司藝)가 되었으나, 1456년에 사직하고 처가가 있는 밀양으로 내려가서 그해에 사망했다. 강호는 세종 시대에 관리의 길로 나갔다. 사림은 자신을 수양하여 여건이 되면 관리가 되어 능력을 발휘해야 한다. 강호는 스승 야은의 영향을 받은 듯하다. 강호 또는 강호산인이라는 그의 호가 말해주듯이, 벼슬살이에 소극적이었다.

강호는 가르침을 게을리 하지 않았는데, 교재는 『동몽수지(童蒙須知)』, 『소학(小學)』, 『효경(孝經)』, 『사서오경(四書五經)』, 『자치통감(資治通鑑)』 등이었다. 그중에서도 특히 『소학』을 중시하여 쇄소응대를 비롯한 윤리실천을 강조했는데, 이는 사림의 분위기로서 일반화되었다.

제3항 김종직의 철학과 처세

김종직(金宗直: 1431~1492)의 자는 계온(季溫), 호는 점필재(佔畢齋), 시호가 문간(文簡)이며, 강호 김숙자(金叔滋)의 아들이다. 점필재는 어릴 때부터 부친에게 학문을 배워 사림파의 전통을 이어받았다. 사림파의 전통은 임금이 임금다울 때는 나가서 벼슬하지만, 그렇지 않을 때는 산천에 은거하면서 주로 교육을 통해서 후학을 양성하는 일에 전념한다. 사림파의 출발점을 일반적으로 포은과 야은으로 보지만, 사실은 목은으로 보아야 타당하리라 생각된다. 유학은 수기를 하고 난 뒤에 정치에 참여하는 수기치인의 학문이기 때문에, 사람들은 유학자들이 수기를 하고 난 뒤에 당연히 정치에 참여할 것이라는 고정관념을 가지고 있다. 공자는 한동안 정치에 참여하지 않았을 때가 있었다. 그때 그것을 이상하게 생각한 어떤 사람이 공자에게 "왜 정치를 하지 않으십니까?" 하고 질문했을 때, 공자는 다음과 같이 답변한 적이 있다.

『서경』에 이르기를, 효이다 오직 효이다. 형제와 우애 있게 된

뒤에 정치에 이르는 것이니, 어찌 정계에 나아가 정치하는 것만
이 정치하는 것이겠는가?[39]

　사람들은 정계에 나가 정치라는 것을 해야 정치하는 것인 줄
알지만 그렇지 않다. 정치란 바르게 하는 것이므로, 자기가 바르
게 살면 그것이 정치와 연결되는 것이다. 자기가 바르게 산다는
것은 부모에게 효도하고 형제와 우애 있게 지내는 것이다. 그렇게
살기만 하면 그런 삶의 방식이 차츰 퍼져서 온 세상이 바르게 된
다. 자기를 바르게 하는 것을 게을리 하면서 임금답지 않은 임금
에게 다가가 정치에 참여하면 오히려 세상을 더 망치는 것이 되기
때문에, 임금답지 않은 임금을 섬기는 것은 정치하는 것이 아니
다. 사림파들이 섣불리 정치에 참여하지 않고 행실에 주력한 것은
이러한 이론적 근거가 있기 때문이다. 행실을 가르치는 교재 중의
으뜸이 『소학』이므로, 사림파들은 당연히 『소학』을 중시할 수밖
에 없었다.
　점필재는 세종대왕 때 정치에 참여하는 것이 도리임을 알고 있
었다. 세종 28년인 1446년에 과거에 응시했으나 낙제했다. 단종 1
년인 1453년 봄에 진사시에 합격했다. 1456년에 부친상을 당하여
낙향했는데, 그때 많은 제자가 모여들었다.
　1457(세조 3)년에 점필재는 27세의 나이로 '조의제문(弔義帝文)'을
지었다. 점필재가 쓴 '조의제문'이란 초나라 의제의 죽음을 조문하
기 위해서 지은 것이었는데, 이 '조의제문'이 나중에 무오사화를

---

39. 書云孝乎 惟孝 友于兄弟 施於有政 是亦爲政 奚其爲爲政(『論語』「爲政」).

일으키는 빌미가 되어 엄청난 역사적 회오리바람을 일으켰다.

1459년은 세조가 즉위한 지 5년째 되는 해이다. 점필재는 이미 학문이 무르익었고, 대문장가가 되어 있었다. 보통의 상황이라면 당연히 정치에 입문해야 하는 것이었지만, 당시는 단종의 왕위를 찬탈한 세조가 임금이 되어 있었기 때문에 망설일 수밖에 없었다. 형과도 논란했다. 끝까지 임금으로 인정하지 않아야 할지, 아니면 이미 돌이킬 수 없는 상황이 되었으므로 임금으로 인정하고 정치에 참여해야 할지에 대해 논란하지 않을 수 없었다. 점필재는 결국 형의 권유를 받아들여서 문과(文科)에 응시하여 합격했다. 그 후 중앙 관직에 진출하여 승문원의 저작, 박사 등을 역임했다. 이해 세조가 궐내에 천문문(天文門)·지리문(地理門)·음양문(陰陽門)·율려문(律呂門)·의약문(醫藥門)·복서문(卜筮門)·시사문(詩史門) 등의 일곱 개 부문의 연구 분야를 개설하고, 젊은 문인을 선발하여 각 분야의 전문가를 기르려고 했을 때, 점필재는 형과 시사문에 선발되었다. 그때 점필재는 시와 역사 외에는 유학자가 할 것이 못된다고 말했다가 세조의 분노를 사서 파직되었다.

성종이 즉위한 후 예문관의 수찬이 되었지만, 얼마 후 모친의 봉양을 이유로 지방관직을 원하여 함양군수(咸陽郡守)로 나갔다. 1471년 함양군수로 있던 점필재는 관내의 정자에 걸어둔 유자광(柳子光, 1439~1512)의 시를 보고 불쾌하게 여겨 현판을 불태워버리게 했는데, 뒷날 유자광이 무오사화를 일으키는 원인으로 작용했다.

1475년 점필재는 승문원 참교(參校)에 제수되었지만, 모친의 연로함을 이유로 사직하고 선산부사(善山府使)에 임명되었다. 함양군

수, 선산부사 등의 관직 생활을 하는 동안 정여창(鄭汝昌)·김굉필
(金宏弼)·김일손(金馹孫) 등의 학자들을 가르쳤다. 1479년에 모친상
을 당해 삼년상을 마치고, 1482년에 성종의 부름을 받아 서울로
올라갔다. 그 뒤 성종의 신임을 받고 여러 관직을 두루 거쳐 이조
참판에 이르렀다. 1487년에 전라도 관찰사, 1488년에 공조참판,
1489년에 형조판서가 되었으나, 신병이 심해져 사직하고 밀양의
옛집으로 내려가 있다가 1492년 62세를 일기로 생을 마감했다.
1498년 무오사화가 일어났을 때 점필재는 부관참시(剖棺斬屍)를 당
했다.

점필재는 평생 문장가로서 큰 능력을 발휘했다. 세조의 왕세자
빈 한씨(韓氏)의 애책문(哀冊文), 인수대비의 옥책문(玉冊文), 예종의
시책문(諡冊文) 등의 문장을 짓는 데 참여했으며, 성종의 명으로
수많은 글을 지었다. 점필재는 여러 관직을 거치면서 문장가로서
발휘한 솜씨가 돋보였다. 점필재는 후대에 유성룡·허균·장유·윤
증 등으로부터 비판을 받기도 했다. 비판의 내용은 '조의제문'을
지은 것이 세조의 찬탈을 은근히 비난한 것이기 때문에 '조의제문'
을 지었다면 세조의 조정에서 벼슬하지 않아야 했고, 세조의 조
정에서 벼슬했다면 '조의제문'을 짓지 않았어야 했다는 것이었다.

제4항 정여창의 철학사상

정여창(鄭汝昌, 1450~1504)의 자는 백욱(伯勖), 호는 일두(一蠹), 시호는
문헌(文獻)이다. 경상남도 함양에서 태어나고 성장하여, 함양군수

로 와 있던 점필재의 문인이 되었다. 자로 알려진 백욱이 초명이었는데, 중국에서 온 사신이 그를 보고 "커서 집안을 크게 번창하게 할 사람이니 이름을 여창(汝昌)으로 바꾸라"라는 말을 듣고 이름을 바꾸었다는 말이 전한다.

8세 때 부친을 여의고 모친에게 극진히 효도했으며, 몸과 마음가짐이 단아하고 정중했다. 지리산 악양동에 들어가 3년 동안 오경과 성리학을 공부했다. 남효온의 『사우명행록(師友名行錄)』에 따르면, 그가 지리산에서 수학하는 동안 불교의 참선법을 수용했고, 유교와 불교가 도는 같으나 행적에 차이가 있다는 것을 체득했다고 한다.[40]

일두의 철학적 사색 과정은 전해진 것이 없으므로 알기가 어렵지만, 그가 불교의 참선법을 수용하고 불교의 진리를 탐구했다는 사실에서 우리는 여러 가지 추측을 해볼 수 있다. 8세 때 부친을 여읜 것은 일두에게 엄청난 충격이었을 것이다. 어려서 부모의 상을 당하고 나면 세속의 일에 집착하지 않을 수 있다. 잠깐 살다가 죽어 없어지는 인생을 실감하고 나면 세속에서 일어나는 일들이 큰 의미가 없어진다. 더욱이 당시는 조카의 왕위를 찬탈한 세조가 임금이 되어 있던 때이었으므로, 정치에도 관심 가지기 어려웠을 것이다. 그럴수록 세상사를 훌쩍 떠나 생사의 비밀을 캐기 위해 입산하는 승려들에게 관심을 가질 수도 있다. 일두는 참선을 하고 불교를 공부하면서 성리학이나 불교는 진리 탐구의 방법만 다를 뿐, 진리의 내용이 같다는 것을 알았을 것이다. 성리학을 공부

---

40. 최영성, 『한국유학통사』(심산, 2006), 516~517쪽 참조.

하는 사람 중에는 두 부류가 있다. 자신의 인간적인 고뇌를 해결하기 위해서 공부하는 사람이 있고, 입신출세를 위해서 공부하는 사람이 있다. 인간적인 고뇌를 해결하기 위해 학문하는 사람은 인간적인 고뇌를 해결할 수 있는 해답이기만 하면 성리학 이외의 가르침도 다 받아들이지만, 입신출세를 위해서 공부하는 사람은 성리학 속에 갇혀서 성리학 이외의 가르침은 적대시한다. 일두가 불교를 공부하고 참선을 했다는 것은 학문의 목적이 인생의 고뇌를 해결하기 위한 것이었음을 알 수 있다. 만약 일두의 철학적 여정에 대한 기록이 남아 있고, 철학적으로 성취한 내용이 기록으로 남아 있다면 아마도 위대한 철학자의 면모가 밝혀질 수 있으리라 생각되지만, 기록이 남아 있지 않은 것이 아쉽다.

일두는 여러 차례 천거되어 벼슬이 내려졌지만, 매번 사양했다. 이 점만 보더라도 그는 입신출세에 관심이 없었던 선비였음을 알 수 있다. 일두는 1490(성종 21)년에 과거에 급제하여 관직에 나아갔다. 일두는 유학을 공부한 선비였다. 수기를 하고 치인에 나아가는 것이 도리이다. 세상사에 초연하게 살고 싶어도 도리는 해야 한다. 특히 당시의 임금인 성종은 세조와는 다르다. 임금다운 모습도 있었다. 그런데도 끝내 관직에 나아가지 않는 것은 도리를 다하지 않는 것이 된다. 일두는 관직에 나아가긴 했어도 정치적 야욕이 없었다. 관직에 나아가 당시 동궁이었던 연산군을 보필했지만, 연산군과 맞을 리가 없었다. 1495(연산군 1)년에 안음 현감으로 내려가서 공정하게 일을 처리하여 백성들로부터 칭송을 받았다. 무오사화 때 함경도 종성으로 유배 갔다가 1504년에 사망했다. 갑자사화 때 부관참시 당했다. 중종 때 우의정으로 추증되고

1610(광해군 2)년에 김굉필(金宏弼)·조광조·이언적(李彦迪)·이황(李滉) 등과 함께 문묘(文廟)에 배향되었다. 일두의 철학에 임하는 자세를 엿볼 수 있는 글로 「입지론(立志論)」이 있다.

> 배움이란 성인을 배우기 위한 것이고, 뜻을 둔다는 것은 배움을 완성하기 위한 것이다. 그러므로 세우지 않을 수 없는 것이 뜻이다. 뜻을 세우되 굳세지 않으면 물욕에 흔들려 뜻을 빼앗기거나 다른 사람들의 말에 끌려 바뀌지 않는 사람이 드물다. 그러나 뜻을 굳세게 유지하는 것은 분명하게 알고 견고하게 지키는 데 있는 것이지, 힘세게 붙잡아 고정하는 것이 아니다.[41]

일두가 강조하는 것은 학문의 목적을 확실하게 하는 것이다. 세상에는 입신출세를 위해 학문하는 사람들이 많다. 입신출세를 위한 학문은 욕심을 채우기 위한 것이다. 욕심을 채우기 위해 학문하는 사람은 자기도 불행해지고, 남도 불행하게 하며, 나라까지 불행하게 만든다. 학문의 목적은 오직 성인이 되는 것이어야 한다. 그래야만 자기가 행복해지고, 남도 행복하게 하며, 나라도 평화롭게 만든다. 학문을 하는 것보다 학문의 목적을 확실하게 세우는 것이 더 중요하다. 입신출세를 위해 학문하는 사람에게는 학문이 욕심을 채우기 위한 수단이 된다. 욕심은 채울수록 커지기 때문

---

41. 學者 所以學聖人也 而志者 所以成其學也 故不可不立者 志也 而志立而不强
毅 則鮮不爲物欲之所撓奪 而衆口之所遷動也 然而志之强毅 在於知之明 守
之固 而非可以强捉摸而定也(『一蠹續集』 권1).

에 출세를 하면 할수록 커진 욕심을 더 채우기 위해 남을 희생시키고 나라까지 망친다. 입신출세를 위한 목표를 세운 사람은 최고 권력자가 되는 것·억만장자가 되는 것·가장 명예로운 자리에 오르는 것 등등의 구체적인 목표를 세워놓고, 오매불망 그 목표만을 향해서 달려간다. 알고 보면 그 목표의 종착역은 지옥이지만 그것을 모르고 있다. 조선시대에는 문인들이 모두 성리학을 배웠지만, 배우는 목적에 따라서 문인들이 두 부류로 나누어졌다. 성인이 되기 위해 배우는 문인들은 군자가 되고, 입신출세를 위해 배우는 문인들은 소인이 되었다. 군자가 조정에 있으면 나라를 천국으로 인도하지만, 소인이 조정을 채우면 나라를 지옥으로 끌고 간다.

세조가 왕위에 오른 뒤로 입신출세에 눈먼 사람들이 조정을 채우고 있었으므로, 일두는 벼슬에 나아갈 생각이 없었지만, 성종 때에 이르러 조정의 분위기가 차츰 호전되었으므로, 41세의 늦은 나이에 벼슬길에 들어섰다. 일두는 입신출세에 마음이 없었으므로, 고위 관직에 올라가지 못하고 지방관으로 내려가고 말았다. 조정에는 여전히 입신출세에 눈먼 사람들이 방어벽을 치고 있었으므로 출세하기 위해서는 그들과 타협하거나 그들과 싸워야 하지만, 애초에 그럴 생각이 없었다.

제5항 김굉필의 철학사상

김굉필(金宏弼: 1454~1504)의 자는 대유(大猷), 호는 사옹(簑翁)·한훤당(寒暄堂)이며, 시호는 문경(文敬)이다. 김종직(金宗直)의 문하에서

학문을 배웠다. 『소학』을 중심으로 실천을 강조하는 야은 이래의
전통이 한훤당에 이르러 한층 강화되었다. 한훤당은 자신을 '소학
동자(小學童子)라 일컬을 정도로 『소학(小學)』을 중시했다. 한훤당도
일두와 마찬가지로 벼슬에 뜻을 가지지 않았던 듯하다. 1494년
41세의 늦은 나이에 경상도 관찰사 이극균(李克均)의 천거로 관직
에 나아가 주부(主簿)·감찰·형조좌랑 등을 거쳤다.

1498년 무오사화(戊午士禍)가 일어나 평안도 희천에 유배되어,
그곳에서 조광조(趙光祖)를 만나 학문을 전수했다. 1504년 갑자사
화(甲子士禍) 때 극형에 처해졌다. 중종반정 이후에 신원되어 도승
지에 추증되고, 1517년에 우의정에 추증되었다.

문인으로 조광조·이장곤(李長坤)·김안국(金安國) 등이 있다.
1610(광해군 2)년에 문묘(文廟)에 배향되었다. 문집으로 『한훤당집』
이 있고, 저서에 『경현록(景賢錄)』, 『가범(家範)』 등이 있었으나, 사
화 때 소실되고, 그 일부가 외손자인 한강(寒岡) 정구(鄭逑)의 『경현
록』에 전한다.

한훤당은 어릴 때 모범적인 성장 과정을 거치지 않고 제멋대
로의 성격으로 길거리에서 사람들을 구타하는 등 불량배처럼 자
랐으나, 성장한 뒤에 분발하여 글을 배웠다는 기록이 있다.[42] 천
리마를 조련하는 백락은 얌전한 말보다 거칠고 날뛰는 말을 선호
했는데, 거칠고 날뛰는 말을 길들이면 천리마가 될 수 있기 때문
이었다. 사람이 다 그렇지는 않다. 어릴 때부터 얌전하고 진실해

---

42. 寒暄先生 少豪逸不羈 遊走街市 鞭笞人物 人見先生 輒避匿 旣長 發憤學文
    (李種徽의 『修山集』 권14, 〈漫筆〉).

야 자라서 훌륭한 사람이 되기가 쉽지만, 개중에는 불량배처럼 거칠게 성장한 사람이 훌륭한 사람이 되는 예도 있다. 거칠게 설치던 사람이 반성하여 그 힘을 진리 탐구에 쏟으면 큰 성과를 이룰 수 있기 때문이다. 한훤당이 그런 사람이었던 것으로 짐작할 수 있겠다. 한훤당은 한유의 글을 읽고 문장가를 꿈꾸었는데, 점필재의 문하에서 『소학』 공부부터 시작하라는 권유를 받고 완연히 달라졌다. 한훤당은 넘치는 힘을 문장가가 되는 것에 쏟아부었다. 문장가가 되고 싶은 마음은 욕심이다. 욕심을 채우면 채울수록 하늘마음이 사라진다. 한훤당은 『소학』을 읽고 마음이 바뀌었다. 『소학』은 하늘마음을 가진 사람의 실천에 대한 가르침이므로, 『소학』의 가르침을 통해서 하늘마음을 회복하는 길이 열렸다. 한훤당은 「독소학시」를 지어 '문장 공부에 힘쓰느라 천기를 알지 못했더니, 소학이란 책 속에서 어제의 잘못을 깨우쳤네[業文猶未識 天機 小學書中悟作非]'라고 읊었다. 이 시를 읽은 스승은 한훤당을 '성인이 될 수 있는 바탕'이라고 평했다.

기대승은 「행장」에서 한훤당에 대해서 다음과 같이 기술했다.

　　선생은 날마다 『소학』, 『대학』을 강송하여 학문의 규모로 삼고 육경을 깊이 탐구했으며, 성실한 마음을 가지도록 힘쓰고 경건한 마음을 유지했다. 마음을 보존하고 기르며 나쁜 마음이 들어오지 못하게 성찰하는 공부를 근본으로 삼고, 수신·제가·치국·평천하를 사업으로 삼아 대성의 경지에 이를 것을 기약했다. 첫닭이 울 때면 반드시 세수하고 머리를 빗은 뒤 의관을 정제하고 반듯이 앉았는데, 마치 찰흙으로 만든 사람의 형상과도 같았다. 학자들에게 마음을 다스리는 요령을 강론할 때면 곡진하여 게으르지 않았는데, 30여 년을 변함이 없었다. 학문은 넓어도 순수했고, 두루 통했어도 잡된 것으로 흘러가지 않았으니, 견고하고 확실하며 성실하고 극진하되, 아직 학문이 미치지 못하는 듯 열심이었다.[43]

이 글에서 보면 한훤당은 성인이 되기 위한 학문에 전력투구한 것으로 보인다. 일어날 때부터 잠들 때까지 구도의 길로 매진하여 한 치도 벗어남이 없었다. 정좌하여 몰입하는 것은 하늘과 하나인 본질을 체득하는 좋은 방법이다. 한훤당이 찰흙으로 만든 인형처럼 요지부동의 자세로 정좌하고 있었다는 말에서 보면, 그의 진리 체험의 정도를 짐작할 수 있다. 한훤당의 다음 글은 그의 체험에 대한 기록이다.

추호가 비록 작지만, 태극을 갖추었고, 태산이 비록 크지만, 하늘이 만들어낸 것이다. 그러므로 형이하로 보면 하늘과 땅도 하나의 물건일 뿐이다. 그러나 형이상으로 보면 모든 것이 다 무극이다. 어찌하여 세상 사람들은 근본을 버리고 말단을 좇다가 달라지고 구별되는 것에 현혹되어 혹 대롱으로 하늘을 보고 송곳으로 땅을 가리키는가![44]

---

43. 『景賢錄』 제2책 상권 〈행장〉. 이 부분은 최영성, 『한국유학통사』(심산, 2006)에서 전용함.

눈에 보이는 것은 모양과 색을 가진 형체뿐이다. 형체는 모두 다르고 서로 구별되므로, 같은 것이 없다. 나와 남이 다르고, 하늘과 땅이 다르다. 사람이 같은 것을 모르고 다른 것만 알면 자기 것을 많이 챙기려고 경쟁하게 된다. 남과 경쟁하면서 사는 것은 본질을 잊어버리고, 현상에만 좇아가는 것이다. 현상만 보는 것은 참이 아니다. 그것은 대롱으로 하늘을 보는 것이고, 송곳으로 땅을 가리키는 것처럼 어리석은 것이다. 본질을 알고 본질을 회복해야 참된 삶을 제대로 살 수 있다.

제6항 김일손의 개혁정치

김일손(金馹孫: 1464~1498)의 자는 계운(季雲), 호는 탁영(濯纓)이다. 경상북도 청도에서 태어났다. 조부인 김극일(金克一)이 야은에게 배웠고, 부친 김맹(金孟)이 강호에게 배웠으며, 탁영 또한 점필재에게 배웠으므로 탁영은 사림파의 학맥을 가장 많이 계승한 셈이 된다.

어린 시절 탁영은 부친을 따라 용인에서 살았다. 17세 때 고향에 돌아온 탁영은 밀양에 가서 점필재의 문하생이 되었다. 탁영은 23세가 되던 1486년 청도군학(淸道郡學)으로 있으면서, 생원시

---

44. 秋毫雖小 具太極也 泰山雖大 天所作也 然則自形而下兮 天地亦爲一物 自形
而上兮 物物皆爲無極也 何世人遺本而逐末 眩千差與萬別 或用管而窺天 或
用錐而指地(秋毫可竝於泰山賦). 이 부분도 최영성, 『한국유학통사』(심산,
2006)에서 참조했음.

와 진사시에 합격하고, 가을에 문과에 급제하여 승문원의 권지부정자(權知副正字)가 되었다. 탁영이 벼슬한 것은 동문 선배인 일두, 한훤당보다 조금 빨랐다.

벼슬을 하게 된 탁영은 홍문관·예문관·승정원·사간원 등에서 정자·검열·주서·정언·감찰·지평 등의 언관과 사관의 요직을 맡아 강직하게 업무를 수행했다.

1490년 무렵부터 탁영은 본격적으로 사림으로서의 면모를 보이기 시작했다. 스승인 점필재의 「조의제문」을 사초에 실었고, 남효온이 지은 「육신전(六臣傳)」을 교정하여 증보했으며, 단종의 모후의 능인 소릉(昭陵)의 위호(位號)를 회복하기 위해 노력했다. 이러한 노력은 단종의 전통성을 강조하고 세조의 왕위찬탈을 비판하는 것으로 이어질 수 있다. 그 외에도 탁영은 많은 개혁을 시도했다. 인사정책에 대해서도, 과거시험에만 얽매일 것이 아니라 효행과 염치가 뛰어난 자를 천거를 받아 등용할 것과 재질이 훌륭한 종실(宗室- 왕족)을 등용할 것을 주장하고, 언관의 활동을 보장하고, 지방관의 사관 발탁 등을 건의하여 언론의 역할을 강화할 것, 법전을 지방 관아에서 충분히 활용할 것, 사원전과 사원에 딸린 노비를 혁파할 것, 왜구의 침입에 대해 철저하게 방비할 것 등등의 뛰어난 개혁정책을 건의하고 추진했다. 탁영이 개혁정치를 과감하게 추진할 수 있었던 힘은 이 세상을 천국으로 만들려는 한국인 공통의 안타까움에 기인한다. 안타까울수록 성급해진다. 탁영은 많은 현실 개혁정책을 동시다발적으로 급하게 추진했다. 탁영의 활약은 훈구파들을 자극할 수밖에 없었다. 세조가 왕위를 찬탈할 때 양심적인 신하들은 처형을 당하거나 물러나 사림이 되었지만, 입신출세를 목적으로 하는 신하들은 세조를 도와 세조가 즉위하는 데 공을 세웠다. 그때 공을 세운 부류들을 훈구파라 일컫는다. 원래 훈구란 '공로가 있는 옛 신하'란 뜻이었지만, 세조가 즉위한 뒤의 훈구는 과거의 훈구와 달리 '정치적 야욕을 채우기 위해 세조를 도운 신하'란 의미로 변질하였다. 훈구파들은 자기들의 야욕을 채우기 위해 조정에 장막을 치고 사림파의 진입을 막았다.

사림파들은 세조 때에 벼슬을 하지 않거나, 벼슬을 하더라도 지방관이나 한직에 머물렀다. 유학의 핵심이 수기치인이므로 유학자들은 수기한 뒤에 여건이 되면 벼슬길에 나아갔다. 성종 때에 이르러 임금이 임금다운 면모를 보이기 시작했으므로 사림들이 차츰 조정으로 진출하기 시작했고, 훈구파들은 긴장하기 시작했다. 사림파들이 정권을 잡으면 자기들은 정권을 잃을 뿐만 아니라, 자기들의 비도덕적 행위까지 세상에 폭로될 것이므로 훈구파들은 사림파의 진출을 막아야 했다. 탁영의 활약은 훈구파들을 긴장시키기에 충분했다.

훈구파들이 자기들의 아성을 지키기 위해 가장 민감하게 반응하는 것이 인사다. 인사를 통해 사림파들의 진입을 막기 위해서는 관리를 등용하는 직책을 자기들의 관리하에 두어야 했다. 관리가 되는 통로를 과거시험 하나로 통일시켜 놓고, 과거시험 답안지의 채점을 자기들이 주관하면 된다. 만약 과거시험 외에 행실과 재질이 뛰어난 사람을 선발하면 사림파들의 진출을 막기 어렵다. 또 단종의 모친 소릉의 위상을 바로잡는 것은 훈구파의 도덕성에 금이 가는 일이다. 언관의 활동을 보장하여 언관에게 자유롭게 의견을 제시하게 하면, 자신들의 부도덕한 정치적 행태를 덮어두기 어렵다. 훈구파들은 개혁정책을 적극적으로 추진하는 탁영과 사림파들을 제거하기 위해 기회를 노리고 있었다. 그들이 노리고 있던 기회는 연산군의 즉위와 함께 찾아왔다.

훈구파들은 무능하면서도 분노조절장애가 있는 연산군을 등에 업고 무오사화를 일으켜 탁영을 위시한 사림파들을 일시에 제거해버렸다.

탁영은 무오사화가 일어날 당시 모친상을 당해 청도에 내려가 있었지만 바로 서울로 압송되어 35세의 젊은 나이로 능지처참을 당했다. 탁영이 화를 입은 뒤에 시냇물이 3일 동안 붉게 변했다 하여 시내에 '자계(紫溪)'라는 이름이 붙었다. 지금도 탁영의 학문과 덕행을 기리기 위해 경북 청도군 이서면 서원리에 자계서원이 있다.

훗날 남명 조식 선생은 탁영에 대해 '살아서는 서릿발을 업신여기는 절개가 있었고, 죽어서는 하늘에 통하는 원통함이 있었다'라고 하며, 그의 죽음을 안타까워했다.

탁영은 혼탁해진 세상을 바로잡기 위해 분연히 일어나, 이 세상을 천국으로 만들기 위한 정치적 실천을 위해 한 몸을 불태웠지만, 훈구파들의 아성을 무너뜨리기에는 역부족이었다. 참으로 안타까운 일이다.

무오사화에 의해 탁영을 위시한 사림 출신들이 제거되었지만, 그로부터 사림의 위상이 뚜렷해졌다. 사림의 핵심은 일두, 한훤당, 탁영이었지만, 점필재가 그들의 스승이었고, 또 부관참시를 당했기 때문에, 점필재가 사림파 영수로 인식되었다.

제3절
무오사화와 훈구파의 분열

제1항 무오사화의 발생과 경과

무오사화(戊午士禍)는 1498(연산군 4)년 음력 7월 유자광과 이극돈 등을 위시한 훈구파들이 연산군을 이용하여 김일손 등의 신진 사림파를 제거한 사화이다. 사건이 일어난 1498년이 무오년이기에 무오사화라는 이름이 붙여졌다. 사초가 원인이 되었기 때문에 '사(史)'자를 넣어 한자로 무오사화(戊午史禍)라고도 표기한다.

수기치인을 목적으로 하는 유학의 이론으로 보면, 수기 공부를 한 선비가 과거시험에 합격하여 치인으로 나가는 것이 정해진 길이었지만, 세조 때부터 수기 공부를 한 선비들이 관직으로 나가는 것을 꺼리다가 성종 때 정치가 상당히 안정되자, 다시 관직에 나가기 시작했는데, 그중에서 가장 적극적인 개혁정치를 추진한 신진 사림파의 대표가 탁영이었다. 당시 탁영의 성급한 개혁 때문에 탁영이 해를 당할까 우려하는 권오복의 편지가 『연산군일기』에 전한다.

권오복(權五福)의 편지에 이르기를,

> "두 번이나 편지를 받아 헌납(獻納)인 자네가 일이 없는 날이 없음을 살폈으니, 벗의 기쁨을 가히 알겠다. 다만 듣건대 그대들이 법도를 개혁하는 데 급하여, 만 가지 일을 모두 일신하게 하려고 하여 뭇 비방을 샀으니, 이는 바로 통곡하고 눈물 흘림이

저 낙양(洛陽) 소년의 행위와 같은데, 도리어 강후(絳侯)와 관영(灌嬰) 등에게 단척(短斥)하는 바 되는 것이 아닌가. 몸이 먼 지역에 있으나 일찍이 그대들을 위해 위태롭게 여기지 않은 적이 없노라. 또 듣자니 '상재(祥齋)를 간(諫)하다가 허락을 얻지 못하고 호부(戶部)로 체임(遞任)되었다' 하는데, 과연 그런가? 이 해도 거의 다 갔으니, 이별뒤의 그리움이 고통이 되는구려!"[45]

    권오복의 편지 내용은 탁영이 정치개혁을 성급하게 추진하다가 다칠까 염려하는 것으로 되어 있다. 낙양 소년은 한(漢)나라 때의 가의(賈誼)인데, 한나라 임금이 가의를 공경의 자리에 앉히려고 하자, 강후(絳侯)·관영(灌嬰) 등이 가의에 대해 '어린 초학자인 낙양 소년이 권세를 독차지하여 분란(紛亂)을 일으키려고 한다'라고 헐뜯는 바람에 가의가 성공하지 못했다. 권오복이 탁영도 정치개혁을 성급하게 추진하다가 가의처럼 희생당하지 않을까 걱정했다.

    탁영의 개혁정치에 위기의식을 느낀 훈구파들이 사림의 진출을 막기 위해 틈틈이 기회를 보고 있었다. 유학의 목표는 개인적으로 수양을 해서 완전한 인격체인 성인이 되는 것이고, 다음으로는 정치를 통해 세상을 이상세계로 만드는 것이었다. 특히 한국인들의 천인일체사상에서 보면 이 세상이 원래 지상천국이었으므로, 지상천국의 모습을 잃어버린 현재의 모습을 보고 안타까워

---

45. 五福書曰 再度承簡 審獻納無虛日 故人之喜可知 第聞 君輩急於改絃 欲令萬事一新 以致衆謗 無乃痛哭流涕 有同於洛陽年少之爲 而反爲絳侯 灌輩所短斥歟? 身在遠域 未嘗不爲君危之 聞諫祥齋不得 遞作戶部 然否 歲律適盡 離思轉苦(『연산군일기』 권30, 연산 4년 7월 12일 병오 3번째 기사).

지상천국이었던 본래 모습의 회복을 위한 정치적 실천철학을 추진한다. 성종 때의 사람들은 세종 때의 지상천국을 가까이서 봤기 때문에 열정이 그만큼 더 강렬했고, 그럴수록 현재의 잘못된 것들에 대한 개혁 의지가 불타올랐다. 연산군이 즉위한 이래 삼사에서는 연산군의 잘못된 국정 운영방식에 대해 거의 매일같이 상소를 올려 연산군의 심기를 불편하게 했다.

그런 와중에 탁영의 사초 문제가 불거졌다. 탁영이 가장 심혈을 기울였던 것은 역사바로잡기였다. 세종대왕 때의 지상천국이 세조의 찬탈로 무너졌기 때문에, 지상천국을 재건하기 위해서는 세조의 잘못을 짚고 넘어가지 않으면 안 되었다. 세조 당시에는 역사바로잡기가 불가능했지만, 성종에게 천국 건설의 뜻이 있다면 세조의 찬탈 문제를 정리하는 일부터 시작해야 한다. 탁영은 세조 때의 일들을 역사바로세우기 차원에서 사초에 기록했다. 윤효손은 탁영이 기록한 사초를 훑어보고 나서 '나는 김 모가 이렇게까지 인걸(人傑)인 줄을 몰랐다'라고 하면서 탁영을 칭찬한 적이 있고, 성중엄은 탁영의 사초가 한 글자라도 실록에 실리지 못하는 것이 있을까 걱정하기도 했다.[46]

탁영이 사초에 실은 내용을 간추리면 대체로 다음과 같은 것들이 있다.

- 세조가 아들 덕종의 후궁인 권 귀인을 불렀는데, 권씨가 분부를 받들지 않았다.

---

46. 『연산군일기』 권30, 연산 4년 7월 12일 병오.

- 단종의 어머니 소릉(昭陵)의 무덤을 파서 유해를 바닷가에 버렸다.
- 승려 학조의 비리를 밝혔다.
- 죄인으로 되어 있던 사육신이 절개를 지킨 의로운 사람이다.
- 계유정난 때 황보숭과 김종서의 죽음은 절개를 지키기 위한 것이었다.
- 노산(魯山)의 시체를 숲속에 던져버리고 한 달이 지나도 염습(斂襲)하는 자가 없어 까마귀와 솔개가 날아와서 쪼았는데, 한 동자가 밤에 와서 시체를 짊어지고 달아났으니, 물에 던졌는지 불에 던졌는지 알 수가 없다.
- 점필재가 지은 '조의제문'을 실었다.

탁영은 위의 사실 외에도 이극돈을 위시한 훈구파들의 비리와 부도덕성을 사초에 실었다. 1498(연산군 4)년 『성종실록』을 편찬할 때 이극돈이 실록청 당상관으로서 사초를 정리하다가, 탁영이 사초에서 「조의제문(弔義帝文)」과 훈구파의 비위 사실 등을 기록한 것을 발견하고서, 유자광(柳子光) 등과 합세하여 탁영을 위시한 사림파를 제거할 모략을 짰다. 이극돈 일파가 사초의 내용에 문제 있음을 연산군에게 발설하자, 연산군이 사초를 다 가지고 오라고 명령했다. 이극돈은 자기의 비리가 밝혀질 것을 우려해 사초의 내용을 발췌해서 연산군에게 보인 뒤에 연산군을 이용해서 사림파를 제거할 음모를 꾸몄다.

이극돈 일파는 조의제문의 내용을 세조가 단종을 죽이고 왕위를 찬탈한 것을 암시한 것으로 판단하고, '조의제문'을 사초에 실은 탁영에게 역심이 있는 것으로 결론지어 탁영을 능지처참하고, 점필재를 부관참시 했다. 그 외에도 많은 사람이 희생을 당했다. 권오복, 권경유, 이목, 허반 등은 간악한 파당을 이루어 선왕을 비방했다는 죄를 씌워 죽이고, 강겸, 표연말, 홍한, 정여창, 강경서, 이수공, 정희량, 정승조 등은 난을 고하지 않았다는 죄로 귀양을 보냈다. 강겸은 원래 참수형이었지만 유자광의 변호로 귀양으로 감형되었다. 이종준, 최부, 이원, 이주, 김굉필, 박한주, 임희재, 강백진, 이계맹, 강혼 등은 김종직의 제자로서 붕당을 이루어 「조의제문」의 삽입을 방조했다는 죄로 역시 귀양을 보냈다. 무오사화의 주모자는 유자광과 이극돈이었다. 탁영이 처형된 뒤에 유생들에게 비판의 여론이 일었다.

> 간신의 참소를 듣고, '기사(記事)가 실지와 틀린다' 하여 이러한 어진 인재를 죽였으니, 이야말로 걸(桀)·주(紂)의 세상이다. 누가 나가 벼슬하고자 하겠느냐. 어진 사람을 죽인 것은 천하에 없는 큰 변괴니, 오래지 않아서 반드시 큰일이 있을 것이다.[47]

무오사화가 일어난 뒤 유자광은 그 위세가 더해져 훗날 갑자사화를 일으켰다.

---

47. 위의 책, 연산 4년 7월 30일.

제2항 훈구파의 득세와 내분

사림파들을 완전히 제거한 훈구파들은 정권을 독점하게 되었다. 훈구파들이 정치권력을 독점할 때까지는 목적을 달성하기 위해 단합했지만, 목적을 달성하고 난 뒤에는 정치권력을 더 많이 차지하기 위해 내부에서 다시 정권투쟁이 일어났다.

훈구파 내부에서의 주도권 다툼은 훈구파의 중심에 있는 유자광과 훈구파 중에서 소외되고 있었던 임사홍이 결탁하여 일으킨 갑자사화로 마무리되었다. 갑자사화는 임사홍이 추진하고 유자광이 지원하는 형태로 진행되었다.

제3항 갑자사화의 경과

갑자사화는 엄밀하게 말하면 사림들을 제거하기 위해서 일으킨 것이 아니기 때문에 사화라는 말을 쓰는 것이 적당하지 않지만, 권력자를 제거하는 과정에서 일부 사림들이 연루되어 화를 입었기 때문에 넓은 의미로 사화라 부른다.

갑자사화는 임사홍의 주도로 일어났다. 임사홍(任士洪: 1445~1506)은 효령대군의 손녀와 혼인한 부마로서 과거에 합격하여 관리가 되었다. 그는 시문·서예·중국어 등의 능력이 있어 성종 때에 홍문관 교리·승지·도승지·이조판서·대사간·예조참의 등의 요직을 거쳤다. 1478(성종 9)년에 '흙비'가 내렸을 때, 당시 도승지였던 임사홍은 하늘의 경고로 받아들여 근신해야 한다고 주장하는 사간원·사헌부·홍문관의 관리들에게 그럴 필요 없다고 맞섰지만, 삼사 언관들의 치열한 반발로 실각하여 의주로 유배되었고, 임사홍과 가까웠던 유자광은 동래로 유배되었다. 임사홍이 삼사의 관원들과 다툰 것은 흙비가 빌미가 되었을 뿐, 근본 원인은 딴 데 있었다. 권력의 야욕을 가진 사람이 권력을 가지면 오만해진다. 오만해지고 싶은 것이 권력을 갖고 싶은 이유 중의 하나였기 때문이다. 삼사의 언관들이 임사홍을 탄핵하는 근본 이유는 임사홍의 오만한 점 때문이었다.

유자광과 임사홍은 호시탐탐 기회를 노리고 있다가 연산군이 즉위하자 다시 정계로 돌아왔다. 임사홍의 세 아들 중 두 아들이 부마였다. 그의 셋째 며느리가 연산군이 아끼는 휘숙옹주였고, 그로 인해 셋째 아들 임숭재도 신임을 얻고 있었다. 임사홍이 다시 권력을 얻는 과정을 실록에서는 다음과 같이 적고 있다.

처음에 폐주가 임숭재(任崇載)의 집에 가서 술자리를 베풀었는데, 술자리가 한창 어울렸을 때 숭재가 말하기를, "신의 아비 또한 신의 집에 왔습니다" 했다. 폐주가 빨리 불러 들어오게 하니, 사홍이 들어와 몹시 근심하는 듯한 빛을 보였다. 폐주가 괴이하게 여기어 그 까닭을 물으니, 사홍이 말하기를, "폐비한 일이 애통하고 애통합니다. 이는 실로 대내에 엄(嚴)·정(鄭) 두 궁인이 있어 화를 얽었으나, 실제로는 이세좌(李世佐)·윤필상(尹弼商) 등이 성사시킨 것입니다" 했다. 폐주는 즉시 일어나 궁궐에 들어가서 엄씨·정씨를 쳐 죽이고, 두 왕자를 거제(巨濟)에 안치했다가 얼마 뒤에 죽여 버리니, 두 왕자는 정씨의 아들이다.(『중

'연산군의 생모인 폐비 윤씨 문제를 100년이 지난 뒤까지 아무도 논하지 말라'는 성종의 유명(遺命)을 어기고 임사홍은 윤씨 폐비문제를 권력을 장악할 기회로 삼아 연산군에게 발설했다. 연산군은 분노조절 장애인이었다. 임사홍의 발설로 시작된 피비린내 나는 살육이 1504(연산군 10)년에 일어난 갑자사화이다. 갑자사화는 임사홍이 자신의 정적을 제거하는 목적으로 일으킨 것이지만, 사림들도 다수 희생되었다. 윤필상·이극균·이세좌·권주·성준·김굉필·이주 등을 극형에 처했고, 이미 사망한 한치형·한명회·정창손·어세겸·심회·정여창·이파·김승경·남효온은 부관참시를 당했다. 처형당한 자들의 자제들도 죽임을 당하고, 부인은 종이 되었으며, 사위는 귀양을 갔다. 이 외에도 홍귀달(洪貴達)·주계군(朱溪君) 등 수십 명이 참혹한 화를 당했다. 갑자사화의 규모와 처벌 방식은 매우 크고 참혹했다.

제4항 중종반정

임사홍은 잔인무도하게 정적을 제거했다. 임사홍의 권력에 대한 집착은 자기의 둘째 아들까지 희생시킬 정도였고, 급기야는 채홍사라는 직책으로 전국의 기생 중에서 예쁜 기생을 골라 궁중으로 차출하는 역할까지 했다.

연산군의 비행과 폭정을 비난하는 한글로 된 방서를 계기로 한글을 아는 사람들을 잡아들이고, 한글 서적을 불사르는 등, 한글 학대(諺文虐待)까지 자행할 정도로 연산군의 폭정이 지나쳐 반정이 일어나기에 이르렀다.

1506년에 이조참판(吏曹參判)을 지낸 성희안(成希顔)과 중추부지사(中樞府知事) 박원종(朴元宗)이 중심이 되어 연산군을 몰아내고 이복동생인 진성대군(晉城大君: 중종)을 왕으로 추대하는 반정이 일어났다. 연산군은 두 사화를 일으켜 사림파와 많은 훈구파의 관료들을 희생시켰다. 경연을 폐지하고 성균관을 연회장으로 활용했으며, 대간의 직언을 금지하고, 도성 밖 30리 내의 민가를 철거했으며, 사대부 부녀자를 농락하고, 사치와 방탕한 생활로 경제를 파탄시키는 등의 수많은 악행과 폭정을 거듭했다. 이에 성희안과 박원종 등이 연산군의 폐위를 밀약하고 이조판서 유순정(柳順汀), 군자감부정(軍資監副正) 신윤무(申允武) 등의 호응을 얻어 거사를 추진했다. 1506년 9월 1일, 박원종·성희안·신윤무와 장정(張珽)·박영문(朴永文)·홍경주(洪景舟) 등이 무사를 훈련원에 규합하여, 임사홍(任士洪)·신수근(愼守勤)과 그의 아우 신수영(愼守英) 및 임사영(任士英) 등을 죽인 뒤, 궁궐을 에워싸고 옥에 갇혀 있던 자들을 풀어 종군하게 했다. 반정에 성공한 박원종 등은 경복궁에 들어가 진성대군의 어머니인 대비 윤씨의 허락을 받아 연산군을 폐하여 강화도에 안치하고, 다음날 9월 2일 진성대군을 맞아 경복궁 근정전에서 왕위에 오르게 함으로써 중종반정을 성공적으로 마무리했다.

제4장

■

조광조의 정치적 실천철학

조광조(趙光祖: 1482~1519)의 자는 효직(孝直), 호는 정암(靜菴)이다. 정암은 함경도 지방에 지방관으로 파견된 부친을 따라 함경도에 거주하고 있었는데, 마침 그곳에서 유배 생활을 하던 한훤당에게 학문을 배워 사림의 학통을 이어받았다. 조광조는 1510(중종 5)년 소과인 생원시에 합격했다. 중종실록 12권, 중종 5년 11월 15일 조에는 정암에 대한 다음과 같은 기록이 있다.

> 국가가 무오사화(戊午史禍)를 겪은 뒤부터 사림이 다 죽어 없어지고 경학(經學)이 씻은 듯 없어지더니, 반정 뒤에 학자들이 차츰 일어나게 되었다. 조광조(趙光祖)는 소시에 김굉필(金宏弼)에게 수학하여 성리(性理)를 깊이 연구하고 사문(斯文)을 진작시키는 것을 자기의 임무로 삼으니, 학자들이 추대하여 사림의 영수가 되었다.

중종이 즉위하여 나라가 안정되자 사림들이 다시 관리로 진출하기 시작했다. 나라가 안정되면 수기에 치중하고 있던 선비들이 관리로 진출한다. 정암은 1515년에 알성시 별시에 급제하여 성균관 전적이 되었고, 이어서 사간원 정언 등의 관직을 역임했다. 나라가 안정되자 정암은 이상 국가 건설을 위한 정치적 실천 의지가 불타오르기 시작했다. 정치적 실천을 위해서는 뜻이 같은 군주를 만나야 한다.

한편 중종반정으로 왕위에 오른 중종은 연산군 때의 잘못된 정치를 개혁하는 일부터 추진했다. 무오사화와 갑자사화를 겪으면서 화를 당한 사람들의 원한을 풀어주었고, 연산군 때 폐지되었던 성균관의 학교 기능을 다시 회복했다. 또한 사화를 겪으며 귀양을 갔던 유숭조 같은 선비들을 소환하여 중용했다. 중종은 즉위한 초반에 반정 공신들의 견제로 정국을 주도하는 데 어려움이 있었기 때문에 신진 사림의 도움이 필요했다. 중종이 이때 주목하게 된 인물이 사림의 영수로 일컬어지고 있던 정암이었다. 이는 『주역』 몽괘의 괘사에 있는 나만 동몽을 구하는 것이 아니라 동몽도 나를 구하는 형국이었다. 말하자면, 중종도 정암을 찾고 있었고, 정암도 중종을 찾고 있는 형국에 해당한다. 중종과 정암이 뜻을 합쳐서 추구하는 정치의 목적은 맹자가 말한 왕도정치이다. 왕도정치란 성인이 왕이 되어 세상을 이상사회로 만드는 것이다. 이상사회를 중국에서는 대동사회라 하고, 한국에서는 홍익인간이라 한다. 이상사회는 지극히 잘 다스려진 사회라는 의미로 지치(至治)라고도 한다. 정암은 지치 실현을 목표로 삼았다.

제1절
지치의 근본

지치(至治)라는 말은 『서경』 군진편(君陳篇)에 「至治馨香, 感于神明」이라 한 것에서 취한 것으로, 그 내용은 '지극히 잘 다스려진 세상의 향기는 신명을 감동케 한다'라는 뜻이다. 지극히 잘 다스려진 세상은 지상천국을 의미하는 것으로, 한국 성리학의 바탕이 되는 '천인무간'의 확장으로 이해할 수 있다. 다시 말하면 지극히 잘 다스려진 세상은 이 세상이 하늘과 하나가 된 사람으로 가득 채워질 때 도달되는 세상이다. 하늘과 하나가 되는 세상은 개인적 수양에서 출발한다. 지치의 근본은 개인의 수양에 있다. 정암은 다음과 같이 말한다.

> 외간에는 말을 사랑하는 자, 화초를 좋아하는 자, 거위 등을 기르기 좋아하는 자들이 있습니다. 만약 이렇게 마음이 외물에 치달리게 된다면, 반드시 진흙땅에 빠지게 되어 끝내 도에 들수가 없게 됩니다. 이를 일러 소위 외물에 끌리다가 뜻을 잃게 된다는 것입니다.[48]

말을 사랑하는 것, 화초를 좋아하는 것, 새 기르기를 좋아하는 것 등과 같이 마음을 바깥의 것에 빼앗기면 마음이 반드시 진흙

---

48. 外間有愛馬者 有愛花草者 有愛養鵝鴨者 若馳心於外物 則必至着泥 而終無以入道 是所謂玩物喪志也(『靜菴集』卷三 侍讀官時啓九).

탕에 떨어져 진리에 이를 수 없다. 이 세상을 다스리는 근본은 개인에 있고, 개인의 움직임은 마음에 달렸으므로, 세상을 이상세계로 만드는 핵심은 임금의 마음에서 비롯된다. 정암은 다음과 같이 말한다.

> 전하, 정사문구(政事文具)와 같은 말단적인 것을 기강 법도로 삼지 마시고 한마음의 묘한 작용을 기강 법도의 근본으로 삼으시고 마음의 본체를 광명정대하고 주류통달하게 하시어 천지와 더불어 한 몸을 이루시어 그 쓰임을 크게 하신다면, 일용 정사를 하실 즈음에 모두 도를 이루는 쓰임이 되어 기강 법도가 세우지 않아도 세워질 것입니다.[49]

정책을 수립하고, 법 구문을 따지고, 문물제도를 완비하는 것은 정치의 근본이 아니라 말단이다. 정치의 근본은 임금의 마음을 하늘마음으로 바꾸는 데 있다. 마음이 비뚤어져 있으면 아무리 좋은 제도와 법을 만들어놓아도 제대로 운용할 수가 없다. 모든 것을 운용하는 것은 사람이고, 사람을 움직이는 것은 마음이다. 본래 하늘과 사람이 하나이기 때문에 사람이 수양을 통해 하늘마음을 회복하여 광명정대하고 주류통달하게 되면, 날마다 시행되는 정치 내용은 모두 하늘의 뜻대로 되므로 기강 법도는 저절로 세워진다.

---

49. 殿下 不以政事文具之末 爲紀綱法度 而以一心之妙 爲紀綱法度之本 使此心之體 光明正大 周流通達 與天地同其體 而大其用 則日用政事之際 皆爲道之用 而紀綱法度 不足立而立矣(『靜菴集』 권3, 謁聖試策).

정암은 지치 실현의 목표를 추진하면서 지치 실현의 핵심이 개인의 수양에 근거하고 있음을 놓치지 않았다. 수양을 배제한 정치적 실천은 허구이다. 정치는 사람과 사회를 바르게 하는 것이므로, 수양하여 바르게 된 사람이 나서지 않는다면 정치는 성립되지 않는다. 오직 수양을 통해 바르게 된 사람이 나서야 비로소 남을 바르게 할 수 있고, 나라를 바르게 할 수 있다. 정암 자신도 수양 공부에 매진한 뒤에 세상에 나왔다. 정암의 수양 공부는 성리학자들의 수양 공부였다. 하늘의 뜻을 따르기 위해 성(誠)을 실천하고, 욕심으로 흐르지 않기 위해 마음을 경건하게 유지하는 지경(持敬) 공부에 매달렸다. 지경의 내용으로 주일무적(主一無適)·정재엄숙(整齋嚴肅)·상성성(常惺惺)을 강조한 것도 성리학의 일반적인 수양 방법과 같다. 정암은 지경의 한 방법인 정좌에도 몰입한 적이 있다. 정암의 수양 공부에 대한 일화가 그의 「행장」에 기록되어 있다.

간혹 맑고 그윽한 절에 들어가 조용히 독서하기도 했는데, 침잠하여 심오한 진리를 탐색하고 자득하는 묘미를 체험했다. 정신을 집중하고 정좌를 했는데, 오뚝한 모습이 소상(塑像) 같았다.[50]

수양 공부의 목표는 하늘마음을 회복하여 하늘처럼 되는 데 있다. '천인무간'은 수양철학의 전제이기도 하지만, 수양철학의 결과

---

50. 『靜菴集』 권6, 부록 〈행장〉.

이기도 하다. 하늘과 사람이 하나라는 것을 전제 하여 수양하지만, 수양이 완성되면 하늘과 사람이 하나라는 것이 현실이 된다.

정암은 '천인무간'에서 만인일체사상을 도출한다.

> 하늘과 사람은 본시 하나입니다. 하늘은 사람에게 천리(天理)를 부여하지 않은 적이 없습니다. 군주와 백성은 본시 하나입니다. 군주는 백성에게 도리를 공유하지 않은 적이 없습니다. (…) 무릇 한 사람에게서 시작하여 천만인에 이르니, 사람이 많지 않은 것이 아니고, 한 가지 일에서 시작하여 천만 가지에 이르니 일이 번잡하지 않은 것이 아니지만, 그러나 이른바 마음이라 하는 것이나, 이른바 도리라고 하는 것이, 그 사이에 하나로 이어지지 않은 적이 없습니다. 천만의 일과 사람이 비록 다르나 도심이 하나가 되는 까닭은 하늘이 본래 하나의 이(理)이기 때문입니다.[51]

세상에는 천만의 많은 사람이 살고 있고 천만의 번거로운 일이 있지만, 천만인의 마음과 천만의 일이 모두 하나로 이어져 있다. 나의 본래마음이 하늘마음이고, 천만인의 본래마음 역시 하늘마음이므로 천만인의 마음은 모두 하나의 마음이다. 그 하나의 마음을 붙잡고 있기만 하면, 나는 천만인과 하나로 통한다. 내가 하

---

51. 天與人本乎一 而天未嘗無其理於人 君與民本乎一 而君未嘗無其道於民(…) 夫一人而至於千萬人 不爲不多矣 夫一事而至於千萬事 不爲不煩矣 然而所謂心 所謂道者 未嘗不一於其間 而千萬人事之雖殊而其道心之所以爲一者 天本一理而己(上同).

는 일도 마찬가지다. 세상에 일어나는 일들이 무한히 많고 복잡하지만, 모든 일에는 하늘의 뜻이 바탕에 깔려 있으므로, 내가 하늘의 뜻을 알고 일에 임하면 모든 일이 하나로 꿰어질 수 있다.

　내가 하늘마음으로 살면 모든 사람의 마음을 대변할 수 있고, 내가 하늘의 뜻으로 일을 하면 나는 세상의 모든 일을 이끌어갈 수 있다. 사람들은 자기의 마음속에 하늘마음이 있는지 알기 어렵고, 자기가 하는 일에 하늘의 뜻이 있는지 알기 어려우므로, 우왕좌왕하면서 복잡하게 살아간다. 만약에 하늘의 마음을 가진 사람이 나타나 하늘마음으로 살기만 하면, 사람들은 그를 본받아 자기 속에 있는 하늘마음을 회복할 수 있다. 만약에 하늘의 뜻으로 일하는 사람이 나타나 하늘의 뜻으로 일을 처리하면, 사람들은 그를 통해 하늘의 뜻으로 일하는 방법을 터득할 수 있을 것이다. 하늘마음으로 일하는 사람이 성인이다.

　　옛 성인은 광대한 천지와 하나 되고, 많은 백성과 하나 되어, 한마음으로 마땅하게 대처했습니다. 한마음으로 보기 때문에 천지의 마음이 되어 신명의 덕을 발휘합니다. 마땅하게 대처하기 때문에 모든 것을 결집하고 도리에 맞게 행합니다. 이런 까닭에 옳은 것을 옳게 여기고 그른 것을 그르게 여기며, 선한 것을 선하게 여기고 악한 것을 악하게 여기는 판단이 내 마음에서 벗어날 수 없습니다. 천하의 일이 모두 그 이치를 얻고, 천하의 사물이 모두 그 평정을 얻으니 이것이 만 가지 교화가 성립될 수 있는 까닭이요, 다스림이 이루어질 수 있는 까닭입니다.[52]

성인은 수양을 통해 천지만물과 일체가 되어 천지만물에 대처하는 자이다. 다시 말하면, 성인은 천인무간을 몸으로 터득하여 하늘마음을 실천하고, 다시 인간사회를 포함한 천지만물의 세계를 천리가 발현된 이상세계로 만든다. 이상세계의 건설은 임금이 중심이 되어 추진하는 것이 가장 효과적이다. 임금은 개인적 수양의 단계에 있는 것이 아니라 이미 정치적으로 실천하는 단계에 있으므로, 임금은 성인이어야 한다. 그러나 성인이 아닌 사람이 임금이 되었다면 정치적으로 실천하면서 다른 한편으로 서둘러 개인적 수양을 완성해야 한다. 이러한 논리구조는 다음과 같은 정암의 글에 더욱 상세히 나타나 있다.

배우는 자는 성현이 될 것을 목표로 삼아야 하지만, 반드시 곧 성현의 경지에 이르는 것은 아닙니다. 임금은 요순과 삼대의 정치를 목표로 삼아야 하지만, 곧 요순과 삼대의 치적을 이룰 수 있는 것은 아닙니다. 그러나 이렇게 뜻을 세우고 격물·치지·성의·정심에 힘을 쓴다면 점차 성현의 경지에 이르게 되고 요순의 다스림에 이르게 될 것입니다.[53]

---

52. 古之聖人 以天地之大 兆民之衆 爲一己 而觀其理而處其道 觀之以理 故負天地之情 達神明之德 處之以道 故凝精粗之體 領彝倫之節 是以是是非非 善善惡惡 無所得逃於吾之心 而天下之事 皆得其理 天下之物 皆得其平 此萬化之所以立 治道之所以成也(上同).

53. 學者以聖賢爲期 未必卽至聖賢之域 人主以唐虞三代爲期 未必卽致唐虞三代之治 然立志如此 而用力於格致誠正 則漸至於聖賢之域 堯舜之治矣(上揭書 卷三 侍讀官時啓六).

학자는 성인을 목표로 하고, 임금은 요순 삼대의 정치를 목표로 해야 한다. 목표를 설정하여 격물·치지·성의·정심이라는 개인적 수양 공부에 충실하면, 곧바로 성공할 수는 없어도 점차 도달할 수 있다. 한국에서는 정치가 안정되면, 지상천국의 건설을 목표로 정치적 실천에 적극적으로 나서는 현인이 나타난다. 사림 중에서 정치적 실천을 위해 나선 선두 주자가 탁영이었지만, 탁영은 무오사화에 희생되어 피어보지 못한 꽃봉오리로 끝나고 말았다. 탁영이 피우지 못한 정치적 실천철학의 꽃을 다시 피우기 위해 중종 때에 정암이 등장했다. 정치적 실천철학의 꽃을 피우기 위해서는 임금의 역할이 지대하다. 만약 현재의 임금에게 지상천국 건설의 자질이 전혀 없다면 혁명을 해서 자질 있는 사람을 임금으로 모셔와야 한다. 그러나 혁명은 신중해야 한다. 혁명을 자주 하면, 덕이 없는 사람이 임금을 축출하고 자기가 그 자리를 차지하는 일이 비일비재하게 일어나기 때문에 나라가 더욱 혼란해지는 것을 막기 어렵다. 그러므로 차선책은 현재의 임금에게 가능성이 있다면 현재의 임금을 자격 있는 임금으로 유도하는 것이다. 정암은 당시의 임금인 중종이 정치적 실천을 이룰 수 있다고 판단했다. 그렇다면 수양을 완성한 신하들이 중종을 잘 보좌하여 정치적 실천을 이루도록 해야 한다. 정암은 다음과 같이 말한다.

개인적으로 동료에게 말하기를 중종의 학문이 고명하여 바야흐로 다스림에 뜻을 두셨으니, 곁에서 모시고 따르는 신하들이 어찌 스스로 편할 수 있겠는가. 마땅히 물러나 배움에 힘써 학문이 성취된 연후에 와서 벼슬한다면, 반드시 실오라기의 도움

이라도 있게 될 것이다.[54]

　중종을 지치의 실천 가능자로 판단한 정암은 스스로 중종을 보좌하여 지치의 실현에 참여하는 것을 임무로 삼았다. 지치의 실현은 성왕과 현신이 합세하지 않으면 불가능하다. 정암은 신하들에게 수양을 완성하기 위한 독서의 지침을 제시한다.

　무릇 독서할 때에 만일 문자를 섭렵하고자 한다면 비록 저급한 신하도 가능할 것입니다. 그러나 만일 깊이 완미하여 몸으로 터득하지 않는다면 그 취지를 알 수가 없습니다.[55]

　유학의 두 요소인 수기와 치인 중에서 수기가 근본이고 치인이 말단이다. 수기가 되지 않은 상태에서 치인이 되는 것은 있을 수 없다. 임금에게 지치 실현의 가능성이 있는데, 오히려 신하가 자격이 없다면 말이 되지 않는다. 지치 실현의 가능성이 있다고 본 정암은 신하가 지치 실현을 갖추도록 독려했다. 정암은 신하들에게 지치를 실현할 수 있는 자격을 갖추기 위해 빨리 물러나 학문을 성취한 뒤에 다시 와야 한다고 강조했다.

---

54. 私語同僚曰 聖學高明 方有意治理 而濫側侍從之列 豈可自安乎 當退而力學 學問成就 然後來仕 則必有絲毫之補矣(上揭書 卷二 辭免弘文館典翰啓).
55. 凡讀書 若欲涉獵文字 則雖如小臣者 猶或能之 若非深味體認 則無由識其旨歸也(上揭書 卷四 復拜副提學時啓九).

제2절
지치 실현의 전개

지치 실현은 정암에 의해 처음으로 시도된 정치적 실천운동이다. 그 싹은 이미 탁영에게 있었지만, 탁영의 개혁정치가 지치 실현으로 확산하지는 못했다. 정암이 전개한 지치 실현의 내용은 현재의 임금과 백성을 요순시대의 임금과 백성으로 만들어, 직접 요순시대의 치세를 실현하고자 하는 이상 정치의 현실적 실천운동이다.

지치 실현을 추구할 수 있게 한 사상적 기반은 '천인무간' 사상을 들 수 있다. 천인무간의 전제에서 본다면, 인간은 본래 하늘과 하나로 연결된 존재이고, 사람의 일 또한 하늘의 일과 연결되어 있으므로, 사람은 본래 하늘과 같은 사람이어야 하고, 사람들이 사는 이 나라는 하늘나라이어야 하지만, 현재 그렇지 못하므로 원래의 모습을 회복하기 위한 정치적 실천철학이 등장할 수밖에 없다.

이 세상을 천국으로 만드는 것은 이 세상에 사는 사람들이 개인적 수양을 통해 하늘같은 사람이 되면 된다. 그러나 이 세상에 사는 사람 모두가 하늘처럼 되기를 바라는 것은 거의 불가능하다. 이 세상의 본래 모습을 회복할 수 있는 가장 바람직한 방법은 먼저 개인적 수양을 통해 하늘처럼 된 사람이 나서서 다른 사람을 하늘처럼 되도록 인도하는 것이다. 개인적으로 수양을 완성한 사람이 성인이고, 정치에 나서는 사람이 왕이므로 성인이 왕이 되어야 하고, 왕은 성인이어야 한다. 성왕이 나타나 왕도를 실천할 때 지치는 실현되지만, 그렇지 않으면 지치는 실현되지 않는다. 정암은 다음과 같이 말한다.

> 예로부터 임금으로서 패업의 공을 이루기를 좋아하는 자는 많
> 았으나 왕도를 행한 이는 드물었습니다. 비록 패도를 숭상하는
> 자가 부국강병의 효과는 쉽게 이루어도 어찌 다시 인의의 도를
> 실현하겠습니까? 왕도를 행하면 비록 바로 효험을 보지 못하더
> 라도 오랜 뒤에는 크게 이룰 수 있을 것입니다.[56]

왕도정치를 이상 정치로 파악한 정암은 다시 왕도정치의 실천
원리로서 공자의 도를 거론한다.

> 공자의 도는 천지의 도이고 공자의 마음은 천지의 마음입니다.
> 천지의 도와 만물의 존재가 이 도를 좇아 이루어지지 않음이
> 없고, 천지의 마음과 음양의 교감이 이 마음으로 말미암아 조
> 화되지 않음이 없습니다. 그리하여 음양이 조화되고 만물이 이
> 루어져 한 물건도 그 사이에서 성취되지 않는 것이 없이 질서정
> 연하게 분별됨이 있습니다. 공자께서는 본래의 도로써 인도하시
> 어 쉽게 그 효험을 얻고, 본래의 마음으로 감화하여 그 징험을
> 쉽게 얻습니다. 이로써 말한다면 한 달만 다스려도 가하고, 삼
> 년이면 이룰 수 있다는 것이 어찌 한갓 말뿐이고 실지가 없겠습
> 니까? 그 규모와 시행의 방법은 또한 반드시 먼저 확정해야 하

---

56. 自古人君 多好霸功 鮮行王道 尙霸者 雖易致國富兵强之效 豈復有仁義之道
乎 行王道 雖未見朝夕之效 悠久而大成矣(『靜菴集』卷四 元子輔養官時啓
二).

는 것이 있으니, 무엇으로 말할 수 있겠습니까? 도(道) 바깥에는
사물이 있지 않고, 마음 바깥에는 일이 없습니다. 마음을 보존
하고 도를 실천하면 인을(仁) 이루어 하늘의 봄의 작용에 이르
게 되니 만물을 인으로 기르게 됩니다. 그리고 의를 이루어 하
늘의 가을 작용에 이르게 되니, 의로운 마음으로 만민을 바르
게 합니다. 예지(禮智) 또한 하늘과 같지 않은 것이 없습니다. 인
의예지의 도가 천하에 확립된다면 국가를 다스리는 규모와 방
법이 갖추어지리니 여기에 무엇을 더할 것이 있겠습니까?[57]

정암은 공자를 '천인무간'과 '만물일체'를 실천하는 성인으로
파악한다. 성인이 '천지만물일체'를 실천한다면 천지만물은 성인
에 의해 하나가 되고 조화를 이룬다. 그 이유를 우리는 다음과 같
이 생각해 볼 수 있다.
여러 형제는 갈등을 일으키기도 하고 다투기도 하는데, 그 원
인은 그들이 하나라는 것을 망각했기 때문이다. 만약 그때 부모
가 나타나면, 여러 형제가 부모를 통해 모두 하나임을 알게 되므
로, 갈등이 없어지고 다툼이 멎어서 조화를 이루게 된다. 천지만

---

57. 夫子之道 天地之道也 夫子之心 天地之心也 天地之道 萬物之多 莫不從此
道而遂 天地之心 陰陽之感 亦莫不由此心而和 陰陽和 萬物遂 而復無一物
不成就於其間 而井井焉有別 況夫子導之以本有之道 而易得其效 感之以本
有之心 而易得其驗歟 以此而言之 則期月之可 三年之成 豈徒言而無實哉 其
規模設施之方 則亦必有先定者 何以言之 道外無物 心外無事 存其心 出其
道 則爲仁而至於天之春 而仁育萬物 爲義而至於天之秋 而義正萬民 禮智
亦莫不極乎天 而仁義禮智之道 立乎天下 則爲國之規模設施 何有加於此耶
(上揭書 卷二 謁聖試策).

물은 본질에서 하나이므로 조화를 이루게 되어 있다. 오히려 만물은 자연에서 오는 조화로움을 이루고 있지만, 사람이 문제다. 사람은 욕심 때문에 갈등하고 다툰다. 본래마음은 모두가 다 같이 가지고 있는 자연의 마음이고 하나의 마음이며 하늘마음이다. 만약 하늘이 나타나 모두가 다 하늘마음을 가지고 하나로 연결되어 있음을 보여준다면, 사람들은 바로 갈등과 다툼을 멈추고 조화로움을 회복할 것이지만, 하늘은 나타나지도 않고 말과 행동으로 보여주지도 않는다. 그러므로 하늘을 대신할 수 있는 성인이 나타나야 한다. 성인이 나타나 하늘마음을 실천하면 형제들에게 부모가 나타났을 때 조화롭게 되는 것처럼, 모든 사람이 하늘마음을 회복하여 조화롭게 될 것이다.

정암이 말하는 하늘마음은 인의예지이다. 인의예지는 모두가 다 함께 가지고 있는 본래의 마음이기도 하지만, 봄·여름·가을·겨울로 순환하는 자연의 마음이기도 하다. 봄의 마음이 인이고, 여름의 마음이 예이며, 가을의 마음이 의이고, 겨울의 마음이 지이다. 모든 사람이 자기에게 인의예지의 마음이 있다는 것을 알고 회복한다면, 만인과 하나가 되고, 봄·여름·가을·겨울로 순환하는 자연과도 하나가 되어. 인간과 자연이 혼연일체의 대 조화를 이룬다.

정암의 지치 실현은 융평(隆平)을 목표로 한다. 융평이란 인간사회를 현재의 상태에서 평화롭게 하는 것이 아니라, 높은 수준으로 끌어올려서 평화롭게 한다는 것이다. 지치 실현의 목표가 현실 세계를 지상천국으로 만드는 것임을 생각하면, 이는 당연한 것으로 이해된다. 현실 세계를 지상천국으로 만들기 위해서는 현실 세계

에 남은 부정적인 요소를 개혁해야 한다. 정암의 지치 실현은 융평
을 목표로 현실을 개혁하는 것에서 출발한다.

> 나라의 법률과 제도는 비록 가벼이 고칠 수 있는 것이 아니지
> 만, 그러나 학문이 고명해져서 사리를 밝게 비추는 단계에 이
> 르면, 대신들과 더불어 한마음으로 협력하여, 덜 것은 덜어내고
> 더할 것은 더하여, 융평을 이룰 것을 기약하며 조종이 이룬 업
> 적을 준수해야 합니다. 만약 조금의 성공에 만족하여 구차하게
> 안주하신다면, 제왕의 다스림을 어찌 이룰 수 있겠습니까? 만
> 일 선비들의 습속과 민간의 풍속을 순정하게 하여, 옛 정치를
> 회복하려 한다면, 반드시 분발하여 큰 정치를 추진하여 모두
> 함께 유신해야 합니다. 그런 연후에 고무되어 떨쳐 일어나 빛나
> 고 밝게 될 것입니다.[58]

학문이 고명하게 되고 사리를 통찰하는 단계에 이르는 것은 개
인적 수양을 쌓아 정치적 실천으로 이행하는 단계이다. 정치적 실
천단계에 이른다면 융평을 이루기 위해 나라의 법제를 손익하여
개혁하는 것이 필요하다. 여기서 정암은 유신의 필요성을 주창하
고 있다. 현실 세계를 이상세계로 만들기 위해서는 현실의 부정적
인 요소를 개혁하는 것에서 시작해야 한다.

---

58. 國之法制 雖不可輕改 然學問高明 洞照事理 則與大臣同心協力 可損者損之
可益者益之 期致隆平 而遵守朝宗之成憲可也 若安於小成 苟且因循 則帝王
之治 何可致也 如欲使士習民風 歸於淳正 而復古之治 則必奮發有爲 咸與
維新 然後鼓舞振作 而熙熙皥皥矣(上揭書 卷三 參贊官時啓五).

한마음의 본바탕은 반드시 맑고 투명하여 한 점의 사악하고 더러운 점이 없어야 합니다. 그런 연후에 조정의 정사에 나타나는 것이 순수하고 바르지 않음이 없게 됩니다. 과거의 일 중에 혹 습속을 벗어나지 못한 것이 있다면 마땅히 고쳐야 합니다.[59]

개혁은 함부로 하는 것이 아니다. 개혁할 수 있는 전제조건은 임금의 마음이 조금의 욕심도 없는 한마음이 되어야 가능하다. 한 점의 비뚤어짐이나 더러움이 없는 깨끗한 임금의 한마음이 조정과 정사에 나타나야 나라 전체가 순정하게 돌아올 수 있다. 순정이란 순일하고 바르게 되는 것을 말한다. 정암이 말하는 지치의 실현은 온 나라를 순일하고 바르게 만드는 데서 시작한다. 정암은 다음과 같이 말한다.

천도는 원래 아래에서 도에 어긋나는 일이 있으면, 노하여 재앙을 내립니다. 재앙에 응하는 방법은 천리에 순응하고 정도를 닦고 인심에 화합하는 것 같은 것이 없습니다. (…) 왕도는 한결같아야 하고, 왕정 또한 마땅히 오직 순일하고 발라야 합니다. 그러면 백성들의 뜻은 안정되고 순수해져 복잡하지 않게 되어, 백성들이 잘 따르게 됩니다. 천지의 도는 또한 순일한 것에 근본하여 사시를 운행하고 만 가지 변화를 형통하게 하니, 하나의 기(氣) 아닌 것이 없습니다. 이 때문에 성왕이 경건하게 하

---

59. 一心本原之地 須要澄澈 無一点邪穢 然後發於朝廷政事之間者 莫不純正矣 至如先祖之事 或有未脫習俗者 亦當改之(上揭書 卷四 復拜副提學時啓一).

면, 천도가 순일하게 이어지고 정사가 순수하게 진행되어, 응접하고 시행함이 하나의 이치에 관통됨으로써 큰 표준을 세울 수 있게 됩니다.[60]

지치가 실현되면 인간사회에 천리가 발현되어, 인간계와 자연계가 큰 조화를 이루지만, 지치의 상태가 되지 못하면, 천리와 인사가 서로 어긋나, 하늘이 인간계에 재앙을 내린다. 따라서 재앙에 응하는 방법은 지치를 실현하는 것뿐이다. 지치를 이루는 방법은 우선 천리에 순응하고 정도를 닦아 인민의 마음을 화평하게 하는 것이다. 천지의 도는 순일하고 바르기 때문에 정치적 실천도 순일하고 바르게 해야 한다.

정암은 늘 순일과 불순일을 따졌다. 모든 것은 마음의 순일과 불순일에서 갈라진다. 위의 인용문은 정암이 소격서를 혁파하기 위한 상소문의 내용이다. 당시 소격서(昭格署)는 국가에서 하늘과 별자리와 산천에 제사지내 병을 고치고 비를 내리도록 비는 곳으로, 종로구 삼청동(三淸洞)에 있었다. 삼청동의 삼청은 도교에서 말하는 상청(上淸)·태청(太淸)·옥청(玉淸)에서 유래된 것이다. 태종 이전에는 소격전(昭格殿)이라 불리다가 세조 때 소격서로 개칭된 것이다.

정암은 지치 실현을 위해서 성리학의 이론으로 단일화 해야 함을 주장한다. 정암은 궁중 여인들의 많은 저항이 있음에도 불구하

60. 天道之原 下有違道之事 則天用怒 乃降災 故應災之道 莫若順天理 修正道和人心耳(…)王道不可不一 而王政亦當惟純一而正 民之定純而簡 民易從 天地之道 亦本乎純一 而運四時 亨萬化 無非一氣 是以聖王欽則天道續于一 立政于純 應接施爲 統貫一理 乃克建皇極(上揭書 卷二 弘文館罷昭格署疏).

고 소격서 혁파를 끈질기게 추진했다. 연보에 따르면, 정암은 소격서를 철폐하기 위해 상소문을 올린 뒤, 어느 날 동료들을 인솔하여 정원(政院)에 나아가 동료들에게 "날이 이미 저물고 언관들이 퇴근한 뒤라도 우리는 마땅히 성의를 다해 논변하여 임금의 마음을 돌려야 한다"라고 하고, 남아 있으면서 나가지 않았다. 밤이 새도록 상소하고 닭이 울 때까지 그치지 않았으므로, 왕은 어쩔 수 없이 소격서의 철폐를 허락했다. 소격서는 1518(중종 13)년에 폐지되었다.

정암은 지치 실현을 위해 불교를 배척하여 "봉선사와 봉은사는 불교의 뿌리입니다. 먼저 그 뿌리를 자르면 그 나머지는 힘들지 않고도 다스릴 수 있습니다"라고 말하기도 했다.

정암의 현실 개혁은 순일하지 않은 인간사회를 순일하게 하는 것이었다. 정암은 학문과 사상을 순일하게 하려고 성리학 이외의 종교와 철학을 이단이란 이름으로 배격했고, 문물제도를 개혁하는 데 반대하는 자들을 소인이란 이름으로 배척했다.

> 근래 조정의 일이 좋은 쪽으로 향하고 있는데도 바로 다스림의 효과를 보지 못하는 까닭은, 군자들은 비록 이상 정치를 이루기 위해 노력을 다하여 감히 하지 않음이 없지만, 소인들로서 뜻을 이루지 못한 자가 옆에서 비난하고 훼방하기 때문입니다. 때는 비록 이상 정치를 향하지만, 소인들이 비난하고 훼방하면 조정이 조화를 이루지 못합니다.[61]

양촌이 수양철학을 전개하면서 소인이란 말 대신 중인이란 말을 썼지만, 정암은 정치적 실천철학을 전개하면서 지치 실현에 걸림돌이 되는 사람을 제거하기 위해 소인이란 말을 다시 썼다. 일반적으로 군자는 덕이 있는 사람이고, 소인은 덕이 없는 사람을 말하는 것이지만, 정암이 말하는 소인은 정암의 개혁을 반대하는 사람으로 정의된다. 따라서 지란(芝蘭)을 가꾸기 위해서 잡초를 제거해야 하는 것처럼, 지치의 실현을 위해서는 소인은 제거해야 했다.

소인을 대할 때 미워하지 않고 엄하게 하는 것은 자기를 바르게 하기 위한 것이라 말할 수 있습니다. 그러나 진실로 그 소인됨을 안다면 깊이 미워하여 잘라내지 않을 수가 없습니다.[62]

정암은 지치 실현의 의지가 강했기 때문에 소인을 용납할 수 없었다. 정암의 판단에 따르면, 자기를 바로잡기 위해 수양할 때는 소인을 미워하지 않고 엄하게 대하기만 하면 되지만, 지치 실현을 위해서는 소인이 걸림돌이 되기 때문에 미워하여 제거해야 한다.

임금은 마땅히 군자와 소인을 변별해야 하는데, 군자임을 알면 맡겨 의심치 말아야 하지만, 소인임을 알면 엄하게 대해야 합니다. 소인임을 알고자 한다면 아첨하는 데에서 볼 수가 있습니

---

61. 近來朝廷之事 庶幾向治 而亦未可遽期其治效也 君子雖欲贊揚致治而不敢者 恐有小人之不得志者從傍非毀之也 時雖向治而小人非毀 則朝廷不能和治焉 (『靜菴集』卷三 侍讀官時啓十五).
62. 待小人不惡而嚴者 正己之謂也 然苟知其爲小人 則不可不深惡而痛絶之也 (『靜菴集』卷四 三拜副提學時啓七).

다. 소인을 구별하는 것은 지극히 어렵고 군자를 가리는 것은 조금 쉬운 듯합니다. 먼저 쉽게 알 수 있는 자를 써서 신임한다면 비록 소인이 있다 하여도 스스로 방자하게 굴지는 못할 것입니다. 다만 서리를 밟으면 딱딱한 얼음이 이르는 법이니, 만일 소인임을 알고서 배척하여 축출하지 못한다면, 후에 반드시 해가 있을 것이므로, 조속히 쫓아내는 것이 중요합니다.[63]

정암은 정치적 실천을 통한 지치 실현을 강력하고도 열정적으로 추진했지만, 성공하지 못했다. 만약에 정암의 지치 실현이 성공했더라면 한국이 지상천국이 되었을 수도 있다. 이를 생각하면 안타깝다. 정암의 실패로 기묘사화가 일어난 것은 더욱 안타깝다. 정암이 실패한 원인은 어디에 있는 것일까?

제3절
지치 실현의 한계

정암에 의해 전개된 지치 실현의 진행 과정에서 몇 가지 아쉬운 점들을 짚어볼 수 있다. 가장 큰 문제점은 정암에게서 찾을 수 있을 것 같다. 정암은 어렸을 때부터 천재적인 능력을 발휘했던 것

---

63. 人君當辨君子小人 知其爲君子 任之不疑 知其爲小人 則待之以嚴可也 欲知小人 則當於妖媚處見之 辨小人至難 辨君子似易 先用其易知者 信任焉 則雖有小人 自不能放恣矣 但履霜堅永至 若知其小人 而不能斥逐 則後必有害 故早斥爲貴(上揭書 卷三 特讀官時啓一).

으로 보인다. 한훤당에게 성리학을 배운 뒤로 능력을 발휘하여 사림의 영수로 추앙받을 정도가 되었다. 천재들은 수기의 내용을 남들보다 빨리 이해한 뒤에 수기가 완성되었다고 착각하는 경우가 왕왕 있는 것으로 보인다. 수기는 자기완성이고 치인은 타인완성이다. 수영하는 것에 비유한다면 수기는 수영 방법을 자기가 터득하는 것이고, 치인은 수영하는 방법을 남에게 가르치는 것이다. 천재가 아닌 사람들은 수영하는 방법을 이해한 뒤에 자기가 완전하게 수영을 해낼 수 있을 때까지 연습하고 또 연습한다. 이해하는 것은 돈오이고 연습하는 것은 점수이다. 천재가 아닌 사람은 하나의 진리에 돈오를 하면 그 진리가 완전히 자기에게 체화될 때까지 점수에 주력한다. 그러나 천재는 돈오를 한 뒤 금방 점수해 버린다. 천재에게는 점수가 아니라 돈수(頓修)가 되는 것이다. 말하자면, 수영하는 법을 이해하고 난 뒤 수영장에 나가 별로 연습하지 않아도 바로 수영을 잘하게 되는 것과 같다. 그래서 천재들은 빨리 수기를 한 뒤, 바로 치인에 뛰어든다. 수기의 과정에서 오래도록 농익지 않으면 수기를 하여 터득한 것이 완전하게 자기의 것으로 체화되지 않고 도로 없어져 버리는 경우가 있다. 정암에게도 그런 점이 없지 않은 것으로 보인다. 자기 수양이 무르익어서 완전해지는 단계에 이르면, 본래의 마음을 완전히 회복하여 사람의 마음이 하늘마음으로 바뀐다. 완전하게 하늘마음이 된 사람은 하나의 이론에 갇히지 않는다. 인자한 어머니가 여러 자녀를 다 포용하고 다 용서하듯이, 하늘마음을 가진 사람은 만물을 두루 포용하고 용서한다. 불교의 진리도 포용하고 소인의 잘못도 용서할 수 있다. 정암이 수양의 과정을 빨리 마치고 정치적 실천의 장에 뛰어들어 지치 실현을 추진하는 과정에서 도교와 불교를 배격하고 소인의 제거를 과감하게 추진한 것은 하늘마음이 완전하게 체화되지 못했기 때문으로 볼 수 있다.

정암은 과감한 정치개혁을 단행했다. 1519년에 정암은 중종반정의 공신들이 너무 많고, 부당하게 공신이 된 자들도 많음을 비판하여, 105명의 공신 중에서 76명의 공신을 공신록에서 삭제했다. 사림으로 일컬어지는 포은의 문묘 배향을 추진하고, 한훤당과 일두에 대한 관직 추증과 문묘 배향을 요청했다. 『여씨향약(呂氏鄕約)』을 간행하여 전국에 반포했고, 천거를 통해 관리를 뽑는 현량과를 설치하기도 했다. 이러한 일련의 개혁은 국가 운영을 사림 중심으로 바꾸는 과정이었다.

성리학이 조선의 정치이념이기 때문에 성리학을 통해서 이상적인 국가를 건설하는 것은 바람직하지만, 그렇다고 해서 성리학에 갇혀서 성리학 이외의 것을 다 배격하는 것에는 문제가 있다. 가장 바람직한 것은 다른 종교나 철학과 대립하는 성리학으로서가 아니라, 다른 종교나 철학들을 포용하여 하나로 융합할 수 있도록 승화시킨 성리학을 가지고 국가를 경영하는 것이다. 모든 종교와 철학사상에는 긍정적인 요소와 부정적인 요소가 있다. 긍정적인 요소를 수용하면서 부정적인 요소를 개선해야 전체를 포용할 수 있다. 부정적인 요소만을 보고 전체를 배격하면 아무것도 포용할 수 없다. 군자에게도 소인의 요소가 있고, 소인에게도 군자의 요소가 있다. 소인의 요소만을 보고 배격하면 군자도 배격하게 되므로 포용할 수 있는 것이 하나도 없어져서, 결국 군자끼리 누가 진짜 군자냐를 두고 다툼이 일어난다.

靜菴趙先生謫廬遺墟追慕碑

조광조적려유허비

조선시대 후기에 성리학을 정치 수단으로 삼은 정치인들이 극심하게 내부분열을 일으키다가 나라를 망치는 데 성리학의 순일주의가 일조했다면 안타까운 일이다. 공자가 군자와 소인으로 나누어서 설명한 것은 소인을 제거하는 데 목적이 있었던 것이 아니라, 소인들을 군자로 만들기 위해 군자의 본보기를 보여준 것이었다. 군자와 소인으로 나누어 다투다가 보면, 흑백논리에 빠져, 자기편을 모두 군자로 삼고 상대편을 모두 소인으로 몰아가는 부작용이 생긴다. 이는 매우 위험한 일이다.

　　정암이 군자와 소인으로 나누어 소인 제거에 나섰기 때문에 위기를 느낀 소인들이 역으로 정암을 제거하기 위해 목숨을 걸고 나섰다. 소인들은 모략을 꾸며 기묘사화를 일으켰고, 정암을 위시하여 사림을 대거 제거했다. 지치 실현의 꿈이 무너지는 안타까운 순간이었다.

제5장

■

기묘사화와 을사사화

제1절
기묘사화의 내용과 경과

정암이 추진한 지치 실현은 이상적이고 바람직한 시도이었지만, 너무 성급했다. 그만큼 현실 개혁에 대한 열정이 뜨거웠던 때문이기도 했다. 훈구파들이 정암의 개혁정치에 위기의식을 느낀 것 중에는 1519년에 실시한 중종반정의 공신 중에서 상당수 공신의 지위를 박탈한 사건이 있었다. 이 사건을 계기로 훈구파들은 정암에 대한 두려움을 가지게 되었다. 특히 정암이 군자와 소인으로 분류하여 소인을 제거해야 한다는 상소문을 올리자, 훈구파들은 자기들이 소인으로 지목되어 제거될 것을 두려워했다.

훈구파의 대표인 남곤·심정 등은 정암을 제거할 기회를 호시탐탐 노리고 있었다. 정암은 지치 실현에 여념이 없어 소인배들의 모략에 관심 가질 시간조차 없었다. 지치 실현의 중심은 임금이다. 임금이 성인이 되어 다른 사람들을 성인이 되도록 인도해야 지치가 실현된다. 하지만, 당시의 중종은 성인이 될 가능성은 있었지만, 아직 성인처럼 되지는 못했다. 정암이 지치 실현을 하는 첫째 관문은 중종을 성인으로 만드는 것이었다. 중종을 성인으로 만드는 것은 학문을 통해야 하므로, 정암은 밤늦게까지 중종을 가르치느라 여념이 없었다. 중종은 정암의 열의를 따라가지 못해 싫증을 느꼈다. 또한 중종은 소격서를 철폐하는 과정에서 왕비를 비롯한 궁중의 여인들에게 많은 시달림을 받았다. 이러한 분위기를 알아차린 소인들은 기회가 온 것으로 생각했다. 그때 또 지진이 자주 발생했다. 천재지변이 일어나면 국왕은 근심하게 되어 있다. 남곤 심정 등이 이를 좋은 기회로 삼고 '권세 있는 신하가 장차 모반을 일으키려 하므로, 그 징조로 지진이 발생했다'고 중종에게 간언했다. 여기서 말하는 권세 있는 신하란 정암을 일컫는 것이었다. 남곤 심정 등은 한편으로는 중종에게 간언하면서 다른 한편으로 술책을 부렸다.

중종실록 27년 5월 12일에 다음과 같은 기록이 있다.

> 기묘년 즉 중종(中宗) 14(1519)년에 훈구파의 홍경주(洪景舟)·남곤(南袞)·심정(沈貞) 등이 경빈(敬嬪) 박씨(朴氏) 등 후궁을 움직여 왕에게 신진 사류(新進士類)를 무함(誣陷)하게 하고, 대궐 뜰 나뭇잎에 과일즙으로 '주초위왕(走肖爲王)'이란 글자를 써 벌레가 갉아먹게 한 다음, 궁녀를 시켜 그 잎을 따다가 왕에게 바쳐 의심을 조장시키는 한편, 밤에 신무문(神武門)을 통해 들어가 비밀리에 왕을 만나서 위협에 가까운 논조(論調)로 조광조(趙光祖) 일파가 당을 조직하여 조정을 문란케 한다고 무고했다.

『선조실록』 2권, 선조 1년 9월 21일 조에는 남곤 등이 정암을 모함한 자초지종이 다음과 같이 기록되어 있다.

> 당초에 남곤이 조광조 등에게 교류를 청했으나, 조광조 등이
> 허락하지 않자 남곤은 유감을 품고서 조광조 등을 죽이려고
> 했다. 그리하여 나뭇잎의 감즙(甘汁)을 갉아 먹는 벌레를 잡아
> 오고 꿀로 나뭇잎에다 '주초위왕(走肖爲王)' 네 글자를 많이 쓰
> 고서 벌레를 놓아 갉아먹게 하기를 마치 한(漢)나라 무제의 증
> 손 병이(病已)의 일처럼 자연적으로 생긴 것같이 했다. 남곤의
> 집이 백악산(白岳山) 아래 경복궁 뒤에 있었는데, 자기 집에서 벌
> 레가 갉아먹은 나뭇잎을 물에 띄워 대궐 안의 어구(御溝)에 흘
> 려보내, 중종이 보고 매우 놀라게 하고서 고변(告變)하여 화를
> 조성했다. 이 일은 《중종실록》에 빠진 것이 있으므로, 여기에
> 대략 기록했다.

남곤과 심정이 꾸민 술책이 맞아떨어졌다. 주초(走肖)를 합하면
조(趙)가 된다. 조가 왕이 된다는 것은 정암이 왕이 된다는 것을 암
시한 것이다. 중종의 마음이 흔들린다는 것을 간파한 남곤·심정·
홍경주 등은 밤중에 갑자기 대궐로 들어가 정암이 모반을 꾀한다
고 왕에게 아뢰고 왕의 허락을 받아, 정암 이하 여러 사림파를 하
옥시켰다가 모두 먼 곳으로 귀양 보냈다. 그리고 얼마 뒤에 남곤·
심정 등의 주청으로 정암과 70여 명의 사림파에게 사약을 내려 죽
였다. 1519년 기묘년에 일어난 이 사건을 기묘사화라 부른다.
정암은 능주(綾州)로 귀양 가서 한 달 만에 사약을 받았다. 사약
을 받은 정암은 절명시를 썼다.

임금 사랑하기를 어버이 사랑하듯 했고	愛君如愛父
나라 걱정하기를 집안 걱정하듯 했다	憂國若憂家
이 땅을 비쳐주는 저 밝은 태양이	白日臨下土
불타는 내 마음을 비춰주누나	昭昭照丹衷

　천국 건설을 위해 뜨겁게 타오르던 불길이 꺼지는 순간을 맞았다. 불길은 능주의 유배지에서 꺼졌지만 아주 꺼진 것이 아니다. 정암에게 타올랐던 불길은 그 뒤 기회가 있을 때마다 다시 타올랐다. 천국 건설의 기회가 되면 천국 건설을 위해 타올랐고, 나라가 위태로워지면 나라를 구하기 위해 타올랐다.[64]

제2절
을사사화의 내용과 경과

1519년에 기묘사화가 일어나 정치에 관여했던 사람이 몰락한 뒤 훈구파의 전횡(專橫)이 자행되었다. 사림을 몰아내고 난 뒤의 훈구파는 정치권력을 둘러싼 내분으로 인해 크고 작은 사건들이 연이어 일어나고 혼란이 거듭되었다. 그러는 사이에 왜구의 침략이 계속되고 북쪽에서 야인까지 침입해서 나라의 혼란이 가중되었다. 중종 시대는 초기에 있었던 참신한 정치가 기묘사화 이후 완전히

---

64. 정암의 지치주의운동에 관해서는 유현주의 박사논문 『정암 조광조의 지치에 관한 연구』(성균대학교, 2014)에서 일부 참고했음을 밝힌다.

실종되고, 말기까지 혼란한 정치가 계속되어 1544년 병사할 때까지 아무런 치적도 남기지 못했다.

　기묘사화 이후 권력을 장악한 훈구파들이 정권쟁탈을 위한 투쟁을 계속하다가 중종 말기에 이르러 외척 세력 중심으로 권력이 집중되었다. 정국은 중종의 제1계비인 장경왕후(章敬王后)의 친정 오빠인 윤임(尹任)과 제2계비인 문정왕후의 친정 오빠인 윤원로(尹元老)와 친정 동생인 윤원형(尹元衡) 형제를 중심으로 양분되었다. 윤임을 중심으로 한 정치세력을 대윤(大尹)이라 하고, 윤원로 형제를 중심으로 한 세력을 소윤(小尹)이라 불렀다. 중종이 승하하고 장경왕후의 아들 인종이 즉위한 뒤에는 인종의 외삼촌인 윤임을 중심으로 대윤이 득세했다. 인종은 어진 임금으로 신료들에게 세종대왕이 돌아왔다는 평가를 받을 정도로 기대를 모았다. 대윤은 득세했어도 소윤을 박해하지 않았다. 인종이 즉위 초기에 유관(柳灌)·이언적(李彦迪) 등의 명현들을 등용했으므로, 기묘사화 이후에 물러났던 사림들이 다시 정치에 참여하기 시작했다. 이듬해 기묘사화(己卯士禍)로 폐지되었던 현량과(賢良科)를 부활하여 인재를 고루 등용하기 위해 노력하고, 기묘사화 때 화를 입은 사림의 맹주 조광조(趙光祖) 등을 신원(伸寃)했다. 인종이 즉위한 뒤로 새로운 시대가 열리는 듯했다. 사림들에게 정치에 참여하는 분위기가 일어나자 정치에 참여하지 못한 일부 사림들은 소윤인 윤원형 일파에 가담하기도 했다. 사림으로 지목되는 사람들이라고 해서 다 사림은 아니다. 사림이란 욕심을 없애는 목적으로 성리학을 공부하는 선비들이지만, 욕심을 채우기 위해 공부하는 사람들도 다수 사림에 포함되어 있었다. 욕심을 채우기 위해 공부하는 사람들은 사림들이 정치에 참여하는 분위기를 틈타 소윤에게도 가담했다. 그런 사람들은 사림의 이름을 빙자한 사이비 사림이다.

지옥을 지키는 파수꾼은 나라가 천국으로 바뀌면 자신들이 있을 자리가 없어지기 때문에 한사코 나라를 지옥으로 되돌려 놓으려 한다.

나라를 천국으로 인도하는 사람들은 너그럽다. 천국행을 방해하는 사람들에게도 극악한 행동을 하지 않는다. 대윤파의 사람들은 윤원로 형제를 파직만 했을 뿐 죽이지는 않았다. 그러나 문제는 소윤 측에 있었다. 소윤은 인종을 제거하지 않고는 정권을 탈취하기 어렵다는 것을 알았다. 당시의 대비는 문정왕후 혼자였으므로 소윤은 대비를 움직여 정권 탈취를 위한 모략을 세웠다. 김인후 선생은 인종이 세자일 때 인종을 가르쳤던 스승이었다. 그는 인종의 인품을 너무나 잘 알고 있었다. 문정왕후와 소윤들이 인종을 독살하리라는 불길한 예감이 들었다. 그래서 선생은 경연관의 직책을 마다하고, 인종의 탕약을 의론하는 데 함께 참여할 것을 간청했지만, 허락되지 않았다. 김인후 선생은 실망한 끝에 임지로 돌아가고 말았다.

인종이 재위 8개월 만에 승하하고, 뒤를 이어 이복동생인 명종이 즉위하자, 조정의 실권은 소윤으로 넘어갔다. 명종이 즉위하자마자 윤원로가 윤임 일파의 세력을 숙청하기 위해 그들이 경원대군을 해치려 했다고 거짓 주장을 하다가 오히려 파직되어, 해남(海南)에 유배됨으로써 일시적으로 대윤이 정쟁에서 승리했다. 그러나 소윤의 음모는 끈질기게 진행되었다. 윤원형은 온갖 중상모략을 자행하여 윤임·유관·유인숙 등을 반역음모죄로 엮어 유배 보냈다가 사사(賜死)하고, 중상모략에 이용된 계림군도 죽였다. 그 외에도 윤원형은 윤임의 사위인 이덕응(李德應)의 무고로 이휘(李輝)·나숙(羅淑)·나식(羅湜)·정희등(鄭希登)·박광우(朴光佑)·곽순(郭珣)·이중열(李中悅)·이문건(李文健) 등 10여 명을 사형 또는 유배시켰고, 무고한 이덕응도 사형시켰다. 이덕응의 무고가 사실이었다면 이덕응을 죽이지 않는다. 이덕응을 죽였다는 것은 이덕응의 무고가 사실이 아니었음을 증명한다. 대윤을 숙청한 이 사건이 1545년 을사년에 일어났기 때문에 을사사화라 부른다. 인종이 즉위했을 때 천국 건설의 싹이 약간 고개를 내밀다가, 을사사화 이후 완전히 사라지고 나라가 지옥으로 급격하게 떨어졌다.

을사사화 이후로 나라는 윤원형에 의한 지옥의 상태가 지속되었다. 을사사화가 일어난 2년 뒤인 1547년 9월에 부제학 정언각(鄭彦慤)과 선전관 이로(李櫓)가 경기도 과천의 양재역에서 '여주(女主)가 위에서 정권을 잡고, 간신 이기(李芑) 등이 아래에서 권세를 농간하고 있으니, 나라가 곧 망할 것이다'라는 내용의 붉은 글씨로 쓰인 익명의 벽서를 발견해 임금에게 바쳤다. 윤원형·윤인경(尹仁鏡)·이기·정순붕(鄭順朋)·허자(許磁) 등이 이를 이용하여 송인수(宋麟壽)·이약수(李若水)를 사사했다. 이어 이언적(李彦迪)·정자(鄭磁)·노수신(盧守愼)·정황(鄭熿)·유희춘(柳希春)·백인걸(白仁傑)·김난상(金鸞祥)·권응정(權應挺)·권응창(權應昌)·이천계(李天啓) 등 20여 명을 유배하고, 중종의 아들인 봉성군도 사사했으며, 그 밖에도 사건의 조사 과정에서 많은 인물을 희생시켰다. 이를 정미사화라고 부르기도 한다. 인종 즉위 연간에 관리가 된 사람들은 거의 이 사건에 연루되어 화를 입었다.

선비들은 적극적으로 정치적 실현을 위해 나서기도 하지만, 세속을 초월하는 초탈원융의 삶을 추구하기도 한다. 중종 때의 선비 중에 전자의 대표가 정암이라면 후자의 대표는 화담이었다.

제6장

■

서경덕의 철학사상

서경덕(徐敬德: 1489~1546)의 자는 가구(可久), 호는 복재(復齋)·화담
(花潭)이며, 시호는 문강(文康)이다. 개성에서 태어나 자랐다. 10세
때 무오사화가 일어났지만, 어릴 때의 일이기 때문에 큰 충격을
받지 않았을 수도 있다.

14세가 되던 1502년에 화담이 서당에서 『서경』을 배웠는데,
훈장이 일 년의 날짜와 윤달을 정하는 이치를 설명한 기삼백(朞
三百) 풀이를 가르쳐주지 않았으므로, 혼자서 연구하여 보름 만에
터득했다. 기삼백(朞三百) 풀이는 수학을 배우지 않은 사람이 이해
하기는 매우 힘든 것이지만, 화담이 혼자의 힘으로 풀어낸 것을
보면 천재임에 틀림이 없다.

16세가 되던 1504년에 갑자사화가 일어났다. 이때는 상당한 충
격을 받았을 것이다. 16세라는 나이는 사춘기가 한창 진행되는 예
민한 시기이다. 유학을 공부하는 선비의 길은 수기를 한 뒤 과거
시험을 통해 벼슬길로 나가는 것으로 정해져 있지만, 갑자사화를
알게 된 화담은 아마도 관직에 나갈 생각이 없어졌을 것이다. 갑
자사화를 통해 그전에 일어났던 무오사화에 관해서도 알게 되었
을 것이기 때문에 더욱 그러했을 것이다. 그렇다고 하던 공부를

멈출 수는 없다.

18세 때 『대학』을 읽었다. 14세 때 『서경』을 읽은 것을 보면 『대학』은 그 전에 이미 읽었을 것이지만, 18세 때 다시 한 번 훑어본 것일 것이다. 『대학』을 읽으면서 치지(致知)가 격물(格物)하는 데 있다는 구절을 읽고 크게 감탄했다. 공부의 출발점이 격물이므로 격물부터 하지 않고 되는 것은 아무것도 없다는 것을 깨달았다. 천지만물의 이름을 벽에 붙여 놓고 날마다 쳐다보면서 격물공부를 했다. 화담은 일단 격물에서 시작하는 수기 공부에 최선을 다했다. 19세 때 태안 이씨에게 장가들었다. 20세 때는 허물을 두 번 되풀이하지 않으려고 노력했다고 한 말로 보면, 화담의 수기 공부가 상당히 진척된 것으로 보인다. 수기 공부가 무르익은 사람이라야 잘못을 되풀이하지 않을 수 있기 때문이다. 공부가 무르익으면 탄력이 붙는다. 화담은 이즈음 3년간 밥 먹는 것도 잊을 정도로 분발했다. 「연보」에서는 다음과 같이 기록하고 있다.

> 선생이 공부를 심히 하기 3년에 낮에는 밥 먹기를 잊고, 밤에는 잠자기를 잊은 채 수일씩이나 문을 닫고 꿇어앉아 있었으므로, 혈기가 막혀 답답해졌다. 어쩔 수 없이 영호남의 여러 명산을 일 년이나 돌아다니다가 왔다.[65]

화담의 시를 보면, 이즈음 공부한 내용은 장횡거·소강절의 저술과 『노자』, 『장자』 및 『산해경』을 위시한 고대 서적들이었고,

---

65. 『花潭先生文集』 권3, 부록 「연보」.

그 외 명상에도 몰입했을 것으로 짐작된다. 화담은 밥 먹는 것도 잊을 정도로 분발한 공부로 수기 공부가 많이 진척되었을 것이다. 노장철학을 통해 진리를 터득하면 세속을 초월한다. 사람들이 너와 나로 갈라져 다투면서 사는 것은 꿈속에서 꿈꾸고 있는 것과 같다. 꿈속에서의 세상은 가상세계이므로 살아도 사는 것이 아니다. 참다운 삶은 꿈을 깨어야 찾아온다. 꿈을 깬 뒤에 찾아오는 세상은 세속을 초월한다. 화담은 세상을 초월하여 살고자 했다.

> 너를 짚고 멀리 놀러 나가 크고 넓은 장관을 다 둘러보리라. 서쪽으로는 엄자를 둘러보고 동으로는 약목을 거치며, 남으로는 화유를 찾아보고, 북으로는 빙천에까지 가보며, 곤륜산을 건너 뛰고 봉래산을 타 넘어서 저 위의 세상에 있는 여러 신선과 인사를 나누고자 한다.[66]

위의 인용문에서 말한 '너'는 복숭아나무 가지와 대나무로 만든 지팡이를 말한다. 화담은 지팡이를 짚고 세속을 떠나 동서남북으로 끝까지 가본 뒤에 곤륜산과 봉래산을 넘어 저 위에 있는 세상의 신선들과 어울리고 싶은 심경을 노래했다. 비행기를 타고 동서남북을 돌아본 뒤 구름 위로 올라가는 것이 세속을 초월하는 것은 아니다. 세속에서 살고 있는 사람은 로켓을 타고 우주 끝까지 가더라도 속세이다. 세속을 초월한 세상은 꿈을 깨는 순간 찾아온다.

---

66. 策爾遠遊 極壯觀之浩博 西掠崦嵫 東拂若木 南探火維 北窮氷天 超崑崙而 駕蓬萊 揖上界之群仙(『花潭集』 권1, 〈桃竹杖賦〉).

꿈을 깨면 나와 너도 없고 이것과 저것도 없다. 이름 붙일 수 있을 정도로 구별되는 것은 하나도 없으므로 세상은 무하유지향이고 광막한 들판이다. 무하유지향(無何有之鄕)이란 구별해낼 수 있는 것이 없는 고을이다. 그런 고을은 걸릴 것이 없이 펼쳐져 있는 광막한 들판이다. 도심의 좁은 땅도 꿈 깬 사람에게는 무하유지향이고 광막한 들판이다. 좁은 땅에 있어도 무하유지향에서 소요유하는 것이다.

> 그런 뒤에 나는 형문 아래에 느릿느릿 서성이고 쪽문으로 왔다 갔다 소요하며 오동나무에 걸린 청명한 달을 완상하고, 버드나무 가지의 맑은 바람을 읊조리며, 두건을 제쳐 쓰고 배회하면서 너와 함께 놀리라. 평생의 지기로 삼을 것이니 어찌 출처를 달리하리.[67]

위의 부는 지팡이를 읊은 노래다. 형문(衡門)은 나무로 걸쳐놓은 문이다. 가난한 집의 대문이 주로 그렇다. 규두(圭竇)는 문 옆에 있는 작은 쪽문이다. 지팡이와 함께 오두막집에서 평생을 함께 살고 싶은 마음을 노래했다. 화담에게는 오두막집도 무하유지향이고 광막한 들판이다. 거기에서 소요유하면서 사는 것보다 더 좋은 것이 없다.

화담의 삶은 세속에서 세상을 바꾸려고 노력하는 선비의 삶이

---

67. 吾然後棲遲乎衡門之下 逍遙乎圭竇之中 玩庭梧之霽月 詠籬柳之淸風 岸綸巾而徙倚 聊與爾而優遊 結平生之知己 豈出處之異謀(『花潭集』 권1, 〈桃竹杖賦〉).

라고 하기보다는 세속을 떠나 자연과 하나가 된 은자의 삶에 가깝다.

젊은 시절 독서할 땐 세상경륜 꿈꾸었건만　　　讀書當日志經綸
늙어지니 도리어 안연의 가난이 좋아지네　　　晚歲還甘顏氏貧
부귀는 다투는 이 많아 손쓰기가 어렵고　　　富貴有爭難下手
숲속 샘물은 금하지 않아 몸이 편안하구나　　林泉無禁可安身
산나물 캐고 낚시하니 배를 채울 만하고　　　採山釣水堪充腹
달을 노래하고 바람 읊으니 심신이 편하다　　詠月吟風足暢神
의심 없는 경지에 이르니 쾌활하기 그지없어　學到不疑知快活
이제야 헛짓 하는 백 년 인생 벗어났다　　　免教虛作百年人[68]

세속에서 사는 것은 꿈속에서 헛짓하며 사는 것이다. 화담은 그렇게 살 수는 없었다. 화담의 다음 시를 보면 그의 삶은 은자의 삶임이 더욱 확실하다.

허유가 굳이 요 임금에게 사양한 것이 아니라　許由非是強辭堯
성조 움직일 재주 없음을 헤아렸기 때문이지　自揣無才動聖朝
태평한 곳에 가는 것은 부질없는 참견일 뿐　投足太平知越俎
홀로 자연의 몸이 되어 소요함이 제일이지　不如孤往任逍遙[69]

---

68. 『花潭先生文集』 권1, 詩〈述懷〉.
69. 『花潭先生文集』 권1, 詩〈又奉贈一首〉.

화담은 허유가 천하를 맡아달라는 요 임금의 청을 거절한 것이요 임금의 일을 해낼 수 없다는 것을 알았기 때문이라고 보았다. 맞는 말이다. 산에 있던 사람이 세상에 나와 세상의 일을 잘 처리하기는 어렵다. 제사 지낼 때 제사상에 앉아 있는 시동은 제사음식 장만하는 사람이 요리를 잘못해도 내려가 참견하지 않는다. 격에 맞지 않을 뿐만 아니라, 일을 더 그르치고 만다. 산에 사는 은자는 세상에 끼어들 이유가 없다.

세상 밖의 너절한 사람 여기가 더 편안해	象外散人常晏如
초가집 오두막 신선 집이 따로 없네	草廬眞箇類仙居
거칠고 게으른 탓에 친구 없어 더욱 좋아	疏慵寡與還堪樂
구름 샘물 벗을 하니 즐거움이 넘치는 걸	弄得雲泉自有餘[70]

공자가 살던 시대에도 세상을 벗어나 살아가는 신선들이 있었다. 세속의 사람들은 그들을 은자로 불렀다. 공자도 늘 그들과 어울리고 싶어 했다. 천인무간의 정서를 가진 한국인들에게는 세상을 벗어나 하늘처럼 초연하게 살고 싶은 초탈원융철학의 전통이 있다. 위의 시들에서 보면 화담은 초탈원융철학의 전통을 이은 것임을 알 수 있다.

31세가 되던 해에 현량과(賢良科)에 수석으로 추천을 받았으나 사양하고 시험에 응시하지 않았다. 43세 때 어머니의 명령으로 생원시에 응시하여 급제했으나 벼슬길에 나가지는 않았다. 56세

---

70. 『花潭先生文集』 권1, 詩 〈次沈敎授見贈韻〉.

때 후릉참봉(厚陵參奉)에 임명되었으나 역시 사양했다.

화담은 글을 남겼고, 계속 제자들을 가르쳤다. 중종과 인종이 승하했을 때 석 달 동안 집에서 상을 입었다. 화담은 58세 때인 1546년 7월 7일에 서재에서 조용히 생을 마감했다. 임종 때에 한 제자가 오늘 마음이 어떠하냐고 물었더니, 화담은 "살고 죽는 이치를 안 지 오래니, 마음이 편안하다"라고 대답했다.

화담은 성리학을 공부하는 선비로 출발했고, 끝까지 성리학을 버리지 않았다. 초탈원융철학을 익힌 사람은 어느 하나에 갇히지 않는다. 유불도를 녹여 하나로 융합하므로 세속을 초월하여 산다고 해서 성리학을 버리지 않는다. 오히려 성리학을 통해서 세속을 초월하는 참된 진리를 보여준다. 세속을 초월하는 것이 아무도 없는 곳에서 산다는 것이 아니다. 꿈을 깬다는 것은 '나'란 것이 없음을 깨닫는 것이다. 원래 '나'란 것이 없다. 도중에 '나'라는 헛것을 만들어 그것에 끌려 다니는 것이 꿈을 꾸는 것과 같은 가짜의 모습이다. 진리를 얻는 것은 '나'라는 것이 없음을 깨닫는 것이다. '나'라는 것이 없어질 때 나는 자연이 된다. 자연으로 사는 사람이 깨어 있는 사람이고, 그가 있는 곳이 참된 세상이다. 화담은 굳이 세속 밖으로 나갈 필요도 없었다. 화담은 깨달은 사람의 눈으로 성리학의 문제점을 찾아내고, 새로운 이론으로 극복했다. 그리고 그것을 세상에 알리라고 했다.

독창적인 나의 견해를 대략 서술하여 박공 이정과 허군 태휘 및 문하에 공부하러 오는 여러 사람에게 주었다. 이 이론은 글은 비록 졸렬하지만, 여러 성현이 다 전하지 못한 경지를 발견

해 낸 것이다. 중간에 유실하지 말고 후학에게 전하여 중국과
외이(外夷), 가까운 곳과 먼 곳에 두루 퍼지게 하여, 동방에 학
자 나왔음을 알게 하라.[71]

여러 성현이 다 전하지 못한 진리의 핵심은 어떤 것일까?

담일청허한 기는 이미 시작함도 없고, 또 마침도 없다. 이것은
리기가 극히 미묘하기 때문이다. 학자가 진실하게 공부하여 이
경지에까지 도달해야 비로소 모든 성현이 다 전하지 못한 심오
한 뜻을 간파할 수 있다.[72]

모든 성현이 밝혀내지 못한 진리의 핵심을 화담은 밝혔다. 여기
서 우리는 놀라운 사실을 발견한다. 담일청허한 기는 시작함도 없
고 끝남도 없는 하나의 기이다. 이는 『천부경』의 핵심인 '일시무
시(一始無始) 일종무종(一終無終)'과 절묘하게 일치한다. 하나는 시작
해도 시작함이 없고, 마쳐도 마침이 없다. 그 하나[一]를 화담은 일
기(一氣)로 바꾸어 표현했을 뿐이다. 이기설에서 보면 기는 물질이
다. 이를 근거로 화담을 주기론자 또는 물질주의자로 보는 견해가
일반적이지만, 전혀 그렇지 않다. 화담이 말한 기에는 언제나 리가

---

71. 粗述獨見 貽朴公頤正 許君太輝及諸來遊於門者 此論雖辭拙 然見到千聖不
盡傳之地頭爾 勿令中失 可傳之後學 遍諸華夷遠邇 知東方有學者出焉(『花
潭先生文集』권2, 雜著〈鬼神死生論〉).
72. 氣之湛一淸虛者 旣無其始 又無其終 此理氣所以極妙底 學者苟能做工 到此
地頭 始得覷破千聖不盡傳之微旨矣(『花潭先生文集』권2, 雜著〈鬼神死生
論〉).

함께 있다. 리 없는 기는 없다. 홍길동을 그려오라고 하면 사람들은 홍길동의 몸만 그려올 것이다. 그 그림을 보고 홍길동은 몸뿐이라고 하는 사람이 있다면 그는 어리석기 짝이 없다. 몸이 있는 곳에 마음이 항상 있으므로 홍길동을 그리는 사람은 홍길동의 몸만 그리면 된다. 화담이 『천부경』을 읽었는지는 알 수가 없다. 화담이 성리학의 문제점을 찾아낸 것은 그의 노력과 천재성에 기인했을 것이다. 『천부경』의 '하나사상'은 한국인들의 마음 깊숙한 곳에 자리 잡고 있다. 지금도 한국인들이 즐겨 쓰는 말 중에, '하나가 되자', '한마음 한뜻으로' 등의 말이 있다. 한국인의 '하나사상'이 화담을 통해 성리학의 문제점을 극복하는 이론으로 부활한 것일 수도 있다.

주자는 태극을 리로 보고, 음양을 기로 보아 태극과 음양을 분리했는데 이는 논리적으로 받아들이기 어렵다. 태극에서 음양이 나오는데, 태극을 리라 하고 음양을 기라 하면 말이 궁해진다. 기는 시작이 있고 끝이 있다. 화담은 담일청허한 기를 시작도 없고 끝도 없다고 했다. 화담의 설명과 주자의 설명은 일치하지 않는다. 부모에게서 내가 나왔는데. 부모를 리라 하고, 나를 기라 하면 말이 되지 않는다. 부모와 나는 하나다. 부모에게도 리와 기가 있고, 나에게도 리와 기가 있다. 부모에게서 내가 나왔으므로 나는 시작이 있는 것으로 생각할 수 있겠지만 그렇지 않다. 나와 부모는 하나다. 나의 몸이 부모의 몸이고, 나의 마음이 부모의 마음이기 때문에, 부모와 나는 하나이고 시작과 끝이 없다.

화담은 태초의 모습을 태허(太虛) 또는 태일(太一)로 설명한다.

태허는 담담하면서 형태가 없지만, 이름을 지어 선천(先天)이라 한다. 크기로 말하면 바깥이 없고, 오래되기로 말하면 시작이 없으며, 온 곳을 찾을 수 없고, 담담한 상태로 텅 비어 있으면서 고요한 것은 기의 근원이다. 바깥이 없는 먼 데까지 퍼져 있으면서 꽉 채워져 빈틈이 없으므로, 터럭 하나 들어갈 자리가 없다. 그러나 떠서 담아보려면 텅 비어 있고, 손으로 쥐려고 하면 아무것도 없다. 그러면서도 도리어 꽉 채워져 있으니, 없다고 말할 수가 없다. 이러한 본질 세계에 도달해보면 귀로 들을 수 있는 소리가 없고, 맡을 수 있는 냄새가 없다. 이러한 본질 세계는 모든 성인이 말해 놓지 않은 곳이고, 주렴계와 징횡거는 건드리기는 했지만 펼쳐내지 못했으며, 소강절은 한 글자도 써내지 못한 곳이다. 성현들의 말 중에서 찾아 살펴보면 『주역』에서 말한 '고요하여 움직이지 않는다'라는 것이고, 『중용』에서 말한 '쉼 없는 정성으로 그렇게 된 것'이며, 그 맑고 투명한 본체를 말하면 '하나의 기'이고, 혼연한 상태로 모든 것을 포괄하고 있는 것을 말하면 태일이라 한다. 염계는 이에 대해 달리 표현하지 못하고 다만 '무극이면서 태극'이라고만 말했다. 이는 선천이다. 기이하지 않은가! 기이하고도 기이하다. 묘하지 않은가! 묘하고도 묘하다. 갑자기 튀어 오르기도 하고, 홀연히 열리기도 한다. 누가 그렇게 시키는가? 저절로 그렇게 할 뿐이다. 또한 저절로 그렇게 하지 않을 수가 없다. 이를 리(理)가 작동하는 때라고 한다. 『주역』에서 말한 '느낌이 와서 드디어 모든 것에 통한다'라는 것이고, 『중용』에서 말한 '도가 스스로 이끌어간다'라는 것이며, 주렴계가 말한 '태극이 움직여서 양을 낳는다'라는 것이다. 움직였다 정지했다 하지 않을 수 없고, 닫혔다 열렸다 하지 않을 수 없으니, 어째서 그러한가? 움직임이 저절로 그렇게 되는 것이다.[73]

위의 문장을 보면, 화담은 아마도 명상으로 깊이 몰입해서 태초의 본질을 파악한 듯하다. '만물에서 파고 들어가야 조화를 알 수 있고, 원두에서 찾아야 심오한 본질을 알 수 있다.'[74]라고 한 시구에서 보면, 화담은 직접 본질을 체득한 듯하다. 화담이 직접 체험한 본질의 세계를 설명함에 물과 자기 자신의 존재 양식에서 힌트를 얻은 듯하다. '얼음이 녹으면 흔적을 찾을 수 없다.'[75]라는 시구(詩句)와, '도낏자루를 베는데, 방법이 멀리 있지 않으니, 천기가 어찌 나를 어기랴, 사람마다 누구든지 매일 그렇게 하고 있으니, 목마르면 마시고 추우면 옷 입는 것이네.'[76]라고 한 시구에서 보면 이를 짐작할 수 있다.

---

73. 太虛湛然無形 號之曰先天 其大無外 其先無始 其來不可究 其湛然虛靜 氣之原也 彌漫無外之遠 逼塞充實 無有空闕 無一毫可容間也 然挹之則虛 執之則無 然而却實 不得謂之無也 到此田地 無聲可耳 無臭可接 千聖不下語 周張引不發 邵翁不得下一字處也 掫聖賢之語 泝而原之 易所謂寂然不動 庸所謂誠者自成 語其湛然之體 曰一氣 語其混然之周 曰太一 濂溪於此不奈何 只消下語曰無極而太極 是則先天 不其奇乎 奇乎奇 不其妙乎 妙乎妙 倏爾躍 忽爾闢 孰使之乎 自能爾也 亦自不得不爾 是謂理之時也 易所謂感而遂通 庸所謂道自道 周所謂太極動而生陽者也 不能無動靜 無闔闢 其何故哉 機自爾也(『花潭先生文集』 권2, 雜著〈原理氣〉).
74. 硏從物上能知化 搜自源頭可破玄(『花潭先生文集』 卷1 詩〈觀易吟〉).
75. 氷解覓無蹤(『花潭先生文集』 권1, 詩〈挽人〉).
76. 伐柯卽不遠 天機豈我違 人人皆日用 渴飮寒則衣(『花潭先生文集』 권1, 詩〈天機〉).

호수의 물은 담담하면서 형태가 없다. 맑은 물을 보면 없는 것 같지만, 머리카락 하나 넣을 정도의 빈 곳이 없다. 물처럼 우주에 빈틈없이 퍼져 있는 기를 물에 비유해서 설명하면 훨씬 이해하기 쉽다. 얼음덩어리들의 본래의 모습은 얼음이 얼기 전의 모습인 물이고, 천지만물이 여러 형태로 생겨나 있지만, 그 이전의 모습은 형태가 없는 기로 가득한 태허이다. 화담은 기로 가득한 본래의 모습을 선천이라 불렀다.

물은 손으로 떠서 담을 수 없고, 손으로 쥘 수도 없다. 그러면서도 빈틈없이 꽉 채워져 있다. 그렇다고 해서 들을 수 있는 것이 없고 냄새 맡을 수 있는 것이 없다. 고요하게 고여 있는 물처럼 태허의 기는 고요하여 움직이지 않는다.

고요하면서 움직이지 않는 본체를 화담은 '하나의 기'로 표현했다. '하나의 기'라는 것은 여러 개의 기 중에서 하나라는 뜻이 아니다. 호수의 물이 전부 하나이듯이, 태허에 가득한 기가 모두 하나라는 뜻이다. 하나의 기는 모든 것이 다 포함된 기이므로 태일이란 이름을 붙이기도 했다. 기는 튀어 오르기도 하고, 밑으로 가라앉기도 하며, 열리기도 하고 닫히기도 한다. 누가 그렇게 시켜서 하는 것이 아니라, 저절로 그렇게 한다. 기가 저절로 그렇게 할 때 리(理)가 항상 함께 작동한다. 그렇다면 '하나의 기'라고 하는 대신 '하나의 리'라고 해도 될 것 같지만 그렇지 않다. 기가 모이면 형체가 되므로 기는 형체가 되기 이전의 모습과 형체가 된 이후의 모습으로 나뉜다. 형체가 된 뒤에는 그 형체에 기가 작동하므로, 형체가 있는 모든 것은 리(理)와 기와 형체의 세 요소로 분류할 수 있다. 이 세 요소를 사람에 적용하면 마음과 기와 몸이 된다. 기는 언제나 마음과 하나가 되어 있으면서 몸에서 작동하므로, 기는 마음과 몸을 매개하는 매개체다. 기 하나만 붙잡으면 마음과 몸이 다 포함되지만, 마음만 말하면 몸을 포함하기 어렵고, 몸만 말하면 마음을 포함하기 어렵다. 따라서 마음과 기와 몸 중에서 기를 대표로 내세울 수밖에 없다. 화담이 기 하나를 대표로 내세우는 것은 이러한 논리로 설명할 수 있다. 화담이 기를 대표로 설명했다고 해서 화담을 기 일원론자라든가 물질주의자로 보면 안 된다. 화담의 기철학은 『삼일신고』에서 설명하는 존재의 세 요소를 참고하면 쉽게 이해할 수 있다. 화담의 기에는 리와 몸이 함께 있는 기이다. 후세의 사람들이 화담의 기철학을 잘 이해했더라면, 이기설이 복잡하게 전개되지 않았을 것이지만, 그 점이 아쉽다.

화담은 리(理)를 기의 주재자로 설명한다.

> 기 바깥에 리가 있는 것이 아니다. 리는 기를 주재하는 것이다. 주재란 바깥에서 와서 기를 주재하는 것이 아니다. 기가 작동하여 실수하지 않고 바르게 되는 것을 가리켜 주재라고 한다. 리는 기보다 앞서 있지 않다. 기가 시작이 없으므로 리도 본래 시작이 없다. 만약 리가 기보다 먼저라고 하면 기에 시작이 있는 것이 되고 만다.[77]

화담의 이 설명에 따르면, '천지만물이 있기 전에 먼저 천지만

---

77. 氣外無理 理者氣之宰也 所謂宰 非自外來而宰之 指其氣之用事 能不失所以然之正者而謂之宰 理不先於氣 氣無始 理固無始 若曰 理先於氣 則是氣有始也(『花潭先生文集』권2, 雜著〈理氣說〉).

물 공통의 리가 있다'라고 한 주자의 설명에서 나타나는 모순이 해소된다. 주자의 설명에 따르면, 천지만물이 있기 전에 먼저 리가 독립적으로 존재하는 것이 되지만, 화담에 따르면 천지만물이 있기 전에 천지만물의 본질인 태허의 기가 있고, 그 기와 함께 리가 있다. 태허의 기(氣)가 천지만물로 만들어져 나올 때 주재하는 것이 태허의 기와 함께 있는 리이므로, 리는 기보다 먼저 있는 것이 아니다.

사람의 마음은 생명을 향하는 의지이고, 기는 생명을 유지하는 느낌이다. 기가 생명을 유지하는 방식은 심장을 뛰게 하여 피를 온몸에 돌게 만들고, 폐를 열었다 닫았다 하면서 맑은 공기를 몸에 넣는다. 저절로 그렇게 하지만, 그때도 생명을 향하는 의지가 깔려 있다. 밥을 먹어야 할 때가 되면 기가 배고픈 느낌을 작동하여 마음에 밥 먹고 싶은 의지가 생기도록 한다. 기가 배고픈 느낌을 작동할 때 몸에 있는 마음이 배고픈 느낌을 받아들여 밥 먹으려는 의지가 생긴다. 이는 기가 마음을 움직인 것이다. 위험에 처한 어린이를 보면 깜짝 놀라 도우려는 의욕이 생기고, 그와 동시에 몸에 기가 어린이를 돕는 방향으로 작동한다. 이는 마음이 기를 주재하는 것이다.

화담은 일찍이 기의 작용원리를 통해서 생사의 이치를 터득했다. 산다는 것은 기가 모이는 것이고, 죽는다는 것은 기가 흩어지는 것일 뿐이다. 기의 본질에서 보면 아무 차이가 없다.[78]

---

78. 死生人鬼 只是氣之聚散而已 有聚散而無有無(『花潭先生文集』권2, 雜著 〈鬼神死生論〉).

사람들이 생사고락의 감정에 끌려 다니는 것은 본질을 모르기 때문이다. 공부란 본질을 알고 본질을 회복하는 것뿐이다.

> 도가 사람을 멀리하지 않는다. 멀리가지 말고 빨리 돌아와야 한다. 해야 할 일은 모두 몸 안에 있는 것, 딴 데로 눈 돌리지 말라. 이미 본성 있는 곳 알았다면, 마땅히 익히고 길러야지. 반드시 일삼아서 쉬지 않고 닦아야 해, 집착은 금물이야. 잊지 말고 조장 말고 공부에만 힘써야지. 소강절처럼 시만 읊어서야 되겠는가![79]

진리가 사람을 멀리하지 않는다. 사람이 진리를 등지고 진리에서 멀어지고 있다. 사람은 누구나 고향이 있다. 고향이 사람을 버리지 않는다. 그러나 사람이 고향을 등지고 타향으로 달려간다. 돈을 벌기 위해서. 출세하기 위해서. 그런 건 다 욕심을 채우는 거다. 욕심 채우는 방향으로 달려가기만 하고, 돌아오지 못하면 결국 고통의 늪에서 헤어나지 못한다. 늦기 전에, 더 늦기 전에 진리의 고향으로 돌아와야 한다. 진리의 고향은 본래 가지고 있었던 내 마음 안에 있는 본성이다. 지금까지 참으로 찾아야 할 진리를 두고, 딴 데만 쳐다보고 달려갔다. 이제 돌아와 마음속을 들여다보고 거기에 있는 내 마음의 본질이 욕심에 덮이지 않도록 잘 가다듬고 길러야 한다. 그러면서 한편으로는 몸에 있는 기를 잘 길

---

79. 道不遠人須早復 事皆方物莫教睽 旣知性處宜溫養 必有事來豈太持 自在工夫曾喫力 花巖不愛邵吟詩(『花潭先生文集』 권1, 詩 〈笑戲〉).

러야 한다. 내 몸 안의 기는 원래 우주의 기와 하나인 호연지기였는데, 욕심을 채우느라 위축되고 탁해졌다. 다시 차분하게 호흡을 해서 호연지기를 길러야 한다. 쉬지 않고 일삼으면서도 빨리 이루기 위해 서두르면 안 된다. 쉬지 않고 노력하여 저절로 이루어지도록 하는 공부에 힘쓰기만 하면 된다. 소강절처럼 진리를 얻는 공부에 힘쓰지 않고 진리를 얻은 것처럼 시를 읊기만 하면 안 된다. 화담은 공부의 핵심 내용을 짧은 시에 담았다. 성을 알고 기르는 방법, 욕심을 없애는 방법, 호연지기를 기르는 방법 등에 관한 구체적인 방법은 각자가 더 찾아봐야 한다.

화담은 무엇보다도 진리의 고향으로 돌아오는 것을 강조한다. 욕심을 채우는 노력은 열심히 할수록 진리에서 멀어지기 때문에 열심히 하는 것이 중요한 것이 아니라 진리의 방향으로 돌아오는 것이 중요하다.

> 사람이 돌아올 줄만 알면 도가 멀리 있는 것이 아니다. 세상도 방향을 바꾸면 천국이 멀리 있지 않다. 넓고 큰 이 공부는 하기만 하면 된다. 그대가 이 공부에 정진하면 벗들이 몰려옴을 보게 될 것이다.[80]

방향이 중요하다. 모든 것은 진리를 얻는 방향으로 향하는가, 욕심을 채우는 방향으로 향하는가에 달려 있다. 이 공부는 외로

---

80. 人能知復道非遠 世或改圖治可回 廣大工夫要在做 君看馴致至朋來(『花潭先生文集』 권1, 詩〈冬至吟〉).

운 공부처럼 보이지만, 그렇지 않다. 하늘이 돕고 땅이 돕는다. 동행할 도반들이 곳곳에서 나타나 동참한다.

공부가 진척되면 어느덧 욕심의 구름이 걷히고 본심이 환하게 드러나 태양처럼 빛나게 된다.

> 만물을 제대로 보는 공부가 충분히 익어지니, 해와 별이 높이 솟아 안개구름 걷히고. 가슴 속 가득한 건 호연지기라. 수풀 샘에 깃든 이 몸 바깥 걱정 없어졌네.[81]

사람들은 눈이 있어도 모든 것을 잘 못 보고 있다. 호수에 얼음덩어리가 아무리 많이 떠 있어도 본질인 물이라는 점에서 모두 하나다. 사람들은 본질을 잃어버리고 수많은 얼음덩어리가 떠 있다고 판단한다. 눈앞에는 천지만물이 빈틈없이 빼곡하게 들어서 있는 것 같지만, 그것은 잘못 본 것이다. 본질에서 보면 모두 하나일 뿐 구별되는 것은 하나도 없다. 모든 것이 전체이고, 하나이고, 혼돈이고, 하늘이고, 우주다. 눈앞에 보이는 나무 한 그루는 나무 한 그루가 아니라, 그대로 전체이고, 하나이고, 혼돈이고, 하늘이고, 우주다. 그것을 모르고 '나무 한 그루'라고 판단하는 순간, 전체인 하나에서 떼어내어 조그만 칸막이를 치고 그 칸막이 안에 '나무 한 그루'를 가둔다. 그리고 동시에 이 몸을 '나'라고 규정한 뒤 조그만 칸막이에 갇힌다. 내가 칸막이에 갇힌 뒤에는 천지만

---

81. 觀物工夫到十分 日星高揭霽披氛 自從浩氣胸中養 天放林泉解外紛(『花潭先生文集』권1, 詩 〈觀易°偶得首尾吟 以示學易輩諸賢〉).

물 각각을 각각의 칸막이 속에 가두어놓고 만물로만 보기 때문에 만물의 본질을 제대로 보지 못한다. 나는 내가 쳐놓은 칸막이에 '나'를 가둔 뒤에 남들과 다투며 살아간다. 남들과 다투며 사는 인생은 복잡하게 얽혀서 풀어내기 어렵다. 욕심은 채울수록 더욱 얽혀서 결국 풀어내지 못하고 욕심의 감옥에 갇히고 마는 것이 인생이다. 이처럼 복잡한 삶에서 벗어나는 방법은 오직 한 가지, 나를 해방시키는 것뿐이다. 해방이란 나를 가둔 칸막이를 걷어내고 본래의 나인, 전체가 되고, 하나가 되고, 혼돈이 되고, 하늘이 되고, 우주가 되는 것이다. 나를 해방시키고 나서 보니까 천지만물에 쳐놓은 칸막이가 사라지고, 천지만물 각각이 전체가 되고, 하나가 되고, 혼돈이 되고, 하늘이 된다. 만물을 제대로 보는 눈이 생긴 것이다. 천지만물을 제대로 보면 천지만물이 모두 나와 하나다. 모두 하나이므로 다툴 일이 없다. 편하고 평화로울 뿐이다. 숲과 샘에 내던져진 이 몸에 복잡하게 얽혀있던 욕심이 일시에 사라지고 나서 보니, 숲과 샘이 하늘이고 이 몸 또한 하늘이다. 모든 것이 나이기 때문에 문밖에 나서서 구경할 것이 없다.

> 백 가지 생각이 마침내 하나에 모이고, 각각 다른 길도 결국 한 군데로 돌아간다. 앉아서 천하를 알 수 있는데, 무엇 때문에 대문 밖에 나가랴.[82]

---

82. 百慮終一致 殊途竟同歸 坐可知天下 何用出庭闈(『花潭先生文集』권1, 詩 〈天機〉).

'나'를 가둔 칸막이를 걷어내고 자연이 되어 자연으로 사는 것이 참된 삶이고, 행복한 삶이다. 화담의 삶이 그런 삶이었다.

선비는 세속을 떠나지 않으면서 철저하게 수양에 매달리기도 한다. 정치적 실현에 적극적인 선비는 약간의 기회가 와도 정치에 참여하지만, 철저하게 수양에 정진하는 선비는 웬만한 기회가 와도 나아가지 않고, 수양 공부에 치중한다. 간혹 정치에 관여하더라도 정치적 야욕이 없으므로 한직에 머물거나 교육을 담당하는 관직에 머무는 경우가 많다. 한국의 철저한 수양철학은 이언적 선생을 거쳐 이황 선생에 이르러 완성된다.

제7장

■

이언적의 수양 중심 철학사상

이언적(李彦迪: 1491~1553)의 자는 복고(復古), 호는 회재(晦齋)이며, 시호는 문원(文元)이다. 경주에서 태어나 외숙인 손중돈(孫仲暾) 공에게 글을 배웠다. 1514(중종 9)년에 문과에 급제하여 벼슬을 시작했다. 사헌부 지평·장령·밀양부사 등을 거쳐 1530(중종 25)년에 사간원 사간에 임명되었으나, 김안로(金安老)의 재등용을 반대하다가 파직되어 귀향한 후 독락당(獨樂堂)을 짓고 학문에 열중했다.

1537년 김안로가 죽은 뒤에 다시 관직에 나아가 홍문관 부교리·응교를 지냈고, 이듬해에 직제학이 되었다가 전주부윤이 되었다. 이 무렵 일강십목(一綱十目)으로 된 상소를 올려 올바른 정치의 도리를 논했다. 그 뒤 성균관 대사성·사헌부 대사헌·홍문관 부제학을 거쳐 1542년 이조·형조·예조 판서에 임명되었는데, 노모 봉양을 이유로 자주 사직하거나 외직을 요청하여 안동부사·경상도 관찰사에 임명되었다. 욕심을 채우기 위해 학문한 사람은 권력을 잡기 위해 내직을 선호하지만, 욕심을 비우기 위해 학문한 선비는 진리를 펼 수 없는 상황에서 구차하게 내직을 바라지 않고 한직이나 외직을 선호한다.

1544년에 병을 핑계로 관직을 거듭 사양하다가 인종이 즉위하자, 이듬해(1545년)에 의정부 우찬성·좌찬성이 되었다. 그해 인종이 승하하고 명종이 즉위하면서 을사사화가 일어나자 의금부판사직을 사퇴하고 물러났다. 1547년 을사사화의 여파로 양재역벽서(良才驛壁書) 사건이 일어났을 때 회재도 연루되어 강계로 유배되었다. 유배 기간에 회재는 『구인록』, 『봉선잡의(奉先雜儀)』, 『대학장구보유(大學章句補遺)』, 『속대학혹문(續大學惑問)』 등을 저술하고 『중용구경연의』의 집필에 착수했으나 완성은 보지 못했다. 1553년 강계의 유배지에서 생을 마감했다. 1568(선조 1)년에 의정부 영의정에 추증되었고, 1569(선조 2)년에 종묘에 배향되었으며, 1610(광해군 2)년에 문묘에 배향되었다. 옥산서원 등 전국 17개 서원에서 향사되고 있다.

제1절
철학의 출발

회재의 학문의 목적은 목은에서와 마찬가지로 진리를 얻는 것이었다. 진리를 얻은 사람이 성인이므로, 학문의 목적은 성인이 되는 것이다.

세월은 물과 같아 한 번 가면 돌아오지 않는다. 내 나이를 헤아려보니 어언 서른 살이 되었다. 그런데도 아직 공자처럼 학문에 자립하지 못해 중인(衆人)의 차원을 벗어나지 못하고 있다. 이를 생각하니 밤이 다하도록 잠들 수가 없다. 종이 산사에서 울린다.

신년을 알리는 소리다. 천도는 이미 변했고 때와 사물도 또한 변한다. 나는 하늘을 본받아, 덕을 새롭게 하고 구습을 씻어서 제거하며, 성인의 법을 한결같이 준수하여, 경솔함을 바로잡고 나태함을 경계하여, 남이 하나의 노력을 하면 나는 백의 노력을 하여, 오래도록 힘써서 참된 본질을 쌓아, 성인의 영역에 들어갈 것을 기대한다. 지금부터 사십·오십이 되는 것도 얼마 남지 않았다. 눈 깜짝할 사이에 홀연히 이를 것이다. 오십에 이르러도 도를 듣지 못한다면 그만이로다. 가히 따를 수 있겠는가![83]

회재는 서른 살이 되었을 때의 심경을 위와 같이 기록했다. 회재가 서른 살이 되었을 때 과거를 돌아보니 지나온 세월이 너무 빨리 흘렀다. 눈 깜짝할 사이에 30년이 지났다. 산사에서 신년을 알리는 종소리가 들린다. 하룻밤이 지나면 서른 살이 된다. 공자는 서른 살에 학문의 세계에 우뚝 섰다. 예를 자유자재로 실천할 수 있게 되었고, 독자적으로 학문의 길에 매진할 수 있게 되었는데, 회재 자신은 아직 서른 살 때의 공자처럼 될 자신이 없다. 이러다가는 마흔이 되었을 때도 공자처럼 불혹의 경지에 들 수 없을 것이고, 쉰 살이 되었을 때도 천명을 알 수 없을 수도 있다. 생각하니 잠이 오지 않는다. 회재의 심경은 이고(李翺)나 목은의 심경과 같았다.

---

83. 歲月如流 一往不復 究我年數 奄迫三旬 及此未立 寧免衆人 是用自省 竟夕
不眠 鐘鳴山寺 又是新年 天道旣變 時物亦遷 我其法天 思新厥德 滌去舊習
一遵聖法 矯輕警惰 人一己百 眞積力久 期入聖域 自今以往 四十五十 又無
幾何 轉眄忽及 到此無聞 已矣可追(『晦齋先生文集』卷六 立箴).

우물을 파는데 샘에 미치지 못한다면 아홉 길을 판들 이로움이 없다. 학문을 하면서 성인이 될 것을 희구하지 않는다면, 그것은 자기가 자기를 포기하는 것이다. 안회는 학문을 그만두고자 해도 그만둘 수 없어 열심히 노력했고, 증참은 무거운 짐을지고 먼 길을 가듯 학문의 길에 최선을 다했다. 나는 옛사람을스승으로 삼아서 죽은 후에나 마칠 것이다. 성인도 나와 다를 것이 없다. 노력하기만 하면 성인의 경지에 이를 수 있다.[84]

회재의 목표는 성인이 되는 것이었다. 학문의 목표는 오직 성인이 되는 것이어야 한다. 성인이 되기 위해서는 정성을 다해 학문에 정진해야 한다. 성인이 될 수 없는 사람은 없다. 성인이 되려고 하지 않는 사람은 자기가 자기를 포기하는 사람이다. 회재는 학문에 정진하는 것을 평생의 사업으로 삼았다.

제2절
회재의 심성론과 이기설의 문제

중국의 성리학에서는 성인이 되기 위해 본인의 본성을 회복해야하고, 본성을 회복하기 위해서는 먼저 본인의 본성을 알아야 하지만, 본인의 본성은 알기가 어려우므로, 일단 외물에 나아가 외물

---

84. 井不及泉 九仞奚益 學不希聖 是謂自畵 欲罷不能 顏氏之竭 任重道遠 曾氏之篤 我師古人 死而後已 彼何人哉 爲之則是(上揭書 卷六 其五篤志箴).

의 본성인 리(理)를 알고, 그것을 미루어 자기의 본성을 아는 방법을 제시했다. 이러한 우회적·간접적 방법이 성립하기 위해서는 본인의 본성과 외물의 본질이 하나라는 것이 전제되어 있다.

그러나 한국에서의 상황은 다르다. 한국 성리학에는 '천인무간'이라는 전제가 바탕에 깔려 있다. 하늘과 사람이 아무 걸림돌이 없이 직접 하나로 연결되어 있다는 것이 전제된 것이다. 한국 성리학에서의 이러한 전제는 마음속을 들여다보면 하늘마음과 연결된 한마음이 바로 보이기 때문에 가능한 것이다. 한마음이 하늘마음이고 본성이다. 자기의 마음속에 들어 있는 하늘마음을 알 수 있다면, 굳이 자기의 본성을 알기 위해 바깥에 있는 다른 것을 연구하여, 거기에 있는 본질인 리(理)를 알고, 리를 통해서 자기의 본성을 아는 우회적·간접적 방법이 필요 없다. '천인무간'의 전제가 회재에게는 다음과 같이 다양하게 표현되고 있다.

제가 엎드려 생각건대 하늘과 사람에게 하나의 리(理)가 관통하고 있으니 상하무간(上下無間)입니다.[85]

사람의 본성은 하늘의 본질인 천리에 바탕을 두고 있는 것이므로, 처음에는 착하지 않음이 없습니다. 누가 어리석고 누가 지혜롭겠습니까? 이에 성인과 내가 동류임을 알 수 있습니다.[86]

---

85. 臣等伏以天人之際 一理貫通 上下無間(上揭書 卷十二 弘文館上疏).
86. 人有厥性 本乎天理 初無不善 孰愚孰智 乃知聖人我同類(上揭書 卷六 其五 篤志箴).

하늘과 사람은 본질에서 하나로 이어져 있으므로, 위아래의 사이가 없다. 회재는 '천인무간'의 전통을 '상하무간'으로 확장한다. 내가 하늘과 하나이듯이 남들도 하늘과 하나이다. 나와 남은 하늘을 매개로 하여 하나로 연결된다. 하늘과 사람이 하나이므로 사람은 본래 누구나 착하고, 남과 내가 하나이므로 나는 본래 성인과 하나이다.

중국의 성리학에서 중시한 리(理)는 지극히 높고 묘한 우주 만물의 본질이지만, 회재는 그 리(理)가 자기에게 있다는 것을 알기 때문에, 리는 지극히 가깝고도 확실하다.

> 이 리(理)가 비록 지극히 높고 지극히 묘하지만, 그 실체가 깃들어 있는 곳에서 보면 또한 지극히 가깝고 지극히 확실하다.[87]

> 대개 태극의 본체는 비록 극히 미묘하지만, 그 작용이 넓어서 또한 있지 않은 곳이 없다. 그러나 또한 사람에게 깃들어 일상의 삶에 드러나므로, 지극히 가깝고 지극히 확실하다.[88]

지극히 높고 지극히 오묘한 것은 하늘의 마음이고, 지극히 가깝고 지극히 확실한 것은 나에게 있는 한마음이다. 하늘마음이 한마음이므로, 지극히 높은 것이 지극히 가깝고, 지극히 묘한 것

---

87. 此理雖若至高至妙 而求其實體之所以寓 則又至近而至實(上揭書 卷五 書忘齋忘機堂 無極太極說後).
88. 蓋太極之體 雖極微妙而其用之廣 亦無不在 然其寓於人而行於日用者 則又至近而至實(上揭書 卷五 答忘機堂第一書).

이 지극히 확실하다. 그러므로 태극과 리를 궁구하기 위해 바깥으로 나갈 필요도 없고, 높고 넓은 세계에 나가 관찰할 필요도 없다. 하늘의 일과 사람의 일이 하나이므로, 사람의 일에서 본질을 궁구하기만 하면 된다.

대저 도는 다만 사람의 일에 들어 있는 리(理)일 따름이다. 사람의 일을 떠나서 도를 구하면 공허한 데를 밟지 않을 수 없으니, 우리 유학에서 말하는 실제적인 학문이 아니다. 『시경』에 이르기를 "하늘이 뭇 백성을 낳았으니 모든 것에는 각각의 본질이 있다"라고 했다. 모든 것이란 사람의 일이고, 본질이란 하늘의 마음이다. 사람은 하늘과 땅 사이에 있으면서 모든 것과 역행하여 홀로 설 수 없는 것이다. 어찌 아래로부터 배워 실제 힘쓰는 것에 우선하지 않고, 정신을 공허하며 허탕한 곳으로 치달리기만 하여 위에 도달할 수 있겠는가. 하늘의 마음은 사람의 일에서 떨어져 있지 않다. 사람의 일이 극진해져 눈과 발이 함께 천리에 관통하는 지극한 경지에 이르면, 내 마음에 있는 하늘마음이 나타나 혼연하게 온전해져서 일거수일투족이 만가지로 바뀌어도 좌우로 모두 하늘의 본질이 드러나니, 실지로 나를 위한 쓰임이 아닌 것이 없다.[89]

89. 夫道只是人事之理耳 離人事而求道 未有不蹈於空虛之境而非吾儒之實學矣 詩曰天生烝民 有物有則 物者人事也 則者天理也 人在天地之間 不能違物而獨立 安得不先於下學之實務 而馳神空蕩之地 可以爲上達乎 天理不離於人事 人事之盡而足目俱到 以臻於貫通之極 則天理之在吾心者 至此而渾全 酬酢萬變 左右逢原 無非爲我之實用矣(上揭書 卷五 書亡齋亡機堂無極太極說後).

우주 만물의 도는 사람의 일에 들어 있기 때문에 사람의 일을 떠나서 도를 구할 필요가 없다. 가까운 데 것을 놓아두고 먼 데 것을 구하면 실질적인 효력을 발휘하기 어렵다. 모든 것에는 다 본질이 들어 있지만, 그 본질은 사람의 일에 들어 있는 본질과 다른 것이 아니므로, 천지만물에서 본질을 구하기보다 사람의 일에서 본질을 구하는 것이 훨씬 실질적이기 때문에, 회재는 모든 것을 사람의 일로 풀이하고, 만물의 본질을 사람의 마음에 들어 있는 하늘마음과 같은 것으로 풀이했다. 그렇다면 사람의 일을 놓아두고 다른 데서 본질을 구할 필요가 없다. 오직 사람의 일을 극진히 하기만 하면 된다. 사람의 일이 극진해져서 눈이 제대로 보고, 발길이 제대로 닿으면, 내 마음속의 하늘마음이 온전히 발휘되어 나와 하늘이 혼연일체가 되므로, 나의 움직임이 모두 하늘의 움직임이 된다.

원대하고 심오한 형이상학적 본질이 사람의 일을 떠나서 따로 있는 것이 아니라면, 나를 떠나 나 이외의 것에 나아가 본질을 추구할 필요가 없다. 회재는 중국 성리학에서 전개한 우주론이나 이기론을 인성론으로 소화한다.

> 이른바 태극은 도의 본체이고 만 가지 조화의 핵심이다. 자사 (子思)의 이른바 천명의 성(性)이라는 것이다.[90]

중국의 성리학에서는 성인이 되는 방법을 복잡하게 정리했지

---

90. 所謂太極者, 乃斯道之本體, 萬化之領要. 而子思所謂天命之性者也(上揭書).

만, 회재는 성인이 되는 방법을 성 하나로 압축한다. 회재에게는 중국 성리학이 성을 알기 위해 전개한 우주론이나 이기론이 필요하지 않다. 자기의 마음속을 들여다보고 거기에 있는 성을 회복하기만 하면 되기 때문에, 회재는 중국에서 전개한 우주론과 이기론을 수용하지 않고, 오직 인성론에 집중한다.

성인이 되는 것은 성을 회복하는 것이지만, 성을 알기 어려우므로 성을 회복하기가 어렵다. 그리하여 주자는 성을 알기 위해 우주론을 전개하여 이기설을 복잡하게 정리했다.

그러나 '천인무간'의 전통을 이어받고 있는 회재는 마음속을 들여다보기만 하면 성을 바로 알 수 있으므로, 성을 알기 위해 이기론을 복잡하게 전개할 필요가 없다.

회재는 중국 성리학의 핵심인 대학 전 5장의 격물보전이 필요 없다는 것을 알았다.

홀로 한스럽게 생각건대, 성현이 만든 경전의 글에 끊어지고 빠진 부분이 있어 그 글의 뜻이 아직 완전하지 못하므로, 배우는 자들이 온전한 글을 볼 수 없다는 것이 참으로 천고의 유감이다. 주자가 그 맺음말 한 구절을 얻어 그것이 격물치지의 결론에 해당하는 것은 알았지만, 아직 그 전체 문장을 얻지 못했으므로, 드디어 정자의 뜻을 취하여 이를 보충했다. 이로써 학문을 시작하고 리(理)를 궁구하는 요체를 발명한 것이 또한 매우 명백하게 갖추어졌다. 그러나 나는 글을 읽다가 여기에 이르러서는 매양 그 본문을 아직 보지 못한 것을 한탄했다. 요즈음 중국에 큰 유학자가 나와서 그 빠진 문장을 본문 중에서 찾아 다시 장구(章句)를 저술했다고 들었다. 이를 구해서 보려 했으나 할 수 없었다. 이에 감히 나의 판단으로 경문 가운데 두 절을 취하여 「격물치지」의 내용으로 삼는다. 한참 동안 반복하여 살펴보니 말이 충분하고 뜻이 분명하며 경문에 무리가 없고 전의 뜻이 보완되었으며, 상하 문장의 뜻과 맥락이 관통했다. 회암이 다시 나타난다고 하더라도 또한 이를 취함이 있을 것이다[91]

회재는 『대학장구』에 있는 주자의 「격물보전」을 삭제하고, 대신 경문 중에서 두 절을 취하여 격물치지의 내용으로 삼았다.

『대학』은 원래 『예기』의 한 편으로 되어 있던 것을 주자가 독립시켜 단행본으로 만들면서 경 1장과 10장의 전으로 분류하고 문장 중의 일부를 앞뒤의 위치를 바꾸어 『대학장구』라는 이름으로 독립시켰다. 경 1장의 내용은 명명덕·친민·지어지선의 삼강령과 격물·치지·성의·정심·수신·제가·치국·평천하의 팔조목인데, 주자는 공자의 말을 증자가 서술한 것이라 했다. 10장의 전은 경 1장의 내용을 해설한 것이다. 전 1장은 명명덕, 전 2장은 친민, 전 3장은 지어지선, 전 4장은 본말, 전 5장은 격물치지, 전 6장은 성의, 전 7장은 정심, 전 8장은 수신, 전 9장은 제가, 전 10장은 치국

91. 獨恨聖經賢傳之文 不能無斷缺 辭義未完 學者不得見全書 此眞千古遺憾 朱子得其結語一句 知其爲釋格物致知之義 而未得其文 遂取程子之義以補之 其所以發明始學窮理之要 亦甚明備 然愚嘗讀至於此 每嘆本文之未得見 近歲聞中朝有大儒 得其闕文於篇中 更著章句 欲得見之而不可得 乃敢以臆見取經文中二節 以爲格物致知章之文 旣而反復參玩 辭足義明 無欠於經文 而有補於傳義 又與上下文義, 脈絡貫通, 雖晦庵復起, 亦或有取於斯矣(『晦齋先生文集』 卷十一 『大學章句補遺序』).

·평천하에 대한 해설인데, 주자는 증자의 뜻을 증자의 문인이 기록한 것이라 했다. 이 중에서 격물치지에 대한 해설이 있는 전 5장은 '此謂知本, 此謂知之至也'의 두 절로 되어 있을 뿐이고, 그중에서도 '此謂知本'은 연문으로 처리했으므로, 남은 것은 '此謂知之至也'뿐이다. 주자는 이를 격물치지에 대한 결론으로 보고, 격물치지의 내용을 기록한 원문이 빠졌다고 생각하여, 정이천의 말을 참고로 하여 작성해 넣었는데, 그것이 바로 격물보전이다. 주자가 완성한 성리학의 핵심은 이기론이고 이기론의 핵심은 격물보전인데, 회재가 그 핵심 중의 핵심을 제거하고, 자신이 다시 『대학장구』를 보완하여 『대학장구보유』라는 책을 저술했다. 『대학장구보유』의 가장 큰 특징은 『대학장구』의 경 1장에 있는 '가서 머물 곳을 안 뒤에 목표가 정해지고, 목표가 정해진 뒤에 마음이 고요해지며, 마음이 고요해진 뒤에 마음이 편안해지고, 마음이 편안해진 뒤에 제대로 헤아릴 수 있게 되고, 제대로 헤아릴 수 있게된 뒤에 참된 지혜가 얻어진다. 모든 것에는 본질과 말단이 있고, 사람이 처리해야 하는 일에는 처음에 해야 할 일과, 마지막에 해야 할 일이 있으므로, 먼저 해야 할 것과 나중에 해야 할 것을 알면 진리의 실천에 가깝다.[92]라는 문장을 격물치지를 해설한 문장으로 보아 격물치지의 해설 부분으로 옮기고, 전 4장 본말의 해설로 되어 있는 '공자께서 말씀하셨다. 소송을 듣고 판결하는 것은 나도 남과 같다. 그러나 나는 반드시 소송이 없게 만들 것이다. 진

---

92. 知止而后有定 定而后能靜 靜而后能安 安而后能慮 慮而后能得 物有本末事有終始 知所先後 則近道矣(『大學章句』 經1章).

실성이 없는 자는 자기의 말을 제대로 다 말하지 못하는 법이니, 백성의 뜻을 크게 두려워하기 때문이다. 이것을 근본을 아는 것이라 한다[93]라고 되어 있는 문장을 옮겨서 경 1장의 말미에 붙였다는 점이다. 이로써 회재의 『대학장구보유』의 편차는 경 1장과 9장의 전으로 구성된다. 경 1장의 내용은 삼강령 팔조목이고, 9장의 전 중에 전 1장을 명명덕, 전 2장을 친민, 전 3장을 지어지선, 전 4장을 격물치지, 전 5장을 성의, 전 6장을 정심·수신 전 7장을 수신·제가, 전 8장을 제가·치국, 전 9장을 치국·평천하의 해설문으로 분류했다.

회재의 『대학장구보유』는 주자의 『대학장구』에 나타나는 몇 가지의 의문점을 해소한다.

첫째, 삼강령과 팔조목 사이에 이물감이 있는 두 절의 문장을 소멸한 것이다. 『대학』의 내용을 경과 전으로 분류하여 삼강령 팔조목을 경의 내용으로 보고, 삼강령 팔조목을 해설한 것을 전의 내용으로 볼 때, 주자 『대학장구』의 전 4장은 매우 이물감이 있다. 나머지 전의 내용은 모두 삼강령과 팔조목을 해설한 것인데, 전 4장의 내용만은 삼강령 팔조목이 아닌 본말을 해설한 것이므로, 전체의 체계에서 문제가 된다. 이에 회재는 문제가 되는 전 4장의 내용을 경 1장의 끝에 붙임으로써 『대학』의 내용이 삼강령 팔조목으로 된 경(經)과 삼강령 팔조목을 해설한 전(傳)으로 깔끔하게 정리했다.

---

93. 子曰聽訟吾猶人也 必也使無訟乎 無情者不得盡其辭 大畏民志 此謂知本 (『大學章句』傳4章).

둘째, 삼강령 팔조목으로 채워져 있는 경 1장의 내용이 삼강령에서 팔조목으로 바로 이어지지 않고 중간에 '가서 머물 곳을 안뒤에 목표가 정해지고, 목표가 정해진 뒤에 마음이 고요해지며, 마음이 고요해진 뒤에 마음이 편안해지고, 마음이 편안해진 뒤에 제대로 헤아릴 수 있게 되고, 제대로 헤아릴 수 있게 된 뒤에 참된 지혜가 얻어진다. 모든 것에는 본질과 말단이 있고, 사람이 처리해야 하는 일에는 처음에 해야 할 일과, 마지막에 해야 할 일이 있으므로, 먼저 해야 할 것과 나중에 해야 할 것을 알면 진리의 실천에 가깝다'는 내용이 끼어 있어 역시 이물감이 있는데, 이 문장을 격물치지를 해설한 부분으로 옮겨놓음으로써 경 1장의 내용이 이물감이 없이 매끄럽게 정리되었다.

셋째, 주자가 『대학』 본문에 격물치지의 해설이 빠졌다고 생각하여 자신이 격물치지의 해설에 해당하는 문장을 작성해 넣었는데, 그 부분을 삭제하고, 격물치지에 해당하는 해설을 『대학』 본문 중에서 찾아 대치함으로써 따로 문장을 작성하여 끼워 넣지 않고도 『대학』 전체의 내용이 수미일관되게 하나의 체계로 정리되었다.

주자의 격물보전을 삭제하고 그 자리에 본문에 있는 다른 문장을 끌어다 채운 회재는 그 이유를 다음과 같이 설명하고 있다.

대학의 가르침은 격물치지에서 시작된다. 무릇 천하 만물과 모든 일에 본말과 시종이 없는 것이 없으니, 본말 시종의 이치를 궁구하여 선후를 알고 완급을 조절할 줄 안다면, 덕에 나아가고 업을 닦음이 순조롭게 진척되어 도에 이르게 되는 것이 멀

지 않을 것이다[94]

　천하 만물과 모든 일에는 본말과 시종이 있으므로, 본말 시종의 이치를 잘 궁구하여 먼저 하고 나중에 할 것을 알고 느리게 하고 급하게 할 것을 알면 진리에 맞는 삶을 살 수 있게 된다. 이에서 본다면 주자가 자기의 성(性)을 알기 위해 전개한 이기론이 회재에게는 필요하지 않았음을 알 수 있다. 이기론은 하늘마음을 회복하여 하늘마음으로 살기 위해 전개한 것이지만, 회재는 모든 것에 본말과 시종이 있음을 알고 사람이 제대로 대처하면 하늘마음을 회복할 수 있다고 보았기 때문에, 주자의 격물보전을 삭제한 것이다.

　회재가 주자의 격물보전을 삭제했다는 것은 보통의 일이 아니다. 회재는 주자를 따른다는 의미에서 자기의 호를 주자의 호인 회암(晦庵)에서 따서 회재(晦齋)라고 했는데도, 주자 철학의 핵심인 격물보전을 삭제했다. 이는 주자가 완성한 성리학을 연구하는 학자로서 상상하기 힘든 일이다. 이에서 우리는 많은 것을 읽어낼 수 있다.

　한국 전통의 핵심은 '천인무간' 사상이다. '천인무간'이 전제된다는 것은 마음속을 들여다봤을 때 하늘마음이 느껴진다는 것을 의미한다. 만약 마음속을 아무리 들여다봐도 하늘마음이 느껴지지 않으면 '천인무간'을 전제할 수 없다. 사람의 마음속에 있

---

94. 大學之敎 始於格物致知 而凡天下萬物庶事 莫不有本末終始 能窮其本末終始之理 而知所先後緩急 則進德修業 循循有序而其至於道也 不遠矣(『大學章句補遺』傳4章).

는 마음의 상태에 따라 사람을 분류하면 다음과 같이 두 부류로
분류할 수 있다.

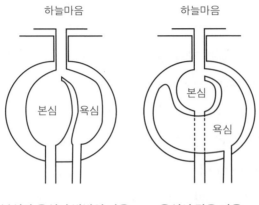

본심과 욕심이 반반인 마음   욕심이 많은 마음

　위에서 분류한 두 종류의 사람 중에 본심과 욕심을 반반정도
가지고 있는 사람은 마음속을 들여다보면 본심인 하늘마음을 볼
수 있지만, 욕심이 가득한 사람은 마음속을 들여다봐도 하늘마
음이 욕심에 가려져 보이지 않는다. 후자의 경우는 자기의 본심
을 잘 알 수 없으므로, 다른 것에 나아가 다른 것에 있는 본심을
안 다음 그것을 미루어 자기의 본심을 아는 우회적 방법이 필요
하지만, 전자의 경우에는 그럴 필요가 없다. 한국인들이 '천인무
간'을 전제하는 이유는 마음속에 본심과 욕심을 반반정도 가지고
있기 때문으로 이해할 수 있다.
　한국인들은 중국의 이기론을 받아들일 필요가 없다. 그렇지만
성리학을 공부하는 학자로서 중국 성리학의 핵심인 이기론을 도
외시하고는 학자로 자처할 수 없으므로, 학자들은 대부분 이기론
을 전개하는 대신, 이(理)와 기(氣)라는 개념을 자기의 철학을 설명

하는 수단으로 사용하는 정도로 그친다. 따라서 한국의 학자들이 이와 기라는 개념을 사용한다고 해서 한국의 유학사를 이기론을 중심으로 정리하면 안 된다.

그런데 아직도 한국 유학 연구의 실상은 한국의 유학사를 퇴계 이황 선생 중심의 주리파와 율곡 이이 선생 중심의 주기파로 나누어 서술한 일본학자 다카하시 도루(高橋亨: 1878~1967)의 영향에서 완전히 벗어나지는 못하고 있다. 다카하시 도루는 경성제국대학의 교수로 부임한 뒤, 한국을 영원한 식민지로 만들기 위한 학술적인 연구를 수행하면서, 유학에 관한 많은 저술을 남겼다. 한국을 영원한 식민지로 만들기 위해서는, 한국인을 분열시켜야 했다. 한국의 힘이 선비에게서 나온다는 것을 알아낸 다카하시 도루는 선비를 분열시키면 한국이 독립하지 못할 것으로 생각했다. 그는 선비를 분열시키기 위해 한국의 선비들을 주리파와 주기파로 나누고, 이를 바탕으로 당파싸움이 일어난 것으로 정리했다. 다카하시 도루의 영향력은 지대했다. 아직도 많은 유학연구자가 퇴계와 율곡을 주리파와 주기파로 나누어, 조선 후기의 유학사를 주리의 영남학파와 주기의 기호학파로 분류하는 틀에서 완전히 벗어나 있지는 않다. 이는 회재가 주자의 격물보전을 삭제한 데서 알 수 있듯이, 한국의 유학이 이기론 중심으로 발전하지 않았다는 사실을 이해하지 못한 데서 오는 오류로 보인다. 왜곡된 한국의 유학사를 바로잡기 위해서도 격물보전을 삭제한 회재 철학의 특징을 확실하게 인식할 필요가 있다.

회재는 이기론을 전개하는 대신 심성론 안에서 성을 회복하는 방법에 치중한다.

제3절
경 중심의 수양 방법

회재는 현실적 삶 속에서 본성을 찾아 본성을 실천해야 함을 말한다.

> 대개 태극의 본체는 비록 극히 미묘하지만, 그 작용은 넓어서 또한 있지 않은 곳이 없다. 그러나 그것이 사람에게 깃들어 일용행사에 펼쳐지는 것은 또한 지극히 가깝고 지극히 확실하다. 그러므로 군자가 이 도를 체득하기 위해서는 보이지 않는 곳에서 조심하고, 들리지 않는 곳에서 두려워하여, 그 본연의 천성을 보전하고 그 외부의 사욕을 단절시켜, 잠깐의 시간이나 작은 일이라도 중단되거나 이탈됨이 없게 하는 것이다. 몸으로 행하는 것은 반드시 부부간의 화합에서 시작하여 형제간에 화목하고, 부모에게 효도하는데 이르기까지 자기의 본성을 다할 것이다. 자기의 본성을 다함이 극진하면, 다른 사람과 사물의 본성마저 다 실현하여, 그 효력이 묘한 작용을 발휘하여, 천지와 하나가 되어 하늘과 땅이 만물을 낳고 기르는 일을 돕는데 이르니, 완전한 사람의 기준이 이에 확립된다. 이것이 '군자의 도는 지극히 가까워서 멀리 있지 않고, 지극히 확실하여 공허하지 않아서, 천지 사이에 세워도 어긋나지 않고 귀신에게 물어도 의심스러움이 없으며 백세 뒤의 성인을 기다려서 물어보아도 잘못될 것이 없다'라는 것이다.[95]

    태극은 하늘마음이다. 아무리 심오하고 미묘하다 하더라도 나의 마음속에 있으므로, 가깝고 확실하다. 그러나 태극은 욕심에 가려져 잘 나타나지 않으므로 욕심이 작동하지 않은 때와 장소에서 잘 보고 붙잡는 것이 중요하다. 아무도 보이지 않고, 아무 소리도 들리지 않는 곳에 혼자 있을 때 하늘마음이 나타나므로, 그 순간에 하늘마음을 잘 붙잡아서 잠깐의 작은 일에서도 그 마음이 이어지도록 집중해야 한다. 하늘마음을 유지하는 것은 가까운 데서 시작해야 한다. 부부간에 화합하고, 형제와 우애 있게 지내며 부모에게 효도하는 등의 일상생활에서 최선을 다하는 것이 중요하다. 가까운 사람과의 일상생활에서 하늘마음을 극진하게 하면, 다른 사람에게도 극진하게 되고, 다른 물체에도 극진하게 된다. 완전한 화합은 하나 되는 것이다. 가까운 사람과 하나가 되어 이웃으로 퍼져나가고, 이웃과 하나가 되어 만물로 퍼져나가서, 천지만물과 하나가 되면, 천지가 만물을 낳고 기르는 일에 참여하게 된다. 완전한 사람이란 천지만물과 하나가 되어 천지의 일을 돕는 자이다. 완전한 사람이 되는 출발점은 내 속에 있으므로, 멀고 높은 곳이 아니라 지극히 가까운 곳이다.

    외부의 유혹에서 벗어나 마음속에 있는 하늘마음을 온전하게

---

95. 蓋太極之體 雖極微妙 而其用之廣 亦無不在 然其寓於人而行於日用者 則又至近而至實 是以君子之體是道也 戒愼乎其所不睹 恐懼乎其所不聞 有以全其本然之天 而絶其外誘之私 不使須臾之頃毫忽之微 有所間斷而離去 其行之於身也 則必造端乎夫婦 以至於和兄弟順父母 而有以盡己之性 及其盡性之至也 則又有以盡人物之性 而其功化之妙 極於參天地贊化育 而人極 於是乎立矣 此君子之道 所以至近而不遠 至實而非虛 建諸天地而不悖 質諸鬼神而無疑 百世以俟聖人 而不惑者也(『晦齋先生文集』卷五 答忘機堂第一書).

유지하기만 하면 하늘마음을 체인(體認)하는 것이 가능하다. 체인이란 몸으로 아는 것을 말한다. 하늘마음은 만물을 사랑하는 마음이라는 것을 머리로만 알고 있으면, 머릿속에서는 만물을 사랑해야 한다는 것을 알고 있어도 몸에서 사랑이 배어 나오지 않는다. 만물을 사랑해야 한다는 것을 몸으로 알아야 사랑이 몸에서 배어 나온다. 사랑의 실천은 가까운 데서 시작해야 한다. 부부·형제·부자간에서부터 시작하여 차츰 이웃으로 확산해가는 것이 순리이다.

사랑을 몸으로 실천할 때 주의해야 하는 것은 외부에서 오는 유혹에 끌려가지 않는 것과 잠깐의 시간이나 작은 일에서라도 중단하지 않고 실천하는 것이다. 이 두 가지 회재의 수양법은 모두 경(敬)을 지키는 것으로 수렴된다.

> 보존하여 기른다고 하는 것은 경건한 마음으로 마음속을 바르게 하여, 정으로 나타나기 전의 마음 상태를 잘 보존함으로써 그 본연의 하늘마음을 온전히 하는 것일 따름이다.[96]

하늘마음이 사람의 마음으로 드러나는 과정에서 유혹을 받지 않고 온전하게 드러나기만 하면 사람이 하늘마음을 실천하는 데 아무 어려움이 없다. 그러나 하늘마음이 사람의 마음으로 드러날 때, '내 것 챙기는 계산'이 개입하면, 하늘마음이 왜곡되어 욕심으

---

96. 且如存養之云 只是敬以直內 存之於未發之前 以全其本然之天而己(『晦齋
先生文集』卷五 答忘機堂第一書).

로 바뀌기 때문에, 하늘마음을 잘 유지하기 위해서는 '내 것만을 챙기려는 계산'이 개입하지 않도록, 마음을 경건하게 유지하는 것이 중요하다. 마음을 경건하게 유지하는 것을, 경건한 상태에 있다는 의미에서 거경(居敬)이라고도 하고, 경건한 마음을 가진다는 의미에서 지경(持敬)이라고도 한다.

정으로 드러나기 전의 마음은 하늘마음이다. 하늘마음은 나의 노력과 관계없이 보존되는 것이므로, 내가 보존하고 기른다는 말이 성립되지 않는 것 같지만, 그렇지 않다. 만약 마음을 경건하게 유지하지 못하고 '내 것 챙기는 계산'에 끌려가 마음속이 욕심으로 가득 채워지면 하늘마음은 멀어지지만, 나의 마음이 하늘마음으로 가득해지면 하늘마음이 나의 마음이 되므로 하늘마음은 지극히 가까워진다. 나의 마음속이 하늘마음으로 채워지는 것이 마음이 보존되는 것이고, 마음이 길러지는 것이다. 하늘마음을 보존하고 기르는 지경 공부의 내용은 다음의 문장에서 더욱 구체적으로 설명된다.

희로애락이 발하기 전에는 마음이 진실하여 고요한 상태로 동요하지 않는다. 이른바 무극의 묘로서 천하의 대본이 여기에 있다. 마땅히 항상 존양하는 공부를 더 하여 대본을 확립하고 만 가지 변화에 응수하는 주인으로 삼을 것이니, 그런 연후에 희로애락의 발함에 알맞지 않음이 없어 일에 처하고 때에 따르는 마땅함을 얻는 것이다. 그러나 마음이 처음 움직이고 기미가 싹틀 즈음에 천리와 인욕이 잠시라도 다투게 되면 그 결과의 어긋남은 천리(千里)로 벌어질 것이니, 이 때문에 더욱 조심해야 한다. 이런 까닭으로 군자는 항상 보이지 않고 들리지 않는 곳에서 조심함으로써 그 본연의 천성을 보존하여 잠깐의 이탈도 막아, 항상 본체의 본래 모습을 온전하게 해야 한다.[97]

희로애락의 감정이 발하기 전의 동요함이 없는 고요한 마음의 본체를 보존하고 기르는 수양법이 마음을 경건하게 유지하는 것이다. 마음을 경건하게 유지하는 방법이 경(敬)을 붙잡는 것이다. 경을 붙잡는 공부는 성인 되는 공부의 처음부터 끝까지 일관된다. 다음의 인용문을 보면 경의 내용이 더욱 명백해진다.

> 경(敬)이란 성학의 처음과 끝을 이루는 것이다. 『역경』에 이르기를 "하늘의 운행이 강건하니 군자는 이것을 본받아 스스로 힘쓰고 가다듬어 쉬지 않는다"라고 했고, 또 "군자가 종일토록 부지런하고 저녁때까지 애태우면, 힘들지만 허물이 없을 것이다"라고 했으니, 이른바 "종일토록 자강불식하고 저녁때까지 힘쓴다"라는 것은 항상 경외하는 마음을 가지고 자강불식하는 것을 말한다. 자강불식하여 저절로 쉬지 않는(無息) 경지에 이르게 되면 하늘에 합하게 되는 것이다.[98]

---

97. 當喜怒哀樂未發之前 此心之眞 寂然不動 是則所謂無極之妙也 而天下之大本 在於是也 固當常加存養之功 以立大本 而爲酬酢萬變之主 而後可以發無不中 而得時措之宜 然於此心之始動 幾微之際 天理人欲 戰於毫忽之間 而謬爲千里之遠 可不於是而益加敬愼乎 是故君子旣常戒懼於不睹不聞之地 以存其本然之天 而不使須臾之離 有以全其無時不然之體(『晦齋先生文集』卷五 答忘機堂第一書).

회재는 거경과 궁리를 이원적으로 전개한 중국 성리학의 수양 방법을 거경 하나로 단일화했다. 회재는 중국 성리학의 이기론과 심성론 중에서 이기론을 수용하지 않고 심성론 하나로 집약했으므로, 수양 방법에서도 중국 성리학의 거경과 궁리 중에서 거경으로 단일화한 것이다. 회재의 수양법이 거경과 궁리 중에서 거경 하나로 집약되었기 때문에, 거경 공부가 그만큼 더 철저해질 수밖에 없다. 경을 실천하는 구체적인 내용은 다음과 같다.

　　경(敬)은 어떻게 하는 것인가. 몸가짐을 바르게 하는 것이다. 용모는 반드시 엄숙하게 하고 의관은 반드시 단정히 할 것이며, 보고 듣는 것에는 규칙이 있고, 말과 행동에는 법도가 있어야 한다. 음란한 음악과 사특한 예법은 마음에 가까이 접하게 하지 말 것이며, 간사한 소리와 요란한 빛깔도 보고 듣지 말아야 한다. 예법에 어긋난 자리와 바르지 않은 장소에는 감히 가지도 말고 거처하지도 말 것이며, 진퇴와 주선을 반드시 도리에 부합하게 하고, 출사하는 것과 멈추는 것, 행하고 감추는 것을, 한결같이 의롭게 결정해야 한다. 부귀에도 마음이 움직이지 말며, 빈천에도 지조를 바꾸지 않으며 우뚝하게 가운데 서서, 오직 도에만 의지해야 할 것이다. 이것을 일러 경을 하는 것이라고 한다.[99]

98. 夫敬者 聖學之所以成始而成終也 易曰天行建 君子以自强不息 又曰君子終日
　　乾乾 夕惕若 厲无咎 所謂日乾夕惕者 乃常存敬畏 而自强不息者也 自强不息
　　而至於無息 則合乎天矣(『晦齋先生文集』卷七 一綱十目疏).

일상생활이 경을 실천하는 구체적인 곳이다. 보고 듣고 말하는 것, 예를 지키고 용모를 갖추는 것, 의관을 정제하는 것 등은 심오한 진리를 추구하는 데 별로 관심 가질 것이 못 되는 자질구레한 것처럼 보이기 쉽지만, 이러한 일상생활이 회재에게는 수양의 대상으로 중시된다. 경을 지키기 위해서는 가만히 앉아서 마음을 고요하게 하는 것도 중요하지만, 일상생활에서 고요한 마음이 이어지지 않으면 안 된다. 일상생활에서 경을 실천하는 것이 오히려 더 중요한 수행일 수 있다. 가만히 앉아서 마음의 고요함을 느낄 때는 마음의 본체를 이미 보존한 것으로 생각할 수도 있지만, 본체가 일상생활 속에서 제대로 드러나지 않으면 본체를 제대로 보존한 것이 아니다. 그러므로 일상생활 속에서 드러나는 마음을 관찰하고 확인하는 것이 중요하다. 일상생활에서 마음을 간직하는 노력을 하면 가정과 사회가 수도장으로 바뀐다. 인간과 인간이 만나는 일상생활에서 밖으로 드러나는 마음을 잘 관찰할 수 있으므로, 일상생활이 마음을 보존하 데 더 중요하다. 일상생활을 아무렇게나 하면서 마음속을 가꾼다는 것은 잘못이다. 본마음이 제대로 보존되면 외부로 제대로 드러나지만, 외부로 드러난 모습을 잘 가다듬으면 역으로 본마음이 제대로 보존된다. 회재의 다음 말에서 보면 이러한 점이 더욱 명확해진다.

99. 敬之如何 持之以正 容貌必莊 衣冠必整 視聽有則 言動有法 淫樂慝禮 不接心術 姦聲亂色 不留耳目 非禮之地 非正之所 足不敢履 身不可處 進退周旋 必於理合 出處行藏 一以義決 富貴不動 貧賤不移 卓然中立 惟道是依 是曰能敬(『晦齋先生文集』卷六 元朝五箴).

옛날 안연이 극기복례(克己復禮)의 방법을 묻자 공자가 말씀하시기를 "예가 아니면 보지 말며, 예가 아니면 듣지 말며, 예가 아니면 말하지 말며, 예가 아니면 움직이지 말라,"고 하셨으며, 정자는 그 말에 이어서 "속마음으로 말미암아 외부에 응하게 되는 것이니, 외부에서 제어하는 것은 마음속을 보양(保養)하는 방법이다"라고 말했다. 그런즉 성인에게 배우는 공부는 비록 '고요함에 전념하여 그 큰 근본을 확립한다'라고 하지만, 또한 반드시 그 움직이는 곳에서도 깊이 성찰해야 하니, 이같이 하지 않는다면 극기복례하여 마음속에 가진 것을 보존할 수 없다. 그러므로 '외부에서 제어하는 것은 속마음을 보양하는 방법이다'라고 한 것이니, 외부를 제어하지 못하고도 속마음을 완전케 할 수 있다는 것은 있을 수 없는 것이다.[100]

예가 아니면 보지도 듣지도 말하지도 움직이지도 말라는 공자의 가르침을 회재는 속을 기르기 위해 밖을 제어하는 것으로 이해했다. 사람의 마음은 속에서 발하여 외부에 응하는 것이기 때문에, 마음을 온전히 하기 위해서는 마음이 발하기 전의 마음의 본체를 세우는 것도 필요하지만, 마음이 발할 때 성찰하여 외부를 제어함으로써 속에 있는 마음을 보존하는 것도 필요하다. 예컨

---

100. 昔顏淵問克己復禮之目 孔子曰非禮勿視 非禮勿聽 非禮勿言 非禮勿動 程子繼之曰由乎中而應乎外 制於外 所以養其中 然則聖門工夫 雖曰主於靜以立其本 亦必於其動處深加省察 蓋不如是則 無以克己服禮 而保固其中之所存矣 故曰制於外 所以養其中 未有不制其外 而能完其中者也(『晦齋先生文集』卷五 答志機堂第三書).

대 마음의 본체를 정립했다면 저절로 음란한 음악에 접근하지 않겠지만, 반대로 음란한 음악에 접하지 않으면 마음의 본체가 사악한 곳으로 흐르는 것을 막을 수 있다.

마음의 본체를 정립하기 위한 보조 수단으로 이기론을 전개하는 것 대신에 회재는 마음의 본체를 확립하기 위해 예의 실천을 강조한 것이다. 한국 성리학에서 항상 예의 실천 문제가 중요한 과제로 되는 까닭은 예의 실천이 마음의 본체를 보존하고 기르는 경(敬) 공부의 한 방법이기 때문이다.

예의 실천을 경(敬) 공부의 한 방법으로 이해하는 회재는 궁리(窮理)의 내용을, 사물의 리를 궁구하는 것이 아니라, 예의 실천원리를 궁구하는 것으로 받아들인다.

모든 것의 존재 원리는 체와 용이 서로 따르게 되고, 움직일 때와 가만히 있을 때 서로 길러주는 것이니, 어찌 내면으로만 온전하게 유지하고 외적인 것에서는 살피지 않을 수 있겠는가. 성인의 가르침은 경에 전념함으로써 근본을 확립하고, 이(理)를 궁구함으로써 앎을 달성하고, 스스로 반성함으로써 본질을 이행하는 것이다. 경이란 또 세 가지를 관통하여 처음을 이루고 마지막을 이루는 것이다. 그러므로 경에 주력하는 것은 내면을 온전하게 하여 바깥을 제어하고, 바깥을 가다듬어서 내면을 기르는 것이다. 안에서는 헷갈리거나 산만함이 없이 고요히 동요하지 않음으로써 만 가지 변화에 응수하는 주체가 되고, 밖으로는 엄연하고 숙연하여 깊이 반성하고 엄밀히 살핌으로써 속마음이 가지고 있는 바를 보존할 수 있다. 이 공부가 오랫동안 계속되어 가만히 있을 때는 텅 비어 있고 움직일 때는 바르게 되어, 안이 온전하고 밖이 융화하게 되면 힘쓰지 않고 생각하지 않아도 조용히 도에 적중하는 경지에 점점 이르게 될 것이다.[101]

회재의 수양 공부는 마음 다스리는 것에 집중되고, 마음 다스리는 방법은 경을 지키는 것에 집중된다. 사람의 삶은 속에 있는 마음과 밖으로 드러나는 행실의 두 요소로 구성되지만, 마음과 행실이 별개가 아니다. 속에 있는 마음이 밖으로 드러나는 것이 행실이다. 속에 있는 본마음이 잘 보존되어 있으면 밖의 행실로 드러나는 것이 가지런하고, 밖의 행실을 가지런하게 하면 속에 있는 본마음이 잘 보존된다. 가만히 있을 때 마음을 잘 보존하면 움직일 때 마음이 제대로 드러나고, 움직일 때 마음을 다잡으면 가만히 있을 때의 마음이 잘 보존된다. 그러므로 속마음을 가라앉히는 것 하나에만 집중하면 안 된다.

회재는 수양 공부를 첫째, 경(敬)에 주력하는 것[主敬], 둘째, 리(理)를 궁구하여 앎을 이루는 것[窮理], 셋째, 몸소 반성하는 것[反躬]의 세 가지로 정리했다. 경(敬)에 주력하여 마음이 욕심으로 쏠리지 않게 하면 마음속에 있는 본마음이 온전해진다. 둘째의 방

---

101. 天下之理 體用相須 動靜交養 豈可專於內而不於外體察哉 聖門之教 主敬
以立其本 窮理而致其知 反躬以踐其實 而敬者又貫通乎三者之間 所以成
始而成終也 故其主敬也 一其內以制乎外 齊其外以養其內 內則無貳無適
寂然不動 以爲酬酢萬變之主 外則儼然肅然 深省密察 有以保固其中之
所存 及其久也 靜虛動直 中一外融 則可以馴致乎不勉不思從容中道之極矣
(『晦齋先生文集』卷五 答忘機堂四書).

법인 리(理)를 궁구하여 앎을 이루는 것은 속에 있는 본마음이 외부로 드러날 때 바르게 드러나는 것과 왜곡되는 구조를 잘 관찰하여 아는 것을 말한다. 셋째의 몸소 반성한다는 것은 일상의 행동에서 드러난 마음이 어떠했는가를 돌아보고 그것이 본마음에서 나온 것이 아니면 반성하여 다시는 그런 일이 없도록 하는 것이다. 회재가 설명한 수양 공부의 세 방법은 모두 마음을 다스리는 것이다. 마음을 다스리는 기본은 마음을 경건하게 유지하는 거경 공부이므로, 이 세 가지 마음공부가 결국 거경 공부 하나로 수렴된다.

마음 챙기는 공부가 오래되면 가만히 있을 때는 욕심이 남아 있지 않아서 텅 비어 있는 것처럼 된다. 욕심이 남아 있지 않아서 텅 빈 것처럼 되어야 본래의 하늘마음이 가득해진다. 하늘마음은 하나밖에 없다. 이리저리 흩어지지도 않는다. 담담하고 잔잔하여 없는 듯하지만, 움직임에 즈음하여 밖으로 드러날 때 왜곡되지 않고 바르게 드러나 만물을 하나로 여긴다. 욕심이 드러나 남들과 갈등하고 다투면 세상이 지옥이 되지만, 하늘마음이 드러나 모두가 하나가 되면 세상이 천국으로 바뀐다. 이를 회재는 융화(融化)라 한다. 융(融)은 녹아서 하나가 되는 것이고, 화(化)는 지옥이 천국으로 바뀌는 것이다. 속에 있는 하늘마음이 밖으로 드러나 세상이 융화되는 것이 마음 챙김의 극치이다.

목은과 양촌을 거치면서 거경으로 집중된 한국의 수양론이 회재에 이어져 더욱 심화하고 구체화하였다.

제4절
회재의 정치사상

한국에서 전개되는 정치적 실천이론은 지치 실현을 목표로 하는 것이지만, 지치 실현을 위한 정암의 시도가 크게 좌절된 이래 정치적 실천 의지는 위축될 수밖에 없었다. 회재는 철저한 수양철학에 주력했으므로 더욱 그러했다. 그러나 회재는 이미 벼슬길에 들어섰으므로, 정치적 실천을 함부로 할 수는 없었다. 회재는 당시의 임금 명종에게 상소문을 올리면서 명종에게 지치 실현의 가능성이 있음을 깨우쳐 준 뒤에 지치를 이루도록 주문한 일이 있다. 이는 맹자가 제나라 선왕에게 왕도정치의 실현을 주문한 것과 유사한 형태였다.

> 지난번에 대간이 음양을 갖춘 사람을 죽여 상서롭지 못한 것을 제거하도록 청하자, 임금께서 이르시기를, "금수도 가벼이 죽여서는 안 될 것인데, 하물며 사람에 있어서이겠는가! 먼 지방으로 보내는 것이 좋을 것이다"라고 하셨습니다. 임금님의 말씀이 참으로 크고 좋으시니, 진실로 천지 부모의 도량입니다. 이 마음을 키워서 백성과 만물에 이른다면, 임금의 은택을 입지 않을 자가 있겠습니까. 아! 임금님의 밝으심이 이와 같으니 여러 신하가 마땅히 뜻을 받들어 지치를 이루어야 할 것입니다.[102]

회재는 당시의 임금 명종에게 지치를 실현할 가능성이 있음을 밝히고, 여러 신하가 임금을 도와 지치를 실현하자고 유도하고 있다. 그러나 회재는 정암과 달리 본인이 지치의 실현에 과감하게 나서지 않았다. 그 이유는 첫째, 회재의 목적이 철저한 수양철학에 있었던 점, 둘째, 회재 자신이 정암처럼 정치권력의 핵심에 들어가 있지 못했던 점, 셋째, 당시의 임금 명종의 자질이 지치 실현에 적합하다고 확신할 수 없는 점, 넷째, 당시에 이미 임금의 외삼촌인 윤원형이 정치권력을 독점하고 있었던 점, 다섯째, 기묘사화의 영향으로 지치 실현을 주장할 분위기가 무르익지 않은 점 등을 들수 있다. 그렇다 하더라도 회재가 관직에 나가 있는 한, 지치 실현의 꿈을 버릴 수는 없다. 지치 실현의 꿈이 없다면 관직에 나가지 말아야 하고, 관직에 나갔다면 지치 실현의 꿈을 펼쳐야 한다. 직접 지치 실현의 꿈을 펼칠 수 없을 때는 지치 실현의 이론이라도 제시해야 한다. 지치가 실현되려면, 첫째는 임금이 성군이 되어야 하고, 둘째는 성군에 걸맞은 신하가 임금을 도와야 한다. 지치 실현의 중심에 임금이 있고, 임금의 본질은 마음에 있으므로, 지치 실현의 출발은 임금의 마음에서 시작해야 한다.

> 왕이 마음을 바르게 하여 조정을 바르게 하고, 조정을 바르게 하여 백관을 바르게 하며, 백관을 바르게 하여 만민을 바르게 합니다. 임금의 마음은 모든 교화의 본원이니, 본원이 바르지 못하면 또한 무엇으로 조정을 바르게 할 것이며, 백관과 만민을

---

102. 頃者 臺諫請誅陰陽具備之人 以除不祥 聖教乃曰 禽獸亦不可輕殺 況於人類乎 投之絶域可也 大哉王言 眞天地父母之爲量也 推此心 以及於民物 其有不被聖澤者乎 嗚乎 聖明如此 群臣固宜將順以成至治(『晦齋先生文集』卷八 進修八規).

무엇으로 바르게 하겠습니까? 이 때문에 옛 성왕께서는 반드시 마음을 바르게 하는 것을 급선무로 삼으셨던 것입니다.[103]

지치 실현의 급선무는 임금의 마음을 바르게 하는 것이다. 임금의 마음이 바르게 되어야 지치 실현이 가능해진다.

사람은 천지 가운데에 있으면서 이기(理氣)가 관통하여, 천지만물과 하나로 이어져 있습니다. 그러므로 사람의 심기(心氣)가 천지를 감응시킬 수 있는 것인데, 하물며 임금이 그 가운데 있으면서 만물의 주인이 되었으니, 마음이 속에서 숙연해져 지극히 허명하고 지극히 공정하여 상하에 이르면, 하늘과 땅이 어찌 제자리를 잡지 않겠습니까? 희로애락의 나타남이 모두 도리에 합당해져 한 사람에게 상을 줌으로써 천만인이 격려되고, 한 사람에게 노함으로써 천만인이 징계 되며, 궁핍한 백성을 불쌍히 여기면 홀아비·과부·고아·자녀 없는 노인이 모두 안정됩니다. 백성들의 즐거움을 즐거워 하면 뭇 생명과 온갖 물체가 모두 은택을 입게 될 것이니, 만물이 어찌 길러지지 않겠습니까? 음양이 조화되어 비와 바람이 제때에 내리고 불며, 재해와 변란이 사라지면, 상서로운 조짐이 나타납니다. 천지가 덮어주고 실어주는 가운데 생명 있는 것들이 각각 본성대로 살게 되니, 이렇게 되는 것이 바로 본마음으로 조화로운 삶을 이루었을 때

---

103. 王者正心以正朝廷 正朝廷以正百官 正百官以正萬民 蓋人主之心 萬化之源 本源不正 又何以正朝廷 以正百官萬民乎 是以古之聖王 必以正心爲急(『晦齋先生文集』 卷八 進修八規).

나타나는 지극한 효과입니다.[104]

사람이 천지 가운데에 있지만, 마음이 천지만물의 마음과 이어져 있고, 기운이 또한 천지만물의 기운과 하나로 이어져 있으므로, 사람의 마음과 기운이 천지를 감응시킬 수 있다. 그중에서도 임금은 사람의 가운데 있고, 만물의 중심이 되어 있으므로, 임금의 마음이 천지의 마음과 하나가 되면, 모든 사람의 마음도 천지의 마음과 하나가 되므로, 사람과 천지가 혼연일체가 되어 하늘과 땅이 제자리에서 제 역할을 하게 된다.

사람의 마음이 욕심으로 가득 차서 남들과 갈등을 일으키고 다투기만 하면, 세상이 지옥으로 바뀌므로, 하늘과 땅이 지옥의 하늘과 땅이 되어, 제대로 구실하지 못한다. 그러나 사람의 마음과 기운이 하늘의 마음과 기운으로 바뀌어 천지만물과 하나가 되면, 이 세상이 천국으로 바뀌므로, 하늘과 땅이 천국의 하늘과 땅이 되어, 비로소 제 모습을 드러낸다.

산천도 마찬가지다. 기쁠 때의 산천은 아름다운 산천이지만, 슬플 때의 산천은 슬픈 산천이다. 사람의 마음에 따라 천지도 달라지고 만물도 달라진다.

희로애락의 감정이 모두 하늘마음에서 나타나 훌륭한 사람을

104. 人處天地之中 理氣貫通 參合無間 故人之心氣 可以致感於天地 況人君成位乎其中 而爲民物之主 一心肅然於中 至虛至公而格于上下 則天地安得而不位乎 喜怒哀樂之發 皆合於理 賞一人而千萬人勸 怒一人而千萬人懲 哀民之窮 而鰥寡孤獨皆得其所 樂民之樂 而群黎品彙 咸被其澤 則萬物安得不育乎 陰陽調而風雨時 災變消而休祥至 覆載之中 含生之類 莫不各遂其性 此致中和之極功也(『晦齋先生文集』 卷八 進修八規).

높이고 잘못된 사람은 꾸짖으면, 사람들이 모두 제대로 되고, 만물도 제대로 자라게 된다. 천지가 제 모습을 드러내고 만물이 제대로 자란다는 말에는 철학적으로 심오한 뜻이 포함되어 있다. 원래 천지만물은 분리되어 있지 않고 하나로 이어져 있다. 그런데 사람이 의식을 가지고 '나'라는 것을 만드는 순간 '나' 이외의 것은 모두 남이 된다. 산천초목이 모두 하나이었지만, 내가 '나'라는 것을 만들어 산천초목을 '나'와 분리하는 순간, 산은 산이 되고, 시내는 시내가 되며, 풀은 풀이 되고, 나무는 나무가 된다. 이 세상의 산천초목은 모두 내가 만들어낸 허상이다. 산천초목을 하나인 본질로 보면 제 모습을 드러내지만, 산천초목을 산천초목으로만 보면 산천초목은 제 모습을 상실한다. 사람이 모든 것을 분리해서 보는 순간, 이 세상은 모든 존재가 갈등하고 투쟁하는 지옥으로 바뀐다. 하늘과 땅도 지옥의 하늘과 땅이므로 제 모습이 아니고, 산천초목도 지옥의 산천초목이므로 제 모습으로 자라는 것이 아니다. 세상이 지옥이 된 것은 내가 이 세상의 모든 것을 분리한 데서 기인한다. 내가 하늘마음을 회복하여 모든 것을 하나인 본질의 모습으로 본다면 모든 것이 달라진다. 세상의 모든 존재가 서로 사랑하며 천국에서 행복을 만끽한다.

하늘과 땅이 제자리를 잡고 만물이 제대로 길러진다는 회재의 말에는, 심오한 철학이 깔려 있지만, 이를 임금에게 다 설명할 수 없으므로 결론적인 부분만 언급했다. 낙원과 지옥의 갈림길은 임금의 마음에 달렸다.

임금의 마음이 바르면, 만사가 다스려지고 인심이 순화되며 화합의 기운이 이릅니다. 그러나 임금의 마음이 바르지 않으면, 만사가 어그러지고 인심이 거스르게 되며 어그러진 기운이 응하게 됩니다. 이것은 이치로 볼 때 반드시 그러합니다.[105]

임금의 마음이 바르다는 것은 임금과 하늘이 하나가 된다는 것을 의미한다. 임금이 하늘과 하나가 되면 백성들과도 하나가 되어, 모두가 한마음이 되므로, 이 세상이 지치의 낙원이 된다.

임금의 마음이 바르지 않다는 것은 임금과 하늘이 분리되어 있다는 것이다. 임금이 하늘과 분리되면 백성들과도 분리되어, 모두가 자기의 욕심을 채우느라 이 세상은 지옥으로 바뀐다. 따라서 이 세상이 지치의 낙원이 되는가 아니면 아비규환의 지옥이 되는가는 임금의 마음에 달렸으므로, 회재는 임금에게 먼저 마음을 바르게 할 것을 주문한다.

임금이 많은 신료의 도움을 받지 않고 혼자서 지치를 실현할 수는 없으므로, 임금이 마음을 바르게 한 다음에 해야 할 일은, 바른 사람을 신하로 등용하고, 잘못된 사람을 축출하는 것이다.

맹자는 "좌우에 있는 가까운 신하가 모두 현명하다고 해도 그 말을 아직 믿어서는 안 되고, 여러 대부가 모두 현명하다고 해도 그 말을 아직 믿어서는 안 되며, 나라 사람들이 모두 현명하다고 한 뒤에 그 말을 살펴서, 현명한 인재임을 안 뒤에 등용해

---

105. 人主之心正 則萬事理 人心順 而和氣至 人主之心不正 則萬事乖 人心拂而 戾氣應 此理之必然也(『晦齋先生文集』卷七 一綱十目疏).

야 한다. 좌우에 있는 가까운 신하가 모두 안 된다고 해도 그 말을 듣지 말 것이고, 여러 대부가 모두 안 된다고 해도 그 말을 듣지 말 것이며, 나라 사람들 모두가 안 된다고 한 뒤에 그 말을 살펴서, 안 되는 이유를 안 뒤에 제거해야 한다"라고 했습니다. 인재를 쓰고 버리는 것과 인재를 얻고 잃는 것에 국가의 안위가 달렸으므로, 옛날의 현명한 임금은 이를 신중히 하여 감히 경솔하게 하지 않았으며, 이를 어렵게 여겨 감히 쉽게 여기지 않았습니다. 반드시 중론을 참작하고 홀로 있을 때 잘 살펴서 현명하거나 사악한 실상을 통찰한 연후에 등용하기도 하고 물러나게 하기도 했으니, 현명한 자는 깊이 알아주고 독실하게 믿어서 의심하지 않았으며, 현명하지 못한 자는 밝게 살펴 결연히 제거하여 다시 머무르거나 지체함이 없도록 했으니, 이것이 현명한 사람을 등용하고 사악한 사람을 출척하는 삼대 성왕의 중요한 방법이었습니다.[106]

임금이 자기의 마음을 바르게 한 뒤에 현명한 자를 등용하고 간사한 자를 제거하면, 지치의 실현이 시작되지만, 그렇지 않으면 지치의 실현은 불가능하다. 회재가 제시한 지치의 실현 방법을 명종은 받아들이지 못했고, 조정에는 소인들이 정치권력을 장악하

---

106. 孟子曰 左右皆曰賢 未可也 諸大夫皆曰賢 未可也 國人皆曰賢 然後察之 見賢焉 然後用之 左石皆曰不可 勿聽 諸大夫皆曰不可 勿聽 國人皆曰不可 然後察之 見不可焉然後 去之 蓋用舍得失 安危所繫 古之明王 愼之而不敢輕 難之而不敢易 必參之於衆 察之於獨 洞見其賢邪之實 然後從而進退之 於賢者 知之深 信之篤 而無所疑貳 於不賢者 燭之明 去之決 而不復留滯 此蓋三代聖王任賢去邪之要法也(上揭書, 卷七, 十綱十目疏).

고 있었으므로, 회재는 임금에게 더는 지치 실현을 강요할 수 없었다. 세상에는 언제나 세상을 이끌어갈 현명한 사람이 있다. 세상이 그 현명한 사람을 알아주면 세상은 낙원으로 바뀌지만, 그렇지 않으면 세상은 아비규환의 지옥에 떨어진다. 회재가 세상에 나와 세상을 바꿀 의견을 제시했지만, 받아들여지지 않았다. 안타까운 일이다.

제8장

■

퇴계 이황 선생의 수양철학

퇴계 이황(李滉: 1501~1570) 선생의 자는 경호(景浩)이고, 호는 퇴계(退溪)·퇴도(退陶)·도수(陶叟)이며, 시호는 문순(文純)이다.

제1절
퇴계의 생애

퇴계는 경상도 예안현(禮安縣) 온계리(溫溪里: 지금의 경상북도 안동시 도산면 온혜리)에서 좌찬성 이식(李埴) 공의 7남 1녀 중 막내아들로 태어났다. 생후 7개월에 아버지를 여의고 홀어머니 춘천 박씨의 슬하에서 자랐다. 춘천 박씨는 '과부의 자식은 배운 게 없고 버릇이 없다'라며 세상에서 따돌림을 받을까 봐 매우 엄한 교육을 했다. 퇴계가 나중에 '나에게 영향을 가장 많이 끼쳐 주신 분은 어머님이다'라고 술회한 것에서 보면, 모친은 퇴계를 지극정성으로 길렀음을 알 수 있다.

퇴계는 6세 때 이웃 노인에게 천자문을 배웠고, 12세 때 작은아버지 송재(松齋) 이우(李堣) 공으로부터 『논어』를 배웠다. 14세경부터 혼자서 독서하기를 좋아해서 많은 경전을 독파했다.

퇴계에게도 사춘기가 찾아올 수밖에 없다. 퇴계와 공자는 공통점이 많다. 어려서 부친을 여의고 인자한 홀어머니에게서 자랐다. 15세 전까지는 모친의 슬하에서 모친의 사랑에 힘입어 모진 세파를 견딜 수 있었다. 사람은 거의 15세 경이 되면 부모의 슬하에서 벗어나 자기의 인생을 생각하게 된다. 이른바 사춘기가 찾아오는 것이다. 공자는 15세가 되었을 때 인생의 근본 문제를 해결하기 위해 학문에 뜻을 두었다. 퇴계는 12세 때부터 이미 『논어』를 읽고 학문의 길에 들어섰지만, 방황 끝에 스스로 찾은 길이 아니라, 환경적으로 주어진 길이었다. 그러나 퇴계의 『논어』 공부는 구두점을 떼고 자구를 해석하는 수준에서 벗어나, 인생의 고민을 해결하는 발판이 되었던 듯하다. 『논어』는 입신출세를 하기 위한 책이 아니라 인생의 문제를 해결하는 책이지만, 사람들은 과거시험을 보고 벼슬길에 나아가기 위한 수단으로 『논어』를 공부하기도 한다. 그런 사람들은 『논어』를 읽고 해석할 줄 알면 『논어』를 안다고 생각한다. 그러나 『논어』에 접근하는 퇴계의 태도는 달랐다. 퇴계는 『논어』 자장편을 배울 때 주석(注釋)에 있는 이(理)라는 글자를 읽고 깨달은 바가 있어 송재 공에게, "모든 사물에서 마땅히 그러한 것을 이(理)라고 합니까?" 하고 물었고, 송재 공은 "너의 학문은 이로써 문리를 얻었다"라고 답했다. 모든 것에서 마땅히 그러한 것은 하나로 이어지는 본질과 통한다. 수많은 나뭇잎이 서로 다른 나뭇잎인 줄로만 안다면, 모두 남남이 되어 경쟁하고 다툰다. 그런 모습은 마땅하지 않다. 나뭇잎들의 본질은 뿌리이다. 뿌리는 모든 잎을 하나로 이어준다. 따라서 나뭇잎이 뿌리와 이어져 있다는 것을 알면, 다른 잎들이 나와 하나가 되기 때문에 서로 사랑하고 화합한다. 그렇게 하는 것이 마땅한 것이다. 잎들이 개개의 존재라면 뿌리는 개개의 존재를 이어주는 본질이다. 천지만물을 잎들에 비유한다면 천지만물을 하나로 이어주는 뿌리가 이(理)이다. 만물이 모두 리(理)로 연결된 것인 줄 모른다면 서로 힘자랑하고 다투지만, 리로 연결된 줄 안다면 힘자랑할 일도 없고, 다툴 일도 없다. 아무리 작고 연약한 것이라도 리와 연결되어 있다는 것을 안다면, 그는 무한하고 영원한 존재이므로, 큰 것을 부러워할 것도 없고, 오래 사는 것을 좋아할 것도 없다. 퇴계는 15세 때 다음과 같은 시를 쓴다.

가재	石蟹
돌을 지고 모래를 파니 저절로 집이 되고	負石穿沙自有家
앞으로 갔다 뒤로 가니 발이 많기도 하구나	前行却走足偏多
한평생 한 움큼의 산 샘물 속에	一生一掬山泉裏
묻지 않노라, 장강 동정호 물이 얼마인지는	不問江湖水幾何

퇴계는 가재를 빌려 자신의 심경을 읊었다. 가재는 잠깐 살다 가는 작은 것이지만, 그것은 모든 것을 구별하는 속된 사람이 볼 때 그렇다. 가재는 자연 그 자체이므로, 천지만물과 구별되지 않고 우주와도 구별되지 않는다. 가재는 무한하고 영원하다. 장강이나 동정호의 물이 얼마가 되던 부러워할 것이 없다. 사람이 리(理)를 통해 천지만물과 하나가 되고 우주와도 하나가 된다는 것을

깨닫지 않고는 이런 시가 나올 수 없다.

15세 즈음에 체험한 퇴계의 깨달음은 돈오에 가깝다. 퇴계에게
는 입신출세가 눈에 들어올 리 없다. 퇴계에게는 돈오의 내용을
더욱 심화시키는 것과 머리로 안 내용을 몸으로 알고 실천할 수
있도록 점수(漸修)하는 일만 남는다.

16~17세 때는 벗들과 입산해서 함께 공부하기도 했다. 퇴계의
공부는 리(理)를 더 정확하게 이해하기 위한 공부와 리(理)를 몸으
로 알고 실현할 수 있도록 하는 점수 공부로 이어졌을 것이다.

19세 때는 『성리대전』의 첫 권과 마지막 권을 구해서 읽고 기
쁨을 감추지 못했다. 퇴계는 그때의 심경을 다음과 같이 술회한
바 있다.

> 열아홉 살 때 처음으로 『성리대전』 첫 권과 마지막 권을 얻어
> 읽어보는 사이에 저절로 마음이 기뻐지고 눈이 열렸다. 오래도
> 록 완미하여 무르익으니, 점차 의미를 알게 되어 마치 들어가는
> 문을 얻은 것 같았다. 이때부터 비로소 성리학의 체제가 저절
> 로 분별되었다.[107]

퇴계는 『논어』를 읽으면서 어렴풋이 알게 된 이(理)를 더욱 확
실히 알기 위해 노심초사하다가 19세 때 『성리대전』의 첫 권에
있는 태극도와 태극도설을 읽고 마음에 희열을 느낄 정도가 되었

---

107. 先生自言十九歲時 初得性理大全首尾二卷 試讀之 不覺心悅而眼開 玩熟
蓋久 漸見意味 似得其門路 自此始知性理之學 體段自別也(『退溪先生言行
錄』卷一 學問).

다. 퇴계가 기쁨을 느낀 까닭은 아마도 이(理)에 대한 이해가 뚜렷해졌기 때문일 것이다. 퇴계가 성리학의 체제를 분별하게 되었다는 것은 이기의 개념이 뚜렷해졌다는 것을 의미한다. 찾고자 하는 것이 안개 속에 감추어져 있는 것처럼 막막할 때는 찾는 일이 힘들고 피곤하지만, 찾고자 하는 것이 어렴풋이 모습을 드러내다가 점점 뚜렷해지기 시작하면, 찾는 일이 기쁘고 신이 나서, 찾는 일에 점점 더 속도가 붙는다. 외국어를 공부할 때도 그렇다. 외국어를 차츰 알아듣기 시작하다가 귀가 뚫리기 시작하면 기쁨이 넘쳐서 신나게 공부하게 된다. 그렇지만, 물건을 찾게 될 때의 기쁨이나 외국어를 할 수 있게 될 때의 기쁨은 진리를 얻게 되었을 때의 기쁨에 비하면 기쁨 축에 들지도 않는다. 공자의 말처럼, 진리를 찾아 정진하는 사람에게 진리가 모습을 드러내기 시작하면 먹는 것도 잊어버리고 늙는 것도 잊어버린 채 오직 진리를 얻기 위해 분발한다.[108]

퇴계도 그랬다. 19세 때 『성리대전』을 접한 뒤의 퇴계는 분발하여 밥 먹는 것도 잊을 정도로 학문에 몰입하여, 만물의 본질인 이(理)의 근원을 알았다. 퇴계는 그때의 심경을 다음과 같이 술회했다.

산림 속 초막에서 만권 책을 애독하며   獨愛林廬萬卷書

다름없는 한 생각에 십 년이 흘렀어라   一般心事十年餘

---

108. 공자는 자로에게 자신을 "분발하여 먹는 것도 잊어버리고, 즐거워서 걱정거리도 잊어버리며, 늙어가는 것도 알지 못하는 사람[發憤忘食 樂以忘憂 不知老之將至]"(『논어』 술이편)으로 소개해주기를 바란 적이 있다.

요즈음에 이르러 근원 자리를 만난 듯 　　　邇來似如源頭會

진리가 내 마음더러 태허를 보게 하네. 　　　道把吾心看太虛

　퇴계가 십여 년 동안 줄기차게 한 생각에 몰입한 것은, 열두 살
때 『논어』를 읽다가 눈이 뜨인 이(理)에 대한 것이었음을 쉽게 짐
작할 수 있다. 퇴계는 10여 년간 이(理)를 줄기차게 궁구하다가 19
세 때 『성리대전』을 읽고 이(理)를 만난 것 같았다. 사람이 이(理)
를 모를 때는 이(理)를 알기 위해 노력하지만, 이(理)를 알고 나면
이(理)를 기준으로 세상을 보게 된다. 이(理)를 기준으로 보면 천지
만물이 모두 하나로 보인다. 천지만물이 하나가 된다는 것은 천지
만물이 구별된 개체로 보이지 않는다는 것을 말한다. 구별된 개체
가 사라진 모습이 태허이다. 이 세상의 모든 것을 녹여서 형체가
하나도 남아 있지 않은 텅 빈 상태가 되어야 태허가 아니다. 이 세
상의 모든 것이 전과 바뀐 것이 없지만, 이(理)의 기준으로 보면 이
세상이 바로 태허이다. 이 세상을 태허로 보려고 해서, 태허로 보
이는 것이 아니다. 이(理)가 기준이 되는 순간 이 세상이 저절로 태
허로 보인다. 도가 자연이고 자연이 도이다. 저절로 내 마음이 태
허를 보게 되는 것을, 퇴계는 도가 내 마음더러 태허를 보게 했다
고 표현했다.

　진리를 알면 알수록 진리를 실천하게 된다. 경전 중에 진리의
내용을 설명해 놓은 대표적인 책이 『논어』이고, 진리를 실천하는
모습을 설명해 놓은 대표적인 책이 『소학』이다. 퇴계는 19세 때
『논어』를 다시 정독했고, 『소학』을 읽었다. 진리를 알면 진리를
실천하고 싶어진다. 19세 때부터의 퇴계는 진리를 알고 실천하는

학문에 매진했다. 진리의 알고 실천하는 방법을 구체적으로 설명해 놓은 책 중의 으뜸은 『주역』이다. 20세 전후의 퇴계는 용두산 용수사에서 『주역』 공부에 몰두했다. 공자는 『주역』을 묶은 가죽끈이 세 번 끊어질 정도로 『주역』 공부에 몰두했지만, 퇴계는 몸을 상할 정도로 『주역』 공부에 몰두했다. 퇴계는 21세 때 허씨 부인과 결혼했다. 결혼은 인생을 살아가는 과정에서 거쳐야 하는 관문이다. 공부에 몰두한다고 해서 결혼을 미루는 것은 잘못이다. 퇴계는 결혼해서 가정을 꾸렸지만, 학문에 매진하는 열정에는 변함이 없었다. 학문이 어느 정도 무르익으면 바깥세상에 나아가 견문도 넓혀야 하고, 자기의 학문을 시험해보기도 해야 한다. 퇴계는 33세 때 수 개월간 성균관에 가서 공부했다. 퇴계의 학문은 배우고 익히는 학이시습의 연속이었다. 배워서 깨닫는 것은 돈오에 해당하고, 때맞게 익히는 것은 점수에 해당한다. 퇴계의 삶은 학문을 통해 진리의 내용을 알아가고, 안 진리를 몸으로 실천할 수 있도록 다지는 과정이었다. 퇴계의 일상은 성균관에서도 변함이 없었다. 성균관의 유생 중에는 과거시험을 준비하는 학생들이 대부분이었다. 기묘사화가 일어난 지 얼마 되지 않았으므로, 도학을 연마하는 분위기는 거의 없어졌다. 당시 성균관의 유생 중에는 도학군자의 모습으로 일관하는 퇴계를 비웃고 조롱하는 자가 많았으므로, 퇴계는 그들과 어울리지 않고 오직 하서 김인후 선생하고만 친하게 지냈다. 퇴계는 그때 『심경부주(心經附註)』를 읽고 크게 감명받았다. 그 해에 귀향하는 도중에 여주로 가서 모재 김안국(金安國) 선생을 찾아뵈었고, 선산의 금오산에 있는 야은 길재 선생의 사당에 참배했다. 퇴계의 마음이 사림에게 가 있었던 것으로 보인다.

34세가 되던 해에 문과에 급제하여 승문원부정자(承文院副正字)가 되었다. 선비로서 과거시험을 통과하여 관리가 되는 것은 정해진 길이기도 하고, 모친의 뜻이기도 했다. 37세에 모친상을 당해 3년간 고향에서 상을 입은 뒤, 39세 때 홍문관 수찬이 되었다가 곧 임금으로부터 사가독서(賜暇讀書)의 은택을 받았다.

정치가 혼란해진 중종 말년에 옥과 현감이 되어 낙향하는 하서 김인후 선생을 전송하면서 퇴계 자신도 낙향하여 학문에 전념할 뜻을 굳힌 듯하다. 43세 때 성균관 사성으로 승진하자 사퇴하고 고향으로 내려갔다.

퇴계는 45세 때 을사사화가 일어나자, 모든 관직을 사퇴하고 고향으로 내려가서, 낙동강 상류 토계(兔溪)의 동암(東巖)에 양진암(養眞庵)을 짓고, 학문의 길에 전념했다. 그때 토계를 퇴계(退溪)로 고치고, 자신의 호로 삼았다. 퇴계의 뜻은 학문을 통해 성인이 되는 것에 있었다. 퇴계는 자신의 학문이 아직 완성되지 않았다는 것을 알고 있었기 때문에 벼슬길에 있으면서도 늘 마음은 고향에서 학문에 전념하는 것이었다.

그 뒤에도 자주 관직이 주어지자, 중앙관직은 피하고 지방관을 허락받아 취임했다. 수양과 치인은 동시적이다. 치인을 하지 않고 수양만 하는 것은 선비의 도리가 아니다. 퇴계의 목표는 늘 공자처럼 되는 것이었다. 공자가 50세 전후에 관직에 나아간 것을 알고 있었으므로, 퇴계로서는 관직 생활을 거부하기가 어려웠다. 치인의 목표는 지상에 천국을 건설하는 것이어야 하는데, 당시 윤원형이 전횡하는 중앙에서 뜻을 펼친다는 것은 불가능했으므로, 퇴계는 지방관을 택했다. 작은 고을이라면 뜻을 펴서 천국 건설의 꿈을 실현할 수 있을 것이기 때문이었다. 48세 때 퇴계는 충청북도 단양의 군수가 되었다가, 친형이 충청감사가 되자, 경상도 풍기의 군수로 옮겼다. 세상을 천국으로 만드는 것은 그 땅에 사는 사람을 천사로 만드는 것이고, 사람을 천사로 만드는 것은 교육에서 시작된다. 퇴계는 풍기군수 재임 중에 전임 군수 주세붕(周世鵬)이 창설한 백운동서원에 편액(扁額)·서적(書籍)·학전(學田)의 하사를 요청하여 허락받았다. 서원의 이름도 소수서원(紹修書院)으로 개칭했다. 소수서원은 최초의 사액서원(賜額書院)이었다.

퇴계는 1년 뒤 퇴임하고, 다시 고향에 가서 퇴계의 서쪽에 한서암(寒棲庵)을 지어 다시 진리 탐구에 들어갔다. 퇴계는 공자처럼 되기 전에는 학문을 그만둘 수 없었다. 52세가 되었을 때 성균관 대사성에 임명되어 취임했다. 퇴계가 다시 관직에 나아가게 된 까닭은 아마도 최고의 교육기관인 성균관 대사성에 임명되었기 때문이기도 했을 것이다. 56세 때 홍문관 부제학, 58세 때 공조 참판에 임명되었으나, 여러 차례 사양했다. 43세 때부터 퇴계가 관직을 사양한 것이 20여 회에 이른다.

60세가 되었을 때 퇴계는 다급해졌다. 학문이 미완성인 채로 생을 마감할 수는 없다. 미진한 학문을 완성하고 제자를 기르는 것보다 더 중요한 것은 없다. 퇴계가 해야 할 마지막 남은 일은 바로 공자처럼 되는 것이었다. 공자처럼 학문을 완성해야 했고, 공자처럼 제자를 길러야 했다. 퇴계의 「도산 12곡」은 아마도 이때의 심경을 읊은 것으로 짐작된다.

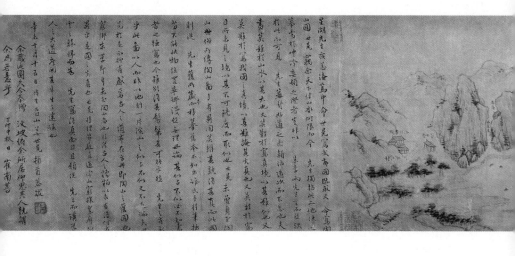

옛 임도 날 못 보고 나도 옛 임을 보지 못해
옛 임을 못 뵈어도 가시던 길 앞에 있네
가시던 길 앞에 있으니 아니 가고 어쩌리(제9곡)

　옛 임은 공자다. 원문에는 고인(古人)으로 되어 있다. 퇴계도 공
자를 만나보지 못했지만, 공자도 퇴계를 만나보지 못했다. 퇴계와
공자는 만나지는 못해서도 마음이 하나로 통한다. 빨리 도산에
내려가 공자가 가던 학문의 길을 따라가야 공자처럼 된다. 예전에
도 공자가 가던 학문의 길을 갔었지만, 도중에 뜻을 펼칠 수도 없
는 벼슬을 하느라 한참의 시간을 허비하고 말았다. 퇴계는 벼슬길
에서 돌아와 다시 학문의 길에 들어섰다. 퇴계는 이제 벼슬에 마
음을 접고 오로지 학문에 전념하여 미진한 학문을 마무리해야
했다.

강세황, 「도산서원도」

당시에 가던 길을 몇 해를 버려두고

어디가 다니다가 이제야 돌아왔나

이제야 돌아왔으니 간 데 마음 말아야지(제10곡)

고향으로 내려온 퇴계는 도산서당(陶山書堂)을 짓고 학문과 교육
에 집중했다. '도옹(陶翁)'이란 호도 이때 정했다. 이로부터 7년간 도
산서당에 기거하면서 학문을 마무리하고 많은 제자를 길렀다. 학
문을 완성하여 성인이 되면 세상을 천국으로 만들 수 있어야 하
지만, 그것은 공자도 하지 못했다. 공자는 당시에 천국을 건설하지
못했지만, 학문을 완성하고 제자를 길렀기 때문에 후대에 이르러
공자의 도가 세상에 펼쳐졌다. 퇴계도 공자처럼 학문을 완성하고
제자를 길렀지만, 눈앞의 현실은 여전히 혼란의 와중에 있다. 그러
나 공자의 도가 후대에 펼쳐진 것처럼 퇴계의 도도 후대에 펼쳐질

날이 올 것이다. 퇴계는 자기를 위로하기도 하고 자부하기도 한다. 퇴계의 임종 전에 남긴 자명(自銘)에 다음과 같은 구절이 있다.

나의 뜻이 이렇게 막히니	我懷伊阻
나의 학문 그 누가 이어가리	我佩誰玩
옛 임을 생각해보니	我思古人
실로 내 마음과 같아라	實獲我心
어찌 알리요, 후세에	寧知來世
지금의 내 마음을 알지 못하리라고	不獲今兮[109]

　퇴계는 각고의 노력 끝에 학문을 완성했지만, 세상은 여전히 혼란스럽다. 학문을 완성하면 기쁨이 넘쳐 입가에 미소가 번지지만 눈은 슬퍼진다. 세상 사람들이 남이 아니라 나로 바뀌기 때문에, 고통 받는 세상 사람들을 바라보는 눈은 슬퍼진다. 퇴계는 세상 사람들을 구제해보려고 노력했지만 실패했다. 슬퍼진 마음으로 공자를 생각해보니, 공자의 슬픔이 퇴계의 슬픔과 같은 것이었음을 알았다. 공자의 뜻은 당대에는 이루어지지 않았지만, 후대에 이루어졌다. 퇴계의 뜻도 후세에 이루어질 것이다.
　학문을 완성할수록 위엄이 생긴다. 그 위엄은 힘에서 나오는 것이 아니라 하늘마음에서 나오는 위엄이다. 어머니는 연약하지만, 아들딸에게는 위엄이 있다. 어머니가 아들딸을 대할 때 하늘마음

---

109. 김언종 교수의 번역을 일부 참작했음.

이 나오기 때문에 그렇다. 아들딸이 어머니에게 함부로 할 수 없는 것도 그 때문이고, 어머니를 그리워하는 것도 그 때문이다. 학문을 완성하여 하늘마음을 회복하면 아들딸들이 어머니를 그리워하듯, 사람들은 그를 그리워한다. 퇴계가 학문을 완성하고 난 뒤에는 온 동네 사람들이 그를 좋아했고, 온 고을 사람이 좋아했으며, 온 나라 사람들이 좋아했다. 임금인 명종도 퇴계를 그리워했다. 명종은 퇴계를 관직에 임명하여 불렀으나, 퇴계는 가지 않았다. 임금 명종은 퇴계를 그리워한 나머지 퇴계가 있는 도산의 그림을 병풍으로 만들어 늘 두고 보았다. 이 내용을 『실록』에는 다음과 같이 전한다.

> 주상께서 궁중에서 은밀히 화공(畫工)에게 명하여 이황이 사는 도산(陶山)의 경치를 그려서 올리도록 했다. 항상 이황을 아끼는 마음이 있었기 때문에 그가 사는 곳을 그림으로 그려서 보았으니 어진 이를 좋아하는 정성이 어떻다 하겠는가. 중외(中外)의 사람들이 미담(美談)으로 여겨 여항간(閭巷間)에 전파했다. 그리고 송인(宋寅)에게 그것에다 도산기(陶山記) 및 도산잡영(陶山雜詠)을 써넣게 해 병풍을 만들고, 그것을 통해 조석으로 이황을 흠모했다 한다. 그 뒤 친정(親政)하게 되자, 이황을 자헌대부(資憲大夫)·공조판서·대제학이라는 현직(顯職)에 임명하며 자주 초빙했으나, 이황은 그때마다 고사하고 고향을 떠나지 않았다(『명종실록』 32권, 명종 21년 5월 22일 조).

퇴계를 그리워한 나머지 명종은 어느 날 독서당에 있는 신하들에게 퇴계에 대한 시를 짓게 했다.

> 임금은 어느 날 독서당(讀書堂)에 술을 내리고 '어진 이를 불러
> 도 오지 않은 데 대한 탄식[招賢不至嘆]'이라는 어제(御題)를 내
> 려 시를 짓게 하면서, 어필(御筆)로 이황(李滉)을 가리킨 것이라
> 고 주를 달았다(『명종실록』33권, 명종 21년 6월 15일 조).

67세 때, 새로 즉위한 명나라 목종의 사절이 오게 되자, 임금이
퇴계를 간곡히 불렀으므로, 어쩔 수 없이 한양에 갔는데, 명종이
갑자기 죽고 선조가 즉위하여 퇴계를 명종의 행장수찬청당상경
(行狀修撰廳堂上卿) 및 예조판서에 임명했다. 퇴계는 신병 때문에 부
득이 귀향하고 말았다.

68세 때 선조는 퇴계를 숭정대부(崇政大夫) 의정부 우찬성에 임
명하며 간절히 초빙했다. 퇴계는 여러 차례의 간곡한 부탁을 끝내
물리치기 어려워 대제학·지경연(知經筵)의 중임을 맡았다. 퇴계는
선조에게 「무진육조소(戊辰六條疏)」를 올려 정치의 요체와 급무를
깨우쳤다. 그 뒤 경연에서 선조에게 정이(程頤)의 「사잠(四箴)」, 『논
어집주』, 『주역』, 장재(張載)의 「서명(西銘)」 등을 강의하고, 『성학
십도(聖學十圖)』를 저술하여 선조에게 바쳤다.

69세 때 이조판서에 임명되었으나 어렵게 허락을 받아내 고향
으로 돌아갔다.

퇴계의 나이 70세, 생의 마지막 해를 맞았다. 11월에 병환이 악
화하여 12월에 생을 정리하기 시작했다.

3일에 빌려온 서책들을 모두 돌려주게 하고, 맏아들 준에게 봉

화 현감을 사직하라 명했으며, 가족들에게 기도하지 말도록 당부했다. 당시의 풍속으로는 병이 악화하였을 때 천지신명에게 기도하는 일이 왕왕 있었기 때문에 특별히 부탁한 것이다.

4일에 조카 녕(甯)에게 유서를 쓰게 했다. 유서의 내용은 나라에서 하사하는 예장을 사양할 것, 비석을 쓰지 말고 작은 돌의 전면에 '退陶晩隱眞城李公之墓'라고 쓰고, 후면에 고향, 가계, 이력, 출처 등에 관해 간략히 쓸 것 등이었다. 다른 사람들에게 명문을 쓰라고 하면 과장할 것이므로 자신이 오래전에 써놓은 명문을 그대로 쓰게 했다. 여러 제자를 만나 마지막 말을 전했다. 자제들이 만류하자, "죽음과 삶이 갈리는 이때 마지막으로 만나보지 않을 수 없다" 하고 상의를 입고 제자들을 불러 결별의 말씀을 전하기를, "평소에 잘 모르는 것을 가지고 제군과 더불어 날마다 종일토록 강론하게 된 것도 쉬운 일이 아니다"라고 했다.

5일에 관을 짜라고 명했다.

7일에 문인 이덕홍에게 명하여 서적을 관리하도록 했다. 병세가 더욱 위독해졌으므로 문인들이 『주역』의 괘를 뽑아 '군자가 마침이 있다'라는 겸괘(謙卦)의 괘사를 얻었다. 군자유종(君子有終)은 '군자라야 마침이 있다'라는 뜻이다. 소인은 생을 잘 마칠 수 없다. 『서경』홍범에서 다섯 가지 행복을 설명하면서 고종명(考從命)을 최고로 삼았다. 군자가 죽는 것은 본래의 모습으로 돌아가는 것이고, 고향으로 가는 즐거운 일이다. 즐거운 고향으로 가는 길을 그냥 훌쩍 떠날 수는 없다. 학교 수업을 잘 마친 사람은 졸업식을 하고 끝내는 것처럼, 인생을 마감할 때도 졸업식을 해야 한다. 지인들을 모아서 기념식을 하고 인사를 나눈 뒤에 떠나가는 것이 고종명이다. 소인은 고종명할 수 없다. 욕심에 갇혀서 사는 사람은 죽어 없어지는 삶을 사는 소인이다. 소인은 죽음이 다가오면 마음을 가누지 못하고 울부짖는다. 『주역』리괘(離卦) 구삼 효에서는 '해가 서산에 걸렸을 때 악기를 두드리며 노래할 수 없다면 팔순 노인이 울부짖게 된다'라고 했다.

퇴계는 고종명의 절차를 밟았다. 제자들을 모아 인사를 나누고 당부할 말을 전했다. 졸업식을 진행하듯이 장례식의 진행 과정도 미리 잘 정리했다. 전에 써 두었던 자명(自銘)의 말미에는 다음의 글이 적혀 있다.

근심 속에 즐거움 있고	憂中有樂
즐거움 속에 근심 있는 법	樂中有憂
조화 따라 돌아가는데	乘化歸盡
다시 무엇을 구하리요	復何求兮

감이 있으면 옴이 있고, 더위가 가면 추위가 온다. 봄에 싹이 터서 여름에 무성해지고 가을에 곱게 물들어 겨울에 떨어져 간다. 이는 대자연의 조화다. 퇴계는 이미 대자연의 조화에 합류했다. 가을에 곱게 물들어 떨어지는 나뭇잎은 죽으러 떨어지는 것이 아니라 그 자체가 자연이고 영생이다. 자연과 하나 되어 흐르는 삶에 생사가 따로 없다. 귀진(歸盡)은 돌아가 다 흩어진다는 뜻이다. 얼음덩어리가 녹아서 형체가 다 없어져 물로 돌아가는 것과 같다.

8일에 퇴계는 마지막 날을 맞았다. 아침에 사람을 시켜 매화 화분에 물을 주게 했다. 마지막 날에도 퇴계의 마음은 평소와 다름이 없었다. 매화 화분에 물 주는 일을 잊을 법도 한데 그렇지 않았다. 다만 힘에 겨워 직접 물을 주지 못해 사람에게 부탁했다는 것만 달랐다. 저녁 다섯 시 경에 자리를 정돈하라고 하고, 부축을 받아 일어나 앉아서 조용하고 편안하게 돌아가셨다. 퇴계는 고종명을 제대로 하셨다.

선조 임금은 3일간 정사를 폐하여 애도하고, 대광보국숭록대부(大匡輔國崇祿大夫) 의정부 영의정 겸 경연·홍문관·예문관·춘추관·관상감 영사를 추증했다. 장사는 영의정의 예에 의하여 집행되었으나, 산소에는 유언에 따라 조그만 돌에 '퇴도만은진성이공지묘(退陶晩隱眞城李公之墓)'라 새긴 묘비만 세워졌다. 문하에 김성일·류성룡·조목·정구를 비롯한 수많은 제자가 배출되었다.

제2절
철학의 출발과 인간관

제1항 철학의 출발

철학을 하게 되는 동기는 여러 가지가 있다. 인생을 살아가면서 겪게 되는 많은 고뇌가 있지만, 그 고뇌들은 크게 두 종류로 분류할 수 있다. 하나는 남과의 경쟁에서 살아남기 위한 것이고, 다른 하나는 늙어 죽어야 하는 숙명에 대한 고뇌이다. 조선시대의 사람들에게 이 두 고뇌는 성리학을 공부하는 것으로 다 해결이 되기 때문에 많은 사람이 성리학에 입문했다. 다른 사람과의 경쟁에서 살아남는 가장 좋은 방법은 입신출세다. 조선시대에는 성리학이 입신출세를 위한 수단이었으므로, 입신출세를 위해 성리학에 입문하는 사람들이 많았다. 그런 사람들은 과거시험의 답안지를 작성하기 위해 성리학을 암기 위주로 공부했다. 그런 사람들은 철학자가 되기 어렵다.

늙어 죽어야 하는 숙명에 대한 고뇌를 해결하기 위해 성리학에 입문하는 사람들이라야 철학자가 될 수 있다. 그들에게는 입신출세가 목적이 될 수 없다. 많은 사람이 입신출세에 매달리다가 한평생을 보내고 절망하면서 죽어간다. 한평생은 금방 지나간다. 죽음에 다다라 절망하면서 한평생을 돌아보면 입신출세를 위해 달려온 한평생이 허무해진다. 그렇게 되는 인생을 미리 생각해본다면 입신출세에 매달리면서 한평생을 살아갈 수는 없다.

숙명에서 벗어나는 것보다 더 중요한 일은 없다. 성리학은 이 문제를 해결하기 위해서 출발했다. 숙명에서 벗어나기 위해 몸부림치는 사람에게는 성리학의 그런 점이 보인다. 퇴계는 성리학의 본질을 보았다.

남의 죽음을 보고 허탈해져 스스로 학문을 그만두는 것은 세속의 비루한 생각이다. 주자는 매양 옛 친구의 부음을 들으면 더더욱 뜻을 가다듬어 학문에 정진했다.[110]

110. 見人死亡而觖惕自廢 乃世俗之陋見 朱子每聞知舊訃音 益厲志爲學(『退溪先生文集續集』卷六 答李宏仲).

퇴계는 성리학에 임하는 주자에게서 그런 모습을 보았다. 모든 것은 아는 만큼 보인다. 퇴계가 그러했기 때문에 주자의 그런 모습이 보인 것이다. 입신출세를 위해 성리학을 공부한 사람은 세속의 비루한 사람이다. 사람이 죽는 것을 보고 입신출세가 허무하다는 것을 알면 허무주의에 빠져 학문을 포기하기도 한다. 그러나 숙명에서 벗어나는 목적으로 학문하는 사람은 다르다. 학문에는 생사를 초월하는 진리가 들어 있다. 생사를 초월한 사람에게는 죽음이 없다. 입신출세에 매달리는 사람은 죽음을 초월할 수 있다는 것을 생각할 수 없다. 죽음을 초월한 사람과 그렇지 못한 사람은 죽어가는 순간에 확연히 달라진다. 죽음을 초월한 사람은 즐겁게 맞이하지만, 그렇지 못한 사람은 울부짖는다. 장자는 부인이 죽었을 때 악기를 두드리며 노래하기도 했다. 물론 자기의 죽음 앞에서도 차이가 없다. 퇴계도 『장자』를 좋아하여 많이 읽었다. 학문이 완성되면 생사를 초월할 수 있다. 주자도 친구의 부음을 들으면 다급해졌다. 자기가 학문을 완성하기 전에 죽음에 다다르면 큰일이기 때문이다. 서둘러 책을 펴고 학문에 정진했다. 죽음에 이르기 전에 학문을 완성하면 그 순간부터 생사를 초월한다. 아침에 도를 알면 저녁에 죽어도 좋은 것이다. 성리학에 임하는 퇴계의 심경도 같았다. 공자와 주자와 퇴계의 공통점 중에 부친을 일찍 여의었다는 것이 있다. 부친을 일찍 여의면 아무래도 죽음에 대해 생각할 기회가 많아질 것이다.

인생에서 피해갈 수 없을 것 같은 숙명에서 오는 고뇌는 근본적이다. 사람이 산다는 것은 밀려오는 고통을 해결해가는 과정이다. 고통을 해결하면 기쁘다. 산다는 것은 고통과 기쁨이 반복되는 과정이다. 작은 고통을 해결하면 작은 기쁨이 오고, 큰 고통을 해결하면 큰 기쁨이 온다. 작은 고통을 당했을 때는 그 고통이 큰 고통처럼 느껴지지만, 더 큰 고통을 당하면 작은 고통은 고통 축에 들어가지 않고, 작은 고통을 해결했을 때의 기쁨 또한 기쁨 축에 들어가지 않는다. 사람들은 인생을 살아가면서 계속 밀려오는 고통을 당하다가 마지막에 죽음이라는 가장 큰 고통에 직면한다. 가장 큰 고통 앞에 서면 그 전의 고통은 고통도 아니고, 그 전의 기쁨은 기쁨도 아닌 것이 된다. 마지막으로 가장 큰 고통을 당해 절망하면서 사라져가는 것이, 대부분의 인생이다. 만약 이러한 인생의 과정을 미리 예측하여, 가장 큰 고통을 해결하면 그때 오는 기쁨은 최고의 기쁨이 된다. 학문을 통해 그 기쁨을 얻을 수 있다면 학문이란 인생 일대의 기쁨이 된다.

> 귀하께서 학문을 하심에, 이미 그 방도를 알고, 또 그 병통이 소재한 바를 알아 능히 나아감이 빠르면 물러남도 빠르다는 깨우침을 지켜, 그 공들임을 그치지 말고 오래도록 완성해 나가면 기질이 바뀌고 한마음이 무르익어서 인생 일대의 기쁜 일을 얻을 수 있을 것입니다.[111]

퇴계에게 학문은 '인생 일대의 기쁜 일'이었다. 퇴계에게는 중국

---

111. 足下於學 旣知其方 又知其病之所在 苟能持進銳退速之戒 不已其功 久久習成 質變而仁熟 庶幾得見人生一大歡喜事(『退陶先生自省錄』卷一 答鄭子中).

에서 전개한 이기설도 생사를 극복하는 이론구축의 재료로 소화되고 있다.

> 기에는 생사가 있으나 리에는 생사의 설이 있지 않다는 말은 타당하다. 햇빛이 만물을 비추는 것으로 비유하는 것도 역시 좋지만 그러나 햇빛은 때로는 없을 때가 있으니 그것은 형체가 있기 때문이다. 리에 있어서라면 소리도 없고 형체도 없고 다함도 없으니 어느 때엔들 없을 수 있겠는가.[112]

    퇴계는 기는 생사가 있는 것이고, 리는 생사가 없는 것으로 파악하기 때문에, 생사를 극복하는 이론은 리를 근거로 하여 찾아질 수 있다. 리는 하늘마음이고 한마음이다. 사람의 마음이 하늘마음으로 바뀌면 생사를 초월한다. 죽음에 대한 고뇌는 마음에서 오는 고뇌이다. 마음속에 죽음이라는 개념이 하나도 없이 사는 사람에게는 죽음에 대한 고뇌가 없다. 죽음에 대한 고뇌가 없어 보이는 사람이 왕왕 있지만, 그런 사람은 죽음을 맞이할 때 달라진다. 오직 마음속이 하늘마음으로 충만한 사람만이 죽음에 대한 고뇌가 없다. 마음속이 하늘마음으로 충만한 사람은 죽음에 대한 고뇌가 없어질 뿐만 아니라, 다른 모든 고뇌가 다 없어지고, 기쁨으로 충만한 삶을 살게 된다.

---

112. 氣有生死 理無生死之說 得之 以日光照物比之亦善 然日光猶有時而無者 以有形故也 至於理 則無聲無臭無方體無窮盡 何時而無耶(『退溪先生文集』卷二十四 答鄭子中).

사람이 다만 묵묵히 공부에 전념하여 앞을 향하여 중단하지 않고 쌓고 익힌 것이 오래되어 순수해지고 무르익은 상태에 이르면, 저절로 마음과 리가 하나가 되어 구애되거나 잃어버리는 병통이 없게 될 것이다.[113]

학문은 사람의 마음과 리가 하나가 되어야 완성된다. 학문을 완성한 자가 성인이다. 성인은 하늘마음을 회복하여 하늘과 하나가 된 사람이다. 학문의 목표는 내면적으로는 마음이 리와 하나가 되는 것이고, 외형적으로는 성인이 되는 것이다. 성인이 되어야 한다는 것을 생각도 못 하는 사람들이 있다. 그런 사람들은 자기를 비하하고 자기를 포기하는 사람이다. 하늘마음은 원래부터 가지고 있었으므로, 하늘마음을 회복하는 목표를 가지고 노력하면 누구나 회복할 수 있다.

하늘마음을 회복하기 위해서는 하늘마음이 무엇이고, 어떤 것인지, 또 사람의 마음과 어떠한 관계가 있는 것인지 등에 대해 알아야 한다.

제2항 천즉리설과 천명 관념

'한 사람의 마음은 곧 천지의 마음이며, 나 하나의 마음은 곧 천

---

113. 人但能黙黙加工 向前不已 積習久久 至於純熟 則自然心與理一 而無隨捉隨失之病矣(『退陶先生自省錄』卷一 答鄭子中).

만인의 마음이다'[114]라는 퇴계의 문장에서 알 수 있듯이, 퇴계에게는 목은 이래 전통이 된 '천인무간'의 사상적 기반이 '천아무간(天我無間)'으로 응집되어 하늘이 나의 하늘로서 절실한 철학의 대상이 됨으로써 '나'라는 존재가 철학하는 주체로 대두된다. 하늘과 사람이 사이가 없이 연결되어 있다고만 하면, '천인무간'이 나의 일이 아니라 남의 일로 이해될 수 있지만, 나 하나의 마음이 모든 사람의 마음이고, 한 사람 한 사람의 마음이 모두 하늘마음이라고 하면, 나의 마음이 하늘마음의 핵심이 되므로, 하늘마음인 사람의 마음이 바로 나의 마음으로 압축된다. 퇴계는 「서명」의 해설에서 다음과 같이 말한다.

> 여(予)자와 「서명」중 아홉 개의 오(吾)자는 본래 사람에게 견준 것이다. 사람이란 자기를 칭한 말이다. 그러나 무릇 이 글을 읽는 사람이 이 10개의 글자가 다만 횡거를 지칭하는 것으로 인식해서도 안 되고, 또 다른 사람이 그 자신을 일컫는 것이라고 양보해서도 안 된다. 이 모두는 독자 스스로가 마땅히 자임하여 자기의 일로 여겨야 한다.[115]

「서명」에 나오는 '나'라는 열 개의 글자는 저자인 횡거를 가리

---

114. 一人之心卽天地之心 一己之心 卽千萬人之心(『退溪先生文集』卷十八 答奇明彥論改心統性情圖).
115. 予字及銘中九吾字固擬人 人稱自己之辭 然凡讀是書者 於此十字 勿徒認作橫渠之自我 亦勿讓與別人之謂我 皆當自任以爲己事看方得(『退溪先生文集』卷十八 西銘考證講義).

키는 것도 아니고, 다른 사람을 가리키는 것도 아니다. 오직 지금 「서명」을 읽고 있는 '나'이어야 한다. 철학 하는 중심에 '나'가 빠지면 철학의 내용이 한가한 말장난이 되고 만다. 내가 철학을 하지 않고, 남들이 써놓은 글을 남의 철학으로 접하면 지식놀음으로 끝난다. '천인무간'도 마찬가지다. 하늘과 사람이 하나로 이어져 있다고 하는 말에서 사람이 나가 아닌 다른 사람이라고 이해하면 '천인무간'은 나와 관계가 없어진다. '천인무간'이라고 했을 때의 사람은 바로 '나'이어야 한다. 이처럼 퇴계에 이르러 '천인무간'은 '천아무간'으로 압축되어 '나'가 철학의 중심 자리에 서게 된다. 내가 하늘과 이어져 있다면, 다시 말해서 내가 하늘이라면, 이대로 이렇게 보잘것없이 사는 나 자신을 용서할 수 없다. 빨리 하늘의 모습을 회복하여 하늘처럼 살지 않는다면 한이 맺혀서 견디지 못한다. '천인무간'의 전제에서 나타나는 한국인의 안타까움은 퇴계에 이르러 처절할 정도로 강화된다. 내가 하늘이라면 나는 하늘을 모르면 안 된다. 하늘을 모른다는 것은 나를 모르는 것이다. 내가 나를 모르고 산다는 것은 말이 되지 않는다. 내가 나를 모른다는 것은 어린이가 길에서 엄마를 잃어버린 것보다 더 절박하다. 사람들이 자기에 대해서 말하는, '나는 사람이다', '나는 남자다' 또는 '나는 여자다', '나는 한국인이다', '나는 학자이다', '나는 사장이다' 등등으로 말하는 나는 모두 껍데기에 불과하다. 껍데기 나로서 살아가는 사람은 껍데기 인생일 수밖에 없다. 오직 '참된 나'를 알아서 '참된 나'로 살아야 참된 삶이 된다. '천아무간'이란 말은 '참된 나는 하늘이다'라는 뜻이다. '천인무간'은 머리로 이해하는 것이 아니라, 한국인의 마음 바탕에 깔려 있으면서 수시로 마음을 뚫고 나타난다. 한국인들은 수시로 안타까워하고 수시로 한이 맺힌다. 한국인의 안타까움과 한은 노래로도 나타나고, 춤으로도 나타나며, 조각으로도 나타나고, 일상생활 속의 행동으로도 나타난다. 이러한 한국인의 안타까움과 한을 철학으로 압축한 것이 한국의 철학이다. 그중에서도 나의 안타까움과 나의 한으로 압축한 것이 퇴계의 철학이므로 퇴계의 철학은 그만큼 처절할 수밖에 없다.

퇴계의 철학에서 가장 먼저 알아야 하는 하늘은 이(理)라는 개념으로 전환되었다. 퇴계는 정지운이 지은 「천명도설」을 수정할 때, 정지운의 '천즉리(天卽理)설'을 그대로 수용하여, 하늘과 이(理)를 하나로 이해했다. 퇴계가 그토록 이(理)를 알기 위해 고심했던 것은 하늘을 알고 싶어 하는 한국인의 정서가 작용했기 때문일 것이다. 퇴계에게 하늘이 이(理)로 전환되었으므로, 퇴계 철학의 첫 번째 관문은 이(理)를 아는 것으로 압축된다. 퇴계가 12세 전후부터 이(理)를 알기 위해 몰입한 것이 바로 이런 이유 때문이었다. 그렇지만 퇴계는 이(理)를 알기 위해 이기론을 전개할 필요는 없다. 하늘이 나의 본질로서 내 속에 있듯이, 이(理)는 나의 본질로서 내 속에 있으므로, 내 속으로 파고 들어가 만나기만 하면 알 수 있고 만날 수 있다. 그러나 그것이 쉽지는 않다.

일찍이 옛사람과 지금 사람의 학문과 실천이 다른 까닭을 깊이 생각해보니, 오직 이(理)를 아는 것이 어렵기 때문이다. 이른바 이(理)라는 것을 알기 어려운 것은 대략을 알기가 어려운 것이 아니라, 참되게 이해하고 깊이 알아 그 완전한 데에 이르는 것

이 어려울 뿐이라는 것이다.[116]

이(理)는 마음의 깊은 곳에 있으므로 알기가 어렵고 만나기가 어렵다. 옛사람은 이(理)를 확실히 알고 제대로 실천했지만, 지금 사람은 대충 알고 대충 실천한다. 우리는 여기서 퇴계 철학의 성격을 정확하게 이해하기 위해 한국 고유사상을 되짚어 보는 것이 필요하리라 생각된다. 『삼일신고』에서는 하늘의 세 요소인 성(性)·명(命)·정(精)이 사람의 심(心)·기(氣)·신(身)과 이어져 있다고 설명하고, 하늘의 성은 으뜸으로 밝은 이라야 통하고, 하늘의 명은 중간 정도의 밝은 이라도 따를 수 있으며, 하늘의 몸은 밝은 정도가 낮은 이로서도 잘 보전할 수 있다고 설명한다.

하늘과 사람의 관계를 부모와 자식의 관계로 바꾸어 생각해 볼 수도 있다. 부모와 자식은 하나로 이어져 있으므로, 자식은 부모와 하나가 되어 부모의 사랑을 듬뿍 받아야 참된 삶을 살 수도 있고, 행복할 수도 있다. 부모에게는 마음과 말씀과 몸의 세 요소가 있으므로, 부모와 하나가 되기 위해서는 부모의 마음과 말씀과 몸을 다 알아야 하지만, 부모의 말씀은 귀로 듣고 잘 이해하면 알 수가 있고, 부모의 몸은 눈으로 보기만 해도 알 수 있지만, 부모의 마음은 알기가 어렵다. 그중에서도 부모의 참마음을 알기는 매우 어렵다. 부모의 세 요소 중에서 마음이 제일 중요하다. 부모의 말씀이 중요하다면 말씀을 녹음하여 매일 들으면 될 것이고,

---

116. 蓋嘗深思古今人學問道術之所以差者 只爲理字難知耳 所謂理者難知者 非略知之爲難 眞知妙解 到十分處爲難耳(『退溪先生文集』卷十六 答奇明彦別紙).

몸이 중요하다면 돌아가신 뒤에라도 방부처리 하여 늘 보면 될 것이지만, 그렇지 않다. 참으로 중요한 것은 부모의 참마음이다. 부모의 참마음을 이(理), 말씀과 몸을 기(氣)로 분류한다면, 부모의 참마음이 부모의 핵심이기 때문에 부모를 이(理)로 간주하는 의미로 '천즉리'를 이해하면 될 것이다. 부모의 몸을 알고 부모의 말씀을 아는 것만으로는 부모를 제대로 아는 것이 아니다. 부모의 참마음을 알아야 비로소 부모를 제대로 아는 것이다. 부모를 하늘에 대입하면 옛사람은 부모의 참마음을 알아서 효도를 제대로 한 것이고, 지금 사람들은 부모의 참마음은 잘 모르고, 부모의 말씀을 따르고 부모의 몸을 위하는 것을 효도로 생각하는 것과 같다.

퇴계는 앞의 인용문에 이어 이(理)의 성격을 '지극히 비어 있으면서 지극히 차 있고, 지극히 없으면서 지극히 있다[至虛而至實 至無而至有]'고 설명한다. 퇴계의 이 말은 이(理)를 하늘마음으로 이해하면 쉽게 이해할 수 있다. 하늘마음은 보아도 보이지 않고 들어도 들리지 않으며 손으로 만질 수도 없으므로 텅 비어 있는 것 같지만, 조금의 빈틈도 없이 가득하고, 없는 것 같지만, 없는 곳이 없다. 하늘마음은 만물을 살리는 마음이다. 만물은 하늘마음으로 생존한다. 하늘마음이 한순간이라도 사라지면 만물은 생존할 수 없다. 하늘마음으로 사는 것이 참된 삶을 사는 것이지만, 하늘마음은 알기 어렵다. 사람이 해결해야 하는 첫 번째 과제는 하늘마음을 아는 것이고, 이(理)를 아는 것이다.

제3항 퇴계의 인간관

사람과 하늘은 본래 하나이다. 본래 하나이므로 몸도 마음도 하나이지만, 사람이 하늘에서 멀어지기 때문에 문제가 생긴다. 이를 해결하기 위해서는 사람의 본래 모습을 알아야 하고, 하늘에서 멀어지는 원인과 하늘에서 멀어진 뒤의 사람은 어떻게 되는지를 아는 것이 중요하다.

퇴계는 마음에 따라 '나'를 공아(公我)와 사아(私我)로 구분한다.

> 여(予)와 오(吾)는 곧 아(我)이다. 자공이 말한 '다른 사람이 나[我]에게 하기를 원하지 않는 것을 나[吾] 또한 다른 사람에게 하지 않고자 한다'라고 말한 데서의 아(我)와 오(吾)는 모두 공아(公我)이다. 공자는 네 가지를 끊었으니, '뜻대로 한다는 것이 없고, 반드시 해야 한다는 것이 없고, 고집부리는 것이 없고, 나[我]라는 것이 없다'라고 했을 때의 나[我]는 사아(私我)이다. 공자가 말한 '자신[己]이 서고 싶으면 다른 사람을 세워 주어야 한다'라고 했을 때의 나[己]는 공아(公我)이다. 공자가 안회에게 말한 '나[己]를 이겨 예로 돌아간다'라고 했을 때의 나[己]는 사아(私我)이다.[117]

나에게는 공아와 사아의 두 종류가 있다. 공아는 천리를 따르

---

117. 予吾卽我也 與子貢所謂不欲人之加諸我也 吾亦欲無加諸人之我字吾字同皆
公也 而子絶四 毋意毋必毋固毋我之我字私也 夫子所謂己欲立而立人之己字
公也 而顔子克己復禮之己字私也(『退溪先生文集』卷七 西銘考證講議).

는 나이고, 사아는 사욕을 따르는 나이다. 그러나 나에게 공아와 사아가 똑같은 비중으로 있는 것은 아니다. 공아는 원래의 나이고, 천지만물과 하나가 되는 나이다. 사아는 원래 없었지만, 욕심이 생기고 욕심에 빠져서 생긴 나이다. 퇴계에 따르면, 내가 공아를 통해서 천지만물과 하나가 되는 것이 아니다. '나'와 천지만물이 하나이므로, 나는 원래부터 공아이다. 사아는 원래 없었던 것이므로 실상이 아니라 가상이다. 가상의 나인 사아에 끌려 다니는 삶은 가짜의 삶이고, 헛된 삶이다. 가상의 삶은 행복할 수 없다. 가상의 삶을 살면서 행복을 느끼는 것이 있다면, 그 느낌은 참된 느낌이 아니고 착각이다. 사람이 공아의 삶을 유지하기 위해서는 가상의 나를 깨부수어야 한다.

> 나와 천지만물의 이(理)가 본래 하나이기 때문에, 어진 마음을 만들어낸다. 어진 마음으로 사아를 깨고, 공아를 확충하면 곧 돌처럼 완고하던 마음이 녹아 한마음으로 바뀜으로써 모두가 하나가 되어 사물과 나의 간격이 없어진다. 사아의 생각이 조금도 그사이에 끼어들지 못하면, 천지가 한 집이 되고 온 나라 사람이 한 사람이 되어, 다른 사람들의 모든 아픔이 참으로 내 몸에 다가와 인도(仁道)가 얻어진다.[118]

---

118. 吾與天地萬物 其理本一之故狀出仁體 因以破有我之私 廓無我之公 便其頑然如石之心 融化洞澈 物我無間 一毫私意 無所容於其間 可以見天地爲一家 中國爲一人 痒痾疾痛眞切吾身 而仁道得矣(『退溪先生文集』卷七 西銘考證講議).

퇴계에게는 '천인무간' 또는 '천아무간'이 전제된 것처럼, '나'와 천지만물의 하나임이 이미 전제되어 있다. '나'와 천지만물이 하나일 때의 마음이 한마음이고, 한마음으로 존재하는 '나'가 공아이다. 따라서 퇴계에게는 한마음과 공아가 나에게 본래부터 갖추어져 있는 본질이다. 한마음을 가지고 사아를 깨고 공아를 확충하면 '물아무간(物我無間)'이 되어, 하나의 사사로운 생각도 끼어들지 않는다. 천지만물과 혼연일체가 되어 있는 '나'는 병든 자를 보면 내 몸이 아파져 한마음을 실천하는 길이 열린다. 인체(仁體)는 한마음이고, 인도(仁道)는 한마음을 실천하는 길이다. 퇴계의 인(仁) 사상은 이렇게 정리가 된다.

원래 하늘과 하나이고 천지만물과 하나인 사람이 어떻게 욕심을 가지게 되고 어떻게 악해지는가? 퇴계에게는 이것이 어떻게 설명되는가?

퇴계의 설명에 근거하면 마음의 구조를 다음쪽 그림처럼 그려 볼 수 있다.

가운데에 있는 원이 사람의 마음을 표현한 것이고, 위에 있는 전체의 마음이 하늘마음을 표시한 것이다. 퇴계는 주자의 이기설에서 사용되는 이(理)와 기(氣)의 개념을 하늘마음과 사람의 마음을 설명하는 수단으로 사용한다. 많은 학자가 한국의 성리학을 주리파와 주기파의 두 계열로 나누고 두 계열의 정점(頂點)에 퇴계와 율곡을 두는데, 이는 매우 잘못된 정리방식이다. 학자들이 이런 혼란을 일으키게 된 원인은 주자에게서 찾아볼 수 있다.

한국의 전통사상에서는 사람의 구조를 심(心)·기(氣)·신(身)의 세 요소로 설명하지만, 주자의 이기설에서는 모든 것을 이(理)와

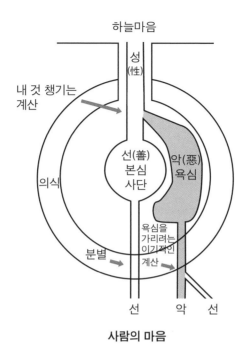

하늘마음

성
(性)

내 것 챙기는
계산

선(善)
본심
사단

악(惡)
욕심

의식

욕심을
가리려는
이기적인
계산

분별

선   악   선

사람의 마음

기(氣)의 두 요소로 설명하기 때문에, 심(心)의 본질이 이(理)가 되고, 기(氣)와 신(身)이 기(氣) 하나로 묶여버렸다. 그런데 퇴계와 율곡이 한국의 성리학을 전개하는 과정에서 한국 전통의 세 요소가 되살아난다. 퇴계가 말하는 기(氣)는 세 요소 중의 기(氣)이고, 율곡이 말하는 기(氣)는 세 요소 중의 신(身)이다. 많은 학자가 퇴계와 율곡의 사상을 주리(主理) 주기(主氣)로 나누는 것은 물론 다카하시 도루의 영향에서 벗어나지 못했기 때문이기도 하지만, 근본적으로는 이 차이를 이해하지 못했기 때문이다.

하늘마음은 만물에 관통하는 하나의 마음이다. 물질은 만물에 하나로 관통할 수 없다. 물질이 아니면서 하나로 이어져 있는 것이 이(理)이므로 하늘마음이 이(理)이고, 이(理)가 하늘마음이다.

앞쪽의 그림에서 보면, 하늘마음이 사람의 마음으로 흘러들어와 하나로 이어져 있다. 하늘마음이 흘러들어오는 것은 리(理)가 흘러들어오는 것이므로, 퇴계는 이를 리발(理發)이라 한다. 하늘마음은 만물을 '살리려는 의지'이므로, 하늘마음과 이어져 있는 사람의 마음 또한 '살려는 의지'이다. 위의 그림에서 보면 하늘마음에서 사람 마음으로 들어오는 것에 시차가 있는 것처럼 느껴지지만 사실은 그렇지 않다. 그림으로 표현할 수 없는 것을 표현하는 데서 오는 한계이므로, 이를 참작하고 이해해야 한다. 하늘마음과 사람 마음은 하늘의 달과 호수의 달이 하나인 것처럼, 이미 하나로 통해 있다. 지방자치제의 정치체제에서 지방의 행정이 매번 대통령의 명령에 따라 진행되는 것이 아니다. 대통령의 명령이 지방자치단체장에게 들어와 있다. 그러므로 지방자치의 행정은 지방자치단체장의 명령에 따라 진행되지만, 대통령의 명령과 지방자치단체장의 명령은 하나이다. 하늘마음이 사람에게 드러나는 것은 이미 사람의 몸에 들어와 있는 사람의 하늘마음이 드러나는 것이다. 사람에게 들어와 있는 하늘마음을 성(性)으로 이해하면 된다. 성이 발현한 것이 정(情)이다. 성이 정으로 발현할 때 기(氣)의 작용에 따라 정에 변화가 일어난다. 현대의 뇌 과학을 참고하면 마음에 대한 퇴계의 설명을 이해하는 데 많은 도움이 된다. 뇌과학자들은 사람의 마음을 뇌에서 분비되는 물질이라 설명한다. 사랑하는 마음은 뇌에서 분비되는 옥시토신이고, 기뻐하는 마음은 뇌에서 분비되는 도파민이라고 설명하지만, 이는 잘못이다. 사랑하기 때문에 옥시토신이 분비되는 것이지, 옥시토신이 분비되기 때문에 사랑하는 것이 아니며, 기쁘므로 도파민이 분비되는 것이지,

도파민이 분비되기 때문에 기쁜 것은 아니다. 그러나 어쨌든 뇌에서 분비되는 물질에 따라 사람의 마음이 결정되는 것은 사실이다.

부모의 마음은 자녀를 살리기 위한 마음으로 가득하므로, 자녀가 밥 먹을 때가 되었는데도 밥을 먹지 않고 있으면 '밥 먹어라'라고 말을 한다. 하늘의 마음도 부모의 마음과 같다. 하늘의 마음은 만물을 살리고 싶은 마음이다. 마음은 의지이다. 하늘의 마음은 이미 만물에 들어와 있다. 만물에 들어와 있는 하늘마음은 살고 싶은 의지이다. 사람에게 들어와 있는 하늘마음은 밤이 늦어지면 자고 싶은 의지로 바뀐다. 그 순간 뇌에서 잠을 유도하는 물질이 분비된다. 뇌에서 분비되는 물질이 퇴계가 말하는 기(氣)이다. 잠을 유도하는 물질이 분비되는 것은 사람에게 들어와 있는 하늘마음의 의지에 따른 것이므로, 천명이다. 하늘에 있는 마음과 사람에 들어와 있는 하늘마음은 일치하므로, 뇌에서 물질이 분비되는 것은 하늘의 명이기도 하고, 사람에게 들어와 있는 하늘마음의 명이기도 하다. 퇴계는 뇌 과학을 연구하지 않았지만, 철학적 체험과 논리적인 추리로 알아냈다.

잠을 자야 하는 순간에 하늘마음의 자고 싶은 의지에 따라 뇌에서 잠을 유도하는 물질이 분비되면 사람에게 자고 싶은 느낌이 생겨 자게 된다. 이 경우, 하늘마음의 자고 싶은 의지가 발한 것은 리(理)가 발한 것이다. 리(理)의 자고 싶은 의지에 따라, 뇌에서 잠을 유도하는 물질이 분비된 것은 기(氣)가 하늘마음을 따른 것이므로, 기가 하늘마음을 따랐다는 의미에서 기수지(氣隨之)이다. 이를 합하면 이발이기수지(理發而氣隨之)가 된다. 지(之)는 '그것'이란 뜻으로 앞의 말을 지시하는 지시대명사이므로 그것을 따랐다는 말은 하늘마음을 따랐다는 뜻이다. 하늘마음을 따르는 삶, 즉 '이발이기수지'하는 삶은 무위자연의 삶과 같다. 먹어야 할 때 저절로 먹고, 그만 먹어야 할 때 저절로 그만 먹으며, 쉬어야 할 때 저절로 쉬며, 자야 할 때 저절로 잔다. 웃어야 할 때 저절로 웃고, 울어야 할 때 저절로 운다. 기뻐해야 할 때 저절로 기뻐하고, 슬퍼해야 할 때 저절로 슬퍼한다. 위험한 곳에는 저절로 피하고, 안전한 곳은 저절로 찾아간다. 공자가 말한 것처럼, '해야만 된다는 것도 없고, 하면 안 된다는 것도 없다. 그때그때의 알맞은 도리에 따르는 삶'을 살고, '사사로운 의견이 없고, 반드시 해야 한다는 것도 없으며, 고집함이 없고, 내가 아니면 안 된다는 것도 없는 삶'을 살게 되는 것이다. 퇴계는 이러한 삶을 '이발이기수지'라는 말로 절묘하게 정리했다.

그런데 문제는 사람들이 '이발이기수지'하는 삶을 살지 못한다는 데 있다. 이를 해결하기 위해서는 사람이 '이발이기수지'하지 못하는 원인을 알아서 그 해결책을 찾아야 한다.

사람은 의식을 가지고 '나'라는 것을 만들어 '나의 삶'을 산다. '나'는 원래 없는 것이므로 '나의 삶'은 가짜의 삶이고 헛된 삶이다. '나의 삶'을 사는 사람은 늘 내 것 챙기기 위한 계산을 한다. 밤에 하늘마음의 의지에 따라 뇌에서 잠을 유도하는 물질이 분비되어 잠이 오는 순간에 '내가 자면 손해'라는 식의 내 것 챙기는 계산'을 하면 자기 싫은 의지가 생긴다. 자기 싫은 의지가 생기면 뇌에서 잠을 자지 않도록 하는 물질이 분비되어, 자고 싶은 마음이 자기 싫은 마음으로 변질한다. 앞의 그림에서 보면, 하늘마음이 똑바로 내려오다가 '내 것 챙기는 계산'의 개입으로 방향이 옆으로 왜곡되는 것이다. 마치 당구공이 똑바로 굴러가다가 옆에서 다른 공이 부딪치면 방향이 바뀌는 것과 같다. 똑바로 내려온 마음이 처음 생긴 마음이고, 왜곡된 마음은 두 번째로 생긴 마음이다. 두 번째를 의미하는 글자가 아(亞) 자이므로, 두 번째로 생긴 마음은 아(亞) 자에 마음을 합쳐 악(惡)이 된다. 자고 싶은 마음이 첫 번째 마음이었다면 자기 싫은 마음은 두 번째 생긴 마음이다. 두 번째 마음을 만든 주체는 뇌에서 분비된 물질이다. 뇌에서 두 번째 마음이 생기도록 물질을 분비하는 것은 하늘마음의 명령을 듣지 않고, '내 것 챙기는 계산'의 명령을 따른 것이다. 여기서도 주의해야 할 것은 하늘마음이 몸 밖의 먼 곳에서 흘러 들어오는 것이 아니라, 이미 몸 안에 들어와 있는 하늘마음에서 발현되는 것임을 잊어서는 안 된다.

뇌에서 분비된 물질이 기(氣)이므로 두 번째 마음을 만든 주체는 기이다. 악한 마음은 기가 그렇게 만든 것이므로 기가 작동했다는 의미에서 기발(氣發)이다. 기발에 의해서 악한 마음이 생겼다고 해서 하늘마음이 사라지는 것은 아니다. 맑은 지하수가 샘으로 솟아나다가 진흙이 섞여 들어가 흙탕물이 되었을 때도 지하수의 맑은 물은 사라지지 않고 흙탕물에 섞여 있는 것처럼, 기발에 의해 악한 마음이 생긴 뒤에도 하늘마음인 이(理)는 사라지지 않고 악한 마음 위에 올라타 있다. 맑은 지하수가 흙탕물을 맑게 하지 못하는 것처럼, 악한 마음 위에 올라타 있는 하늘마음은 아무 작용을 하지 못하고, 맥없이 올라타 있기만 하다. 이 경우를 퇴계는 기발이이승지(氣發而理乘之)라는 말로 정리했다. '이발이기수지' 하여 생긴 마음을 퇴계는 사단(四端)이라 하고, '기발이이승지'하여 생긴 마음을 칠정(七情)이라 하여, 마음을 정리한 것이 퇴계의 사단칠정론이다. 사단은 맹자가 말한 측은지심, 수오지심, 사양지심, 시비지심의 네 마음이고, 칠정은 『예기』에 나오는 희로애구애오욕(喜怒哀懼愛惡欲), 즉 기쁨·화남·슬픔·두려움·사랑·미움·욕심이다. '이발이기수지'하여 생긴 마음이 네 가지만 있는 것이 아니라 수많은 마음으로 발휘되지만, 네 가지 마음으로 대표하여 설명한 것이고, '기발이이승지'하여 생긴 마음도 일곱 가지만 있는 것이 아니라 수많은 마음이 있지만, 일곱 가지 마음으로 대표하여 설명한 것이다. 사단과 칠정에는 모두 뇌에서 분비된 물질이 들어 있으므로 둘 다 기(氣)이다.

위의 그림에서 보면 하늘마음이 사람의 몸과 연결된 곳까지의 마음이 성(性)이다. 하늘마음과 사람의 마음이 하나이므로 하늘의 마음도 성이고 사람의 마음도 성이다. 중국의 성리학에서 말한 '하늘에 있는 마음을 천명이라 하고 사람에 들어와 있는 마음을 성이라 한다'라고 한 정의가 만고의 진리처럼 되어 있어, 중국의 성리학뿐만 아니라 한국의 성리학에서도 많은 혼란이 일어났다. 이는 '하늘의 명을 성이라 한다(天命之謂性)'는 『중용』 첫머리의 구절에서 연유한다. 이 말의 뜻은 성이 천명이고 천명이 성이라는 뜻이다. 성이 리이므로, 천명도 리이어야 한다. 그런데 천명은 리라고 하지 않는다. 명령에는 기의 요소가 들어 있다. 사람의 명령에 마음이 실려 있지만, 목소리라는 기의 요소가 없으면 명령을 할 수 없다. 여기에 많은 혼란이 생긴다. 이런 혼란은 '천명지위성'이라는 전제에서 비롯되는 근본적인 혼란이다. 이를 바로잡기 위해서는 '천심지위성' 또는 '천성지위인성'으로 바꾸면 된다. 이는 『삼일신고』의 설명을 참고하면 바로 정리가 된다. 『삼일신고』에서는 하늘의 마음을 성(性)이라 하여, 사람의 마음[心]과 연결하고, 하늘의 명(命)을 사람의 기(氣)로 연결하며, 하늘의 몸을 정(精)이라 하여 사람의 몸[身]과 연결했다. 하늘마음과 사람 마음을 같다고 하지 못하는 이유는 하늘마음에는 선한 마음만 있지만, 사람의 마음에는 선한 마음과 악한 마음이 있기 때문이다. 이는 명과 정에서도 마찬가지다.

하늘마음을 천성이라 해도 되고, 천심이라 해도 될 것이다. 하늘마음이 사람 속으로 들어와 있는 것이 성(性)이고, 성(性)이 내 마음속으로 완연히 들어온 것이 정(情)이다. 사단과 칠정은 모두 정에 속한다. 성은 하늘마음과 같으므로 이(理)이지만, 정에는 뇌에서 분비된 물질이 섞여 있으므로 기(氣)이다.

퇴계의 설명에 따르면, '기발이이승지'하여 나온 칠정이 모두 악한 것은 아니다. 칠정은 내 것 챙기는 계산에 따라 왜곡된 마음이지만, '나'에 공아와 사아가 있으므로 공아에 의해 왜곡된 마음은 선으로 봐야 한다. 밤에 잠이 올 때 내 이익을 챙기기 위해 자지 않으려는 마음이 되기도 하지만, 우리를 위해 자지 않으려는 마음이 되기도 한다. 밤에 오랜만에 만난 우리 가족이나 친지가 어울려 잠이 와도 자지 않고 환담하며 어울릴 때가 있다. 이때의 마음은 두 번째 나온 기발(氣發)의 마음이지만, '내 것만 챙기려는 마음'과 반대이므로 악(惡)의 반대인 선(善)이다. 이때의 선은 기발로 인해 생긴 마음의 선(善)이므로, 칠정 중의 선이다. 칠정 중의 선은 칠정 중의 악과 같은 차원에 있는 상대적인 선이다.

이때 주의해야 할 것은 '우리'라는 말의 개념이 모호하다는 점이다. '우리'라는 말의 개념에도 우리의 이익을 위해 남을 해치게 되는 경우의 '우리'는 배제해야 한다. 도둑의 단체에 속한 사람이 '우리'라고 하는 것은 배제되어야 하는 '우리'이다.

'이발이기수지'와 '기발이이승지'는 퇴계가 고봉 기대승(奇大升: 1527~1572)과의 8년에 걸친 논쟁을 거친 뒤에 내린 결론이었지만, 이는 성리학에서 추구하는 마음에 관한 논의를 완전무결하게 정리한 결정판이다.

지금까지 퇴계의 철학에서 설명되는 마음의 구조에 대해서 살펴보았는데, 이외에 좀 더 복잡한 마음의 구조가 있다. 사람이 태어날 때부터 모두가 똑같은 상태로 태어나는 것이 아니다. 사람은 부모의 마음과 기와 몸을 받아서 태어난다. 마음에는 착한 마음과 악한 마음이 있고, 기에는 맑은 기와 탁한 기가 있으며, 몸을 구성하고 있는 질에는 순수한 질과 잡박한 질이 있다. 사람이 부모에게서 태어날 때 부모의 착한 마음과 맑은 기와 순수한 질을 타고 난 경우도 있고, 악한 마음과 탁한 기와 잡박한 질까지 받아서 태어난 경우도 있다. 악한 마음과 탁한 기와 잡박한 질은 하늘 마음이 내려오는 통로를 물들여버리므로, 성이 사람의 마음으로 들어오는 것은 이미 물 들은 성이다. 이를 주자는 기질지성(氣質之性)이라 부른다. 중국의 성리학에서 기와 몸을 합해서 기라고 부르는데, 몸에는 몸의 모양인 형(形)과 몸의 재료인 질(質)로 구분되므로, 기에는 기(氣)와 질(質)과 형(形)의 세 요소로 분류할 수 있지만, 형(形)은 질을 둘러싸고 있는 껍데기에 불과하다. 기질지성이라 부르는 것은 기의 요소에 의해 물들어 있는 성을 부르는 호칭이다. 이에 비해 기의 요소에 의해 물들지 않은 성 자체를 본연지성

(本然之性)이라 부른다.

사람이 부모에게서 태어날 때 부모의 착한 마음과 맑은 기와 순수한 질을 타고난 사람은 하늘마음에서 내려오는 통로가 그대로 열려 있으므로 사람의 몸으로 들어오는 성이 본연지성이지만, 악한 마음과 흐린 기와 잡박한 질을 타고난 사람은 이미 하늘마음이 내려오는 통로가 물들여진 상태로 태어나기 때문에 사람의 몸으로 들어오는 성은 기질지성이다. 기질지성이 발휘되는 것은 샘의 구멍이 진흙으로 덮여 있어서 맑은 지하수가 진흙을 통과해서 솟아날 수밖에 없는 상황과 유사하다.

중국의 성리학에서는 사람의 기질의 차이를 청탁수박(清濁粹駁)으로 설명한다. 청탁은 맑고 흐린 것이고, 수박은 순수하고 잡박한 것이다. 우물의 물에 비유하면 물에는 맑고 흐린 것과 찌꺼기가 많이 포함된 것과 포함되지 않은 것으로 구분하는 것과 같다. 한국의 전통사상에서 보면 청탁(清濁)은 기에 대한 설명이고, 수박(粹駁)은 질에 대한 설명임을 알 수 있다. 기질의 맑고 탁한 정도와 순수하고 잡박한 정도는 사람에 따라 천차만별이므로 사람의 기질지성의 차이는 천차만별이다.

사람의 마음이 기질지성에서 발휘되면 '내 것 챙기는 계산'을 하기도 전에 나도 모르는 사이에 이미 하늘마음이 '내 것 챙기는 방향'으로 변질한다.

퇴계는 『성학십도』의 제6도 「심통성정도」에서 마음을 상도, 중도, 하도의 세 그림으로 표현했다.

상도는 원나라의 정복심(程復心)의 것을 옮겨놓았고, 중도와 하도는 퇴계가 직접 그렸다. 상도는 성과 정이 들어 있는 심의 내용

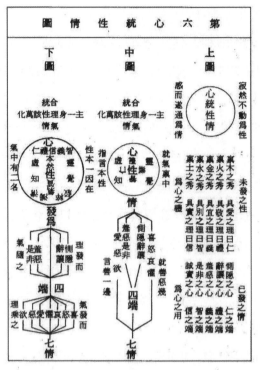

「심통성정도」

을 그린 것이고, 중도는 본연지성이 발휘되는 모습을 그린 것으로, 성인의 마음이 이에 해당한다. 중도에서는 사단과 칠정이 하나로 융합되어 있다. 사단은 네 가지 마음이 아니라 무수히 많은 마음이다. 칠정인 것처럼 표현되는 마음도 '이발이기수지'이기만 하면 모두 사단에 포함된다. 『중용』 수장에서 희로애락(喜怒哀樂)으로 설명된 사람의 마음은 칠정의 용어로 되어 있지만, 실은 사단을 말한 것이다. 따라서 퇴계는 중도에서 사단과 칠정을 하나로 혼용해서 표현했다.

하도는 본연지성에서 발휘되는 사단과 기질지성에서 발휘되는 칠정을 그린 것으로, 일반인의 마음을 표시한 것이다. 일반인의 경우 본연지성이 발할 때, 기가 끼어들지 않고 이(理)의 발현을 따르기만 하면 '이발이기수지'하는 사단이 되지만, 기가 끼어들거나 기질지성이 발휘하면 '기발이이승지'하는 칠정이 된다.

　일반인들의 경우 어린이가 물에 빠지려는 순간을 목격하는 것과 같은 특수한 상황에서는 사단이 발휘되지만 그런 경우를 제외하면 거의 칠정이 발휘된다. 사단은 하늘마음이 변질하지 않고 발휘된 마음이지만, 칠정은 하늘마음이 왜곡되어 변질한 마음이므로, 사단으로 사는 사람은 하늘과 하나 된 사람이지만, 칠정으로 사는 사람은 하늘과 분리된 사람이다.

　「심통성정도」를 보고 알 수 있는 것은 일반인들은 칠정으로 발휘되는 마음을 억제하고 사단의 마음을 확충해야 한다는 것이다. 퇴계의 공부는 이것으로 압축된다. 퇴계에게는 칠정을 억제하고 사단을 확충하는 것이 공부이고 수양이다. 퇴계에게는 공부가 수양이고 수양이 공부이다.

제3절
이 중심의 수양철학

퇴계가 설명하는 이(理)와 기(氣)의 내용은 중국의 이기론에서 설명하는 것과 전혀 다르다. 퇴계가 설명하는 이와 기의 개념들은 인간 존재와 수양 방법을 설명하기 위한 수단으로 사용하고 있을 뿐이다. 퇴계의 이와 기에 대한 이해는 『삼일신고』를 참조하면 쉽게 이해할 수 있다. 『삼일신고』에 따르면, 하늘의 세 요소가 성, 명, 정이고, 사람의 세 요소가 심, 기, 신이다. 세 요소는 같지는 않지만, 언제나 함께 있는 것이지 떨어진 적이 없다. 이는 부모의 세 요소도 마찬가지다. 부모의 마음, 기, 몸은 같지 않지만, 언제나 함께 있고, 따로따로 있은 적이 없다. 퇴계가 이해하는 이와 기의 관계도 이와 같다. 하늘의 세 요소 중에서 성을 이(理)로 보고, 명과 정을 기(氣)로 본다면, 이와 기는 다르지만, 언제나 함께 있다. 함께 있다고 해서 하나라고 해도 안 되고, 다르다고 해서 따로 있다고 해도 안 된다. 이와 기에 대한 퇴계의 이해는 한국의 다른 학자들의 의견과도 일치한다. 차이가 있다면 그것은 이(理)를 중시하는가, 기(氣)를 중시하는가에 있을 뿐이다. 만약 이와 기가 하나라고 한다면, 이는 사라지고 기만 남는다. 왜냐하면, 기는 확인할 수 있는 확실한 것이므로 이와 기가 하나라면, 기 하나만 있는 것이 된다. 사람이 이(理)를 부정하면 하늘을 부정하고 부모의 마음을 부정하는 것이 되므로, 엄청난 불행에 빠지게 된다. 그런데도 당시 중국에서는 이미 이와 기가 하나라는 논의가 있었다. 퇴계는 이를 염려하여 이와 기가 하나가 아니라는 「비이기위일물변증(非理氣爲一物辨證)」을 발표한다. 여기서 논증하는 핵심 내용은 다음과 같다.

① 공자와 주돈이는 태극이 음양을 낳는다고 했다. 이와 기가 하나라면 태극이 음양을 낳을 수 없다. 주돈이는 무극의 본질과 음양오행의 다름을 인정했기 때문에 "묘하게 합하여 엉긴다"라고 한 것이다. 만일 이와 기가 하나라면 합한다는 말이 성립될 수 없다.

② 정명도는 "형체를 초월해 있는 것이 도이고, 형체에 있는 것
　이 기이다. 이처럼 설명했지만, 기가 도에 있고, 도가 기에 있
　다[器亦道 道亦器]"라고 했다. 만약 이(理)와 기(氣)가 하나라면
　공자가 『주역』 계사전에서 형체를 초월해 있는 것과 형체에
　있는 것을 나누지 않았을 것이다.

　기 또한 도에 있다고 한 것은 기를 떠난 도를 찾을 수 없다는
　것이며, 도 또한 기에 있다고 한 것은 기는 도 바깥에 존재할
　수 없다는 것을 의미한 것이지, 이와 기가 하나라고 서술한
　것은 아니다. 이와 기가 하나라고 말하려면 "기가 바로 그대
　로 도이고, 도가 바로 그대로 기이다[器卽是道, 道卽是器]"라고
　말하지 않으면 안 된다. 따라서 이와 기는 하나가 아니다.

③ 주자는 "이와 기는 결코 둘이다[理氣決是二物]", "성이 비록 기
　가운데 있지만, 기는 그 자체로 기이고 성은 그 자체로 성이
　기 때문에 서로 섞여서 하나가 되지 않는다. 기의 정밀한 것
　을 성이라 하고, 성의 엉성한 것을 기라 하면 안 된다[性雖方
　在氣中, 然氣自氣, 性自性, 亦自不相夾雜, 不當以氣之精者爲性, 性之粗
　者爲氣]" 등으로 말해서, 이와 기가 하나가 아님을 증명했다.

퇴계는 주자의 논리로 리와 기가 하나가 아님을 논증했다. 리
와 기가 하나가 아니라는 것을 논증한 뒤에는 리가 무엇이고 어
떠한 것인지에 대한 설명이 필요하다. 퇴계는 리의 내용을 다음과
같이 설명한다.

지극히 비어 있고 지극히 확실하며, 지극히 없으면서도 지극히
있다. 움직이면서 움직이지 않고 고요하면서도 고요하지 않다.

깨끗하고 깨끗하여 일호도 더할 수가 없으며 일호도 뺄 수가 없다. 음양오행과 만물 만사의 근본이 되면서도 음양오행과 만물 만사에 얽매이지 아니한다. 어찌 기와 섞이어 하나가 된다고 인식하고 하나인 것으로 간주하겠는가. 도의가 실현되는 데서 보면 무궁하게 그에게도 있고 나에게도 있음을 알 수 있으니, 어찌 경계가 있겠는가.[119]

리는 하늘의 마음이다. 부모의 속마음과도 같다. 부모의 속마음은 봐도 보이지 않고 들어도 들리지 않기 때문에, 몸속이 텅 비어 있는 것 같고, 아무것도 없는 것 같지만, 그 마음이 말로도 나오고 행동으로도 나오는 것을 보면 확실히 있다. 부모의 속마음은 비가 오나 눈이 오나 잠시도 쉬지 않고 자식 사랑으로 가득 차 있다. 부모의 얼굴을 아는 것도 아는 것이고, 목소리를 아는 것도 아는 것이지만, 그중에서 제일 중요한 것은 부모의 마음을 아는 것이다. 부모의 마음을 알면 행복해진다. 하늘의 마음도 그렇다. 하늘의 마음으로 만물이 생존하지만, 사람들은 그것을 알기 어렵다. 하늘마음이 리이므로, 리를 모르면 하늘과 하나가 될 수 없다. 하늘마음을 알고 하늘과 하나가 되는 것보다 더 행복한 것은 없다. 하늘마음인 리를 터득하는 것이 퇴계의 목표였으므로 퇴계의 관심은 리에 집중될 수밖에 없다.

---

119. 至虛而至實 至無而至有 動而不動 靜而不靜 潔潔淨淨地 一毫添不得 一毫減不得 能爲陰陽五行萬物萬事之本 而不囿於陰陽五行萬物萬事之中 安有雜氣而認爲一體 看作一物耶 其於道義 只見無窮在彼在我 何有於町畦 (『退溪先生文集』卷十六 答奇明彦別紙).

중국 성리학의 중심이론이 이기설이기 때문에 퇴계도 어느 정도는 리와 기에 대해 언급해야 한다. 퇴계는 리가 기를 움직이는 것으로 설명하기도 하고, 리가 발하는 것으로 설명하기도 한다.

주자는 일찍이 이(理)에 동정이 있으므로, 기(氣)에도 동정이 있다고 말했다. 만약 이에 동정이 없다면 기는 무엇으로부터 동정이 있겠는가![120]

리를 하늘마음으로 볼 수도 있고 부모의 속마음으로 이해할 수 있다. 부모의 몸이 움직이는 것은 알 수 있지만, 부모의 속마음이 움직이는 것은 알 수 없다. 하늘의 마음도 마찬가지다. 밤낮이 바뀌고 사계절이 순환하며, 바람이 불고 천둥이 치며, 눈비가 내리고 지진이 일어나는 등의 하늘의 움직임은 알 수 있지만, 하늘마음의 움직임은 알 수 없다.

사람의 몸이 움직이는 것은 알 수 있지만, 마음이 움직이는 것은 알 수 없다. 그렇지만, 마음이 움직이지 않고 몸만 움직이는 것은 없다. 몸은 마음의 움직임에 따라 움직인다. 그러므로 몸의 움직임을 미루어 마음의 움직임을 알 수 있다. 마음의 움직임은 몸의 움직임과는 다르다. 몸의 움직임은 물리적 움직임이지만, 마음의 움직임은 물리적 움직임이 아니라 몸을 움직이게 하는 의지로서의 움직임이다. 하늘의 움직임도 마찬가지다. 하늘의 움직임인

120. 朱子嘗曰理有動靜 故氣有動靜 若理無動靜 氣何自而有動靜乎(上揭書 卷三十九 答李公浩問目).

천지자연의 변화는 하늘마음이 움직인 결과이다. 하늘마음의 움직임은 천지자연의 변화가 일어나게 하는 의지로서의 움직임이다.

퇴계는 이(理)와 기의 관계에 대해서도 마음의 구조를 바탕으로 이해한다.

> 리는 본래 그 존귀하기가 상대가 없고 만물에 명령하지만 명령받지 않으므로 기가 이길 수 없다. 다만 기로서 형체를 이룬 뒤에, 기가 리의 거처가 되고 재료가 되기 때문에, 리가 발용하고 응접할 때 기가 많이 끼어든다. 기가 리에 순응하면 리 자체가 드러나는데 그 까닭은 기가 약해졌기 때문이 아니라, 순조롭게 되었기 때문이다. 기가 만약 리에 거스르면 리가 도리어 숨어버리는 것이니, 리가 약해졌기 때문이 아니라 형세가 그러한 것이다. (…) 그러므로 군자가 학문하는 것은 기질의 편벽됨을 바로잡고 물욕을 막고 덕성을 높여서 크게 알맞고 지극히 바른 도를 회복하는 것이다.[121]

위의 인용문은 매우 난해한 것으로 보이지만, 사람의 마음에서 일어나는 것으로 파악하면 쉽게 이해할 수 있다. 리는 하늘마음이다. 모든 생명의 근원이므로 가장 귀하다. 마음이 몸을 움직이는 것이므로 몸이 마음을 이길 수 없듯이, 기가 리를 이길 수 없

---

121. 理本其尊無對 命物而不命於物 非氣所當勝也 但氣以成形之後 却是氣爲之田地材具 故凡發用應接 率多氣爲用事 氣能順理時 理自顯 非氣之弱 乃順也 氣若反理時 理反隱 非理之弱 乃勢也(…)君子爲學 矯氣質之偏 禦物欲 而尊德性而歸於大中至正之道(上揭書 卷十三 答朴達李天機).

다. 그러나 기가 엉겨서 형체를 이루면 거기에 리가 작용하지만, 그때 기가 개입을 한다. 하늘마음이 사람에게 들어올 때 뇌에서 물질이 분비되어 리의 작용에 개입하는 것에서 보면, 그 내용을 잘 알 수 있다. 리가 작용할 때 기가 순응하면 리가 왜곡되지 않고 순조롭게 드러난다. 앞에서 설명한 '이발이기수지'가 되는 것이다. 그러나 리가 작용할 때 기가 리를 거스르는 방향으로 개입하면, 리는 아무 작용을 하지 못하고 숨겨진다. 이른바 '기발이이승지'가 되는 것이다. 리가 숨겨지는 것은 리가 약해서 숨겨지는 것이 아니다. 리가 강하지만, 기에 들어갔을 때는 거스르는 기를 제어할 수 없기 때문이다. 하늘마음이 사람에게 자라고 해도 사람이 이익을 챙기기 위해 자지 않는다면 하늘마음이 어떻게 할 수가 없다. 어머니의 마음은 강하지만, 어머니가 아이에게 사랑으로 명령해도, 말을 듣지 않고 딴짓하는 아이를 어쩔 수 없는 것과 같고, 사람이 말보다 강하지만, 사람이 말에 탔을 때, 말이 사람의 말을 듣지 않고 자기 마음대로 가는 것을 제어하지 못하는 것과 같다.

군자가 학문하는 목적은 하늘마음이 순조롭게 발휘되도록 하여 하늘마음으로 살기 위함이다. 하늘마음이 순조롭게 발휘되기 위해서는 하늘마음이 발휘되는 길에 걸림돌이 되는 탁하고 잡박한 기질을 맑고 순수한 기질로 순화시켜야 하고, 뇌에서 리에 거스르는 물질이 분비되지 않도록 내 것 챙기는 계산을 하지 않아야 하며, 일상생활을 하면서 도덕적인 삶을 살도록 노력하는 것이다.

위의 세 가지 내용이 수양 공부의 핵심이다.

제4절

경 중심의 수양철학

제1항 수양의 핵심

퇴계학의 핵심은 수양철학에 있다. 퇴계의 목표는 수양을 통해 안으로는 마음이 리와 하나가 되는 데 있고, 밖으로는 성인이 되는 데 있다. 성인이 되는 것은 마음을 통해서 가능하다.

> 성인이 되는 학문은 인(仁)을 구하는 데 있다. 반드시 이 뜻을 깊이 체득해야 결국 천지만물과 하나가 될 수 있을 것이다.[122]

인(仁)은 한마음이고 하늘마음이다. 인을 몸으로 터득한다는 것은 마음이 리와 하나가 된다는 것을 의미한다. 리는 「남과 나도 없고, 안과 밖도 없으며, 나누어지는 것도 없고, 구별되는 것도 없는」[123] 초월적·절대적인 것이므로, 파악하기 어렵다. 그러나 하늘마음은 멀리 있는 것이 아니라, 내 마음속에 있다. 하늘마음도 내 속에서 찾아야 하고, 하늘마음의 실천방법도 내 속에 있는 마음의 실천에서 찾아야 한다. 내 속에 있는 하늘마음이 인이다.

인(仁)을 세분해서 말하면 인의예지로 말할 수 있다. 인의예지는 리이기 때문에 감각하거나 의식할 수 있는 것이 아니다. 따라서 수양의 대상은 인의예지의 발현인 사단의 정으로 옮겨진다. 마

---

122. 蓋聖學在於求仁 須深體此意 方見得與天地萬物爲一體(『退溪先生文集』卷七 進聖學十圖箚 第二西銘圖補說).
123. 此理無物我 無內外 無分際 無方體(『退溪先生自省錄』卷一 答鄭子中).

음속이 사단의 정으로 채워진다는 것은 인의예지가 온전하게 드러난다는 것을 의미하므로, 마음속이 사단으로 가득 찰 때까지 확충하는 것이 수양의 핵심이다. 마음속이 사단으로 가득해지면 사단을 통해 인을 느낄 수 있다. 인은 감각기관을 통해서 아는 것이 아니라, 느낌으로 통하는 것이다. 공자가 천명을 알았다는 것도 감각기관으로 안 것이 아니라, 느낌을 통한 것이다. 감각으로 안다는 것은 앞에 있는 물건을 눈으로 보고 밖에서 나는 소리를 귀로 듣는 것과 같은 것이다. 감각기관을 통해 어떤 것을 알 때는, 알아낸 감각 대상과 내가 하나가 될 수 없다. 내가 홍길동을 잘 안다고 하더라도, 나와 홍길동이 하나가 되는 것은 아니다. 인을 안다고 하는 것은 이와 다르다. 인은 안다는 것은 감각의 대상으로 아는 것이 아니라, 느낌으로 인과 하나가 되는 것이다. 퇴계는 이를 몸으로 체득한다는 의미에서 체인이라 한다. 수영하는 법을 머리로 이해하는 것만으로 안다고 할 수 없다. 몸으로 수영을 할 수 있게 되었을 때 비로소 수영할 줄 안다고 할 수 있다. 인도 그렇다. 인이 몸에서 배어 나와야 인을 안다고 할 수 있다.

사단이 마음속에 가득하여 몸 밖으로 배어 나오는 사람이 성인이다. 인의예지가 밖에 있는 것이라면 구한다고 다 얻어질 수 있는 것이 아니지만, 내 안에 있는 것이므로 구하기만 하면 얻어진다. 성인과 일반인은 처음에는 차이가 없었다. 성인은 인의예지를 구했고 일반사람을 구하지 않은 차이밖에 없다.

순 임금은 어떤 사람이고 나는 어떤 사람인가? 노력하기만 하면 그렇게 된다. 분연히 두 가지의 공부에 힘을 써야 한다. 경건한 마음 상태를 유지한다는 것[持敬]은 또한 생각함과 배움을 겸하고, 움직일 때와 가만히 있을 때를 관통하며, 안과 밖을 합하며, 드러난 것과 은밀한 것을 하나로 연결하는 도이다.[124]

사람이 인의예지를 가지고 있다는 점에서는 성인이나 일반인이나 차이가 없다. 다만 차이가 있다면 인의예지를 회복하는 노력을 하는가 하지 않는가의 차이뿐이다. 인의예지를 회복하는 공부에는 두 가지가 있다. 잘 배워야 하고 잘 생각해야 한다. 이 두 공부 방법에 일관되는 것은 경건한 마음 상태를 유지해야 한다는 것이다. 마음이 흐트러지면 배워도 잘 배워지지 않고, 생각해도 잘 생각할 수 없다. 마음을 경건하게 유지하는 것은 마음이 흐트러지지 않도록 의식을 집중하여 붙잡는 것이다. 배울 때는 배우는 것에 집중하고, 생각할 때는 생각하는 것에 집중해야 한다. 욕심이 생기면 욕심을 채우는 방향으로 마음이 흩어져 가기 때문에 그때마다 욕심에 끌려가지 않도록 마음을 다잡아야 한다. 마음을 다잡고 있으면 움직일 때와 가만히 있을 때도 마음에 흔들림이 없다. 마음을 다잡고 있으면 속에 있는 마음이 밖으로 나올 때 달라지는 일이 없다. 아무도 보지 않을 때의 마음과 남이 볼 때의 마음도 차이가 없다. 의식을 집중하여 본마음이 흐트러지지 않도록 다잡고 있는 것이 경이다. 퇴계는 '몸을 붙잡는 것은 마음이고, 마음을 붙잡는 것은 경이라'고 했다. 몸이 흐트러지지 않도록 붙잡는 것이

---

124. 舜何人也 予何人也 有爲者亦若是 奮然用力於二者之功 而持敬者 又所以兼思學 貫動靜 合內外 一顯微之道也(『退溪先生文集』卷七 退聖學十圖箚序文).

마음이고, 마음이 흐트러지지 않도록 붙잡는 것이 경이다.

하늘마음은 조금의 빈틈도 없고 잠시의 중단도 없다. 물이 흘러갈 때 좌로 흐르기도 하고 우로 흐르기도 하며, 고여 있기도 하고 흐르기도 하며, 천천히 흐르기도 하고 급하게 흐르기도 하여 천변만화하지만, 틈이 없고 중단함이 없는 것과도 같다. 그러한 상태를 성(誠)이라고 한다. 성의 상태가 유지되는 것은 경으로 일관하기 때문이다.

사람의 삶도 그렇다. 삶이 성(誠)의 상태로 계속되는 사람이 성인이다. 마음 상태가 경으로 유지되면 성으로 드러난다. 퇴계가 수양의 핵심을 경에 두는 것은 이 때문이다.

제2항 경학의 완성

퇴계는 『성학십도』 제4 「대학도」에서 다음과 같이 말했다.

대체로 위의 두 그림은 확충하는 실마리를 구하여 천명을 체득하고 도를 극진히 하는 극치인 곳이니, 대학과 소학의 표준이 되고 본원이 됩니다. 아래의 여섯 그림은 선을 밝히고 몸을 정성스럽게 하여 덕을 숭상하고 업을 넓히는 노력을 하는 곳이니, 대학과 소학의 힘쓸 곳이 됩니다. 경(敬)이란 또한 처음부터 끝까지 공부에 착수하고 그 효험을 거두는 것이니, 모두 마땅히 이에 주력하여 잃지 않아야 합니다. 주자의 설이 이와 같으니 지금 이 십도에서는 모두 경을 위주로 해야 합니다.[125]

『성합십도』의 기준은 「대학도」와 「소학도」이다. 처음의 두 그림인 「태극도」와 「서명도」는 천명을 체득하는 원리를 설명한 곳이고, 뒷부분에 있는 여섯 그림은 수양 공부를 하는 방법을 설명한 것인데, 십도 전체에 일관되게 깔린 바탕은 경이다. 앞의 두 그림은 돈오에 해당하고, 뒤의 여섯 그림은 점수에 해당한다고 볼 수도 있다. 돈오이든 점수이든 경건한 마음이 바탕에 깔려 있지 않으면 되는 것이 없다. 「성학십도」는 퇴계가 68세 때 국왕 선조에게 바친 것으로, 퇴계 만년에 저술된 퇴계학의 결정체이다. 퇴계가 『성학십도』 전체를 꿰뚫는 중심사상을 경(敬)으로 설명한 것은 경(敬) 사상이 퇴계학의 핵심이라는 의미가 된다.

경(敬)을 유지해야 하는 이유는 사단의 정을 확충하기 위해서이다. 사단을 확충하기 위해서는 사단이 나타나기 전의 상태인 인의예지를 존양하는 공부와 나타날 때의 상태를 잘 살펴 왜곡되지 않도록 하는 공부를 겸해야 하는데, 두 가지 공부에 모두 경이 유지되지 않으면 공부가 되지 않는다. 경을 지키지 않으면 욕심이 밀고 올라와 인의예지가 숨어버리고, 인의예지가 나타날 때도 마음이 경건하게 유지되지 않으면, 순식간에 욕심에 덮여버리기 때문에 제대로 살필 수가 없다.

학자가 진실로 경(敬)을 한결같이 견지하여 이욕에 눈멀지 않고

125. 蓋上二圖 是求端擴充 體天盡道 極致之處 爲小學大學之標準本原 下六圖 是明善誠身 崇德廣業 用力之處 爲大學小學之田地事功 而敬者又徹上徹下 著工收效 皆當從事而勿失者也 故朱子之說 如彼而今玆十圖 皆以敬爲主焉.

더욱 부지런히 할 수 있다면, 사단이 나타나기 전의 존양 공부가 더욱 깊어지고, 나타나는 때의 성찰 공부가 더욱 익숙해져 참됨이 쌓이고 힘씀이 오래되어 그치지 않게 되므로, 이른바 오직 정밀하고 한결같이 하여 중용의 도를 붙잡는 성인의 학문과 마음의 본체를 잘 보존하여 삶에 응용하는 성인의 마음을, 밖에서 구할 것을 기다리지 않아도 여기에서 얻을 수 있을 것이다.[126]

성인이 되기 위한 공부 전반에 깔려 있어야 할 기본은 경건한 마음을 유지하도록 의식을 집중하는 것이다. 경으로 일관하지 않고 되는 일은 없다. 중국의 성리학에서는 공부 방법이 거경과 궁리로 정리되었지만, 퇴계는 격물치지를 인성론으로 끌어들임으로써 궁리를 거경 속에 포함했다.

이른바 인의의 근원을 살펴보고 예악의 단서를 찾는 것, 이것이 곧 격물의 일이다. 사물의 리가 목전에 다 모이는 것이 곧 치지(致知)의 효과이다.[127]

퇴계는 주자의 격물설을 받아들이지 않았다. 주자는 사람의 성

---

126. 學者誠能一於持敬 不昧利欲 而尤致謹於此 未發而存養之功深 已發而省察之習熟 眞積力久而不已焉 則所謂精一執中之聖學 存體應用之心法 皆可不待外求而得之於此矣(『退溪先生文集』 卷七「進聖學十圖箚 第六心統性情圖補說).

127. 所謂窺仁義之原 探禮樂之緒者 是乃格物事也 而事物之理 擧集目前者 卽致知之效也.

을 알기 위해 오늘 한 사물의 이치를 궁구하고 내일 또 한 사물의 이치를 궁구하는 방식을 설파했지만, 퇴계는 그럴 필요성을 느끼지 못했다. 그래서 퇴계는 격물의 내용을 인의의 근원과 예악의 실마리를 찾는 것으로 이해했다. 인의의 근원은 하늘마음이고, 예악의 실마리는 사단이므로, 퇴계에게 격물은 하늘마음을 알고 사단을 확충하는 것으로 바뀜으로써, 인성론으로 소화되었다. 인의의 근원과 사단을 확충하는 방법이 거경이므로, 중국 성리학에서 정리한 거경과 궁리의 공부 방법이 퇴계에 의하여 거경 하나로 집약되었다.

거경은 이론의 정리로 완성되는 것이 아니다. 거경은 경건한 마음을 유지하는 실천을 통해서 완성된다. 퇴계의 삶은 구도의 과정이었다. 퇴계는 경건한 마음을 지키는 것으로 일관했다. 퇴계의 삶을 엿볼 수 있는 자료 중에 『성학십도』에 수록된 「숙흥야매잠(夙興夜寐箴)」이 있다. 이를 보면 아침에 눈뜰 때부터 밤에 잠자리에 들 때까지 한순간도 경건한 마음에서 일탈할 때가 없다. 물론 「숙흥야매잠」은 중국의 진백(陳柏)이 찬한 것이지만, 퇴계는 성학십도에 실어 삶의 지침으로 삼았다.

제3항 수양의 전체 내용

퇴계 수양철학의 전체 내용은 『삼일신고』를 참고하면 쉽게 이해할 수 있다. 퇴계가 『삼일신고』의 내용을 참고했다고 단정하기는 어렵지만, 한국 전통의 수양방식이 유전자를 통해 전달되었을 수도 있다.

『삼일신고』에서 설명하는 수양은 착한 마음을 회복하는 것, 맑은 기를 회복하는 것, 넉넉한 몸을 회복하는 것의 세 가지인데, 놀랍게도 퇴계의 수양법에 이 세 가지가 고스란히 들어 있다.

1. 하늘마음 회복

퇴계 수양철학의 핵심은 하늘마음을 회복하는 방법으로서의 경(敬)을 유지하는 것이었다. 하늘처럼 되기 위해서는 먼저 하늘마음을 회복해야 하지만, 그것이 가장 어렵다. 퇴계가 주력한 것은 바로 이 부분이다. 하늘마음을 회복하는 것은 '기발이이승지'하는 삶에서 '이발이기수지'하는 삶으로 바꾸는 것이다.

2. 기를 맑게 하는 것

기는 몸에 있으면서 마음과 연결되어 있으므로 마음과 밀접하다. 기에는 맑은 기와 탁한 기가 있다. 기가 맑으면 마음이 착해지지만, 기가 탁하면 마음이 악해진다. 뇌에서 분비되는 물질도 기다. 마음에서 '내 것 챙기는 계산'이 개입하면 뇌에서 욕심 채우는 방향으로 물질이 분비된다. 뇌에서 욕심 채우는 방향으로 물질이 분비되는 것이 습관이 된 사람은 습관적으로 뇌에서 욕심을 채우는 방향으로 물질이 분비된다. 이미 채워진 욕심은 욕심 채우는 계산을 유도하고, 욕심 채우는 계산은 욕심을 더 채우므로, 악순환이 계속된다.

따라서 악순환의 고리를 끊기 위해서는 전심전력을 다해 경건한 마음을 붙잡으면서, 동시에 기를 맑게 하는 공부도 병행해야 한다. 기를 맑게 하는 전통적인 방법 중에 조식(調息) 수련이 있다. 조식(調息)이란 숨을 고르게 쉬는 것이다. 방에 공기가 탁하면 창문을 열어 환기해야 한다. 몸을 방에 비유하면, 창문에 해당하는 것은 코다. 몸의 기가 탁해지면 코를 통해서 탁한 기를 내보내고 맑은 기를 흡입해야 한다. 바깥의 기는 우주에 가득한 호연지기이므로, 코를 통해 호연지기를 깊이 들이마신 뒤에 몸 안에 있는 탁한 기를 완전히 내보내는 것이 조식 수련법의 핵심이다. 조식 수련법은 숨을 들이쉬고 내쉴 때 공기의 양을 일정하게 유지하는 것이다. 공기의 양을 일정하게 유지하기만 하면 한 번 들이쉬고 한 번 내쉴 때의 시간이 차츰 길어진다. 숨 쉬는 시간이 길어질수록 기가 맑아진다. 호흡할 때의 방법은 언제 어디서나 늘 일삼아야 하지만, 숨 쉬는 시간의 길이를 어느 정도로 하겠다고 미리 작정하지 않아야 한다. 마음에서 잊어버리는 일이 없도록 해야 하지만, 호흡의 길이를 억지로 늘어뜨리지 않아야 한다. 호흡의 길이를 억지로 늘어뜨리는 것은 위험하다. 맹자는 억지로 늘어뜨리는 것을 밭에 자라는 곡식의 싹을 빨리 자라도록 뽑아 놓는 것에 비유했다. 곡식의 싹을 뽑아 놓으면 잠깐은 키가 커진 것처럼 보이지만 곧 말라 죽고 만다. 호흡할 때도 그렇다. 호흡의 길이를 억지로 늘어뜨리면 병이 들어 위험해진다.

퇴계는 옛 선현들의 잠명을 모아 『잠명제훈(箴銘諸訓)』이란 제목의 책으로 엮었는데, 주자의 「조식잠」을 『잠명제훈』에 실었다. 이를 보면 퇴계는 조식 수련에 심취했을 것으로 짐작된다.

조식잠은 주자의 글이지만, 조식 수련법은 단군 때부터 내려오는 한국 전통의 수련법이고, 조선시대의 선비들이 정좌 수도할 때 가장 많이 한 수련법이다. 아마도 한국 전통의 수련법이어서 적응하기가 쉬웠을 것이다. 조식 수련은 때와 장소를 가리지 않고 해야 하고 앉아서 해도 되고 서서 해도 되며 움직일 때 해도 된다. 코끝에 흰 부분을 눈을 반쯤 감은 상태로 지그시 보며 호흡한다. 숨을 내쉴 때는 봄 연못의 잉어가 움직이듯 서서히 내쉬고, 들이쉴 때는 벌레들이 겨울잠을 자듯 조용히 들이쉰다. 숨을 들이쉬고 내쉬는 것은 우주가 열렸다 닫혔다 하는 것과도 같다. 숨 쉬는 것은 생명이 지속되는 과정이지만, 살기 위해서 쉰다는 식의 생각을 하지 않고 저절로 쉬는 것에 맡겨야 한다.

옛 신선들이 주로 한 수련법도 조식이다. 조식 수련을 하면 마음이 하나로 집중되므로, 조식이 경 공부에도 탁월한 효과가 있다. 조식 수련을 하여 무아지경에 들어가면 나와 우주가 하나가 되어 모든 갈등에서 벗어난다. 조식 수련은 앉아서도 할 수 있고, 걸으면서도 할 수 있고, 일하면서도 할 수 있다. 퇴계 선생은 앉아서 수련하는 정좌 수련에도 침잠했을 뿐만 아니라, 일상의 삶 자체가 경을 지키는 수련이었으므로, 정좌 수련이 경 공부의 내용에 포함된다. 『삼일신고』에서는 기가 맑으면 장수한다고 했고, 『장자』에는 천이백 세를 산다는 우화가 있다.

3. 몸을 순화시키는 것

마음은 몸에 들어 있고 기는 몸에서 운행하므로, 몸을 구성하는 질(質)이 잡박해지면 착한 마음을 유지하기 어렵고, 기도 탁해지며, 건강도 상한다. 따라서 몸을 순화시키는 것 또한 수양에 빠질 수 없는 부분이다. 몸을 순화시키는 데 중요한 것을 분류하면 음식을 섭취하는 것, 열을 유지하는 것, 열심히 운동하는 것 등이다.

퇴계는 이 세 가지 일에도 경건한 마음을 잃지 않았다. 음식을 먹을 때도 마음을 음식에 집중했다. 퇴계 선생은 식사 도중에도 마음을 흐트러뜨리지 않았던 것으로 보인다.

> 선생은 손님과 함께 식사할 때, 수저 소리가 들리지 않았다. 음식상에 있는 음식의 수는 끼니마다 두서너 그릇에 불과했다. 더운 달에는 단지 포 떠서 말린 것뿐이었다.[128]

퇴계는 식사 중에도 수저 소리가 들리지 않을 정도로 마음을 흐트러뜨리지 않고 다잡았다. 퇴계는 야채 중심의 담박한 음식으로 소식(小食)을 했다.

> 선생이 서울에 와서 서성(西城) 안에 거주했는데, 지금의 좌상 권철이 찾아뵈었다. 선생이 밥을 차려 대접했는데, 담박한 음식이 맛이 없어서 먹을 수가 없었으나, 선생은 마치 진미인 양 들면서 조금도 어려워하는 기색이 없었다. 권공은 끝내 술을 뜨지 못하고 물러 나와 사람들에게 말했다. "지금까지 입맛을 잘못 들여서 이렇게까지 되었으니, 매우 부끄럽다."[129]

나는 정말 복이 박한 사람인가보다. 기름진 음식을 먹으면 흡

---

128. 『퇴계선생언행록』 권3, 김성일 기록.
129. 위의 책, 우성전 기록.

사 기분에 뱃속이 결리고 체하는 것 같아 편치 않지만, 쓰고 담박한 음식을 먹은 뒤에는 속이 편하다.[130]

퇴계는 기름진 음식을 피하고 담박한 음식을 선호했던 것 같다. 양념하지 않은 담박한 음식은 그냥 먹으면 맛이 없다. 오직 마음을 음식에 집중하여 꼭꼭 씹어서 먹어야 맛을 느낄 수 있다. 이를 보면 퇴계는 식사 중에도 경을 유지하고 있었음이 확실하다. 음식을 먹을 때 의식을 음식에 집중하면 저절로 천천히 꼭꼭 씹게 되고, 맛을 느낄 수 있게 된다. 기름진 음식은 몸을 잡박하게 만들지만 담박한 음식은 몸을 깨끗하게 한다. 담박한 음식을 먹어서 몸이 맑아진 사람이 갑자기 기름진 음식을 먹으면, 소화하지 못해 배탈이 나기도 한다.

몸을 순수하게 유지하고 열을 보존하기 위해서는 운동하는 것이 좋다. 운동하지 않으면 순환이 되지 않아 찌꺼기가 쌓이고 몸이 차져서 문제가 생긴다. 퇴계는 도가들이 하는 운동법 중의 하나인 활인심방을 꾸준히 연마하여 몸을 단련했다.

이상에서 설명한 것처럼 퇴계는 착한 마음, 맑은 기, 순수한 몸을 회복하기 위해 꾸준히 노력했는데, 이 세 가지의 수련법에 일관하는 공통의 요인이 또한 경을 통해 마음을 다잡는 것이다.

제4항 하늘마음의 실현

---

130. 위의 책, 김성일 기록.

경을 통한 수양을 완성하여 하늘마음을 회복한 사람은 하늘마음으로 산다. 하늘마음으로 사는 사람에게도 두 가지가 있다. 첫째는 어린아이처럼 순수하게 사는 사람이다. 어린아이는 하늘마음에 따라 순수하게 산다. 하늘마음은 삶의 방향으로 인도하기 때문에 어린아이는 삶에 충실하다. 배고프면 먹고 피곤하면 쉬며 졸리면 잔다. 위험한 곳을 피하고 안전한 곳으로 나아간다. 어린아이는 욕심을 채우려 하지 않는다. 어린아이는 자연의 흐름에 따라 충실하게 산다. 마음이 어린아이처럼 순수한 사람은 어린아이처럼 산다. 그러나 어린아이처럼 순수하게만 사는 사람은 오직 자기에게 주어지는 대로 충실하게 살 뿐, 남과 하나가 되는 단계까지 가지 못하기 때문에 남을 위해 헌신할 줄 모른다. 남의 아픔이 나의 아픔이 되지 못하고 남의 위험이 나의 위험이 되지 못하므로, 남을 구하기 위해 나서지 않는다. 어린아이처럼 사는 단계는 원효대사가 말하는 수분각(隨分覺)에 해당한다. 아직 완전한 사람이 되는 단계는 아니다.

완전한 사람이란 천지만물과 완전히 하나가 되는 사람이다. 머릿속으로만 천지만물과 하나가 되었다고 생각하는 것은 의미가 없다. 하늘마음을 몸으로 알아서 사랑이 몸에 가득하여 만물로 향해 퍼져 나와야 비로소 완전자라고 할 수 있다.

횡거는 이 서명(西銘)에서 반복하여 미루어 밝히고 있다. 나와 천지만물은 그 이치가 하나이기 때문에 인체(仁體)를 만들어낸다. 따라서 '나'에 집착하는 사사로움을 깨고 '나'라는 것이 없

는 하늘마음을 확충하면 딴딴한 돌 같던 마음이 녹아서 하늘
마음으로 바뀌어 모두와 하나로 통함으로써 사물과 나 사이에
간격이 없고 조금의 사사로움도 그사이에 용납되지 않을 것이
니, 천지가 한 집안이 되고 나라 안이 한 식구가 되므로, 아파
서 앓는 병자들의 아픔이 내 몸에 다가와 내 몸이 아파진다. 이
렇게 되는 것이 인도(仁道)를 얻는 것이다.[131]

한마음을 얻는 것은 천지만물과 하나가 되는 것이다. 한마음으
로 살면 천지는 하나의 집이 되고 온 나라 사람이 가족처럼 되어
다른 사람의 슬픔과 아픔이 나의 아픔과 슬픔이 된다. 완전한 사
람에게는 '나'라는 것이 없다. 오직 천지만물을 살리는 것이 일이
고, 세상을 구제하는 것이 일이다.

제5절
퇴계의 정치사상

수양이 완성된 사람은 저절로 다른 사람의 문제를 해결하기 위해
정치에 참여한다. 정치란 바르게 된 사람이 나서서 남을 바르게
하는 것이다. 그러므로 수양이 완성된 사람이 아니면 정치를 할

---

131. 蓋橫渠此銘 反覆推明 吾與天地萬物 其理本一之故 狀出仁體 因以破有我
之私 廓無我之公 使其頑然如石之心 融化洞徹 物我無間 一毫私意無所容
於其間 可以見天地爲一家 中國爲一人 痒痾疾痛 眞切吾身 而仁道得矣(『退
溪先生文集』卷七 西銘考證講義).

수 없다.

대저 태극이 사람의 마음에 있는 것은 애초에 성인과 어리석은 사람 사이에 차이가 있지 않았다. 그런데도 중인(衆人)이 항상 그 거동함에 태극의 모습이 없어지는 것은 무슨 까닭인가? 움직이고 멈추는 것은 기의 모습이지만, 움직이도록 하고 멈추도록 하는 것은 리이다. 성인은 리에 순일하므로 고요한 마음으로 움직임을 제어하여 기가 리의 명령을 받게 한다. 중인은 기에 따르기 때문에 움직임에 끌려 다니며 고요한 마음을 깨뜨려서 기에 빼앗긴다. 이런 까닭으로 성인은 천지와 마음 씀씀이가 같아서 사람의 표준이 되지만, 중인은 하늘을 어기고 스스로 방자하게 행동하여 천하의 근본을 확립하지 못하니, 무엇으로 천하의 일에 응하겠는가?[132]

애초에 성인과 일반인은 차이가 없었다. 성인과 일반인이 달라진 것은 마음에 기인한다. 성인은 하늘마음인 리와 하나가 된 사람이고 일반인은 욕심에 끌려 리를 잊은 사람이다. 하늘마음을 가진 사람은 세상에 나서서 세상을 바르게 할 수 있지만, 하늘마음을 가진 사람이 아니면 세상에 나서서 세상의 일을 바르게 처리할 수 없다. 그러므로 수양을 완성하지 않고 세상에 나가는 것

---

132. 夫太極之在人心 初非有間於聖愚 然而衆人之所以常汩於動者何也 動靜者氣也 所以動靜者理也 聖人純於理 故靜以御動 而氣命於理 衆人徇乎氣 故動以鑿靜 而奪於氣 是以聖人與天地合德 而人極以立 衆人違天自肆 固不能立天下之本 何以應天下之事哉(『退溪先生文集』卷四十二 靜齋記).

은 세상을 어지럽게 할 뿐 도움이 되지 않는다.

　퇴계는 세상에 나가는 일에 조급하지 않았다. 퇴계에게는 수양을 완성하는 것이 중요할 뿐이었다. 수양이 완성되면 세상은 저절로 다스려지기 때문이다. 바로 다스려지지 않더라도 시간이 지나면 반드시 다스려진다. 그래서 공자도 서두르지 않았고, 맹자도 서두르지 않았다. 세상일에 서두르는 사람이 많으면 세상의 일을 그르친다. 수양이 된 정도만큼 세상은 다스려지기 때문에 수양이 바로 정치다. 공자도 그랬다. 부모에게 효도하고 형제에게 우애할 수 있는 사람이 되도록 노력하는 것이 정치라고 했다. 수양이 바로 정치라는 것, 이것이 퇴계 정치사상의 핵심이다. 『중용』에서는 정치의 핵심을 수신이라 했다. 수신된 사람이 있지 않고서 정치가 제대로 되는 것은 없다. 『중용』에서는 수신을 정치의 핵심으로 설명하면서도, 세상에서 정치하는 사람들에게 정치의 아홉 가지 모범답안을 제시했다. 모범답안이 있으면 정치하는 사람에게 약간의 도움이라도 될 수 있을 것이기 때문이다. 퇴계도 마찬가지다. 퇴계는 임금에게 정치를 잘 할 수 있도록 수신의 핵심이 되는 『성학십도』를 바쳐 수신하도록 깨우치면서도, 따로 모범답안을 제시하기도 했다. 퇴계는 68세 때 여섯 개 조에 해당하는 「무진육조소(戊辰六條疏)」를 올렸다. 그 내용은 다음과 같다.

　　첫째, 계통을 중히 하여 인효(仁孝)를 온전히 할 것
　　둘째, 참소와 이간을 막아서 양궁(兩宮)을 친근하게 할 것
　　셋째, 성학(聖學)을 돈독히 하여 정치의 근본을 확립할 것
　　넷째, 윤리 도덕을 밝혀 인심을 바로잡을 것

다섯째, 복심(腹心)에게 맡기고, 이목(耳目)을 통하게 할 것

여섯째, 수양과 반성을 성실히 하여 하늘의 권애(眷愛)를 받을 것

첫째와 둘째는 가장 시급하고 절실한 현실 문제이고, 셋째와 넷째는 정치원리에 관한 것이며, 다섯째와 여섯째는 정치 현실에서 나타나는 인사 문제와 위정자의 자세에 대한 것이다. 당시의 임금 선조는 양자로 들어와 왕위를 계승했으므로, 전왕인 명종을 친부로 받드는 것이 가장 시급하다. 계통에 혼선이 생기면 정치기반이 흔들리는 것이므로 가장 먼저 주의해야 할 일이다. 둘째는 세자를 거치지 않고 급작스럽게 임금이 되었기 때문에 왕궁 안의 대비와 왕비 등의 관계가 원만해지도록 신경을 써야 한다. 역대 왕들의 정치가 늘 대비와 왕비의 갈등으로 문제가 복잡해진 것에서 본다면 매우 중요한 지적이다. 셋째와 넷째의 정치원리를 강화하는 것은 수양에 관한 것이다. 정치원리를 확립하고 윤리 도덕을 실천하는 분위기 조성은 정치가 성립할 수 있는 바탕이다. 다섯째는 정치 과정에서 해결해야 할 가장 중요한 인사 문제이다. 인사만 제대로 되면 정치는 성공한다. 정치를 망치는 것은 언제나 아첨하는 간신들이다. 선조는 이간질하는 간신들에 휘말려 정치를 망친 임금이 되었다. 퇴계의 깨우침을 따르지 않은 결과다. 마지막의 여섯째는 임금의 반성에 대한 주문이다. 반성하지 않는 정치인은 결코 성공할 수 없다. 이는 정치인뿐만 아니라 모든 사람에게 해당한다. 자기 탓으로 돌릴 줄 모르는 사람은 성공할 수 없다.

정치의 성패는 정치지도자의 수양 정도에 달렸다. 수양이 부족한 사람이 이미 임금이 되었다면 서둘러 정치와 수양을 병행해야

한다. 퇴계는 임금 선조에게 가장 먼저 읽어야 할 책으로 『대학』과 『중용』을 주문했다. 두 책에 정치원리가 가장 많이 설명되어 있기 때문이다.

　정계에 나아가 정치에 참여하는 것만이 정치하는 것이 아니다. 세상 사람들에게 바른 삶의 길을 제시하는 것이 오히려 더 큰 정치일 수 있다. 퇴계가 앞선 선비들에 대한 평가를 한 것은 앞선 사람의 평가에 목적이 있는 것이 아니다. 후대의 사람들에게 바른 삶의 기준을 밝히는 데 목적이 있었다. 앞선 사람의 학술사상에 대해서도 부작용이 생길 수 있는 것을 밝혀서 혼란이 일어나지 않도록 하는 것 역시 중요한 정치이다. 퇴계가 양명학에서 야기될 수 있는 부작용을 걱정하여 「전습록논변(傳習錄論辯)」을 지은 것은 훌륭한 정치이다. 퇴계가 양명학에서 우려한 것은 기발(氣發)을 이발(理發)로 착각함으로써 나타날 수 있는 혼란이다. 양명의 심즉리는 오늘날 뇌과학의 지식을 참조하면 옳지 않다는 것이 바로 판명된다. 마음[心]은 성과 정을 포함하는데, 성은 리이지만, 정은 뇌에서 분비된 물질이 포함되어 있으므로 기이다. 마음[心]은 리와 기를 포함하므로, 마음[心]을 리라고 하는 것은 옳지 않다. 양명은 인욕을 제거하고 천리만 보존된 상태에서의 마음을 리로 본 것인데, 인욕을 제거하는 것이 어렵지 않다면 혼란이 비교적 적다. 인욕을 완전히 제거한 상태에서의 정은 사단이다. 사단으로 사는 것은 리에서 벗어나는 것이 아니므로, 마음이 내키는 대로 살아도 큰 혼란이 일어나지 않는다. 그러나 인욕을 완전히 제거한다는 것은 쉽지 않다. 인욕을 제거하지 않은 사람이 마음이 곧 리라는 것을 받아들이면 엄청난 문제가 일어날 수 있다. 리는 하늘마음이다. 욕심을 리로 본다면 욕심을 하늘마음으로 보는 것이 된다. 사람이 하늘의 이름을 빙자하여 욕심을 채우려 하면 못할 것이 없다. 욕심을 채우기 위해 방탕할 수도 있고, 서슴지 않고 사람을 죽일 수도 있다. 사람의 마음 중에 본심과 욕심을 분별하는 것은 매우 중요하다. 조금도 흐트러지지 않은 마음을 유지하면서 리에서 발하는 마음과 기에서 발하는 마음의 차이를 면밀하게 살펴야 한다.

퇴계는 양명의 지행합일에 대해서도 의문을 제기한다. 퇴계에 따르면, 생리적인 현상에서는 지행합일이 가능하다. 나쁜 냄새를 맡는 것과 나쁜 냄새를 피하는 행동은 일치한다. 좋은 경치를 아는 것과 좋은 경치를 보고 싶어 하는 것도 일치한다. 배고픔을 아는 것과 먹고 싶어 하는 행동도 일치한다. 그러나 의리에 관해서는 잘 분별해야 한다. 어린이는 졸리면 그냥 아무데서나 자지만, 어른은 그렇게 하면 안 된다. 어른은 졸릴 때 마땅히 잘 수 있는 장소를 찾아서 자야 한다. 의리에 맞는 행동은 마음과 외적인 여건이 동시에 충족 되는 행동이다. 외적인 여건을 무시하고 아는 것을 그냥 그대로 행하려고만 하면 많은 혼란이 일어날 수 있다.

퇴계가 사람들에게 바른 삶을 살 수 있는 지침을 제공하는 것은 정계에 나아가 정치에 참여하는 것보다 더 중요한 정치일 수 있다.

제9장

■

남명 조식 선생의 초탈원융철학

조식(曺植: 1501~1572) 선생의 자는 건중(楗仲, 健中), 호는 남명(南冥), 시호가 문정(文貞)이다. 선생은 퇴계 선생과 같은 해에 태어나 같은 시대를 살았지만 만난 적이 없다. 선생은 한 번도 벼슬길에 나아가지 않았다. 유학의 핵심이 수신·제가·치국·평천하이고 보면, 유학자로서의 선생은 다른 유학자들에 비해 이해하기 어려운 점이 있다. 선생에 관한 오늘날의 연구가 그의 철학적 비중보다 상대적으로 활발하지 못한 것은 자료가 별로 남아 있지 않은 것에도 원인이 있겠지만, 그 철학적 성격과 내용을 파악하기 어렵다는 데도 원인이 있을 것이다. 선생을 이해하기 위해서는 한국 주자학의 세 흐름을 이해해야 한다. 한국 주자학은 목은 선생의 주자학에서 발원하여 세 흐름을 형성하는데, 선생은 그 세 흐름 중에서 초탈원융철학의 흐름을 이어받은 것으로 보면, 비로소 이해가 간다. 선생도 다른 초탈원융철학자들과 마찬가지로 벼슬을 하지 않고 세속을 초월한 상태에서 주자학 이외의 다른 철학사상을 하나로 융합하여 회통한다.

제1절

남명 철학의 형성 과정

제1항 철학적 사색과 노장학

선생은 1501년 합천군 삼가에서 태어났고, 5세 때 부친이 과거에 자원하여 벼슬길에 나아감에 따라 한양으로 이사했다. 7세 때 외부의 스승에게 취학했다. 선생은 총명하고 숙성하여 부친이 일러준 『시경』과 『서경』의 내용을 곧바로 암송하고 잊지 않았다고 한다. 9세 때 위독하여 모친이 크게 근심하자, 선생은 "하늘이 사람을 낸 것이 어찌 무의미한 것이겠습니까? 지금 제가 사나이로 태어난 것은 하늘이 할 일을 맡기기 위해서였을 것입니다. 그러므로 갑자기 요절할까 걱정할 필요가 없습니다"라고 하며 위로했다고 한다. 이로써 보면 어린 시절의 선생은 천부적인 재주, 자부심과 기개, 그리고 침착한 성품까지 두루 갖추고 있었음을 알 수 있다. 9세부터 17세까지의 행적에 대해서는 아무런 자료가 남아 있지 않아 알 수는 없지만, 아마도 사춘기를 넘기면서 철학적 사색에 침잠했던 것으로 보인다. 그것은 천재들에게 흔히 보이는, 인생 전반에 관한 통찰에서 비롯된다. 천재일수록 시간적 공간적으로 멀리까지 통찰하는 능력이 있다. 무한한 우주 공간에서 보면, 인간은 왜소하기 그지없으며, 영원한 시간에서 보면 인간의 일생은 찰나에 지나지 않는다. 인간의 일생이 한 번 지나가고 나면, 평생 쌓았던 모든 것이 사라지고 만다. 이러한 사실을 실감하고 나면 허무하지 않은 것을 찾을 수 없다. 인간들이 평생토록 추구하는 부귀영화도 아무런 의미를 가질 수 없으며, 사회생활 속에서 일상적으로 강요받는 윤리나 도덕도 의미를 가질 수 없다. 이와 같은 인생의 무가치성을 자각함으로써 선생은 일상생활에 만족하지 못해 갈등하고 방황하며 철학적 사색에 침잠해 들어갔던 것으로 보인다. 이는 후일 선생 자신이 술회한 다음의 말에서 미루어 짐작할 수 있다.

> 나는 어릴 적에 기운을 타고난 것이 척박했고, 스승과 벗들이 고쳐주지 않았기 때문에, 오직 모든 것을 가볍게 여기는 것을 고상하게 생각했다. 비단 사람에 대해서만 가볍게 여길 뿐만 아니라, 세상 자체를 또한 가볍게 여겼다. 부귀·영화·재물·이로운 것 등을 보더라도 무시하기를 풀이나 진흙처럼 생각했다. 그리하여 늘 세상의 일에서 떠날 생각을 한 것 같았다.[133]

남명은 순간으로 끝나고 마는 왜소한 인간의 삶에서 참으로 가치 있는 것이 무엇인지, 어떻게 사는 것이 의미 있는 삶인지, 그것을 알 수 없어 방황할 수밖에 없었다.

아무런 철학적 동기나 갈증이 없는 상태에서 유학의 경전들을 기계적으로 가르치고 배우던 당시의 스승과 벗들은 철학적 체험을 몸으로 직접 한 것이 아니기 때문에, 남명의 철학적 방황을 이해하지도 못했고, 이끌어주지도 못했다. 남명의 철학적 방황은 17

---

133. 余初受氣甚薄 又無師友之規 惟以傲物爲高 非但於人有所傲 於世亦有所傲 其見富貴貨利蔑如草泥 常若有遺世之想焉(『南冥集』 권4, 〈書圭菴所贈大學後〉).

세 때 부친을 따라 부친의 임지인 단천으로 내려갔을 때도 지속 되었을 것으로 보인다.

철학적 방황을 계속하던 남명은 18세 때 단천에서 서울로 이사 하면서 자신의 철학을 강화하는 계기를 맞이한다. 그것은 서울의 장의동(壯義洞)에 이사 온 남명이 대곡(大谷) 성운(成運)과 이웃하게 되면서부터이다. 대곡은 그의 종형 청송(聽松) 성수침(成守琛)과 함 께 초탈한 은일지사(隱逸之士)이었고, 당대에 이미 은성(隱成)이라고 불리던 사람이었다. 전에 서울에 있을 때 집의 처마를 나란히 하 여 이웃하고 있었는데, '아침부터 담론하기 시작하면 저녁때까지 계속되었고, 밤이 되면 한 이불에서 자곤 했다'[134]라고 한 대곡의 말에서 보면, 남명은 대곡과 완전히 의기투합했던 것으로 보인다. 철학적 방황을 하고 있었던 남명과 초탈한 은일지사 대곡은 세속 의 일에 가치를 부여하지 않는 점에서 바로 지기(知己)가 될 수 있 었다. 둘 사이의 우정은 평생 지속되었다. 대곡 청송 두 사람은 노 장철학에 조예가 깊었으므로, 남명은 두 사람과 사귀면서 자연스 럽게 노장철학에 침잠해 들어갈 수 있었다. 세속에서 벗어나 소요 유하는 세계를 서술한 노장철학은 세속적 가치를 찾을 수 없었던 남명에게 철학적 방황을 정당화시켜 주는 매력적인 요소로 등장 했을 것이다. 남명(南冥)·방장노인(方丈老人)·방장산인(方丈山人) 등 의 남명의 호가 모두 노장철학의 용어라는 점을 보면 이를 짐작 하고도 남음이 있다.

---

134. 昔在洛都 連棟爲隣 朝談侵夕 夜眠同床(成運〈南冥先生墓碣銘〉編年 所 收).

노장철학에 침잠하는 것이 남명에게 매력적인 일이기는 하지만, 철학적인 갈등과 방황을 완전히 해소할 수 있는 것은 아니었다. 인생의 무상함을 알고 나면, 윤리 도덕의 의미를 찾을 수 없지만, 타고난 효심을 떨쳐 낼 수는 없었다. 노장철학의 가치관으로 볼 때 과거에 응시하는 것은 무의미한 것이지만, 과거에 응시하기를 권유하는 모친의 정성은 아무래도 뿌리칠 수 없었다. 그리하여 남명은 과거에 응시하기도 했고, 고배를 마신 일도 있었다. 과거시험에 의미를 부여하지 않는 노장철학적 사유의 소유자로서는 당연한 귀결일 것이지만, 그러면서도 자신의 실력에 대한 자부심이 강한 남명은 과거시험에서의 불합격을 받아들이고 싶지 않은 기개가 있었다. 그리하여 남명은 과거시험에 통하는 평이하고 간결한 문장체를 확인하기 위해 『성리대전』을 읽기 시작했다. 여기서 남명은 일대 전환기를 맞이한다.

제2항 성리학에 임하는 태도

그것은 25세 때의 일이었다. 절에 들어가서 『성리대전』을 읽던 남명은 허노재(許魯齋)의 말에 이르러, 아찔한 충격을 받았다. 바로 다음의 문장에서였다.

> 이윤이 가진 뜻을 지향하고, 안회처럼 학문에 열중하며, 벼슬길에 나아가서는 이상사회를 건설하고, 물러나 있을 때는 자신의 절조를 지킨다. 대장부라면 마땅히 이와 같아야 할 것이다.

벼슬길에 나가서도 진리를 펼치지 못하고, 물러나 있으면서도 지키는 바가 없다면 뜻을 세우고 학문을 닦은 것이 무슨 소용이 있겠는가![135]

위 문장의 내용은, 학문에 열중하여 진리를 터득하고, 그 진리를 실현하는 데 뜻을 세워 벼슬하게 되면, 온 나라에 그 진리를 실현하고, 물러나 있을 때는 자기 혼자만이라도 그 뜻을 지킨다는 말이다. 물론 남명이 이 문장만을 읽었다면 그토록 큰 충격을 받지는 않았을 것이다. 이 문장을 읽고 활연히 깨달을 수 있었던 것은 『성리대전』을 차례로 읽음으로써 성리학의 내용과 가치를 거의 파악하게 된 상태였기 때문이라고 봐야 한다. 익지 않은 과일은 비바람에도 떨어지지 않지만, 다 익은 과일은 약간의 바람에도 떨어진다. 『성리대전』에는 이기설이 자세히 설명되어 있다. 인간에게 이(理)에 해당하는 것이 성이고, 기에 해당하는 것이 몸이다. 인간은 현실적으로는 몸을 가진 존재이므로 시간과 공간의 제약을 받아 생·로·병·사하지만, 성은 시간과 공간을 초월하기 때문에, 본질에서는 영원하고 무한한 존재이다. 인간이 실천하고 있는 윤리 도덕이나 예는 영원하고 무한한 본질의 나타난 모습이다. 성리학의 이러한 내용에 접하게 된 남명에게는 충격적인 깨달음이 계속되었을 것이다. 어차피 한평생이 지나고 나면 모든 것이 사라지므로, 윤리·도덕·예 등을 지키는 것과 지키지 않는 것이 차

___

135. 志伊尹之志 學顔子之學 出則有爲 處則有守 大丈夫當如此 出無所爲 處無所守 所志所學將何爲(『南冥集』 권4, 〈書圭菴所贈大學後〉).

이가 없다고 생각하고, 그러한 것들에 얽매이지 않고 초연하게 살아가려 했던 남명이고 보면, 본질을 알면 인생이 유한하지 않다고 설명하는 성리학의 내용은 충격적일 수밖에 없다. 인생이 유한하다고 전제한 것이 잘못된 것이라면, 그런 전제에서 수립한 인생관이나 삶의 방법은 잘못된 것이다. 그렇다면 지금까지의 남명의 삶의 내용 전체가 잘못된 것일 수 있다. 잘못된 삶은 참된 의미에서 보면 삶이 아니다. 그렇다면 지금까지의 인생관이나 삶의 방식을 모두 버려야 한다. 이제 참된 삶의 원리를 찾아내지 않고는 견딜 수 없다. 참된 삶의 원리, 그것을 성리학에서 제시하고 있으므로, 성리학을 배우면, 참된 삶의 길이 열리고, 생명의 길이 열린다. 안회가 그토록 학문에 열중한 것은 그것이 생명의 길이었기 때문이고, 이윤이 그토록 진리의 실현에 전념한 것도 생명의 길이었기 때문이다. 남명이 허노재의 글을 접하여 아찔할 정도로 충격받고 크게 깨달은 까닭은 생명의 길을 가고 있는 그들의 모습을 발견했기 때문이다. 남명은 너무나 기뻤다. 안회처럼 학문에 전념하여 진리를 얻을 수 있다면, 이제 저녁에 죽어도 여한이 없을 정도였다. 남명은 그 심정을 다음과 같이 토로한다.

문득 아찔할 정도로 충격을 받았다. 부끄럽고, 위축되어 정신이 아득했다. 배움의 내용이 성리학 이상 가는 것이 없다는 사실을 깨달았다. 하마터면 한 평생을 그르칠 뻔했다. 그전에는 윤리 도덕이나 인간의 일상생활이 모두 영원하고 무한한 진리의 현현이라는 사실을 알지 못하고, 소홀히 했기 때문이다. 그리하여 이제는 오로지 학문에 전념하여 점차 그 본령에 도달하게 되었다. 이때의 기쁨은 마치 어린아이가 길을 잃고 헤매다가 어느 날 홀연히 인자한 어머니의 얼굴을 발견하고 좋아서 자기도 모르게 덩실덩실 춤을 추게 되는 것과 같았다.[136]

남명의 이러한 체험은 종교적 체험에 가까운 것이었다. 남명은 구도자로 바뀌었고, 학문의 길은 구도의 길로 바뀌었다. 이로부터 남명은 공자·주자(周子)·정자·주자의 화상을 손수 그려 신단에 모셔놓고 매일 새벽에 예배를 올렸다.[137] 그들은 이제 남명 가까이에서 남명의 생명을 구해주는 구세주로 다가왔기 때문이었다. 남명은 유학의 경전과 성리학의 서적들에 침잠하여 밤낮을 잊고 연구하고 궁리하여 그 의미를 탐색했다. 그러면서 스스로 돌이켜보아 배운 내용을 실천할 수 있도록 힘썼다.[138]

「편년」의 기록에 따르면, 남명은 29세 때 자굴산에 있는 절에서 독서 한 적이 있었는데, 책상 앞에 정좌하고 앉아 밤낮으로 각고하고 힘써서 조금도 쉬지 않았다고 한다. 당시 승려들은 남명이 거처하는 방에서 아무 소리도 듣지 못하다가 매일 한밤중에 손가락으로 가볍게 책상을 두드리는 소리를 듣고 여전히 독서 중이라는 사실을 알았다고 한다. 수행에 정진하는 구도자의 모습 바로 그것이었다.

---

136. 輒悚然自省 愧縮自喪 深歎所學之無類 幾枉了一世 不知人倫日用事皆自本分中來也 遂專意學問 漸就本地家鄉入焉 正如弱喪而不知歸 一朝忽見慈母之顔 不知手足之蹈舞(『南冥集』권4, 書圭菴所贈大學後).
137. 手摹先聖及周程朱三子像 龕奉之 每朝瞻禮(『南冥集』附錄 編年).
138. 專就六經四子及周程張朱書 窮日繼夜 苦心致精 研窮探索 以反躬實踐爲務(上同).

제3항 초탈원융철학의 완성

유학은 형이상학적 요소와 형이하학적 요소를 동시에 포함하는 거대한 사상체계를 갖추고 있다. 유학에서는 정신적 삶과 육체적 삶, 이상적 삶과 현실적 삶의 조화를 이루는 전체적 삶을 추구한다. 그 구체적인 방법은 육체적·현실적 삶에서 나타나는 긍정적인 부분을 확충하고, 부정적인 부분을 제거하면서, 동시에 정신적·이상적 삶을 추구하는 것이다. 이에 비해 노장사상이나 불교철학에서는 육체적·현실적 삶에서 나타나는 부정적인 요소에 염증을 느끼고, 아예 그러한 삶을 뛰어넘어 곧바로 정신적 삶을 추구하는 경향이 있다. 따라서 유학적 삶에서는 삶의 어느 한 부분이 소외되는 부작용이 없고, 그것 때문에 갈등할 일이 없다. 그 대신 육체적·현실적 삶에 관심을 두다가 거기에 얽매여 정신적 삶을 깊이 있게 추구하지 않게 되는 수도 있고, 정신적 삶을 절실하게 추구하지 않고 공리공론을 일삼는 수도 있으며, 삶의 요소 중 둘 다 충족하지 못하고 어정쩡하게 되는 수도 있다. 이에 비해 노장적·불교적 삶에서는 정신적·이상적 삶을 절실하게 추구하는 장점이 있지만, 현실적·육체적 삶을 소홀히 하는 데서 오는 부작용이나 갈등이 일어날 수 있다.

중국 한·당시대에 육체적·현실적 삶에 치중하던 유학이 송나라 때에 이르러 노장철학과 불교철학을 참고하여 형이상학적 체계를 재정비한 것이 성리학이다. 형이상학에서는 유학·노장철학·불교사상이 모두 하나가 되어 만난다. 마치 산으로 올라가는 길이 달라도 모든 길이 정상에서 만나는 것과 같다. 남명이 성리학의 형이상학적 체계를 바로 이해할 수 있었던 것은 이미 노장철학을 터득하고 있었기 때문이었다. 노장철학과 만나는 성리학의 세계는 현실 세계를 초탈하여 모든 형이상학적 요소가 하나로 원융 회통하는 세계이므로 노장적 세계관을 통해 성리학의 세계를 파악한 남명은 초탈원융철학을 완성할 수 있었다.

산의 정상을 향해 올라가는 경우를 예로 들면, 유학은 산의 맨 아랫부분에서 출발하여 정상에 올라가는 길을 제시하기 때문에 아랫부분의 길도 중시한다. 이에 비해 불교는 아랫부분을 건너뛰고 산의 정상 밑에서 출발하여 정상을 향해가는 길을 제시한다. 유학과 불교는 아랫부분의 길을 건너뛰고 안 뛰고의 차이는 있지만, 아랫부분에서 출발한다는 점에서는 차이가 없다. 노장철학은 이와 다르다. 노장철학은 산의 정상에 사는 사람의 철학이다. 산의 정상에 사는 사람이 어쩌다가 정상 바로 아래로 내려간 사람에게는 더 내려가기 전에 발걸음을 돌려 정상으로 회귀할 것을 가르친다. 불교는 산의 아랫부분을 건너뛰어 정상 바로 아래에서 출발하기 때문에 산 아랫부분이 소략해져 있는 점에서는 노장철학과 유사하다.

남명은 유학에서 출발했기 때문에 처음에 산의 아랫부분에 해당하는, 일상생활에서 필요한 윤리 도덕과 예법 등을 집중적으로 배웠다. 그러다가 철학적 방황을 하게 되면서 윤리 도덕과 예법에 회의를 느껴, 유학에 대한 매력을 상실한 상태에서 노장철학을 접한 남명은 바로 노장철학에 심취할 수 있었다. 그럴수록 남명에게는 피할 수 없는 갈등이 생길 수밖에 없었다. 여전히 세속을 떠나지 않고 세속에서 살고 있었던 남명은 과거시험을 보도록 권유하는 모친의 정성을 뿌리칠 수 없었다. 과거시험이 아무리 의미 없는 것이라고 해도, 모친을 향한 정만은 끊을 수가 없었다. 이런 갈등을 겪으면서 내린 남명의 결정은 일단 과거시험에 합격하여, 모친의 마음을 기쁘게 해드린 뒤에, 자기가 좋아하는 길을 가는 것이었다.

남명은 과거시험에 합격하기 위해 『성리대전』을 읽기 시작했는데, 거기서 남명은 아찔한 체험을 하게 된 것이다. 『성리대전』에는 진리의 정상으로 가는 길이 자세하게 설명되어 있다. 성리학을 공부하여 진리를 얻고 보면 일상생활에 필요한 윤리 도덕이나 예법이 의미 없는 것이 아니라, 진리의 실천에서 나타나는 삶의 방식이라는 것을 깨닫는다. 이를 알게 된 남명은 아찔할 정도의 체험을 하고, 유학으로 돌아올 수밖에 없었다. 유학에는 심오한 진리를 얻을 수 있는 풍부한 설명이 있으므로, 진리를 얻을 수 있고, 일상생활도 충실하게 할 수 있으므로, 번민하거나 갈등하지 않으면서 원만한 삶을 충족시킬 수 있다고 판단했기 때문이었다.

남명은 26세 때 부친상을 당해 5년간을 고향에서 지낸 뒤, 학당을 지어 성리학을 익히고 전파하는 일에 전념하기 위해 처가가 있는 김해로 갔다. 학당의 이름은 '태산에 올라 바다를 바라보는 기상'을 표방하여 산해정(山海亭)이라 했다.

진리의 정상으로 높이 올라가 머나먼 남쪽으로 진리를 전파하러 가는 남명의 모습을, 친구인 대곡은 북쪽 바다에서 구만리 상공으로 날아 올라가 남쪽 바다로 향해 날아가는 붕새의 모습으로 비유하여 다음의 시로 표현했다. 『남명집』 부록 「편년」에 들어 있다.

신령한 큰 기러기 바다 남쪽으로 날아가네　　冥鴻獨向海南飛
때는 가을바람에 낙엽 지는 쓸쓸한 가을　　正値秋風落木時
닭과 오리들은 온 땅의 곡식을 쪼고 있건만　　滿地稻粱鷄鶩啄
푸른 하늘 구름 밖에서 홀로 세상사를 잊었네　碧天雲外自忘機

　산해정으로 내려간 뒤에도 남명은 한두 번 과거시험에 응시했
다. 세속적 가치에 초탈한 남명이 과거에 응시한 것은 모친의 권
유를 뿌리치지 못하는 효심 때문이었다. 초탈한 철학자로서 과거
시험에 합격하는 것은 격에 맞지도 않을뿐더러, 쉬운 일도 아니었
다. 고배를 마신 남명은 의미 없는 과거시험에 다시 응시하기보다
는, 가장 가치 있는 일이 무엇이며 참으로 해야 할 일이 어떤 것인
지를, 모친께 설명하고 설득하는 방법을 택했다. 허락을 얻은 남명
은 다시는 과거시험에 응시하지 않았다. 18년간 산해정에서 성리
학에 침잠한 남명은 학문적으로 거의 완숙기에 이르렀다. 48세가
된 남명은 고향 합천으로 이주하여 계부당(鷄伏堂)과 뇌룡정(雷龍
亭)을 짓고 교육에 전념하기 시작했다. 합천으로 이주한 이유에 대
해서는 기록이 남아 있지 않으므로, 구체적으로 알기는 어렵지만,
아마도 수양에 치중하던 생활을 일단락 짓고 교육에 전념하는 생
활로 옮겨가기 위한 것이었다고 짐작할 수 있다. 이는 합천으로 옮
기고부터 제자들이 운집해 온 것을 미루어 보더라도 알 수 있다.
계부당은 닭이 알을 품듯 정성껏 함양한다는 뜻이고, 뇌룡정은
진리의 내용을 우레처럼 소리 내고 용처럼 움직이며 실천한다는
뜻이다.
　합천에서 많은 제자를 기른 남명은 61세가 되던 해 두류산 아

래 산 좋고 물 좋은 곳에 정사를 짓고 이주했다. 부모의 제사를 포함한 고향의 모든 것을 아우에게 맡기고 홀연히 떠나간 것이다. 정사의 이름을 산천재(山天齋)라 했다. 산천이란 『주역』 대축괘의 괘상이다. 대축괘의 상전(象傳)에 '강건독실휘광일신(剛健篤實輝光日新)'이란 말에서 뜻을 취하기 위함이었다.

산해정에서 보낸 시간은 수양한 시간이었고, 합천에서 보낸 시간은 교육에 종사한 시간이었으며, 산천재에서 보낸 시간은 초탈원융철학의 차원에서 인생을 소요유한 시간이었다.

제2절
남명 철학의 성격과 실천

제1항 경 중심의 수양철학

'천인무간'을 전제하는 한국 성리학에서는 경(敬)을 중심으로 하는 철저한 수양철학이 전개되었는데, 남명에게도 예외가 아니었다.

경이란 마음을 가다듬어 엄숙함을 지키고, 맑은 정신상태를 유지하며, 한마음을 붙잡아 만사에 대응하고, 속마음을 왜곡시키지 않고, 외부의 일을 방정하게 처리하는 것입니다. 공자가 말씀하신 '경을 가지고 자기 자신을 수양한다'라는 것이 바로 이것입니다.[139]

위의 문장은 남명이 임금에게 상소한 글 중의 일부이다. 남명은 수신의 방법을 경을 중심으로 설명하고, 궁리에 대해서는 '독서 하여 의리를 찾아 밝히고 실천의 장에서 타당함을 구하는 것'으로 설명하여,[140] 외물에 나아가 외물의 이(理)를 궁구하는 것으로 설명하는 중국 성리학의 내용을 한국적 방법으로 변용했다.

마음을 가다듬는 방법 중에 정좌공부(靜坐工夫)가 있다. 고요히 앉아서 마음을 가라앉혀 하늘마음을 회복하는 방법이다. 남명의 제자이면서 외손서인 김우옹은 「남명선생행장」에서 남명이 산해정에서 정좌공부에 주력했던 것에 대해 언급하고, 「제문」에서는 김우옹 자신에게도 정좌공부를 하도록 가르쳤음을 전한다.

제2항 남명의 정치관

남명은 한 번도 벼슬길에 나아가지 않았다. 수차례에 걸친 부름을 받았음에도 끝까지 나아가지 않고 처사로 일관했다. 유학의 기본이 수기치인이라는 것에서 보면 큰 학자라면 어느 정도 수양이 완성된 뒤 벼슬길에 나아가 진리를 펼쳐야 하는 것이 도리로 보이기도 한다. 그런데도 남명이 끝까지 벼슬길에 나아가지 않은 이유는 어디에 있는 것일까? 남명은 단성 현감으로 임명되었을 때 올린 사직소에서 그 벼슬길에 나아가지 않는 이유를 밝혔는데, 그

---

139. 所謂敬者 整齋嚴肅惺惺不昧 所以主一心而應萬事 直內而方外 孔子所謂修己以敬者 是也(『南冥集』 권2, 〈戊辰封事〉).
140. 其所以爲窮理之地 則讀書講明義理 應事求其當否(上同).

내용은 첫째는 자신의 능력과 자질이 부족하다는 것이고, 둘째는 이미 정치를 좌우하고 있는 대비와 어린 임금이 정치를 망쳤기 때문에 회복 불능의 상태가 되어 있다는 것이었다.

무조건 벼슬길에 나아가는 것만이 치인은 아니다. 벼슬길에 나아가지 않아야 할 때 나아가지 않는 것, 또한 치인의 한 방법이다. 벼슬길에 나아가지 않는 대신, 더욱 수양과 교육에 힘써서 후일을 기약하는 것이 좋은 치인의 방법이 된다. 또한 그것은 자격 없는 사람들이 대거 벼슬길에 나아가 나라를 어지럽히는 사람들에게 경종을 울리는 방법이 되기도 한다. 남명이 벼슬길에 나아가지 않는 이유에는 초탈원융철학의 영향도 일부 있었을 것이다.

제3항 진리 실현과 교육정신

남명이 일생을 통해 중시한 것은 경(敬)과 의(義) 두 글자이었다. 경은 진리를 터득하는 수양의 수단이고, 의는 진리를 실천하는 기준이다. 이로써 보면 남명의 일생은 진리를 터득하고 실천하는 것으로 일관됨을 알 수 있다. 초탈원융철학으로 현실을 살아가는 남명에게는 현실과 타협하는 일이 있을 수 없다. 초탈원융철학은 육체의 생사까지도 초월하는 경지이기 때문에 진리의 실천을 위해서는 목숨까지도 가볍게 여길 수 있는 강력한 실천력을 동반한다. 세속적인 사람들은 세속적 가치를 추구하는 일에는 정성을 다하는 적극성을 보이지만, 진리를 추구하는 일에는 소극적이다. 이와 반대로 초탈원융철학의 실천자는 세속적인 가치를 추구하는 일에는 초연하지만, 진리를 실천하는 일에는 목숨도 버릴 정도의 적극성을 보인다. 우레같이 진동하고 용같이 움직이는 것이다.

남명의 현실참여 방법은 상소를 통해 임금을 깨우치는 것과 교육을 통해 사람들을 깨우치는 것이었다. 이 두 분야에 대한 적극성은 타의 추종을 불허할 정도이었다. 「사면단성현감소」에서 당시 권력을 장악하고 있던 대비 문정왕후를 바깥세상과 두절 된 궁궐 속의 한 과부라고 하고, 임금을 선왕이 남긴 한 고아일 뿐이라고 할 정도로 과격하게 표현한 것은, 대비와 임금을 깨우치기 위한 것이었겠지만, 그러나 그러한 표현을 쓰는 것은 목숨을 걸지 않으면 불가능한 일이었다. 실지로 남명은 이 상소로 문정왕후를 노하게 하여 극형을 당할 뻔했지만, 신하들의 만류로 겨우 모면했다.

임진왜란이 일어났을 때 의병의 몸으로 왜병과 싸운 제자들의 불굴 정신은 남명의 철학적 실천력에 영향을 받은 것으로 이해할 수 있다.

남명이 가장 주력한 것은 역시 교육이었다. 남명은 수많은 제자를 길러내었고, 그로 인해 사림(士林)의 종사(宗師)로 추앙받게 되었다. 남명이 실시한 교육 방법은 두 가지였다.

그것은 『소학』, 『대학』 등의 유교 경전을 초탈원융철학의 입장에서 새롭게 해석하여 제자들에게 차원 높은 진리를 전파하는 것과 성리학적 방법을 통하여 제자들에게 직접 진리에 도달하도록 인도하는 것이 그것이다. 이 두 방법을 「편년」에서는 다음과 같이 설명한다.

반드시 『소학』으로 기본을 세우고 『대학』으로 규모를 넓히며,

의리와 이익을 구별하고 기질을 변화시키는 것으로 요법을 삼 았다.[141]

남명은 경전을 해석할 때 긴요한 곳에 이르면 제자들에게 스스 로 파악할 수 있도록 몇 번이고 반복하여 분석했으며, 사색을 통 한 공부는 밤에 하는 것이 효과적이므로 제자들에게 밤을 이용 하도록 인도했다고 한다.

남명이 말하는 학문의 목적은, 태산에 올라가 모든 것을 아래 로 내려다 볼 수 있게 된 뒤에 자유자재로 행동할 수 있도록 높은 차원의 초탈원융철학을 터득하는 것이었다.[142] 남명의 문하에 오 건·정인홍·하항·김우옹·최영경·정구 등을 위시하여 수많은 제 자가 배출되었다.

---

141. 必以小學立其基本 以大學廣其規模 而尤以明辨義理變化氣質爲要法.
142. 爲學要使知識高明 如上東岱 萬品皆低 然後惟吾所行 無不利矣(『南冥集』 부록 〈편년〉).

제10장

■

하서 김인후 선생의 꿈과 좌절

제1절
하서의 꿈

하서 김인후(金麟厚: 1510~1560) 선생의 자는 후지(厚之), 호는 하서(河西) 또는 담재(湛齋)이며, 시호는 문정(文靖)이었다가 후에 문정(文正)으로 고쳤다.

하서는 중종대왕 5년인 1510년에 장성현 대맥동에서 나셨다. 5세 때에 천자문을 읽었고, 6세 때에는 다음과 같은 시를 지었다.

하늘	天

둥근 형체 지극히 크고 끝없이 가물가물	形圓至大又窮玄
무한히 넓고 텅 빈 채로 땅을 둘러 쌓네	浩浩空空繞地邊
덮어 감싼 그 가운데 만물이 들었는데	覆幬中間容萬物
기 나라 사람 어찌해서 무너질까 걱정하나	杞人何事恐頹連

이 시에는 하늘에 대한 하서의 믿음이 보인다. 기 나라 사람 중

김인후

에 하늘이 무너질까 늘 걱정한 사람이 있었지만, 기 나라 사람의 걱정은 하서에게는 헛걱정이었다. 하서는 어릴 때부터 침착하고 과묵했으며, 기이한 물건이 있어도 마음을 뺏기지 않고, 춥고 배고픈 일이 있어도 마음이 흔들리지 않았다고 연보에 기록하고 있다.

8세 때 관찰사 조원기(趙元紀) 공이 하서와 시를 주고받은 뒤 선생의 뛰어남에 감탄하여, 도내 제생들에게 '장성신동천하문장(長城神童天下文章)'이란 제목으로 시험을 보았다. 그 뒤 하서의 명성이 크게 떨쳤다.

9세 때 기준(奇遵)이 남향에 내려왔을 때, 하서의 명성을 듣고 하서를 만나본 뒤 "참으로 기특하다. 우리 세자의 신하가 되겠다"라고 했다. 당시 인종이 태어난 지 몇 년이 지나 생이지지(生而知之)하는 성인의 자질과 덕이 일찍 드러났으므로, 신민들이 모두 요순처럼 이상 정치를 할 것으로 기대하고 있을 때이었으므로, 그렇게 말한 것이다. 어릴 때 명현에게 들은 한마디의 말은 깊이 가슴에 새겨지는 법이다. 하서가 훗날 인종과 깊은 인연을 맺은 것도 이때의 기준 공의 말에 영향 받았을 수 있다. 그때 기준 공이 왕에게 하사받은 붓 한 자루를 선물했는데, 하서는 그 의미를 알고, 보배로 여겨 잘 간직했다.

10세 때 모재 김안국 선생에게 『소학』을 배웠다. 당시 모재는 호남의 관찰사로 있으면서 선생의 명성을 듣고 직접 와서 만난 뒤, "이 아이는 나의 작은 벗이다. 참으로 삼대의 인물이다"라고 일컬은 적이 있었는데, 그때의 인연으로 선생이 찾아가 배운 것이다. 13세 때 『시경』을 열심히 공부했다. 14세 때 여흥 윤씨에게 장가들었다.

18세 때에는 기묘사화에 연루되어 동복(同福)에 귀양 와 있던 최산두(崔山斗)에게 나아가 학문을 닦았다.

22세 때 하서는 성균 사마시에 합격했고, 24세 때 성균관에 입학했는데, 퇴계와 뜻이 맞아 절친하게 지냈다.

31세 때 별시 문과 병과에 4등으로 합격하여 권지승문원부정자가 되었다. 그 뒤 홍문관 정자 겸 경연전경 춘추관 기사관, 홍문관 저작을 거쳐 34세 때의 4월에 홍문관 박사 겸 세자시강원 설서(說書)로 승진되었다. 이때 하서는 세자로 있던 인종과 뜻이 맞아서, 자주 만나 학문과 정치를 논했다. 하서는 기묘사화 이래로 지치의 꿈이 사라진 것을 안타깝게 여기던 터에 성군의 자질을 갖춘 세자를 만났다. 하서는 유학에서 꿈꾸는 요순의 이상사회를 다시 건설할 수 있는 절호의 기회로 여겼다. 요순의 이상사회는 꿈속에만 있는 것이 아니었다. 세종대왕 시대에 요순시대를 맛보았기 때문에 더욱 간절했다. 앞서 정암이 지치의 기치를 내걸고 나왔다가 무참히 꺾여버린 것을 안타까워하던 하서는, 세자에게서 천국 건설의 꿈이 이루어지는 것을 보았다. 한평생을 사는 동안 지기(知己) 한 사람만 만나도 행복하다고 한다. 하서와 세자는 서로를 알아주는 지기였다. 세자와 하서의 만남은 개인과 개인이 만나 맺어진 지기의 관계가 아니었다. 천국을 건설할 주군과 현신으로서의 만남이었다. 세자로서도 하서로서도 이보다 더 큰 기쁨이 없었을 것이다. 세자는 아무에게도 보여준 적이 없는 솜씨로 묵죽을 그려 하서에게 하사하고, 제시(題詩)를 부탁했다. 하서는 세자의 묵죽에 제시를 썼다.

뿌리 가지 마디 잎은 하늘의 작품	根枝節葉盡精微
바위 벗의 마음은 우주를 꿰뚫었고	石友精神在範圍
거룩한 마음 조화옹을 닮았어라	始覺聖神侔造化
천지와 하나 되어 어긋날 일 전혀 없네	一團天地不能違

하서는 묵죽의 제시를 통해 세자의 인품을 표현했다. 세자를 바라보는 하서의 마음, 얼마나 기뻤을까! 군자는 하늘과 하나가 된 사람이다. 하늘이 하는 일은 무한히 크고 넓지만, 정밀하고 은밀하다. 하늘마음으로 그린 그림은 하늘의 작품이다. 세자는 이미 하늘같은 군자다. 군자가 그린 묵죽에는 하늘의 모습이 그려져 있다. 묵죽의 뿌리, 가지, 마디, 잎 하나하나가 모두 하늘의 작품이다. 묵죽 밑에 그려진 바위는 든든한 친구다. 하늘과 하나가 된 사람은 만물과도 하나가 된다. 만물 하나하나가 모두 자연이고 우주이다. 사람들이 공연히 동서남북의 범위를 정하고, 춘하추동의 범위를 정하며, 너와 나를 구분하고, 흙과 바위를 구분하지만, 본질은 모든 것이 하나일 뿐이다. 자기가 우주 전체와 하나임을 모르고 있는 사람의 눈에는 만물이 제 모습을 제대로 드러내지 못하지만, 우주와 하나인 자기의 본질을 알고 있는 사람의 눈에는 만물이 제 모습을 제대로 드러낸다. 세자가 그린 바위는 당당하고 자랑스럽게 우주의 모습을 드러낸다. 하늘의 모습을 그리고 우주와 하나로 꿰뚫고 있는 자연을 그려낸 세자는 천지만물을 빚어내는 조화옹이다. 이미 천지와 하나가 되었으므로, 세자가 하는 일은 하늘의 일이다. 세자가 하는 일을 하늘은 어기지 않고 따를 것이다.

하서가 기쁜 만큼 세자도 기뻤다. 세자는 하서에게 주자대전 한 질을 선물로 드렸다. 하서는 꿈을 꾸었다. 유학의 목적은 자기를 완성하고 타인을 완성하여 세상을 천국으로 만드는 것이다. 세상을 천국으로 만드는 것, 그것은 뜻있는 유학자가 꿈꾸는 최고의 이상이다.

이러한 유학자의 염원은 정암에게 불이 붙었다가 실패로 끝났다. 이를 본 하서는 너무나 안타까웠고 큰 충격을 받았다. 그런 하서가 세자를 만난 것은 천운이었다. 하서는 정암이 꾸었던 천국 건설의 꿈을 다시 불태웠다. 그러나 하서가 세자와 함께 한 시간은 오래 가지 못했다. 6월에 홍문관 부수찬 지제교 겸 경연 검토관으로 승진했기 때문이다.

그때 세자가 거처하는 동궁에 불이 났다. 하서의 뇌리에 불길한 예감이 스쳤다. 임금 중종에게 글을 올렸다.

재앙이 미치게 된 원인을 깊이 생각하여 통절하고 심각하게 자책해야 합니다. 오직 날마다 걱정하고 염려해서 본원이 밝아지고 안팎이 모두 충실하여 일호도 사심이 섞여 들어가지 않게 되면 비뚤어짐과 바름을 분별하기가 어렵지 않을 것이고, 옳은 것과 그른 것을 분별하실 수 있을 것입니다.[143]

하서는 안타까웠지만, 자신이 세자를 위해서 할 수 있는 것이

---

143. 深惟致災之原 痛自刻責 惟日惕勵 要使本原澄淸 表裏皆實 無一毫邪意以雜之 則邪正不難辨 是非有所定(『河西先生全集』 續編外錄 卷之一 年譜別本).

아무것도 없었다. 하서는 경연에서 기묘사화에 희생된 사람들의 복권을 강력하게 건의했다. 기묘사화 때 희생된 사람은 중종에게 처벌당한 것이었으므로 감히 중종에게 그들의 복권을 건의하지 못한다. 그런 어려운 상황에서 하서는 과감하게 사림들의 복권을 건의한 것이다. 하서의 건의는 일부 받아들여져서 『소학』의 강의와 향약이 시행되기도 했다.

당시 조정은 외척들의 권력다툼으로 점점 어지러워져 갔다. 권력에 욕심이 없는 사람은 어지러운 조정에 있기를 싫어한다. 하서는 물러날 결심을 했다. 하서는 연로한 양친의 봉양을 구실로 물러날 것을 간청했다. 하서의 간청이 받아들여져서 12월에 옥과 현감으로 임명되어 고향으로 돌아갔다. 옥과현 백성들은 하서의 덕치에 감화되었다.

35세 때 중종이 승하하고 36세 때의 5월에 중종의 국상에 조문하러 오는 중국의 사신을 맞이하기 위해 부름을 받고 서울로 올라왔다. 때는 인종이 즉위하여 모두 태평성대를 기대하는 분위기였다. 조정에서는 선생을 만류하여 경연의 보도(輔導)로 삼으려 했으나, 선생은 불길한 생각에서 벗어날 수 없었다. 그것은 문정왕후가 자기가 낳은 아들 명종을 왕위에 앉히기 위해, 인종을 독살하리라는 불길한 예감이었다. 하서는 경연관의 직책을 마다하고, 인종의 탕약을 의론하는 데 함께 참여할 것을 요구했으나, 허락되지 않았다. 시시각각 다가오는 위기의 순간을 알면서도 속수무책으로 기다리고 있을 수만은 없었다. 하서는 하는 수 없이 옥과현으로 돌아갔다.

제2절
하서의 좌절

하서는 7월에 인종대왕의 승하 소식을 들었다. 하서에게 하늘이 무너져 내렸다. 통곡하고 또 통곡했다. 정신을 잃고 쓰러졌다가 소생한 뒤에 병을 핑계로 관직을 사직하고 집으로 돌아왔다. 그리고 그 뒤로는 일체 벼슬길에 나아가지 않았다.

크나큰 좌절이었다. 안타까워 견딜 수 없었다. 하서는 문정왕후에 대한 비난을 무왕의 말로 대신하고 있다.

> 황탄하고 음탕하며 폭정을 써서
> 호시탐탐 야욕만 마구 부려라
> 궁실 사치 의복 사치 극에 달하고
> 유독 그 계집말만 달게 여겼네[144]

그 계집은 달기(妲己)[145]이었으나 기실은 문정왕후를 빗댄 것이다. 그리고 인종을 생각하면 야속하기도 했다. 문정왕후에게 거스르지 않고 효도하여 순종한 결과가 죽음이었다. 하서는 인종의 그러한 모습을 태자 신생(申生)에 빗대어 읊었다.

---

144. 羌荒淫易橫暴兮 縱虎視之耽耽 侈宮室與衣服兮 惟婦言之是甘. 筆巖書院, 『河西全集上』, 109쪽, 孟津賦. 번역문은 필암서원, 『국역하서전집』(1993) 에서 그대로 옮겨 실었음을 밝힌다. 이후의 번역문도 모두 그렇다.
145. 자(字)가 달(妲)이고, 성(姓)이 기(己)이다. 은나라 마지막 왕인 주왕(紂王)의 비가 되어, 주왕이 잔인한 정치를 하는 데 일익을 했다. 주왕은 달기의 말만 듣고 현명한 신하들을 잔인하게 죽였다.

도피할 곳 없다 하여 앉아 죽으니

내 역시 그 공손이 불만이어라

그런데도 붓대를 쥔 우리 성인은

어찌하여 놓아주고 추궁 없었나

한 번 인(仁)에 뜻을 두면 악(惡) 없다더니

내 이제야 진실로 그걸 알았네

후세에선 순종(順從)을 허물로 여겨

면키 위해 하늘뜻도 거부를 하지

다시금 난신적자 발을 붙이어

그들은 세자더러 불효라 하네

죄상에서 도피하고 찬탈 다투며

제 마음 깨끗하다 내세우나니

세자의 속마음을 뉘라서 알리

아득한 저 하늘만 쳐다볼 따름

심사가 산란하여 풀리질 않아

천년을 나 홀로 방황하네[146]

하서의 위의 글은 진(晉) 나라의 태자 신생(申生)을 조문하는 글
이지만, 실지로는 인종을 조문하는 글이다. 하서는 인종의 죽음을

---

146. 無所逃而待烹兮 吾亦不滿其爲恭 顧聖人之秉筆兮 曷爲縱釋而莫窮 苟志
仁則無惡兮 吾至今乃知其信然 後世以順親爲過兮 徒苟免而違天 復有亂
賊之接迹兮 彼將謂子爲非孝 紛逋誅而爭纂兮 言予心之皎皎 夫孰察子之
中情兮 但視天兮茫茫 思蹇産之不釋兮 獨千載而彷徨. 筆巖書院, 『河西全
集上』, 136쪽, 弔申生辭.

춘추시대 진나라 헌공의 태자 신생의 죽음과 같은 것으로 본 것이다. 태자 신생은 계모인 려희(麗姬: 리희로 발음해야 한다는 주장이 있음)의 농간으로 아버지에게 의심을 받아 어려운 상황에 부닥쳤다. 그때 부하가 려희를 죽이자고 해도, 아버지가 좋아하는 사람이라는 이유로 듣지 않았다. 다른 나라에 망명하자는 권유를 받기도 했으나, 아버지의 죄를 만방에 드러내는 것이기 때문에 따를 수 없다고 하며 자살했다. 하서는 인종의 마음 씀씀이를 신생의 마음과 같은 것으로 보았다.

신생의 죽음은 어리석은 것이 아니다. 그것은 진리를 따른 것이다. 신생의 죽음 앞에서 후세의 많은 난신적자가 부끄럽게 될 것이다. 사람의 삶은 육신이 끝나는 순간 함께 끝나는 것이 아니다. 사람이 진리대로 산다면 그 삶은 영원한 것이다. 영원의 기준에서 순간을 판단해야 한다. 그렇게 하는 것이 인(仁)의 마음으로 사는 것이다. 신생의 죽음은 육신의 죽음일 뿐이지, 삶 그 자체의 소멸이 아니다. 그래서 공자는 신생을 꾸짖지 않았다. 이를 알게 된 하서는 죽음을 택한 인종의 어진 마음을 이해하게 되었다. 그렇다 하더라도 슬픔은 가시지 않는다. 심사가 산란하여 방황할 수밖에 없었다. 이 방황은 육신이 끝나도 천년이나 계속될 것 같다. 그만큼 인종의 죽음은 하서에게 애절한 것이었다. 이제는 어쩔 수 없이 인종과 함께 꾸었던 천국 건설의 꿈을 접어야 했다. 꿈을 접고 사는 신세는 새장에 갇힌 새의 신세와 같다.

한 번은 외삼촌댁에서 기르던 자로 새가 날아서 새집을 나간 일이 있자, 그 새가 다시 멀리 날아갈까 염려되어 날개와 깃을 잘라 버렸는데, 그것을 본 하서는 마치 자신의 신세처럼 여겨졌다.

강해에서 출생한 새가 있으니
날개가 보통 새와 다르군그래
위에선 현학(玄鶴)과 무리가 되고
아래에선 황곡(黃鵠)의 뒤를 따르네
깨끗한 델 가려서 쪼고 마시며
물가를 의지하여 깃드는구려
목욕 뒤엔 햇볕에 깃을 다듬고
멀리 서서 몸가짐을 바로 고치네
마을 사람 돈벌이를 좋아하기로
잡아다 높은 집에 팔아넘기니
깃과 털은 반이나 꺾여 빠지고
먹이는 주린 배를 채우지 못해
진흙 속의 개미 벌레 주워 먹으니
그따위가 본성에 맞을 리 있나
이따금 하늘 향해 울어댈 때면
옛 짝들 소리 듣고 서로 안다네
머리를 쳐들고도 날지 못하니
외로운 얽매임이 가엾다마다
술상 옆을 나직이 맴돌아 들어
귀 기울여 풍악 소리 듣기도 하네
풀잎을 입에 물고 춤을 출 때는
자세가 어찌 그리 의젓도 한 지
하루아침 억센 날개 돋아났다가
한 번 펼쳐 일어나는 회오리바람

기운 떨쳐 넓은 들로 날아만 가니

아이들이 뒤를 쫓아 달음질하네

얼마를 못가 도로 몰아들이니

또다시 그물 속의 신세 되어라

깃털을 드문드문 잘라 버리니

가련타 네 간들 어디로 가리

제 몸을 제 뜻대로 못 갖는 설움

돌아보면 이 어찌 너만이겠나[147]

날개 꺾인 새의 신세가 된 하서는 크나큰 좌절을 맛보고 있어
야만 했다. 그럴수록 인종에 대한 그리움은 쌓여만 갔다. 억울한
심경을 달래느라 하서는 곧잘 술을 마셨다. 이러한 심경을 하서는
취옹에 빗대어 읊기도 했다.

얼음과 숯불이 가슴속에 엉켜 있으니

이야말로 술 아니면 어찌 견디리[148]

크나큰 뜻이 꺾여버린 하서는 술 마시는 일이 많았다. 특히 매

---

147. 有鳥出江海　雲翼殊凡姿　上與玄鶴群　下有黃鵠隨　飮啄取潔淨　捿息依淸涯
浴罷刷晴景　逈立整容儀　村人喜賈貨　掩致高軒墀　羽毛半摧落　稻粱未充飢
泥間拾虫蝪　有時呌靑宵　舊侶聲相知　仰首不得飛　戚戚憫孤羈　低個尊俎側
傾耳彈朱絲　衙草或戲舞　擧止何委蛇　一朝勁翮生　扇搖驚飈吹　忽奮度曠野
追隨走童兒　居然委驅逼　復爲塵網縻　剪翮不使去　憐哉何所之　有身未自任
顧爾非獨癡. 위의 책, 188쪽, 外舅家有鵋鵠飛出慮其復遠擧剪翅羽見而感
之有作.
148. 鬱氷炭之交腸兮　諒非酒而何堪. 위의 책, 105쪽, 醉翁亭賦.

년 인종의 기일이 가까워지면 글을 폐하고 객도 만나지 않은 채 날을 보내며 한 번도 문밖을 걸어 나간 적이 없었다. 기일에 이르러서는 술을 가지고 집 남쪽의 난산(卵山)에 들어가 한잔 마시고, 한 번 곡하고, 슬피 부르짖으며, 밤을 지새우고 내려왔다. 하서는 종신토록 이처럼 하여 한 번도 폐하지 않았다. 하서는 그러한 심경을 유소사(有所思)란 제목의 시로 읊었다.

> 한창때 해로할 이 잃어버리고
> 눈 어둡고 이 빠지고 머리 희었네
> 묻혀 사니 봄가을 몇 번이더냐
> 오늘에도 오히려 죽지 못했소[149]

하서의 한평생은 슬픔과 좌절의 한 평생이었다. 그 뒤로 한 번도 벼슬길에 나간 적이 없었고, 서울에 올라간 적도 없었다. 그러나 하서는 한평생을 좌절만 하고 살 수는 없었다. 천국 건설의 꿈을 접기에는 아쉬움이 너무 컸다.

제3절
좌절 딛고 피우는 새로운 꿈

하서는 좌절하다가 현실로 돌아왔다. 세상 구제의 방향이 원주를

---

149. 盛年失偕老 目昏衰髮齒 泯泯幾春秋 至今有未死. 위의 책, 370쪽, 有所思.

향하는 원심력이라면, 그 반대 방향은 구심을 향한 구심력이다. 작용이 크면 반작용도 크다. 강하게 떨어진 공은 강하게 튀어 오른다. 마찬가지로 치인(治人)의 방향으로 강하게 뻗어나던 하서의 마음은 그만큼 더 수기(修己)로 집중되었다.

하서는 어떤 부름에도 응하지 않고, 오직 수양 공부에 매달렸다. 수기와 치인 중에서 치인이 더 중요한 것으로 생각하는 사람도 있다. 그러나 그것은 잘못이다. 수기가 완성되지 않은 상태에서 섣불리 치인에 힘을 쓰면 다스림은 거의 잘못된 방향으로 가고 만다. 반면 수기를 완성하기만 하면, 치인은 따로 하지 않아도 저절로 된다. 정치로 나아갔다가 좌절하고 돌아와 수양에 집중하는 하서는 정치를 포기한 소극적인 사람이 아니었다. 오히려 정치를 제대로 하는 바른길로 들어선 것이다.

하서는 말한다.

진실로 오직 효도하는 것이 바로 정치인 것을.[150]

가정을 아니 나도 교화 이룬다.[151]

하서는 철저한 수양에 몰두하게 되었다. 특히 하서는 당나라 학자 이고(李翺)의 『복성서(復性書)』를 자주 읽었다. 주자 이래로 『복성서』를 읽은 학자는 거의 없었던 것으로 보이는데, 하서가

150. 信惟孝之爲政. 위의 책, 56쪽 孝賦次梁兄彦鎭韻.
151. 不出家而成教. 위의 책, 55쪽 孝賦次梁兄彦鎭韻.

『복성서』를 읽었다는 것은 그만큼 독서의 폭이 컸던 것임을 짐
작하게 하는 대목이기도 하다. 『복성서』는 성리학의 출발점이다.
『복성서』를 기반으로 해서 하서는 「복성부(復性賦)」를 지었다.

온 갖가지 종류들이 태어날 적에
하느님이 명해준 본성 받으니
천지의 마음과 다섯 윤리요
음양과 오행이 잘도 어울려
진실로 선(善)뿐이요 섞임 없어서
혼연히 진리 마음 녹아 있도다
그렇지만 막힘과 편벽함 있어
기질이 똑같지 않기 때문에
사람은 빼어난 기운 받아 신령하지만
그래도 지(智)와 우(愚)의 차가 있는 것
누를 벗고 가림이 열린다면
성인 되는 그 길을 오르고말고
요순처럼 본성대론 못한다지만
탕무처럼 돌아옴엔 남음이 있네
배우고 묻고 생각하며 분변하여
날로 끊임없으면 복초(復初)가 되네
마음을 굳게 잡고 본성 지니면
나약함은 강해지고 어리석음이 밝아져
어찌 분수 밖의 일에 애를 쓸 손가
아는 것을 미루어 행하면 되지

(…)

홀로 깊이 우주를 생각함이여

밝게 배워 정성스레 살기를 원해

거듭 말하노니

물은 극히 맑은데 진흙이 흐리게 하고

성은 극히 선한데 물욕이 막아버리네

흐린 것이 없어지면 맑은 것이 나오고

막혔던 게 뚫리면 착함 회복되나니

부지런히 노력하고 힘을 다해서

처음의 모습으로 돌아와야지[152]

　하서의 수양 공부는 철저했다. 그의 일거수일투족은 모두 수도자의 그것이었다. 도를 닦는 것은 먼 데 있는 것이 아니다. 눈앞에 일어나는 삶 속에서 하나하나 건전하게 최선을 다하며 학문에 열중하는 데 있다. 하서의 수양은 경(敬)으로 마음을 붙잡는 한국 전통의 방식이었다. 수양에 몰두한 하서는 큰 경지를 얻었다. 큰 경지를 얻고 나면 육신의 생명에도 구애받지 않는데, 하물며 부귀영화 따위에 마음 쓸 것은 더더욱 없다. 하서가 벼슬에 초연하고

---

152. 惟萬彙之稟生兮 受天命之正性 具乾順與五常兮 寔二五之所倂 諒純善而無雜兮 渾至理之沖融 然通塞而正偏兮 由氣質之不同 人得秀而最靈兮 尙智愚之有差 苟脫累而開蔽兮 斯聖途之可階 雖非堯舜之性之兮 湯武反而有餘 在學問而思辨兮 日乾乾而復初 要操心而存誠兮 可柔强而愚明 豈强事於分外兮 推所知而乃行(…)獨長思於宇宙兮 願從事於明誠 重曰 水之至淸 塵泥汨兮 性之至善 物欲窒兮 汨者旣去 淸者出兮 窒者旣通 善者復兮 盍亦孜孜 反初復兮. 위의 책, 96쪽 復性賦.

부귀영화에 초연한 것은 수양을 통해 터득한 그런 경지가 있었기 때문이었다.

큰 경지를 얻고 나면 세상을 보는 눈이 달라진다. 욕심의 눈으로 보면 세상은 아비규환의 지옥으로 보이지만, 진리의 눈으로 보면 세상은 지금 이대로가 천국이다. 천국이 다른 곳에 있는 것이 아니다. 사람은 근본적으로 하늘과 하나이고, 우주와 하나이며, 만물과도 하나이다. 이 하나인 본질을 잊지 않고 있는 사람에게는 이 세상이 바로 천국으로 보인다.

이 세상은 원래 천국이었다. 이 세상이 전쟁터처럼 보였던 것은 욕심의 눈으로 보았기 때문이다. 욕심을 걷어내고 한마음으로 바라보는 순간 천국은 원래의 모습을 드러낸다. 이 세상을 천국으로 만드는 것은 자기에게 달린 것이지, 남에게 달린 것이 아니다. 이 세상은 바뀐 것이 없지만, 바라보는 사람에 따라 달라진다.

하서도 그랬다. 수양에 철저하게 매달렸던 하서는 이 세상이 그대로 천국으로 보였다. 하서의 말을 직접 들어보자.

> 어둠 속에 운행하는 묘한 한 섭리
> 소리 냄새 하나 없어 아득만 하네
> 위로는 높고 둥근 곤륜을 뚫고
> 아래로는 두텁게 쌓여 있는 땅 밑에까지
> 실지로 만 조화의 원동력이며
> 진실로 만물의 큰 한 뿌리
> 예로부터 지금까지 변함없는데
> 어느 한 물건인들 소외시키리

귀하도다. 성인은 본성 다하여

그야말로 넓고 큰 하늘이로세

지묘한 본연을 포함하면서

고요하고 전일한 마음과 하나

이미 한 마음 전일하여 갈림 없어라

진실로 순수하여 둘이 아닌 걸

세상사 어지러이 바뀔지라도

대응하는 방법은 오로지 하나

두루두루 응하여 모두 족하니

모든 것이 어울려서 낙원이 되네

천하가 제아무리 넓다 하지만

모두가 내 한 몸에 달려 있느니[153]

하서에게도 이 세상이 천국으로 보이기 시작했다. 문인 오희길
(吳希吉)은 유유자적하는 선생의 모습을 다음과 같이 기록하고 있다.

매년 꽃피고 달뜨는 봄과 가을에, 좋은 때와 아름다운 경치를
골라, 대여섯 명의 동자와 갓 쓴 이를 데리고 숲속을 소요하며,
읊조리고 노래하며 옛일을 말씀하셨는데, 천명을 알고 즐기는

153. 妙一理之冥運 泯聲臭以沖漠 通高圓之昆侖 窮厚載之磅礴 實萬化之樞紐
諒品彙之根柢 亘古今而常然 豈一物之不體 貴上聖之盡性 羌浩浩乎其天
涵本然之至妙 渾方寸之靜專 旣主一而無適 譽純亦而个二 紛事機之萬變
顧酬酌之在是 自汎應而曲當 物各得其所止 彼天下之雖廣 總管攝於吾身.
위의 책, 91쪽, 一貫賦.

취향이 기수에서 목욕하고 무우에서 바람 쐬고 시를 읊조리며 돌아오겠다고 한 증점의 취향과 같았다.[154]

진리를 얻은 사람은 천지와 하나가 되고, 우주와 하나가 되며, 만물과 하나가 된다. 그런 사람에게는 세상의 모든 것이 잘 어울려서 낙원이 되므로, 세상사에 초연할 수 있다. 그렇다고 해서 그런 사람은 아무렇게나 사는 것이 아니다. 그런 사람은 진리의 길로만 간다. 그런 사람의 삶은 물과 같다. 물은 어디에도 얽매여 있지 않지만 아무 방향으로나 흐르지 않고, 오직 아래로만 흐른다. 그것은 자연의 길이다. 하서의 삶도 그러했다.

그러나 하서는 공자와 달랐다. 공자는 세상 사람을 깨우치기 위해 돌아다녔지만, 하서는 그럴 수 없었다. 공자는 노나라에서 뜻을 이루지 못하면, 위나라로, 위나라에서 뜻을 이루지 못하면 다시 제나라로 갈 수가 있었다. 그러나 하서는 그럴 수 없었다. 당시의 상황은 조선을 떠나 다른 나라로 갈 수 있는 상황이 아니었다. 조선에서 뜻을 이루기 위해서는 서울로 가야 하지만, 하서는 서울로 갈 수 없었고, 정치에 관여할 수도 없었다. 그것은 하서 자신에게 허락되지 않는 일이었다. 그렇다면 어떻게 하는 것이 좋을까?

---

154. 每於春秋花月 良辰美景 輒携五六童冠徜徉於疎林之下 嘯詠歌詩 尙談古昔 有知命樂天之志 浴乎沂 風乎舞雩 詠而歸之趣.『하서집』부록 권2 吳希吉 錄〈敍述〉.

제4절
하서가 꾸민 천국 체험장

하서는 공자처럼 세상 사람들을 깨우치기 위해 돌아다니는 대신, 사람들에게 천국을 체험할 수 있는 체험장을 만들었다.

하서는 친구이자 사돈인 양산보(梁山甫: 1503~1557)의 별장인 소쇄원에 천국의 옷을 입혔다. 소쇄원은 대나무 숲으로 시작된다. 대나무 숲을 지나면 대봉대(待鳳臺)라는 현판이 걸려 있는 정자가 나온다. 봉황을 기다리는 집이라는 뜻이다. 천국에서는 모두가 주인공이다. 봉황처럼 주인공이 되어 돌아보면 담장이 안내를 한다. 다른 데서의 담장은 못 들어오게 막는 담장이지만, 여기의 담장은 안내하는 담장이다. 담장을 따라 들어가면 애양단(愛陽壇)이 나온다. 천국에 와서 따뜻하게 몸을 녹이라는 뜻이다. 애양단을 지나면 오곡문(五曲門)이 나온다. 오곡문은 진짜 천국으로 들어가는 문이다. 천국은 인공이 가미되지 않은 자연 그대로이어야 한다. 소쇄원은 인공적인 모습이 보이지 않는다. 어느 땅 하나도 손댄 것 없이, 태고의 모습 그대로를 보존하고 있다. 천국의 한 가운데 천국의 전당인 제월당(霽月堂)이 나타난다. 제월당에는 천국의 모습을 풀이한 하서의 마흔 여덟 개의 시가 걸려 있다. 그 가운데 몇 수만 읽어보기로 한다.

작은 정자의 난간에 기대어	小亭憑欄
소쇄원 안에 있는 모든 경치는	瀟灑園中景

애양단

하늘이 빚어 만든 천국의 모습   渾成瀟灑亭

보기만 해도 시원하고 흐뭇해지네.   擡眸輭颯爽

천상의 소리 아롱아롱 귀에 들리고   側耳聽瓏玲

시냇가 글방에서   枕溪文房

창문이 밝아도 근심 걱정 하나 없어   窓明籤軸淨

물 바위에 어른거리는 하느님 얼굴   水石暎圖書

마음을 가다듬고 위아래를 살펴보니   精思隨偃仰

솔개 날고 물고기 뛰는 여기가 천국   妙契入鳶魚

높은 바위에서 펼쳐 흐르는 물   危巖展流

흐르는 시냇물에 돌이 씻겨 깨끗하다   溪流漱石來

온 골짜기에 깔려 있는 하나의 통반석   一石通全壑

하얀 베 한 폭이 그 중간에 펼쳐 있네   匹練展中間

비스듬한 저 벼랑도 하늘이 만든 작품이고   傾崖天所削

돌로 된 오솔길을 높이 오르며   石逕攀危

외줄기 오솔길에 벗들이 늘어섰다   一逕連三益

오를수록 한가하고 마음 편안해   攀開不見危

속세 사람 발자취가 아예 없으니   塵蹤元自絶

이끼의 빛깔조차 밟을수록 더욱 고와   苔色踐還滋

구름 찧는 물레방아   春雲水碓

허구한 날 좔좔 흘러 떨어지는 힘   永日潺湲力
구름을 찧고 찧어 천국을 연출하네   舂來自見功
하늘 자손이 짜서 만든 베틀 위 비단   天孫機上錦
절구질 소리에 펼쳤다가 말렸다가   舒卷擣聲中

소나무 바윗돌도 하느님 작품   松石天成

높은 뫼서 굴러 내린 조각 바윗돌   片石來崇岡
뿌리 얽혀 서 있는 작은 소나무   結根松數尺
영원토록 온몸 가득 꽃을 피우고   萬年花滿身
몸을 낮춘 푸른 모습 하늘 되었네   勢縮參天碧

다리 가에 서 있는 두 그루 소나무   斷橋雙松

섬돌 따라 콸콸콸 물이 흐르고   瀺瀺循除水
다리 가에 서 있는 소나무 둘   橋邊樹二松
옥이 나는 남전에는 일이 복잡해   藍田猶有事
그 다툼 조용한 여기 미칠라   爭及此從容

골짜기 물가에서 졸고 있는 오리들   壑渚眠鴨

하늘이 유인에게 주신 선물은   天付幽人計

맑고도 서늘한 산골짝 샘물	淸冷一澗泉
아래로 흐름은 자연 그대로	下流渾不管
오리들 그 속에서 한가히 졸고	分與鴨閒眠

복사꽃 피는 언덕 봄날의 새벽	桃塢春曉

복사꽃 핀 언덕에 봄 찾아왔네	春入桃花塢
새벽안개에 깔려 있는 붉은 꽃잎들	繁紅曉霧低
희끔하고 어렴풋한 바위 골짜기	依迷巖洞裡
무릉의 계곡을 건너가는 듯	如涉武陵溪

오동나무 언덕 여름의 그늘	桐臺夏陰

바위 비탈에 뿌리박은 늙은 등걸이	巖崖承老幹
비이슬에 맑은 그늘 길게 뻗쳤네	雨露長淸陰
순 임금의 밝은 태양 천고에 빛나	舜日明千古
남녘 바람 지금도 불어오는 걸	南風吹至今

오동나무 그늘에서 쏟아지는 폭포	梧陰瀉瀑

다정하게 감싸주는 푸른 잎 그늘	扶踈綠葉陰
어젯밤 시냇가에 비가 내려서	昨夜溪邊雨
가지 새로 폭포가 어지러이 쏟아지네	亂瀑瀉枝間
하얀 봉황들이 춤을 추나 봐	還疑白鳳舞

버드나무 물가에서 손님을 맞아	柳汀迎客
손님이 찾아와서 사립문 두드리매	有客來敲竹
두어 마디 소리에 놀라 낮잠이 깼다	數聲驚晝眠
관 붙잡고 좇아나가도 보이질 않아	扶冠謝不及
말을 매고 개울가에 서 있었구나	繫馬立汀邊

제월당 아래에 광풍각(光風閣)이 있다. 광풍각은 손님의 거처이다. 주인이 거처하는 제월당과 통해 있다. 주인과 손님이 통해 있고, 나와 네가 통해 있다. 모두가 하나로 통해 있는 것, 그것이 천국의 모습이다. 제월당과 광풍각 사이는 서로 통해 있다는 것만 확인하고는 나머지를 담으로 막아 놓았다. 담은 보이지 않도록 가리는 것이다. 사람은 서로 통해 있어도 가리고 싶은 부분이 있다. 때로는 웃옷을 벗어 던진 채 바람 쐬고 싶기도 하고, 벌러덩 드러누운 채 잠을 청해보고도 싶다. 제월당의 주인은 그런 손님의 마음을 모를 리 없다. 그래서 주인은 담을 쳐 놓았다. 소쇄원은 천국에 와서 마음을 푹 놓고 쉬면서 천국을 체험하고 만끽할 수 있는 곳이다. 천국에서 천국 체험을 하고 나면 세상을 천국으로 만드는 힘이 생긴다.

하서는 51세를 맞았다. 정월 14일에 몸이 불편하여 약을 마시며 가족에게 "내일은 보름이니, 자녀들에게 음식과 술을 갖추어 사당에 올리게 하라"고 당부했다. 다음날 병든 몸으로 일찍 일어나 의관을 갖추고 정좌하여 제사 시간을 기다렸다가, 유언을 남겼다. "내가 죽은 뒤에 을사년 이후의 관작은 쓰지 말라." 다음날 16

일에 병이 위독해지자 자리를 바로 하고 조용히 눈을 감았다. 삼월 계유일에 장성부 대맥동 원당산 아래 장사지냈다. 저서로는 문집 『하서전집(河西全集)』(1802)과 한시를 우리말로 옮긴 『백련초해(百聯抄解)』가 있고 『초서 천자문』이 전한다. 『주역관상편(周易觀象篇)』과 『서명사천도(西銘事天圖)』를 저술했으나 전해지지 않는다. 옥과에 영귀서원을 건립하여 향사하고, 순창에 화산사(華山祠)와 어암사(漁巖祠)를 건립하여 향사했으며, 장성의 필암서원에서 향사하고 있다.

제11장

■

윤원형의 악폐와 사림의 득세

제1절
윤원형의 악폐

세조 때부터 비롯된 훈구파와 사림파의 대결은 4대 사화를 거치면서 사림파들의 참패로 끝났다. 적극적으로 정치에 관여했던 사림들은 사화로 인해 희생되었고, 수양철학에 철저했던 사림들은 겨우 목숨을 보전하는 정도에 그쳤다.

을사사화 이후 사림 세력이 약해지고, 훈구파들이 전횡하기에 이르렀는데, 윤원형에 이르러 절정에 달했다. 윤원형은 명종의 모친인 문정왕후를 등에 업고 무소불위의 권력을 휘둘러 그 폐해를 이루 다 열거할 수가 없었다. 윤원형이 죽었을 때 『명종실록』 31권 명종 20년 11월 18일에 다음과 같이 기록했다.

윤원형이 강음(江陰)에서 죽었다. 처음에 윤원형이 논죄 되어 재상에서 파면되었을 때, 며칠을 지체하며 머물러 있다가 동문 교외로 나갔다. 많은 사람의 분노가 그치지 않고 공론이 더욱 격렬하다는 것을 듣고, 결국은 벗어나기 어렵다는 것을 알았으나, 또 재산이 흩어질 것을 염려해 어둠을 틈타, 부인의 행색처럼 밤에 교자를 타고 도성에 들어와 집으로 돌아왔었다. 이어 그의 첩 정난정과 더불어 강음에 있는 시골집에 가서 거처했는데, 정난정의 죽음을 보고 드디어 울분하다가 또한 죽었다.

윤원형이 사람들을 풀 베듯 죽이며 흉악한 짓을 있는 대로 다 했는데, 오래도록 천벌을 면하더니 오늘 이르러 마침내 핍박으로 죽으니, 조야가 모두 쾌하게 여겼다. 윤원형이 일단 패하고 나니, 원수졌던 집에서 떼를 지어 빼앗겼던 재물에 대한 송사를 다투어 일으켰다. 조정에서도 그러한 사실을 알고 바로 각 도에 글을 보내, 관원을 차출해 재물들을 본 주인에게 돌려주게 하니, 그 집안에서도 온갖 고통을 견딜 수 없게 되었다. 임금은 그래도 나라를 지킨 공이 있다 하여 3등의 장례를 하사했다.

사신은 논한다. 전대의 간악한 권력자로 그 죄악이 하늘까지 닿기로는 윤원형 같은 자가 드물 것이다. 중종 말년, 인종이 동궁에 있을 때 자녀가 없음을 보고, 그의 형 윤원로(尹元老)와 더불어 서로 어울려 헛소문을 만들어, 동궁의 마음을 동요시켰으며, 문정왕후가 안에서 그 의논을 주장했다. 이리하여 대윤(大尹)이니, 소윤(小尹)이니 하는 말이 있게 되어 중종이 이 걱정으로 승하했다. 혹자는 동궁에 불이 난 것이 모두 윤원형 등의 행위라고 했다. 그 마음이 또한 흉악하고 참혹했다. 인종이 승하했을 때, 윤임(尹任)을 핍박해 내쫓아놓고도 편안하게 여기지 못하다가, 끝내는 윤임이 다른 마음을 가졌다 했으니, 실은 윤원형 등이 빚어낸 말이었다. 그 이후로 사람들 가운데 당시 명망이 있던 사람들을 일체 배척해 모두 역적의 무리로 몰아, 죽는 자가 계속되었다. 명종이 직접 정치를 하게 되었을 때도 문정왕후의 간섭을 받아 자유롭지 못했는데, 윤원형은 무슨 일이고 할 일이 있으면, 반드시 문정왕후와 내통하여 명종을 위협하고 제압하여, 임금의 근심과 분노가 말과 얼굴에까지 나타나게 했다. 내시 중에 혹 이런 사실을 아는 자가 있으면 윤원형은 궁인들에게 후히 베풀어 모두에게 환심을 얻었다. 따라서 임금의 일거수일투족을 모르는 것이 없었다. 하루는 상이 내시에게 '외친이 대죄가 있으면 어떻게 처리해야 하는가?'라고 했는데, 이는 대개 윤원형을 지칭한 것이었다. 이 말이 마침내 누설되어 문정왕후에게 알려졌는데 문정왕후가 이를 크게 꾸짖어 '나와 윤원형이 아니었다면 상에게 어떻게 오늘이 있었겠소' 하니, 상이 감히 할 말이 없었다. 모든 군국(軍國)의 정사가 대부분 윤원형에게서 나와 상은 내심 그를 미워하여 이양(李樑)을 신임해 그 권한을 분산시켰다. 정사를 잡은 지 20년, 그의 권세는 임금을 기울게 했고, 중외가 몰려가니 뇌물이 문에 가득해, 국고보다 더 많았다. 윤원로의 권세가 자기와 비슷해지는 것을 싫어해, 윤춘년(尹春年)을 사주하여 그 죄목을 열거한 글을 올리게 해서 죽게 했고, 천첩을 몹시 사랑해 본부인을 버리더니, 마침내 그를 독살하는 변을 일으켰으며, 이어 첩으로 부인을 삼았다. 첩에게서 낳은 자식들을 모두 사대부가에 혼인시켰으며, 자신이 죽은 뒤에라도 이에 이의를 제기하는 자가 있을까 두려워, 첩의 자식도 벼슬을 허락해야 한다는 주장을 힘써 내세워, 이를 미봉했다. 당시의 재상과 관료들이 휩쓸려 그를 따랐지만, 오직 임권(任權)만은 처음부터 끝까지 따르지 않았다. 기타 흉악한 죄들은 머리털을 뽑아 헤아린다 해도 다 셀 수가 없다. 비록 견출(譴黜)이 가해졌으나 체형(體刑)을 면했으니, 세상 사람들의 분한 마음을 다 풀어줄 수 있겠는가!

윤원형의 악행은 이루 다 열거할 수 없을 정도로 많았다.

제2절
사림의 득세

조선시대의 흐름을 바꾸어놓은 사건 두 가지를 든다면 세조의 왕
위찬탈과 윤원형의 악행을 꼽을 수 있을 것이다. 세조의 왕위찬탈
로 인한 훈구파와 사림파의 대립으로, 사대 사화를 불러왔고, 윤
원형의 악행으로 훈구파가 몰락하고 사림파가 득세하는 계기가
되었다. 훈구파와 사림파가 균형과 조화를 이루는 것이 가장 이상
적이지만, 훈구파가 득세했을 때는 사대 사화를 일으켜 균형을 유
지하지 못했다. 윤원형이 저지른 나쁜 폐단으로 말미암아 훈구파
의 세력이 약해지고 사림파가 득세하자, 다시 사림파의 내분으로
인해 새로운 문제가 일어났다. 훗날 망국으로 이어지는 당파싸움
은 사림의 득세에 기인한다.

사림파의 꿈은 철저한 수신을 바탕으로 하여 지상천국을 건설
하는 것이었다. 수신은 자기완성이고 지상천국 건설은 타인완성이
다. 사림파들은 평소에는 자기완성을 위해 꾸준히 정진하다가 여
건이 되면 타인완성을 위해 정치에 관여한다. 탁영이 먼저 정치개
혁에 나섰다가 크게 좌절되었고, 다음으로 정암이 나섰다가 또
크게 좌절되었다. 사림들의 꿈은 사대 사화를 거치면서 계속 좌절

되기만 했다. 그러다가 윤원형의 전횡으로 인해 훈구파가 스스로 무너지는 때가 왔다. 훈구파가 무너진다는 것은 사림들의 세상이 열린 것을 의미한다.

학문을 통해 자기를 완성한 사람에게는 본격적으로 타인을 완성하여 지상천국을 건설할 길이 열린 것이다. 이러한 때에 혜성처럼 나타난 천재 철학자, 율곡 이이 선생이 등장했다.

제12장

■

율곡 이이 선생의 정치적 실천철학

제1절
율곡의 생애

율곡 이이(李珥: 1536~1584) 선생의 자는 숙헌(叔獻), 호는 율곡(栗谷)·석담(石潭)·우재(愚齋)이고, 시호는 문성(文成)이다. 1536년(중종 31) 음력 12월 26일에 사헌부 감찰을 지낸 이원수(李元秀)와 사임당(師任堂) 신씨(申氏)의 셋째 아들로, 강원도 강릉에 있는 외가에서 태어났다.

6세 때 모친을 따라 서울로 갔고, 7세 때에 모친인 사임당 신씨에게 배우기 시작했는데, 학문이 날마다 성취하고 문리가 통하여, 사서를 위시한 여러 경전을 스스로 통달했다고 한다. 8세 때 파주 율곡에 있는 화석정(花石亭)에 올라 시를 지었다.

숲속 정자에 늦가을이 찾아오니	林亭秋已晚
심란한 나그네 생각이 무궁하다	騷客意無窮
멀리 보이는 물이 하늘 닿아 푸르고	遠水連天碧
서리 맞은 단풍은 해를 보고 붉었다	霜楓向日紅

산에서는 외로운 둥근 달을 토해내고	山吐孤輪月
강에서는 만 리의 바람이 일어나는데	江含萬里風
변방의 기러기 어디로 날아가는가	塞鴻何處去
울음소리 어두운 구름으로 사라져가네	聲斷暮雲中

율곡의 나이 13세 때 진사시에 합격했고, 정암의 제자인 휴암
(休菴) 백인걸(白仁傑)에게 학문을 배웠다.

율곡의 나이 16세가 되었다. 5월에 모친상을 당했다. 당시 율곡
은 부친을 따라 해서(海西)에 가 있다가 돌아오던 중에 서강에 이
르러 부음을 들었다. 청천벽력이라는 말이 이럴 때 쓰는 말인 듯
하다. 가장 예민한 때인 사춘기에 스승이기도 한 어머니를 여의었
다. 율곡의 마음이 어떠했을지는 상상조차 할 수가 없다. 어머니
를 파주 두문리에 있는 자운산에 장사지냈다. 차마 무덤을 떠나
지 못해 상복도 벗지 않은 채 삼 년간 지켰다. 어머니 신사임당의
무덤가에서 울고 또 울었을 것이다. 율곡은 슬픔을 자제하지 못
하고 거의 실성할 지경에 이르렀다. 그러던 중에 우연히 불교 서적
을 읽고 슬픔을 극복하기 위해 선학에 빠져들었다. 율곡은 19세
가 되던 해의 3월에 금강산 마하연(摩訶衍)에 가서 불교 수련을 시
작했다. 살고 죽는 것이 무엇인가? 죽음으로 인해 슬퍼지는 이유
는 또 무엇 때문인가? 등등의 의문을 풀기 위해서였다. 율곡은 깊
숙한 곳에 들어가 정좌하여 오랫동안 침식을 잊어버리고 골똘히
생각하여 진리를 터득했다. 어느 날 산속을 거닐다가 조그만 암자
가 있는 곳에서 한 노승을 만나서 대화를 나눈 적이 있었는데, 율
곡은 당시의 일을 다음과 같이 기록하고 있다.

내가 풍악에서 공부할 때였다. 어느 날 혼자 깊은 골짜기를 걸어 몇 리를 들어가다가 한 조그마한 암자를 발견했다. 거기에 한 늙은 스님이 가사를 입고 정좌하고 계셨는데, 나를 보고 일어나지도 않고 또한 한마디 말도 없었다. 암자 속을 둘러보니 아무 물건도 없었고 부엌에는 밥을 하거나 불을 때지 않은 지 여러 날 되어 보였다. "여기서 무엇을 하십니까?" 하고 물으니, 스님은 웃고 대답하지 않았다. 다시 "무엇을 먹고 요기를 하십니까?" 하고 물으니, 스님은 소나무를 가리키면서 "이것이 나의 양식이다"라고 했다. 나는 그의 말을 시험하려고 물었다.

율곡: "공자와 석가 중 누가 성인입니까?"

스님: "서생은 늙은 중을 속이지 말라."

율곡: "불교는 오랑캐의 가르침이니 중국에서는 시행할 것이 못됩니다."

스님: "순 임금은 동쪽 오랑캐이고, 문왕은 서쪽 오랑캐이니, 그들도 오랑캐이냐?"

율곡: "불가의 진리는 우리 유학보다 나은 것이 없으니 하필 유학을 버리고 불교의 가르침을 구하십니까?"

스님: "유가에도 즉심즉불(卽心卽佛)이라는 말이 있느냐?"

율곡: "맹자는 인간의 본성이 옳다는 것을 말할 때, 말끝마다 반드시 요순을 일컬었으니, 어찌 즉심즉불과 다른 것이겠습니까? 그러나 우리 유학은 실질을 압니다."

스님은 즐거이 여기지 아니하며 한참 있다가 물었다.

스님: "비색비공은 어떤 말이냐?"

율곡: "이것도 진리 이전 단계입니다."

스님은 피식 웃었다. 그러자 나는 바로 또 말했다.

율곡: "솔개가 날아 하늘에 이르고 물고기가 못에서 뛰는 것은 색입니까, 공입니까?"

스님: "비색비공은 진여체다. 어찌 이 시에 비할 수 있겠느냐?"

나는 웃고 말했다.

율곡: "이미 말이 있었으니, 바로 경계입니다. 어찌 체라고 하겠습니까? 만일 그렇다면 유가의 진리는 말로 전할 수 없고, 불교의 진리는 문자 밖에 있지 않습니다."

스님은 놀라 나의 손을 붙잡고 말했다.

스님: "젊은이는 속된 선비가 아니다. 나를 위해 시를 지어 연어(鳶魚)의 구(句)를 풀이하라."

나는 바로 한 절구를 썼다. 스님은 본 뒤에 옷소매 속에 걷어 넣고 몸을 돌려 벽을 향해 앉았다. 나도 골짜기에서 나왔다. 어둑어둑하여 그가 어떠한 사람인지 몰랐다. 사흘이 지나 다시 가보니 조그만 암자는 여전히 있었지만, 스님은 이미 가버렸다(『율곡전서』 권1, 楓嶽贈小庵老僧).

다음은 율곡이 노승에게 써준 시이다.

물고기 뛰고 솔개 날지만, 위아래가 같은 것	魚躍鳶飛上下同
이는 색도 아니고 또 공도 아니다	這般非色亦非空
부질없이 한 번 웃고 이 몸을 바라보니	等閑一笑看身世
석양 빗긴 총림 속에 홀로 서 있네	獨立斜陽萬木中

물고기는 아래에 있는 못에서 헤엄치고, 솔개는 위에 있는 하늘에서 난다. 모든 것이 반대다. 그러나 율곡은 물고기가 물에서 뛰고 솔개가 하늘을 나는 것을, 대립하고 상반되는 것으로 보지 않고, 하나인 본질이 위아래로 나타난 현상으로 파악한다. 사람이 물고기를 보고 물고기라고 의식하는 것일 뿐이지, 물고기 자체는 물고기가 아니라, 그냥 자연물이다. 물고기가 물에서 뛰는 것을 보고, 사람이 물고기가 물에서 뛴다고 의식하는 것일 뿐이지, 물에서 뛰는 것이 아니라 자연현상일 뿐이다. 솔개도 자연물이고 하늘을 나는 것도 자연현상이다. 사람의 의식으로 구별하지 않는다면 구별되지 않는 하나의 자연현상일 뿐이다. 위아래가 다르고, 하늘을 나는 것과 물에서 뛰는 것이 다른 것은, 사람이 그렇게 의식하는 것일 뿐, 실상은 차이가 없는 자연현상이다. 살고 죽는 것도 알고 보면 차이가 없다. 사는 것도 자연현상일 뿐이고, 죽는 것도 자연현상일 뿐이다. 그런 것을 사람이 의식을 가지고 구별하고 있다. 인간의 의식으로 모든 것을 구별하며 바라보는 이 세상은 가상세계이다. 실상은 일체가 구별되지 않는다.

　삶과 죽음이 다르지 않다는 것을 알게 된 율곡은 생사의 문제가 유학에서 해결되어 있음을 알았다. 그렇다면 굳이 세상을 떠나 불교 공부에 매진할 이유가 없다. 율곡은 세상에서 살아갈 힘을 얻었다. 이를 깨달은 율곡은 20세가 되던 해의 봄에 짐을 꾸려서 강릉으로 갔다. 강릉에서 율곡은 11조에 달하는 『자경문(自警文)』을 저술했다. 『자경문』은 자기를 경계하는 글이다. 제1조에 인생의 목적을 설정했다.

먼저 반드시 뜻을 크게 가지고, 성인을 기준으로 삼아야 한다. 조금이라도 성인에 이르지 못하면 나의 일은 끝난 것이 아니다.[155]

성인은 자기를 완성한 뒤 타인을 완성하여 세상을 지상천국으로 만드는 사람이다. 성인의 대표적인 사람은 요 임금과 순 임금이었다. 공자는 자기를 완성한 성인이었다. 공자는 당대에는 세상을 지상천국으로 만드는 일에 실패했지만, 사후에 온 세상에 큰 빛을 남겼다. 율곡은 금강산에서 득도했다. 이제 남은 것은 세상에 나가 세상을 바꾸는 일이다. 세조가 왕위를 찬탈한 이래 사림들의 꿈이 번번이 좌절되어 안타까웠는데, 이제 사림의 세상이 온 것이다. 율곡이 꿈을 펼칠 수 있는 때가 온 것이다. 율곡은 우선 한양으로 가서 과거시험에 응시했다.

21세 때 한성시에 응하여 장원을 했다.

22세 때 성주목사(星州牧使) 노경린(盧慶麟)의 딸과 혼인했고, 23세 때 안동의 예안(禮安)으로 퇴계를 찾아가 성리학에 관해 문답했다. 1558년 23세 때에 별시(別試)에서 장원으로 급제했는데, 그때의 답안지인 「천도책(天道策)」의 내용은 중국에까지 알려질 정도로 호평을 받았다. 고시관 정사룡(鄭士龍), 양응정(梁應鼎) 등은 율곡의 답안지를 보고, "우리가 며칠을 생각해서 겨우 이 문제를 만들었는데, 이이가 단숨에 대답한 것이 이와 같으니, 참으로 천재이다"라고 말했다. 26세 때 부친상을 당했다.

---

155. 先須大其志 以聖人爲準則 一毫不及聖人 吾事未了云(『自警文』 제1조).

29세 때인 1564년에 대과(大科)에서 문과(文科)의 초시(初試)·복시(覆試)·전시(殿試)에 모두 장원하여 삼장장원(三場壯元)으로 불렸다. 율곡은 그 이전의 생원시(生員試)·진사시(進士試)를 포함해 응시한 아홉 차례의 과거시험에 모두 장원으로 합격했으므로, 사람들이 구도장원공(九度壯元公)으로 불렸다. 사림들의 세상에 혜성처럼 나타나, 과거시험에 아홉 번이나 장원을 한 율곡은, 사림들의 주목을 한 몸에 받을 수 있었다. 율곡은 대과에 급제한 뒤 정6품 호조(戶曹) 좌랑(佐郎)을 시작으로 여러 관직을 거쳤다.

율곡의 목표는 요순시대의 재현이었다. 율곡은 세종대왕이 요순과 같다고 생각했으면서도 세종대왕 때는 요순시대의 신하처럼 뛰어난 신하가 없었던 것을 아쉽게 생각하고 있었던 터였다. 율곡은 자신이 요순시대의 신하처럼 현명하게 보필할 수 있을 것이란 자부심이 있었기 때문에, 오직 임금을 깨우쳐 요순처럼 되도록 하는 데 주력했다. 34세 때인 1569년 9월 25일에 율곡은 경연에서 선조에게 요순처럼 되는 목표를 세우도록 강권하고, 『동호문답(東胡問答)』이란 글을 올렸다. 『선조실록』에 그 내용이 다음과 같이 기록되어 있다.

이이(李珥)가 진강(進講)하다가 이어 아뢰기를, "예로부터 큰일을 성취한 군주가 지극한 정치를 일으키려 했을 땐 반드시 정성을 다하여 현자를 대했는지라, 군신 간의 수작이 마치 메아리 울리듯 했으며, 마음을 열고 받아들였기 때문에, 위아래가 서로 미쁘게 되어, 정치가 이루어졌던 것입니다. 요순(堯舜)시대에는 말하지 않아도 미더움이 있고, 의도하지 않아도 교화가 저절로 이루어져, 마치 말이 필요 없었던 것 같았지만, 고서(古書)를 상고해보면, 요순이 정신(廷臣)들과 정사를 의논하면서, 자신의 찬성과 반대의 뜻을 분명히 답하지 않은 적이 없었는데, 더구나 후세에서야 어떠했겠습니까! 아조(我朝)의 세종(世宗)과 세조(世祖) 같으신 분은 군신(群臣)들과 서로 친하기를 가인(家人)이나 부자(父子)처럼 했기 때문에, 뭇 신하들이 은혜와 덕에 감격하여 사력(死力)을 다했던 것입니다. 지금 신이 누차 입시(入侍)하여 매양 전하를 뵈니, 신하들의 말에 조금도 응수하여 대답하지 않으십니다. 대저 한 집안의 부자(父子)와 부부가 아무리 지친의 관계라 하더라도, 만약 아비가 자식에게 답하지 않거나 지아비가 아내에게 답하지 않으면, 그 정(情)도 오히려 막히게 되는데, 하물며 명위(名位)가 현격한 군신(君臣)의 관계에서야 어떠하겠습니까?(…)" 하니, 상이 이르기를, "학문을 온축하여 덕행이 된 뒤에야 밖으로 사업을 일으킬 수 있는 법인데, 덕행이 없는 몸으로 어떻게 사업이 있을 수 있겠소? 또 삼대의 융성한 정치도 마땅히 점진적으로 시행해 나가는 것이지, 갑자기 회복할 수는 없을 것이오" 하니, 이이가 아뢰기를, "전하의 이말씀은 참으로 근본을 따르는 주장입니다. 다만 덕행은 일조일석에 이룰 수 있는 것이 아니고, 정사는 하루라도 폐할 수 없는 것입니다. 진실한 덕이 이루어지기 전에는 장차 정치를 방관한채 그냥 문란한 대로 놔두시겠습니까? 이러한 까닭에 덕행과 사업은 동시에 서로 닦아 나가면서, 같이 발전시켜 가야 합니다. (…) 덕은 비록 순 임금과 우 임금에게 못 미치더라도, 큰 뜻을 분발하여 몸소 실천하는 데 힘쓰고 어진 신하들을 신임하여 매사에 순 임금과 우 임금을 본받는다면, 순 임금과 우 임금의 치적을 기대할 수 있는 것입니다. 신민(臣民)들이 성군(聖君)을 만나고서도 치세의 교화를 보지 못한다면, 어느 때에 태평시대를 만나겠습니까"했다. 이이가 독서당(讀書堂)에서의 월제(月製)를 계기로 문답체로 임금의 학문하는 방법과 정치하는 도리를 진술했는데 이름을 『동호문답(東湖問答)』이라 했다.

세상을 요순시대처럼 만드는 조건은 임금과 신하가 성인이어야한다. 율곡에게는 당시의 임금 선조를 요순 같은 임금으로 만드는일이 급선무였다. 율곡은 『동호문답』이라는 글을 올려 임금과 신하가 합심하여 세상을 바로잡을 묘책을 건의했다. 『동호문답』은손님이 묻는 말에 주인이 대답하는 형태로 되어 있지만, 율곡이자문자답한 것이다. 율곡은 『동호문답』에서 〈논군도(論君道)〉, 〈논신도(論臣道)〉, 〈논군신상득지난(論君臣相得之難)〉, 〈논동방도학불흥(論東方道學不興)〉, 〈논아조고도불복(論我朝古道不復)〉, 〈논당금지시세(論當今之時勢)〉, 〈논무실위수기지요(論務實爲修己之要)〉, 〈논변간위용현지요(論辨姦爲用賢之要)〉, 〈논안민지술(論安民之術)〉, 〈논교인지술(論敎人之術)〉, 〈논정명위치도지본(論正名爲治道之本)〉으로 목차를 정하고, 각 목차에 따라 조목조목 논의를 전개했다.

〈논군도〉

잘하는 정치의 두 조건은 임금이 뛰어난 재주와 지혜로 호걸을잘 부리는 것과 재주와 지혜가 부족하더라도 어진 이에게 일을 맡기는 것이고, 문란한 정치의 두 조건은 임금이 자기의 총명만 믿고 신하를 믿지 않는 것과 간사한 신하의 말을 믿어 귀와 눈이 가려지는 것이다.

〈논신도〉

선비 중에는 세상에 나와 세상을 위해 최선을 다하는 선비가 있고, 세상에 나오지 않고 혼자서 자신의 삶을 충실하게 지키는 선비도 있지만, 세상에 나오지 않는 선비는 때를 못 만나서 그런 것으로 본래 모습은 아니라고 전제한다. 세상에 나오는 선비 중에 세 종류가 있다. 첫째는 도덕을 완성하여 세상을 낙원으로 만드는 대신(大臣)이고, 둘째는 자신을 돌보지 않고 항상 나라만을 걱정하여 임금 섬기는 일과 백성을 보호하는 일에 최선을 다하는 충신(忠臣)이며, 셋째는 자기에게 주어진 일을 완벽하게 처리하는 간신(幹臣)이다. 세상에 나오지 않는 선비 중에도 세 종류가 있다. 첫째는 불세출(不世出)의 재주와 능력을 갖추고 때를 기다리는 천민(天民)이고, 둘째는 자기완성을 위해 철저하게 수양하면서 신중하게 때를 기다리는 학자이며, 셋째는 세상의 일을 탐탁하게 여기지 않고 초연(超然)하게 숨어서 사는 은자(隱者)이다.

〈논군신상득지난〉

삼대 후에는 공자, 맹자, 주렴계, 정자, 주자 같은 도학에 밝은 신하가 간혹 나왔지만, 도학에 밝은 임금이 나오지 않았기 때문에 삼대와 같은 좋은 정치가 실행되지 못했다.

〈논동방도학불행〉

우리 동방에는 도학이 행해진 적이 없었다. 삼국(三國)이 솥발처럼 세 개로 나뉘었다가 고려가 통일했는데, 그 사업을 고찰해보면, 오로지 꾀와 힘으로만 했을 뿐이니 어찌 도학을 숭상해야 한다는 것을 알았겠는가! 임금만 그런 것이 아니라 밑에 있는 자들도 진지(眞知)와 실천으로써 선왕(先王)의 전통을 계승한 이가 있었다는 말을 듣지 못했다. 참된 선비는 벼슬자리에 나아가면 한 시대에 도를 행하여 백성들에게 태평을 누리게 하고, 관직에서 물러나면 온 세상에 교화를 베풀어 학자들에게 큰 잠에서 깨어나게 하는 것이다. 우리나라에는 본받을 만한 선치(善治)가 없었으니, 이것은 나아가 도를 행한 자가 없었던 것이고, 우리나라 사람의 저술에서 의리(義理)에 밝은 자를 볼 수 없으니 이것은 은퇴한 사람 중에 교화를 베푼 자가 없었기 때문이다.

〈논당금지시세〉

지상천국이 건설되지 못한 까닭은 임금과 재상이 적격인 사람이 아닌 데 원인이 있었다. 그러나 지금 우리나라에는 불세출의 임금이 있고 성실하고 지혜로운 신하가 있으므로, 지상천국을 건설할 기회가 왔다. 우선 가라앉아 있는 사람들의 사기를 북돋운 다음, 임금과 신하가 합심하면 지상천국의 건설이 가능하다.

〈논무실위수기지요〉

지상천국을 건설하기 위해서는 먼저 목표를 확실히 정하고, 다음에는 실제로 효과가 있는 구체적인 방법을 찾아 실행해야 한다.

〈논변간위용현지요〉

임금이 이미 큰 뜻을 세우고 실효를 구한다면, 몸을 닦고 나라를 바로잡을 신하를 알아볼 수 있다. 사람은 모든 것에 대해서 자기 수준만큼만 알 수 있으므로 임금이 뛰어나야 뛰어난 사람을 알 수 있지만, 군자와 소인을 알아볼 수 있는 일반적인 기준이 있다. 군자가 소인(小人)을 공격할 때는 말이 순하고 논리가 정연하지만, 소인이 군자를 공격할 때는 말이 복잡하고 논리가 정연하지 않다. 본래의 마음을 회복하면 간사함을 분별할 수 있고, 마음을 바르게 하면 현인을 알아볼 수 있다. 본래의 마음을 회복하고 마음을 바르게 하는 방법 중에는 욕심을 없애는 것이 제일 좋다.

〈논안민지술〉

인재를 얻은 뒤에는 모든 사람의 의견을 골고루 청취하여 폐단이 많은 법부터 개혁함으로써 민생을 안정시켜야 한다.

〈논교인지술〉

백성이 먹고살도록 경제를 안정시킨 다음에는 교육을 통해 본래의 마음을 회복하도록 해야 한다.

〈논정명위치도지본〉

지금 제일 먼저 해야 할 의리는 정명(正名)보다 더 큰일이 없다. 지금 명분을 바로잡는 일 중에 가장 먼저 해야 할 일은 을사사화를 일으킨 정순붕(鄭順朋)·윤원형(尹元衡)·이기(李芑)·임백령(林百齡)·허자(許磁) 등의 오간(五姦)의 죄를 폭로하여 관작을 삭탈하고 사직을 보호했다는 공훈을 모두 없애고 죄 없는 사람은 모두 사면하여 종묘사직에 고(告)하고 중외(中外)에 널리 알림으로써 온 나라 사람들과 같이 다시 시작해야 할 것이다.

율곡은 『동호문답』을 통해서 당시에 시행해야 할 시급한 정책들을 구체적으로 적시했는데, 그 내용이 훌륭하다. 특히 〈논안민지술〉〈논교인지술〉에서 제시한 자세하고 구체적인 시책들은 매우 탁월하다. 그러나 『동호문답』의 내용에는 많은 문제점이 있다. 과거에는 율곡처럼 아홉 번 과거시험을 쳐서 전부 장원급제한 사람이 없었다. 구도 장원을 한 율곡으로서는 과거의 인물 중에서 자기보다 나은 사람을 찾지 못했다. 어린 나이에 진리를 얻고 세상을 바꾸기 위해 세상에 나온 율곡은 성급해졌다. 목적의식이 강할수록 사람은 성급해진다. 성급해질수록 과정을 건너뛰게 된다. 진리를 아는 것은 돈오(頓悟)이다. 돈오를 하여 진리를 아는 것은 수영하는 법을 머리로 아는 것과 같다. 수영하는 법을 머리로 아는 것만으로는 완전히 아는 것이 아니다. 물에 들어가 끊임없이 연습을 하여 몸이 완전하게 수영할 수 있게 되어야 수영을 완전하게 한다고 할 수 있다. 물에 들어가 연습하는 과정을 점수(漸修)라고 할 수 있다. 물에 들어가 연습하자마자 금방 수영을 잘하는 되는 것은 점수가 아니고 돈수(頓修)이다. 그러나 금방 수영을 잘 할 수 있게 된 사람이 연습을 그만둔 뒤에도 계속 수영을 잘하는 경우는 드물다. 지속적인 연습을 해서 걸어 다니는 것처럼 익숙해져야 비로소 완전하게 되는 것이다.

일차로 하늘마음을 깨달아 아는 것은 머리로 아는 것이다. 간

혹 몸으로 알았다고 하더라도 그것은 일시적이다. 시간이 가면 몸에서 다시 사라지는 때가 오기 때문에 지속해서 수련하여 몸속에 하늘마음이 충만해졌다가 몸 밖으로 터져 나와 몸 밖에 있는 우주 전체의 마음과 완전히 하나가 되어야 완전한 성인의 경지에 이른다. 완전한 성인의 경지에 이르면 자신이 낮아져서 남을 높인다. 어머니가 하늘마음을 가지고 있으므로 낮은 데 처하면서 아들딸을 높이는 것과 같다.

자기를 완성하는 것은 명명덕이다. 명명덕이란 자기 속에 원래부터 있는 밝은 덕을 밝히는 것이다. 명명덕이 된 사람은 남과 하나가 된다. 남과 하나가 된 사람은 남을 나처럼 아끼고 사랑하므로, 남들이 저절로 감화되어 덕이 밝아진다. 수신되면 저절로 가정이 화락해지고, 저절로 나라가 안정되며, 온 세상이 저절로 화평해진다. 마치 인자한 어머니가 있는 집에는 온 집안의 사람들이 저절로 감화되어 화락해지는 것과 같다.

한 개인의 완성을 통해 세상이 화평해지는 것은 오랜 시간이 걸린다. 율곡의 안타까움은 오랜 시간을 기다릴 수 없었다. 자신이 진리를 얻었듯이 세상 사람들에게도 빨리 진리를 얻게 하고 싶어진 것이다. 그럴수록 율곡은 성급해질 수밖에 없었다. 사림이 정치를 좌우하게 된 현실이 율곡을 더욱 성급하게 만들었을 것이다.

율곡은 성급함으로 인해 점수의 시간이 부족했던 것으로 보인다. 율곡에게는 사람들이 받들어야 할 대상으로 보이기보다는 바로잡아야 할 대상으로 보였다. 한국에 도학이 행해진 적이 없다고 생각하고, 우리나라에는 도를 행한 자가 없고 우리나라 사람의 저술에서 의리(義理)에 밝은 자를 찾아볼 수 없다고 판단한 것은 성급하고 경솔한 판단이다. 우리나라에는 뛰어난 학자들이 많은데도 율곡은 간과했다.

율곡은 또 한국인들에게 깔린 '천인무간'의 정서를 이해하지 못했다. '천인무간'의 정서로 인해 한국인들은 자기를 하늘과 연결된 존재로 판단하기 때문에 무시당하는 것을 싫어한다. 우리나라에 도학군자가 없다는 율곡의 말을 받아들일 한국인은 많지 않을 것이다. 특히 목은, 양촌, 정암, 화담, 회재, 퇴계, 남명, 하서의 후학들은 크게 반발할 것이다.

율곡은 34세 때의 10월에 휴가를 얻어 강릉에 갔다. 당시 어린 선조가 율곡의 기대에 부응하지 못했기 때문에 떠날 생각이 있었고, 외조모의 병환도 있고 해서 강릉에 간 것이다.

율곡은 35세 때의 4월에 다시 조정의 부름을 받고 상경했다. 10월에 병으로 관직을 사직하고 해주에 가서 학업에 전념했다. 그때 배우러 온 제자들이 많았다. 12월에 퇴계 선생의 부음을 듣고 곡을 했다.

율곡 37세 때인 1572년에 이준경이 죽음에 임박하여 차자를 올렸는데, 그 차자에 붕당의 조짐이 있음을 우려하는 내용이 들어 있었다. 『선조실록』 선조 5년 7월 7일 조에는 다음과 같은 기록이 있다.

> 지하로 가는 신 이준경은 삼가 네 가지의 조목으로 죽은 뒤에 들어주실 것을 청하오니 전하께서는 살펴주소서. (…) 넷째 붕당(朋黨)의 사론(私論)을 없애야 합니다. (이때 심의겸이 외척으로 뭇 소인들과 체결하여 조정을 어지럽힐 조짐이 있었기 때문에 이를 지적한 것

이다.) 지금의 사람들은 잘못한 과실이 없고 또 법에 어긋난 일이 없더라도 자기와 한마디만 서로 맞지 않으면 배척하여 용납하지 않습니다. 그리고 자신의 행동을 검속(檢束) 한다든가 독서 하는 데에 힘쓰지 않으면서, 고담 대언(高談大言)으로 친구나 사귀는 자를 훌륭하게 여김으로써, 마침내 허위(虛僞)의 풍조가 생겨났습니다. 군자는 함께 어울려도 의심하지 마시고, 소인은 자기들끼리 함께하도록 버려두는 것이 좋습니다. 이 일은 바로 전하께서 공평하게 듣고 보신 바로써 이런 폐단을 제거하는 데 힘쓰셔야 할 때입니다. 신은 충성을 바칠 마음 간절하나 죽음에 임하여 정신이 착란 되어 마음속의 말을 다 하지 못합니다 (공은 임금을 아끼고 세상을 염려하여 죽는 날에도 이러한 차자를 남겼으니, 참으로 옛날의 직신(直臣)과 같다. 당시에 심의겸의 당이 이 차자를 지적하여 건조무미한 말이라 소를 올려 배척하기까지 했으니, 참으로 군자의 말은 소인이 싫어하는 것이다).

선조가 이준경의 유소(遺疏)를 보고 매우 놀라 대신에게 "만약 붕당이 있다면 조정이 어지러워질 것이다"라고 하며 걱정을 했는데, 대신이 의혹을 풀어주었고, 삼사(三司)와 예문관(藝文館)·독서당(讀書堂)이 다 상소하여 이준경의 실언(失言)을 공박했다. 붕당이 생겨난다는 것은 나라가 망할 조짐이므로 매우 걱정스러운 일이다. 이준경의 상소문에 대해 율곡은 장문의 상소를 올렸다. 붕당이란 말을 쓴 것 자체만으로도 나라를 위태롭게 할 수 있을 뿐만 아니라, 모처럼 사림들이 진출하여 아름다운 정치를 하려는 기운에 찬물을 끼얹는 격이 될 수 있기 때문이었을 것이다. 이준경이 말한 붕당은 율곡과 관련이 있는 것 같지는 않지만, 율곡의 상소문에서 붕당은 있을 수 없다고 하면서, '굳이 있다고 한다면 오직 임금을 사랑하고 나라를 걱정하며, 공실(公室)을 받들고 사문(私門)을 막는 자가 몇 사람 되지 않으나, 공론이 그들에 의존하여 조금이나마 행해지고 있는데, 준경이 말한 붕당은 바로 이런 사람들을 가리킨 것이 아니겠습니까?'라는 내용을 보면, 이준경이 지목한 붕당이 율곡 자신을 지목한 것이라는 의혹을 가졌을 수도 있겠다는 생각이 든다. 왜냐하면 율곡이 말한 '오직 임금을 사랑하고 나라를 걱정하며 공실(公室)을 받들고 사문(私門)을 막는 자가 몇 사람 되지 않으나, 공론이 그들에 의존하여 조금이나마 행해지고 있다'라는 말의 내용은 율곡 자신에 해당하는 것으로 이해할 수도 있을 것이기 때문이다.

이준경이 말한 붕당은 이준경이 죽은 뒤 3년 만에 현실로 나타났다. 율곡의 나이 40세 때인 1575년에 심의겸과 김효원이 이조 전랑의 자리를 서로 차지하기 위해 반목한 것을 계기로 사림들이 갈라지는 사건이 일어난 것이다.

이조 전랑은 이조의 정랑과 좌랑을 합쳐서 부르는 말로서, 정5품에 해당하는 당하참상관에 불과하다. 이조 전랑 자리는 훈구파가 득세하던 때는 관심을 두지 않다가, 사림이 득세한 뒤에 관심이 집중된 까닭은 이조 전랑의 특성 때문이었다. 왕의 전횡을 견제하는 기구인 삼사는 사간원, 사헌부, 홍문관을 일컫는데, 삼사의 관원에 대한 인사권이 이조 전랑에게 있었다. 과거에는 학문을 공부하는 목적이 훈구파와 사림파로 갈라졌다. 훈구파들은 입신출세를 위해 학문을 했고, 사림파들은 욕심을 버리기 위해 학문을 했지만, 사림이 득세하고 난 뒤에는 사림파 중에서 욕심을 없애기 위해 학문하는 사람과 입신출세를 위해 학문하는 사람으로 갈라졌다. 욕심을 없애기 위해 학문하는 사람은 군자이고, 입신출세를 위해 학문하는 사람은 소인이다. 과거의 사림은 군자였지만, 사림이 득세한 뒤로는 사림이 군자와 소인으로 양분된다. 입신출세를 위해 학문하는 사람은 엄밀히 말하면, 사림이 아니라, 사림의 탈을 쓴 사이비 사림이지만, 모두 사림으로 분류되어 있었다.

과거의 사림들은 벼슬에 관심을 두지 않았기 때문에, 이조 전랑이 삼사의 인사권을 가지고 있어도 관심을 두지 않았지만, 사이비 사림들은 입신출세하기 위해 이조 전랑에 관심을 집중했다.

이조 전랑 자리를 놓고 다툼이 일어난 것은 이조 전랑 오건(吳健)이 다른 자리로 가면서 후임으로 김효원을 추천하면서부터였다. 김효원(金孝元: 1542~1590)은 퇴계와 남명의 제자이었다. 한때 윤원형의 사위인 이조민과 친구였으므로 이조민과 함께 윤원형의 집에 식객 노릇 한 적이 있었다. 김효원이 이조 전랑으로 추천되자, 심의겸이 그가 윤원형 집에 식객으로 있었던 사실을 들어 반대했다. 심의겸(沈義謙: 1535~1587)은 조선 중기의 영의정 심연원의 손자이고, 명종의 처남이지만, 퇴계의 문하생이었으므로 외척이면서 사림파를 겸하는 사람이었다. 1563년에 사림을 억압하려던 자신의 외삼촌 이량(李樑)을 탄핵하여 퇴출했으므로, 사림들에게 신망을 얻었다. 심의겸의 반대에도 불구하고 김효원은 1574년 이조정랑이 되었다. 그 뒤 심의겸의 아우 심충겸이 이조 전랑 자리에 추천되자, 김효원은 심충겸이 외척이라는 이유로 반대했다. 그로 인해 두 사람 사이에 골이 깊어졌다. 사림이 김효원을 중심으로 한 동인과 심의겸을 중심으로 한 서인으로 갈라졌다. 동인은 김효원의 집이 서울의 동쪽인 건천동에 있었기 때문에 붙여진 이름이고, 서인은 심의겸의 집이 서쪽의 정릉방에 있었기 때문에 붙여진 이름이었다. 1575년 을해년에 일어난 이 일이 나라를 망하게 하는 당파싸움으로 이어지는 불씨가 되었다.

김효원이나 심의겸은 그 뒤로 그다지 나쁘게 평가되지는 않은 듯하지만, 서인과 동인으로 대립하면서 상대의 단점을 들추어내어 공격한 것은 "군자는 남의 좋은 점을 드러내고 소인은 그 반대라"고 한 공자의 말에 근거하면, 군자로 보기는 어려울 것 같다.

율곡은 사림의 분열을 크게 우려하여 동서 화합을 위해 노심초사했다. 율곡은 좌의정 노수신과 상의하여 김효원과 심의겸을 외직으로 보내는 안을 내었다. 그러나 김효원을 함경도 경흥부사로 내보내고, 심의겸을 경기도 개성 유수로 내보낸 것에 동인들이 불만을 품었으므로, 율곡은 김효원을 내지로 옮기고 동인인 이발(李潑)을 전랑으로 삼아 동인의 불만을 해소하려 했지만, 순조롭지 않았다.

율곡은 임금 선조에게 성인의 모습을 찾기 어렵고, 또 자신의 노력에도 불구하고 사림의 분열이 격렬해졌으며, 거기다가 몸까지 허약하여 자주 사표를 내고 물러났다. 율곡은 35세 때 물러난 이후로 간곡한 부름을 받아 복귀했다가 다시 물러나는 것을 되풀이했다.

40세 때 대사헌(大司憲), 홍문관 부제학(副提學) 등을 역임했고, 선조에게 『성학집요(聖學輯要)』를 저술하여 바쳤다. 42세 때 관직에서 물러나 해주에서 『격몽요결(擊蒙要訣)』을 저술했다. 43세 때 해주에 은병정사(隱屛精舍)를 짓고, 학문 연구와 후진 양성에 힘썼으며 향약과 사창(社倉)을 실시하기도 했다. 해주의 진암산(眞巖山) 계곡이 주자가 은거하던 무이구곡(武夷九曲)과 유사하게 아홉 구비로 감돌았는데, 그중 고산 석담이 있는 다섯 번째 구비에 정사를 짓고, 무이구곡에 있는 은병산의 뜻을 취해 은병정사라 이름 붙였다. 율곡은 주자의 무이구곡가에 견주어 고산구곡가를 지었다. 정사의 북쪽에 주자의 사당을 짓고 정암과 퇴계를 배향했다. 정암을 배향한 이유는 도학을 드러내고 밝혀 요순의 치세를 만드는 것을 자임했기 때문이고, 퇴계를 배향한 이유는 군자의 도를 터득하고 실천하여 후세의 모범이 되었기 때문이었다. 이때부터 원근에서, 많은 학자가 몰려왔는데, 학문에 뜻이 있는 자라면 반상을 막론하고 받아들여, 성현의 글과 성리설(性理說)을 강독하고 역사서 읽는 것은 허용했으나, 과거시험 공부는 다른 데서 익히게 했다.

44세 때 『소학집주』를 완성하고, 45세 때 『기자실기(箕子實記)』를 저술했다.

46세 때 다시 대사헌과 예문관(藝文館) 제학(提學)을 겸직하여 관직에 나갔다가, 동지중추부사(同知中樞府使)를 거쳐 홍문관과 예문관의 대제학(大提學)을 지냈다.

47세 때 이조판서가 되었고, 48세 때 병조판서가 되어 선조에게 「시무육조(時務六條)」를 건의했는데, 그 내용은 ① 현명하고 능력 있는 인재를 등용할 것 ② 군인과 백성을 잘 기를 것 ③ 경제를 튼튼히 할 것 ④ 변방을 튼튼하게 할 것 ⑤ 전마(戰馬)를 기를 것 ⑥ 교화를 잘할 것 등이었다.

48세 때는 율곡을 두고 율곡을 탄핵하는 세력과 옹호하는 세력 간에 많은 논란이 일어났다. 선조는 6월 20일에 율곡을 비판하는 여론에 대해 분당을 만들지 말라며 대신들에게 전교를 내렸으나, 신하들의 율곡 비판은 수그러들지 않았다. 율곡을 비판하는 내용은 거의 덕이 부족하다는 것으로 집약된다. 덕이 부족하여 자기를 비판하는 자들과 시비곡직을 가리기 위해 반박하면서 말에 실수가 잦다는 것, 옛 법을 함부로 바꾼다는 것, 도량이 얕고 소견이 편협하다는 것, 지기 싫어한다는 것, 경솔하고 조급하다는 것 등이었다. 그러나 선조는 끝까지 율곡을 신임했다. 10월에 율곡은 이조판서에 취임했으나, 이듬해인 1584년 음력 1월 16일에 49세의 나이로 서울 대사동(大寺洞)에서 병사했다. 파주 자운산의 선영에 묻혔으며, 1624년(인조 2)에 문성공(文成公)이라는 시호를 받았다. 파주의 자운서원(紫雲書院), 강릉의 송담서원(松潭書院), 풍덕의 구암서원(龜巖書院), 황주의 백록동서원(白鹿洞書院) 등 전국 20여 개 서원에 배향되었으며, 1682년(숙종 8)에 성혼(成渾)과 함께 문묘에 배향되었다. 그의 저술들은 『율곡문집(栗谷文集)』과 『율곡전서(栗谷全書)』에 실려 있다.

제2절

율곡의 학술사상

제1항 몸 중심의 이기설 확립

율곡의 이기설에서도 한국 성리학의 특징이 그대로 나타난다. 중국 성리학에서 사람의 본성을 알기 위해 전개한 이기설이 한국의 성리학에서는 사람의 마음을 설명하기 위한 수단으로 바뀌었고, 율곡의 이기설도 이러한 한국의 전통에서 벗어나지 않는다.

> 대저 리란 기의 주재자이고 기란 리가 타는 것이다. 리가 없으면 기는 근거로 삼을 것이 없게 되고, 기가 없으면 리가 붙어 있을 곳이 없게 된다. 이미 둘이 아니며 또 하나가 아니다. 하나가 아니기 때문에 하나이면서 둘이고, 둘이 아니기 때문에 둘이면서 하나이다. 하나가 아니라는 것은 무슨 뜻인가. 리와 기는 비록 떨어질 수 없지만, 묘하게 합쳐진 가운데, 리는 리이고 기는 기라서 서로 섞이지 않기 때문에 하나가 아니다. 둘이 아니라는 것은 무슨 뜻인가. 비록 리는 리이고 기는 기라고 말하지만, 혼연히 사이가 없고 선후가 없으며 떨어지고 붙음이 없어 둘이 됨을 볼 수 없는 고로 둘이 아니다.[156]

리와 기는 분명히 다르지만, 따로 떨어져서 존재한 적이 없이 언제나 함께 있다. 기는 물체이므로 기의 세계에서는 기 하나하나가 각각 독립적인 개체로 따로 존재한다. 리가 늘 기와 함께 있다면 리 또한 기와 마찬가지로 독립적인 개체로 각각 따로 존재하는 것으로 보이지만, 리는 물질이 아닌 형이상적인 존재이므로 하나

---

156. 夫理者氣之主宰也 氣者理之所乘也 非理則氣無所根底 非氣則理無所依著 旣非二物 又非一物 非一物 故一而二 非二物 故二而一也 非一物者何謂也 理氣雖相離不得而妙合之中 理自理 氣自氣 不相挾雜 故非一物也 非二物者何謂也 雖曰理自理 氣自氣而渾淪無間 無先後 無離合 不見其爲二物 故非二物也(『栗谷先生全書』卷十 答成浩原).

로 통해 있다. 이러한 이기의 내용을 율곡은 이통기국설(理通氣局說)로 설명한다. 리는 기를 타고 움직이지만 본래 초월적인 형이상적 존재이므로, 기의 움직임에 의한 어떠한 국면이나 상태에서도 그 본연의 묘는 자약하다는 것이 리통의 뜻이고, 기는 형이하적 존재이므로, 본말이나 선후가 있고, 또 승강비양(乘降飛揚)하는 운동에 따라 여러 가지 형태를 이룸으로써 각각의 상태에 국한되어 동시성을 가질 수 없다는 것이 기국의 뜻이다.[157] 기는 형체를 가진 물체이므로 각각 분리된 상태로 독립적으로 존재한다. 과거에 존재하던 물체가 미래에도 계속 존재할 수 없고, 동양에 있는 물체가 동시에 서양에 존재할 수 없는 것과 같다. 그러나 리는 기와 떨어져 있지 않으면서도 시간과 공간을 초월해서 하나로 통해 있다. 사람의 마음속에 있는 본성은 리이다. 옛사람의 본성이나 지금 사람의 본성이 하나로 통해 있고, 동양 사람의 본성이나 서양 사람의 본성이 하나로 통해 있는 것과 같다.

율곡은 삶과 죽음의 문제에 관해서도 이통기국설로 해결한다. 이통(理通)이란 19세 때에 금강산에서 깨달은 내용과도 일치한다. 새가 하늘을 나는 것이나 물고기가 물에서 헤엄치는 것이 하나이고, 죽음과 삶이 하나인 것이 이통(理通)이다.

생사의 이치는 내가 감히 망령되이 논의할 수는 없으나 일찍이 옛 스승에게 들은 바가 있다. 그 말에 이르기를 "밤낮이 교차하는 것이 생사의 이치"라 하고 또 "삶의 이치를 알면 죽음

157. 上揭文에 이어진 문장 참조.

의 이치를 알 것"이라 하며, 또 "처음을 살펴서 끝마침을 반추해보면 삶과 죽음의 이치를 알게 된다"라고 했으니, 태어나는 것도 리이고, 죽는 것도 리이다. 내가 태어나기 전에도 다만 이 리가 있었을 뿐이고, 내가 죽은 뒤에도 또한 이 리가 있을 뿐이다.[158]

한 몸이 갖추고 있는 덕은 마치 하늘이 덮지 않는 것이 없고 땅이 싣지 않는 것이 없는 것과 같아 천지가 만물을 낳고 기르는 일에 참여하여 도울 수 있고, 천지와 더불어 마칠 때까지 가는 것인데, 어찌 일찍 죽고 오래 사는 것을 가지고 생사를 논할 수 있으리오. 나의 길은 장생불사하는 길이니, 그 이상도 이하도 아니다.[159]

위의 두 인용문에서 알 수 있듯이, 율곡은 이통의 논리로 생사의 문제를 초월했다. 생사를 초월한 율곡의 사상적 배경에는 역시 한국 고유의 '천인무간' 사상이 깔려 있다.

사람은 천지의 마음이다.[160]

---

158. 死生之理 愚不敢妄議 亦嘗聞乎先正矣 其說曰 晝夜者死生之道也 又曰知生之道 則知死之道 又曰原始反終 故知死生之說 蓋生于是理 死于是理 未生之前 只有是理而已 旣死之後 亦有是理而已(『栗谷先生全書拾遺』卷四 死生鬼神策).
159. 一身之德 如天之無不覆 地之無不載 則可以參贊化育 而與天地長終矣 豈可以夭壽議其死生耶 吾道之長生不死 不過乎如此而已(上揭書 卷五 神仙策).
160. 人者天地之心也(『栗谷先生全書』卷二十五『聖學輯要』爲政第四下).

668 ◎ 제6부 조선 전기의 주자학

오호라. 하늘과 사람이 하나이니 다시 나누어 구별할 수가 없다. 오직 천지는 사사로움이 없으나 사람은 사사로움이 있는 고로 사람이 천지와 더불어 그 큼을 함께 하지 못한다. 성인은 사사로움이 없는 고로 덕이 천지에 합치된다.[161]

율곡이 생사의 문제를 해결한 이통기국설도 한국의 '천인무간' 사상에 바탕을 두고 있다. 율곡이 수양을 통해 생사 문제를 해결한 것도 속전속결이었다. 지금까지의 내용에서 보면 율곡의 이기설은 종래의 이기설과 큰 차이가 없다. 율곡 이기설의 특징은 다음에서 나타난다.

리는 형이상자요 기는 형이하자이다. 이 두 가지는 서로 떨어질 수 없는 것이다. 이미 떨어질 수 없는 것이므로 그 발용은 하나이다.[162]

율곡은 형이상자로서의 리와 형이하자로서의 기가 하나가 아니라고 파악하면서도 어디까지나 리와 기가 서로 떨어지지 않는 것에 중점을 둔다. 리와 기가 서로 떨어지지 않기 때문에 리와 기가 각각 따로 움직이거나 작용할 수가 없다. 리와 기의 발용은 언제나 함께한다. 리와 기의 발용이 언제나 함께라면 리의 독자적인

---

161. 嗚呼天人一也 更無分別 惟其天地無私 而人有私 故人不得與天地同其大焉 聖人無私 故德合乎天地焉(『栗谷先生全書』卷二十二 『聖學輯要』修己第二下).
162. 理形而上者 氣形而下者也 二者不能相離 既不能相離則其發用一也(上揭文).

발용이 불가능해진다. 기의 발용은 자명하므로, 리의 발용을 인정하면 리와 기의 발용이 함께일 수 없다. 리는 스스로 발용하지 못하고, 언제나 기의 발용과 함께 할 뿐이다.

> 만약 상호 발용이 있다고 말한다면 이는 리가 발용할 때 기가 혹 미치지 못하는 바가 있을 것이요, 기가 발용할 때 리가 혹 미치지 못하는 바가 있을 것이니, 이와 같다면 리와 기에는 이합과 선후가 있을 것이고, 동정의 단서가 있게 되며 음양 중에 시작하는 것이 있게 될 것이니, 그 잘못이 작지 않다. 다만 리는 무위이나 기는 유위이므로, 정이 본연의 성에서 나왔으나 형기(形氣)에 가려지지 않은 것은 리에 소속시키고, 당초에 비록 본연에서 나왔으나 형기가 그것을 가리고 있는 것은 기에 소속시키는 것은 부득이한 이론이다.[163]

리가 발용하기도 하고 기가 발용하기도 한다면, 리와 기가 각각 따로 발용하게 되므로 함께 할 수 없게 된다. 리와 기는 언제나 함께이므로 리는 스스로 발용하지 못하고, 기의 발용에 따라 함께 할 뿐이다. 정은 기이고 성은 리이다. 율곡에 따르면, 정이 본연의 성에서 나왔으나 형기(形氣)에 가려지지 않은 것을 리라 하고 형기에 가려진 것을 기라 하는 것은 현실적으로는 맞지 않지만, 형기

---

163. 若曰互有發用 則是理發用時 氣或有所不及 氣發用時 理或有所不及也 如是則理氣有離合 有先後 動靜有端 陰陽有始矣 其錯不小矣 但理無爲而氣有爲 故以情之出乎本然之性 而不掩於形氣者 屬之理 當初雖出於本然 而形氣掩之者 屬之氣 此亦不得已之論也(『栗谷先生全書』卷十 答成浩原).

에 가려지지 않은 정이 있다는 것을 상정해서 부득이 리라고 하는 것에 지나지 않는다. 이러한 율곡의 이기설에 따르면, 리와 기가 각각 발한다고 하는 퇴계의 이기호발설(理氣互發說)은 부정될 수밖에 없다.

> 퇴계의 병통은 오로지 호발(互發) 두 글자에 있으니 애석하도다.[164]

율곡의 이기설이 퇴계와 다른 점은 여기에 있다.

> 대저 발하는 것은 기요 발하게 하는 것은 리다. 기가 아니면 발할 수 없고 리가 아니면 발해지는 것이 없게 된다. 선후와 이합이 없으니 호발이라고 이를 수가 없다.[165]

운전기사가 자동차를 운전하는 것을 보면, 달리는 것은 자동차이고 달리게 하는 것은 기사이다. 율곡의 리와 기를 자동차를 운행하는 기사와 달리는 자동차로 비유하면, 쉽게 이해할 수 있다. 달리는 것은 자동차이고, 자동차를 달리게 하는 것은 기사인 것처럼, 움직이는 것은 기이고, 기를 움직이게 하는 것은 리이다. 자동차는 달리지만, 기사는 달리지 않듯이, 기는 발하지만, 리는 발하지 않는다. 자동차가 없으면 달릴 수 없고, 기사가 없으면 자동

---

164. 退溪之病 專在於互發二者 惜哉(上揭文).
165. 大抵發之者氣也 所以發者理也 非氣則不能發 非理則無所發 無先後 無離合 不可謂互發也(上揭文).

차가 있어도 움직여지지 않듯이, 기가 없으면 발할 수 없고, 리가 없으면 발해지지 않는다.

율곡의 이기설에서 보면, 기사와 자동차가 각자 달릴 수 없듯이, 리와 기가 서로 발할 수 없으므로 퇴계의 설명이 성립될 수 없다.

퇴계가 사단과 칠정을 설명할 때 사단을 '이발이기수지'라 하고 칠정을 '기발이이승지'라 한 것을 호발설(互發說)이라 하고, 율곡의 이기설에서 '이발이기수지'를 부정하고, '기발이이승지'만을 인정한 것을 일도설(一途說)이라 한다. 호발설이란 리와 기가 각각 발한다는 설이고, 일도설이란 기만 발하는 한 길뿐이라는 설이다. 퇴계의 호발설과 율곡의 일도설은 후학들이 이기설을 이해하는 데 가장 많은 혼란을 겪게 되는 핵심적인 부분이다. 이는 오늘날의 학자들에게도 예외가 아니다. 오늘날의 학자들도 여전히 호발설과 일도설 사이에서 혼란을 겪고 있고 논란을 하고 있다.

이기설을 두고 퇴계와 율곡 사이에서 혼란이 일어나는 이유가 어디에 있는 것일까? 그 이유를 우리는 『삼일신고』를 참고하면 쉽게 해결할 수 있다. 『삼일신고』에서는 하늘과 사람의 요소를 각각 세 요소로 설명한다. 퇴계가 말하는 기(氣)는 사람의 세 요소인 마음과 기와 몸 중에서의 기에 해당하고, 율곡이 말하는 기는 사람의 세 요소 중에서의 몸에 해당한다. 중국의 성리학에서 기와 몸을 묶어서 하나의 기로 설명된 것이 한국에서 기와 몸으로 분리되어, 기는 퇴계가 말하는 기로 되고, 몸은 율곡이 말하는 기로 된 것이다.

마음속에 있는 본성을 리로 보고 몸을 기로 보면 위에서 설명한 율곡의 모든 이기설을 일목요연하게 이해할 수 있다. 마음과 몸은 잠시도 분리된 적이 없이 언제나 함께 있다. 움직이는 것은 몸이고 몸을 움직이게 하는 것은 마음이다. 몸이 없으면 움직이는 것이 없고, 마음이 없으면 몸의 움직임이 없다. 몸과 마음은 언제나 함께 있으므로 앞서고 뒤따르는 것이 없고, 떨어졌다 붙었다 하는 것이 없다. 마음이 몸을 움직이는 것은 운전기사가 자동차를 운전하는 것과 같다. 기사가 먼저 가고 자동차가 따라가는 경우가 없는 것처럼, 리가 먼저 발하고 기가 따라가는 경우는 없다. 기를 몸으로 보면 율곡의 이기설은 간단명료하게 이해된다.

사람의 세 요소에서의 기는 마음과 몸을 연결하는 연결고리 역할을 하면서 마음과 몸에 영향을 주지만, 보이지도 않고 들리지도 않기 때문에 간파하기 어렵다. 율곡이 기대승의 이론이 분명하고 산뜻하여 알기 쉬운데 비해, 퇴계의 이론은 자세하지만 분명치 않아 반복하여 음미해보아도 맛을 알기 어렵다고 한 이유가 여기에 있다.

여기에서 우리는 하나의 의문을 가지게 된다. 퇴계와 달리 율곡이 몸을 기로 본 이유는 어디에 있는 것일까?

그 이유는 한국 성리학의 원천인 목은의 철학에 해답이 있다. 목은의 '천인무간'의 철학에서는 철저한 수양철학의 흐름과 정치적 실천철학의 흐름이 동시에 흘러나온다. 퇴계는 수양철학의 흐름을 이어받았고, 율곡은 정치적 실천철학의 흐름을 이어받았다.

사람이 하늘과 온전히 하나가 되기 위해서는 사람의 마음이 하늘마음과 하나가 되어야 하므로, 마음속으로 깊이 파고 들어가는 퇴계의 수양철학이 나왔다. 율곡은 퇴계와 달리 세상을 천국으로 만들기 위한 정치적 실천철학에 뛰어들었다. 퇴계와 율곡의 이기설이 달라진 이유는 여기에 기인한다. 거듭 말하지만, 퇴계의 학설을 주리설이라 하고, 율곡의 학설을 주기설이라고 하는 것은 어불성설이다.

개인적으로 수양이 되지 않은 사람이 세상을 바꿀 수는 없다. 율곡도 철저하게 수양철학에 몰두할 때가 있었다. 율곡은 19세 때 금강산에 들어가 철저하게 수양에 몰두했고, 진리의 본질을 꿰뚫었다. 하늘을 나는 새와 물에서 헤엄치는 물고기가 본질에서 다르지 않다는 것을 깨달았다. 머리로만 깨달은 것이 아니라 몸으로도 깨달았다. 당시 금강산의 승려들은 율곡을 생불(生佛)이라 일컬었다는 말이 전해진다고 『실록』은 기록하고 있다.

머리로 깨닫는 것은 돈오(頓悟)이고 몸으로 깨닫는 과정은 점수(漸修)이다. 먼저 머리로 깨달은 뒤에 몸이 깨달을 수 있을 때까지 점수의 과정을 거쳐야 온전히 깨닫는 것이다. 돈오의 과정도 사람마다 다르고 점수의 과정도 사람마다 다르다. 빨리 돈오하는 사람도 있고, 느리게 돈오하는 사람도 있다. 몸으로 깨닫는 것도 빠른 사람이 있고 느린 사람이 있다. 천재일수록 빨리 돈오하고 빨리 점수한다. 빨리 점수하는 것을 점수(漸修)라 하지 않고 돈수(頓修)라 하기도 한다. 철학에서뿐만 아니라 모든 것에는 돈오와 점수의 과정이 있다. 운동경기를 하는 것도 예외가 아니다. 야구나 골프에서 공을 맞히는 방법을 머리로 아는 것은 돈오이다. 돈오를 한 뒤에는 몸으로 공을 맞히게 될 때까지 연습하는 과정이 있어야 하는데, 그것이 점수이다. 천재적인 운동신경을 가진 사람은 금방 돈오를 하고, 금방 돈수를 한다. 그런 사람은 연습의 과정을 별로 거치지 않고 바로 실전에 나가서 능력을 발휘한다. 그러나 그런 사람은 오랜 기간 지속해서 능력을 발휘하기 어렵다. 몸으로 금방 익힌 것은 몸에 완전히 녹아 있지 않기 때문에 쉽게 잊어버리고, 실수를 연발한다. 그렇더라도 천재는 능력이 떨어지는 순간 조금만 연습하면 바로 돈수가 되어 또다시 능력을 발휘하므로 꾸준하게 연습하지 않고 그 때문에 실수도 잦다. 또한 천재는 좋은 지도자가 되기 어렵다. 지도자는 많은 선수를 이해하고 포용하면서 능력이 모자라는 사람까지도 하나하나 잘 지도해야 하지만, 천재적인 사람들은 그렇게 하지 못한다. 천재적인 사람은 능력이 모자라는 사람을 이해하지 못하므로, 능력 없는 사람을 능력 있는 사람으로 만들어내지 못하고, 오히려 무시하는 경향이 있다. 이에 비해 능력이 모자라서 쉼 없는 노력으로 능력을 발휘하게 된 사람은 지속해서 좋은 성적을 낼 수도 있고, 우수한 지도자가 될 수도 있다. 율곡 자신도 이러한 차이를 언급하고 있다.

> 도리는 반드시 총명함이 보통 사람의 수준을 뛰어넘은 사람만이 알 수 있는 것이 아닙니다. 비록 기질이 높고 맑고 통하고 꿰뚫을 수 있는 사람이 아니더라도 만약 성실하게 노력한다면 어찌 알지 못할 리가 있겠습니까? 총명한 사람은 쉽게 알기 때문에 도리어 실천에 힘써서 안 것을 몸에 가득 채우기가 어렵지만, 성실하게 노력하는 사람은 지속해서 노력하기 때문에 안 뒤에 실천을 잘 해냅니다. 이것이 형에게 바라는 바입니다.[166]

---

166. 道理 不必聰明絶人者乃得見之 雖氣稟不能高明通徹 而若積誠用功 則寧有不見之理乎 聰明者 見之易 故反不能力踐而充其所見 誠積者 用功之深 故既見之後 易於力踐矣 此所望於吾兄者也(『栗谷先生全書』卷十 答成浩原).

위의 인용문은 율곡 자신이 천재임을 자임하면서 성혼은 천재가 아니기 때문에 오히려 잘 해낼 수 있다고 위로하는 내용으로 쓴 것이다. 율곡은 어린 나이에 돈오돈수를 했다. 돈오돈수를 한 천재운동선수가 성급하게 실전에 뛰어드는 것처럼, 율곡은 젊은 나이에 바로 정치에 뛰어들었다. 세상을 바꾸고 싶은 안타까움이 율곡을 더욱 성급하게 만들었을 것이다.

율곡은 세상을 바꾸는 일에 모든 관심을 집중했다. 세상을 바꾸기 위해서는 직접 몸으로 뛰어야 한다. 몸으로 뛰지 않으면 사람들을 쇄신하고, 낡은 제도를 시대에 맞게 바꾸는 일들을 해낼 수 없다. 율곡은 늘 실공(實功)과 역행(力行)을 강조했다. 실공은 실지로 공을 세우는 것이고, 역행은 힘써 행하는 것이다. 율곡이 몸의 움직임을 강조하여 몸을 기로 본 이유가 여기에 있다. 정치적 실천에 성급해진 율곡은 점수의 과정을 건너뛰었기 때문에, 점수의 과정에서 설명한 퇴계의 리발설이 이해되지 않았다. 율곡이 몸을 기로 보는 것을 기준으로 자기의 이기설을 확립하고 난 뒤에 과제로 남는 것은 사단칠정론을 정리하는 것이었다. 퇴계의 학술사상에서 사단칠정론은 핵심 중의 핵심이었으므로, 율곡은 자기의 이기설을 기준으로 하는 자기 나름의 사단칠정론을 정리하지 않을 수 없었다. 만약 사단칠정론을 정리하지 않고 놓아둔다면 자신의 이기설이 설득력을 상실할 뿐만 아니라, 학자로서 등장할 수도 없기 때문이다.

제2항 사단칠정론 정리

율곡이 정리한 이기설은 기발이승 일도설이었기 때문에 사단칠정
도 일도설에 맞게 정리할 필요성이 있었다. 퇴계의 호발설에서는
리발의 사단과 기발의 칠정이 별개의 정으로 설명되었지만, 모든
것이 기발 하나뿐이라는 점에서 보면 사단과 칠정이 똑같이 기발
이 되므로, 별개의 정으로 나누어질 수 없다.

> 사단은 칠정의 선한 부분이고, 칠정은 사단을 포함하는 것이
> 다. (…) 주자도 역시 사단은 리만을 오로지 말하고 칠정은 기를
> 겸하여 말하고 있다고 했을 뿐, 사단은 리가 앞서 발한 것이고,
> 칠정은 기가 앞서 발한 것이라 말하지 않았다. 퇴계는 이를 바
> 탕으로 입론하여 말하기를 '사단은 이발이기수지(理發而氣隨之),
> 칠정은 기발이이승지(氣發而理乘之)'라고 했다. 소위 '기발이이승
> 지'는 옳다. 단지 칠정만이 그러한 것이 아니라 사단 역시 '기발
> 이이승지'인 것이다. (…) 만약 이발이기수(理發氣隨)라면 이가 발
> 하는 시초에 기가 끼어들 수 없고 발한 후에 따라서 발하는 것
> 일 뿐이니, 어찌 그럴 리가 있겠는가. 퇴계와 기명언의 사칠논변
> 의 설이 무려 만여 언인데 명언의 논은 분명하고 산뜻하여 그
> 형세가 마치 대나무를 가르는 것 같지만, 퇴계의 변설은 비록
> 상세하나 그 뜻이 분명치 않고 반복하여 음미해보아도 결국 의
> 미가 와 닿지 않는다.[167]

율곡은 사단과 칠정을 별개의 것으로 보지 않고 사단을 칠정

에 포함시켰다.

> 측은하게 여기는 마음은 애(哀)에 속하고, 수오(羞惡)하는 마음
> 은 오(惡)에 속하고, 공경하는 마음은 구(懼)에 속하고, 시비하
> 는 마음은 희와 노의 당부(當否)를 아는 정(情)에 속하니, 칠정
> 외에는 따로 사단이 없습니다.[168]

율곡에 따르면, 사단과 칠정은 별개의 정이 아니라 하나의 정이
다. 하나의 정이지만, 칠정 중에서 선한 부분만을 따로 사단이라
지칭하는 것에 불과하다.

> 사단은 칠정 중에서 선한 부분만이고, 칠정은 사단을 포함한
> 정 전체를 총괄한 것이다.[169]

율곡은 사단이 발하는 것도 리가 발하는 것이 아니라 기가 발
하는 것으로 파악한다.

167. 四端是七情之善一邊也 七情是四端之摠會者也(…)子之意亦不過曰四端專
言理 七情兼言氣云爾耳 非曰四端則理先發 七情則氣先發也 退溪因此而立
論曰 四端理發而氣隨之 七情氣發而理乘之 所謂氣發而理乘之者可也 非
特七情爲然 四端亦是氣發而理乘之也(…)若曰理發氣隨 則是纔發之初 氣
無干涉而旣發之後 乃隨而發也 此豈理也 退溪與奇明彥論四七之說 無慮
萬餘言 明彥之論則分明直截 勢如破竹 退溪則辨說雖詳而義理不明 反覆
咀嚼 卒無的實之滋味(『栗谷先生全書』卷十 答成浩原).
168. 惻隱屬愛 羞惡屬惡 恭敬屬懼 是非屬于知其當喜怒與否之情也 七情之外
更無四端矣(『栗谷先生全書』卷十 答成浩原).
169. 四端是七情之善一邊也 七情是四端之摠會者也(『栗谷先生全書』卷十 答
成浩原).

사단도 역시 '기발이이승지'이다. 왜냐하면 어린아이가 우물에 빠지려는 것을 본 뒤에 측은지심이 발하는 것이니, 보고 측은해지는 것이 기이므로, 이는 기발이다. 측은한 마음의 근본은 인이므로 이른바 '이승지'인 것이다.[170]

위의 내용을 정리하면 다음과 같다. 어린아이가 우물에 빠지려는 것을 눈으로 보는 것은 기에 속한다. 어린아이가 우물에 빠지려는 것을 눈으로 본 뒤에 측은지심이 발하는 것이므로 측은지심이 발하는 것은 기로 말미암아 발하는 것이다. 측은지심은 리에서 나온 것이므로, 측은지심에는 리가 타고 있다. 따라서 어린아이가 우물에 빠지려는 것을 보고 측은지심이 발하는 것은 '기발이이승지'가 된다. 이러한 논리로 율곡은 사단칠정의 문제를 모두 정리했지만, 사단의 발에 대한 설명에는 의문이 생긴다. 퇴계가 사단을 '이발이기수지'라고 한 것은 성이 발하여 사단이 되는 과정을 설명한 것이고, 사단이 밖으로 나오는 과정을 설명한 것이 아니지만, 율곡이 사단을 '기발이이승지'로 설명한 것은 사단이 밖으로 나타나는 과정을 설명한 것이므로 설명하는 부분이 전혀 다르다.

퇴계와 율곡에서 나타나는 이런 차이는 관심의 차이 때문일 것이다. 철저한 수양에 관심을 집중하면 하늘마음이 사람의 정으로 될 때 왜곡되는 내용을 정밀하고 미세하게 알아야 하지만, 정

---

170. 四端亦是氣發而理乘之也 何則 見孺子入井 然後乃發惻隱之心 見之而惻隱者 氣也 此所謂氣發也 惻隱之本則仁也 此所謂理乘之也(『栗谷先生全書』卷十 答成浩原).

치적 실천에 관심을 집중하면 사람의 마음을 현실사회에 발휘할 줄 알아야 한다. 퇴계가 정리한 '이발이기수지'와 '기발이이승지'는 점수하는 과정에서 도출된 탁견이지만, 점수의 과정을 건너뛴 율곡에게는 퇴계의 탁견이 와 닿지 않았다. 율곡의 말이 옳다면, 칠정 중에 선한 정인 사단과 그렇지 않은 정이 있게 된 원인을 설명할 수 없다. 그렇다면 사단을 확충하기 위해 수양해야 하는 이유 또한 설명할 수 없다.

사단과 칠정의 문제를 나름대로 정리한 율곡의 관심은 적극적으로 실천하고 행동하는 근거를 찾기위해 '인심도심설'에 집중한다.

제3항 인심도심설 중심의 인성론

세상을 바꾸는 것은 적극적인 마음으로 현실에 뛰어드는 것이 중요하다. 퇴계가 전개한 사단칠정론은 마음속에 있는 하늘마음과 욕심을 변별하기 위해서이었고, 정치적 실천을 위한 것이 아니었다. 철저한 수양을 통해 몸속에 사단이 충만해지면 사단이 저절로 남을 바꾸고 세상을 바꾸는 방향으로 흘러나와서, 저절로 정치적 실천으로 이어지는 것이므로, 적극적으로 세상을 바꾸기 위해 나설 필요가 없다. 그러나 율곡은 적극적으로 세상에 뛰어들어 직접 세상을 바꾸어야 했으므로, 행동할 수 있는 마음의 구조에 관해 관심이 집중되었다.

유학에서 전개하는 마음에 대한 최초의 논의는 인심도심설이다. 율곡은 수양의 과제로 등장한 궁리의 내용도 실천의 장으로 끌어들인다.

> 궁리 또한 한 가지만 있는 것이 아니다. 안으로 몸에 있는 이치
> 를 살펴보면 시청언동에 각각 바른 도리가 있고, 밖으로 외물에
> 있는 이치를 살펴보면 초목조수에게 각각 마땅한 삶의 방식이
> 있다. 집에 있을 때는 부모에게 효도하고 처에게 모범을 보이며,
> 독실하게 생각하고 바르게 처신해야 하는 이치를 마땅히 살펴
> 야 하고, 사람을 접할 때는 현명한 사람과 어리석은 사람, 비뚤
> 어진 사람과 바른 사람, 순수한 사람과 흠이 있는 사람, 정교한
> 사람과 서툰 사람의 차이를 마땅히 분별해야 하며, 일에 처할
> 때는 시비득실과 안위치란의 조짐을 마땅히 살펴야 한다.[171]

궁리는 사람의 마음속에 있는 하늘마음을 알기 위해 다른 사
물을 궁리하는 것이었지만, 정치적 실천에 관심을 집중하고 있는
율곡에게는 궁리가 실천을 위한 수단으로 받아들여졌다. 정치적
실천을 위해서는 바른 마음을 가지고 과감하게 행동해야 하므로,
먼저 바른 마음과 그렇지 않은 마음의 실상을 분별할 수 있어야
한다. 율곡은 리와 기, 인심과 도심의 내용을 말과 말 탄 사람의
비유로 설명한다.

---

171. 窮理亦非一端 內而窮在身之理 視聽言動各有其則 外而窮在物之理 草木
鳥獸各有攸宜 居家則孝親刑妻篤思正倫之理在所當察 接人則賢愚邪正醇
疵巧拙之別在所當辨 處事則是非得失安危治亂之幾在所當審(『栗谷先生
全書』卷五 萬言封事).

사람이 말을 탄 것에서 비유하면 사람은 곧 성(性)이고 말은 기질이다. 말의 성질이 혹 양순하기도 하고 양순하지 않기도 한 것은 기품의 청탁수박으로 인한 차이와 같다. 문을 나설 때는 혹 말이 사람의 뜻에 따라 나가는 것도 있고, 혹 사람이 말의 다리만 믿고 그대로 나가는 것도 있다. 말이 사람의 뜻에 따라 나가는 것은 사람이 주체가 되므로 도심(道心)이고, 사람이 말의 다리만 믿고 그대로 나가는 것은 말이 주체가 되므로 인심(人心)이다. 문 앞의 길은 사물이 마땅히 가야 할 길이니, 사람이 말을 타고 문을 나서지 않았을 때는 사람이 말의 다리를 믿을 것인지 말이 사람의 뜻을 따를 것인지 어느 쪽도 예정된 것이 없으니, 이는 인심과 도심이 서로 다르게 발휘되는 싹이 본래 없는 것과 같다. 성인의 혈기도 사람과 같다. 주릴 때 먹고 싶고, 목마를 때 마시고 싶으며, 추울 때 입고 싶고, 가려울 때 긁고 싶은 것에는 차이가 없으므로, 성인에게도 인심이 없을 수 없다. 비유컨대 말의 성질이 매우 온순해도 간혹 사람이 말의 다리만 믿고 문을 나설 때가 어찌 없겠는가. 다만 말이 사람의 뜻에 순종하여 견제하지 않아도 스스로 바른길은 가는 것은, 성인이 마음이 하려는 대로 하여도 법도를 넘지 않는 것과 같은 것이니, 인심이 또한 도심인 것이다. 일반 사람들은 기품이 순수하지 못하여 인심이 발할 때 도심으로 이를 주재하지 못하면 옆으로 흘러 악이 된다. 비유하자면 사람이 말의 다리만 믿고 문을 나서고 또 견제하지 않는다면 말이 제멋대로 가서 바른길을 따르지 않는 것과 같은 것이다. 그중 가장 길들지 않은 말은 사람이 비록 견제하여도 계속 날뛰어서 필시 가시밭 사이로 달아나 버리니, 이는 기품이 탁하고 잡박하여 인심이 주가 되고, 도심이 가려진 것과 같다. 말의 성질이 이처럼 순하지 않으면 늘 날뛰어 조금도 가만히 서 있을 때가 없으니, 이것은 마음이 어둡고 어지러워 큰 근본이 서지 못한 것과 같은 것이다.[172]

율곡은 사람의 본성과 기질을 가진 사람의 몸을 말 탄 사람과 말에 비유했다. 이 비유에는 말 탄 사람과 말이 항상 함께 있다는 것이 전제되어 있다.

사람이 말을 탄 상태라야 모든 움직임이 가능하다. 움직이는 것은 말이다. 사람은 말을 움직이게 할 수는 있지만 스스로 움직이지는 못한다. 율곡의 설명에 따르면, 사람이 말을 타고 움직일 때 다음의 세 가지 경우가 있다. ① 문밖으로 나설 때 말이 사람의 뜻을 알고 사람의 뜻에 따라서 바른 길로 나가는 경우, ② 사람이 말의 발이 가는 대로 맡겨둔 채로 잠자코 문을 나섰는데 말이 알아서 스스로 바른길로 가는 경우, ③ 사람이 말의 발이 가

---

172. 以人乘馬喩之 則人則性也 馬則氣質也 馬之性或馴良 或不順者 氣稟淸濁粹駁之殊也 出門之時或有馬從人意而出者 或有人信馬足而出者 馬從人意而出者 屬之人 乃道心也 人信馬足而出者 屬之馬 乃人心也 門前之路 事物當行之路也 人乘馬而未出門之時 人信馬足 馬從人意 俱無端倪 此則人心道心本無相對之苗脈也 聖人之血氣與人同耳 飢欲食 渴欲飮 寒欲衣 癢欲搔 亦所不免 故聖人不能無人心 譬如馬性雖極馴 豈無或有人信馬足而出門之時乎 但馬順人意 不徒牽制 而自由正路 則聖人之從心所欲而人心亦道心者也 他人則氣稟不純 人心之發而不以道心主之 則流而爲惡矣 譬如人信馬足出門 而又不牽制 則馬任意而行 不由正路矣 其中最不馴馬 人雖牽制 而騰躍不已 必奔走于荊榛荊棘之間 此則氣稟濁駁 而人心爲主 道心爲所掩蔽者也 馬性如是不馴 則每每騰躍 未嘗少有靜立之時 此則心中昏昧雜擾 而大本不立者也(『栗谷先生全書』卷十 答成浩原).

는 대로 맡겨둔 채로 문을 나서면서 말을 견제하지 않았을 때 말이 사람의 뜻을 어기고 옆길로 가는 경우이다. ①의 경우는 사람이 가는 길을 주도하는 것이므로 도심이고, ②의 경우는 말이 가는 길을 주도하고 있으므로 인심이지만, 바른길로 간다는 의미에서 도심과 일치한다. ③의 경우는 말이 길을 주도하고 있으므로 인심이면서 바른길로 가지 않으므로 악(惡)이다.

율곡은 사단과 칠정을 별개의 것으로 설명하지 않았지만, 도심과 인심은 완전히 분리했다. 사람으로 환원시키면 움직임의 주체가 본성일 때의 마음은 도심이고, 사람의 육체적 욕구일 때의 마음은 인심이지만, 바른길로 갈 때는 도심과 같은 선이고, 비뚤어진 길로 갈 때는 완연한 인심으로서 악이다. 율곡은 퇴계에서 중심이 되었던 사단칠정론을 인심도심설로 바꾸고, 이기설의 개념들을 인심도심설을 설명하는 재료로 삼았다.

이기설과 인심도심설은 모두 하나로 관통된다.[173]

율곡이 사단칠정론 대신 인심도심설을 강조한 까닭은 그의 관심이 정치적 실천철학이었기 때문이다.

율곡이 말하는 인심과 도심은 사단칠정과는 다르다.

저의 생각에는 인심과 도심은 마음에서 발한 것을 가지고 말한 것이라 여겨집니다. 따라서 사단과 칠정이 성에서 발한다는 것

173.理氣之說與人心道心之說 皆是一貫(上揭文).

과는 그 의미에 차이가 있으므로 같지 않다고 여기는 것일 뿐입니다. 인심과 도심이 마음에서만 발하기 때문에 성정(性情)과는 관계가 없다고 생각하는 것은 아닙니다.[174]

율곡의 설명에 따르면, 인심과 도심은 마음이 행동으로 나온 뒤에 결정되는 것이다. 사단과 칠정은 마음속에 들어 있는 마음이므로 인심과 도심으로 분류할 수 없다. 율곡이 말하는 인심도심과 사단칠정의 관계를 다음과 같이 이해할 수 있다. 인심과 도심은 사람의 마음이 밖으로 나타나는 것에서 말한 것인데, 사람의 마음이 사단과 칠정이므로 인심과 도심이 사단칠정과 무관한 것은 아니다.

이처럼 율곡은 사단칠정론과는 달리 마음의 문제를 인심도심설로 해결했는데, 율곡의 인심도심설에는 몇 가지 문제점이 있다.

① 율곡은 말 탄 사람을 성(性)으로 비유하고, 말을 몸의 기질로 비유한 뒤, 말 탄 사람이 말의 발이 가는 대로 맡겨둔 채 잠자코 문을 나서는 경우를 예로 들었는데, 성은 한 시라도 잠자코 있는 적이 없으므로, 율곡의 이 예는 잘못으로 보인다. 사람이 깊은 잠에 빠져 있을 때도 성은 쉬지 않고 기를 움직인다. 쉬지 않고 호흡하도록 하고, 심장을 뛰게 한다. 숙면 중에도 모기가 와서 피를 빨면 손을 움직여 모기를 쫓는다. 성과 관계없이 몸이 스스로 움직이는 것은 없다.

---

173. 愚意以爲人心道心 以其發於心者而言也 則與四七之發於性之目 意味差不同云耳 非謂人心道心只發於心 而不與性情干涉也(『栗谷先生全書』卷十, 答成浩原)

② 율곡은 인심과 도심을 구별했지만, 사람이 말을 타고 문밖을 나서기 전에는 인심과 도심을 구별할 수 없다. 말하자면 행동하기 전에는 사람의 마음에 인심과 도심의 구별이 없고, 선악의 구별도 없다. 악은 사람이 말을 타고 문밖으로 나간 뒤에 말이 사람의 뜻과 견제를 무시하고 비뚤어진 길로 갈 때 생겨난다. 그렇다면 칠정에 선한 사단의 부분과 선하지 않은 부분이 있다고 한 율곡의 말이 성립될 수 없다.

③ 악이 사람이 행동한 뒤에 생겨나는 것이라면, 마음속에는 악이 존재하지 않으므로, 율곡은 악한 마음을 설명할 수 없다.

율곡은 문제점이 있음에도 불구하고 인심도심설을 마무리하여 오른쪽과 같이 그렸다. 『율곡전서』 14권에 실려 있다.

모든 참된 것은 자연스럽다. 자연스럽지 않으면 진리가 아니다. 철저하게 수양하고 나면 저절로 치인을 하게 된다. 이러한 것이 자연스러운 것이고, 순리이다. 순리대로 진행하면 성급해지지 않는다. 성급해지는 것은 순리가 아니다. 치인에 성급해지면 수양의 과정에 문제가 생긴다. 율곡은 치인에 성급한 나머지 수기의 과정을 건너뛰었다. 율곡 자신은 빠르게 수기의 과정을 마친 것으로 알았겠지만, 사

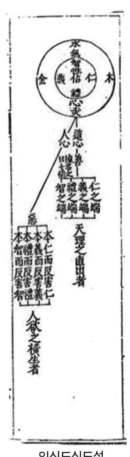

인심도심도설

실은 건너뛴 것이다. 맹자가 말했듯이 흐르는 물은 구덩이를 채운 뒤에 흘러간다. 치인의 길로 들어서는 사람도 마찬가지다. 수기라는 구덩이를 건너뛰고 나아가면 문제가 생긴다. 율곡의 철학에는 마음속을 사단으로 가득 채우기 위한 경 중심의 철저한 수기 과정이 없다.

> 칠정은 곧 인심·도심·선악의 총명(總名)입니다. 맹자는 칠정 중에서 선한 일면만 뽑아내어 사단이라고 지목하였으니, 사단은 곧 도심과 인심의 선한 부분입니다. 사단에 신(信)을 말하지 않은 것은, 정자(程子)가 해설하기를, "성심(誠心)이 있어 사단이 된 것이니 신(信)은 그 가운데 있다" 하였습니다. 대개 오성(五性)의 신(信)은 오행(五行)의 토(土)와 같아서 정한 위치도 없고 전담하는 기(氣)도 없이 사시(四時)에 두루 들어 있는 것입니다. 논하는 자들이 사단을 가지고 도심을 삼기도 하고 칠정으로 인심을 삼기도 하니, 사단은 진실로 도심이라고 하겠지만 칠정을 어찌 인심만이라 하겠습니까. 칠정 이외에는 다른 정이 없는데 만일 칠정을 인심만으로 돌린다면 이는 인심에 해당하는 절반만 붙잡고 도심에 해당하는 절반을 버린 것입니다. 자사자(子思子)는 "칠정의 미발한 것을 중(中)이라 이르고 이발(已發)한 것을 화(和)라" 하였으니, 성정(性情)의 온전한 덕을 논하면서 단지 칠정만을 들어 말하였으니 어찌 지나치게 인심(人心)만 거론했을 리가 있겠습니까. 이것은 명백하여 의심할 것 없는 것입니다.[175]

마음속을 하늘마음으로 가득 채우기 위해서는 마음속에 들어 있는 정이 하늘마음을 그대로 유지하고 있는 것인지, 하늘마음을 왜곡시킨 것인지를 분간해서 하늘마음을 왜곡시킨 것을 철저하게 제거해야 한다. 하늘마음을 그대로 유지하고 있는 것이 사단이고, 왜곡시킨 것이 칠정이므로 사단과 칠정을 엄밀하게 변별해야 하늘마음을 유지하기 위한 수양을 철저하게 완수할 수 있다. 따라서 사단과 칠정을 변별하는 것은 마음속을 하늘마음으로 채우기 위한 수양에서 매우 중요하다. 퇴계가 사단과 칠정을 철저하게 변별한 이유는 그 때문이다. 그러나 율곡은 철저한 수양보다 치인에 마음이 가 있었으므로 사단과 칠정을 철저하게 변별한 퇴계의 뜻을 헤아리지 못했다. 그러나 율곡이 사단과 칠정에 관해 설명하지 않으면 유학의 핵심을 외면하는 것이 되므로 나름대로 정리하지 않을 수 없었다. 칠정은 희로애구애오욕(喜怒哀懼愛惡欲)이다. 『중용』에는 '희로애락(喜怒哀樂)이 나타나기 전을 중(中)이라 하고, 나타나 모두 조화를 이루는 것을 화(和)라 한다'라는 말이 나온다. 희로애락은 정(情)이고, 중은 희로애락이 나타나기 전의 마음 상태로서 성(性)에 해당한다. 성이 마음 깊은 속에 있으므로 속이라는 의미로 중이라고 한 것이다. 마음속에서 곧게 나타난 정은 왜곡된 정이 아니므로, 희로애락을 칠정이라고 볼 수 없다. 칠정이 아니므

---

175. 七情卽人心道心善惡之摠名也 孟子就七情中 剔出善一邊 目之以四端 四端卽道心及人心之善者也 四端不言信者 程子曰 旣有誠心爲四端 則信在其中矣 蓋五性之信 如五行之土 無定位 無專氣 而寄旺於四時 論者或以四端爲道心 七情爲人心 四端固可謂之道心矣 七情豈可只謂之人心乎°七情之外 無他情 若偏指人心 則是擧其半而遺其半矣 子思子以七情之未發者 謂之中 已發者 謂之和 論性情之全德 而只擧七情 則寧有偏擧人心之理乎 此則較然無可疑者矣(『栗谷全書』 권14, 〈人心道心圖說〉)

로 밖으로 나타나 조화를 이룬다. 그렇지만 『중용』에서 설명한 희로애락이란 용어는 칠정의 희로애구애오욕과 유사하다. 사단과 칠정을 변별하기 위해 노심초사했던 퇴계는 이 부분을 이해하기 위해 수많은 시간 동안 수많은 생각을 했다. 그리고는 결론에 도달했다. 퇴계는 『중용』에서 말하는 희로애락은 희로애구애오욕의 칠정이라 하더라도 사단과 구별되지 않은 칠정이라는 것을 알았기 때문에, 그 내용을 〈심통성정도〉의 중도(中圖)에 그려 넣었다. 이에 비해 사단과 칠정이 완연히 구별되는 내용은 하도(下圖)에 그려 넣었다. 그러나 퇴계처럼 철저한 수양에 집중하지 않는 율곡은 오히려 『중용』에서 말하는 희로애락을 사단과 칠정이 구별되지 않은 칠정으로 이해하여, 『중용』의 이 말을 사단과 칠정이 다른 것이 아님을 증명하는 증거로 삼고, 사단과 칠정의 논의를 끝냈다.

정치적 실천에 성급해진 율곡은 인간 세상에서 실행해야 할 마음에 관해 관심을 가졌다. 율곡이 판단하기에, 사단과 칠정을 변별할 수 없는 것이라면, 세상에서 실행해야 하는 마음은 인심과 도심을 따져서 찾아내어야 한다고 생각했다. 율곡에 따르면, 사단과 칠정을 나눌 수 없으므로, 사단을 도심으로 보고, 칠정을 인심으로 보는 것은 잘못이다. 인심도심도설에서 보면, 성(性)이 몸의 기질에 담겨 있는 것이 마음이다. 마음이 몸 밖으로 나타나기 전에는 인심과 도심으로 구별되지 않다가 몸 밖으로 나타날 때 구별된다. 마음이 몸 밖으로 나타날 때, 기질이 본성의 뜻을 따라 나타나는 것이 도심이고, 기질이 주도하여 본심을 끌고 나타나는 것이 인심이다. 도심은 천리를 그대로 드러내므로 선(善)이다. 그러나 기질이 본성을 끌고 나타날 때, 바른길로 나타나면 선이 되지만, 왜곡된 길로 끌고 나타나면 악이 된다. 바른길로 나타난 선한 인심은 도심과 차이가 없다. 인심과 도심을 총괄하여 칠정이라 하지만, 이때의 칠정은 선한 칠정이므로 사단이다. 사단은 인의 단서이고, 의의 단서이며, 예의 단서이고, 지의 단서이다. 모두 천리(天理)가 곧바로 나타난 것이다. 인심 중에서 악으로 나타난 인심은 인욕에 의해 삐딱하게 생겨난 것이다.

인심도심도설에 따르면, 마음이 밖으로 나타날 때 문제가 되는 것은 인심이 나올 때 삐딱하게 흘러가 악이 되는 것뿐이다. 율곡은 인심이 삐딱하게 흘러 악이 되는 원인을 다음과 같이 설명한다.

이(理)는 본래 순전히 선하기만 하지만, 기(氣)에 맑은 기와 탁한 기가 있습니다. 기는 리를 담은 그릇입니다. 리가 나타나기 전에는 기가 작용하지 않으므로 속에 있는 실체가 순전히 선하기만 하지만, 나타날 때 선이 되기도 하고 악이 되기도 합니다. 선한 것은 맑은 기가 담고 나온 것이고, 악한 것은 탁한 기가 담고 나온 것이지만, 마음의 본질은 오직 천리일 뿐입니다. 정의 선한 것은 맑고 밝은 기를 타고 천리(天理)를 따라 곧장 나타나 속에 있는 본질을 잃지 않고 인의예지의 단서가 되므로 사단이라 일컬었고, 정의 불선한 것은 비록 리(理)에 근원 하였으나 리가 더럽고 탁한 기에 가려져서 본체를 잃고 옆으로 나와 지나치기도 하고 불급하기도 하여, 인(仁)에서 나왔어도 도리어 인을 해치고, 의(義)에서 나왔어도 도리어 의를 해치며, 예(禮)에서 나왔어도 도리어 예를 해치고, 지(智)에서 나왔어도 도리어 지(智)를 해치므로 사단이라 하지 못합니다.[176]

율곡은 사단과 칠정을 변별하지 않았고, 사단과 칠정을 마음속에 있는 정으로 설명하지 않았다. 마음속에는 성(性)과 성을 담고 있는 기질만 있는 것으로 보았다. 성은 순전히 선하기만 한 것이므로, 율곡은 사람의 마음을 선한 것으로만 설명한다. 칠정이 마음속에 있는 것이 아니므로, 마음속에는 악한 정이 없다. 마음속의 성과 기질이 밖으로 나올 때, 기질이 성을 담고 나올 때 성의 뜻을 따라서만 나오면 착하기만 한 도심이 되지만, 기질이 성을 담고 나올 때 스스로 바른길로 나오면 인심이 된다. 인심으로 나올 때는 착한 마음이 되어 나오기도 하고 악한 마음이 되어 나오기도 하는데, 율곡은 그 차이를 성을 담고 있는 그릇인 기질의 차이 때문으로 보았다. 율곡에 따르면, 사람의 기질에는 맑고 밝은 기질이 있고, 더럽고 탁한 기질이 있다. 맑고 밝은 기질이 성을 담고 나오면 착한 인심이 되어 나오고, 더럽고 탁한 기질이 성을 담고 나오면 악한 인심이 되어 나온다. 율곡에 따르면 도심은 사단이다. 착한 인심은 칠정이라고 총괄해서 말하지만, 사단과 차이가 없다. 악한 인심도 인의예지에서 나온 것이므로 본래는 착한 마음이었지만, 더럽고 탁한 기질에 오염되어 인욕에 지배됨으로써 삐딱해진 것이다.

율곡은 인간의 마음이 몸 밖으로 나온 뒤에 선과 악으로 갈라

176.理本純善 而氣有淸濁 氣者 盛理之器也 當其未發 氣未用事 故中體純善 及其發也 善惡始分 善者 淸氣之發也 惡者 濁氣之發也 其本則只天理而已 情之善者 乘淸明之氣 循天理而直出 不失其中 可見其爲仁義禮智之端 故目之以四端 情之不善者 雖亦本乎理 而旣爲汚濁之氣所掩 失其本體而橫生 或過或不及 本於仁而反害仁 本於義而反害義 本於禮而反害禮 本於智而反害智 故不可謂之四端耳(『栗谷全書』 권14, 〈人心道心圖說〉)

지는 것으로 설명하고, 사단이나 칠정 또한 마음이 몸 밖으로 나온 뒤의 상태로 설명했다. 그리고 인간의 악의 기원을 몸에 있는 기질에서 찾았다. 이 세상을 천국으로 만들기 위해서는 이 세상에 악이 사라져야 한다. 악을 제거하기 위해 율곡은 어떤 방법을 제시할까?

> 도심은 다만 지키기만 하면 그만이지만 인심은 인욕으로 흐르기 쉬우므로 비록 선하지만 위태롭기도 하다. 마음을 공부하는 자가 일념(一念)이 발할 때 도심인 줄 알면 곧 확충시키고, 인심인 줄 알면 곧 정밀하게 살펴서 반드시 도심으로써 절제하여, 인심이 항상 도심의 명령을 듣게 되면 인심도 도심이 될 것이니, 어찌 이(理)가 보존되지 않겠으며 어찌 욕심을 막지 못하겠습니까?[177]

율곡은 악을 없애는 방법으로 인심을 도심으로 바꿀 것을 제시한다. 마음이 밖으로 나올 때를 잘 살펴서 도심이 나오는 것을 알아차리면 그대로 지켜서 키워나가면 되고, 인심이 나오는 줄 알면, 인심은 인욕에 끌려갈 수 있으므로 더욱 정밀하게 살펴서 도심으로 절제하여 인심이 도심의 명령을 듣도록 노력하면 된다. 인심도심도설을 마무리함에 이르러 율곡은 마음의 선과 악을 리발

---

177. 道心 只可守之而已 人心 易流於人欲 故雖善亦危 治心者 於一念之發 知其爲道心 則擴而充之 知其爲人心 則精而察之 必以道心節制 而人心常聽命於道心 則人心亦爲道心矣 何理之不存 何欲之不遏乎(『栗谷全書』 권14, 〈人心道心圖說〉)

(理發)과 기발(氣發)로 나누어 설명하는 당시의 학자들을 비판하면서 끝을 맺었다.

율곡이 마음속에 있는 선과 악을 변별하여 악을 극복하고 선으로 가득 채우기 위해 철저하게 수양했던 퇴계를 위시한 당시 선비들을 비판한 까닭은 율곡이 돈오(頓悟)하고 돈수(頓修)했다고 판단하여 철저한 수양의 과정을 건너뛰었기 때문이다. 『성학집요』수기편(修己篇)에 있는 정심장(正心章)에는 다음과 같은 내용이 들어 있다.

> 제가 살펴보건대, 밖으로 나타나기 전의 마음은 고요하여 조금의 생각이나 헤아림도 없습니다. 다만 고요한 가운데 의식이 흐릿하지 않으면 마음은 텅 비고 고요하여 아무런 움직임이 없지만, 거기에 만물의 본질이 빈틈없이 가득하게 들어 있습니다. 이 부분이 지극히 알기 어려운 곳입니다. 다만 일호의 잡념이 없는 상태를 유지하여 이 마음을 지키고 함양하는 노력이 쌓이고 오래되면 저절로 터득하게 되는 것이니, 이른바 일호의 잡념이 없는 상태를 유지하여 함양한다는 것입니다. 이는 다른 방법이 있는 것이 아닙니다. 다만 고요하고 고요하여 생각이나 헤아림이 일어나지 않을 때 맑은 정신을 유지하여 조금도 멍청하거나 흐릿함이 없는 상태를 유지하는 것일 뿐입니다. 어떤 사람이 "마음이 작동하지 않을 때도 보고 듣는 것이 있습니까?" 하고 물어왔을 때, 저는 다음과 같이 대답했습니다. "만약 물체를 보거나 소리를 들을 때 생각이 따라서 일어나면 이미 마음이 작동한 것입니다. 만약 물체가 눈앞에 나타나면 그냥 보기

만 할 뿐, 본다는 마음을 일으키지 않으면 됩니다. 소리가 귀에 들릴 때 그냥 듣기만 할 뿐, 듣는다는 마음을 일으키지 않으면 됩니다. 비록 보고 들어도 생각이 일어나지 않으면 작동하지 않을 때의 마음 상태를 해치지 않습니다. (…) 이로써 본다면 마음이 작동하기 전에도 또한 보고 듣는 것이 있습니다."[178]

마음이 작동하기 전의 마음은 하늘마음이다. 하늘마음이 감각 작용을 통해 작동하기 시작할 때 '내 것 챙기려는 계산'이 작동하지 않으면 감각을 하더라도 변질하지 않는다. 눈으로 물체를 보고, 귀로 소리를 들을 때, 보이는 물체를 의식하고, 들리는 소리를 의식하는 순간, 바로 '내 것 챙기려는 계산'이 들어가 하늘마음을 왜곡시키므로, 물체를 볼 때 그냥 보기만 하고 물체를 의식하지 않으며, 소리를 들을 때 그냥 듣기만 하고 소리를 의식하지 않으면 하늘마음이 그대로 유지된다. 율곡의 설명은 최고의 경지를 꿰뚫었다. 이러한 설명은 이미 선학들의 설명에 있다. 율곡은 이 설명을 한 뒤에 선학들의 설명을 인용했다. 율곡이 만약 수양을 통해 몸으로 체험한 내용을 설명한 것이라면, 율곡은 이미 완전한 경지에 도달했다. 율곡이 경전의 내용과 선학들의 설명을 통해 머

178.臣按 未發之時 此心寂然 固無一毫思慮 但寂然之中 知覺不昧 有如沖漠無
朕 萬象森然已具也 此處極難理會 但敬守此心 涵養積久 則自當得力 所謂
敬以涵養者 亦非他術 只是寂寂不起念慮 惺惺無少昏昧而已 或問 未發時
亦有見聞乎 臣答曰 若見物聞聲 念慮隨發 則固屬已發矣 若物之過乎目者
見之而已 不起見之心 過乎耳者 聞之而已 不起聞之心 雖有見聞 不作
思惟 則不害其爲未發也 (…) 以此觀之 未發時亦有見聞矣(『栗谷全書』권
19, 聖學輯要, 修己篇, 正心章)

리로 이해한 내용을 완전히 실천할 수 있게 되었다면 율곡은 돈수(頓修)한 것이다. 그렇다면 율곡에게는 더는 수양이 필요하지 않은 것일까? 보고도 본다는 생각을 일으키지 않고 들어도 듣는다는 생각을 일으키지 않는 것이 잠깐은 가능할 수 있지만, 오래 유지하기는 어렵다. 하늘마음을 오래 유지하기 위해서는 마음속에 있는 끈질기게 남아 있는 악의 뿌리를 완전하게 제거해야만 한다. 마음에 관한 율곡의 설명에는 그러한 내용이 없다. 율곡은 지치실현을 위해 빨리 세상에 나가야 한다는 의욕이 앞섰기 때문에 진득하게 수양에 매달릴 수가 없었다. 율곡은 득도의 경지를 머리로 이해한 뒤에 정치 현실로 나갔다. 율곡은 수양의 과정을 건너뛴 것이다. 율곡 자신도 자기의 수양이 부족하다는 것을 알았다. 이 문제를 해결하기 위해 율곡은 퇴계를 활용했다. 퇴계가 수양을 완성해놓았기 때문에 퇴계의 수양을 발판으로 정치를 할 수 있다고 본 것이다. 그렇지만, 이 세상에는 제거해야 할 악이 너무나 많다. 이 악을 제거하기 위해서는 직접 사람이 나서야 한다. 퇴계가 과거에 완성해 놓은 수양철학이 스스로 나서서 해결할 수는 없다. 율곡은 악을 제거하는 직접적인 방법을 제시하지 않을 수 없다. 율곡에 따르면, 악이 생겨나는 원인은 더럽고 탁한 기질 때문이므로, 악을 제거하기 위해서는 악이 생기는 원인으로 판단한, 더럽고 탁한 기질을 맑고 밝은 기질로 바꾸어야 했고, 인심이 인욕으로 흘러가는 것을 살펴서 인욕으로 흘러가지 않도록 막아야 했다. 이 두 문제를 해결하는 것이 율곡의 수양 과제가 된다.

제3절
율곡의 수양철학

세상에 악이 없다면 수양할 필요가 없지만, 악이 있다면 악을 선으로 바꾸기 위한 노력을 해야 한다. 악을 선으로 바꾸는 노력이 수양이다. 퇴계는 마음속에 끈질기게 달라붙어 있는 악을 제거하기 위해 철저하게 수양했지만, 율곡은 마음속에 악이 있음을 인정하지 않았으므로, 퇴계의 수양 방법을 따를 이유가 없었다. 퇴계의 수양 방법이 모범답안이라면 율곡에게는 제대로 된 수양철학이 없다. 그러나 율곡은 자기의 방식으로 악이 생겨나는 원인을 찾아내었으므로 악을 제거하기 위한 자기의 방식을 제시하고, 악의 제거 방법을 자기의 수양철학으로 정리했다.

율곡은 선조 8년인 1575년에 자신의 철학 전반을 『성학집요』라는 책으로 정리하여 선조에게 바쳤다. 『성학집요』는 편차가 1. 총설 2. 수기 3. 정가(正家) 4. 위정(爲政) 5. 성현도통(聖賢道統)으로 되어 있는데, 대부분 유교 경전의 내용과 송나라 때 학자들의 학설 중에서 각 편에 해당하는 부분을 인용하여 싣고, 자기의 이론을 첨가하는 방식으로 되어 있다. 수기의 내용은 ① 총론 ② 입지 ③ 수렴 ④ 궁리 ⑤ 성실 ⑥ 교기질(矯氣質) ⑦ 양기(養氣) ⑧ 정심 ⑨ 검신(檢身) ⑩ 회덕량(恢德量) ⑪ 보덕(輔德) ⑫ 돈독 ⑬ 공효(功效) 등의 열세 장으로 짜여 있다. 성리학에서 말하는 수기의 핵심은 거경과 궁리인데, 율곡이 제시한 수기의 목차에 궁리는 들어 있지만 거경은 들어 있지 않다. 물론 각 장의 내용에는 경(敬)이 많이 거론되고 있지만, 목차에 빠져 있다는 사실은 율곡이 제시한

『성학집요』

수양의 내용이 일반적으로 다루고 있는 성리학의 내용과 다름을 알 수 있다. 또 율곡이 제시한 수기의 목차 중에 ③ 수렴 ⑤ 성실 ⑧ 정심 ⑨ 검신(檢身) ⑩ 회덕량(恢德量) ⑪ 보덕(輔德) ⑫ 돈독 등은 실천을 통한 수기의 방법으로 되어 있다. 이를 보면, 율곡의 수기는 마음속에 있는 악의 제거에 치중했던 퇴계 중심의 수기 내용을 실천 중심으로 바꾸어놓았음을 알 수 있다. 율곡이 악을 선으로 바꾸는 방법으로 제시한 장은 ⑥ 교기질과 ⑦ 양기이다. ⑥ 교기질은 악이 생겨나는 원인인 더럽고 탁한 기질을 맑고 밝은 기질로 바꾸는 것이고, ⑦ 양기는 밝고 맑은 기질을 함양하는 것이다. ⑥ 교기질과 ⑦ 양기는 율곡 수양의 핵심이다. 율곡이 제시한 수기의 목차에서 보면 율곡 수양철학의 특징을 확연히 알 수 있다.

율곡은 잘못된 기질을 바로잡고 바른 기질을 기르기 위해 ⑥ 교기질과 ⑦ 양기의 두 장을 설정했는데, 이에 대한 이유를 다음과 같이 설명했다.

> 신이 생각건대, 기질을 바로잡아 자신을 다스리는 데 온 힘을 쏟아야 하고, 기운을 보존하고 기르는 데 치밀하지 않아서는 안 됩니다. 바른 기운을 보존하고 기르는 것이 곧 객기(客氣)를 고쳐 다스리는 방법입니다. 이는 실로 두 가지 일이 아니지만, 그 말에 있어 각각 주안을 두는 점이 있으므로 나누어 두 장(章)을 설정하였습니다.

율곡은 두 가지 방법 중에 먼저 기질을 바로잡아야 하는 이유를 다음과 같이 설명한 뒤 기질을 바로잡는 내용을 열거했다.

신이 생각건대, 이미 학문을 성실히 하였다면 반드시 편벽된 기질을 고쳐서, 본연(本然)의 성(性)으로 회복하여야 합니다. 그 때문에 장자(張子)가 말하기를, "학문에 큰 도움이 되는 것은 기질을 변화시키는 데 있다" 하였으니, 이것이 기질 고치는 것을 성실 다음에 둔 이유입니다.

율곡은 기질을 바로잡는 방법인 교기질장(矯氣質章)에서 작은 제목을 붙여 설명했다.

〈기질의 차이에 따른 교정 방법〉

정자(程子)가 말하기를, "강하고 사나운 자는 억제해야 하고, 두려워서 위축된 자는 기운을 충분히 길러야 한다. 황씨(黃氏)가 말하기를, "학문을 하는 데는 모름지기 기질(氣質)에 따라서 그 편벽된 것과 미진한 것을 살피되, 가장 절실한 것을 택하여 자기의 힘을 기울여야 할 것이다. 주자가 말하기를, "기질의 성[氣質之性]은 아름다운 것과 악한 것의 차이가 있다. 그러나 그 처음은 그다지 다르지 않다. 다만 착한 습관을 들이면 착해지고, 악한 습관을 들이면 악해지는 데서 서로 거리가 멀어지기 시작한다." 하였다.

〈기질을 바로잡는 방법이 극기에 있음〉

대개 마음의 온전한 덕은 하늘의 이치가 아닌 것이 없으나, 또한 인욕(人欲)에 의해 파괴되지 않을 수 없다. 그러므로 인을 행하는 자는 반드시 사욕을 이겨 조화를 이루는 마음으로 돌아가야 한다.

사씨(謝氏)가 말하기를, "극기(克己)는 성질이 편벽되어 이기기 어려운 곳으로부터 그것을 이겨 나가야 한다" 하였다. 이 말은 사람이 색욕(色欲)이 지나치면 먼저 그 색을 절제하고, 이욕(利欲)이 지나치면 먼저 이욕을 끊어 버리는 것과 같은 종류이니, 이것이 용맹스럽게 극기(克己)하는 요법(要法)이다. (…) 누가 묻기를, "보통 일에는 이것은 천리이고, 저것은 인욕인 것을 알 수는 있으나, 실제로 행하는 데서는 인욕에 이끌려 가게 되고, 일이 지난 뒤에 후회하게 되니, 이는 어찌 된 일입니까?" 하길래, 대답하기를, "이는 나의 사욕을 극복하는 공부가 없기 때문이다. 이러한 때에 알맞게 아주 잘 수습해야만 쭉 뻗은 큰길을 비로소 얻게 되는 것이다."라고 했습니다. (…) 정자(程子)가 말하기를, "몸을 수양하는 도리에서 마땅히 버려야 하는 것이 분노와 욕심이다. 그러므로 분노를 눌러 가라앉히고, 욕심을 막는 것이다" 하였습니다.

〈기질을 바로잡는 공부는 힘써 노력하는 데 있다〉

널리 배우고, 자세히 물으며, 신중히 생각하고, 명석하게 분변하며, 독실하게 행한다. (…) 주자가 말하기를, "학문을 통해 기질을 변화시킬 수 있는 것이다. 만일 책을 읽어 궁리하거나 마음을 집중하여 본심을 보존하지 않고, 그저 어제의 잘못과 오늘의 바른 것을 따지고 비교하는 데 급급하다면, 또한 수고롭기만 하고, 아무런 보탬도 없을 것이다" 하였다.

여씨(呂氏)가 말하기를, "군자가 학문하는 까닭은 기질을 변화시키기 위함이다. 덕(德)이 기질을 눌러 이기면 우매한 자도 명석해질 수 있고, 유약한 자도 강해질 수가 있을 것이나, 덕이 기질을 이기지 못하면, 학문에 뜻을 두더라도 우매한 자가 명석해질 수 없고, 유약한 자가 바로 설 수가 없다" 하였다.

신이 생각건대, 기의 근원은 담담하고 맑고 비어 있습니다. 오직 양(陽)이 움직이고 음(陰)이 가만히 있어서 상승하기도 하고, 하강하기도 하다가, 어지럽게 흩날리다 합쳐져 질(質)을 이루어서, 드디어 고르지 못하게 되는 것입니다. 사물은 치우치거나 막히게 되면 다시 이것을 변화시킬 방법이 없으나, 사람만은 맑고 탁하고, 순수하고 박잡한 차이가 있어도 마음이 텅 비고 밝아서 변화시킬 수 있습니다.

기(氣)가 맑고 바탕이 순수한 사람은 지(知)와 행(行)을 힘쓰지 않고도 능하게 되어 더할 것이 없습니다. 기는 맑으나 바탕이 순수하지 못한 사람은 알 수는 있어도 행할 수는 없는데 만일 궁행(躬行)에 힘써서 반드시 성실해지고 독실해지면, 행실이 바로 서서 유약한 사람도 강해질 수 있습니다. 기질은 순수하나 기가 탁한 사람은 행동할 수는 있으나 잘 알 수는 없는데, 만일 묻고 배우는 데 힘써서, 반드시 성실하고 정밀하게 하면 지식에도 통달하여 우매한 자라도 명석해질 수 있습니다.

아, 그런데 절묘(絶妙)한 세상에 기예를 가진 백공(百工)은 있으나 학문을 하는 사람 중에 자기의 기질을 변화시킨 자를 보지는 못하였으니, 이는 다만 그 지식을 넓히고 언론에만 힘을 쏟는 데서 온 결과입니다. 그리하여 너무 굳센 자는 끝내 부드러운 선을 갖지 못하고, 부드러운 자는 끝내 강한 선을 갖지 못하여, 탐욕스러운 자가 청렴해지고, 잔인한 자가 자애로워지며, 경박한 자가 신중해지는 것을 아직 볼 수 없는 것입니다. 그렇다면 사람의 실제 노력하는 일이 백공의 기예에만 있을 뿐이오, 학문에는 없다는 것이 되니, 얼마나 탄식할 노릇입니까. 이 점을 유념해주시기 바라옵니다.

이상의 설명에서 보면 율곡은 기질을 바로잡는 방법을 주로 유교 경전의 내용과 송나라 때 선학들의 설명을 인용하여 나열하여 정리하였지만, 기질을 변화하는 중요한 방법인 정좌 수도의 내용과 조식 등의 호흡 수련법, 음식 섭취의 구체적 방법 등에 관해서는 언급하지 않았다. 율곡이 철저하게 수양에 집중했다면 정좌 수도를 중시했을 것이고, 조식법 등의 호흡법에도 관심을 가졌을 것이지만, 그렇지 않은 것을 보면 율곡은 수양보다 정치적 실천에 집중했음을 알 수 있다.

다음으로 율곡은 양기장(養氣章)에서 역시 기를 기르는 방법에 관해 작은 제목을 붙여 설명했다.

〈호연지기를 기르는 것〉에 대하여

나는 나의 호연지기를 잘 기른다. 그 기는 지극히 크고 굳세어, 곧은 마음으로 길러 해치지 않으면 천지 사이에 가득 차게 된다.

정자가 말하기를, "뜻을 견지하고 기를 상하게 하지 않으면 안팎으로 서로 길러진다." 하였다. 섭씨(葉氏)가 말하기를, "뜻을 견지한다는 것은 마음속에 굳게 지키는 바가 있다는 것이요, 기를 상하게 하지 않는다는 것은 밖으로 쏠리게 되지 않는다는 것이다. 그러나 마음속에 지키는 바가 있으면 기가 스스로 완전하고, 밖으로 쏠리지 않으면 뜻이 더욱 굳어지는 까닭에 서로 길러진다고 한 것이다" 하였다.

〈혈기를 기르는 것에 대하여〉

공자께서 말씀하시기를, "군자에게는 경계해야 할 것이 세 가지 있는데, 젊었을 때는 혈기(血氣)가 아직 정해지지 않았으니 색(色)을 경계해야 하고, 장년이 되어서는 혈기가 한창 왕성하니 싸움을 경계해야 하며, 늙어서는 혈기가 쇠약해졌으니, 이득을 탐내는 것을 경계해야 한다" 하였다.

『주역(周易)』에, "언어를 조심하고 음식을 절제하라" 하였다. 정자가 말하기를, "말을 조심하여 그 덕을 기르고, 음식을 절제하여 그 몸을 기른다. 지극히 가까운 일로서 지극히 큰 것과 관계된 것으로 말과 음식만 한 것이 없다" 하였다. 또 말하기를, "진원(眞元)의 기는 외기(外氣)와 서로 섞이는 것이 아니요, 다만 외기로서 함양할 따름이다. 이는 마치 물에 사는 물고기의 생명을 물이 만드는 것은 아니지만, 물로써 길러 주어야 물고기가 살 수 있는 것과 같다. 사람이 천지의 기 가운데 있는 것이 물고기가 살 수 있는 것과 다를 것이 없으니, 음식으로 보양하는 것도 모두 이 외기로 함양하는 방법이다" 하였다. 또 "움직이고 쉬고 철에 따라 몸을 조심하여 생명을 기르며, 음식·의복을 통해 몸을 기르며, 위엄 있는 거동과 바른 행실로 덕을 기르며, 나를 미루어 상대에까지 미루어 아는 것을 통해 사람을 기른다" 하였다.

신이 생각건대, 인의(仁義)의 마음은 사람마다 똑같이 받았으나 품성에는 트인 것과 가려진 것이 있으며, 진원(眞元)의 기는 사람마다 같이 가지고 있으나 혈기에 허(虛)와 실(實)이 있습니다. 인의의 마음을 잘 기르면 가린 것이 열릴 수 있어서 그 타고난 본심을 온전히 할 수 있게 되고, 진원의 기를 잘 기르면 허가 실이 될 수 있어서 그 하늘로부터 받은 천명을 보존할 수 있게 됩니다. 그것을 기르는 방법도 바깥에 있는 다른 것에 의지하지 않고 다만 흔들리거나 손상되지 않게 할 따름입니다. 천지의 기의 움직임은 끊임없이 생겨나고 생겨나 잠깐이라도 정지하지 않는데, 사람의 기도 천지와 상통합니다. 그러므로 양심과 진기(眞氣)도 천지의 기와 함께 생장합니다. 그러나 그것이 여러 갈래로 상(傷)하고 해(害)가 되어 생장이 소멸하는 것을 이겨 내지 못하기 때문에 이리저리 굴러서 없어지고 마는 것입니다. 그 때문에 마음은 금수(禽獸)가 되고, 기(氣)는 일찍 시들어 버리게 되는 것이니, 두려워하지 않을 수 있겠습니까. 양심을 해치는 것은 귀·눈·입·코와 사지(四肢)의 욕망이고, 진기를 해치는 것도 이 욕망으로 인한 것입니다. 대개 귀와 눈이 성색(聲色)을 좋아하는 것이 진실로 마음에 해로운 것이로되, 음란한 소리와 아름다운 색은 뼈를 부수는 도끼와 톱이요, 입으로 즐기고 좋아하는 것이 진실로 마음에 해로운 것이로되, 입에 딱 맞는 맛은 반드시 오장(五臟)을 상하게 합니다. 한가하고 안일한 것은 근육과 맥(脈)을 늘어지게 하여 드디어 행동과 휴식이 올바른 도리에서 어긋나게 합니다. 희(喜)와 노(怒)는 그 중용의 도리를 잃어버리고, 마음은 날로 방자해지며, 기는 날로 방탕하게 되어, 마침내는 일기(一氣)의 관통(貫通)이 끊어지고, 백해(百骸)의 유대가 풀어지게 되는 것이니, 장차 어떻게 천명대로 바로 서서 세상에 오래 살아갈 수 있겠습니까. 그렇다면 마음을 기르는 것과 기를 기르는 것은 실로 한 가지 일입니다. 양심이 날로 생장하면서 상하거나 해되는 것이 없어서 마침내 그 가리고 있던 것을 모조리 다 없애버리는 데에 이르면 호연지기가 성대하게 흐르고 통하여, 장차 천지와 한 몸이 됩니다. 죽고 사는 것과 길고 짧은 것은 비록 정해진 분수가 있다 하더라도, 나에게 있는 도리는 다할 수가 있으니, 어찌 스스로 마음에 만족스럽지 않겠습니까. 바라옵건대 유념하시옵소서.

율곡은 기를 기르는 방법을 경전의 내용과 선학들의 말을 예로 들어 설명했다. 기질을 변화시키고, 맑고 밝은 기질을 양성하는 것이 율곡 수양론의 핵심이므로, 율곡은 ⑥ 교기질과 ⑦ 양기의 설명에 심혈을 기울인 듯하다.

탁한 기질을 바로잡고 맑은 기질을 기르는 데는 시간이 걸린다. 따라서 지금 당장 유혹을 받아 악한 행동으로 나아가는 것을 막는 임시방편이 필요하다. 율곡을 그 방법을 다음과 같이 설명한다.

> 사람이 불선(不善)을 행하는 까닭은 욕심이 유혹하기 때문이다. 유혹을 당하면서도 그것을 알지 못하면 천리(天理)를 없애 버리고도 되돌아올 줄 모르는 데 이른다. 그러므로 눈으로는 아름다운 색을 욕심내고, 귀로는 좋은 소리를 욕심낸다. 코로는 향기를, 입으로는 맛을, 사지(四肢)는 편안한 것을 욕심내는 것들이 모두 그러하니, 이 모두가 욕심이 그렇게 시켜서이다. 그렇다면 어떻게 하여 그 욕심을 막아버릴 수 있겠는가. 사려(思慮)뿐이다. 오직 사려를 통해서만이 능히 욕심을 막아 낼 수 있으니, 증자(曾子)의 일일삼성(一日三省)이 욕심을 막는 방법이다" 하였다.

율곡의 인심도심설에 따르면, 욕심은 탁한 기질에서 나온다. 탁한 기질을 가진 사람은 기질을 맑히기 전에는 욕심이 계속 나오므로 이를 막는 방법은 인간의 의식에서 찾아낼 수 있다. 인간에게는 의식이 있고, 의식에 생각하는 기능이 있다. 욕심이 나올 때 잘 살펴보고 욕심이 나오는 것을 확인하면, 잘 생각하여 강력한 의지로 절제해야 한다.

> 주자가 말하기를, "욕심이란 귀·눈·입·코·사지(四肢)의 욕구와 같은 것이다. 사람에게 이것이 없을 수 없다 하더라도 그 욕심이 불어나도 절제하지 않는다면 그 본심을 잃지 않을 수 없다. 이는 배우는 이가 깊이 경계하여야 할 바이다" 하였다.[180]

사람이 잠깐의 생각으로 욕심을 절제해야 한다고 생각하기는 어렵다. 오랫동안 잘 생각해야 하고, 평소 꾸준히 경전 공부를 해야만 가능하다. 그렇다 하더라도 마음속 깊은 곳에 있는 악의 뿌리를 제거하지 않으면 계속 솟아나는 욕심을 제거하기 어렵다. 욕심은 지하수가 위가 덮여 있는 웅덩이에 솟아나 흐려져 있는 물에 비유할 수 있다. 웅덩이에서 흐린 물이 밖으로 흘러나오는 것을 본 사람이 웅덩이에서 물이 밖으로 흘러나올 때 웅덩이의 흙이 섞여 들어가 흐려졌다고 판단하여 흘러나오는 물구멍을 청소하여 물을 맑게 하려고 노력한다면, 아무리 노력해도 성공하기 어렵다. 물구멍으로 흘러나오기 전에 웅덩이의 물 자체가 지하수에서 솟아날 때 이미 진흙이 섞여 들어가 흐려져 있다면, 지하수에서 솟아나는 구멍부터 청소해야 한다. 율곡은 몸속에 들어 있는

---

180. 율곡의 수양론에 있는 인용문은 한국고전번역원에서 출간한 문집총간에 있는 『栗谷全書』聖學輯要, 修己篇에 실려 있는 내용을 인용했고, 번역문을 그대로 실은 부분도 있음을 밝힌다.

착한 마음이 몸 밖으로 나올 때 악해진다고 판단했으므로, 몸 밖으로 나오는 마음에서 해답을 찾으려고 했기 때문에 율곡의 수양론은 근본적인 한계를 가지고 있다.

나름의 수양론을 해결하고 난 율곡은 세상을 바꾸기 위해 적극적으로 정치에 나갔다.

세상을 바꾸기 위해서는 새로운 시대에 알맞은 것이 무엇인지 알고 개혁하는 것이 중요한데, 그것은 의식이 가진, 생각하고 분별하고 지각하고 행동하는 마음의 기능에 의해서 가능하다. 세상을 이상세계로 만들기 위해서는 생각하고 분별하는 능력을 활용하여 이상세계가 어떤 것인지를 알아서 과감하게 행동하는 것이 중요하다.

> 신(臣)이 엎드려 아뢰건대, 정사는 시의(時宜)를 아는 것을 귀하게 여기며, 일은 실공에 힘쓰는 것을 긴요하게 여깁니다. 정치를 하는데 시의를 모르고, 일하면서 실공에 힘쓰지 않는다면, 비록 성왕과 현신이 서로 만나더라도 다스리는 효과를 이루지 못할 것입니다.[181]

이 시대에 마땅히 해야 할 것이 무엇인지를 알아서 적극적으로 개혁해 나가는 것이 정치이다. 율곡이 정치적 실천에 관심을 갖는 이유가 여기에 있다.

---

181. 臣伏以政貴知時 事要實務 爲政而不知時宜 當事而不務實功 雖聖賢相遇 治效不成矣(『栗谷先生全書』卷五 萬言封事).

제4절

율곡의 정치사상

제1항 정치적 실천의 강조

학문의 목적은 내가 하늘과 하나가 되고 세상을 천국으로 만드는
데 있다. 이는 율곡에게도 예외가 아니다.

> 아! 하늘과 사람은 하나이니, 다시 나누어짐이 있을 수 없다.
> 오직 천지에는 사사로움이 없으나 사람에게는 사사로움이 있
> 으므로 사람이 천지와 그 큼을 함께하지 못하는 것이다. 오직
> 성인만이 사사로움이 없으므로 천지와 덕이 같다. 군자는 사사
> 로움을 제거하기 때문에 행위가 성인과 같을 수 있다. 배우는
> 자는 마땅히 사사로움을 극복하여 본래의 도량을 회복하는 데
> 힘써야 군자·성인에 이르는 것을 바랄 수 있다. 사사로움을 제
> 거하는 방법은 오직 학문뿐이다.[182]

본래 하늘과 사람이 하나이지만, 하늘에는 사사로움이 없는데
사람에게는 사사로움이 있기 때문에 분리되었다. 오직 사사로움
이 없는 성인만은 하늘과 하나가 된다. 군자는 성인이 되기 위해

---

182. 嗚呼 天人一也 更無分別 惟其天地無私 而人有私 故人不得與天地同其大
　　　焉 聖人無私 故德合乎天地焉 君子去私 故行合乎聖人焉 學者當務克其
　　　私 以恢其量 以企及乎君子聖人焉 治私之術 惟學而已(『栗谷先生全書』卷
　　　二十二 『聖學輯要』修己 第二 下).

사사로움을 제거하는 자이다. 율곡에게도 학문의 목적은 당연히 성인이 되는 것이다.

율곡은 『자경문(自警文)』 서두에서 학문의 목표를 분명히 밝히고 있다.

> 먼저 반드시 뜻을 크게 하여, 성인을 표준으로 삼아 조금이라도 성인에게 미치지 못한 것이 있다면 나의 일은 아직 끝난 것이 아니다.[183]

성인이 되어야 하는 것은 율곡 자기의 일만이 아니다. 사람이라면 누구나 마땅히 성인이 되어야 한다. 율곡은 『격몽요결(擊蒙要訣)』에서 다음과 같이 말한다.

> 초학자는 반드시 먼저 뜻을 세우고 성인이 될 것을 스스로 기약하여, 조금도 자신을 작게 여기거나 물러나 의탁하려는 마음을 가져서는 안 된다. 보통의 사람과 성인은 본성이 같다. 비록 기질의 청탁수박의 차이가 없을 수는 없지만, 진실로 참되게 알고 실천하여 이전에 오염된 것을 제거하고 본래의 성을 회복할 수 있다면, 터럭 끝 하나 더하지 않아도 만 가지 선(善)이 갖추어져 충족된다. 보통의 사람이라고 하여 어찌 성인이 될 것을 스스로 기약하지 못하겠는가. 그러므로 맹자는 성선을 말하면

---

183. 先須大其志 以聖人爲準則 一毫不及聖人 則吾事未了(上揭書 卷十四 〈自警文〉).

서 반드시 요·순을 칭하여 "사람은 모두 요순이 될 수 있다"라
고 하여 증명했으니, 어찌 나를 속이는 것이겠는가.[184]

모든 사람은 성인이 될 수 있고, 또 그렇게 되지 않으면 안 된
다. 자신이 성인이 되는 것을 목적으로 하면서 동시에 모든 사람
이 성인이 되는 것을 목적으로 해야 한다고 본 율곡의 사상은 이
러한 논리구조에 의해 지탱되고 있다.

율곡에 따르면, 성인이 되는 구체적인 방법은 본래 성인과 보통
의 사람이 하나가 되는 근거인, 인간존재의 내적 본질을 밝히는
것으로 귀결된다. 율곡은 다음과 같이 말한다.

사람의 한마음에는 만 가지 이치가 모두 갖추어져 있다. 요순
의 인, 탕무의 의, 공자와 맹자의 도 등은 모두 성이 본래 갖추
고 있다. 그런데 이것이 앞으로는 기품에 구애되고 뒤로는 물욕
에 빠져, 밝은 것이 혼미해지고 바른 것이 비뚤어져, 미혹하여
어리석은 중인(衆人)이 되어 실로 금수와 다를 게 없어진 것이
다. 본래 갖추어져 있는 하늘마음은 본래부터 밝고 발라서 다
만 가려지기는 해도 끝내 사라지지는 않는다. 진실로 혼미함을
제거하고 사악함을 끊어 낸다면 요·순·탕·무·공·맹의 성스러
움이 바깥에서 얻어 이루어지는 것이 아니다. 비유하자면 마치

184. 初學先須立志 必以聖人自期 不可有一毫自小退託之念 蓋衆人與聖人 其本
性則一也 雖氣質不能無淸濁粹駁之異 而苟能眞知實踐 去其舊染 而復其性
初 則不增毫末 而萬善具足矣 衆人豈可不以聖人自期乎 故孟子道性善 而必
稱堯舜以實之 曰人皆可以爲堯舜 豈欺我哉(上揭書 卷二十七『擊蒙要訣』).

어떤 사람이 자기 집에 무한한 보물을 깊고 어두운 곳에 묻어 놓고는 스스로 알지 못하고 가난해져서 구걸하며 사방을 돌아다니는 것과 같다. 그런데 만약 보물이 있는 곳을 알려준 선각자를 만나, 그를 돈독히 믿어 의심치 않고, 묻혀 있는 것을 파낸다면 무한한 보물은 모두 자기 것이 되는 것이다. 이 이치는 매우 분명한데 사람들은 스스로 깨우치지 못하니 슬프다.[179]

위 인용문의 설명은 공맹 유학의 내용과 큰 차이가 없다. 율곡의 특징은 다음의 문장에서 드러난다.

소위 정좌란 일이 없을 때 할 수 있는 것이지 응사접물해야 할 때는 정좌하고 앉아 있을 수만은 없다. 그런데 하물며 군주의 일신에는 만 가지 일이 모였으니 만일 일 없을 때 정좌한 연후에 학문을 해야 한다면 학문할 시간이 없을 것이다. 다만 움직일 때나 가만있을 때를 불문하고 마음을 잊지 않고 굳게 지켜 해이해지지 않아야 한다. 이는 허형이 말한 "비록 천만인 가운데 있어도 늘 자기의 본질을 알 수 있다면 일이 없을 때는 고요하여 본체를 기를 수 있고, 일이 있을 때는 밝게 살펴 마음의

---

179. 人之一心 萬理全具 堯舜之仁 湯武之義 孔孟之道 皆性分之所固有也 惟是 氣稟拘於前 物欲汩於後 明者昏 正者邪 迷而爲衆人之蚩蚩 實與禽獸無異 而本具之理 則其明自如 其正自如 但爲所掩蔽 而終無息滅之理 誠能去其 昏 絶其邪 則堯舜湯武孔孟之聖 非外假而成 譬如有人自家無限寶藏 埋諸 幽暗之地 而不自知焉 貧寒匈乞 流轉四方 若遇先覺 指示藏寶之處 篤信不 疑 發其所埋 則無限寶藏 皆所自有者也 此理甚明 人自不覺 可哀也哉(上揭 書 卷二十『聖學輯要』窮理章 第四).

씀씀이를 바르게 할 수 있다"라고 한 것과 같으니, 성학의 근본은 여기에서 성립되는 것이다.[180]

일반적으로 수양을 강조하는 학자들은 학문보다도 오히려 정좌를 강조하는 경향이 있었다. 정좌해서 마음을 가라앉힌 뒤에 학문을 하면 학문의 내용을 깊이 이해하기 쉽다. 그러나 율곡의 입장은 이와 달랐다. 정치적 실천이 시급한 때는 정좌하고 있을 시간이 없을 수도 있다. 정좌하지 않고도 마음을 잘 가다듬기만 하면 학문을 할 수 있다. 특히 왕의 학문은 일반인과 같을 수 없다. 이미 정치적 실천을 담당하고 있는 왕에게는 정치적 실천을 하면서 학문을 겸해야 할 필요가 있다. 왕에게 적합한 학문은 마음의 본질을 알아서 고요할 때는 지키고, 일이 있을 때는 살펴서, 마음 씀씀이를 바르게 하기만 하면 된다. 율곡이 위의 문장에서 성인의 학문[聖學]이라 한 것은 임금의 학문을 말한다.

개인적 수양이 완성된 사람은 저절로 남을 완성하는 역할을 하게 된다. 수양은 자기를 완성하는 것이고, 정치란 남을 완성하는 것이다. 개인적 수양이 완성된 사람이 출현하기만 해도 사람들이 감화를 받아 그와 닮아가기 때문에, 정치는 적극적으로 나서서 하는 것이 아니라, 가만히 있어도 저절로 이루어지는 소극적인 것이다. 그러나 세상을 바꾸고 싶은 율곡의 열정은 저절로 이루어

---

180. 所謂靜坐者亦指無事時也 若應事接物 不可膠於靜坐也 況人主一身 萬機叢集 若徒無事靜坐然後爲學 則恐無其時 但不問動靜 此心未忘 持守不解 如許魯齋 所謂雖在千萬人中 常知有己 則無事而虛寂 可養其體 有事而照察 可正其用 聖學根本 於斯立矣(上揭書 卷二十『聖學輯要』修己 第二 上).

지도록 기다리는 것을 용납하지 않았다. 율곡은 정치적 실천을 위해 적극적으로 나설 수밖에 없었기 때문에 선조에게 정치적 실천과 병행하는 학문의 방법을 제시했다. 성리학에서 말하는 학문의 방법은 궁리와 거경으로 요약되었지만, 율곡은 여기에 역행이라는 조항을 하나 덧붙인다.

학문의 방법은 서적에 쓰여 있는데 그 핵심은 세 가지이니, 궁리·거경·역행이다. 궁리에는 또한 한 가지 방법만이 있는 것이 아니다. 안으로는 내 몸 안에 갖추어진 본질을 궁구하여 시청언동을 본질에 맞게 하고, 밖으로는 사물에 갖추어져 있는 본질을 궁구하여 초목금수를 마땅하게 대한다. 가정에서는 어버이에게 효도하고 아내에게 모범을 보이며 생각을 돈독히 하고 윤리를 확립하는 원리를 마땅히 살펴야 하고, 사람을 대할 때에는 어진 이·어리석은 이·비뚤어진 이·바른 이·순수한 이·흠 있는 이·솜씨 있는 이·서투른 이의 차이를 마땅히 변별해야 하며, 일을 처리할 때는 시비득실과 안위치란의 조짐을 마땅히 살펴야 한다. 반드시 독서하여 그것을 밝히고, 옛것을 상고하여 증거로 삼아야 하니, 이것이 바로 궁리의 요체이다. 거경은 움직일 때나 가만있을 때를 가리지 않아야 하니, 가만있을 때는 잡념을 일으키지 말고 담담하고 고요하게 깨어 있어 어둡지 말아야 하며, 움직일 때는 일에 임하여 마음이 흐트러지지 않고 전일하게 하여 실수나 오차가 없어야 한다. 자기의 몸을 지켜 반드시 정제하고 엄숙해야 하며, 마음을 잡아 조심하고 두려워해야 하니, 이것이 바로 거경의 요체이다. 역행은 자기를 이겨 기질의 병폐를 다스리는 것이니, 유약한 것은 고쳐서 강하게 되도록 하고, 나약한 것은 고쳐서 확고하게 되도록 하며, 사나운 것은 부드럽게 되도록 고치고, 성급한 것은 너그럽게 되도록 고치는 것이다. 욕심이 많으면 마음을 맑게 하여 반드시 청정함에 이르게 하고, 사욕이 많으면 바르게 하여 반드시 공평함에 이르게 해야 한다. 부지런히 스스로 노력하고 밤낮으로 게으르지 않아야 하니, 이것이 바로 역행의 요체이다.[181]

율곡은 학문의 방법을 궁리와 거경의 두 요소에다 역행을 더하여 세 요소로 정리했는데, 세 요소의 내용도 실천을 위한 것으로 채웠다. 궁리의 내용은 자기의 본질을 알기 위해서 외부의 사물을 연구하는 것이 아니라, 시청언동을 제대로 하고, 초목조수를 마땅하게 살피며, 가정윤리의 원리를 제대로 이해하고 사람을 잘 분별하며, 일 처리를 제대로 할 수 있는 방법을 알기 위한 것이고, 거경의 내용은 일에 임하여 실수나 오차가 없도록 마음을 전일하게 가다듬는 것이며, 역행의 내용은 정치적 실천을 과감하게 수행할 수 있도록, 기질의 병폐를 고치는 것이다.

---

181. 學問之術 布在謨訓 大要有三 曰窮理也 居敬也 力行也 如斯而己 窮理亦非一端 內而窮在身之理 視聽言動 各有其則 外而窮在物之理 草木鳥獸 各有攸宜 居家則孝親刑妻篤思正倫之理 在所當察 接人則賢愚邪正醇疵功拙之別 在所當辨 處事則是非得失安危治亂之幾 在所當審 必讀書以明之 稽古而驗之 此是窮理之要也 居敬通乎動靜 靜時不起雜念 湛然虛寂 而惺惺不昧 動時臨事專一 不二不三 而無所過差 持身必整齋嚴肅 秉心必戒愼恐懼 此是居敬之要也 力行在於克己以治氣質之病 柔者矯之以至於强 懦者矯之以至於立 厲者濟之以和 急者濟之以寬 多欲則澄之 必至於清淨 多私則正之 必至於大公 乾乾自勗 日夕不懈 此是力行之要也(上揭書 卷五 萬言封事).

위의 인용문에서 보면 율곡이 말하는 학문은 결국 정치적 실천을 위한 수단으로서의 의미로 귀결된다. 율곡이 이처럼 정치적 실천을 강조하는 것은 율곡이 그만큼 지상천국의 건설에 대한 열정이 있었기 때문이기도 하지만, 위에서 인용된 「만언봉사」나 『성학집요』가 임금을 위해 쓰인 것이기 때문이기도 하다. 지상천국 건설을 당시의 언어로 표현하면 지치 실현이다. 율곡의 지치 실현은 정암을 계승한 것이었다.

제2항 지치 실현의 계승

율곡은 지치 실현에 대한 열정이 뜨거운 만큼이나 정암에 대한 안타까움도 컸다.

> 조광조는 죽음에 임하여 시를 지어 말하기를 "임금 사랑하기를 아버지 사랑하듯이 했다. 하늘의 태양이 붉은 충정을 비추는구나"라고 했습니다. 신은 매양 이 구절을 읽을 때마다 눈물을 흘리지 않은 적이 없습니다.[182]

율곡의 이 말에는 정암에 대한 존경심과 지치 실현의 실패로 인한 비애가 깃들어 있다. 그리고 그 이면에는 지치의 실현에 대한

---

182. 愛君如愛父 天日照丹衷 臣每誦此句 未嘗不流涕也(上揭書 卷六 應旨論社疏).

율곡의 열정이 있다. 그의 사상체계로 본다면 당연한 것이다. 지치 실현의 핵심 주체는 임금이다.

> 엎드려 생각건대, 전하께서는 총명예지하시니, 이상 정치를 해낼 자질이 있습니다. 혼란이 지극한 때를 만나면, 잘 다스려지기를 생각하는 법이므로 이상 정치가 실현되는 날이 올 것입니다. 선비들은 대도가 행해지길 기다리고, 백성들은 지치의 은택을 바라고 있습니다.[183]

율곡은 당시의 임금인 선조(宣祖)를 지치 실현의 가능자로 인정했고, 또한 당시의 상황을 지치 실현의 가장 효과적인 시기로 판단했기 때문에, 율곡은 지치 실현을 위한 열정이 뜨거울 수밖에 없었다. 정암에 의해 시도되었던 지치 실현은 율곡에 이르러 다시 불타올랐다.

> 전하의 정치가 잘 안 되는 것은 안 하시기 때문이지, 못하시기 때문이 아닙니다. 아! 하늘의 재앙을 그치게 하고, 인화를 이루어 바른 세상의 기틀을 만회하는 것은, 전하의 마음에 달려 있습니다. 전하가 진실로 하루아침에 깨달으셔서 큰 뜻으로 분발하시고, 공론을 쾌히 좇으시며, 호오를 밝게 보이시고, 대신을 책하여 규제하시며, 좋은 일을 부지런히 일으키시어, 날로 환

---

183. 伏以殿下 以聰明睿智 足以有爲之資 値亂極思治 可以有爲之日 士佇大道之行 民望至治之澤(上揭書 卷五 玉堂陳戒箚).

하게 새로워져 구름이 떠다니고 비가 오듯이 한다면, 어진 자는 도를 행하고자 할 것이고, 지혜로운 자는 지혜를 다하고자 할 것이며, 재주 있는 자는 능력을 나타내고자 할 것이고, 용감한 자는 힘을 다하려고 할 것이며, 관직에 있는 자들은 힘써 스스로 노력할 것이고, 재야의 사람들은 힘을 합쳐 바로잡을 것이니, 많은 현인이 모여들고, 여러 계책이 다 모여서, 기강 떨치기를 기대하지 않아도 저절로 떨치고, 백성들은 편안해질 것을 기대하지 않아도 저절로 편안해지는 것을 보게 될 것이니, 태평성세는 오래지 않아 다가올 것입니다. 전하께서는 누가 금하기에 하지 않으십니까? 아! 만나기 어려운 것은 때이고, 잃기 쉬운 것은 기회입니다. 지금 전하께서 향약을 행할 것을 명령하신다면, 나라 사람들은 모두 전하께서 장차 이상세계를 일으키실 것으로 생각하여 목을 빼고 눈을 닦고서 전하께서 하시는 것을 볼 것입니다. 이는 실로 지치를 이룰 때이고, 시도할 기회입니다.[184]

율곡은 선조가 재임하고 있는 지금이 이상세계를 건설할 수 있는 적기로 보고 선조에게 적극적으로 나서기를 주문한다. 임금에

---

184. 殿下之不治 不爲也 非不能也 嗚呼 弭天災致人和 挽回世道之機 在於殿下之一心 殿下誠能一朝覺悟 奮發大志 快從公論 明示好惡 規責大臣 勉興事功 赫然日新 雲行雨施 則仁者欲行其道 智者欲盡其謀 才者思效其能 勇者思致其力 在官者淬厲自勵 在野者拔茅彙征 將見衆賢輻湊 群策畢盡 紀綱不期振而自振 百姓不期安而自安 太平之治 不日可覩矣 殿下誰禁而莫之爲耶 嗚呼 難遇者時 易失者機 今殿下命行鄕約 而國人皆以爲殿下將興至治 延頸拭目 以觀殿下之施設 此實可爲之時 可乘之機也(上揭文).

게 능력이 없어 할 수 없는 경우라면 어쩔 수 없지만, 능력이 있어 하기만 하면 가능한 데도 하지 않고 있는 것을 보는 율곡은 그만큼 더 안타까울 것이다. 안타까움이 클수록 율곡은 서두를 수밖에 없었다. 만사는 서두를수록 성공하기 어렵다. 율곡의 정치가 순탄하지 않았던 이유는 바로 이 때문이었을 것이다.

제3항 지치 실현의 이론적 완성

율곡은 정암의 뒤를 이어 지치 실현을 위해 적극적으로 정치에 뛰어들었지만, 성공하지 못했다. 정치에 성공하지 못했다고 해서 그냥 물러설 수는 없다. 후세를 위해 지치 실현의 이론이라도 정립해 놓아야 했다. 율곡은 학문적 수양과 정치적 실천을 병행해야 한다는 이론을 확립했는데, 이는 지치의 실현 방법에서도 성립한다.

1. 지치 실현의 근본원리

지치는 최고의 임금과 최고의 신하가 만나야만 가능해지지만, 이 중에서도 임금이 더 중요하다. 임금이 성군이 아니면 지치는 출발이 되지 않는다.

> 군주의 뜻에 안정과 혼란이 달려 있으니, 군주의 뜻이 인의에 있으면 요순이 될 것이고, 뜻이 인을 가장하는 데 있으면 춘추시대의 오패처럼 될 것이며, 뜻이 욕심을 채우는 데 있으면 걸(桀)이나 주(紂)처럼 될 것입니다.[185]

이상 정치를 실현하는 출발점은 임금에서 비롯한다. 임금이 백성들과 한마음이 되지 않으면 지치 실현은 불가능하다. 백성들의 마음에는 천리가 들어 있으므로,[186] 임금이 천리를 회복하여 백성들 마음에 들어 있는 천리를 일깨우기만 하면, 임금과 백성은 한마음이 될 수 있다. 군주가 인의에 뜻을 둔다고 하는 것은 천리를 회복하여 만인과 일체가 되는 것에 뜻을 둔다는 의미이다.

군주는 종묘사직을 자기 몸처럼 여기고, 만백성과 마음을 같이 해야 한다. 종묘사직의 안위를 자기의 안위로 여기고, 만백성의 근심과 즐거움을 자기의 근심과 즐거움으로 여긴다면, 종묘사직은 평안해지고 만백성은 기뻐하게 될 것이다.[187]

지치의 실현은 군주의 몸이 국가와 한 몸이 되고, 군주의 마음이 만민의 마음과 하나가 되어야 가능하므로, 지치 실현의 출발은 군주의 마음을 바르게 하는 것에서부터 시작된다. 율곡이 선조에게 정치의 세 가지 비결을 제시할 때 '정심(正心)'을 근본으로 든 것이 이러한 이유에서이다.

군주가 어질면 어질지 않음이 없게 되고, 군주가 의로우면 의롭

---

185. 人君之志 治亂之所係也 志在仁義則爲堯舜 志在假仁則爲五霸 志在逞慾 則爲桀紂(上揭書 卷三 諫院陳時事疏).
186. 夫民各有心 而其所同然者 則天理之所在也(上揭書 拾遺卷二 代淸洪道儒 生告歸疏).
187. 人君以宗社爲一身 與萬姓爲一心 以宗社之安危爲己之安危 以萬姓之憂樂 爲己之憂樂 則宗社安而萬姓悅(『栗谷先生全書』卷三 論尹元衡疏).

지 않음이 없게 됩니다. 옛 군주들이 안정된 세상을 바라지 않은 것은 아니지만, 안정된 날이 늘 적고 어지러운 날이 늘 많았던 것은 자기를 닦음이 미진하여 만방을 바로잡지 못했기 때문입니다. 그래서 정심(正心)을 가장 중요한 것으로 삼는 것입니다.[188]

지치의 실현이 임금의 마음을 바르게 하는 데 달렸다는 결론에 도달하면, 관심의 초점은 이제 임금의 마음을 바르게 하는 방법에 모인다. 율곡은 임금의 마음을 바르게 하는 방법으로, (1) 큰 뜻을 세울 것[立大志] (2) 학문에 힘쓸 것[勉學問] (3) 바른 사람과 친할 것[親正人]의 세 요소를 들었다.

(1) 큰 뜻을 세우는 것은 수양의 목적을 정치적 실천에 두는 것이다. 그 구체적인 내용은 ① 옛 성왕을 모범으로 삼을 것 ② 평일의 일상적인 습관들을 모두 제거할 것 ③ 학문을 할 때는 도가 궁극에 도달할 때까지 할 것 ④ 현인을 구할 때는 암혈(岩穴)의 선비까지도 모두 이르게 할 것 ⑤ 정사를 시행할 때는 여러 공적이 널리 빛나도록 할 것 ⑥ 백성을 교화할 때는 악을 변화시켜 선하게 되도록 할 것 등을 들었다.

(2) 학문에 힘쓰는 것은 정치적 실천을 위한 임금의 학문인 성학(聖學)에 마음을 두는 것이다. 그 주된 내용은 성의·정심과 거경·궁리이다. 태만하지 말고 거칠게 하지 않아야 한다. 천리와 인욕

---

188. 君仁莫不仁 君義莫不義 古之人君 莫不欲治而治日常少 亂日常多者 只是
修己未盡 無以表正萬邦 故以正心爲首(上揭書 卷三 諫院陳時事疏).

을 분별하여 천리는 경(敬)으로써 확충하여 조금도 막힘이 없게 하고, 인욕은 경(敬)으로써 제거하여 조금도 남지 않게 하면, 요·순·우·탕·문무처럼 되는 것이 가능하다.

(3) 바른 사람과 친하기 위해서는 학문적으로 순수하고 바른 선비를 곁에 두고 항상 도학 강의를 들어야 한다.[189]

나라의 안정과 혼란이 군주의 마음에 달렸으니, 군주의 마음이 선한 방향으로 움직이면 안정을 이루게 되고, 악한 방향으로 움직이면 혼란을 초래한다.[190] 군주의 마음이 선한 방향으로 움직이도록 하기 위해서는 먼저 선악을 분별할 수 있어야 한다.

선악을 분별하기 위해서는 선의 원천인 리를 알아야 한다. 『대학』에서는 리를 아는 방법으로 격물치지를 제시했는데, 율곡도 이에 따라 임금에게 격물치지를 하도록 건의한다.

임금의 급무는 리를 밝히는 것보다 우선되는 것이 없습니다. 리가 진실로 밝혀진다면 시비호오가 모두 바름을 얻어 마치 촛불을 밝게 비추고 저울에 정확히 재는 것과 같이 됩니다. 리가 밝혀지지 못하면 옳지 못한 것을 옳게 여기고 옳은 것을 그르게 여기게 되어, 좋아하는 것이 반드시 선이 되는 것이 아니고, 미워하는 것이 반드시 악이 되는 것이 아니니, 마침내 위태로운 것을 편안하게 여기고 재앙을 이롭게 여기며, 멸망으로 가는 것을 즐기게 됩니다. (…) 전하께서는 격물(格物)하시어 리를 밝히소서.[191]

---

189. 上揭書, 卷三, 諫院陳時事疏. 원문은 너무 길어서 생략했다.
190. 一國之治亂 係於一人 一人之藏否 係於一心 一心之所之 謂之志 是故志乎善而與治同道 則罔不興 志乎惡而與亂同事 則罔不亡(上揭文).

그러나 율곡이 건의한 격물치지의 내용은 중국 성리학에서 설명하는 것과 달리, 거경으로 귀결된다.

> 격물치지는 비록 대학의 첫 가르침이라 하지만 치지는 경에 있지 않음이 없다. 함양하지 못하고서 치지한 자는 있지 않다.[192]

이상의 논술로 보면 지치 실현에 관한 율곡의 이론구조는 기본적으로는 퇴계의 이론과 일치한다. 다만 퇴계가 철저한 수양에 치중한 반면, 율곡은 정치적 실천에 치중했다. 정치적 실천에 치중한 율곡은 점수의 방법을 통한 철저한 수양을 건너뛰었다. 철저한 수양이 뒷받침되지 않으면 지치는 실현되지 않는다. 이에 율곡은 자기가 철저하게 수양하기보다는 이미 철저한 수양을 완성한 퇴계가 있으므로, 퇴계의 수양철학을 바탕으로 정치적 실천의 장을 열어갈 것을 건의한다.

> 이미 세상을 떠난 현인 중에는 광조와 같은 이가 족히 존숭할 만합니다. 지금 살아 있는 현인을 보건대 어찌 또한 임무를 담당할 만한 분이 없겠습니까. 지금의 인망으로 보면 이황의 오른편에 나설 사람이 없습니다. 전하는 이황을 어떠한 사람으

---

191. 人君之急務 莫先於明理 理苟明矣 則是非好惡 咸得其正 如燭照而權稱矣 理有未明 則是其所當非 非其所當是 好者未必善 惡者未必惡 終至於安其危 利其災 樂其所以亡者矣(…)殿下格物而明理(上揭書 卷四 四十一箚).
192. 格物致知 雖曰大學之始敎 而未有致知而不在敬者 則不能涵養 而能致知者 未之有也(上揭書 卷四 論朋黨疏).

로 생각하시는지 모르겠습니다. 의론하는 자들은 혹 이황이 가히 정주의 도통을 계승할 만하다고 여기고, 또 혹은 치용의 재질이 없다고 여기기도 합니다만, 모두 이황을 제대로 알지 못한 것입니다. 이황이 벼슬 그만두기를 간절히 구한 것에 관해, 혹자는 도가 행해지지 않아 몸을 돌려 물러난 것이라고 하고, 또 혹자는 함께 일하는 관리들과 뜻이 맞지 않아 홀연히 물러난 것이라고 합니다만, 이 역시 이황을 잘 알지 못한 것입니다. 제가 생각건대, 이황의 학문은 진실로 정밀하고 자신의 몸을 다스리는 것이 참으로 엄격하여 늘 학자를 자처하면서도 일찍이 스스로 도를 안다고 여기는 것을 허용하지 않았습니다. 이황이 큰 직책을 간절히 사양한 것은 자신의 능력과 분수를 헤아려 남에게 알려지기를 구하지 않은 것을 좋아했던 것에 불과할 따름입니다. 옛날에 공자가 칠조개에게 벼슬하도록 하자 칠조개가 "저는 이 일에 아직 자신이 없습니다"라고 했는데, 공자가 기뻐하셨습니다. 이황이 물러나기를 구한 것 역시 '내가 아직 이 일에 자신이 없습니다'라고 하는 뜻이지, 세상과 뜻이 맞지 않아서 바삐 떠난 것이 아닙니다. 이황의 스스로 처하는 것이 참으로 그 도를 얻었습니다. 다만 한 시대로 보면, 인망이 따르는 것이 이 사람을 능가하는 자가 없는데 어찌 오랫동안 떠나 있도록 할 수 있겠습니까? 현자가 나라를 떠나면 사림은 희망을 잃습니다. 전하께서 나라의 안정을 도모하지 않으시려면 그만두셔도 좋겠지만, 만일 나라의 안정을 도모하시면서 이황에게 관직을 맡기지 않으신다면, 선비들의 희망을 달랠 길이 없고, 뛰어난 인재를 거둘 길이 없게 됩니다. 그러나 이황을 불러들이는 방법은 바삐 글을 내리시는 데 있는 것이 아니라, 지성으로 그를 대우하고, 그의 말을 믿고 쓰는 데 있을 따름입니다.[193]

2. 실공사상의 대두

군주의 개인적 수양을 중심으로 하여 지치 실현의 근본이론을 수립한 율곡은 이미 정치를 담당하고 있는 군주의 처지를 고려하여 지치 실현의 방법으로 우선 실천하는 것을 제시하고 있다.

임금의 직책은 필부와 다릅니다. 필부는 반드시 자기 몸을 닦아 때를 기다려 임금의 신임을 얻어야 도를 행하는 고로 학문이 진실로 부족하다면 감히 출사하지 못합니다. 그러나 임금의 경우는 그렇지 못합니다. 이미 신민의 주인이 되어 있고, 또 이미 가르치고 길러야 하는 책임을 지고 있으므로, 만일 "나는 지금 수양하느라 치인할 겨를이 없노라"라고 하신다면 하늘의 사업이 폐해질 것입니다.[194]

---

193. 已沒之賢 如光祖者 足以尊崇矣 見在之賢 亦豈無可責任者乎 當今人望無出李滉之右 未審殿下以李滉爲何如人耶 議者或以滉爲可繼程朱之統 或以滉爲無致用之才 皆非知滉者也 滉之懇乞致仕也 論者或以爲道不行矣 引身而退 或以爲與當路不協 浩然而歸 此亦皆非知滉者也 愚臣妄料 滉之學問固精 律身固嚴 而常以學者自處 未嘗以知道自許 其懇辭大任者 不過量能度分 安於不求知而已 昔者孔子使漆雕開仕 對曰吾斯之未能信 子悅 滉之求退 亦吾斯未信之意也 非以不合於世 悻悻而去也 滉之自處 誠得其道矣 但以一世觀之 人望所屬 無逾此人 豈可聽其長往乎 賢者去國 士林失望 殿下不欲圖治則已 如欲圖治 非委任李滉 則無以慰士望 而收俊乂矣 雖然致滉之道 不在於下書翩翩而在於至誠待之 信用其言而已(上揭書 卷四 代白參贊仁傑論時事疏).

임금은 하늘이 하는 일을 대신하여 이 세상을 천국으로 만드는 일을 하는 존재이다. 임금은 이미 막중한 일을 맡고 있으므로, 수양이 완성되기를 기다릴 수 없다. 그러나 수양을 완성하지 못한 사람은 세상을 천국으로 만드는 일을 해낼 수 없다. 이런 문제점을 해소하는 방법은 정치적 실천과 수양을 병행하는 것이다. 수양이 부족한 임금은 개인적으로는 성실하게 수양해야 하지만, 정치적으로 실천해야 할 때는 수양이 된 신하들을 가까이하여 그들의 힘을 빌리는 것이 좋다.

> 일에 처해서는 일의 지당(至當)한 이치를 구하여 잘못된 것을 제거하고 옳은 것을 행하며, 유신(儒臣)을 가까이하고 의리를 강명하며 간쟁을 받아들여 선을 위주로 하는 것입니다. 단지 궁리를 독서에서 구하여 책 가운데의 아름다운 말을 취하는 것 등은 결국 공허한 말을 구하는 것이 되니, 수기치인의 실공이 베풀어지지 않는다면, 안목이 비록 높고 논의가 비록 정밀하다 해도 마침내 학문에 힘쓰고 몸을 성실하게 한 효과를 보지 못할 것이니, 무슨 이익이 있겠습니까?[195]

율곡의 견해에 따르면, 학문을 한 사람이 정치적 실천의 장에

194. 人君之職 與匹夫不同 匹夫則必修己而待時 得君而行道 故學苟不足 則不敢出焉 人君則不然 已爲臣民之主 已荷敎養之責 若曰我今修己 不暇治人云 則天工廢矣(『栗谷先生全書』卷二十『聖學輯要』修己 第二上).
195. 每遇一事 必求至當之理 去其非而行其是 親近儒臣 講明義理 容受諫諍 惟善是主 此皆人君窮理之事也 如或尋章摘句 採英掇華 付諸空言而已 不施修己治人實功 則眼目雖高 議論雖精 終不見典學誠身之效 亦何益哉(上揭文).

서 실질적인 공을 세우지 못한다면 학문이란 것이 이롭지 않다. 지치 실현을 목표로 설정한다면, 지치 실현에 도움이 되는 실질적인 공을 세워야 한다. 율곡이 실공을 강조하는 이유가 여기에 있다. 율곡은 실질적인 공을 세울 수 있는 내용을 일만여 글자에 달하는 상소문의 형태로 작성하여 '만언봉사'라는 이름으로 임금에게 올리고, 자기의 계책이 실질적인 효과가 없다면 벌을 받겠다고 배수진을 쳤다.

> 전하, 신의 계책을 채택하시어, 그것을 능력 있는 사람에게 맡기시고, 정성으로 시행하여 견고히 지키시되, 습속을 따르고 전례나 지키려는 의견들로 인하여 바뀌지 않게 하고, 옳은 것을 그르다고 하는 말과 남을 모함하는 말로 인하여 흔들리는 일이 없어야 합니다. 이렇게 하시어 삼 년이 지나도 나라가 진흥되지 않고, 백성들이 편안해지지 않으며, 군대가 정예로워지지 않는다면, 신을 사기죄로 다스리시어, 요망한 말을 하는 자들의 훈계가 되도록 하여 주십시오.196

'만언봉사'에는 정치 철학의 진수가 다 담겨 있다. 율곡은 '만언봉사'의 앞부분에서 자기의 계책을 진술하기에 앞서 정치적 실천에서 가장 중요한 것이 실질적인 공을 세우는 것임을 각성시켰다.

196. 殿下 用臣之策 付之能手 行之以誠篤 守之以堅確 毋爲流俗守常之見所移 奪 毋爲醜正讒間之說所搖惑 如是者三年 而國不振 民不寧 兵不精 則請治 臣 以欺罔之罪 以爲妖言者之戒(『栗谷先生全書』卷五「萬言封事」).

정사를 하는 데에는 때를 아는 것이 소중하고, 일할 때는 실질적인 것에 힘쓰는 것이 긴요합니다. 정사를 하면서도 때에 알맞게 할 줄을 모르고, 일을 하면서도 실공에 힘쓰지 않는다면, 비록 성왕과 현신이 만나더라도 다스림의 효과는 이루어지지 않을 것입니다.[197]

율곡은 '만언봉사'의 내용 전체를 관통하는 것으로 시의(時宜)와 실공(實功)을 들었다. '만언봉사'의 내용은 다음과 같다. 시의라는 것은 때에 맞는 새로운 법을 제정하여 백성을 구제하는 것을 말한다. 때에 따라 변통할 수 있는 것은 법제이고, 고금에 걸쳐 변할 수 없는 것은 인정(仁政)·삼강·오륜이다. 후세 진리가 밝아지지 않으며, 바뀌지 않아야 할 것이 때때로 바뀌고, 바뀌어야 할 것이 때때로 바뀌지 않는 경우가 있다. 그 때문에 안정된 날이 늘 적고 어지러운 날이 늘 많다. 실공이라는 것은 일을 성실하게 하여 공을 세우고, 헛된 말을 하지 않는 것이다. 정치를 해도 효과가 없는 것은 실공에 힘쓰지 않기 때문이다. 실공이 없는 것을 유형별로 분류하면 다음과 같다.

① 상하에 서로 신뢰가 없는 것(上下無交孚者)
② 신하에게 실질적인 일을 맡기지 않는 것(臣隣無任事之實)
③ 경연강의에 실질적인 효과가 없는 것(經筵無成就之實)

---

197. 政貴知時 事要務實 爲政而不知時宜 當事而不務實功 雖聖賢相遇 治效不成矣(上揭文).

④ 어진 이를 초빙하는 것이 실질과 다른 것(招賢無收用之實)

⑤ 재해를 당했을 때 실질적인 대응을 못하는 것(遇災無應天之實)

⑥ 여러 정책에 백성을 구하는 실속이 없는 것(群策無救民之實)

⑦ 인심을 선으로 향하게 할 실질적인 정책이 없는 것(人心無向善之實)

율곡은 이상의 폐해를 해결하기 위해 수기(修己)와 안민(安民)을 동시에 진행해야 한다고 주장한다. 수기의 요체는 다음과 같다.

① 거룩한 뜻을 분발하여 이상 사회의 회복을 기약하는 것(奮聖志期回三代之聖)

② 성인의 학문에 힘써 성의·정심의 공을 극진히 하는 것(勉聖學克盡誠正之功)

③ 편사(偏私)를 제거하여 지공(至公)의 도량을 회복하는 것(去偏私以恢至公之量)

④ 현사(賢士)를 친하여 인도하고 넉넉하게 하는 바탕을 만드는 것(親賢士以資啓沃之益)

안민의 요체는 다음과 같다.

① 성심을 열어 군하의 실정을 얻는 것(開誠心以得群下之情)

② 공안을 개혁하여 과중한 세금의 해를 제거하는 것(改貢案以除暴斂之害)

③ 근검절약을 숭상하여 사치의 풍속을 고치는 것(崇節儉革奢侈
之風)

④ 선상 제도를 바꾸어 노비의 고통을 구제하는 것(變選上以救
公賤之苦)

⑤ 군정을 개혁하여 내외의 방비를 견고히 하는 것(改軍政以固內
外之防)

이상에서 열거한 것은 '만언봉사'의 강령에 해당하는 것이고
그 구체적인 조목들은 경제, 군사, 문화면에 걸쳐 광범위하게 서술
되어 있다. 전체의 내용으로 볼 때 정치적 실천에서 가장 중시되
는 것은 실공이고, 실공을 이루기 위해서는 성실성이 요구된다. 퇴
계의 수양철학에서는 수양의 수단인 경(敬)이 강조되었지만, 율곡
의 실천철학에서는 실천의 바탕이 되는 성(誠)이 강조되었다.

율곡은 명석한 두뇌로 정치실천의 방법을 찾아내었다. 정치적
인 문제는 많은 사람들이 관심을 갖는다. 아홉 번이나 장원급제하
여 혜성처럼 나타난 율곡이 추진한 정치실현의 방법들은 많은 사
람들에게 주목받기 마련이다. 특히 입신출세를 위해 선비로 위장
하여 정치에 뛰어든 사람들은 율곡의 주위에 많이 모여들 것이다.

그러나 세상을 천국으로 만드는 일은 성급하게 추진할수록 문
제가 생긴다. 세상을 천국으로 만들기 위해서는 먼저 나라를 천국
으로 만들어야 하고, 나라를 천국으로 만들기 위해서는 먼저 가
정을 화평하게 만들어야 한다. 가정을 화평하게 만들기 위해서는
먼저 수신을 해야 하고, 수신을 하기 위해서는 먼저 마음을 바르
게 해야 한다. 마음을 바르게 하지 않고 되는 일은 없다. 마음이

완전히 바르게 되어 마음속에 한 점의 티끌도 남아 있지 않게 되면 가정과 나라와 세상이 저절로 화평해진다. 마음속 깊이 뿌리박고 있는 악의 뿌리는 너무나 끈질기다. 욕심의 뿌리를 제거하기위해 일생의 정력을 쏟아 부어도 될까 말까 한 일이다. 이 어려운과정을 율곡은 건너뛰었다.

율곡이 만약 철저한 수양의 필요성을 알고 수양의 과정을 건너뛰지 않았더라면, 철저한 수영철학의 과정에서 도출된 퇴계의 이기설을 이해할 수 있었을 것이다. 만약 율곡이 퇴계의 이기설을긍정하고 강조하여, 수양철학이 조정의 관리들에게까지 중시되었다면 아마도 조선에 망국의 당파싸움이 일어나지 않았을지 모른다. 이 점이 가장 안타깝다.

결어

유학의 미래

유학의 특징은 집대성에 있다. 집대성이란 각기 다른 악기들의 소리를 하나로 융합하여 조화를 이루는 오케스트라와 같다. 맹자는 공자를 집대성이라고 평했다. 공자의 철학은 그 이전에 있었던 철학을 받아들여 하나의 체계로 융합하여 조화를 이룬 중용철학이다. 공자 이후 중용철학을 추구한 철학자가 주자였지만, 주자는 자신의 편협성과 노장철학과 불교철학을 배척하는 시대적 요구에 편승했으므로, 원만한 중용철학을 만들어내지 못했다.

지금은 지구상의 모든 나라가 옛날의 한 나라처럼 가까워졌으나, 철학이 하나의 체계로 융합하지 못해 사람들이 정신적으로 분열하고 있다. 새로운 중용철학이 나오지 않으면 정신적 분열이 심화하여 사람들이 고통 받게 될 것이다. 이러한 의미에서 기존의 철학들을 하나의 체계로 융합하여 집대성하는 유학의 정신이 이제 큰 역할을 해야 할 때가 되었다. 나무의 가지와 잎들을 하나로 연결하기 위해서는 뿌리에서 출발해야 하는 것처럼, 지금까지의 철학을 하나의 체계로 융합하기 위해서는 각 철학사상의 원초적인 형태를 찾아보는 것이 좋을 것이다.

우리는 이미 유학의 원형을 찾는 과정에서 『천부경』과 『삼일신고』의 존재를 알았다. 『천부경』과 『삼일신고』에는 유학·불교·노장철학·기독교 등을 포괄할 수 있는 '하나사상'과 '한마음사상'이 들어 있다. '하나사상'과 '한마음사상'은 오늘날 다양하게 분류되는 여러 철학을 하나의 체계로 융합하는 바탕이 될 수 있을 것이다.

기존의 철학을 융합하기 위해서는 기존의 철학을 정리해야 한다. 기존의 철학은 긴 역사 속에서 각각 다양한 모습으로 발전해왔으므로, 매우 복잡하다. 이를 다 정리한다는 것은 불가능하다. 또한 기존의 철학은 발전 과정에서 변질된 것이 많으므로, 무엇보다 그 가운데서 핵심을 찾아내는 것이 중요하다. 예를 들면, 복잡하고 방대한 불교 전체를 이해할 것이 아니라 석가모니의 사상만 정확하게 이해하는 것이 중요하고, 기독교사상 역시 기독교 전체를 이해할 것이 아니라, 예수의 사상만 정확하게 이해하는 것이 중요하다. 각각의 사상과 철학의 핵심을 이해하면, 하나로 통하는 진리를 찾아내어 하나의 체계로 융합할 수 있다.

오늘날 학문의 가장 큰 문제점은 진리의 내용을 머리로 이해하는 것으로 일관한다는 것이다. 이런 방법으로는 진리를 얻을 수 없다. 진리란 머리로 이해한 내용을 몸으로 체득해야 도달할 수 있다.

진리는 참된 삶의 원리이다. 참된 삶은 자기의 본질을 얻어 본질에 따라서 사는 것이다. 사람은 몸과 마음의 두 요소가 있다. 마음의 본질은 한마음이고, 몸의 본질은 우주에 퍼져 있는 기(氣)이므로, 한마음을 가지고 우주의 기운으로 사는 것이 참된 삶이다. 사람에게 참된 삶을 회복하는 것보다 더 중요한 것은 없다. 먼저 참된 삶을 회복한 뒤에 정치를 해야 하고, 교육을 해야 하며, 경영을 해야 한다. 정치는 사람들에게 참된 삶을 살도록 인도하는 것이고, 교육은 사람들에게 참된 삶을 깨우치는 것이며, 경영은 참된 삶을 살도록 운영하는 것이다. 그 외 문화예술이나 과학도 예외가 아니다.

기존의 철학을 집대성한 새로운 유학은 유학이란 이름이어야 할 이유가 없다. 유학 또한 기존의 철학 가운데 하나로 이해되기 때문이다. 새로운 유학은 종교·철학·윤리·정치·교육·경제·과학·문화예술 전반을 하나의 체계로 포괄하는 학문일 것이다.

집필을 시작하고 나서부터 많은 시간이 흘렀다. 힘들어 스러질 정도가 되기도 했고, 보람을 느끼기도 했다. 그러나 탈고하고 나니, 미비한 점이 많아 아쉬움이 남는다. 수많은 원전을 직접 다 읽어내지 못하고 2차 자료를 다수 활용했다는 점이 그것이다. 『조선왕조실록』과 『한국문집총간』을 인용할 때는 번역본을 참고하기도 했다. 아마도 하나하나 다 밝히지 못하고 빠트린 부분이 더러 있으리라 생각한다. 일본의 유학에서도 더 다루어야 할 학자들이 많은데도 다 다루지 못한 아쉬움이 남는다. 특히 베트남의 유학에 관한 내용은 너무 소략하다. 베트남 학자들의 문집을 구해 원문을 하나하나 읽은 뒤에 정리했어야 했지만, 그렇지 못했다. 오늘날 유럽과 미국, 동남아 등지에서 연구되고 있는 연구현황에 대해서도 다루지 못했다. 아쉬움이 많지만, 연구 여건이 허락하지 않았다. 다만 전체적인 조망을 할 수 있었다는 것만으로 아쉬움을 달랜다. 부족한 부분은 미래의 학자들에게 기대해본다.

1. 경전

『노자(老子)』, 『논어(論語)』, 『대학(大學)』, 『맹자(孟子)』, 『묵자(墨子)』, 『서경(書經)』, 『순자(荀子)』, 『시경(詩經)』, 『여씨춘추(呂氏春秋)』, 『예기(禮記)』, 『장자(莊子)』, 『주역(周易)』, 『중용(中庸)』, 『춘추(春秋)』, 『한비자(韓非子)』, 『한위총서(漢魏叢書)』, 『환단고기(桓檀古記)』

2. 국내 자료

국사편찬위원회, 『조선왕조실록』

김길락, 『상산학과 양명학』, 예문서원, 1995.

김상기, 『자유의 불꽃을 목숨으로 피운 윤봉길』, 역사공간, 2013.

김성범, 『베트남 사상으로의 초대』, 푸른사상, 2019.

김세진, 『요시다 쇼인(吉田松陰)』, 호밀밭, 2020.

김충렬, 『고려유학사』, 고려대학교출판부, 1984.

다지리 유이치로, 엄석인 옮김, 『야마자키 안사이(山崎闇齋)』, 성균관대학교출판부, 2005.

라오스꽝, 정인재 옮김, 『중국철학사』, 탐구당, 1994.

라이기이치, 『일본의 근세』, 중앙공론사, 1993.

류승국, 『한국유학사』, 성균관대학교출판부, 2009.

모리타 겐지, 한원 옮김, 『정의로운 시장의 조건』, 매일경제신문사, 2020.

박상수 옮김, 『연평답문(延平答問)』, 수류화개, 2019.

송영배, 『중국사회사상사』, 한길사, 1986.

양계초, 이기동·최일범 옮김, 『청대학술개론』, 여강출판사, 1987.

윤사순, 『한국유학사』(상하), 지식산업사, 2013.

응웬 따이 트, 김성범 옮김, 『베트남 사상사』, 소명출판, 2018.

이덕일, 『조선선비당쟁사』, 인문서원, 2018.

이상익, 『한국성리학사론』(I, II), 심산, 2020.

이시다 바이간 저, 류영진 옮김, 『도비문답(都鄙問答)』, 호밀밭, 2020.

이시다 이치로, 『이토 진사이(伊藤仁齋)』, 길천홍문관, 1960.

이태룡, 『민족지도자 석주 이상룡』, 푸른솔나무, 2018.

이희복, 『요시다 쇼인』, 살림, 2019.

정일성, 『후쿠자와 유키치』, 지식산업사, 2001.

정혜선, 『한국인의 일본사』, 현암사, 2008.

조남욱, 『세종대왕의 정치철학』, 부산대학교출판부, 2001.

진래, 안재호 옮김, 『송명성리학』, 예문서원, 2011.

천인석, 『한국사상의 이해』, 대구한의대학교출판부, 2016.

최석기, 『조선선비의 마음공부 - 정좌』, 보고사, 2014.

최영성, 『한국유학통사』(상중하) 심산, 2006.

판원란, 박종일 옮김, 『중국통사』(상하), 인간사랑, 2009.

펑유란, 박성규 옮김, 『중국철학사』, 까치, 1999.

한국고전번역원,『한국문집총간』

한국학중앙연구원『한국민족대백과사전』

현상윤,『조선유학사』, 민중서관, 1977.

호이트 틸만, 김병환 옮김,『주희의 사유체계』, 교육과학사, 2010.

3. 중국 자료

『근사록(近思錄)』,『맹자자의소증(孟子字義疏證)』,『명이대방록(明夷待方錄)』,
『방언(方言)』,『상산집(象山全集)』,『서명(西銘)』,『성리대전(性理大全)』,『양명
집(陽明集)』,『이문공집(李文公集)』,『이정전서(二程全書)』,『전습록(傳習錄)』,
『정몽(正蒙)』,『주자대전(朱子大全)』,『주자어류(朱子語類)』,『즙산문집(蕺山
文集)』,『태극도설(太極圖說)』,『태현경(太玄經)』,『통서(通書)』,『한퇴지문집
(韓退之文集)』

4. 일본 자료

『日本思想大系』(28, 29, 30, 31, 33, 36, 42), 岩波書店, 1973.

『日本倫理彙編』

平田雅彦,『企業倫理とは何か』, PHP研究所, 2005.

5. 베트남 자료

『견문소록(見聞小錄)』

『黎貴惇的學術與思想』, 대만중앙연구원, 2012.

『黎貴惇的學術與思想』(中國文哲研究所),『芸臺類語』,『見聞小錄』,『聖模賢
範錄』(이상 黎貴惇 著, 필사본)

지은이

이기동

경북 청도 출생으로, 성균관대학교 유학과와 동대학원 동양철학과를 졸업하고, 일본 쓰쿠바대학에서 박사학위를 받았다. 성균관대학교 유학대학장과 대학원장을 역임했으며, 2017년 여름 정년을 맞아 명예교수가 되었다.

동양 철학 속에 담긴 삶의 지혜를 '강설'이라는 알기 쉬운 오늘날의 언어로 옮긴 끝에 '사서삼경강설' 시리즈(전6권)를 상재했으며,『동양 삼국의 주자학』,『이색-한국 성리학의 원천』,『이또오 진사이』,『공자』,『노자』,『장자』등의 동양 사상서와『하늘의 뜻을 묻다-이기동 교수의 쉽게 풀어 쓴 주역』,『한마음의 나라 한국』,『장자, 진리를 찾아 가는 길』등의 교양서를 비롯해 다수의 저·역서가 있다.

유학 오천 년(제3권)
한국의 유학(상)

1판 1쇄 발행 2022년 6월 30일
1판 2쇄 발행 2023년 12월 10일

지 은 이 이기동
펴 낸 이 유지범
펴 낸 곳 성균관대학교출판부
등   록 1975년 5월 21일 제1975-9호
주   소 03063 서울특별시 종로구 성균관로 25-2
전   화 02)760-1252~4 팩스 02)762-7452
홈페이지 http://press.skku.edu

ISBN 979-11-5550-543-4 03150
     979-11-5550-540-3 세트

ⓒ 2022, 이기동

값 38,000원
*잘못된 책은 구입한 곳에서 교환해 드립니다.